金融改革发展研究与海峡西岸经济区实践（2009）

吴国培　晏露蓉　主　编

中国财政经济出版社

图书在版编目（CIP）数据

金融改革发展研究与海峡西岸经济区实践．2009/吴国培，晏露蓉主编．
——北京：中国财政经济出版社，2010.11
ISBN 978-7-5095-2576-0

Ⅰ.①金… Ⅱ.①吴… ②晏… Ⅲ.①金融体制—经济体制改革—福建省—2009—文集 Ⅳ.①F832.757-53

中国版本图书馆 CIP 数据核字（2010）第 208604 号

责任编辑：郁东敏　　责任校对：周丽君
封面设计：李运平　　版式设计：苏　红

中国财政经济出版社 出版

URL：http：//www.cfeph.cn
E-mail：cfeph@cfeph.cn

社址：北京市海淀区阜成路甲 28 号　邮政编码：100142
营销中心电话：010-88190406　北京财经书店电话：010-64033436
涿州市新华印刷有限公司印刷　各地新华书店经销
787×1092 毫米　16 开　32.75 印张　605 000 字
2010 年 11 月第 1 版　2010 年 11 月第 1 次印刷
定价：58.50 元
ISBN 978-7-5095-2576-0/F·2192
（图书出现印装问题，本社负责调换）
本社质量投诉电话：010-88190744

前　言

中央经济工作会议在2009年年末回顾一年工作时指出，2009年是21世纪以来我国经济发展最为困难的一年。此前发端于美国的金融危机持续蔓延，世界经济严重衰退，对中国经济平稳发展产生重大影响。面对复杂的经济形势，中央全面分析、准确判断、果断决策、从容应对，团结带领全国各族人民坚定信心、迎难而上、共克时艰，化挑战为机遇，有效遏制了经济增长明显下滑的态势，使中国经济在全球率先实现总体回升向好。

2009年，面对错综复杂的经济金融形势，福建省人民银行系统在总行、上海总部的领导下，密切关注国内外经济金融走势，紧紧围绕“保增长、扩内需、调结构、上水平、抓改革、增活力、重民生、促和谐”的目标，围绕海峡西岸经济区发展大局，认真执行适度宽松的货币政策，坚持维护区域金融稳定，不断提升金融服务效率和质量，深入推进外汇管理改革，为福建省社会经济金融平稳健康发展做出了新的贡献。

在推动各项工作有序开展的同时，福建省人民银行系统各级各部门积极践行“研究立行”，围绕经济金融热点、难点问题认真开展调查研究。作为对调研成果的总结，特将福建省人民银行系统2009年度获奖重点课题汇编成册，并将其归类为宏观经济与政策篇、金融服务篇、外汇管理篇、农村金融篇、综合篇和海峡两岸合作篇六个部分呈现给读者，希望能为大家在今后的工作中提供一些启示和借鉴。

全书收录课题34篇，既着眼于全局性热点和难点问题，又立足于地方经济特色。一方面，我们跳出本位的限制，以科学的态度，从学术普遍性角度来认识和把握经济金融运行态势，通过对客观现象的剖析，总结经验，发现规律，为推动金融改革和发展进行了有益的理论探索。例如，我们对资产价格波动与中央银行通货膨胀管理、外汇管理体制改革、农村金融体制改革以及征信、国库、反洗钱、货币发行等中央银行货币政策的制定、金融服务的改进与完善等问题进行了深入探讨，部分观点颇具新意。另一方面，我们立足海峡西岸经济区建设，努力把执行国家宏观调控和促进地方经济健康发展有机结合，采用辩证的演绎思路，以点见面，分析福建省和海峡西岸经济区的经济金融发展问题，例如，金融危机外部传导路径及对福建省经济影响、福建省经济运行存在的问题及金融支持扩内需的建议、福建省金融服务业发展、福建省劳动力成本变化与促进就业、福建省与相临省份经济发展对比等问题进行研究，对引导福建省经济金融改革实践颇有裨益。

此外，福建省作为对台湾地区前沿，随着和平发展成为两岸关系主流，海峡两岸合作问题吸引着众多研究者的目光，为推动两岸金融合作与发展，大家见仁见智。书中收录的有关海峡两岸合作课题内容丰富，涉及危机应对、金融合作、经贸合作、货币合作、农地金融制度比较、金融控股公司及其监管经验与启示等多个领域，期待读者睿智的品评，在此就不再一一赘述。虽然两岸交流合作任重道远，也未必一帆风顺，但我们希望，诸多研究者默默的耕耘能在金融领域为两岸和平发展提供些许积极而有意义的理论元素。

受水平所限，本书在编纂过程中难免存在一些疏漏，我们期待热心读者的批评意见。

编者

2010年6月

目 录

宏观经济与政策篇

金融服务篇

外汇管理篇

农村金融篇

综　合　篇

海峡两岸合作篇

宏观经济与政策篇

资产价格波动与中央银行通货膨胀管理研究

——基于中国 FCI 的构想

中国人民银行福州中心支行课题组

课题主持人：晏露蓉

课题组成员：晏露蓉　陈宝泉　吴　伟　方晓炜　王伟斌

一、研究背景和现状

（一）研究背景和意义

目前，大多数国家都把抑制通货膨胀，即把保持商品和服务价格水平的稳定作为中央银行货币政策的最终目标，甚至是唯一目标。理论上，政策制定者应致力于稳定包括资产价格及生产、消费和服务价格在内的广义上的价格指数（费雪，1931年，《货币的购买力》）。但由于资本市场上的资产价格动态比商品和服务市场上的资产价格动态更具不确定性和波动性，实践中，更多关注最终消费和服务价格的变化。

在过去的20年里，无论是发达国家还是发展中国家，都经历过资产价格大幅下跌对国民经济造成的负面影响。近些年来，由资产价格波动而引起的经济及金融体系的不稳定问题日益受到人们的关注。1994年，在庆祝英格兰银行成立300周年的会议上，时任美国联邦储备委员会主席的格林斯潘提出：中央银行是否应当更多地关注资产价格泡沫问题。1999年，格林斯潘又再一次在货币政策会议上强调，由于金融资产在美国家庭财富中所占的比重越来越大，因此美国联邦储备委员会的货币政策将更多地考虑资产价格因素。世界各国数十年的经验表明，不考虑资产价格的通货膨胀指标会严重误导货币政策。美国次贷危机的教训是：资产价格泡沫一旦破灭，价格水平就难以稳定，中央银行的政策目标也就无法实现。

20世纪90年代以来，随着中国股票市场及房地产市场的迅速发展，资本市场在经济中的比重和影响力不断提高，资产价格波动日益对国民经济及金融体系产生深远影响，从而对中国货币政策提出新的挑战：当资产价格大幅波动时，中央银行通过何种方式更有效地管理通货膨胀，保持币值稳定从而促进经济增长，尽量减少其对经济及金融体系所造成的震荡。

从国内外的理论研究和具体实践看，货币状况指数（Monetary Conditions Index，MCI）和金融状况指数（Financial Conditions Index，FCI）具有对货币政策最终目标的先行指示器功能。特别是包含资产价格因素的FCI，可在一定程度上能缓解资产价格波动对货币政策产生的冲击。但就中国而言，在FCI的变量构成和研究思路及方法上，无疑需要切合国情。本课题试图对此作一尝试。

（二）国内外研究动态

20世纪80年代末，加拿大银行提出了货币状况指数，并将其替代短期利率作为加拿大中央银行的操作目标，作为测度紧缩或宽松货币状况的尺度。这里MCI为短期利率及实际有效汇率的加权之和，权重由两者对总需求影响的相对重要性决定。Freedman（1995）通过研究指出，作为一个开放经济体的操作目标，使用MCI要优于单独使用利率或汇率，这是因为它可以综合考虑短期利率和实际有效汇率的作用，而且短期利率和实际有效汇率包括了有关货币政策的重要信息。随后，MCI在多国中央银行得以推广及发展，如瑞典、芬兰、冰岛、挪威以及新西兰等国中央银行纷纷予以采用。其中，新西兰储备银行明确把MCI作为货币政策操作目标，瑞典与挪威的中央银行则把MCI作为货币政策信息指示器。此外，部分国际组织以及金融合作组织也构建了一些国家的MCI，以作为对相关国家总体货币环境进行判断的参考指标。MCI开始受到国际社会的广泛重视和应用。

作为反映货币政策的一个综合指标，由于MCI所包含的金融变量范围太小，特别地，它忽略了资产价格变化（例如股票价格、房产价格等）对总需求的影响。为了获得关于资产价格变化对经济活动的影响，国外一些学者和研究机构扩展了MCI，构建了新的测度指标——FCI。FCI最早由Goodhart和Hofmann（2001）提出。这一概念是由MCI延伸发展而来。FCI考虑到资产价格对产出和通货膨胀的重要影响，在MCI的基础上加入资产价格变量，即除了MCI中原有的短期利率与实际有效汇率外，还引入房价、股价等资产价格，共同构成测算指数的“变量池”。在此基础上算得的指数，即为FCI。目前，一些国家的中央银行和经济机构开始计算FCI。

学术界同样对FCI开展了相关研究。Mayes和Viren（2001）运用IS曲线的单方程计算了17个国家的FCI。Goodhart和Hofmann（2001）、Mayes和Viren（2001）在研究七国集团及欧洲十七国的FCI时发现，房地产价格和股票价格对产出有显著影响，并会对未来通货膨胀压力提供更多的信息。他们同时也发现，在许多案例中（包括加拿大），房地产价格的影响大于股票价格的影响，也大于实际有效汇率的影响。国内学者对中国FCI的构建也进行了积极的探讨。相关实证结果显示FCI在中国具有一定的可行性。王玉宝（2005）按照Goodhart和Hofmann（2001）定义的FCI对中国进行了经验估计，结论认为包含实际短期利率、实际汇率、实际房地产价格和实际股权价格的 FCI 可以作为货币政策的辅助参照指标。封北麟和王贵民（2006）考虑了中国货币政策长期以货币供应量作为中介目标和操作目标的实践特征，将货币供应量纳入中国 FCI 中，以反映货币因素对产出与通货膨胀的作用。陆军和梁静瑜（2007）采用利率、汇率、房价和股价 4 个变量构建了中国 FCI，并通过对 FCI 与国内生产总值（Gross Domestic Product，GDP）增长率关系以及 FCI 对消费者物价指数（Consumer Price Index，CPI）预测能力的检验发现，在样本期内 FCI 与 GDP 增长率走势较吻合，且对 CPI 有较强的预测能力，认为可以作为中国货币政策的一个重要参考指标。

（三）已有研究的缺陷和本课题的创新点

1. 从国内已有研究成果看，关于中国 FCI 的构建主要存在以下薄弱之处：

（1）实证变量不足，难以反应中国实情。国内学者在构建中国 FCI 时，往往只考虑利率、汇率和资产价格几个因素，如王玉宝（2005）、陆军和梁静瑜（2007）。然而在中国，信贷一直是中国货币政策发挥作用的重要渠道，这一点得到国内学术界一致认同，并获得了实证检验的支持。因此要构建中国 FCI，必须考虑信贷投放对中国货币政策效应的影响。另外，有些学者在测算 FCI 时纳入了“货币供应量”这个变量，却又忽视了“资产价格”这个重要因素，如封北麟和王贵民（2006）、陈建斌和龙翠红（2006）。

（2）实证方法欠妥，指数构建存在局限。目前国内外研究中主要是构建 VAR 模型，利用 FCI 变量对 GDP 的脉冲分析，通过反应因子来构建 FCI。这种方法一般称为“基于 GDP 的脉冲响应”。这种方式可能存在如下不足：一是 GDP 长期增长的物质基础与实际建模过程中考虑的因素相冲突。因为根据经济增长理论，长期内只有技术和企业家才是经济增长的原动力，而利率、汇率和股价波动在长期内基本是中性的。二是即使上述因素可以对 GDP 产生扰动，但由于 GDP 扰动一般是计算总量扰动，导致变量相互之间的扰动冲击将会互相抵消。而且资产价格扰动可能导致 FCI 与实际经济运行相悖，从而产生错误信息。因此，基于 GDP 脉冲响应的 FCI 构建可能存在局限性。本课题将结合以上研究中的不足之处，对指数分析进行改进，构建出更具合理性的中国 FCI。

2. 课题研究的特点和创新之处在于：

（1）在分析的思路上，从货币政策目标作为出发点和归宿点，在分析 CPI 作为中央银行通货膨胀重要参考指标不足的基础上，提出涵盖资产价格因素的中国 FCI，论证其对中央银行通货膨胀管理形成有效补充（见图 1）。

（2）在 FCI 的变量构成上，基于中国经济金融特点，提出将利率、汇率、资产价格和信贷因素共同纳入中国 FCI 的构建，使之更具科学性。

（3）实证方法上，提出采用基于 CPI 的脉冲响应分析，体现当前通货膨胀管理这一货币政策目标的优先性。

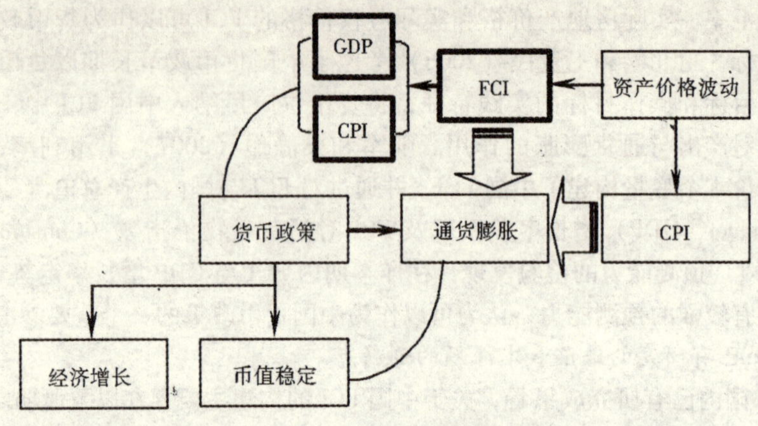

图1　课题研究的基本思路和框架

二、资产价格、CPI与货币政策目标分析

（一）CPI与货币政策目标的分析

1. 我国货币政策目标下中央银行通货膨胀参考指标的选择。我国货币政策目标是"保持货币币值的稳定，并以此促进经济增长"（《中华人民共和国中国人民银行法》）。所谓币值稳定，一般集中体现为物价水平稳定。中国人民银行行长周小川（2006）认为："当前，我们考虑不采用通货膨胀目标制，这并不意味着不重视货币政策的可信度、公信力、透明度，以保持公众稳定的通货膨胀预期。这是一个非常重要的发展方向。"因此在沿用现有货币政策框架的条件下，盯住通货膨胀水平以实现物价稳定，中央银行责无旁贷。

衡量通货膨胀的指标包括GDP平减指数、CPI、零售物价指数（Retail Price Index，RPI）、工业品出厂价格指数（Producer Price Index，PPI）、原材料燃料动力购进价格指数、固定资产投资价格指数等。理论上，由于GDP平减指数与GDP的核算范围相对应，涵盖了一个国家或地区生产的所有商品和服务，从而能更全面地反映一个国家或地区一般价格水平变化，更好地测度该国家或地区的通货膨胀水平。但是GDP平减指数一般按年公布，许多发达国家和国际组织都将其用于年度分析，对于需要及时把握即期及未来中短期物价走向的中央银行来说，GDP平减指数具有时效上的不足。而CPI作为生活成本指数，能够及时和明确地反映一篮子商品和服务价格的变化，且该指数定期公布、广为人知、易于获取和理解。大多数实施通货膨胀目标制国家都选择CPI作为通货膨胀目标制的名义目标变量。

随着通货膨胀目标制在多国货币政策框架下的进一步确立，许多国家对CPI进行修正，将剔除了食品、能源、间接税等因素后的核心CPI作为中央银行衡量通货膨胀水平的目标变量。这主要是因为中央银行普遍认为食品、能源等商品价格较易波动且幅度较大，受季节性因素、气候等影响较明显，对通货膨胀易构成临时性冲击，从而不利于中央银行把握物价的中长期走势并作出准确决策。但由于当前我国尚未定期编制和公布核心CPI，因此CPI仍是我国中央银行衡量通货膨胀水平的重要指标。

2. CPI作为中央银行通货膨胀重要参考指标的缺陷。需要指出的是，我国CPI结构组成不尽合理，其中食品所占的权重最大，食品价格的涨跌往往主导我国CPI的波动，这削弱了其作为我国中央银行通货膨胀重要参考指标的反映能力。然而，随着当前国际经济形势逐步演变，全球通货膨胀机理发生变化，即便是为多国中央银行所采用的核心CPI，其作为通货膨胀的衡量标准也逐渐显现出不足之处。首先，核心CPI难以全面反映日趋复杂化的全球通货膨胀机理。近年来，资产及初级产品价格上涨而核心CPI基本稳定的结构性通货膨胀开始显现。随着全球工业化发展，能源等临时性通货膨胀因素有趋于向中长期通货膨胀影响因素转变的可能。"结构性"物价上涨持续期延长，食品、能源等价格在短期内不一定逆转，其价格变动往往具有第二轮的影响效应，最终传导至其他类商品上，因此核心CPI的代表性逐渐减弱。其次，CPI作为通货膨胀重要参考指标，一定程度上会影响货币政策的前瞻性。研究发现，CPI对反映经济运行周期存在一定的时滞性。CPI明显上涨时，往往已处于经济金融泡沫最后破裂的前夜，因此在衡量周期变化上，CPI特别是核心CPI会相对滞后。① 再次，股票价格、房产价格等资产价格的波动对经济体的经济行为影响越来越大，CPI构成中不含有资产价格因素，难以涵盖物价的全貌从而对一般物价水平进行全面反映。

（二）资产价格波动对货币政策决策的影响

20世纪90年代以来，世界各国经济运行普遍存在"消费价格得以控制但资产价格波动加大"的现象。资产价格波动将对货币政策效应形成多方面的冲击。第一，从货币政策传导角度看，资产市场作为货币政策传导渠道之一，对货币政策传导下金融资产的价格发现及收益的重新配置发挥了极其重要的作用，从而对企业和居民的经济行为产生影响，进而影响经济供需平衡。第二，从物价角度看，资产价格上涨会带来"财富效应"，企业和居民的财富增加，可能引发经济体的过度需求从而推动物价上涨，这也将修正中央银行对通货膨胀的预期。第三，从币值角度看，资产价格的大幅波动，意味着货币币值发生变化，这也要求货币政策作出相应调整。第四，从稳定角度看，资产价格波动往往意味着

① 张晓慧：《关于资产价格与货币政策问题的一些思考》，《金融研究》，2009年第7期。

风险积累。一方面，资产价格泡沫往往与信贷投放高增长相伴相生，对经济金融稳定形成相当不稳定因素；另一方面，资产价格上涨往往带动“储蓄搬家”行为，推动资产价格再膨胀，加剧风险累积。并且，资产价格波动会通过改变银行市场与资本市场间的资金流向，改变货币组成结构，从而影响货币乘数效应。

20世纪90年代日本泡沫经济破裂，引致经济长期衰退，一定程度上是由于中央银行未能关注股票等资产价格的变动，并未通过货币政策对其进行及时适度调控所致。近年来，金融资产价格开始逐步纳入货币当局的关注视野。当它对宏观经济产生通货膨胀（通货紧缩）压力时，应对货币政策进行适当的调整以稳定金融市场。

当前，金融资产价格在货币决策参考中的重要性开始引起各国中央银行的关注。为此，有经济学家提出采用标题CPI①作为通货膨胀的目标变量。然而，建立一个反映速度快、信息容量大的物价指数也存在相当的难度，影响物价冲击的因素复杂多变。以资产价格为例，资产价格起伏不定，基本趋势难以确定，权重难以估量。因此，在维护币值稳定的货币政策目标下，如何依存于现有的物价指数构建框架，融合资产价格尤其是股票价格，设计合适的指标作为中央银行决策层面的重要参考因素，成为本课题亟待探讨的问题。

三、中国FCI的构想和模拟

（一）中国FCI的构想

1. FCI对当前中央银行通货膨胀管理的作用分析。从上文分析中可以看出，币值稳定的货币政策目标下，CPI作为当前我国中央银行通货膨胀重要参考指标，显示出其结构不尽合理、涵盖范围不全、时效性不足等缺陷。在当前金融资产价格对货币政策效应有显著影响的背景下，本课题拟借鉴当前国际流行的MCI方法，引入资产价格因素，构建中国FCI，通过建立其与CPI的关联，发挥其货币政策框架下的信息指示器作用，为货币政策调整提供前瞻性预警。

本课题在原有的MCI理论基础上发展延伸，结合中国的基本国情特点，以利率、汇率、信贷、股票4个因素为基点，考察其对CPI这一政策目标的冲击程度，并以此为权重构建中国FCI。其特点在于，首先，FCI锁定货币政策传导下各因素对CPI的影响，符合中央银行通货膨胀管理目标的整体框架；其次，FCI考虑了资产价格因素对通货膨胀的冲击，填补了CPI在资产价格反映能力方面的空白；最后，该指数就其拟合效果而言，较CPI具有一定的前瞻性。

---

① 标题CPI也称“总体CPI”，其核算涵盖了所有商品的物价因素。该方法在美国、加拿大、英国等国家得到了一定的推广。

FCI基于结构性模型建立与最终目标变量之间的联系，通过锁定各因素对CPI的冲击效应，能比CPI先行掌握未来走势变化，并就最终目标的潜在变动方面提供了领先信息。其作用机理为：货币政策实施后，通过掌握政策传导下利率、汇率、贷款增速、资产价格4种因素的变动情况，测算出当下的FCI，用以判断当前货币环境的松紧程度，以此作为中央银行进行货币政策调整的信息提示，发挥其前瞻性的指示器变量作用。例如，在资产价格对通货膨胀形成正向冲击的情况下，若资产价格上涨难以抵消其他因素对通货膨胀的负影响，从而通过FCI发出货币政策偏松的信号，则中央银行应注意适时运用提高基准利率、控制货币投放等政策工具调整货币政策导向，进行逆向操作。

2. 中国FCI的构成变量。FCI是在MCI的理论基础上延伸而来，其对利率及汇率两个变量的选用已得到理论界及实用界的普遍认可。因此，本课题也将利率和汇率因素纳入FCI的考量范畴。在此基础上，本课题对FCI其他构成变量选择的出发点在于如何有效结合中国实际情况，构造具有实用价值和实际意义的中国FCI。

（1）信贷因素的引入。在中国，信贷渠道是中国货币政策发挥作用的最主要渠道之一。因此要构建中国的FCI，必须考虑信贷因素与中国货币政策反应的关联。

（2）资产价格的选择。在一般研究中，房产价格及股票价格是主要的资产价格变量，但从广义上看，可纳入考虑的资产有房地产、股票、黄金及石油等。然而在房产价格方面，由于我国现行房地产市场统计制度存在内在缺陷①，因此目前常见的一些房地产价格指数无法如实反映我国的房地产价格变化。考虑到实证的准确性，本课题对房产价格变量不予采用。此外，黄金和石油资产在普通居民的资产中所占的比重一般极小，因此，本课题亦不予考虑。而随着我国股票市场的不断发展，民众参与面扩大，市场活跃度提高，股票资产在居民财富中所占的比重逐渐提升，对企业及个人的经济行为产生极为重要的影响，因此本课题主要选用股票价格指数作为资产价格变量。

（二）中国FCI的模拟

1. 模型构建思路与指标说明。根据上文分析，我们认为FCI应该考虑利率因素、汇率因素、信贷因素和资产价格因素。

（1）本课题选择了1年期的贷款利率进行分析，其数据来源于中国人民银行历年公布的数据。

（2）汇率方面选择国际清算银行（BIS）公布的实际有效汇率。

① 例如，国房景气指数用均价代表房地产价格，并不是真实房价的反映，同时地段的因素也未纳入考虑，而房价往往因地段的不同价格相差甚远，此外。二手房在成交时，买卖双方往往出于少交税的目的而虚报成交价等。

（3）选择本外币实际贷款增速作为信贷因素的变量，数据来源于中国人民银行数据库。

（4）资产价格因素方面，根据上文分析，选择 A 股股票综合指数进行研究。格兰杰因果检验表明，深成指指数的变化是上证综合指数变化的格兰杰原因，反之则不成立，因此本课题选择深成指进行分析，数据来源于 Wind 数据库。

综上，本课题定义中国 FCI 如下：

$$FCI_t = w_r(R_t - R_0) + w_q(\varrho_t - \varrho_0) + w_l(Loan_t - Loan_0) + w_s(S_t - S_0) \quad (1)$$

式中：R_t—— 第 t 期的实际贷款利率，是 1 年期贷款利率与当期 CPI 之差；

R_0—— 实际利率的长期趋势值或均衡值；

ϱ_t—— 第 t 期的实际有效汇率的自然对数值；

ϱ_0——ϱ_t 的长期趋势值或均衡值；

$Loan_t$—— 第 t 期的本外币实际贷款增速，为当期的本外币名义贷款增速扣除掉当期的 CPI；

$Loan_0$——$Loan_t$ 的长期趋势值或均衡值；

S_t—— 第 t 期深证成分指数的对数值；

S_0——S_t 的长期趋势值或均衡值。

文中所有数据的时间均为 2002 年第 1 季度到 2009 年第 3 季度。

2. FCI 相关参数的估计。

（1）长期趋势或均衡值的估计方法。在公式（1）中，各变量实际值对其长期趋势值或均衡值的偏离定义为相应变量的缺口值。本课题采用 HP 滤波方法来计算各个变量变动的长期趋势值，所用的软件为 Eviews5. 0。利用该软件分别对各变量的时间序列进行 HP 滤波处理，得到各自的趋势项值即为所求的长期趋势值或均衡值，而各变量的循环项则分别为各个变量的缺口值。

（2）权重系数 w_i 的估计。目前国内外研究中主要是利用 FCI 变量对 GDP 的脉冲分析，通过反应因子构建 FCI 指标体系，一般称为基于 GDP 的脉冲响应。从我国关于货币政策目标所体现的币值稳定的目标优先性看，本课题采用基于 CPI 的脉冲响应方法。沿用 Goodhart 和 Hofmann（2001）的方法，本课题采用 VAR 脉冲响应估计 FCI 中各变量缺口值的权重系数 w_i。但为了更清楚地反应各个变量波动对 FCI 的影响，分子采用其真实值而非绝对值。权重公式具体为：

$$w_i = Z_i \Big/ \sum_{i=1}^{N} |Z_i| \quad (2)$$

式中：w_i—— 变量 i 的缺口值的权重系数；

Z_i—— 变量 i 缺口值 的单位新息冲击在随后 6 个季度的对通货膨胀率、CPI 的平均脉冲响应。

为获得脉冲响应系数，本课题建立一个包括 5 个变量的 VAR 模型：消费者物价指数（CPI）、信贷增速缺口（LOANGAP）、实际利率缺口（RGAP）、实际有效汇率缺口（EXGAP）以及股票价格指数缺口（SGAP）。其中，CPI 的数据来源于国家统计局历年公布的季度数据。VAR 模型要求各变量是平稳的或者变量之间满足协整关系，ADF 单位根检验结果表明，5 个变量都是平稳的。

此外，本课题在建立 VAR 模型之前，通过 AIC 信息准则和 Schwartz 信息准则，以及对数似然值的大小来确定滞后阶数的大小。经过试验，选择的滞后阶数确定为 1。而单位根的结果显示图（略）表明，5 个单位根的倒数均落在单位圆内，所设定的模型是稳定的。

由于脉冲响应函数描述了在随机误差项上施加一个新息冲击对内生变量的当期和未来值的影响，因此可以用它来解释 VAR 模型中各个变量之间的关系，进而推断 VAR 模型的内涵。参考相关文献和对样本变量的研究，本课题在考察脉冲反应时，采用 6 期滞后。图 2 分别为 CPI 对信贷增速缺口、实际利率缺口、实际有效汇率缺口以及股票价格指数缺口的新息扰动所作出的反应。

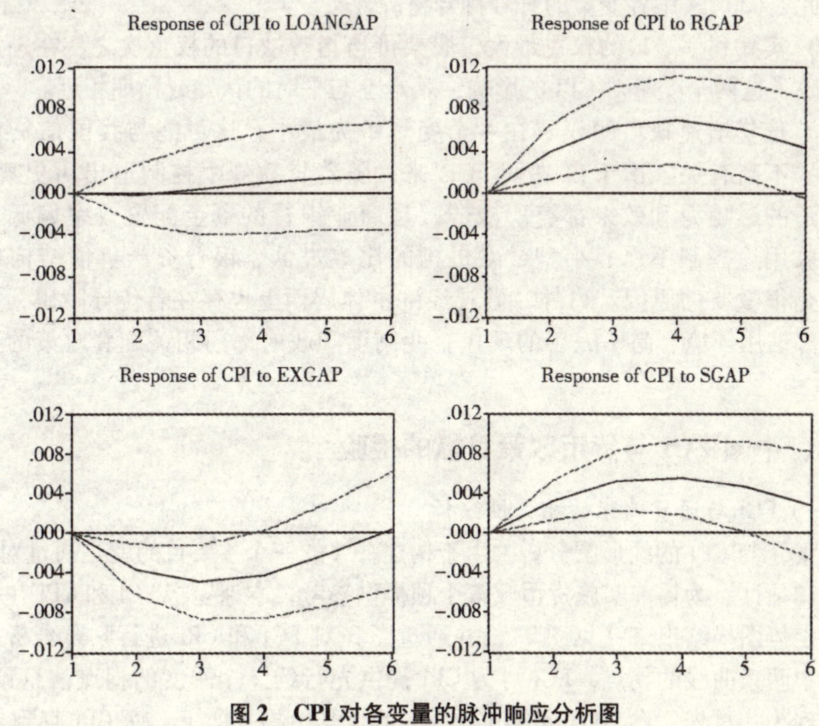

图 2　CPI 对各变量的脉冲响应分析图

从图 2 可以发现：（1）货币信贷增速缺口单位新息的正向冲击对 CPI 在前两期影响不大，第 3 期开始逐渐上升；（2）实际利率缺口的单位新息扰动对 CPI 有明显的冲击效应，对 CPI 的冲击效应逐渐上升，一直到第 4 期达到最大值；（3）实际有效汇率缺口对 CPI 的冲击为负效应，即汇率指数缺口的单位正向冲击（人民币升值）将导致CPI下降；（4）股票价格指数缺口的单位新息扰动对CPI也具有明显的正向冲击效应，并在第4个季度达到最大，曲线呈倒U型。

3. FCI模型构建与分析。根据前文定义的计算公式（2）以及相关数值，可以计算得到各个变量权重，FCI可表述如下：

$$FCI = 40.44\%(R_t - R_0) - 21.33\%(\varrho_t - \varrho_0) + 6.23\%(Loan_t - Loan_0) + 32.00\%(S_t - S_0) \quad (3)$$

对（3）式的解释包括三个方面：

（1）实际有效汇率缺口的系数为负，而其他3个变量的系数为正。这与我们在计算权重系数时是基于CPI而不是基于传统的产出缺口的方式有关。一般而言，利率增大、汇率升值会对经济增长带来不利影响，二者前的系数应该为负，而信贷增速缺口与股票价格指数缺口对产出缺口的影响刚好相反。由于本课题是基于CPI来考虑的，相应的各变量前的系数则应反映它对CPI的影响程度，因此，（3）式中各变量的符号符合经济含义。

（2）实际利率缺口的权重最大，股票价格指数缺口的权重次之，在一定程度上反映了这两个变量对CPI的影响，基本上与平时的认知或预期相近。

（3）信贷增速缺口的权重在4个变量中为最小，这可能与我国信贷市场效率水平不高有关。由于自1998年以来，随着贷款规模控制退出历史舞台，信贷渠道的影响力和效果都有所减弱，且商业银行的资金配置效率偏低、银行对贷款用途控制不严、小型金融机构的比重过低、银行资产负债结构单一等，也是很重要的原因。另外，微观经济主体层面上也存在着传导障碍，如不良的外部信用环境、尚不完善的现代企业制度和政府部门相关配套政策的不完善等。

四、中国FCI与货币政策目标的检验

（一）FCI与通货膨胀的相关性分析

1. FCI与CPI的线形图分析。由于构建FCI的一个主要目的就是通过对CPI的预测和估计，为提前实施货币政策干预提供参考，本课题将FCI和CPI在样本区间的走势图描绘出来（见图3），并通过图3对FCI和CPI进行联合分析。结合图3中两条曲线的拐点，FCI可为CPI提供先行约2个季度的拐点信息预警。具体表现为：首先，在2004年第1季度，FCI开始拐头向下，而CPI直到2004年第3季度才开始回落。其次，2005年第3季度，FCI触底回升，2个季度后，CPI才开始缓慢上行。第三，从2007年年末开始，次贷危机愈演愈烈，对我国经济的影响也越来越深。从图中可以看出，FCI在2007年第3季度达到最高点之后开始急剧下滑；在随后的2008年第1季度CPI也在达到近些年的最高峰后

开始下行走势。最后，2008 年第 4 季度，我国开始推行一系列的救市政策，由于政策效应存在时滞，经济从 2009 年第 2 季度才开始慢慢企稳，并逐渐走出低谷，CPI 的走势也说明了这点。从 FCI 的走势来看，其在 2008 年第 4 季度达到近年的最低谷之后开始触底反弹，仍比 CPI 领先约 2 个季度。

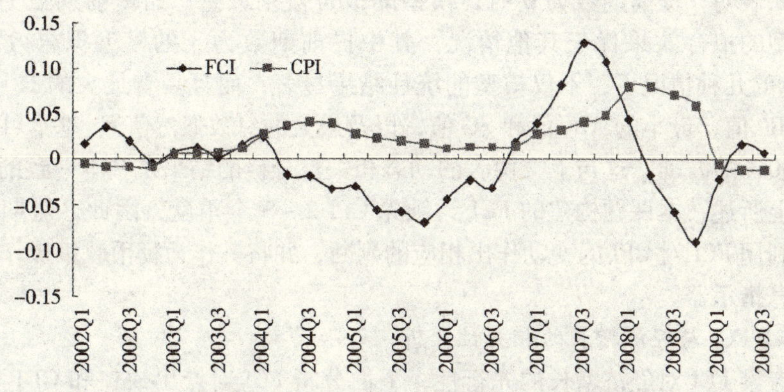

图 3　2002 年至 2009 年第 3 季度 FCI 与 CPI 走势图

由此可见，FCI 对 CPI 的拟合在整个样本区间都表现较好，对 CPI 具有一定的预测性。在整个样本区间，FCI 约领先 CPI 2 个季度的时间，可以根据 FCI 来对 CPI 的走势作出预先判断，并为货币政策调整发出预警信号。

2. FCI 与 CPI 的格兰杰因果检验。FCI 与滞后 2 期 CPI 的格兰杰因果检验结果表明，FCI 是 CPI 的格兰杰原因，这与图形分析结果一致，但 CPI 不是 FCI 的格兰杰原因，从而在计量上保证了他们之间的关系不会互为内生，并为利用 FCI 来先行判断 CPI 走势提供了技术支持。

3. FCI 与 CPI 的动态相关性分析。为更清楚地说明 FCI 与 CPI 间的相关关系，我们计算了不同滞后期的相关系数（见表 1）。相关系数在滞后 3 期时到达最大值 0.5570，随后开始减小，到第 5 期时两者基本没有相关性。这说明当利用 FCI 对 CPI 进行预测时，短期内（如滞后 2 期或 3 期时）较为准确，长期则较弱。

表 1　　　　不同滞后期的 FCI 指数与 CPI 的相关系数

滞后期	0	1	2	3	4	5
相关系数	-0.0304	0.3529	0.5206	0.5570	0.3679	0.0624

4. FCI 对 CPI 的预测分析。为了进一步评价 FCI 对 CPI 的预测能力，本课题借鉴了 Gauthier 和 Graham（2004）的计算方法，对 CPI 的预测采用循环式方程作深入分析。ADF 检验结果表明，所有变量均平稳，符合模型构建要求。

$$CPI_t = \alpha + \beta \cdot FCI_{t-k} + \varepsilon_t \quad (4)$$

式中：CPI_t——第 t 期的居民消费价格指数；

FCI_{t-k}——提前 k 期的 FCI 值；

k 的取值为（0，1，2，3，4）。

结果表明，提前期数为 0 时，模型的拟合效果最差；而提前期数为 2 或 3 时，模型的拟合效果优于其他情况，其中提前期数为 3 的模型拟合效果最好（在所有的几种情况下，不仅模型的统计结果显著，而且具有最大的 R^2 值和调整后的 R^2 值、最小的 AIC 值和 SC 值，以及最大的对数似然值），基本可以解释 CPI 约 60% 的波动。这与上文两者的动态相关性分析的结果是基本一致的。

综上所述，本课题构建的 FCI 约领先 CPI 2～3 个季度，因此，短期内，我们可以利用 FCI 对 CPI 的变动作出相应的判断，并将其作为货币政策操作的一个领先信息指示器。

（二）FCI 与经济增长的相关性分析

为考察 FCI 对经济增长的先行性，下面分析 FCI 对产出缺口和 GDP 增长率变化的关系。

1. FCI 与产出缺口的关系分析。对于产出缺口的计算，本课题采取了常见的 HP 滤波法，即对季节调整后的 GDP 取对数后再进行 HP 滤波处理。剔除 HP 趋势项后的差额即为产出缺口，本课题定义为 GDPGAP。本课题计算了不同滞后期的 FCI 与产出缺口之间的相关系数。结果表明，FCI 与产出缺口之间的相关系数在 FCI 滞后 1 期时达到了最大值 0.7583，并随着滞后期的增大逐渐减小，在第 5 期的时候接近于 0。从结果可以发现，利用 FCI 提前 1 期或 2 期对产出缺口进行预测可能效果最好。

同样，为了进一步评价 FCI 对产出缺口的预测能力，本课题对产出缺口与不同滞后期的 FCI 建立回归方程。ADF 检验结果表明各变量均平稳，符合模型构建的要求。

$$GDPGAP_t = \alpha + \beta \cdot FCI_{t-k} + \varepsilon_t \quad (5)$$

式中：$GDPGAP_t$——第 t 期的产出缺口；

FCI_{t-k}——提前 k 期的 FCI 值；

k 的取值为（0，1，2，3，4）。

实证结果表明，提前 4 期时模型的拟合效果最差；而提前 1 期或 2 期时，模型的拟合效果优于其他情况，其中提前 2 期的模型拟合效果最好。因此，我们可以考虑用 FCI 提前 2 期对产出缺口进行预测。

2. FCI 与 GDP 增长率变化的关系分析。我们先计算得到了 GDP 可比价格的累计同比增长率，对其进行 ADF 检验，结果表明其是一阶单整序列，不能直接进行回归分析，因此我们对其取差分，得到新的序列，即 GDP 增长率的变动。

我们先将其与 FCI 指数进行跨期的相关性分析。结果表明，两者相关性不是太大。当 FCI 滞后 3 期时，其与 GDP 增长率变动的相关性最强，但仍仅为 -0.3075。接下来，从回归结果也发现，两者的拟合效果不尽如人意。在滞后期为 4 期时，拟合结果相对较好，但 R^2 也仅为 0.1898（具体实证结果略），即 FCI 的变化仅能解释不到二成的 GDP 增长率变动的变化。因此，我们认为，FCI 更适合用来对 CPI 或产出缺口的变化进行短期预测分析，而不适合用来对 GDP 增长率的变动作出预测。

五、结论与思考

（一）CPI 是中央银行判断通货膨胀的重要参考指标，但其缺陷日趋明显

由于物价指标体系中 CPI 反映的是居民生活成本指数，且该指数定期公布、广为人知、易于获取和理解，我国中央银行主要将 CPI 作为衡量通货膨胀水平的重要指标。但是，随着国际经济形势日趋复杂化，CPI（甚至是核心 CPI）作为通货膨胀重要参考指标逐渐显现其不足之处：

1. 难以反映日渐复杂化的全球通货膨胀机理。

2. 对经济周期的前瞻性预期较弱。

3. 不含金融资产价格，且商品构成不尽合理，难以全面反映一般物价水平。

（二）资产价格波动对货币政策决策产生重要影响

1. 从货币政策传导角度看，资本市场作为货币政策传导渠道之一，对企业和居民的经济行为产生影响，进而影响经济供需平衡。

2. 从物价角度看，资产价格上涨会通过“财富效应”，引发经济体的过度需求从而推动物价上涨。

3. 从币值角度看，资产价格的大幅波动往往意味着货币币值发生变化。

4. 从稳定角度看，资产价格大幅上涨往往伴随着风险累积。

5. 从货币供应看，资产价格波动会通过改变银行信贷市场或资本市场间的资金流向，改变货币组成结构，从而影响货币乘数效应。

（三）中国 FCI 可在货币政策操作中发挥指示器的功能，为货币政策调整提供参考

其作用机理在于，通过掌握政策传导下利率、汇率、贷款增速、资产价格 4 种因素的变动情况，测算出当期 FCI，用以判断当前货币政策的松紧程度，以此作为中央银行进行货币政策调整的信息提示，发挥其前瞻性的指示器变量作用。

（四）鉴于 FCI 的变量构成和计算方法，可将其作为通货膨胀重要参考指标的有效补充

1. FCI 关注的是货币政策传导下四大主要变量对 CPI 走势的冲击，符合中央银行通货膨胀管理的整体框架。

2. FCI 涵盖了资产价格因素对通货膨胀的冲击，填补了 CPI 的缺陷。

3. 基于中国实际，将信贷因素纳入 FCI 是因为信贷渠道是中国货币政策发挥作用的一个重要途径。

4. FCI 发挥信息预警作用，可弥补 CPI 前瞻性不足的弱势。

（五）中国 FCI 的构成及其经济含义

本课题的 FCI 包括 1 年期实际贷款利率、实际有效汇率、本外币实际贷款增速和深证成分指数 4 个变量，利用 CPI 对 FCI 各变量冲击的脉冲反应估计各变量的权重系数。其经济含义是：

1. 实际有效汇率缺口的系数为负（-21.33%），而其他 3 个变量的系数为正，这主要与基于 CPI（而不是产出缺口）的权重系数计算方法有关。

2. 利率缺口的权重最大，股指缺口的权重次之，这在一定程度上反映了它们对 CPI 的影响大小，与平时的认知或预期相近。

3. 贷款增速缺口的权重在 4 个变量中为最小，这可能与我国信贷市场效率水平不高有关。

（六）利用 FCI 预先判断 CPI 的短期走势具有可行性和科学性

1. FCI 与 CPI 存在较好的拟合性，FCI 约领先 CPI 2～3 个季度，说明利用 FCI 预先判断 CPI 具有可行性。

2. 格兰杰因果关系检验表明，FCI 变化是 CPI 变化的格兰杰原因，反之则不成立，这在计量上保证了它们之间的关系不互为内生，说明利用 FCI 预先判断 CPI 具有科学性。

3. FCI 与 CPI 的相关性分析表明，利用 FCI 预先判断 CPI 短期走势的准确性较高。

此外，实证研究表明，本课题构建的 FCI 可以对产出缺口进行较好的预测（FCI 约领先 2 个季度）；但其与 GDP 增长率的相关性较弱，并不适合用来对经济增长作出预先判断。根据经济增长理论，影响 GDP 的因素更多的是技术、资本和企业家才能等生产要素，考虑综合价格因素的 FCI 对其影响有限。也正基于此，本课题在估计权重系数时采用的是基于 CPI 的脉冲分析，相比常见的基于 GDP 的脉冲分析更具有合理性。

主要参考文献：

[1] 徐慧贤：《资产价格波动与货币政策反应研究》，中国金融出版社 2008 年版。

[2] 谭小芬：《通货膨胀目标制、货币政策规则与汇率》，中国财政经济出版社 2008 年版。

[3] 张晓慧：《关于资产价格与货币政策问题的一些思考》，《金融研究》，

2009（7）。

［4］余辉：《影响货币政策前瞻性的几个客观因素》，《中国金融》，2009（16）。

［5］封北麟、王贵民：《 FCIFCI 与货币政策反应函数经验研究》，《财经研究》，2006（12）。

［6］杜迎伟、郑豫晓、赵庆光：《 我国中央银行通货膨胀指标选择探讨》，《中国金融》，2009（11）。

［7］卜永祥、周晴：《中国 MCI 及其在货币政策操作中的运用》，《金融研究》，2004（1）。

［8］张明喜：《中国货币条件指数的理论研究与动态分析》，《财经论丛》，2008（3）。

［9］陈建斌、龙翠红：《中国 MCI 的构建及对货币政策效果的验证》，《当代财经》，2006（5）。

［10］江曙霞、江日初： 《中国 MCI 实证检验》， 《厦门大学学报》，2008（2）。

［11］王玉宝：《金融形势指数的中国实证》，《上海金融》，2005（8）。

［12］陆军、梁静瑜：《中国 FCI 的构建》，《世界经济》，2007（4）。

［13］戴国强、张建华：《中国 FCI 对货币政策传导作用研究》，《财经研究》，2009（7）。

金融危机外部传导路径及对福建省经济影响研究

——基于VEC模型的宏观压力测试框架

中国人民银行福州中心支行课题组

课题主持人：吴成居

课题组成员：徐剑波　杨　敏　沈理明

20世纪以来全球爆发的多次金融危机使社会经济蒙受了巨大损失，特别是近来发生的多次金融危机都具有一个显著特点，即金融危机先在一国爆发后，迅速扩散到其他国家，引起人们对金融危机及其传导机制研究的重视。美国次贷危机的对外传导更促使各国政府重视金融危机对本国金融安全的影响。因此，从金融危机传导路径视角来揭示危机扩散中各要素之间的联系，对防范金融危机具有十分重要的意义。

一、金融危机外部传导研究综述

金融危机的外部传导，即金融危机在国际的传播与扩散，既包括金融危机国内传导的溢出，也涵盖单纯由外部原因导致的跨国传导，既有存在于贸易金融联系的国家间的接触性传导，也有存在于贸易金融关系并不紧密的国家间的非接触性传导。金融危机国际传导并非近年来才出现的现象。相关资料显示，1890年，伦敦巴林兄弟投资银行对阿根廷债权发生支付危机，当年10月纽约发生金融危机，伦敦一系列企业倒闭，巴林银行几乎于当年11月倒闭，英国对南非、澳大利亚、美国和其他拉丁美洲国家的贷款因此而锐减，导致上述国家和地区的经济危机一直持续到1893年。20世纪90年代，伴随着国际游资的膨胀，国际货币、金融危机频繁爆发。巴里·艾森格林和迈克尔·博多在2001年完成的一项研究表明，现在随机挑出的一个国家爆发金融危机的概率都比1973年大1倍，金融危机的传染性也大大增强，往往爆发不久就如同传染病一样迅速从最早爆发危机的国家或地区蔓延到其他国家和地区。金融危机传导机制的研究也迅速兴起。由于多种危机传导需要在资本项目和金融市场完全开放条件下才能实现，我国依靠资本项目和金融市场的有限开放在很大程度上抵御了1997年亚洲金融危机的冲击。但随着经济金融形势的变化，我国资本项目和金融市场也在逐步开放，危机传染的风险已经大大上升，震撼国际金融市场的美国次贷危机给我们敲响了警钟。

最早对金融危机传导问题进行系统研究的是美国著名经济学家查尔斯·金德尔伯格（张志英，2009）。他的《狂热、恐慌、崩溃——金融危机的历史回顾》一书是西方国家第一部系统研究金融危机的学术论著，第一次提出了金融危机国内传导和国际传导问题。而以班纳吉（Baneriee，1992）为代表的许多学者研究了危机的扩散，提出了“季风效应”、“溢出效应”和“传染效应”等理论解释。

季风效应最早是由 Masson（1998）提出的。Masson 分析金融危机的传导路径时认为金融危机的传导途径通常有三种：季风效应、溢出效应和净传染效应。所谓“季风效应”是指由于共同的冲击引起的危机传导。比如主要工业国家实施的经济政策会对新兴市场国家的经济政策产生相似的作用和影响。

溢出效应通常可以分为两种：一种是金融溢出；另一种是贸易溢出。由于一国与他国经济的联系主要是通过贸易和金融，因此金融溢出和贸易溢出成为金融危机传导的两个重要途径。当一国发生金融危机时，该国出口、外国直接投资和国际资本流入都会大幅减少。Geriach 和 Smets（1994）研究了金融危机贸易联系途径的传导机制，证明如果一国的贸易伙伴或者竞争对手货币贬值，则投资者预期改变，一国的货币也要发生相应的货币贬值，否则本国经济将遭受投机性攻击。Glick 和 Rose（1998）用实证研究表明贸易溢出是解释危机传导的重要途径。

净传染效应是指金融危机是由宏观基本面数据不能解释的原因所引起的。其主要涉及自我实现（Self-fulfilling）和多重均衡理论（Multiple Equilibriums）。在这一框架下，一国陷入危机后会引致另一国经济走向“坏的均衡”，然而这种新均衡的特征却是货币贬值、资产价格下降、资本外流和坏账增加。Diamond 和 Dybvig（1983）通过建立模型对银行挤兑事件进行了分析，证明了存款人是持有还是提取存款取决于其他存款人所采取的行动。因此在经济危机发生时，这种均衡只有一种坏的结果，即存款人由于恐慌心理而发生银行挤兑。当此次金融危机使得冰岛银行体系陷入全面崩溃时，其主要存款人所在国英国立即查封了其在英国的资产，以此避免冰岛金融危机通过净传染效应使得英国金融业受到冲击。

羊群效应。由于缺乏足够的信息，投资者一般认为一个国家发生金融危机，其他国家也会发生类似的危机。Calvo 和 Mendoza 证明了信息不对称性以及收集和处理信息的高额费用是导致羊群效应的原因。Agenor 和 Aizenman（1998）证明了大部分中小投资者是没有能力负担收集和处理信息的费用的，因此小投资者更愿意根据其他投资者的决策来作出自己相应的决策。小投资者往往跟随大的投资者作出决策。当金融危机发生时，大投资人减持或卖出资产或投资组合时，小投资人会跟进减持和卖出，这就导致所谓的羊群效应。

1998 年 Kodres 和 Pritsker 提出“金融危机蔓延的预期理论”，认为金融危机在国家之间蔓延的原因是金融市场的信息不均衡。目前较多国家相继开放了本国的金融市场，从而加强了与其他国家金融市场的紧密联系，通过这些渠道，负面的外部冲击就很容易传染其他没有问题的国家。Kodres 和 Pritsker 还开发了“确定金融危机传染的经济模型”，认为在当前市场发达的对冲机制下，即使没有宏观经济风险，金融危机也可以在两个国家之间蔓延。

金融市场的关联和互动效应。随着全球经济一体化和金融自由化的发展，金融市场间的关联性增强是金融危机和金融风险传导的重要根源。金融资产价格的波动会通过金融市场进行传导。关于金融市场的联动程度研究，Stehle（1977）固定收益的国际资本资产定价模型，提出了国际资产价格均等化理论，表明证券市场间的联动效应很高。随后，Errunza 和 Losq（1985）的中度市场分割理论、Bekaert 和 Arvey（1995）的国际资本资产定价模型，分别从不同角度验证了证券市场的关联性。Baig 和 Goldfajn（1999）也认为股票市场是相关的，即一个市场的变动会引起另一个市场的变动。从众心理、羊群行为是金融危机和金融风险传导的助动力。经济学文献的研究表明，从众心理、羊群行为也是金融危机和金融风险传导的根源。金融主体的从众心理是金融主体无法对金融市场的变化作出正确判断时，便依赖于其他主体的行为进行决策。

二、国际金融危机对福建省经济影响路径分析——以次贷危机为例

（一）贸易渠道

金融危机的贸易渠道传导即一国发生的金融危机可以通过直接或间接贸易渠道，使与其存在贸易关联的国家或地区面临经济恶化的可能。这种挤出效应主要是通过价格效应和收入效应得以实现，即一国金融危机造成本币贬值和国内经济衰退，导致进口需求减少，从而对与其有直接或间接贸易关联的国家或地区产生影响。福建省经济发展外向度较高，近年来外贸依存度一直保持在60%以上，有的年份甚至接近70%。2008 年金融危机爆发和蔓延通过贸易渠道对福建省实体经济特别是外贸企业造成的影响十分明显。受金融危机影响，欧美等国国内消费萎缩和货币贬值导致外需萎缩。美国原来是福建省第一大贸易伙伴和第一大出口市场，现在已经退到第 2 位。2009 年除东盟外，欧盟、美国、日本和我国台湾地区作为福建省的前 4 位外贸伙伴，其进出口值分别下降了 9.3%、6.2%、23.6%和17.8%（见图 1）。

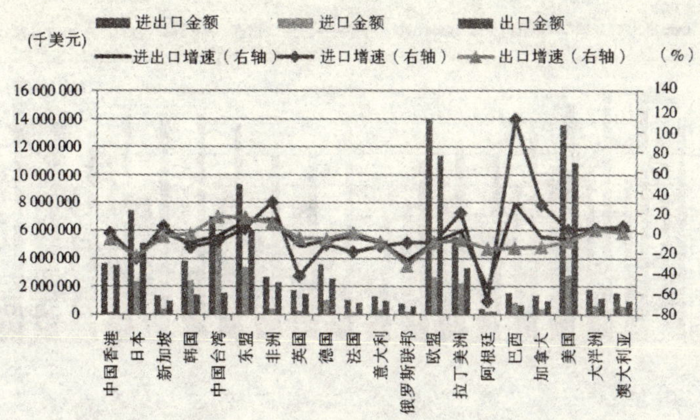

图1　2009年福建省与主要国家（地区）贸易情况

数据来源：福州海关。

1. 贸易进出口直接受影响。从环比数据看（见表1），2002～2007年福建省进出口年平均增长速度为21.9%。但受国际金融危机及经济运行周期的影响，2008年福建省进出口贸易增速呈高位回落运行态势，2009年进出口增长速度均呈负增长。

表1　　福建省进出口增长速度　　（单位：%）

年份	进出口	出口	进口
2002	25.5	24.8	26.7
2003	24.4	21.7	28.7
2004	34.5	39.1	27.7
2005	14.5	18.5	7.9
2006	15.2	18.4	9.3
2007	18.8	21.0	14.6
2008	13.9	14.1	13.6
2009	-6.1	-6.4	-5.4

数据来源：福建省统计局。

从具体月度数据看，2008年10月福建省外贸进出口开始急速下滑。1～10月福建省进出口同比增长20.7%。受国际金融危机影响，11月福建省进出口由增转跌，其中进出口及进口跌幅均超过两位数，出口跌幅接近10%。12月福建省进出口增速下降12.3%，延续11月下滑势头。进入2009年后，金融危机通过贸易渠道的影响才开始逐渐减弱，9月起福建省外贸进出口增速开始由“负”转“正”，实现全面增长（见图2）。

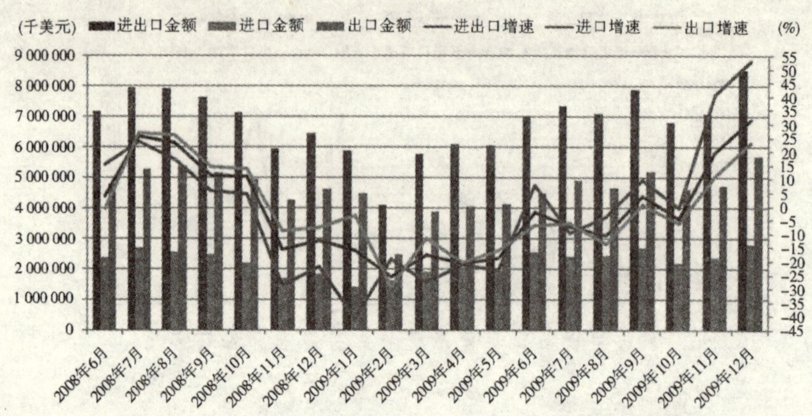

图2　2008 年 6 月 ~2009 年 12 月福建省进出口变化情况图

数据来源：福州海关。

2. 外贸损失加大 。受国际金融危机影响，福建省企业出口坏账风险增高，出口企业签约发货后的外汇回款难度增大。2008 年福建省出口企业报损金额 5 800 万美元，同比增长 7.7 倍。仅在美国市场，2008 年 1 ~10 月，福建省出口信用保险报损案件同比增长 66 倍，金额达 4 176 万美元。2009 年福建省地方涉外企业出口正在逐步恢复，但金融危机的后续影响依然存在。2009 年 1 ~8 月，全省收到企业出口报损案件 129 起，同比增长 53.6%。为回避贸易风险，福建省部分企业被迫放弃了南美、东欧、俄罗斯等高风险地区的新客户订单。2009 年前 3 季度，福建省出口信用保险公司累计承保 22.6 亿美元，同比增 171.1%；为企业支付赔款 401 万美元，同比增 95.6%，表明金融危机对福建省涉外企业的影响仍在持续。

3. 贸易摩擦增多。虽然世界贸易组织极力倡导“抵制保护主义，促进全球贸易和投资”，但在国际金融危机影响下，国际贸易摩擦与贸易壁垒不断增多，给福建省外贸出口产生深刻影响。2009 年前 8 个月，先后有 17 个国家（地区）对我国出口商品特别是劳动密集型商品发起 79 次贸易救济调查，而且已经产生了“效应”，引发贸易保护主义的蔓延。2009 年上半年福建省遭遇反倾销案件 15 起，涉案金额 1.2 亿美元，比上年同期增长 1 倍，特别是美国轮胎“特保案”已引发贸易保护主义的蔓延。

（二）金融市场联动渠道

随着经济金融一体化进程，世界各国金融市场实际上处于一个系统中，全球金融市场联动效应愈加明显，金融危机容易通过金融市场的联动对外传导，其传导途径主要为资本市场及货币市场等金融渠道。

1. 资本市场渠道。受美国次贷危机影响，国外资本市场大幅下挫，并通过资本市场溢出效应对福建省经济产生影响。一是福建省企业赴境外上市融资步伐受阻。由于国际资本市场受金融危机影响陷入萧条，福建省企业境外资本市场 IPO 和再融资都受到影响。2008 年福建省原计划有 20 家企业赴境外上市，结果仅有 8 家企业成功境外上市，比上年减少 4 家，筹资额下降约 53%。此外，境外上市企业再融资计划也受影响。2008 年第 3、第 4 季度通过境外上市获取的外商直接投资基本处于停滞状态。二是企业境外金融投资受损。兴业银行 2008 年第 3 季度季报披露，该行与美国雷曼兄弟公司相关境外投资与交易产生的风险敞口约 3 360 万美元。

2. 银行中介渠道。从福建省的情况来看，金融机构受金融危机的直接冲击较小，省内没有一家金融机构因金融危机而倒闭。受国际金融危机影响，在市场不确定的预期下，不仅市场资金会选择银行作为规避风险的港湾，而且银行机构也会通过收缩信贷规模以确保自身安全，进而对实体经济的资金供给产生冲击。2008 年福建省各项存款大幅回升（见图 3），全年累计新增存款1 798. 05 亿元，同比多增 685. 47 亿元。2008 年第 4 季度，全省各项存款新增 270. 67 亿元，同比多增 160. 26 亿元。同时，受宏观经济金融形势变化影响，2008 年福建省银行贷款质量向下迁徙的压力增大（见图 4），银行信贷因此明显收缩，贷款增量较上年同期明显减少。全年银行业金融机构各项贷款累计新增 1 483. 18 亿元，同比少增 256. 54 亿元（见图 5）。

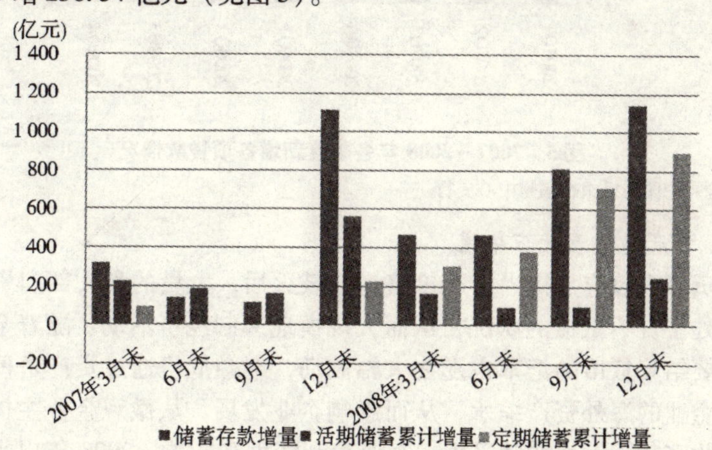

图 3　2007 ~ 2008 年福建省储蓄存款累计增量变动情况

数据来源：中国人民银行福州中心支行。

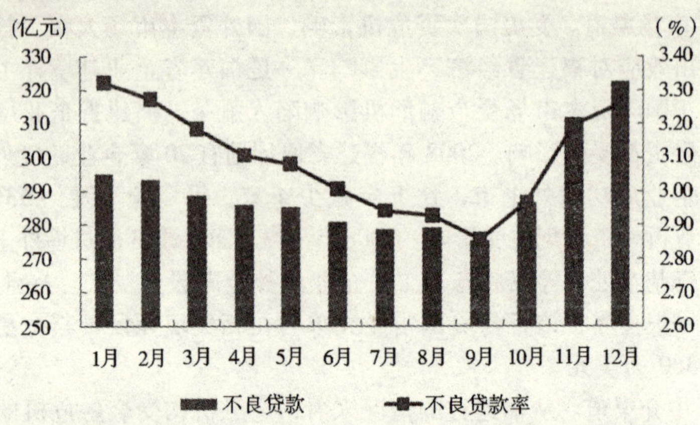

图4　2008年福建省全金融机构不良贷款（率）时序图

数据来源：福建银监局。

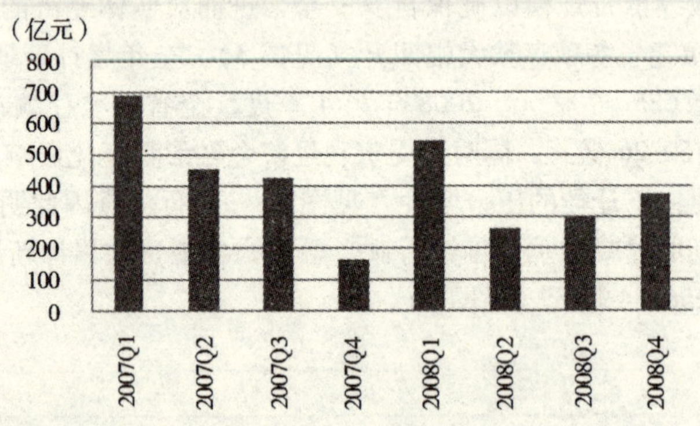

图5　2007～2008年各季度新增各项贷款情况

数据来源：中国人民银行福州中心支行。

（三）资产负债表效应渠道

资产负债表效应是指当资产价格泡沫破灭后，大量的私人部门资产负债表都会随之处于资不抵债的状况，从而大规模地遏制经济活动。随着金融危机的发生，主要结算货币的汇率也随之大幅波动，金融危机通过资产负债表效应对外传递，企业的海外资产缩水，从而影响企业发展。从微观企业主体来看，一是企业应收账款因汇率波动受损，企业盈利能力受影响。2008年以来人民币汇率持续升值，虽然升值幅度有所缓和，但汇率的持续升值已经给出口企业造成影响。如浦城县正大生化有限公司生产的饲料金霉素约占全球饲料金霉素供应市场30%，人民币升值对以美元结算出口的产品利润影响较大，减弱了企业在市场定价方面的优势。该公司2008年仅因出口结汇造成的损失约达1 000万元。2009年以来人民币升值速度明显减缓，截至2009年9月30日仅升值0.0819%，企业汇兑损益也因此减少。调查显示，2009 年前 3 季度 39 家被调查企业出口业务形成汇兑损益 1 458 万元，比上年同期下降 95. 49 个百分点。二是企业境外上市所筹集的资金因汇率波动受损。受金融危机影响，部分企业境外上市招股公告拟投资项目受到影响，企业境外上市所筹集的部分资金短期内无法汇入境内，从而承担了一定的汇率损失风险。2008 年 10 月 7 日，南方林业有限公司通过其母公司中国林业控股有限公司在纽约—泛欧交易所挂牌上市，成为我国在欧洲上市的首家林业公司，公司股票开盘价 13. 3 欧元，募集资金 3 192 万欧元。目前上述资金尚未调回，存在一定的汇率风险。

（四）直接投资渠道

托宾 Q 理论认为股票价格会影响企业投资，企业的市场价值与其重置成本之比可以作为衡量要不要进行新投资的标准，这个比率用 Q 来表示。企业的市场价值就是企业股票的市场价值总额，因此 Q 等于企业股票的市场价值除以新建造企业的成本。如果 Q <1，说明买旧的企业比新建设便宜，因此就不会投资；Q >1 则会有新的投资。根据托宾 Q 理论，资本市场大幅下跌，会导致新投资减少。从福建省的情况看，2008 年省内投资增势回落幅度较大，全省全社会固定资产投资比上年大幅回落 16. 4 个百分点；从对外投资和利用外资情况看，主要是企业对外投资受影响。2008 年 1 ~12 月福建省企业境外投资额变动情况显示（详见图 6），2 月福建省企业境外实业投资达到全年峰值，3 月以后呈大幅直线下滑。主要原因是随着金融危机影响的加剧，福建省企业境外实业投资趋于谨慎。

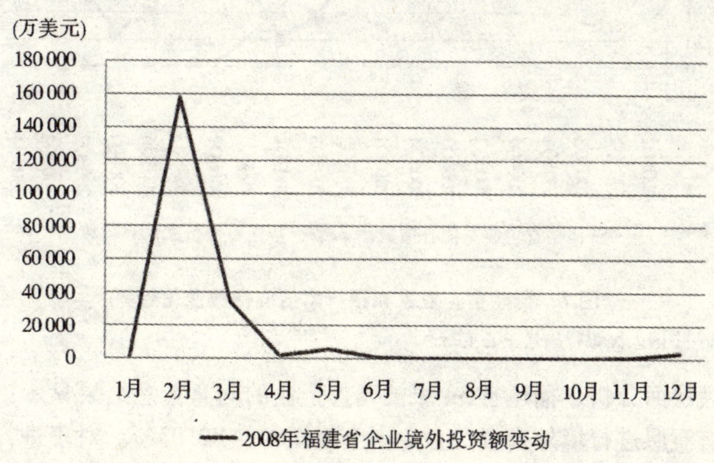

图 6　福建省企业境外投资变动情况

数据来源：福建省外汇管理局。

2008 年前 3 季度福建省外商直接投资出资额 47. 17 亿美元，同比下降

5.98%。全省利用外资项目数为854家，合同利用外资55.13亿美元，分别比上年同期下降了37.44%和26.84%。2009年第3季度福建省外商实际到资继续保持低幅增长，合同外资仍处下降态势，共批准外商投资项目635项，同比下降25.6%。

（五）心理预期传导渠道

心理预期传导渠道是指即使国家之间不存在直接的贸易、金融联系，金融危机也可能会传染。这是由于其他国家发生金融危机导致投资者和消费者的预期变化与信心危机，进而对本国的经济产生影响。而由于投资者和消费者在市场上常常根据其他投资者和消费者的行为决定自己选择的“羊群效应”会加剧这种影响。国际金融市场的大幅振荡同样对福建省的投资者和消费者产生巨大影响（见图7和图8），并对未来经济产生悲观预期。在这种预期的推动下，投资者采取防御策略，收缩投资，而居民则会减少消费，持币观望。受此影响，2008年福建省全社会固定资产投资大幅回落，房地产商心理预期受影响尤为明显，房地产开发投资增幅降至历史新低，基于未来预期的不确定性，居民的消费也趋于谨慎。

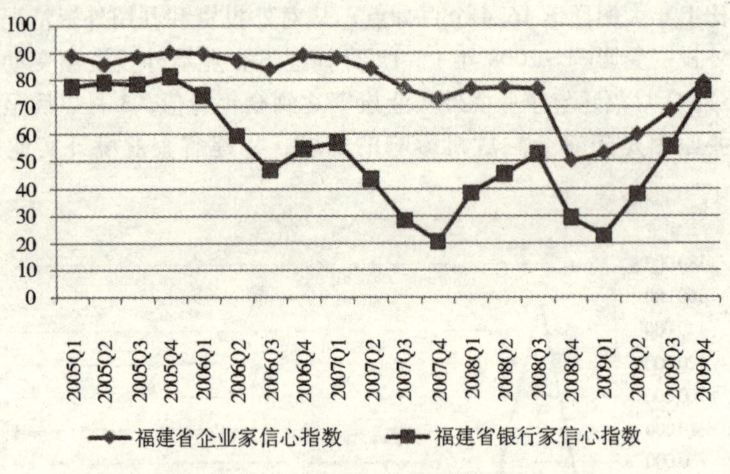

图7 福建省企业家和银行家信心指数变化趋势

数据来源：中国人民银行福州中心支行。

从微观层面分析，福建省39家被调查企业的问卷汇总结果显示，受金融危机影响没有意愿进行境外投资的企业占全部样本的82.05%。对于进行境外金融资产投资，各样本企业显示出比境外直接投资更加保守的态度。全部39家样本企业中，没有一家有强烈的投资意愿，有29家企业没有境外金融产品投资意愿。这表明企业心理预期受金融危机影响发生较大变化，对于境外投资的信心仍然未完全恢复；也显示出企业在投资过程中，逐渐认识到了高盈利性背后的高风险性。

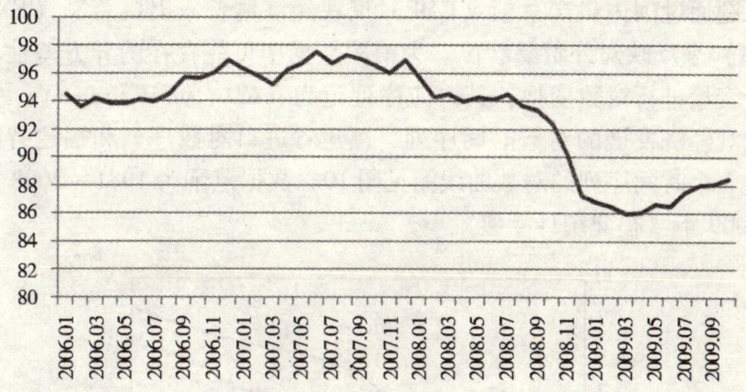

图 8　全国消费者信心指数

注：由于数据采集原因，本课题以全国消费者信心指数代替，数据来源于国家统计局。

从历次金融危机的外部传导路径来看，特别是从此次美国次贷危机引发的国际金融危机对福建省的传导渠道来看，可得出如图 9 所示的金融危机外部传导的路径。

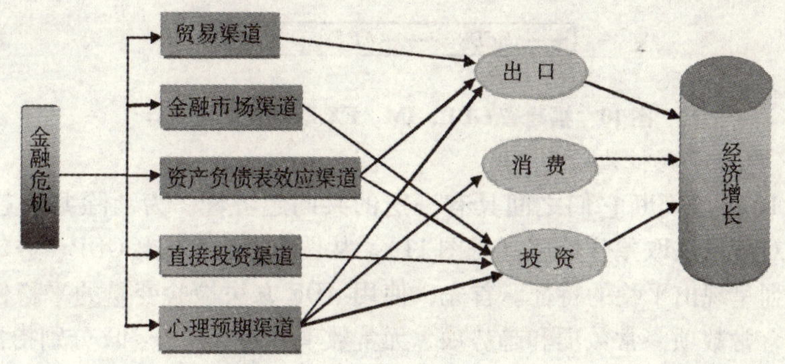

图 9　金融危机外部传导路径图

三、金融危机向福建省传导的实证分析——基于 VEC 模型的贸易传导路径分析

本课题拟通过定量分析方法对金融危机的传导路径进行实证研究。在实证分析过程中需要大量的历史数据，基于数据获取的便利和准确性，以及由于福建省经济外向性度高，金融危机通过贸易渠道的影响较深等因素考虑，本课题选取福建省 GDP、福建省进口额和福建省出口额等变量构建向量误差修正（VEC）模型，研究福建省对外贸易变化情况与经济济增长变化之间的关系，并引入蒙特卡罗模拟方法分析福建省对外贸易受冲击对福建省 GDP 产生的影响。

（一）数据描述

本课题通过国内生产总值（GDP）反映经济增长，出口总额（EX）、进口总额（IM）来反映对外贸易状况。为消除数据中可能存在的异方差性，分别对上述3个变量进行对数变换，其对应序列记为 *lnGDP*、*lnIM* 和 *lnEX*，分别表示福建省宏观经济发展的对数时间序列、福建省进口对数序列和福建省出口对数序列。这3个时间序列的对数曲线图见图10，数据范围为1981～2008年，数据来源于2009年《福建统计年鉴》。

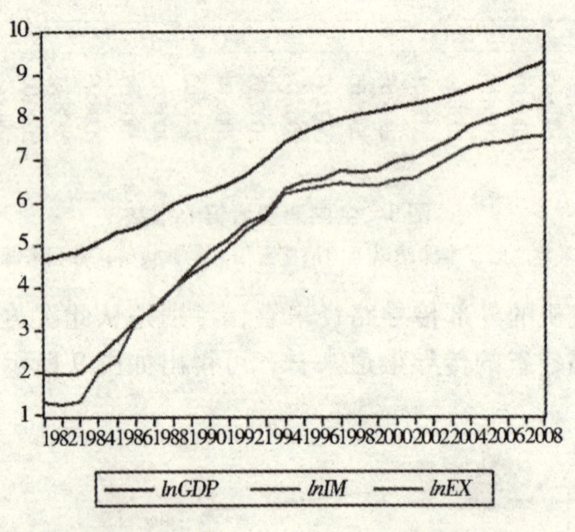

图10　福建省GDP、IM、EX取对数变化趋势

（二）数据平稳性检验

从图10可以判断它们之间具有一定的共同趋势性。为消除共同趋势的影响，本文对变量采取差分处理（见图11）。从图11可以看出GDP、进口和出口的差分序列呈现出平稳的特征。首先，使用ADF方法检验变量的平稳性，检验类型包括含常数项、常数项和趋势项、无常数项和趋势项。c 和 t 分别指常数项和趋势项，p 为滞后阶数，检验滞后阶数的选择依据AIC、SC准则确定。检验结果表明：*GDP*、*IM* 和 *EX* 序列都是Ⅰ（1）过程，一次差分后 *DlnGDP*、*DlnIM* 和 *DlnEX* 为平稳数列。

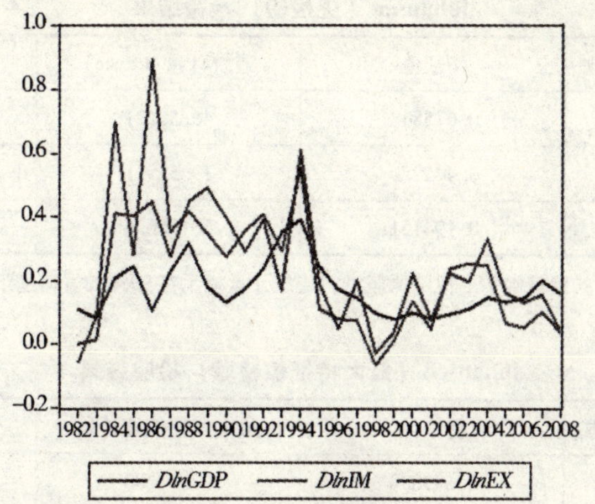

图 11　福建省 GDP、IM、EX 取对数一阶差分后变化趋势

表 2　　ADF 平稳性检验

变量	ADF 检验值	检验类型（c，t，p）	临界值	结论
lnGDP	-1.6877	（c，t，5）	-3.3423（10%）	不平稳
lnIM	-2.3112	（c，t，4）	-3.3249（10%）	不平稳
lnEX	-2.5116	（c，t，2）	-3.3103（10%）	不平稳
DlnGDP	-7.9138	（0，0，2）	-2.7175（1%）	平稳，I（1）
DlnIM	-6.3606	（0，0，2）	-2.7081（1%）	平稳，I（1）
DlnEX	-5.0148	（0，0，2）	-2.7175（1%）	平稳，I（1）

注：检验类型（c，t，p）分别表示单位根检验方程带有常数项、趋势项和滞后阶数，p 的取值取决于 AIC 和 SC 准则。

（三）Johansen 协整检验

由单位根检验可知，变量 *lnGDP*、*lnIM* 和 *lnEX* 均为 I（1）单整序列，满足进行协整检验的条件。一般而言，如果检验两个变量之间是否存在协整关系，通常使用 Ende－Granger 两步检验法（也称 EG 法）；如果检验多变量之间的协整关系，则使用 Johansen 协整检验法。由于使用 Johansen 协整检验法建立的 VAR 模型对滞后期的选择比较敏感，所以我们根据非约束的 VAR 模型的 AIC 和 SC 准则得到最佳滞后期。当 AIC 和 SC 准则出现矛盾时，利用似然比（LR）来确定滞后阶数，以在动态性与自由度之间寻求一种均衡。根据以上准则，我们确定出 VAR 模型的滞后阶数为 3 阶。在滞后期数确定之后，再对协整中是否具有常数项和时间趋势进行验证，然后再对数据进行协整检验，得到的结果见表 3、表 4 和表 5。

表 3　　Johansen（迹检验）检验结果

零假设：协整方程个数	特征值	迹统计量（trace）	P 值
0 个 *	0.675848	46.56221	35.45817
最多 1 个	0.449920	19.52521	19.93711
最多 2 个	0.194151	5.180626	6.634897

注：* 表示在 99% 的置信水平下拒绝原假设。迹统计量显示在 99% 的置信度下存在一个协整方程。

表 4　　Johansen（最大特征值检验）检验结果

零假设：协整方程个数	特征值	最大特征值统计量	P 值
0 个 *	0.675848	27.03700	25.86121
最多 1 个	0.449920	14.34458	18.52001
最多 2 个	0.194151	5.180626	6.634897

注：* 表示在 99% 的置信水平下拒绝原假设。最大特征根统计量显示在 99% 的置信度下存在一个协整方程。

表 5　　标准化的协整系数

lnGDP	*lnEX*	*lnIM*
1.000000	-1.222225	0.510024
	(0.08608)	(0.08833)

注：括号中的数值为系数值的标准差。

从检验结果可以知道，在特征根迹检验与最大特征根值检验过程中该向量组存在一个协整向量。换句话说，这 3 个变量之间存在着至少一种较为稳定的长期线性相关的趋势，这为我们建立 VEC 模型提供了必要的前提条件。

（四）向量误差修正（VEC）模型

上一部分的研究结果表明 *lnGDP*、*lnIM* 和 *lnEX* 之间存在一个协整关系。根据前面的介绍，VEC 模型是有约束的 VAR 模型，适用于具有协整关系的非平稳序列。VEC 迫使模型在长期内发生聚敛，从而将变量之间的协整关系（一种长期均衡）合并起来。然而，VEC 模型允许偏差存在，随着长期关系的不断调整，这种偏差会逐渐修正。本文用 EVIEWS5.1 对 VEC 模型进行拟合，结果见表 6。

表6　VEC模型误差修正项参数估计结果

lnGDP(-1	lnEX(-1)	lnIM(-1)	C
1.000000	0.510024	-1.222225	-2.958870
	(0.08833)	(0.08608)	
	[5.77407]	[-14.1982]	

注：表中所列协整系数估计值下面小括号内是渐进标准误差，中括号内是检验统计量。

矩阵表达形式为：

$$\Delta LY_t = \begin{bmatrix} 0.626315 & 0.4109153 & 0.566748 \\ 1.065844 & -0.164553 & 0.845011 \\ 1.690166 & 0.257562 & 0.950231 \end{bmatrix} \times \Delta LY_{t-1} + \begin{bmatrix} 0.195060 & 0.185590 & -0.146012 \\ -0.308868 & -0.744962 & 2.235232 \\ -1.005231 & -1.129191 & 2.3423530 \end{bmatrix} \times \Delta LY_{t-2} + \begin{bmatrix} 0.074977 & -0.003808 & 0.034763 \\ -2.023328 & -1.244161 & 1.718171 \\ -1.470850 & -1.046839 & 1.640272 \end{bmatrix} \times \Delta LY_{t-3} + \begin{bmatrix} -0.303965 \\ 1.390041 \\ 1.539772 \end{bmatrix} \times vecm_{t-1} + \begin{bmatrix} 0.106913 \\ -0.227672 \\ -0.261050 \end{bmatrix}$$

其中：

$$LY_t = (lnGDP, lnIM, lnEX)'$$

$$vecm_t = [10.510024 - 1.222225] \times LY_t - 2.95887$$

误差修正模型能够说明系统中各变量之间的相互动态作用。由上述分析可知 lnGDP、lnIM、lnEX 形成的系统的协整关系中，lnIM 系数为正值，lnEX 的系数为负值。从 VEC 模型的参数估计结果我们可以得到下面的结论：

1. 从长期来看，VEC 模型的误差修正项为零，即一种稳定的状态。通过移项我们可以发现在99%的置信水平下，lnGDP、lnEX、lnIM 的协整方程为（协整系数标准化之后）：

$$lnGDP = 1.22lnEX - 0.51lnIM + 2.96$$

由协整方程可以看出，福建省出口贸易波动与 GDP 存在正向关系。出口每增长1个单位，将会促进 GDP 增长1.22个单位；而进口贸易波动与 GDP 存在反向关系，进口每波动1个单位，GDP 反向波动0.51个单位；出口对经济增长的影响比进口大。

福建省出口贸易波动的增加可以通过以下几种渠道来影响福建省经济增长：一是出口增加会导致对福建省产出需求的增长，从而拉动经济的增长。二是出口的增加会提高企业的效率。出口增长导致与国外竞争者的竞争加剧，从而会刺激企业家精神，促进技术创新和进步，提高产品质量和充分利用规模经济。三是由于外部经济性，出口部门产出增长会带动非出口部门的生产活动。出口的增长在外部经济性存在的条件下，会产生动态规模收益递增，从而导致经济的持续增长，加剧宏观经济波动。进口的 GDP 乘数为 -0.707，表明进口对省内需求没有产生一对一的挤出作用，这是进口产品结构和市场开放度所导致的。

2. 3 个方程的回归调整系数分别为 -0.303965、1.390041、1.539772，且回归调整系数绝对值都较大，表明 3 个变量发生偏离长期稳态的误差时，模型会产生较大的反应，迅速使模型调整回长期的稳定状态。

综上所述，通过 Johansen 协整检验和 VEC 模型分析，我们会发现 *lnGDP*、*lnIM* 和 *lnEX* 之间存在一个稳定的关系。同时，这种稳定关系有很强的“纠错”调整能力，当变量产生偏离稳定的误差，会有一种很强的内在机制及时作出调整，使得变量运动轨迹回到稳定的均衡状态。除此以外，我们还会发现这 3 个变量之间有较强的时间趋势，这可能是由于在目前经济快速发展的背景下，变量不可避免地表现出较强的时间轨迹。

（五）Granger 因果检验

协整检验是检验变量之间是否存在长期的均衡关系，但是这种关系是否构成因果关系还需要进一步验证。Granger 提出的因果关系检验可以解决此类问题。由于模型的检验结果敏感地依赖于滞后期的选择，因此，对于本检验首先根据 AIC 和 SC 准则确定滞后期。在不能确定的情况下，根据内曼—皮尔逊（Neyman - Pearson）提出的似然比（LR）统计量来确定滞后期。确定的滞后期为 1，检验结果见表 7。

表 7　*lnGDP*、*lnEX* 与 *lnIM* 之间 Granger 因果检验结果

零假设	样本数	F - 统计量	概率	结论
lnIM 不是 Granger 引起 *lnGDP* 的原因	27	13.9751	0.00102	拒绝
lnGDP 不是 Granger 引起 *lnIM* 的原因	27	1.63948	0.21263	接受
lnEX 不是 Granger 引起 *lnGDP* 的原因	27	11.8395	0.00213	拒绝
lnGDP 不是 Granger 引起 *lnEX* 的原因	27	1.81910	0.19001	接受
lnEX 不是 Granger 引起 *lnIM* 的原因	27	1.81848	0.19008	接受
lnIM 不是 Granger 引起 *lnEX* 的原因	27	7.68772	0.10508	接受

注：滞后期数为 1 期。

从检验结果中发现，在 95% 的置信水平下：

1. *lnGDP* 不能 Granger 引起 *lnIM*，相反 *lnIM* 却是 *lnGDP* 的 Granger 因子。因此，可以认为 *lnGDP* 对于 *lnIM* 的影响较为有限，而 *lnIM* 却是 *lnGDP* 变化的主

要因素之一。

2. $lnGDP$ 不能 Granger 引起 $lnEX$，相反 $lnEX$ 却是 $lnGDP$ 的 Granger 因子，反映福建省出口规模变化能够 Granger 引起福建省 GDP 的变化，反之，却影响不明显，说明出口增长对经济增长的作用，这也符合新古典经济学的出口导向理论 。

3. $lnEX$ 不能 Granger 引起 $lnIM$，同时 $lnIM$ 也不是 $lnEX$ 的 Granger 因子，反映福建省进出口之间的相互影响有限。

总的来说，通过有限样本的计量分析结果，我们认为，福建省进出口规模会对福建省宏观经济波动具有较强的 Granger 影响，反之这种影响却不明显。

（六）不同压力冲击情景下宏观经济波动模拟

由于假设的冲击变量是确定的，传统的压力测试方法所对应的压力测试结果只有一种，属于静态压力测试；而通过蒙特卡罗模拟法，可以模拟出大量的冲击场景，从而得到压力测试结果是在一定置信水平下的频率分布，是一种动态压力测试，采用这种方法可以提高评估结果的准确性。因此，本课题采用蒙特卡罗法对受外贸压力冲击下的宏观经济波动进行模拟。

首先，以上述 VEC 模型得出的协整关系作为映射函数。其次，根据历史数据对模型中的解释变量分布进行拟合，对不同假设场景（见表8）的各冲击变量求得其概率分布形态及参数，最后，应用 Crystal Ball 软件在计算机上进行 5 000 次的样本情景模拟，结果见图 12。

表 8　　宏观压力测试情景假设表

受压项目	压力情况		
	轻度冲击	中度冲击	严重冲击
外贸出口	-5%	-10%	-20%
外贸进口	-5%	-10%	-20%

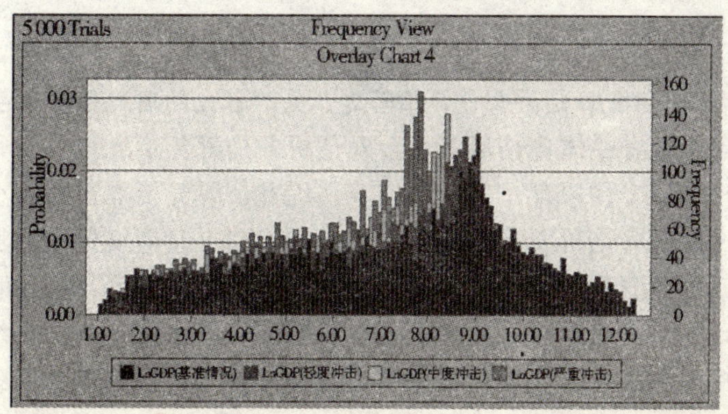

图 12　福建省外贸进出口受冲击：多种同压力情景下 GDP 的模拟频率分布重叠图

图12显示，基准情况、轻度冲击、中度冲击和严重冲击情况下的福建省GDP的模拟频率分布。在引入冲击后，GDP的分布左移，显示出现较高GDP值的频率分布下降，出现较低GDP值的频率分布上升，表明外贸进出口受到冲击后，对宏观经济产生了一定程度的影响。但在不同压力情景下，这种影响的程度也不同（见表9）。

表9　　蒙特卡罗模拟结果的有关统计参数

仿真次数	5 000			
统计量	基准情况	受压结果		
		轻度冲击	中度冲击	严重冲击
均值	7.16	6.95	6.74	6.32
中位数	7.63	7.40	7.16	6.70
标准差	2.71	2.57	2.44	2.17
方差	7.34	6.62	5.95	4.70
偏度	-0.3485	-0.3485	-0.3485	-0.3485
峰度	2.20	2.20	2.20	2.20
最小值	1.03	1.13	1.23	1.42
最大值	12.37	11.90	11.43	10.49
均值标准差	0.04	0.04	0.03	0.03

从表9可以看出，通过5 000次模拟运算，可以得出*lnGDP*的均值为7.16。在不考虑其他因素影响的情况下，在遭受5%衰退的轻度冲击后，宏观经济大约下降2.93%；在遭受10%衰退的中度冲击后，宏观经济大约下降5.87%；福建省外贸进出口在遭受20%衰退的严重冲击后，宏观经济大约下降11.73%。

四、防范和化解金融危机影响的对策研究

（一）加强国际金融监管合作，推动建立更加稳健的国际金融体系

在目前经济金融一体化格局下，金融危机的外部传递比以往来得更快、影响也更深，任何一个国家都难以独善其身。因此，各国要加强国际金融监管合作，特别是金融监管当局要加强信息交流，加大对金融危机的监测力度，加强跨国资本流动的监测和大型跨国金融机构的监管协调，防范金融危机跨境传递。开发覆盖全球、特别是国际金融中心的危机预警系统，避免各国在维护本国金融稳定过程中的无序冲突。加快推进多元化国际货币体系建设，努力发挥多种货币的作用，减少对现有主要国际货币的过度依赖，增强特别提款权的作用。此外，还要积极推动国际金融监管体制改革，堵塞监管漏洞，加强对投资银行、

对冲基金等非银行金融机构的监管，将其表外业务纳入监管范围，提高对不同金融机构监管标准的一致性。

（二）转变经济发展模式，实现内需与外需均衡发展

从本次金融危机对各地区的影响看，经济金融外向度高的国家和地区受到的冲击较大，说明国际金融危机的影响与经济外向度成正比。因此，如何统筹国内和国际两种资源、平衡好内需和外需的关系成为决策者的共识。特别是要把扩展国内市场置于十分重要的地位。福建省对外贸依存度较大，进出口贸易对福建省经济增长意义重大。但这种状况也意味着福建省经济增长存在危险的“引擎”，即容易受到来自外部的冲击。因此，福建省在发展外向型经济时切不可忽略对国内市场特别是省外市场的拓展。此外，还要多元化开拓国际市场，提高出口商品的技术含量和附加值，有步骤地开拓具有发展前景和潜力的市场，并积极鼓励和支持企业提高出口商品的技术含量和附加值，加快“福建制造”向“福建创造”的转变步伐。

（三）推动金融改革与创新，强化危机应对能力

防范金融危机向自身传递的最好方法是通过金融改革与创新提升自身应对危机的能力。当前，金融机构稳健发展仍然面临经济波动的考验，要稳步推进配套政策的改革，为夯实金融微观基础、促进金融机构平稳运行和健康发展、不断增强金融机构服务经济社会发展的能力创造有利条件。因此，要通过继续深化金融业改革，提前做好应对更严重金融危机的准备。一是进一步深化银行业改革。银行业是福建省金融业的主体，从外部环境看，当前国际金融危机仍在持续、世界经济尚未走向复苏，福建省银行业也面临新的挑战。因此，要完善信贷风险管理和内部控制体系，加强对宏观形势的研究，强化重点行业和客户风险管理控制；加快包括金融产品、管理模式、组织架构等方面的金融创新，稳步推进综合经营，改善盈利模式，并提高金融机构资本充足率，严格执行资本充足率要求新标准，降低杠杆率，避免过度扩张。二是推动证券公司进一步深化改革。明晰和强化出资人职能，建立健全股东大会、董事会、监事会和经理层（简称“三会一层”）的治理架构，明确相应职能边界，充分发挥公司治理在证券公司发展和经营管理中的作用。同时，在控制风险的前提下，应鼓励业务创新，促进证券公司建立可持续的盈利模式。三是进一步推进保险公司改革。继续推进保险公司内部管理体制和运行机制改革，建立有效的激励约束机制，明确各管理环节的权责，强化内部控制制度的执行力。规范保险公司集团化发展，明确集团公司和子公司的权责和定位，通过有效的资源整合发挥战略协同效应。

（四）健全金融监管体系，形成防范化解危机的合力

密切关注国际金融危机发展动态，研究风险可能的传播途径，及时对危机

发展趋势和对区域经济金融的影响进行跟踪和评估。加大银行、证券、保险等金融机构的监测力度，及时发现风险苗头，确保金融安全稳定运行。进一步完善金融稳定协调机制，加强有关部门的有效沟通与协调配合，实现多方联动，建立联合检查制度，密切关注跨行业、跨市场、交叉性金融工具的风险，共同防范和化解系统性金融风险。整合金融监管资源，完善金融监管制度，并向功能性监管转变。

疏忽对衍生品市场的监管是本次金融危机加速对外传导的主要原因。目前国际上金融监管体制改革呈现从分业监管走向功能性监管的趋势。这种监管模式符合“整体监管”理念，容易判断金融集团的资产总体风险，规避金融机构“监管套利”机会。《中华人民共和国中国人民银行法》虽然规定了建立信息共享机制和金融监管协调机制，中国银行业监督管理委员会、中国证券监督管理委员会、中国保险业监督管理委员会也签署了在金融监管方面分工合作的备忘录，但是目前该机制还不完善，在“分业监管”的格局下应注重加强监管协调，对部分金融监管资源进行横向整合，以适应日益突出的金融综合经营对监管的挑战，提高监管效率。

参考文献：

[1] Jim Wong, Ka - fai Choi, Tom Fong, “ A Framework for Macro Stress Testing the Credit Risk of Banks in Hong Kong”, *Hong Kong Monetary Authority Quarterly Bulletin*, 2006.

[2] 陈小林：《金融危机：演进历史与西方理论》，《财经科学》，2009（10）。

[3] 董彦岭、张继华：《货币危机与银行危机共生机理研究》，《石家庄经济学学报》，2009（2）。

[4] 董小君：《金融风险预警机制研究》，经济管理出版社2004年版。

[5] 弗雷德里克·S. 希利尔等：《数据、模型与决策》，中国财政经济出版社2004年版。

[6] 范爱军：《金融危机的国际传导机制探析》，《世界经济》，2001（6）。

[7] 华晓龙：《基于宏观压力测试方法的商业银行体系信用风险评估》，《数量经济技术经济研究》，2009（4）。

[8] 黄学元、蔡家辉、方柏荣：《检测香港银行信贷风险的宏观压力测试架构》，《香港金融管理局季报》，2006（12）。

[9] 李江，刘丽平：《中国商业银行体系信用风险评估——基于宏观压力测试研究》，《当代经济科学》，2008（6）。

[10] 卢盛荣：《国际金融危机对中国经济影响及其传导机制》，《东南学

术》，2009（1）。

［11］庞震、王凯：《中国宏观经济波动的贸易传导机制的实证研究》，《太原理工大学学报（社会科学版）》，2009（3）。

［12］孙敬水、高玲芳、孙金秀：《浙江对外贸易与经济增长关系的协整分析》，《国际贸易问题》，2005（10）。

［13］吴德进：《福建省FDI对外贸易与经济增长关系的实证研究》，《国际贸易问题》，2007（10）。

［14］易丹辉：《数据分析与Eviews应用》，中国统计出版社2003年版。

［15］原鹏飞、邓嫦琼：《住房价格上涨与其影响因素之间的关系研究》，《统计与信息论坛》，2008（11）。

［16］詹姆斯·R. 埃文斯、戴维·L. 奥尔森：《模拟与风险分析》，上海人民出版社2001年版。

［17］张志英：《金融风险传导机理研究》，中国市场出版社2009年版。

［18］曾康霖：《对金融风险、金融危机的理性认识过程——改革开放以来的回顾》，《中国金融》，2008（5）。

［19］曾康霖：《试析金融风险、金融危机与金融安全》，《金融发展研究》，2008（2）。

［20］中国人民银行金融稳定分析小组：《中国金融稳定报告（2009）》，北京：中国金融出版社2009年版。

［21］赵建良、赵俊燕：《金融危机传导机制：一个美国样本》，《上海企业》，2009（1）。

［22］赵致远、吴新斌、孟祥财：《次贷危机环境下我国信用风险监管探析》，来源：www. sexcn. org. cn。

［23］金融危机理论，来源：wiki. mbalib. com。

福建省经济运行存在的问题及金融支持扩内需的建议

中国人民银行福州中心支行货币信贷处课题组

课题主持人：吴国培

课题组成员：张含鹏　李春玉　宋科进　宋　将

在国际金融危机对我国经济冲击日益加剧和外需显著下滑的大背景下，2008年第4季度以来福建省经济增速出现明显回落的态势。2009年1~2月，福建省生产总值同比增长7.5%，增幅较2008年同期和2008年前3季度均回落6.1个百分点。从经济增长的供给面看，第一产业和第三产业增长有所加快，但第二产业增速回落显著，主要受工业增长乏力的影响。2009年1~2月，全省第一产业和第三产业增加值分别增长5%和11.9%，增速分别同比加快2.5个和1.1个百分点；但第二产业增加值仅增长4.5%，同比回落13个百分点。从经济增长的需求面看，消费市场保持活跃，但消费层次偏低，出口和固定资产投资增幅双双明显回落。因此，如何看待当前福建省经济增速下滑及其反映的深层次问题，关系到今后福建省经济能否尽快摆脱外部不利影响，重返平稳较快的增长轨道。

一、当前福建省经济运行存在的主要问题

（一）工业生产增速明显下滑

福建省规模以上工业增加值在2008年前3季度一直保持较快的增长速度，但10月以后，工业生产出现明显下滑态势（见表1）。2009年1~2月，全省规模以上工业增加值增长5.1%，增幅低于2008年前3季度14个百分点，比同期全国平均水平高1.3个百分点。2008年年初以来福建省工业增速一直高于全国平均水平，但高出的幅度在2009年明显收窄。在全国各省份中，福建省工业增速的位次已由2008年9月的第3位后移至2009年2月的第18位。与沿海发达省份相比，2008年9月以来，福建省工业增速回落幅度明显小于上海市、浙江省，但超过山东省、江苏省和广东省。2009年以来，部分重点企业生产状况有所改善，1~2月，全省产值前百家的重点企业中有34家企业增长超过20%。

表1　　福建省工业增加值增速与全国及沿海主要省份比较　　(单位:%)

	全国	福建省	上海市	浙江省	江苏省	山东省	广东省
2008.02	15.4	19.8	15.2	12.6	15.0	19.1	12.7
2008.03	16.4	20.1	14.4	13.5	15.3	19.2	13.6
2008.04	16.3	20.0	12.9	12.5	16.1	18.9	13.7
2008.05	16.3	20.1	13.0	12.6	16.5	18.6	13.7
2008.06	16.3	20.3	12.3	12.2	16.4	18.5	13.7
2008.07	16.1	20.0	12.0	12.0	16.3	17.8	13.4
2008.08	15.7	19.6	11.9	11.7	16.0	16.9	13.4
2008.09	15.2	19.1	11.5	11.6	15.9	16.0	13.3
2008.10	14.4	18.1	10.9	10.8	15.4	15.3	13.0
2008.11	13.7	17.0	9.9	10.6	14.8	14.6	12.8
2008.12	12.9	16.7	8.3	10.1	14.2	13.8	12.8
2009.02	3.8	5.1	-12.4	-8.2	8.0	5.8	0.8

工业生产增速下滑的同时，工业经营效益也明显下降。2009年1~2月福建省工业经济效益综合指数为157.5%，为2005年3月以来最低值，同比下降8.6个百分点。价格方面，工业品出厂价格指数（PPI）在2008年9月后逐步下跌，2009年1~2月PPI同比下降3.6%，其中2月降幅仅比1月扩大0.1个百分点，同期全国则扩大1.2个百分点。从1~2月PPI结构看，福建省生产资料中加工、原料的价格分别同比下降6.1%和6%，生活资料中衣着、一般日用品价格分别上涨1.9和1.5%，反映出与居民生活密切相关的工业品市场需求刚性较强，受国内外经济增长放缓影响相对较小。

（二）出口呈现负增长

福建省出口增速自2008年5月开始呈现减缓态势，而且在2008年9月以后出现大幅下滑，与全国出口走势基本同步（见表2）。1~2月，福建省出口下降14.5%，降幅较全国少6.6个百分点，其中，一般贸易出口下降7.5%，降幅较全国少12.9个百分点，加工贸易出口下降23.5%，降幅较全国少0.8个百分点，在全国各省份中，福建出口增幅位次由2008年9月的第25位上升至2009年2月的第8位。从与周边发达省份比较看，2009年前2个月福建省出口增速高于同期上海市（-21.8%）、广东省（-20.7%）、江苏省（-26.9%）和浙江省（-21.8%）。从出口产品结构看，机电产品出口下降明显，传统产品出口波动较大。2008年12月和2009年前2个月机电产品出口分别下降12.9%、21.6%和25.4%。2009年1月纺织、服装、鞋类、箱包和玩具五大类传统产品出口增长23.3%；但2月除纺织品增长12.4%外，服装、鞋类、箱包和玩具分别下降49.2%、31.1%、43.8%和24%。2009年1~2月，福建省对美国、欧盟和日本三大市场（2008年占全省出口总额的53.9%）的出口额分别下降10.2%、18.6%和16.6%，分别比2008年前3季度回落23.1个、48.7个和24.8个百分点，反映出福建省出口增长已明显受到发达经济体经济衰退的拖累。

表2　　福建省出口增速与全国及沿海主要省份比较　　（单位:%）

	全国	福建省	上海市	浙江省	江苏省	山东省	广东省
2008.01	26.6	26.0	22.6	33.4	18.4	30.2	26.3
2008.02	16.8	16.0	13.0	13.7	15.4	20.5	15.8
2008.03	21.4	22.9	20.2	25.5	19.7	25.6	16.0
2008.04	21.5	24.4	23.1	23.9	20.6	28.2	15.2
2008.05	22.9	24.4	25.5	24.6	23.6	27.7	15.6
2008.06	21.8	19.0	25.1	26.1	24.3	26.9	12.9
2008.07	22.6	20.2	25.2	25.1	24.6	29.7	13.5
2008.08	22.4	21.0	23.9	24.3	24.0	29.8	13.3
2008.09	22.2	20.2	23.0	24.3	23.4	30.3	13.5
2008.10	21.9	19.5	22.6	24.3	22.8	29.8	13.0
2008.11	19.3	16.5	20.0	21.7	19.4	27.1	11.1
2008.12	17.2	14.1	17.6	20.3	16.9	23.9	9.4
2009.01	-17.5	-3.4	-16.6	-10.7	-19.1	-10.3	-23.6
2009.02	-21.1	-14.5	-21.7	-21.8	-26.9	-17.1	-20.7

（三）固定资产投资增幅明显回落

2008年年初伊始，福建省城镇固定资产投资增速即出现大幅下滑势头，进入第2季度虽有所企稳，但9月以后又明显下滑，而且与全国相比差距呈扩大态势（见表3）。2009年1~2月，福建省城镇投资增长10.3%，远低于全国平均水平。1~2月城镇投资中，除基础设施投资在国家刺激内需政策的带动下增长明显加快外，房地产和制造业投资增速都大幅下降。1~2月，基础设施投资增长47.6%，同比提高28.9个百分点，增速与同期广东省持平；房地产投资下降26.9%，与2008年同期增长40.8%形成鲜明反差，低于同期全国27.9个百分点；制造业投资增长0.6%，增幅同比回落56个百分点，低于同期全国24.8个百分点。在全国各省份中，福建省城镇投资增速的位次由2008年9月的第18位后移至2009年2月的第29位。

表3　　福建省城镇投资增速与全国及沿海主要省份比较　　(单位:%)

	全国	福建省	上海市	浙江省	江苏省	山东省	广东省
2008.02	24.3	37.6	8.3	15.2	24.1	18.4	26.4
2008.03	25.9	31.7	6.6	13.4	23.8	19.3	22.1
2008.04	25.7	26.1	0.7	14.5	21.8	20.8	20.9
2008.05	25.6	26.4	1.7	17.2	22.3	21.6	18.0
2008.06	26.8	27.8	2.4	18.3	22.4	21.7	19.0
2008.07	27.3	27.4	5.2	18.1	22.5	20.9	17.1
2008.08	27.4	26.8	5.1	17.4	23.8	21.6	18.5
2008.09	27.6	27.2	4.1	16.1	23.9	22.3	20.5
2008.10	27.2	24.6	4.7	14.2	24.1	23.2	18.1
2008.11	26.8	22.9	5.7	11.6	24.4	23.9	16.6
2008.12	26.1	19.8	8.1	8.7	24.1	23.4	16.7
2009.02	26.5	8.9	0.9	10.6	20.9	17.5	10.6

(四) 消费市场保持活跃，但消费层次偏低

2009年来，福建省消费延续2009年年初以来的较快增长态势。1~2月，福建省社会消费品零售总额增长13.8%，扣除价格因素增长16.1%，增幅略高于同期全国平均水平，同比加快3.1个百分点。其中，农村市场名义增速为14.6%，高出城市市场1.2个百分点，农村市场消费需求的刚性特征明显。从消费结构看，1~2月，福建省城镇居民在衣食住行方面的消费支出占全部支出的比重为76.5%。2003年以来福建省城镇居民在衣食住行方面的消费支出占全部支出的比重均高于全国平均水平，也高出上海市、浙江省和江苏省等沿海发达省市。2008年福建省城镇居民在衣食住行方面的消费支出占比为74.1%，高出同期全国3.1个百分点。在一般情况下，相对于家庭设备及服务、文化娱乐等其他方面开支，居民在衣食住行方面的消费支出是比较刚性的。因此，福建省城乡居民在衣食住行方面消费支出的高占比说明，居民消费水平还处在相对较低的层次，未来消费增长中可挖掘的潜力很大；另一方面也表明，即便是经济增长放缓，居民收入增长乏力的情况出现，福建省居民消费下行压力也可能弱于全国。

价格方面，2009年以来，福建省消费者物价指数（CPI）延续2008年5月以来的下跌走势。1~2月福建省CPI同比下降2.2%，在全国各省份中最低，降幅较全国平均水平多1.9个百分点。

二、当前福建省经济增速回落原因分析

（一）工业发展中一些不利因素逐渐显现

近些年来福建省经济活跃与第二产业尤其工业的较快发展关系密切。2000年以来，福建工业化步伐明显加快，工业经济总量迅速扩张，第二产业和工业在国民经济中的地位逐年提高。2008年福建第二产业增加值占全省GDP比重为50%，比2000年提高6.7个百分点，其中，工业增加值占全省GDP比重为43.9%，比2000年提高6.2个百分点。2008年福建省工业增加值达4 755.5亿元，为2000年的3.3倍，8年间工业增加值年均增速为16.3%，高于同期GDP年均增速2.2个百分点。然而，这些年福建省工业经济的高增长主要靠新增工业企业的投产，工业技术水平的提高主要靠国外技术的直接引进，相当部分工业产品依赖于海外需求。这导致福建省工业增长质量相对较低，竞争力相对较弱，全省工业运行受此次全球贸易萎缩和国内经济放缓的影响较大。

根据2005年福建省投入产出表，将福建省工业中的39个子行业划分为中间产品型产业（中间使用大于最终使用的行业）和最终需求型产业（中间使用小于最终使用的行业）。2008年，福建省规模以上工业增加值中，中间产品型产业实现增加值1 819.3亿元，占工业增加值比重为44%，比2007年增长20.1%；最终需求型产业实现增加值2 319.7亿元，比2007年增长23.3%。由于中间产品型产业主要集中于能源、化工、金属和机械等行业，受益于国家推出十大产业振兴规划和扩大投资拉动内需的政策，2009年1～2月福建省中间产品型产业实现增加值196.1亿元，同比增长18.9%。而最终需求型产业中通信设备、计算机及其他电子设备制造业、电气机械及器材制造业、纺织服装鞋帽制造业、皮革毛皮羽毛（绒）及其制品业等行业的大部分需求不是省内最终消费，而是对海外的出口需求。这些行业受欧美等发达经济体经济衰退、需求萎缩的影响显著。2009年1～2月全省最终需求型产业实现增加值329.3亿元，同比下降1.8%。

近年来福建省工业中电子、机械和石化三大主导产业发展较快。但主导产业中一些企业停留在追求粗放型的经营模式，自主研究开发能力较弱，技术发展长期未能走出主要依靠引进的方式，一些核心技术和关键零部件掌握在别人手中。此次欧美等经济体需求萎缩，严重影响了相关企业的发展。2009年1～2月，福建省三大主导产业增速已明显低于规模工业的平均水平。

（二）经济增长依赖外贸外资拉动的负面影响显现

2008年以来，美国次贷危机逐渐演变为全球金融危机，美国、欧盟、日本等发达经济体经济陷入衰退，巴西、俄罗斯、印度等新兴市场经济体2008年第4季度后经济形势也急转直下。经济增长的滑坡和发达国家需求的减少，导致世界贸易明显萎缩。2009年3月世界银行预测2009年全球经济可能自二战后首次

出现萎缩，世界贸易量将创80年来最大降幅。作为出口依存度较高（2007年福建省出口依存度为41.1%，高于同期全国3.6个百分点）的省份，福建省经济增长已明显受到出口滑坡的拖累。

1. 产品市场对出口依赖较大。福建省工业产品大量出口国际市场，对国外市场依赖较大。2007年福建省出口总值约占工业产值的29.1%，在全国各省市中排名第5，比全国平均水平高出7.2个百分点。

2. 中外合资、中外合作和外商独资（简称“三资”）工业占比过高。2007年福建省“三资”工业产值占规模以上工业产值的54.7%，远高于全国平均水平（31.5%），与广东省（61.1%）、上海市（65.8%）同列全国“三资”工业占比最高的3个省份。改革开放前，由于地缘性因素制约，福建省工业发展缓慢，工业基础薄弱。改革开放以后，福建省工业得到快速发展，但又主要建立在大量引进外资的基础上。同时，引进的外资企业多以加工组装型企业为主，其产品多以贴牌或委托加工方式生产，企业核心竞争力弱，在世界贸易萎缩中所受影响首当其冲。而且，此次全球金融危机引致欧美等金融机构慎贷，全球资本市场融资功能急剧萎缩，大量“三资”工业企业的海外总部资金链发生断裂，也影响了相关企业的正常生产经营。2009年1~2月，福建“三资”工业累计实现工业增加值237.2亿元，同比下降9.6%，低于全省工业平均增速14.7个百分点。

（三）产品结构存在缺陷，竞争力弱

有实力的名牌产品数量偏少，带动能力差。福建省获得中国名牌产品虽处于全国第5位，但大多数名牌产品集中在附加值较低的纺织服装鞋帽制造业、皮革毛皮羽毛（绒）及其制品业、食品制造业和农副食品加工业等轻工类产品，这四个行业拥有的中国名牌产品占全省的43%。福建省具有自主知识产权的高、精、尖名牌产品少，全省分布在高技术产业的名牌生产企业仅占全部名牌生产企业数的5.4%。由于福建省名牌企业分布较多的轻工类行业基本属于劳动密集型行业，技术含量低，因此，总体上福建省产品的品牌竞争力较弱，品牌对经济增长的杠杆作用低。

资源贫乏，产品定价能力低。由于产业和产品结构方面的缺陷，加上资源贫乏，福建省产业竞争力提升缓慢，企业生产长期受“高进低出”困扰。2005~2007年，福建省工业品出厂价格指数在全国各省份中分别排倒数第3、倒数第2和倒数第3。

（四）在国外需求萎缩和国内经济放缓的大背景下广大中小企业抗风险能力较弱

福建省是典型的以中小企业为主的省份，全省99.9%的企业为中小型企业，96.8%的企业是小型企业。因此中小企业问题在福建省实质是小企业问题。在福建省工业的快速发展中，小企业发挥了主力军的作用，一大批小企业快速成长，为推动福建省经济发展、增加就业机会、保持社会稳定发挥了重要作用。相对而言，大中型企业在产值和利税方面贡献较多，小企业则在提供就业机会、促进居民收入增加方面贡献突出。2007 年，福建省小企业实现工业增加值、利税和利润分别占全部工业企业的46.5%、39.7%和40.6%，创造就业人数占全部工业企业的61.8%。

相比大中型企业，很多小企业存在管理水平不高、财务制度不健全、人员素质较低、信用意识不强等固有缺陷。尤其福建省小企业多属传统产业，市场竞争力弱，面临着经济结构调整过程中“市场倒逼”的压力。而且，福建省小企业中相当部分产品依赖出口，受外需急剧萎缩的影响，承受了极大的市场压力，经营效益下滑。与此同时，小企业信用度下降，融资难问题进一步凸显。

（五）经济主体对未来信心不足导致2009 年以来福建省投资增长回落明显

在发达经济体陷入衰退和国内经济增长放缓的大环境下，不少制造企业出于对经营前景的担忧，其新建扩建投资意愿明显下降，造成2009 年福建制造业投资增速大幅回落。与此同时，由于房地产市场价格走低，福建省居民对房价上涨预期减弱，持币观望气氛浓厚，一些房地产企业被迫降价促销。由于目前房地产市场仍存在不确定性，市场走向不明朗，房地产商对未来市场预期信心不足推迟了新项目开工，放缓了项目建设进度，导致2009 年全省房地产投资增速也显著回落。

三、金融支持扩大内需的政策建议

在国际金融危机对我国经济冲击日益加剧和外需显著下滑的大环境下，福建省出口明显收缩，外向型工业生产下降，部分劳动密集型企业亏损严重，被迫停产或关闭，就业形势不容乐观。在此情形下，扩大内需（投资和消费）成为应对国际经济新形势的迫切需要。在当前国家出台一系列扩大内需的政策措施，以及实施积极的财政政策和适度宽松的货币政策背景下，本文试图从金融的角度，提出支持福建省扩大内需的相关措施建议。

（一）金融支持扩大投资的措施建议

一般而言，投资对经济增长的推动效应具有时间短、见效快的特点。国务院颁布的扩大内需十大措施首先从投资入手，主要是加快建设保障性安居工程，加快农村基础设施建设，加快铁路、公路和机场重大基础设施建设等；同时，继续严格控制高耗能、高污染和资源性（简称“两高一资”）行业投资规模。金融支持扩大投资可着力于重点项目建设、产业振兴及调整、节能减排等方面。

1. 支持加快重点投资项目建设。

（1）及时跟进本次扩大内需的投资项目。中央扩大内需政策出台后，人民银行要加强"窗口指导"，引导金融机构重点对近期福建省紧急启动的已核准审批的建设项目及时跟进相关金融服务，主动作好与财政和企业资金的衔接配套，加快信贷投放进度。

（2）加大重点项目资金协调力度。依托"福建省政银企会商电子信息平台"等，及时了解搜集重点项目建设情况，并传导到各金融机构，促进重点项目资金需求信息与银行信贷资金供应的对接。

（3）继续拓展银行资金融通方式。金融机构应抓住海峡西岸经济区经济建设吸纳资金能力强的机遇，积极创新融资租赁、内部银团贷款、信贷资产打包转卖、信托理财出让、外贷内保、信贷增量区域合作、信贷资产转让多种重点项目信贷融资方式，拓展重点项目的融资渠道。

（4）利用福建省民间资本雄厚的优势，正确引导民间投资，可通过项目合作开发、股权置换等方式引进民间资本投资重点项目建设，拓宽资金来源渠道，分散银行集中信贷风险。

2. 支持产业振兴及产业结构调整。金融机构要抓住此次国家十大产业振兴规划的有利时机，结合福建省出台的 8 个产业调整和振兴实施方案，加大对产业振兴的信贷支持力度、推进金融产品创新、拓宽企业融资渠道。

（1）营造良好融资环境。完善政府与金融机构的沟通协调机制，搭建银行和企业对接合作平台，帮助企业提高融资效率。加大对融资担保机构的扶持力度，充分发挥担保公司的信用增级功能，引导金融机构加强与担保公司互信合作，促进金融机构加大信贷支持力度。

（2）鼓励金融机构支持企业并购重组，促进产业结构调整。鼓励金融机构开展金融产品创新，在《中华人民共和国物权法》框架内，发展各类以动产、权利为抵（质）押的信贷业务，满足企业合理资金需要。

（3）拓宽企业融资渠道。优先支持调整和振兴实施方案的重点扶持企业在境内外上市融资、再融资，或通过发行企业债券、公司债券、短期融资券、中期票据等筹集发展资金。根据福建省产业集群特征，依托产业基地、企业孵化器等产业集聚区，扩大电子信息、纺织服装等中小企业集合债券试点。

3. 支持节能减排及环保产业发展。

（1）加大对节能减排的信贷支持力度。各政策性银行要加大对国家节能减排科技专项、重点行业与重要区域节能减排共性技术与关键技术的科技专项、重大技术装备产业化示范项目和循环经济高技术产业化的科技专项的资金投入力度。加强与其他商业性金融机构的合作，发挥各自优势，支持环保产业发展。通过联合贷款、银团贷款等多种合作方式，为起步资金大、项目回收期长的重点节能环保项目提供全程的金融服务，根据项目不同阶段的信贷需求提供不同的信贷产品。商业性金融机构一要探索创新信贷管理模式，着手研究有关节能环保产业经济发展特点，针对有效益、有还贷能力的节能环保、科技创新和技术改造企业所需的流动资金贷款，根据信贷原则优先支持。对资信好的自主创新生产企业可核定一定的授信额度。二要积极进行节能环保领域的金融产品创新。一方面，要积极创新节能减排项目融资产品，开发包括节能技改项目贷款、节能服务商或能源合同管理公司融资、买方信贷、公共事业服务商模式、设备供应商增产模式、设备融资租赁、碳金融等项目融资产品；另一方面，要积极探索对节能环保企业多种形式的贷款担保方式，拓宽融资渠道，如开办知识产权权利质押、未来收益权质押、收费权质押、应收账款质押、其他权益抵（质）押、金融租赁等多种业务。

（2）推动节能减排保险创新。保险机构应结合福建省实际，创新保险产品，扩大服务领域，拓展保险业的运作空间。探索节能减排企业创新产品研究开发、科技成果转化的保险保障机制，为节能减排新技术、新工艺等核心技术的开发提供更多的保险服务，促进保险功能与金融融资功能相结合。同时，积极探索开展环境污染责任保险工作，利用保险机制促进企业加强环境风险管理，分散企业经营风险，提高企业环境事故预防能力，防范信贷风险。

（3）增强节能减排企业直接融资能力。金融部门、政府、企业之间要加强沟通和联系，加强对企业改制上市的支持和服务，建立和完善企业上市后备资源信息库，积极鼓励和推动符合节能减排条件企业通过规范的股份制改造，尽快实现在境内外资本市场上市融资或再融资。加强债券市场政策宣传和产品推广，鼓励符合条件的节能减排企业发行企业债券、公司债券和短期融资券等增强其直接融资能力。

（4）引入创业投资支持。鼓励设立各类创业投资基金，探索完善创业投资与节能投资合同能源管理相结合的融资模式，引导社会资金包括民间资金流向环保产业以及高科技产业。积极创造条件吸引国内证券公司、保险公司等在法律法规和有关监管规定许可的前提下，在省内开展创业投资业务。支持创业投资企业在法律法规规定的范围内通过债权融资方式增强节能减排的投资能力。

（二）金融支持扩大就业的措施建议

就业是民生之本、财富之源。就业增加，收入才能增加，消费才能扩大。福建省中小企业占比较高，吸纳就业人口较多；山海经济特征明显，农村特色产业拉动农村就业增长潜力较大。通过金融支持中小企业发展、推动农村金融产品创新、推进小额担保贷款发展等有助于扩大就业。

1. 扶持中小企业发展，创造更多就业岗位。福建省是以中小企业为主的省份。中小企业在促进全省经济发展、增强经济活力、扩大居民就业等方面发挥着举足轻重的作用。金融支持中小企业发展是一项长期的系统性工程，需要结合不同时期中小企业的融资需求和金融体系的发展特点，不断创新和推进。

（1）金融机构应加强对中小企业的信贷管理和产品创新。简化中小企业信贷流程，针对中小企业资金需求“短、频、快”特点，商业银行通过下放贷款审批权限，再造贷款评级、授信、操作流程等，使贷款手续更加便捷，效率提高。如“淡马锡中小企业客户服务模式”、“金博士小企业可循环使用自助贷款”等。针对中小企业的经营特点，创新动产（如存货、仓单）、订单、林权、采矿权、应收账款、股权等抵（质）押方式，解决中小企业的担保难问题，满足中小企业经营中的资金需求。

（2）切实帮助解决中小企业融资担保难问题，构建多样化的融资担保体系。地方政府应继续完善中小企业担保体系建设，通过资本注入、风险补偿等多种方式增加对信用担保公司的支持，设立多层次中小企业贷款担保基金和担保机构，对符合条件的中小企业信用担保机构免征营业税，从而逐步形成分工明确、发展稳定、竞争有序的担保体系。

（3）利用资本市场，拓宽中小企业融资渠道。鼓励具有良好成长性、发展前景好的科技创新型或研究开发型中小企业通过创业板市场上市融资。政府中小企业服务部门，可组织遴选一批业务经营好、市场前景好、资信优良的中小企业作为联合发行人，以“统一组织、统一冠名、统一担保、分别负债、集合发行”的模式，通过银行间债券市场组织发行中小企业集合债券。

2. 加强农村金融产品和服务创新，广开农民就业门路。扩大内需，最大的潜力在农村，而要发挥扩大农村内需对经济增长的拉动作用，关键是促进农民增收，核心是拉动农村就业增长，创造更多新的就业岗位，使农村经济高效运转起来。就福建省而言，重点结合山海经济特点，加强农村金融产品和服务方式创新，发挥金融助推农民就业增长的作用。

（1）依托农民专业合作组织，创新信贷及担保模式。农民专业合作经济组织兴起并向非农产业延伸，将扩大农业产业链的就业容量，让更多的农民从农业生产一线转移到当地的加工、物流等非农产业，实现农村剩余劳动力离土不离乡，形成提高农民收入的新途径。金融机构应探索并开展与农民专业合作组织的信贷合作。合作组织可建立担保基金并存入与之合作的金融机构。合作组织成员贷款可由合作组织提供担保，成员之间再相互联保，金融机构可按担保基金的一定比例发放贷款，并给予一定的利率优惠。

（2）以农业龙头企业和品牌农业为基点，延伸农村金融触角。农业龙头企业和品牌农业具有产业化规模经营特征，经济实力较强，能有效带动农村人口就业。金融机构在加大对龙头企业和品牌农业信贷投入的同时，可探索开展“公司＋农户＋信贷”、“公司＋中介组织（农民专业合作组织、经纪人或协会）＋农户＋信贷”、“公司＋专业市场（或基地）＋农户＋信贷”等模式，依据农业生产加工链条产生的债权债务关系，设计订单农业贷款产品，以促进农民就业和增收。

（3）创新农村信贷担保模式，促进提高农业生产力。不断探索完善和推广林权、海域使用权、茶园经营权、渔船所有权等行之有效的担保方式，探索推广农村经纪人贷款、农村小企业联保贷款、农村动产抵押贷款等信贷品种，从而促进农村资源的盘活和流转，促进农民发展生产、增加收入。探索发展基于订单与保单的“农业保险＋银行贷款”、“农业保险＋财政补贴＋银行贷款”、“农业保险＋龙头企业＋基地农户”等金融服务新产品，有效防范和分散涉农信贷风险。

（4）支持扩大农村第三产业就业容量。拓宽农村服务业、观光休闲农业和乡村旅游业融资渠道。

（5）引导农民工创业就业。通过进一步推进农村小额信用贷款，支持回乡创业人员和返乡农民工创业。

3. 进一步推进小额担保贷款发展，推动创业促就业。小额担保贷款主要是针对城镇登记失业人员、高校毕业生、城镇复员转业退役军人、农村独生子女户或二女户等人员发放的享有财政贴息的创业贷款。应充分发挥小额担保贷款对创业促就业的推动作用，鼓励有条件的地区积极创新、探索符合当地特点的小额担保贷款管理新模式。各金融机构在保证小额担保贷款安全的前提下，应尽量简化贷款手续，缩短贷款审批时间，为符合条件人员提供更为便捷高效的金融服务。

（三）金融支持扩大消费的措施建议

消费需求是最终需求，也是刺激经济增长的主要动力。当前在扩大投资保增长的同时，应着眼于长远，将拉动内需重点落在提高消费尤其是农村消费需求方面。针对福建省消费升级过程比较缓慢、消费层次总体偏低的现状，金融支持扩大消费可着力于以下几个方面：

1. 加快发展消费信贷，创新消费信贷产品。消费信贷是市场经济条件下利用信贷手段激励消费、促进消费品和劳务供给增长的重要营销手段。人民银行要加强对消费信贷发展的窗口指导，引导金融机构改进服务，支持消费需求持续扩大；继续加快个人征信系统建设，实现跨行信用信息共享，方便商业银行授信，降低消费信贷风险，优化消费信贷环境。为支持扩大消费内需目标的实现，各商业银行要适当调整信贷投向，加大对消费领域的信贷投入。在进一步完善住房、汽车消费信贷的同时，可以适当增加贷款消费的范围。要创新城市新的消费信贷产品，积极开办旅游消费信贷、耐用消费品贷款和医疗贷款等新业务，满足不同层次消费阶层、消费群体的需要。要努力开发潜在市场特别是农村消费信贷市场，探索发展适合农村的消费信贷产品，推动占人口绝对多数的农民采用消费信贷方式，如对“家电下乡”活动配套发放农村消费贷款、开展农机具贷款、住房装修贷款、小额生活贷款、耐用消费品贷款、打工消费贷款、婚丧嫁娶贷款等农村消费信贷新业务，有效提升广大农民的消费能力。金融机构在支持农村小城镇建设的同时，可将农户住房装修贷款品种与小城镇住房销售结合起来，推动有条件的农民住房消费升级。

2. 鼓励发展信用销售，探索开展适应信用销售特点的融资模式。信用销售是企业通过分期付款、延期付款等方式向单位或个人销售商品或服务的交易方式。发展信用销售有助于扩大国内需求，刺激消费增长。在当前银行消费信贷的基础上，鼓励大型零售企业向消费者直接开展信用销售，鼓励零售企业与商业银行、信用担保公司合作开展各类信用销售业务，扩大即期消费。如，以“家电下乡、农机下乡、汽车下乡”为契机，向农村居民开展信用销售。鼓励商业银行加强与企业、保险机构之间的合作，发展信用保险项下的贸易融资，降低自身信贷风险，帮助企业解决信用销售中的融资困难。鼓励商业银行针对信用销售特点，创新担保方式，发展动产、仓单、应收账款等质押贷款，发展保理等新型融资业务。

3. 进一步促进银行卡使用，提高刷卡消费水平。加强银商合作，提升电子结算水平，扩大银行卡使用范围，方便刷卡消费。完善对银行卡刷卡的配套支持政策，引导经营者采用银行卡结算，方便消费者使用银行卡支付。鼓励竞争，改善电子支付环境，进一步提高金融服务效率。加大农村金融电子化建设的投入力度，建立或更新设备和技术，积累网络服务经验，利用一定的时机向农民推行信用卡消费，积极开办农民工银行卡特色服务，培育广大农民用卡习惯，提升为农户消费提供支付结算、代农理财等方面的服务层次，改变对农村消费金融服务落后的局面。

参考文献：

［1］肖金成：《促进海峡西岸经济发展的基本思路》，《宏观经济管理》，2007（10）。

［2］刘义圣、陈燕：《以产业结构调整推动福建经济增长方式的转变》，《福建论坛（人文社会科学版）》，2006（12）。

［3］邓启明：《人均GDP2 000美元后经济社会发展趋势与福建和谐社会建设》，《东南学术》，2006（5）。

［4］张成翠：《促进农村消费信贷市场发展研究》，《理论探讨》，2007（6）。

［5］郭慧、周伟民：《个人消费信贷：中美比较与借鉴》，《金融论坛》，2007（8）。

［6］王勇：《商业银行的消费金融服务创新》，《银行家》，2007（6）。

地方国库现金管理对货币政策行为的影响研究

中国人民银行福州中心支行课题组

课题主持人：晏露蓉

课题组成员：李春玉　　黄素英　　赵晓斐　　杨邵君

一、国库现金管理概况

国库现金管理，是指在确保国库现金支出需要的前提下，实现国库库存余额最小化、投资收益最大化的一系列国库资金运作活动，是国库现金管理部门对于国库现金流量的管理。2003 年 1 月 1 日，财政部、中国人民银行联合发布《国库存款计付利息管理暂行办法》，规定国库存款利息暂按中国人民银行规定的单位活期存款利息计付，标志着我国开始尝试对国库库存余额进行增值运作。2006 年 6 月，财政部、中国人民银行联合发布《中央国库现金管理暂行办法》，确定了国库现金管理的目标、范围、原则和操作方式等，并分别界定了财政部、中国人民银行在国库现金管理中的职责。同年 8 月 30 日，财政部首次实现了买回将到期国债，启动了国库负债管理，标志着我国国库现金管理进入了市场化操作阶段。2006 年 12 月，中央国库通过招投标方式，首次将 200 亿元国库现金以 2.7% 的招标利率作为 3 个月的定期存款存放商业银行收取利息，标志着我国中央国库现金管理成功运作。随着中央国库现金管理的实施，地方对国库现金管理的呼声也日益高涨。

二、福建省开展地方国库现金管理的可行性分析

鉴于当前地方国库现金管理还处于探索阶段，尚未形成固定的模式，也没有对参与主体进行界定，因此，本文在对福建省开展国库现金管理的可行性进行分析时，假定：只要是省内银行业金融机构均可以参与国库现金管理。

（一）福建省国库库存水平及预测能力分析

国库库存水平是开展地方国库现金管理的先决条件。近年来随着经济的发展和财政管理体制改革的深化，福建省财政收支快速增长，收支结余相应大量增加，体现在国库库存余额持续上升，由 2006 年末的 160 亿元攀升至 2009 年

11 月的 500 亿元左右。从当前客观实际出发，分析地方国库库存水平均不包含游离于国库之外的资金，只以人民银行国库库存作为分析依据。

1. 国库库存总量分析。"十五" 期间，围绕国库的一系列改革与发展推动了国库库存大幅攀升。国库集中收付制度改革与国库单一账户的实施减少了财政资金在商业银行的沉淀，国库信息化建设加速了资金的汇划报解速度，非税收入逐步纳入预算内管理扩大了国库资金的范围。尤其是 2007 年以来，国库库存余额增长显著。2007 年和 2008 年，福建省国库月均库存余额分别高达 310 亿元和 385 亿元（期间 2007 年有 2 个月、2008 年有 5 个月月末余额超过 400 亿元），2009 年前 10 个月月均库存余额更是超过 400 亿元，个别月份余额超过 500 亿元。图 1 可见，自 2006 年以来，库存余额底部逐渐抬高，也即库存资金余额有一个相对恒定的量（下文称 "库底资金"）。这部分资金始终存放在人民银行，且已具一定规模。若以 2007 年年底库存作为起点，目前始终有超过 250 亿元的资金存放在人民银行，未参与社会资金周转。鉴于开展地方国库现金管理操作尚处初期，重在摸索操作经验，对操作规模并无过高要求，并且参照之前的中央国库现金管理规模，每期操作规模也仅在 200 亿~500 亿元（主要以 300 亿元为主）。因此，从资金规模这个角度上说，福建省已经具备开展地方国库现金管理的条件。

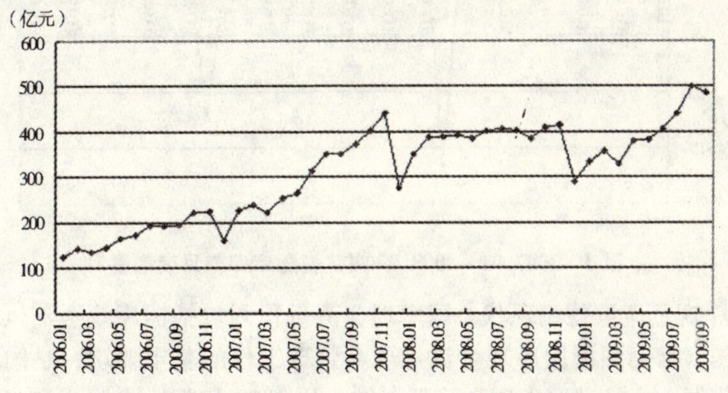

图 1　2006. 01 ~ 2009. 09 福建省国库月末库存余额

2. 国库库存波动情况分析。通过对历年数据的观察与分析，发现国库库存波动有一定规律可循（见图 2、图 3）。在年度各月中，往往都存在几个波峰和低谷，一般在每年 1 月、4 月、6 月（或 7 月）、10 月（或 11 月）库存增加较多；而每年 3 月、5 月、8 月、（或 9 月）及 12 月库存增量均为低谷。尤其是 12 月，由于财政预算制度的软约束，财政支出时间上不均衡，大量的支出集中在年末。一般第 4 季度支出占全年财政支出的 40% 左右，国库库存随之大幅波动。近几年来，国库库存在年度内的变化非常明显，在持续上升之后，年末都会有一个较大降幅。国库库存呈现的规律性波动，为开展地方国库现金管理，准确预测库底资金创造条件。

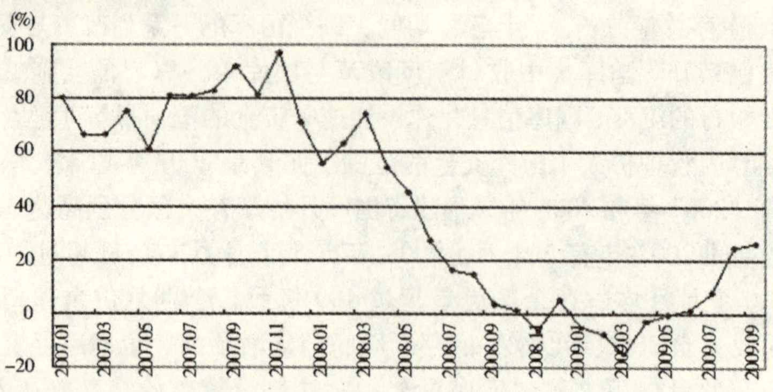

图 2　2007. 01 ~ 2009. 09 福建省国库月末库存同比增幅

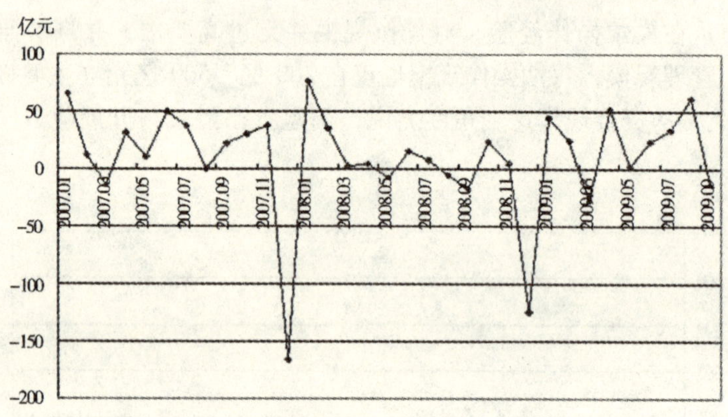

图 3　2007. 01 ~ 2009. 09 福建省国库库存月度增量

3. 国库现金流量预测现状。国库现金流量预测包括国库现金流入、流出和存量的预测。准确预测国库现金流是现金管理工作的基本要求，是国库现金管理决策的依据。为推动国库现金管理工作，从 2008 年起中央国库和省级分库以建立国库现金流滚动预测工作机制为目标，开展现金流预测。目前福建省国库现金流量预测工作还处于摸索阶段，主要对省本级预算收入、支出和库存开展尝试性的预测分析工作。由于我国国库现金流量预测工作刚刚起步，预测方法和预测手段各地都在摸索中，没有统一的模型可供选择，预测结果也存在较大差距。而且，我国财政预算编制科学性不足，预算执行软约束，预算管理体制还有待进一步改革与深化，这些都增加了国库现金流量预测的难度。与此同时，从开展预测工作所必需的基础数据可得性来看，目前人民银行国库统计分析系统虽然可以实现每日汇总上日的国库收入、支出和库存数据，但福建省尚未与财政等部门实现横向联网，还未上线全国的国库数据集中系统（TCBS），相关数据仍存在滞后性。

（二）福建省金融体系流动性分析

1. 存贷比①情况分析。从图4和图5可以看出，福建省金融机构人民币存贷比从2005年开始高于全国平均水平，而本外币存贷比则从2004年起就显著高于全国水平，且两者高出全国平均水平的差额都有不断扩大的趋势。截至2009年9月末，福建省银行业金融机构本外币余额存贷比为84.81%，高于全国平均水平（69.23%）15.58个百分点。从历年存贷比的情况可以看出，福建省整体资金运用较为充分，甚至出现资金紧缺的形势，对资金的需求较大。

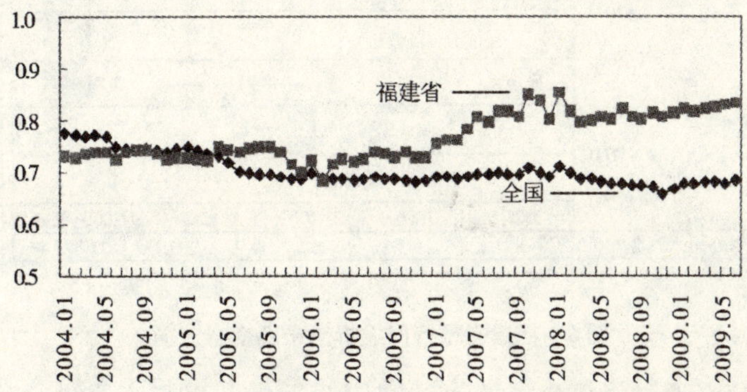

图4 2004.01～2009.05年福建省金融机构人民币存量存贷比与全国比较

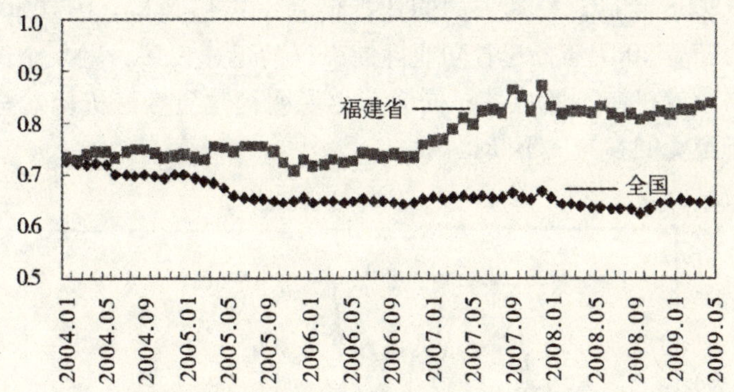

图5 2004.01～2009.05年福建省金融机构本外币存量存贷比与全国比较

2. 银行业资金融入融出情况分析。

（1）总量分析。同业拆借市场是反映货币市场流动性强弱的一个重要指标。

① 存量存贷比=贷款余额/存款余额

当市场上资金充裕的时候，供给大于需求，这时候，资金价格比较低；反之，当市场上资金紧缺时，大量的资金需求者追逐少量资金，从而会推高同业拆借利率。

从图6可以看到，2007年福建省银行间拆借市场得到了迅速发展，全年拆借量同比增长4.08倍；从资金流向上看，2006、2007两年，福建省总体资金表现为净流出，但自2008年始，总体资金流向表现为净融入，且净融入量有逐渐攀升的趋势。这在一定程度上反映了近两年省内金融机构的流动性较为紧张的状况，需要从省外融入资金。

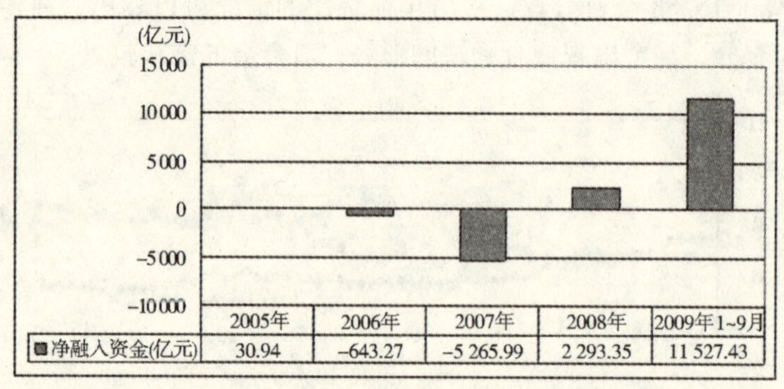

	2005年	2006年	2007年	2008年	2009年1~9月
■净融入资金(亿元)	30.94	−643.27	−5 265.99	2 293.35	11 527.43

图6　福建省银行同业拆借市场资金流向

（2）价格。通过将福建省的银行间同业拆借利率与全国进行比较（见图7），可以看出，2008年之前，福建省的同业拆借利率与全国平均水平之间的差额波动较大，2008年后，福建省的同业拆借利率走势则与全国基本保持一致。这可能是因为随着2007年福建省同业拆借市场的迅速发展，融入全国统一的大市场，其价格形成机制不断成熟；同时，也说明福建省金融机构对全国银行间同业拆借市场融资的参与度不断提高。

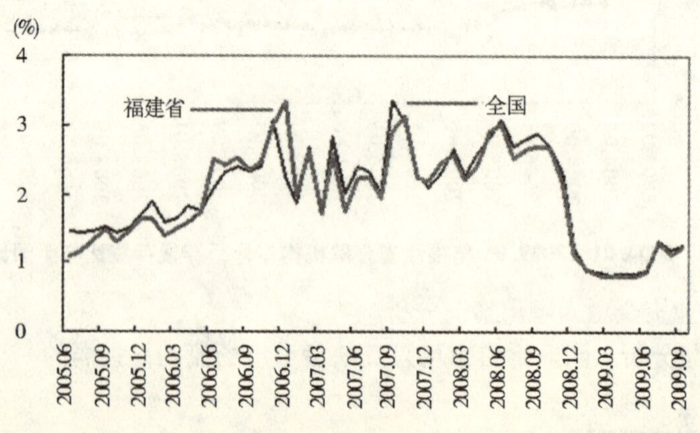

图7　同业拆借利率福建省与全国比较

浮动利率贷款占比是判断货币市场流动性的又一重要指标。当市场上资金充裕时，资金的供给者为了尽快把资金运用出去，会降低资金价格以吸引需求者，这时表现为下浮利率占比较大；反之，当市场上资金紧缺时，资金的需求者为了从供给者那里优先获得资金会提高资金价格，从而使整个信贷市场上浮利率占比提高。

从图8可以看出，2007~2008年各季度，新增贷款中执行上浮利率的占比居各种浮动利率贷款之首，基本维持在50%左右，这在一定程度上反映出福建省金融机构的流动性比较紧张；进入2009年，上浮利率贷款占比则较往年明显下降，下浮利率贷款占款大幅上升，这主要是因为2009年上半年，在积极财政政策和适度宽松货币政策背景下，福建省的新增贷款主要投向基础设施和重点项目，借款方的议价能力较强，导致下浮利率贷款占比大幅上升。随着2009年第3季度新增贷款转向企业生产、流通领域以及个体户生产与居民住房消费领域，上浮利率贷款所占比例开始逐步上升。

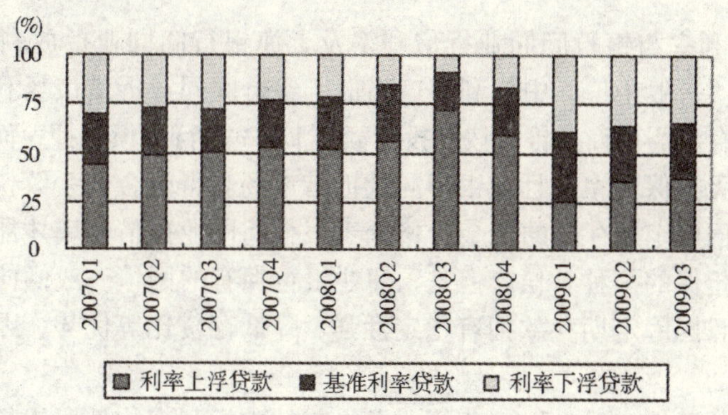

图8 2007~2009年第3季度福建省金融机构浮动利率贷款占比情况

以上从福建省金融机构存贷比、同业拆借市场资金融入融出情况以及浮动利率占比这几个方面分析了福建省资金流动性强弱，这几个指标都一定程度上反映出福建省资金运用灵活、需求量大、存在缺口，从而体现了对国库现金的现实需求。

（三）各融资渠道资金价格分析

通过考察福建省金融体系的流动性来判断福建省开展国库现金管理后商业银行对该业务的需求量。但是，单纯以市场资金面来考量最终的需求并不合适，因为金融机构的融资渠道多种多样，商业银行会根据资金融入成本、交易费用、政策权限等因素在众多的融资渠道中进行选择，从而影响各银行对国库定期存款的投标意愿和投标价格。因此，只有通过对各种融资渠道进行比较，才能较为全面地考察福建省金融机构对国库资金的需求。

本文根据中央国库已进行的共16期国库定期存款招标的情况（见图9），分析国库存款与其他融资渠道相比所具有的优劣点。

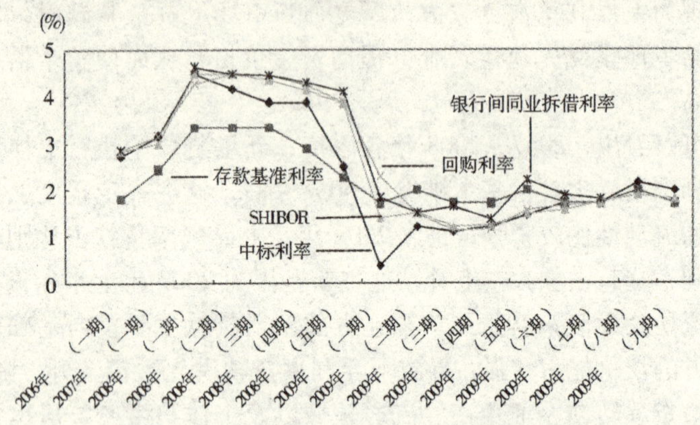

图9　国库中标利率与其他几种利率之间的比较

1. 中标利率与银行间同业拆借利率及上海银行间同业拆放利率（Shibor）之间的比较。一般来说，中标利率应当低于银行间同业拆借市场利率。这是因为国库定期存款需要商业银行按照投标额的120%进行国债质押；而银行同业拆借利率则是无担保利率，且在银行同业拆借市场获得资金的手续快捷方便。因此，只有当国库定期存款的资金价格低于银行间同业拆借利率才能体现出对商业银行国债担保的一种补偿。但是，商业银行拥有的国债一般倾向持有到期而不是变现，且国库定期存款拥有稳定性强、降低存贷比等优势，因而这种价差不会太大。

从已有的数据来看，2009年第八期之前的中标利率均低于银行间同业拆解利率和Shibor，这在一定程度上体现了市场化操作方式在国库资金价格发现中发挥了较为积极的作用。问卷调查显示，国库现金管理的中标利率已成为了一些金融机构判断市场资金需求情况的一个辅助性指标。

但目前来看，国库定期存款的利率受机构偏好影响较大，中小银行的追捧很容易抬高中标利率。由于中小企业的存款增长态势并不好，吸收存款和市场融资的成本相对较高，即使在市场整体资金面宽裕的情况下，由于资金结构并不平衡，富余资金也主要集中在全国性的商业银行手中；城市商业银行等中小银行的资金则相对短缺，在货币市场上是主要融入方。因此，中小机构对于国库定期存款的需求会较为旺盛。

2. 中标利率与回购利率比较。由于吸收国库现金定期存款的商业银行要以国债为质押，使得商业银行从事该笔业务类似于一笔回购融资业务。但另一方面，质押式回购所获得的资金不需要交存款准备金，而国库存款入账后，商业银行并不能将这些存款全部作为资产使用，还需要上缴15%左右的存款准备金，所以，理论上说，中标利率应当低于回购利率。从对已有的16期利率数据的比较中可以看出，在大部分情况下，中标利率的确低于回购利率，这也体现了国库资金管理在价格发现中的积极作用。

3. 中标利率与存款基准利率比较。从融资费用来看，商业银行吸收存款主要是通过营业网点。开办营业网点需要支付固定成本、运营成本和营销费用等；而国库定期存款业务是由商业银行总行通过投标直接参与的，不需通过营业网点，只需支付少量的系统使用费，融资成本相对较低。从这点来看，中标利率应当高于存款基准利率。但另一方面，中标国库存款不仅需要和一般存款一样上缴一定比例的存款保证金，还需要缴交120%的国债作为抵押。从这点来看，国库中标利率应当低于存款基准利率才能体现对商业银行的一种补偿。

从已有的数据来看，2009年之前，中标利率都高于存款基准利率。比如，2008年1月30日那一期，对商业银行来说，与存款相比，该笔融资成本明显偏高；但对于那些存款来源较少的银行来说，因为受到新股发行的扰动，资金从中小银行机构大量回流至国有大银行，使中小银行的存贷比徘徊于中国银行业监督管理委员会规定的上限。由于获得这期国库现金将大大缓解其吸收存款的压力，因此中小银行对该期招标颇为青睐，从而推高了中标利率。而2009年的前5期，中标利率则低于存款利率，尤其是2009年第1期出现了部分流标且中标利率为投标利率下限这一异常现象，这可能是因为：进入2009年以后，在适度宽松的货币政策下，市场流动性十分宽裕，机构对存款的需求低迷；同时，市场普遍存在着中央银行降息的预期，对国库定期存款的需求相应减少。

（四）各商业银行资金管理体制不同对国库资金需求的影响

1. 全国性商业银行。近年来随着利率市场化进程的加快、内部资金转移定价在国外商业银行的普遍应用以及商业银行内部资金管理要求的不断提高，国内商业银行正经历从差额资金管理体制向全额资金管理体制的蜕变。

差额资金管理体制下，商业银行基层分支机构向人民银行缴存法定存款准备金实行属地管理，商业银行分支机构的流动性水平可以通过存贷差、存贷比和超额准备金率等指标直接测度。实行全额资金管理后，全行的资金好比被放在一个资金池中，所有资金来源部门吸收的资金都注入该资金池，所有资金运用部门所需要的资金也都取自于该资金池。由于资金在总行层面统一调配，法定存款准备金也由总行按法人统一缴存，总行对分支行主要通过干预信贷政策调节分支行的信贷投放，分支行信贷资金借用不受存贷比和资产负债比例约束，所以各分支行只要有好的信贷项目，能够通过各级审批，就可以不受本身资金来源的限制，可以通过调拨资金从资金池中取用并赚取该笔贷款的利差收入。因此在全额资金管理体制下，区域存贷差、存贷比和超额存款准备金率等简单的银行体系流动性测度指标对测度全国性商业银行分支机构流动性基本失效。

由此可见，对全国性商业银行而言，一方面，其资金来源是在其总行资产池范围内进行调拨，在全国系统内进行拆借，由于其资金来源渠道丰富，且不受存贷比、存款准备金率等流动性指标的限制，在国库中标利率不是很优惠的情况下，没有从国库进行融资的动力；另一方面，全国性商业银行的信贷规模受到其总行的约束，制定负债规模和资产配置计划的程序较为复杂，审批的程序较为繁琐，这些都使其投标地方国库存款的交易成本较大，从而也限制了其从国库进行融资的能力。

2. 地方性商业银行。从资金管理体制上看，由于地方性商业银行自身已经是总行了，有权自主进行资金调拨，而且中小银行的管理机制更加灵活，可以根据国库定期存款的招标数量和期限及时进行决策。从资金来源上看，资金的来源主要是地方资金，主要靠储蓄存款、拆入资金，灵活性强，但缺口较大。资金运用上，中小企业审批快、资金链条短、综合服务效率高，具有快速的市场反应性，处理客户关系上手法细腻，有较高的决策与经营效率，因此，与全国性商业银行相比，地方性中小商业银行对国库资金的需求可能更大。

三、国库现金管理对货币政策的影响

（一）国库资金对货币政策的影响途径分析

地方国库现金管理为地方人民银行贯彻执行货币政策提供了新的工具。从目前情况来看，总行的货币政策传导到地方经常出现弱化的现象，而地方人民银行所能够使用的货币政策调控工具过少是造成这一现象的主要原因之一。地方开展国库现金管理后，实际上是为地方货币政策执行部门提供了一种新的政策调控手段，一定程度上会对货币政策在地方的传导产生影响。

1. 对货币供应量的影响。现代国库资金主要来源于企业或个人等私人部门，通过商业银行转移到中央银行的国库账户，在财政资金使用时再通过中央银行账户转移到私人部门在商业银行的账户。国库库存作为中央银行负债的重要组成部分，其波动会对基础货币投放或回笼产生不同程度的对冲效果，进而影响中央银行调节货币供应量的决策。由于货币供应量等于基础货币与货币乘数之积，当国库资金的流动体现为收入时，将导致整个社会货币供应量的多倍缩减；当国库资金的流动体现为支出时，将导致整个社会的货币供应量的多倍扩张。随着国库资金变化幅度的不断增强，国库资金对货币变量的扰动逐步也将增强。

从图10可以看出，福建省国库库存余额与M_0有着大致相反的走势。国库存款的变动对货币供应量产生的影响等同于基础货币的投放和回笼，将导致流通中创造的货币供给量成倍反向变化，影响货币供应量的稳定性，加大了中央银行执行货币政策的难度。可以预见，随着国库现金管理业务的逐步开展，国库库存余额存放于商业银行由于乘数作用将在一定程度上影响银行体系流动性。

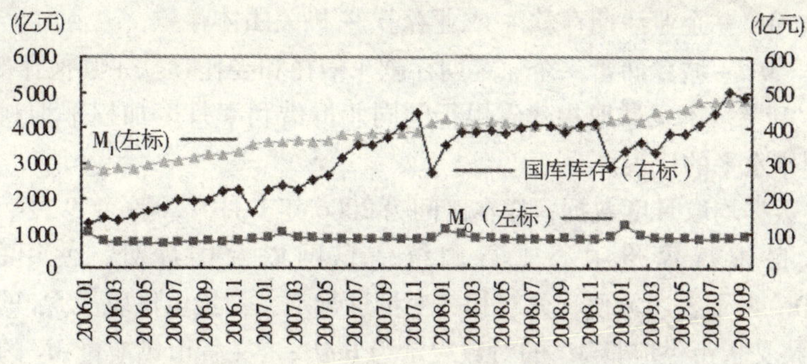

图10　福建省国库库存与货币供应量之间的关系

2. 对利率水平的影响。当国库资金通过招标方式进入商业银行时，会增强金融机构的流动性，资金供给量的增大会减小资金的融入成本，使市场利率降低；反之，当国库存放在商业银行的存款到期收回时，会减弱商业银行的流动性，推高市场利率。

国库现金管理还可以促进利率市场化的稳步实施，提高商业银行自主定价能力。目前，我国国内已开放了银行间债券市场和银行间同业拆借市场，两个市场经过较长时间的发展利率市场化程度已相对较高。按照先货币市场和债券市场，再逐步推进存贷款利率市场化的思路，存贷款利率市场化改革也正在逐步推进。近年来，中央银行采取了一系列推进存贷款利率市场化改革的措施，如放开金融机构同业存款利率、扩大金融机构存贷款利率浮动区间等，都是以人民银行公布的利率为基准的。国库定期存款利率是通过市场招标确定的，反映了市场的供求关系，这将使存款利率市场化的步伐大大加快。对于商业银行来说，参与定期存款业务还能提高内部利率定价水平，从而促使存款利率市场化快速发展。

（二）国库现金与货币政策关系的实证分析

实证分析的目的是通过计量模型来考察国库资金与货币政策的有效性之间是否存在联系及其影响程度。

1. 变量选择。本文选取的变量如下：

（1）国库库存。本文选取的是福建省全省国库库存月末余额的数据，单位为“亿元”。

全省国库库存月末余额 = 省库存 + 计划单列市库存 + 地（市、州）库存 + 县（市、区）支库库存 + 乡镇级国债库存

（2）货币供应量（数据单位为“亿元”）。本文所取的货币供应量包括三个层次，其统计口径分别是：

M_0 = 现金投放 + 现金流量

M_1 = M_0 + 企业活期存款 + 农业存款 + 机关团体存款

M_2 = M_1 + 城乡储蓄 + 企业定期存款 + 信托和委托存款 + 其他存款

（3）利率。本文选取福建省银行间同业拆借利率月度加权平均利率作为地方整体利率水平的代表。

上述数据均取月度数据，样本区间为2006年1月~2009年9月，数据来源于中国人民银行福州中心支行调统信息网以及国库处，使用的软件为Eviews5.0。为了表述方便，先对相关变量进行定义：货币供应量 M_0 的对数表示为 lnM_0；狭义货币供应量 M_1 的对数表示为 lnM_1；广义货币供应量 M_2 的对数表示为 lnM_2；同业拆借利率表示为 $RATE$；国库库存表示为 T，其对数则表示为 lnT。另外，以 d 表示变量的一阶差分，因而上述变量对应的一阶差分分别为 $dlnM_0$、$dlnM_1$、$dlnM_2$、$dlnT$。

2. 单位根检验。首先，对相关变量作平稳性检验（见表1），使用的方法是Dickey和Fuller（1979）采用的ADF测试（Augmented Dickey Fuller Tests）。

表1　　ADF单位根检测结果

变量	检验形式（c，t）	ADF值	1%临界值	结论
lnM_0	（c，t）	-4.89	-4.18	I（0）
lnM_1	（c，t）	-1.82	-4.18	I（1）
$dlnM_1$	（c，0）	-7.65	-3.60	
lnM_2	（c，t）	-2.40	-4.18	I（1）
$dlnM_2$	（c，0）	-7.69	-3.60	
lnT	（c，t）	-2.87	-4.18	I（1）
$dlnT$	（c，0）	-7.06	-3.60	
$RATE$	（c，0）	-2.21	-3.59	I（1）
$dRATE$	（c，0）	-8.79	-3.59	

单位根检验的结果显示，除变量 lnM_0 外，其他变量都为非平稳一阶单整序列I（1）。由于同阶单整非平稳序列之间可能存在长期的协整关系，因而下面对 lnM_1、lnM_2、lnT 和 $RATE$ 作协整检验。

3. Johansen协整检验。经过多次试验，AIC在滞后2期时取值最小，而SC在滞后1期时取最小。由于两者相互矛盾，因而再根据对数似然比进行选择。由于滞后2期的似然比更大，因此，确定建立无约束VAR（2）模型。协整检验模型滞后期是无约束VAR模型一阶差分变量的滞后阶数，故协整检验的VAR模型滞后阶数确定为1。检验结果如表2所示：

表 2　　　　Johansen 协整检测结果

假设协整向量个数	特征值	迹统计量	5% 的临界值	Prob. *
0 *	0. 674627	79. 16194	54. 07904	0. 0000
至多 1 个	0. 367892	30. 88223	35. 19275	0. 1356
至多 2 个	0. 172999	11. 15836	20. 26184	0. 5269
至多 3 个	0. 067184	2. 990532	9. 164546	0. 5825

注:"*"表示置信水平为 95%。

按照 Johansen 协整检验方法,从检验不存在协整关系这一零假设开始逐步进行,由于只有第一个迹统计量大于 5% 水平下的临界值,因而只有第一个原假设被拒绝,即变量 lnT、lnM_1、lnM_2 和 $RATE$ 之间存在唯一的协整关系,说明福建省的国库库存 lnT、M_1、M_2 以及利率之间存在长期稳定的均衡关系。令协整关系为 u,则标准化的协整方程为:

$$u = lnT - 3.09lnM_1 - 1.12lnM_2 + 0.129RATE + 8.74$$

(0.92)(0.91)(0.08)　　　　　对数似然比:246.86

协整方程反映了国库库存 T 与 M_1、M_2 负相关,与利率正相关。

4. 向量修正模型。表 3 中第 1 行显示的是误差修正项的一阶差分。该行系数反映了整个系统偏离长期均衡对每个变量的作用机制。由于此行系数均较小,说明整个系统偏离均衡对各变量短期变化的影响不大。考察后 4 列数据可以看出:(1)国库库存方程中,在短期内滞后 1 期的 M_2 增量对国库库存反向影响最为显著,短期内利率变动对国库存款影响并不明显;(2)M_1 方程中,在短期内滞后 1 期的国库库存和滞后 1 期的 M_2 都对 M_1 有一定的反向影响;(3)M_2 的短期波动受其自身滞后 1 期的影响较大。(4)在利率方程中,滞后 1 期的 M_1 对它有很大的正向影响。

从表 3 可以看出,误差修正模型的 AIC 和 SC 值分别为 -10.42 和 -9.27,都较小,说明该模型整体拟合良好,误差项满足 VAR 误差扰动项高斯条件的要求,这为下面在 VEC 模型基础上进一步分析财政余额与各层次货币供应量之间的短期动态关系提供了合理性。

表 3　　　　向量误差修正模型的结果

Error Correction:	$dlnT$	$dlnM_1$	$dlnM_2$	$dRATE$
CointEq1	-0. 6031	0. 031909	0. 00372	0. 258094
	[-4. 38260]	[1. 11669]	[0. 17633]	[0. 44227]
$D[lnT(-1)]$	-0. 15641	-0. 04966	-0. 00025	1. 121167
	[-1. 12407]	[-1. 71882]	[-0. 01152]	[1. 90010]

续表

	[1.86368]	[-0.75575]	[-4.20997]	[-2.12349]
D [lnM_1 (-1)]	0.208992	-0.05491	0.025315	5.826688
	[0.23845]	[-0.30172]	[0.18843]	[1.56771]
D [lnM_2 (-1)]	-2.11559	-0.13545	-0.1683	3.079534
	[-2.02817]	[-0.62536]	[-1.05258]	[0.69619]
D [RATE (-1)]	0.064834	-0.00546	-0.02245	-0.31327
C	0.058435	0.016478	0.014994	-0.14732
	[2.48153]	[3.37006]	[4.15389]	[-1.47528]
调整后的	0.405388	-0.00398	0.266333	0.104857
F统计量	6.726865	0.966674	4.04934	1.983976
对数似然比	37.49617	105.0884	118.1401	-24.6265
AIC 统计量	-1.46494	-4.60877	-5.21582	1.424489
SC 统计量	-1.21919	-4.36302	-4.97007	1.670238
Log likelihood	251.9498			
AIC	-10.4163			
SC	-9.26944			

注：中括号内为t统计量。

5. Granger 因果关系检验（见表4）。格兰杰因果检验肯定了 M_1 是国库库存的原因，但是国库库存却不是 M_1 的格兰杰原因；国库库存与 M_2、银行同业拆借利率之间都不存在因果关系。

表4　　Granger 因果检验结果

原假设	F统计值	概率P
国库库存不是 M_1 的格兰杰原因	1.54	0.22773
M_1 不是国库库存的格兰杰原因	5.80	0.00633
国库库存不是 M_2 的格兰杰原因	0.04	0.95611
M_2 不是国库库存的格兰杰原因	2.04	0.14464
国库库存不是利率的格兰杰原因	1.10	0.34400
利率不是国库库存的格兰杰原因	1.22	0.30582

6. 脉冲响应分析。在脉冲相应函数中，横轴表示冲击发生的时间间隔，纵轴表示随机扰动项单位标准差冲击对各内生变量当前及未来的影响。图11的上图反映的是国库库存对货币供应量的响应。从图中可以看出，狭义货币供应量

M_1 的冲击对国库库存产生正向影响，该影响于第 3 个月达到最大值，随后略有降低并维持在 0.03 的水平；广义货币供应量 M_2 的冲击对国库库存是反向影响，该影响于第 2 个月跌到谷值，从第 3 个月开始 M_2 对国库库存的负向影响逐渐减弱。图 11 的中图反映的是 M_1 对其他几个变量的响应。国库库存的冲击最初对 M_1 产生较强的负面影响，影响程度为 -0.12；从第 2 个月中旬开始，该负向影响迅速减弱；但从第 4 个月开始，该负向影响又略有扩大。下图反映的是 M_2 对其他几个变量的响应，国库库存的冲击对 M_2 产生持续的负向影响，该影响程度维持在 -0.1的水平。

总体来看，国库库存的一个标准差冲击对货币供应量都是产生负向影响。其中，对 M_2 会产生持续的负向影响，对 M_1 的负向影响则略有波动。但是，从影响程度上来看，国库库存对货币供应量的影响并不显著。究其原因，可能是福建省国库库存的绝对量与货币供应量水平相比较小，因而国库库存对货币供应量的影响不大。对近几年的数据进行整理，发现国库库存与 M_1 之比徘徊在 0.09 上下，与 M_2 之比则在 0.03 上下波动。

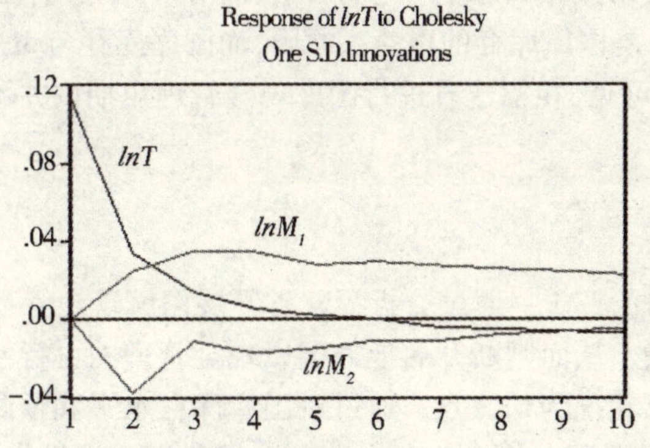

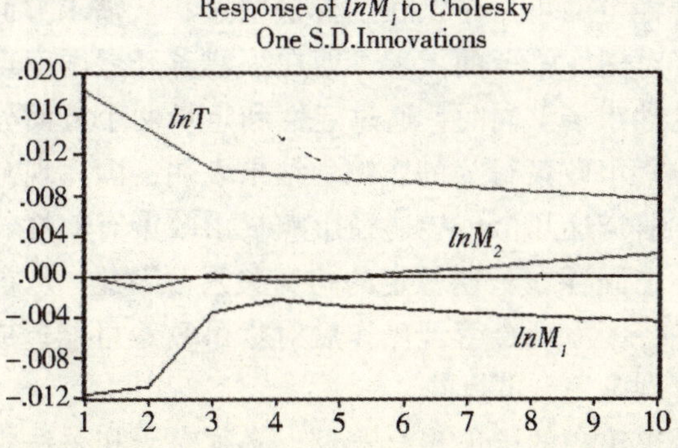

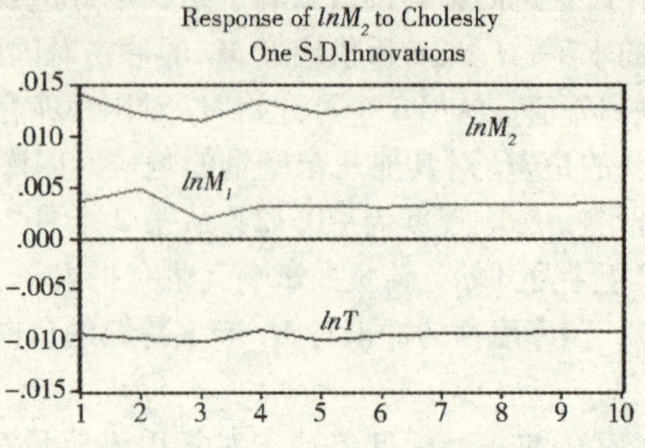

图 11　国库库存、M_1、M_2 的脉冲响应分析结果

7. 小结。实证检验的结果表明，长期来看，国库库存与货币政策有效性之间存在稳定的均衡关系。其中，国库库存与货币供应量 M_1、M_2 负相关，与同业拆借利率正相关。短期来看，M_2 的变动会对国库库存产生一个较大的影响，M_1 对国库库存的影响较小，利率对国库库存则几乎无影响；反过来，国库库存的变动对利率的影响相对较大，对 M_1 只产生一定的影响，而对 M_2 的影响程度则非常小。从因果关系上来看，M_1 是国库库存的格兰杰原因，而国库库存与 M_2、利率之间则不存在因果关系。由此可见，在福建省进行国库现金管理短期内并不会对货币政策造成冲击。

四、结论

本文的研究目的在于：通过分析福建省开展国库现金管理后可能对货币政策行为产生的影响，从而判断开展地方国库现金管理的可行性。分析以地方国库现金管理的供求状况为切入点，通过对国库库存水平和预测能力、金融体系流动性、各融资渠道资金价格这几个方面开展论证。结果表明：从供给方面，福建省国库存在着稳定的可用于操作的库底资金；从需求方面，作为资金融入省，福建省存在着对国库资金的需求，即在福建省开展国库现金管理能够形成各方广泛参与的良性市场。同时，通过定性和定量两个方面分析考察了地方开展国库现金管理对货币政策行为的影响。结果表明：国库现金管理主要通过货币供应量、利率、信贷这几个传导途径影响货币政策有效性。福建省国库库存与货币政策有效性之间存在长期稳定的均衡关系，因此，从福建省现有的国库库存规模来看，进行国库现金管理操作后对货币政策可能造成的冲击很小，开展地方国库现金管理是完全可行的。

为了顺利推进福建省的国库现金管理，必须完善相关法规的建设，进一步提高国库现金流的预测能力，提高国库现金管理操作时间的确定性，提高质押品的灵活性。

参考文献：

［1］中国人民银行调查统计司信息网，http：//11.129.2.71/。

［2］陈建奇、李金珊：《国库现金对货币供给政策的影响机制及证据》，《世界经济》，2008年第7期。

［3］国家金库湖南省分库调研课题组：《湖南国库现金管理运作构想》，《金融经济》，2008年第4期。

深化林权改革的财税政策研究

中国人民银行福州中心支行课题组

课题主持人：晏露蓉

课题组成员：晏露蓉　黄素英　黄　飞　游　燕　朱　敢

福建省素有“八山一水一分田”之称，是我国四大林区之一，全省森林覆盖率达62.96%，2003年成为新世纪集体林区制度改革试点的4个省份之一。近年来，福建省不断探索深化集体林权制度改革的途径，取得了显著成效，金融创新和财政补贴发挥了积极的作用。但在实践过程中也凸显出林权价值评估难、林业保险覆盖面窄、信用体系不健全、林权交易市场体系不完善等一系列难题。这些难题将制约林业发展及社会资金流向林业生产领域，且靠金融创新已无法得到有效解决。因此，我们必须充分挖掘财政政策潜力，发挥财政资金“四两拨千斤”的作用，吸引更多的社会资金投入，突破林业发展瓶颈，使林权改革向纵深发展。本文试图通过分析当前福建省财政支持林业发展情况，剖析林业财政政策存在的问题，并借鉴森林覆盖率高、林业财政政策执行效果显著的日本的经验，从中探索建立有利于深化林权改革的绿色财政政策体系，以期在林权改革中促进金融创新的顺利推广。

一、公共财政支持林业发展的必要性

理论界对公共财政支持林业发展的重要性进行了有益探讨，普遍认为政府应介入林业市场，有效配置林业资源，宏观调控林业经济运行。

（一）森林资源的公共产品性，决定了其必须由政府负责提供

公共产品是相对于私人产品而言的，同时具有非排他性和非竞争性的公共产品称纯公共产品。但现实生活中存在大量介于纯公共产品和私人产品之间的商品，称之为“准公共产品”或“混合产品”。消费公共产品时，存在“免费搭车者”问题，因此，市场不能有效提供公共产品，必须由政府提供公共产品。

我国森林资源分为生态公益林和商品林。生态公益林以生态效益和社会效益为主，因而具有消费的非排他性和非竞争性，属于纯公共产品。商品林是由个人或集体承包经营的林地，具有消费的非排他性和竞争性，属于准公共产品。新世纪林权改革主要是界定商品林承包经营权和林木所有权。从其林权价值看，主要包括经济价值、生态价值和社会价值。其中，经济价值指林地的经营价值，

主要通过承包林地上生长的林木及其动植物创造的经济价值来确定。经济价值属于私人产品，即存在消费的排他性和竞争性。生态价值主要体现环境功能方面，包括涵养水源价值、保育土壤价值、固碳释氧价值、净化空气价值等，属于纯公共产品。社会价值主要体现在林业发展增加的就业机会、提供景观和游憩两方面的价值，是具有竞争性和弱排他性的准公共产品。因此，森林资源的公共产品性决定了政府必须加大对林业的扶持力度。

（二）森林资源的生态价值和社会价值的外部性问题需要政府解决

庇古和马歇尔在20世纪初提出外部性概念。当某实体的活动不能通过市场价格传递而直接影响其他人的时候，就产生外部性。私人成本不能反映全部的社会成本，或者私人收益未涵盖产生的社会收益，前者产生负外部性，后者产生正外部性。科斯定理认为，在交易零成本和外部效应可以确定的前提下明晰产权，会促使私人有效配置资源，达到有效率的市场均衡。明晰产权后，无须政府干预就可以解决外部性问题。新世纪林权改革后，明晰了商品林产权，其经济价值的外部性得以解决。目前需要政府解决生态公益林、商品林的生态价值和社会价值的外部性问题，以及森林产生的碳源的负外部性问题。

（三）通过对污染征税手段，实现森林资源的优化配置

1920年，英国经济学家庇古在《福利经济学》一书中首先提出对污染征税的想法。他建议，应当根据污染所造成的危害对排污者征税，用税收来弥补私人成本和社会成本之间的差距，使二者相等，达到社会资源的最优配置。庇古税是解决公共产品负外部性的必要手段。

庇古税的管辖权要根据外部性的范围来确定。当需要中央介入解决外部性问题时，庇古税需隶属中央税，反之隶属地方税。污染同时具有全国性和区域性，对污染征税的庇古税应属于中央和地方的共享税，在调动地方积极性的同时，保证中央宏观调控的财力支持。Tullock（1967）以及其他经济学家进一步完善对庇古税用途的研究，认为应将庇古税用于改善环境质量和降低税制改革产生的福利成本，例如用于补偿森林生态价值和社会价值产生的正外部性。因此，应通过中央政府将缴纳的税收从生态价值和社会价值贡献低的地区转移至高的地区，体现区域均衡性，促进环境保护。

（四）化解林业风险必须发挥公共财政职能

公共财政的特征之一是弥补市场失灵，满足社会公共需要。在新世纪林权改革中，林业金融创新遇到高成本和风险难控等瓶颈制约，林权价值被低估的重要原因是无法规避森林风险，比如林业金融推广中存在的天灾人患风险、市场不确定风险、抵押资产处置风险等。要降低林业风险，单靠林农个人的力量是不够的。公共财政为保证森林这个公共产品的有效提供，必须承担控制林业风险的责任，发挥财政资金的引导作用。

二、福建省财政支持林业发展情况与特点

林业具有外部经济的性质，林业的基本产品森林属于公共产品，森林的生产周期长、投资风险大，具有市场信息不对称、收支不对称等特征。这要求国家从宏观上进行干预和政策引导，以弥补和矫正其外部性。作为林权改革试点省份之一的福建省，在财政支持林业发展如林业贷款贴息、森林生态效益补偿、森林资源培育补助、政策性保险以及减免林业税费等方面进行了许多探索。

（一）财政林业支出逐年增加，但占财政总支出比重较低

从财政对林业的资金投入来看，近几年来，福建省财政支出中林业支出总量逐年增加，由2000年的1.9亿元增至2008年的10.52亿元，但林业支出占财政总支出的比重却始终维持在0.9%左右。与林业生产规模比较，单位产值的财政投入比重逐年提高（见表1）。这主要是由于近年来政府对林业的生态效应更加重视，加大了森林生态保护力度，而林业的生态价值还不能在林业生产产值中体现。

表1　　福建省历年财政林业支出情况

年份	财政林业支出		财政总支出		财政林业支出/财政总支出（%）	林业总产值		每万元林业产值的财政投入金额（元）
	金额（亿元）	增速（%）	金额（亿元）	增速（%）		金额（亿元）	增速（%）	
2000	1.90	—	254.9	—	0.75	532.4	—	35.69
2001	2.86	50.5	279.2	9.6	1.00	582.0	9.3	49.14
2002	3.02	5.5	324.2	16.1	0.93	635.9	9.3	47.49
2003	3.88	28.4	452.3	39.5	0.86	697.0	9.6	55.67
2004	4.37	12.9	512.7	14.2	0.85	815.3	17.0	53.60
2005	4.79	9.5	593.1	14.8	0.81	919.5	12.8	52.09
2006	6.91	44.2	728,7	22.9	0.95	1 002.2	9.0	68.95
2007	8.10	17.2	910.6	25.0	0.89	1 180.8	17.8	68.60
2008	10.52	30.0	1 137.7	24.9	0.92	1 323.8	12.1	79.47

注：（1）数据来源于历年《福建统计年鉴》和《福建林业统计年鉴》，均以当年价格计算。
（2）表中财政林业支出为一般预算支出中的林业支出，不包括育林基金支出。

（二）支持林业的财政专项补助增加，但作用有限

1. 林业贷款贴息规模扩大，但林农贷款难现象依然存在。为推动林业发展，降低林农及林业企业从事林业的生产成本，一直以来，中央财政都对林业贷款采取贴息政策。福建省早在2006年8月就已经开始在尤溪县、永安市、泰宁县等7个县（市）开展林业小额贷款省级贴息试点，在中央财政贴息的基础上，

由省财政每年再拨出210万元用于贴息。2009年起，福建省全面落实林业小额贷款省级贴息政策，林业小额贷款贴息范围和贴息规模进一步扩大，省级财政每年拨出600万元，面向全省17个县（市），对林农个人5万元以下用于发展林业生产的小额贷款，按每月3‰给予贴息。截至2008年年底，福建省林业小额贴息贷款累计发放17.07亿元，2009年全年累计发放预计可达10亿元，受益农户将突破3万户。

林业贷款贴息是国家财政为了鼓励林业生产的重要措施之一，但由于林业贷款的主动权仍然掌握在银行手中，贴息并没有从根本上降低银行对从事林业贷款的高风险预期，所以单纯依靠贴息对改变林农贷款难的现状作用有限。

2. 森林生态效益补偿标准提高，但资金来源渠道单一。森林产生大量的生态效益，需要通过以生态补偿基金的方式补偿给林业。我国于2001年设立森林生态效益补偿基金，将其纳入国家公共财政预算支出体系。福建省于2004年建立省级森林生态效益补偿制度。近年来，福建省积极探索建立生态补偿新机制，提高生态补偿标准。其一，建立下游地区对上游地区生态公益林补偿，开创了我国区域性生态公益林补偿的先例。以城市工业和生活用水量为依据，综合考虑各地经济及生态情况，确定了三类承担标准，计提的资金由设区市政府财政承担①。其二，从收取的水资源费中安排35%的资金用于生态公益林补偿。其三，依托森林资源开展旅游的，从旅游经营收入中提取一定资金，直接用于生态公益林所有者的补偿。其四，各级政府逐步增加森林生态效益补偿资金的投入，提高生态公益林的补偿标准。目前，泉州市、厦门市等经济相对发达地区的补偿标准已达每亩9~19元。

对森林生态效益实施补偿体现了森林的生态价值。然而，补偿措施目前还存在许多不足之处。首先，森林生态效益补偿对象只有公益林，公益林外的森林资源同样具有生态效益，但却排除在补偿范围之外。其次，补偿标准采取“一刀切”的方式，不考虑林分质量、起源、年龄和地类等差异。第三，中央财政补偿基金平均每亩每年补偿额度仅为5元，虽然自2010年起提高到10元，但依然偏低。所补偿的给付依据仅是公益林管护支出，而不对因被划入公益林的林木所有者的机会成本损失进行补偿，补偿标准低于木材经济利用价值。另外，虽然福建省采取许多创新性的措施，但从全国范围来看，政府仍然是唯一补偿主体，生态补偿资金来源渠道过窄，森林生态效益受益方长期脱离在补偿责任之外。

3. 森林培育补助未纳入公共财政固定支出，资金来源稳定性差。森林兼具

① 福建省下游对上游地区生态补偿标准：福州市、厦门市、泉州市为0.1元/吨；漳州市、莆田市、宁德市为0.06元/吨；南平市、三明市、龙岩市为0.05元/吨。

经济效益和生态效益，但相对于农业和其他副业，林业生产周期长、风险高。如果完全由林农负担造林成本，林农没有很高的积极性。因此，公共财政应当提供合理支持，从基础设施、生产扶持、科技投入等方面加以扶助，从而减少林农的生产成本，帮助林农增收致富。

现有森林培育补助资金未纳入公共财政固定支出。政府以各种项目的形式对造林进行扶持，由于项目本身和资金额度都有很大不确定性，森林培育补助资金缺少稳定来源。这就和森林生产周期长、风险高的特性不相符，不利于森林培育的稳步进行。另外，公共财政给予造林的补助标准太低。根据国家林业局对全国14个省级行政区（包括福建省）的调查，各林业重点项目提供的补助标准均远远低于造林成本。林业补助不足以激励农民从事周期长、风险高的林业投资。

4. 森林政策性保险省内全面铺开，但保障功能有限。福建省是南方重点林区，森林资源集中连片，森林火灾隐患大。一旦发生火灾，将对林业经营者造成重大损失。实施森林火灾保险，可以有效分散林业经营风险，提高经营者抵御风险能力，促进林业经济持续稳定发展。2006年8月，福建省率先探索建立森林火灾保险机制，在南平市、三明市、龙岩市三个重点林区开展森林火灾保险试点工作（见表2）。2009年在全省铺开，将森林火灾保险列入政策性农业保险试点内容。政策性森林保险采取自愿投保模式，财政给予投保人一定保费补贴。试点3年来累计保费收入1 066万元，承保森林面积797万亩，提供风险保障31.88亿元。森林火灾保险简单赔付率为76.61%，经营基本能够做到收支平衡。为稳定经营，福建省财政厅还建立了专项风险补偿基金，对森林保险当年赔付率超过80%的部分，由补偿基金与保险公司按1∶1比例分摊。目前补偿基金的规模已达300万元。

表2　2006～2009年福建省森林政策性保险情况

年份	保险金额（元/亩）	保险费率（‰）			财政补贴标准（%）		试点地区
		生态公益林	国有商品林	其他	投保面积≥100亩	投保面积<100亩	
2006	400	4	4	5	20	20	南平市、三明市、龙岩市
2007	400	4	4	5	20	20	
2008	400	3	3	3	20	40	
2009	500	2	2	2	20	40	全省

注：（1）财政补贴标准为按保费额度实施补贴。

（2）上年度无出险，次年续保时保费优惠50%。

实施森林火灾保险，降低了林业经营风险，提高了林业经营收益，有利于促进林农增收，加快林业发展。经过几年的实践，福建省政策性保险取得了一定成果，但也存在不足。其一，保障功能有限。火灾仅是森林经营风险之一，而目前政策性森林保险只承保火灾风险，雨雪冰冻、台风、病虫害等风险则排除保险范围之外，导致政策性保险保障面有限。其二，林农参保积极性不高。林区多为经济欠发达地区，虽然政府对保费给予财政补贴，但由于林农收入水平低，而投保森林保险是林农办理林权抵押贷款的手续之一，保险费与担保费、评估费等一样是办理贷款所必需的费用支出，许多林农没有形成对森林保险的正确认识，甚至将其看成是乱收费，更加不愿投保。据统计，在试点地区年参保林地面积不到试点地区有林地面积的7%。同时，参保者中98%以上为企业单位和林业大户，投保面积500亩以下的林农参保率不到2%。其三，生态公益林未列入政策性保险范围。生态公益林占福建省森林总面积的1/3，而在2008年森林保险试点方案调整时，却将公益林排除在外，这主要是因为林农经营公益林补偿收入很低，对公益林防火责任心不强，缺乏投保积极性。而且，林农在森林过火后砍伐受灾林木获得的收益，远高于防止公益林发生火灾的收益，所以存在一些林农对公益林故意纵火或见火不救的现象，保险公司对此缺乏必要的管理控制手段，承保公益林风险很大。

（三）林业税费减免，林农负担减轻

林业税费制度改革为我国林业发展战略目标的实现发挥了重要作用。近年来，国家出台一系列税收优惠政策，目的在于使林农增收减负，调动林农生产积极性。福建省领先全国，于2005年即全面免征农业税及其附加，取消除烟叶以外的农业特产税，相关的一些收费项目逐步取消或降低计收标准（见表3）。2010年1月1日《福建省育林基金征收使用管理实施办法》正式实施，凡采伐林木的单位和个人按其林木产品销售收入的10%缴纳育林基金。育林基金专项用于森林资源培育、保护和管理，任何单位和个人不得截留或挪作他用。林业部门行政事业经费，由同级财政部门通过部门预算予以核拨，不得从育林基金中列支。

表3　福建省林业主要税费项目及标准

税费项目	原收费标准	现收费标准
生产环节特产税	按木材收购价的8.8%	2003年取消
收购环节特产税	按木材收购价加育林费、维简费后的8.8%	2005年取消
增值税	一般纳税人按13%税率计算销项税额，小规模纳税人按销售额6%征收	不变
城市维护建设税	按增值税、营业税、消费税税额城市7%、县城市镇5%、其他1%征收	不变
教育费附加	按增值税、营业税、消费税税额3%征收	不变

续表

<table>
<tr><th>税费项目</th><th>原收费标准</th><th>现收费标准</th></tr>
<tr><td>育林费</td><td>按木材生产收购后第一次销售价的12%提取或征收</td><td rowspan="2">2010年起两费合并，按销售收入的10%征收</td></tr>
<tr><td>维简费</td><td>按木材生产收购后第一次销价的8%提取或征收</td></tr>
<tr><td>森林植物检疫费</td><td>按调运林木种子、木材、毛竹及其产品货值2‰征收</td><td>不变</td></tr>
<tr><td>森林资源补偿费</td><td>按销售省外木材销售价的5%征收</td><td>2004年取消</td></tr>
<tr><td>林业保护建设费</td><td>木材按每立方米、毛竹按每百根5元征收</td><td>2004年取消</td></tr>
</table>

注：资料来源于福建省林业厅。

林业税费改革使得林业初级产品生产环节的税费大幅度下降，减轻了林农的负担。但林业收费涉及多方利益，且林业发达地区多为经济欠发达地区，林业税费减免必然导致地方财政收入减少，使地方政府和林业部门经费更加紧张。因此，需要上级财政加大转移支付力度来实现地方财政收支平衡，从而避免省级以下地方政府和部门越权设立对林业的各项收费，把从林业部门征收的各种收费返还至林业生产建设。

三、日本的林业扶持政策及借鉴

我国林权改革起步较晚，经验缺乏，在很多方面还属于探索阶段。而许多发达国家林业发展已经有很长的历史，有着健全的法律保障体系和积极的政策扶持措施来推动本国林业的健康发展，如亚洲的日本。日本地处板块交接处，台风、地震、海啸、泥石流、火山喷发、暴雨等自然灾害极为常见，对森林资源造成巨大威胁。二战中，日本森林资源遭到大面积破坏，但却在战后得以迅速恢复。截至2007年年底，全国森林面积共计2 509.7万平方公里，森林覆盖率为67.3%，位居世界第3。日本森林的高覆盖率与其国内一系列林业扶持政策密切相关，它们的经验值得我们学习。因此，本文选取日本作为借鉴对象。

（一）日本林业的财政扶持政策

1. 财政直接补贴。为了尽快恢复在战争中遭受破坏的森林资源，日本政府对私有林在财政补贴、信贷支持、税收优惠方面采取了许多措施。其中，财政补贴力度最大。财政补贴分别来自中央和地方预算。中央财政补贴内容包括造林、林道建设、抚育间伐、病虫害防治、林业机械购置、技术普及、民间林业团体的经费等；地方财政则采取与中央补贴相配套的方式，对一些达不到中央财政补贴标准的小规模项目也单独设立补贴。日本政府对于私人造林给予了高比例的财政补贴，补贴率最低为40%，最高达到了68%。同时，对于私有林的林道建设也给予了大力支持，全国有90%的私有林林道建设是由财政补贴，3%是通过政策性贷款，7%是通过自筹资金建成。

2. 政策性信贷支持。除财政直接补贴外，日本政府还在信贷方面对私有林建设进行扶持。利率低、还贷期长、品种多是政策性信贷的特点，包括财政直接提供的贷款项目和财政贴息贷款项目。如农林渔业金融公库贷款、林业产业高度化促进资金和林业就业促进资金等。

农林渔业金融公库是日本实施农林渔业政策性信贷的主要窗口，其资本金来源于国家“产业投资特别会计”和部分借入资金，借入利息与贷出利息的差额由中央财政一般会计予以补偿。借贷对象为林农、森林组合、市、町、村等。森林所有者可以通过森林组合或市、町、村等得到贷款，也可以直接向农林渔业金融公库设在各地的分支机构直接借贷。

林业产业高度化促进资金是日本政府为改善小规模、实力较弱的木材生产、加工、流通企业的经营状况而设立的。它主要是通过低息贷款或贴息的方式，为上述企业提供合理化经营和扩大经营规模所需要的资金。借贷对象为制定了切实可行的计划，并通过都、道、府、县认定的森林组合、森林所有者、木材生产加工企业、从事木材批发和零售的单位。

林业就业促进资金是为林业新就业人员及接受新就业者的林业生产单位提供就业培训资金和就业准备资金，其资本金主要由地方财政和地方林业协会提供，中央财政给予适当的支持。林业就业促进资金为无息贷款，内容包括培训费用、就业前的求职活动费、安家费用等。

表4　　日本林业主要贷款贴息项目

贷款项目	贷款用途	贷款期限（年）	年利率（%）
林业基本建设资金	造林、林道建设和灾害恢复等	15~55	1.2~1.35
林业结构调整促进资金	促进林业产业结构合理化	20	1.2~1.35
林业设备资金	生产设备的购入、流通、销售设施的建设等	15~20	1.2~1.35

3. 森林组合制度。日本的森林组合制度创立于1907年，分为“全国森林组合联合会”、“都道府县森林组合联合会”、“市町村森林组合”，林农根据自愿原则以会员身份加入。森林组合最初是作为私有林的行政载体而设立的，有相应的政府补助资金作为支撑。政府对私有林的管理主要是通过减免税收、政府补助、优惠融资和森林保险等经济杠杆进行调节和引导。林农造林补助、间伐补助、国营保险等通过森林组织向政府申请，而政府的造林补助金、林道建设补助金等也都是通过森林组合向林农发放。

除了作为政府与林农之间的纽带之外，森林组合组织还搭建起了林农与市场之间的桥梁。由于单个私有林所有者的规模比较小，出材量也小，单靠个体的力量无法适应多变的市场，而森林组合采取将会员的木材进行共同销售的方式，很好地解决了小生产与大市场的矛盾，大大方便了林农。森林组合还为会员提供技术指导服务，帮助会员获取市场信息，积极开拓市场。对于不愿直接从事林业生产的会员，森林组合还可以通过委托经营等形式担负起私有林经营的责任。

（二）日本林业税收政策

1. 税收优惠。日本政府给予林业许多优惠，税收是扶持林业发展的重要政策之一。林业税收税基小、优惠多，税负明显低于其他行业。以林业所得税为例，主要实行了以下优惠：一是将木材销售收入与其他收入分离，保证林业税收优惠有针对性；二是木材生产成本一律按 40% 从木材销售收入中扣除；三是如果经营者严格按照森林施业计划进行森林管理和经营，可以再扣除 20% 的立木生产成本；四是在剩余部分中再扣除 50 万日元。经过以上 3 项扣除后的余额即为应税收入。在计算征税额时，实行“5 分 5 乘法”，即先将应税收入除以 5，乘以相应税率，最后再乘以 5，便得到了实际的征税额。因为税率随着应税收入增加而累进递增，用“5 分 5 乘法”计算出的征税额会少。

2. 征收环境税。随着碳排放增速过快增长及承诺减少碳排放的国际公约等因素限制，日本政府大力推行针对碳排放的环境税，于 2007 年 1 月正式执行征收。环境税税率为 2 400 日元/吨碳。环境税年征收额为 3 700 亿日元，其中约 1 900亿日元用于荒废森林再生。

随着经济的发展，日本国民对森林生态功能日益重视。国民对森林的要求已经从木材的生产功能，发展到国土自然资源的保护、水源涵养、防止全球变暖以及提供休闲娱乐教育场所等多种功能的利用。在这种背景下，日本地方政府也适时地实施森林环境税制度（也称为“水源税”）。2003 年 4 月，高知县率先引入了森林环境税，此后迅速推广到日本大多数都道府县。森林环境税以增进森林的公益性功能为目的，税收除了用于与森林相关的教育外，还用于森林建设等其他方面。高知县的森林所得税采用的征收方法是在县民税①上追加一定金额，目前每年设定的税额为 500 日元。为了使税收专款专用，设立“高知县森林环境保全基金”，征收的税金累积在该基金中运营。同时，成立由县民代表和专家学者组成的“基金运营委员会”，对基金运营进行监督和评价。森林环境税税额较少，所筹集的资金也远远不能满足大规模森林建设需要，但该税种的实施唤醒了国民对森林环境的关心。

---

① 日本地方政府征收的所得税。

（三）日本林业财税政策的启示

我国正在积极推进非公有制林业的发展，这是社会主义市场经济条件下林业发展的必然要求，通过上述分析我们可以看出，日本私有林政策中有许多做法值得我们学习。首先，日本的林业政府补贴力度很大。二战以后，日本经济到了崩溃边缘，然而政府却仍然拿出大量的资金，以50%的补贴率来补助造林工程，而且至今保持较高的补贴率。其次，日本的林业政策性信贷品种丰富，贷款时间长、利率低且有专门的金融机构为林业服务；有关林业的金融法律体系健全，为林业生产提供了有力的资金保障。第三，日本政府十分注重对森林组合的扶持，而森林组合制度较好地解决了资金、技术、采伐、运输、病虫害防治等单个林农难以解决的问题；同时，建立了政府与林农之间的联系，使大部分的私有林扶持政策得以顺利实施，降低了实施成本。

四、深化林权制度改革的政策建议

集体林权制度改革已取得初步成效，财政支持发挥了显著作用。为进一步深化改革，在借鉴国外经验的基础上，我们要按照公共财政目标要求，从构建绿色税收体系、完善创新机制入手，以公共化为取向，以规范化为原则，充分发挥公共财政职能作用，更好地为集体林权制度改革的顺利推进保驾护航。同时，发挥财政资金的杠杆作用，吸引社会资金投入，促进林业可持续发展。

（一）完善财税体系，稳定森林生态建设财源

森林是一种公共产品，公共产品的非排他性无法避免不支付费用即可参与消费，非竞争性使无论增加多少消费者，都不会减少其他人的消费。由于以上特性，公共产品的消费不必购买，导致提供公共产品者无利可图。因此，要由政府来承担提供公共产品的责任。而政府则须通过征税用以补偿提供公共产品所耗费的成本，以维持公共产品的再生产，从而实现良性循环。当前，我国对污染征税和促进节能减排的优惠政策分散于增值税、消费税、城市维护建设税、所得税、资源税等税种和名目繁杂的收费项目中，缺乏以保护环境为目的的专门税种或税收体系，推动节能减排效果十分有限。为此建议如下：

1. 开征环境税。目前，我国还存在对污染行为的各种收费制度，各地收费标准不一，收费制度混乱。结合国际惯例和我国实际，为简化税制，应改费为税，开征环境税，将有关污染收费项目并入环境税税目。以“污染者付费”为原则，课税对象为大气污染、水污染、固体废弃物、噪音等污染行为；实行累计税率，税率标准视各地环境污染情况而有所差别，并在开征初期实行低税率；税基随各污染行为而不同。以计征简便为原则，可以将排污量、污染企业的产量、生产要素或消费品包含的污染物数量、能够产生污染的投入品数量等作为计税依据。环境税应属于共享税，征管实行中央统筹、地方参与的方式，以确

保区域均衡性和调动地方政府积极性；环境税收入应专款专用，保障环保事业的发展。此外，随着环境税不断发展与完善，逐渐扩大征税范围，避免一步到位造成的不利后果。

2. 完善环境转移支付体系。环境转移支付体系是财政政策的重要体现，可解决因保护环境与发展经济尤其是发展高污染行业所产生的区域经济发展不均衡现象，解决对全国生态环境贡献高的区域的财力不足问题，推动森林等高生态价值资源的开发和利用，促进地方政府加强环境保护。环境转移支付政策包括预算内环境支出、生态效益补偿、财政补贴、政府直接投资等行为。开征环境税后，环境保护专项资金得以进一步充实，但污染严重地区环境税收入高于生态优良地区，需中央财政进行资源再分配，将环境税收入转移支付至对生态环境贡献高的地区，促进资源的有效利用。环境专项资金应专款专用，严格监管，保障资金安全。

（二）扩大财政林业支出范围，优化财政支出结构

1. 增加造林补贴及林业基础设施投入。扩大造林面积，加快森林资源的建设速度，是我国相当长一段时间内林业发展的主要任务。但由于林业生产的特点，单纯依靠林农的投入进行森林资源生产是难以实现的。在一些自然条件较差的地区，造林成本高，成活率低，没有政府的补贴，造林工作难以开展。我国至今还未建立完整的造林补助制度。因此，应在借鉴国外造林补助政策的基础上，分地区、分林种，建立符合我国国情的造林补助体系。与此同时，薄弱的林业基础设施是许多地区林业发展的“瓶颈”，加大林业基础设施建设投入，可以帮助林区富余劳动力就业、促进林业生产建设、方便林农出行与贸易、拉动林区投资需要与消费需求。

2. 提高生态补偿标准，建立跨区域生态补偿机制。目前森林生态补偿制度仅将国有重点公益林列为补偿对象，私有林仍然被排除在补偿范围之外。私有林同样能够产生生态效益，因此，也应予以一定的补偿。另外，目前我们执行统一的补偿标准，没有考虑林分质量、起源、树龄等差异因素，且补偿标准偏低，森林生态补偿仅仅包括林地管护成本，而不对林农林地补划入公益林后的机会成本损失进补偿，补偿力度不到位。因此，要提高补偿标准，实施更为灵活的补偿原则。对于明显存在管护质量和产出效益差异的，也应设置不同的补偿标准。要探索建立全国范围内的区域生态补偿机制，由高碳源地区向高碳汇地区、河流下游向上游进行生态补偿，实现各地协调和可持续发展。

3. 扶持林业合作组织。由于林业具有经营周期长、投资回报慢、效益外部性强等特点，要求规模小而分散的个体经营者联合起来，提高经营水平，降低经营成本，扩大经营规模，共同抵御经营风险。随着我国集体林权制度改革的不断深入，广大林农对林木的所有权、经营权、受益权得到了保障，经营林业

的积极性得到提高。但是，目前我国的林业合作组织还很不成熟，加快建立以土地集体所有制为前提的林业合作组织体系，已经成为一项紧迫的任务。政府应制定相应政策，加大对林业合作组织的扶持力度，对林业合作组织及其成员的生产性基础设施建设、技术引进、人员培训等给予补贴，并建立起有效的监管机制。

（三）创新财政激励和风险补偿机制，引导社会资金投入林业

林业生产资金需求巨大，仅靠财政投入远远不够，政府应综合运用财政手段，发挥公共财政的杠杆导向作用，改变单纯依靠国家财政投入的局面，通过财政资金引导金融部门的信贷、保险资金、企业单位的自筹资金及社会闲散资金参与林业生产建设，形成资金多渠道投入的格局，达到“四两拨千斤”的效果。对于承办林业贷款、保险的金融机构，除在合理范围内继续给予并加大贷款贴息、保费补贴力度外，对其涉林业务还可以给予税收优惠。同时，为鼓励金融机构加大对林业的支持力度，防范森林突发风险，建议由财政建立一笔专门的、稳定可靠的、可以连续使用的风险准备金。该风险准备金可来源于环境税收入、排污权收费、污染严重地区财政转移性收入，实行基金管理方式；可委托林业主管部门或专业机构管理，用于投资或组建林业担保公司、林业再保险公司等金融性业务中介机构，为林权抵押贷款、林业保险保驾护航。

（四）推动森林生态价值评估，探索生态价值市场化实现机制

联合国《气候变化框架公约》规定森林植被等绿色资源的面积可以折算成CO_2减排指数，奠定了森林生态价值市场交换的理论基础。我们可以借鉴这一机制，在经济比较发达的地区试行建立市场碳交换机制。对森林经营者每年可以向市场提供的碳汇单位进行计算和价值评估，然后投入市场。CO_2的排放单位只有在市场上购买一定数量的碳汇以后，才能向外排放CO_2，这样森林经营者就可以通过市场实现森林生态价值市场化，保证森林经营活动资金的正常循环。

参考文献：

［1］福建财政年鉴编辑委员会：《福建财政年鉴 2009》，福建人民出版社 2010 年版。

［2］福建省林业厅：《2008 年福建省林业统计年鉴》，2009 年。

［3］福建省林业厅：《2008 年福建省林业经济运行情况》，http：//www. fjforestry. gov. cn。

［4］孙霄翀、陈学群、林森、文彩云：《福建省林权抵押贷款情况研究报告》，《林业经济》，2009（4）。

［5］北京大学光华管理学院集体林权制度改革课题组：《集体林权制度公共财政问题调研报告》，《林业经济》，2009（6）。

[6] 周惠荣、刘洁梅：《实施森林生态效益补偿基金制度的几点思考》，《林业经济》，2006（7）。

[7] 冷慧卿、马菁蕴、陈学群：《福建省森林保险案例研究》，《林业经济》，2009（4）。

[8] 孔祥智、郭艳芹、李圣军：《集体林权制度改革对村级经济的影响研究》，《林业经济》，2006（10）。

[9] 苏宗海：《国外林业财政政策分析》，《绿色中国》，2004（6）。

[10] 徐怡红：《国外林业税费制度及其借鉴意义》，《林业财务与会计》，2004（4）。

[11] 冯小军：《日本民有林的经营及启示》，《中国林业》，2002（12）。

[12] 罗攀柱、苏秀丽、吴树波：《日本森林组合制度对我国集体林业股份合作制的借鉴》，《林业经济》，2006（12）。

[13] 邵吉祥：《日本林业给我们的启示》，《中国林业》，2006（9）。

[14] 国家林业局经济发展研究中心：《2008 年中国林业发展报告》，国家林业局网站。

[15] 张阿芬：《日本林业税收政策评析与借鉴》，《林业经济问题》，2004（5）。

[16] 黄晓玲、林群、王灿雄：《世界私有林补贴制度形成过程纵向分析》，《世界林业研究》，2008（4）。

[17] 张军、贾鸿：《完善准公共产品定价机制的思路》，国研网编辑部。

金融服务篇

人民币现钞发行分析与预测研究

——以福建省为例

中国人民银行福州中心支行课题组

课题主持人：宋汉光

课题组成员：林为勇　江　宇　陈显勇　吴湧超　张太钲

张惠平　李辉文　王全毅　胡仕豪　常亚萍

货币是商品交易的重要媒介和商品价值的体现，在经济活动中发挥着重要的作用。货币的统一和稳定不仅直接关系到市场的稳定和繁荣，而且与国民经济的发展和社会的安定密切相关，因此货币的管理、发行制度一直是世界各国金融管理体制中的一项重要组成部分。随着全球经济一体化进程的加快，作为交换媒介的货币在世界经济贸易中的地位和作用更为显著。为此，世界各国日益重视货币的管理，并致力于构建稳定有序的货币管理制度。人民银行作为我国的中央银行，负责人民币的发行、流通管理和回笼。人民币发行预测是人民银行进行人民币印制、调拨、库存、回收的重点工作之一，提高人民币的发行预测水平，有利于制定合理的印制计划，提高人民币调拨效率。

一、人民币现钞发行分析与预测研究的理论依据

一个国家（地区）现钞的发行量取决于市场所需货币量，因此，对人民币现钞发行的预测分析应基于市场的货币需求。迄今为止，已有较多的学者对货币需求进行研究，并提出各自的货币需求理论。

（一）现金交易数量说

美国经济学家费雪在《货币购买力》中认为交易媒介是货币的主要功能，即货币是用来交换商品或劳务，以满足社会的要求，因此，一定时期内，社会的货币需求量与商品、劳务交易量的货币总值是相等的。据此，费雪提出：

$$M \cdot V = P \cdot Q$$

式中：M 代表货币需求量；V 代表货币流通速度；P 代表物价水平；Q 代表交易总量。

费雪分析认为，Q 与产出水平保持一定的比例，是相对稳定的，因此得出：

$M/P=Q/V$。此式表明，当 V 保持不变时，P 决定 M。但如果把 P 视为给定的价格时，则 $M=1/V\cdot PQ$，也就是在给定的价格水平下，总交易量与所需货币量具有一定的比例关系。

（二）现金余额说

现金余额方程式是由英国经济学家马歇尔、庇古等人提出。他们认为货币具有交易媒介和价值储藏的职能，也就是说货币除了用来满足当前的商品或劳务交换，还有一部分是存起来，以便在以后需要的时候拿出来使用的。这两部分的总额就是现金余额也就是货币需求量了。这一货币需要量应该占总财富的一定比例，而总财富又同名义国民收入成比例，因此，得出：

$M=K\cdot PY$

式中：M 代表货币需求量；P 代表总财富与名义国民收入的比例；Y 代表总财富；K 代表在名义国民收入中以现金余额形式持有的资产比例。

公式表明影响货币需求的因素是 Y、K、P。P、Y 基本是一定的，因此决定货币需求的主要因素是 K。K 的大小是各个经济主体选择决定的。当然，货币需求也是有理性的。货币需求是指在一定财富总额前提下，人们希望以货币形式持有的财富在总财富中占有的一定比例，而比例的高低则取决于持有其他资产可能获得的收益与持有货币资产的收益之差，即持有货币可能带来的便利与可能造成的机会成本（利息损失）之间的博弈。此外，财富收入者对未来的收入预期也会影响其对货币资产和其他资产的选择。如果他对未来收入的预期较为悲观，那么选择持有货币资产的比重会较大。由此可见，现金余额说是将货币作为一种资产的角度来分析货币需求的。

（三）凯恩斯的货币需求理论

凯恩斯的《就业、利息和货币通论》一书中对货币需求提出流动性偏好理论。他认为人们对货币的需求是出于三个动机。一是交易动机，指人们为日常交易而持有货币，货币的交易需求主要由人们的交易水平决定，交易水平与收入成比。二是预防动机，指为了预防意料之外的情况而产生的持币愿望。它的产生主要是因为未来收入和支出的不确定性，为了防止未来收入减少或支出增加这种意外变化而保留一部分货币以备不测。人们愿意持有的预防性货币余额主要取决于人们对未来交易水平的预期，从而使得预防动机的货币需求与收入成正比。三是投机动机，指愿意持有货币以供投机之用。投机动机的货币需求取决于三个因素，即当前市场利率、投机者正常利率水平的目标值以及投机者对利率变化趋势的预期，其中第三个因素依赖于前两个因素，所以投机动机的货币需求实际上取决于当前市场利率水平与投机者对正常利率目标的取值之差。从总体分析，如果当前市场利率水平较低，那么预期利率上升的投机者就会越多，从而以货币形式持有其财富的投机者也就越多，货币的投机性需求就越大；反之亦然。因此，货币的投机性需求是当前利率水平的递减函数。

从上述分析可以发现，影响货币需求的因素主要有三大类变量：规模变量、机会成本变量和其他变量。规模变量是指那些与社会经济发展水平有关的变量，如国内生产总值和居民收入等；机会成本变量是指那些与主体的成本—收益分析相关的变量，如价格变动率、利率等；其他变量包括那些与货币需求关系不确定的随机经济变量，主要表现为一些无法预测的偶发事件。在当前中国所处的转轨时期，还应当包括制度性因素，这是指一些难以量化的非市场性因素，如行政干预、信贷紧缩、财务限制等等。

二、人民币现钞发行特点

近几年，福建省经济快速发展，但由于各地区经济发展的不平衡及经济结构的差异性，历年来的现钞投放回笼变化相当大，总体上全省人民币现钞投放回笼呈现净投放趋势、投放回笼日趋活跃、地区差异较大、投放回笼渠道较为集中等特点。

（一）人民币现钞发行体现为净投放且呈增长趋势

近10年来福建省发行基金均体现为净投放，且呈现增长趋势，从2000年的17.71亿元增长到2006年的高峰89.28亿元，增长幅度达400%；但从2007年开始出现下降趋势，到2008年下降到25.15亿元，基本上是10年来的最低点，但仍高于2000年水平。总体而言，福建省10年来发行基金净投放呈上升趋势，这与其经济持续稳定发展是相吻合的，但增长幅度逐步放缓；同时，受外界因素影响强烈，如1999年的“千年虫”因素、2004年的货币政策因素和2008年金融危机因素等。

（二）人民币现钞投放回笼日趋活跃

近10年福建省投放回笼总量呈现明显上升趋势，从1999年的1 318.09亿元一直到2007年的2 873.84亿元，增长幅度为118%，年均增长13.11%。2004~2005年有一个比较明显的减缓波动，在增长情况的曲线上体现得尤其明显，这与中国人民银行在2004~2005年为防止经济过热而实施的一系列货币政策有关。2008年投放回笼略有下降，这主要受国际金融危机影响。

（三）地区人民币现钞投放回笼情况差异大

从投放回笼总量来看，福州市与泉州市两个地区几乎占到全省的一半，主要是因为福州市和泉州市经济发展较快，经济总量较大。据统计，泉州市、福州市的生产总值占据福建省的前两位。泉州市、厦门市是福建省的主要投放地区，其投放数10年来也基本体现为增长趋势；而漳州市、龙岩市、莆田市和福州市则为主要回笼地区，其回笼数10年来也基本体现为增长趋势。宁德市、南平市10年来表现得比较平稳。这主要是由福建省各地区经济结构的差异性造成的。泉州市和厦门市中小民营企业较多，以民营中小企业为主。民营企业出于价格、结算和安全等方面考虑，在原辅材料采购、工资支付时多采用现金结算，导致发行基金大量投放；漳州市、龙岩市是福建省主要的农产品和矿产品生产地，产品主要输往其他地区，导致现金大量回笼；福州市是福建省省会，商品市场发达，集中了一大批的商品批发市场、百货和超市等，是全省商品的集散地；同时，福州市重视商品流通、货币流通和信息流通，促进了商品市场的大繁荣，吸引了大批外地客户带现金到福州市采购，导致现金的大量回笼。

（四）人民币现钞的投放回笼渠道较为集中

福建省发行基金的投放回笼一直以来都集中在少数大银行。以2008年为例，工商银行、农业银行、中国银行、建设银行、农村信用社、兴业银行的投放回笼总量一直占全省的80%以上；农业银行、中国银行、农村信用社为主要的投放行，合计占全省的一半以上；兴业银行、建设银行为主要的回笼行，合计占全省的一半左右。

（五）人民币现钞投放回笼季节特征明显

福建省发行基金投放的季节性特征主要表现在春节、劳动节和国庆节和元旦节前后，发行基金投放和回笼出现明显大幅变化，呈现节前大投放、节后大回笼的特征。节前如1月、4月和9月和12月发行基金投放量较大，节后的2月、3月、5月和10月出现发行基金净回笼。在三大节日中，春节对发行基金投放的影响最大，元旦次之，国庆和劳动节相对较小。

三、影响人民币现钞发行相关回归因素分析

根据货币需求理论，影响货币（现钞）需求的因素主要有三大类变量：规模变量、机会成本变量和其他变量。根据以上的三大类划分，我们从数据可得性与结合本省的研究重点出发，选取了一些变量进行因素分析。

（一）规模变量类

1. 国内生产总值增幅。国内生产总值是反映一个国家或区域内经济发展状况的最重要指标，反映了一个国家或区域内的经济增长速度，当然也反映了其经济总体态势。随着经济的发展，各行各业向社会提供的商品和服务逐年增加，从而造成社会所需求的现金也随之增加。我们分别把1999~2008年福建省发行基金投放数、发行基金回笼数及发行基金净投放数与福建省10年来国内生产总值进行比较，其之间的周期性变化与相关性如图1、图2和图3所示。

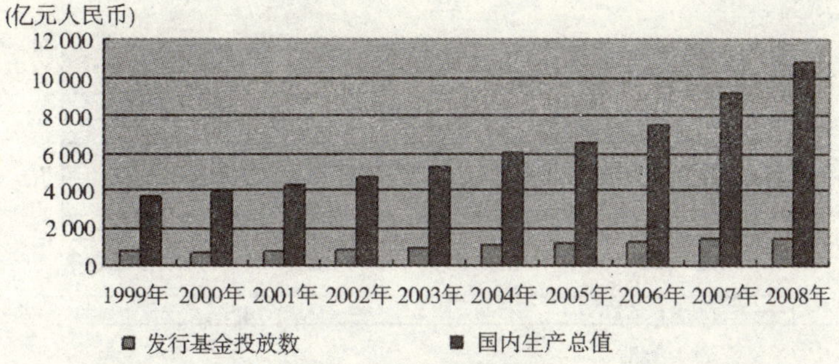

图1　1999~2008年福建省发行基金投放数与国内生产总值对比图

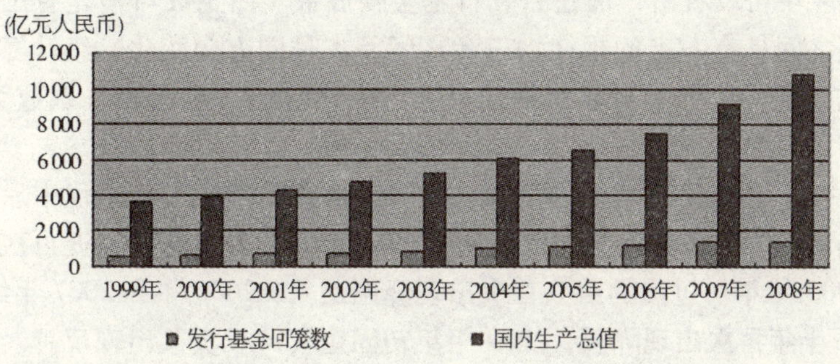

图2　1999~2008年福建省发行基金回笼数与国内生产总值对比图

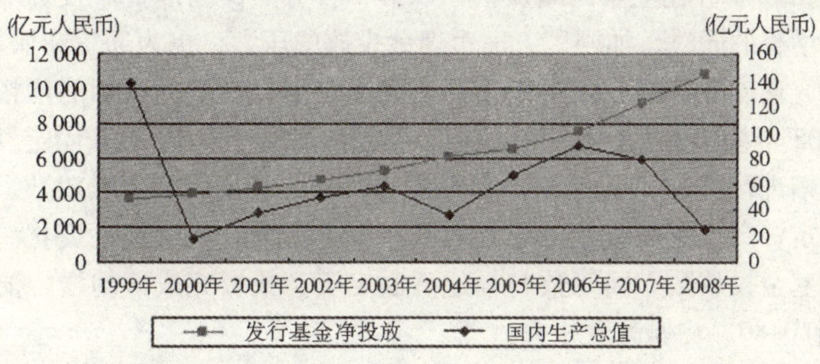

图3　1999~2008年福建省发行基金净投放数与国内生产总值对比图

从图1~图3中可以看出，无论是福建省发行基金的投放数、回笼数还是净投放数，与福建省国内生产总值之间显然相关性不高。主要原因：一是中国作为新兴经济体，其国内生产总值的绝对额一般说来是不断递增的，一个不断创新高的数据很难有什么规律可循；二是福建省人民币现钞的投放量和回笼量很大且相当接近，轧差数占投放和回笼总量的比例很低，发行基金净投放（净回笼）的数据波动剧烈，误差大，很难有规律可循。因此，我们采用福建省发行基金投放数和回笼数分别与国内生产总值的增幅进行比较，如图4所示。

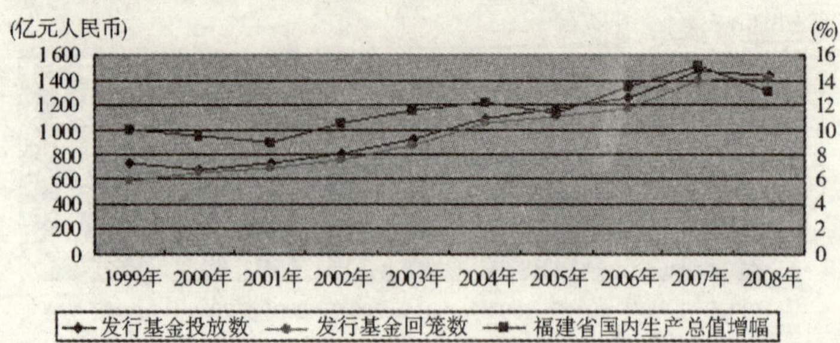

图 4　1999～2008 年福建省发行基金投放数、回笼数与国内生产总值增幅对比图

从图 4 中可以看出，福建省发行基金投放数、回笼数与福建省国内生产总值的增幅之间具有一定的规律，三者之间基本呈同方向变化。经计算，发行基金投放数、发行基金回笼数与福建省国内生产总值增幅的相关系数为 0.93 与 0.91，均属高度相关。

2. 固定资产投资完成额的增幅。我国经济在 20 世纪 90 年代中后期成功实现软着陆之后，陷入了短暂的低迷期。2003 年年底固定资产投资再次出现过热态势，2005 年年初过热的苗头首次出现降温迹象，2006 年和 2007 年继续升温，2008 年下半年再次出现降温，2009 年年初固定资产投资又出现反弹。国家统计局公布的统计数据表明，2009 年 1～7 月中国城镇固定资产投资为 95 392 亿元，同比增长 32.9%，比上年同期加快了 5.6 个百分点。固定资产投资增长在推动经济高速增长的同时，加剧了人民币现钞投放的压力，也为通货膨胀埋下隐患。因此，研究现钞发行相关因素离不开研究固定资产投资完成额的增幅。我们把 1999～2008 年福建省发行基金投放数、回笼数与福建省 10 年来固定资产投资完成额的增幅进行比较（见图 5）。可以看出，福建省发行基金投放数、回笼数与福建省固定资产投资完成额的增幅之间基本上呈同方向周期性变化。经计算福建省发行基金投放数、回笼数与福建省固定资产投资完成额的增幅的相关系数为 0.88 和 0.86，均属高度相关。

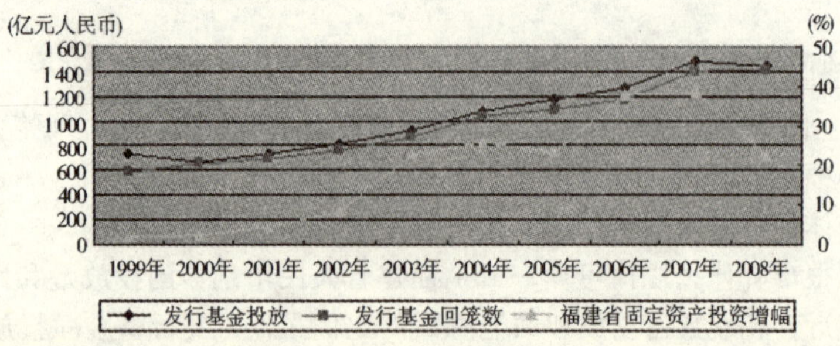

图 5　1999～2008 年福建省发行基金投放数、回笼数与固定资产投资增幅对比图

3. 社会消费品零售总额的增幅。从商业的角度看，社会消费品零售总额的增幅，代表着经济发展与人民生活水平的提高。一个区域内商业繁荣，社会消费品零售总额增长就会带来现金投放与回笼的同步增长，进而影响到现钞发行；反之，一个区域内商业萧条，社会商品零售总额减少，当地的现钞投放与回笼同步减少也会影响到现钞发行量。因此，我们分别把 1999 ~2008 年福建省发行基金投放数、回笼数与福建省 10 年来社会消费品零售额的增幅进行比较（见图 6）。可以看出，福建省发行基金投放数、回笼数与福建省社会消费品零售额的增幅之间基本上呈同方向周期性变化。经计算，福建省发行基金投放数、回笼数与福建省社会消费品零售额增幅的相关系数为 0. 96 和 0. 97，均属高度相关。

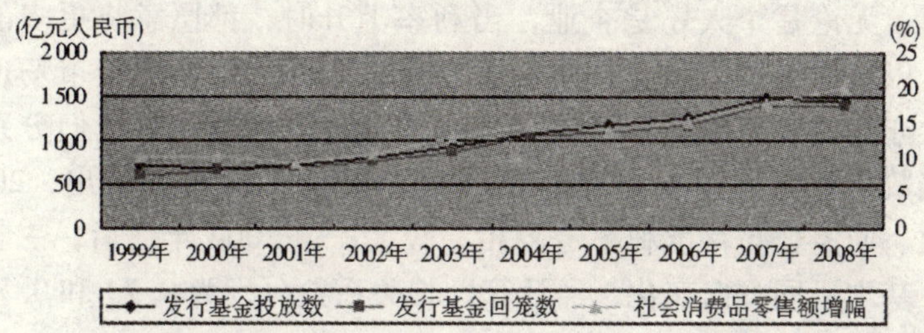

图 6　1999 ~2008 年福建省发行基金投放数、回笼数与社会消费品零售额增幅对比图

（二）机会成本变量类

1. 居民消费价格总水平。居民消费价格总水平直接反映了各个时期的物价水平。物价上涨最直接的原因是相对于流通中的商品和服务的价值来说，货币供应过多，而货币供应过多常常又是引发通货膨胀的必要条件。理论上，当现钞净投放数超速增长时，会带动居民消费价格总水平的提高；反过来看，居民消费价格总水平的上涨又反作用于现金需求，使现金需求明显增加。我们分别把自 1999 ~2008 年近 10 年来福建省发行基金投放数、回笼数与福建省 10 年来居民消费价格总水平进行比较（见图 7）。可以看出，福建省发行基金投放数、回笼数与福建省居民消费价格总水平之间基本上呈同方向周期性变化，相关系数为 0. 77 和 0. 81，分别属显著相关和高度相关。

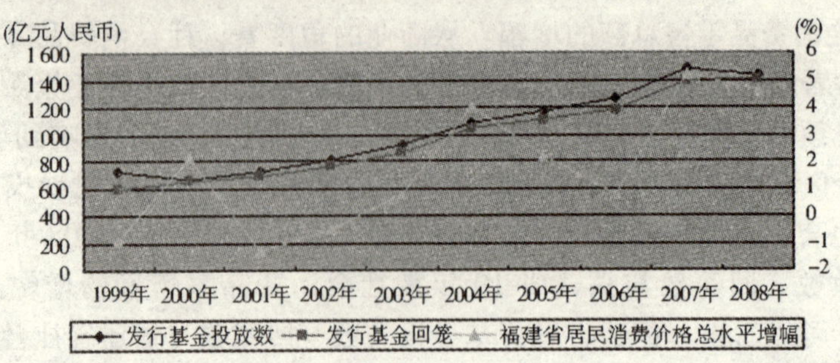

图7　1999 年福建省发行基金投放数、回笼数与居民消费价格总水平增幅对比图

2. 利率。理论上，从储蓄和投资的角度讲，利率主要影响人们对投资和储蓄的选择。无论是个人还是企业，当利率上升时，都愿意将更多的货币存放在银行，以获取无风险收益，而不愿意将过多的货币投资于市场追求风险收入；反之亦然。故理论上现金需求与利率成反方向变化。我们分别采用投放数、回笼数与各时期存款利率进行对比（见图 8）。可以看出，2002 年之前，投放数、回笼数与存款利率走势相差较大；但 2002 年之后，三者具有一定的规律，基本呈同方向变化。经计算，相关系数分别为 0.73 和 0.71，均属显著相关。

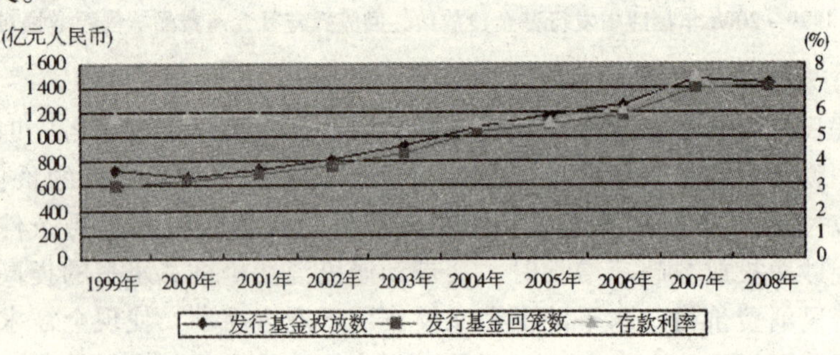

图 8　1999 ~ 2008 年福建省发行基金投放数、回笼数与存款利率增幅对比图

（三）其他变量类

1. 各项贷款余额增幅。在金融领域所有制度性因素中，货币信贷政策的扩张与紧缩是比较重要的制度性因素，而每个期间内货币政策的扩张与紧缩所实施的效果，都会影响到当期期末的贷款余额，因此我们分别把 1999 ~ 2008 年福建省发行基金投放数、回笼数与福建省 10 年来各项贷款余额增幅进行对比，彼此增长的周期性变化与彼此之间的相关性如图 9 所示。可以看出，福建省发行基金投放数、回笼数与各项贷款余额增幅之间基本上都能呈同方向周期性变化。相关系数分别为 0. 67 和 0. 64，均属显著相关。

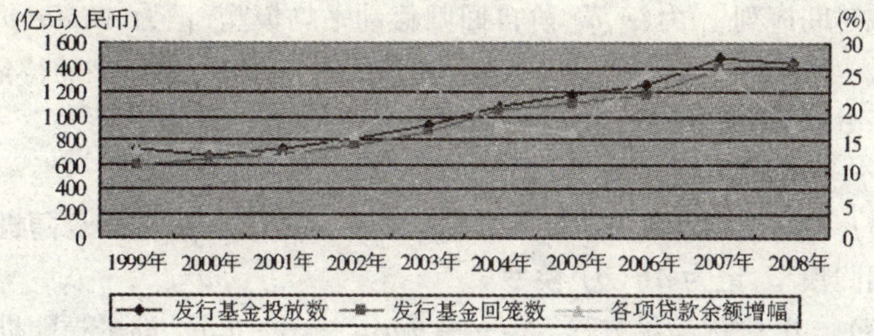

图 9　1999 年福建省发行基金投放数、回笼数与各项贷款余额增幅对比图

2. 股票市场。随着中国资本市场的不断发展，近 10 年来无论企业或个人都有大量资金涌入资本市场参与投资。我们把 1999 ~ 2008 福建省发行基金投放数、回笼数与 10 年来上证指数增幅进行比较（见图 10）。可以看出，上证指数增幅，其周期性变化规律也与基金投放数、回笼数、净投放数的变化规律相关性较低。经计算，相关系数分别为 0.19 和 0.13，均属微弱相关。

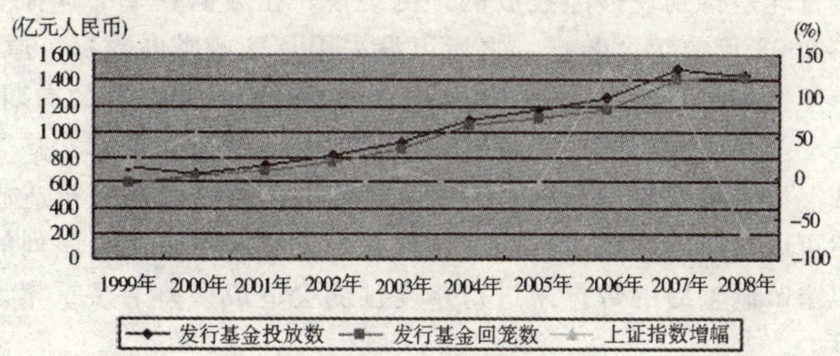

图 10　1999 年福建省发行基金投放数、回笼数与上证指数增幅对比图

四、人民币现钞发行预测经济模型建立

（一）预测模型的原理

目前，预测经济运行的方法较多，比较经典的有回归预测法和时间序列预测法。相对于回归预测法，时间序列预测法对于短期预测具有相对优势。ARMA 模型是由美国统计学家 G. E. P. Box 和英国统计学家 G. M. Jenkins 在 20 世纪 70 年代提出的时序分析模型，即自回归移动平均模型。ARMA 模型在经济预测过程中既考虑了经济现象在时间序列上的依存性，又考虑了随机波动的干扰性，对于经济运行短期趋势的预测准确率较高，是应用比较广泛的方法之一。若时间序列 y_t 为它的当前与前期的误差和随机项，以及它的前期值得线性函数，可以表示为：

$$y_t = \varphi_1 y_{t-1} + \cdots + \varphi_p y_{t-p} + \mu_t - \theta_1 \mu_{t-1} - \cdots - \theta_q \mu_{t-q}$$

则称该时间序列 y_t 为 (p,q) 阶自回归移动平均模型，记为 $ARMA(p,q)$。参数 $\varphi_1,\varphi_2,\cdots,\varphi_p$ 为自回归参数；$\theta_1,\theta_2,\cdots,\theta_q$ 为移动平均参数，是模型的待估参数。引入滞后算子 B，上式可以表示为：

$$\varphi(B)y_t = \theta(B)\mu_t$$

若 $\theta(B)=0$，则称满足方程 $y_t=\varphi_1 y_{t-1}+\cdots+\varphi_p y_{t-p}+\mu_t$ 的平稳随机序列 $\{y_t\}$ 为 p 阶自回归模型，记为 $AR(p)$ 模型。

若 $\varphi(B)=0$，则称满足方程 $y_t=\mu_t-\theta_1\mu_{t-1}-\cdots-\theta_q\mu_{t-q}$ 的平稳随机序列 $\{y_t\}$ 为 q 阶移动平均模型，记为 $MA(q)$ 模型。

显然，$AR(p)$ 模型和 $MA(q)$ 模型都是 $ARMA(p,q)$ 模型的特例。

（二）变量及数据的选取

由于福建省人民币现钞的投放量和回笼量较大且相当接近，轧差数占投放和回笼总量的比例很低，现钞净投放（净回笼）变量的数据波动非常大，直接对其进行建模分析的效果较差，因此本文通过分别对投放和回笼进行建模预测，再进行轧差得到现钞净投放的预测规模。在数据频率的选择上，本文使用 1983 ~ 2008 年的年度数据。之所以没采用月度或季度数据，原因在于，以月份或季度作为时间观测单位的时间序列通常具有一年一度的周期性变化，即季节性波动。月度和季度的经济时间序列的季节性波动是非常显著的，它往往遮盖或混淆经济发展中其他客观变化规律，以致给趋势分析造成困难和麻烦。虽然可以对原始数据进行季节调整，但季节调整改变了序列的本来特征，并且以季节调整后的数据来进行年度预测会造成误差的多重累识，影响预测的精度。

（三）模型的估计

1. 数据处理及平稳性检查。在分析中为方便起见，我们用 X 表示现钞投放，用 Y 表示现钞回笼。从图 11、图 12 中可以看出，现钞投放 (X) 与现钞回笼 (Y) 的时间序列表现出一定程度的不规则变动。为了避免不规则变动因素对预测模型的影响，我们采用三项移动平均法对现钞投放与现钞回笼数据进行修匀。由于用非平稳序列建立模型，会出现虚假回归问题，即尽管基本序列不存在任何关系，也会得到回归模型。因此，要建立模型，随机序列必须是平稳的。首先对数据进行平稳性检查。由相关图也可以看出，时间序列 X 和 Y 的自相关系数呈平滑指数衰减，偏相关图有正峰值然后截尾，序列非平稳。

Date:08/23/09 Time:10:25
Sample:1983~2008
Included observations:25

Autocorrelation	Partial Correlation		AC	PAC	Q-Stat	Prob
		1	0.885	0.885	22.009	0.000
		2	0.759	-0.107	38.929	0.000
		3	0.630	-0.086	51.125	0.000
		4	0.507	-0.055	59.375	0.000
		5	0.389	-0.056	64.474	0.000
		6	0.280	-0.046	67.253	0.000
		7	0.183	-0.031	68.509	0.000
		8	0.094	-0.054	68.857	0000
		9	0.008	-0.069	68.860	0.000
		10	-0.075	-0.077	69.111	0.000
		11	-0.159	-0.100	70.329	0.000
		12	-0.237	-0.070	73.234	0.000

图 11　现钞投放（X）自相关图

Date:08/23/09 Time:10:26
Sample:1983~2008
Included observations:25

Autocorrelation	Partial Correlation		AC	PAC	Q-Stat	Prob
		1	0.880	0.880	21.804	0.000
		2	0.754	-0.096	38.475	0.000
		3	0.627	-0.070	50.543	0.000
		4	0.505	-0.060	58.726	0.000
		5	0.388	-0.056	63.801	0.000
		6	0.281	-0.041	66.604	0.000
		7	0.188	-0.023	67.928	0.000
		8	0.099	-0.066	68.316	0.000
		9	0.011	-0.078	68.321	0.000
		10	-0.075	-0.083	68.575	0.000
		11	-0.161	-0.091	69.821	0.000
		12	-0.240	-0.072	72.802	0.000

图 12　现钞回笼（Y）自相关图

对 X 和 Y 变量进行对数化处理，将时间序列的指数趋势转为线性趋势，然后进行一阶差分（见图 13、图 14），记为 $DLOG(X)$ 和 $DLOG(Y)$，有：

$$DLOG(X) = LOG(X_t) - LOG(X_{t-1})$$

$$DLOG(Y) = LODG(Y_t) - LOG(Y_{t-1})$$

由一阶差分序列的折线图看出，图形已经没有明显的上升或下降趋势，说明序列已经平稳。

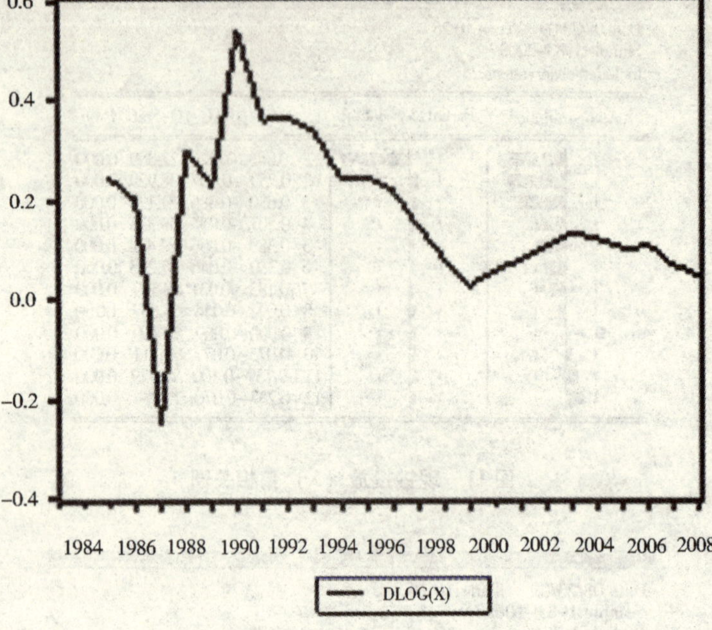

图 13　*LOG*(*X*) 的一阶差分图

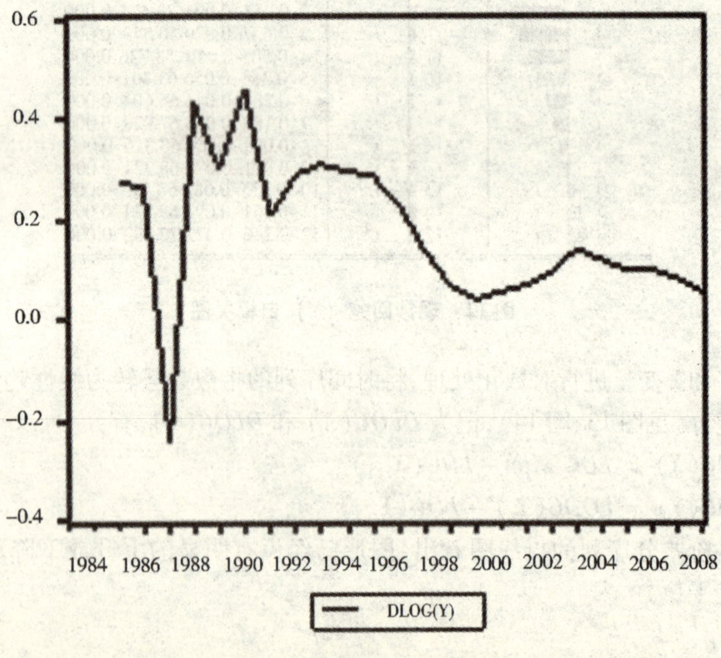

图 14　*LOG*(*Y*) 的一阶差分图

2. 时间序列模型的建立。确定 ARMA 模型阶数 p、q 的方法主要运用自相关函数和偏相关函数特性，并结合 AIC 准则来进行分析。AIC 准则是 Akaika 在 1973 年提出的，该准则既考虑拟合模型对数据的接近程度，也考虑模型中所含待定参数的个数，其定义函数为 $AIC(p,q) = n \cdot ln\,\hat{\sigma}_{\varepsilon}^{2} + 2(p+q)$，其中 $\hat{\sigma}_{\varepsilon}^{2}$ 是拟合 $ARMA(p,q)$ 模型时的残差的方差。若 $AIC(p,q) = \min\limits_{n \geqslant 0, m \leqslant 1} AIC(n,m)$，则确定 $ARMA$ 模型的阶数为 (p,q)。这里结合时间序列的自相关函数和偏相关函数特性与 AIC 准则确定时间序列的阶数。首先根据自相关函数和偏相关函数的截尾和拖尾特性，初步确定样本的 p 和 q 范围，然后根据 AIC 准则逐步筛选出最优 p 和 q 值，同时参考其他统计参数。

Date:08/23/09 Time:16:56
Sample:1983~2008
Included observations:24

Autocorrelation	Partial Correlation		AC	PAC	Q-Stat	Prob
		1	0.367	0.367	3.6596	0.056
		2	0.360	0.260	7.3350	0.026
		3	0.045	-0.183	7.3963	0.060
		4	0.064	0.007	7.5236	0.111
		5	0.012	0.054	7.5284	0.184
		6	-0.079	-0.142	7.7474	0.257
		7	-0.084	-0.042	8.0062	0.332
		8	-0.151	-0.054	8.8964	0.351
		9	-0.192	-0.142	10.428	0.317
		10	-0.142	0.013	11.329	0.332
		11	-0.106	0.031	11.866	0.374
		12	-0.064	-0.045	12.078	0.439

图 15　$DLOG(X)$ 自相关图

Date:08/23/09 Time:16:57
Sample:1983 2008
Included observations:24

Autocorrelation	Partial Correlation		AC	PAC	Q-Stat	Prob
		1	0.160	0.160	0.6938	0.405
		2	0.272	0.253	2.7975	0.247
		3	0.076	0.003	2.9672	0.397
		4	0.239	0.176	4.7488	0.314
		5	0.111	0.050	5.1566	0.397
		6	0.006	-0.122	5.1581	0.524
		7	-0.028	-0.068	5.1859	0.637
		8	-0.103	-0.127	5.5996	0.692
		9	-0.145	-0.153	6.4786	0.691
		10	-0.131	-0.042	7.2454	0.702
		11	-0.129	-0.021	8.0463	0.709
		12	-0.132	-0.025	8.9485	0.707

图 16　$DLOG(Y)$ 自相关图

从图 15 和图 16 中可以看出，对于变量 $LOG(X)$，显著不为零的自相关个数为 2，所以取 $q = 2$；显著不为零的偏自相关函数也为 2，所以取 $p = 2$。为了避免误判，我们对阶数2以内的所有模型进行综合比较，即初步建立的模型（见表1）为 $ARMA(0,1)$、$ARMA(0,2)$、$ARMA(1,0)$、$ARMA(1,1)$、$ARMA(1,2)$、$ARMA(2,0)$、$ARMA(2,1)$、$ARMA(2,2)$，然后经过参数估计和模型校验进一步确定最优模型。对上述8个模型进行参数估计，结果发现：模型 $ARMA(2,1)$ 的 AIC 最小，进一步对模型残差的自相关函数和偏相关函数进行确定，发现 $ARMA(2,1)$ 模型残差随机性最强。综合各种因素，认为 $ARMA(2,1)$ 是我们所要选定的模型。

表1　*AIC* 准则对 *DLOG*(*X*) 多个 ARMA 模型的比较

		MA 阶数		
		0	1	2
AR 阶数	0		－0.837405	－1.498698
	1	－0.850935	－0.789865	－2.256099
	2	－0.778161	－2.335976	－2.245155

根据模型参数估计结果（见图17、图18），对于变量 $LOG(X)$，给出 $ARMA(2,1)$ 的具体形式为：

$$DLOG(X) = 0.19616 + [AR(2) = 0.38316, MA(1) = 0.96997]$$

同理，对于变量 $LOG(Y)$，给出 $ARMA(2,1)$ 的具体形式为：

$$DLOG(Y) = 0.19689 + [AR(2) = 0.37618, MA(1) = 0.97860]$$

Dependent Variable:DLOG(X)
Method:Least Squares
Date:08/25/09 Time:10:10
Sample(adjusted):1987 2007
Included observations:21 after adjusting endpoints
Convergence achieved after 12 iterations
Backcast:1986

Variable	Coefficient	Std.Error	t-Statistic	Prob.
C	0.196165	0.047691	4.113234	0.0007
AR(2)	0.383161	0.061516	6.228600	0.0000
MA(1)	0.969973	0.011900	81.51366	0.0000

R-squared	0.840046	Mean dependent var	0.171994
Adjusted R-squared	0.822273	S.D. dependent var	0.162087
S.E.of regression	0.068332	Akaike infl criterion	-2.397308
Sum squared resid	0.084047	Schwarz criterion	-2,248091
Log likelihood	28.17174	F-statistic	47.26603
Durbin-Watson stat	0.826346	Prob(F-statistic)	0.000000

Inverted AR Roots	.62	-.62
Inverted MA Roots	-.97	

图17　*DLOG*（*X*）的模型参数

Dependent Variable:DLOG(Y)
Method:Least Squares
Date:08/25/09 Time:10:11
Sample(adjusted):1987 2007
Included observations:21 after adjusting endpoints
Convergence achieved after 7 iterations
Backcast:1986

Variable	Coefficient	Std.Error	t-Statistic	Prob.
C	0.196896	0.046425	4.241149	0.0005
AR(2)	0.376481	0.053377	7.053278	0.0000
MA(1)	0.978601	0.012175	80.37510	0.0000

R-squared	0.832693	Mean dependent var	0.170750
Adjusted R-squared	0.814103	S.D. dependent var	0.155272
S.E.of regression	0.066947	Akaike infl criterion	-2.438270
Sum squared resid	0.080674	Schwarz criterion	-2,289053
Log likelihood	28.60184	F-statistic	44.79327
Durbin-Watson stat	0.693966	Prob(F-statistic)	0.000000

Inverted AR Roots	.61	-.61
Inverted MA Roots	-.98	

图 18　*DLOG*（*Y*）的模型参数

（四）模型检验与预测

根据 *ARMA*(2,1) 模型进行拟合得到的结果以及残差变化结果如图 19、图 20 所示。从图中可以看出模型拟合结果较好，多数残差分布于置信区间内，说明所建立模型具有合理性。

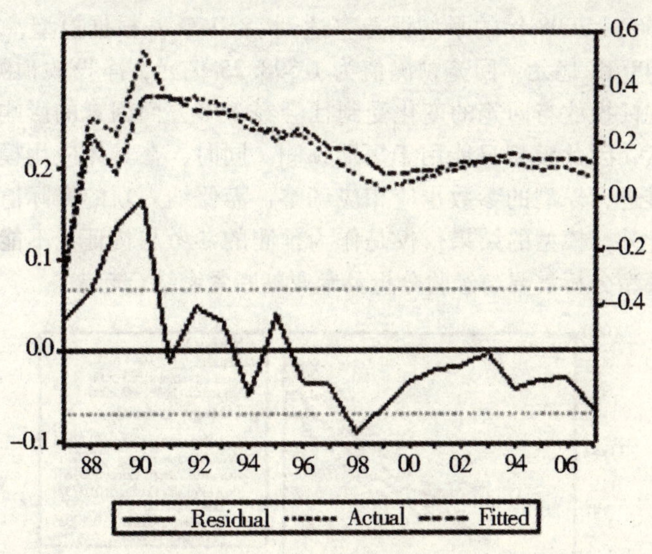

图 19　*DLOG*(*X*) 预测残差图

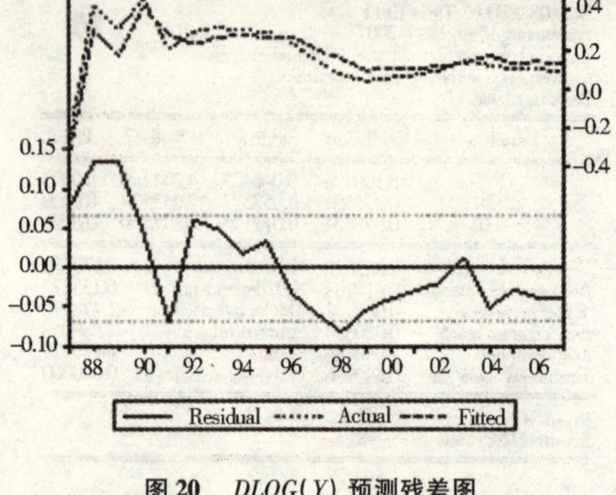

图 20　*DLOG*(*Y*) 预测残差图

应用 *ARMA*(2,1) 模型预测 2002~2008 年期间现钞投放与回笼规模，预测结果见图 21、图 22 和表 2。与 2002~2008 年的实际计算值进行对比发现，现钞投放平均误差率在 3.63% 左右，现钞回笼平均误差率在 3.95% 左右，所以应用此模型对于现钞投放与回笼预测分析是合理的，可以用其对未来部分年份的现钞投放与回笼进行预测分析。但是，模型对现钞净投放（净回笼）的预测效果不够理想，2002~2008 年的平均误差率达到 28.04%。根据模型，2009 年投放预测值为 1 648.17 亿元，回笼预测值为 1 598.25 亿元，净投放预测值为 49.92 亿元。由于现钞投放与回笼的变化受到社会经济多方面因素的影响以及模型本身的限制因素，因此模型只能用于短期预测。同时，在具体应用模型时，随着年份的向前推进，模型的参数也应相应调整，需要纳入新的实际值对模型重新进行估计。此外，模型的结果仅仅是作为预测的参考与佐证，不能作为判断的唯一标准，模型分析需要与经验分析及专业判断紧密结合起来。

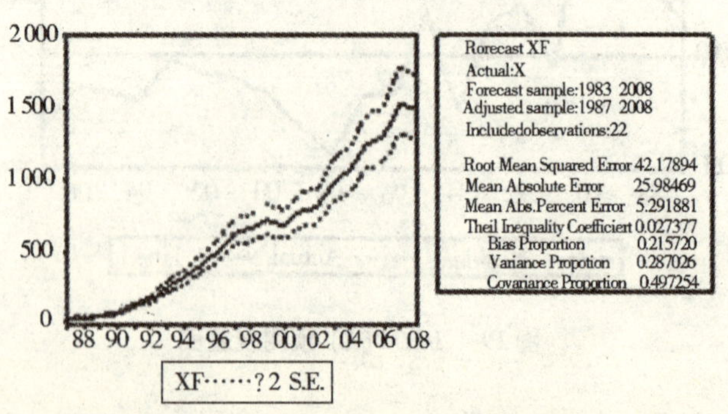

图 21　现钞投放（*X*）预测结果

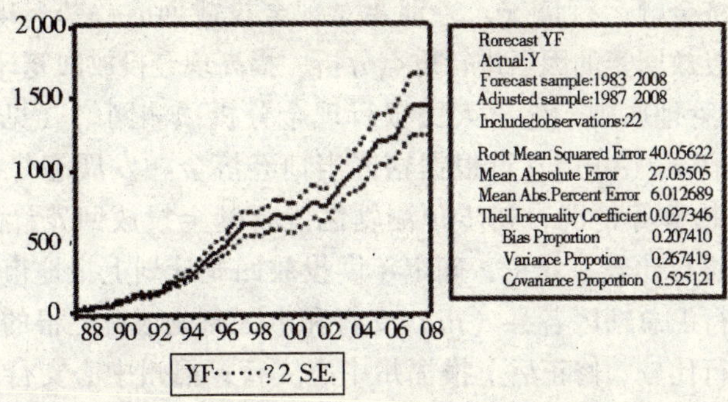

图22　现钞回笼（Y）预测结果

表2　　　　人民币现钞投放（回笼）模型预测结果

年份	投放			回笼			净投回		
	实际值（亿元）	预测值（亿元）	误差率（%）	实际值（亿元）	预测值（亿元）	误差率（%）	实际值（亿元）	预测值（亿元）	误差率（%）
2002	810.45	804.40	-0.75	760.73	752.99	-1.02	49.72	51.41	3.41
2003	923.12	974.67	5.59	864.69	919.49	6.34	58.43	55.18	-5.56
2004	1 082.32	1 064.25	-1.67	1 045.45	1 010.83	-3.31	36.87	53.42	44.89
2005	1 166.76	1 248.21	6.98	1 099.60	1 187.70	8.01	67.17	60.51	-9.91
2006	1 260.35	1 297.68	2.96	1 171.07	1 218.50	4.05	89.28	79.18	-11.32
2007	1 476.26	1 530.36	3.67	1 397.58	1 438.74	2.95	78.68	91.62	16.45
2008	1 435.44	1 489.91	3.79	1 410.29	1 438.41	1.99	25.16	51.51	104.75
2009	—	1 648.17	—	—	1 598.25	—	—	49.92	—
平均值	1 164.96	1 201.36	3.63*	1 107.06	1 138.10	3.95*	57.90	63.26	28.04*

注：误差率＝（预测值/实际值×100%－100）；平均值所包含的期间为2002～2008年；带*号的误差率平均值＝各年误差率取绝对值后的简单算术平均数。

五、人民币现钞发行分析与预测的实施方法

（一）建立分析预测网络

1. 以在人民银行发行库办理现金存取业务为对应关系，建立商业银行现金投放回笼分析预测网络。凡在人民银行发行库开户办理存取款业务的银行、信用社（以下统称“商业银行”），由其负责对有现金供需关系的商业银行（含被代理行）的现金投放回笼情况进行测算，编制年度现金投放回笼计划，报所对应的人民银行。商业银行在分析预测现金投放回笼时，要从实际出发，加强调查研

究，掌握当前经济金融运行情况，特别要对现金投放回笼趋势、现金收支特点、渠道和影响现金投放回笼的因素进行重点分析，提高现金投放回笼计划水平。

2. 按照属地管理原则，建立人民银行现金分析预测网络（见图23）。设有发行库的人民银行县（市）支行根据辖区当地经济金融发展态势，结合历年发行基金投放回笼趋势等情况，初步预测辖区发行基金投放回笼计划，并与商业银行上报的计划进行比较、修正，确定年度投放回笼计划上报地市中心支行；同样，各市中心支行汇总辖区各县（市）支行和市区商业银行上报的计划，并与本行测算的计划进行比较、修正后上报福州中心支行；福州中心支行利用模型测算计划，并充分考虑主要经济指标的影响，再与各市中心支行、县支行及福州市区商业银行上报的计划进行比较、修正后确定全省年度发行基金投放回笼计划。

同时，建立发行基金投放回笼计划反馈机制，福州中心支行将最终确定的计划、计划执行的相关政策规定和要求，由上至下，层层下达到人民银行各市中心支行、县（市）支行和有关商业银行，确保发行基金投放回笼分析预测和执行。

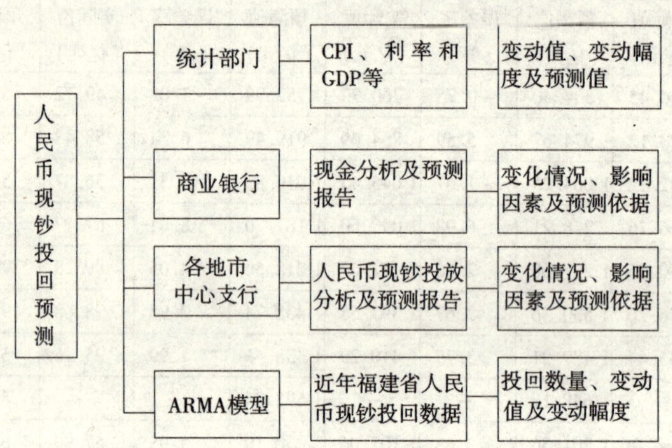

图23　人民币现钞预测分析体系实施程序图

（二）评估经济金融指标相关性

我们从规模变量、机会成本变量、其他变量入手，选定部分经济金融指标进行分析研究和比较，探讨它们与发行基金投放回笼的内在关系。通过对近10年的数据分析比较发现，国内生产总值增幅、固定资产投资完成额的增幅、社会消费品零售总额的增幅、居民消费价格总水平、各项贷款增幅等重要经济金融指标与发行基金投放回笼量有较强的关联性，除个别年份外，基本上呈同方向周期性变化，对人民币现钞投放回笼分析预测有较大的参考价值。

（三）构建投放回笼模型

经过对投放回笼历史数据和经济金融相关指标的综合分析，确定ARMA模型作为投放回笼分析预测模型。通过对多种预测方法的分析比较，所选用的这种方法比较适合于发行基金投放回笼预测。应用 ARMA 模型预测 2002 ~ 2008 年期间现钞投放与回笼规模，与 2002 ~ 2008 年的实际计算值进行对比发现，现钞投放平均误差率在 3.63% 左右，现钞回笼平均误差率在 3.95% 左右，所以应用此模型对于现钞投放与回笼预测分析是合理的。但是，模型对现钞净投放（净回笼）的预测效果不够理想，2002 ~ 2008 年平均误差率达到 28.04%。由于福建省现钞投放量与回笼量比较接近，轧差后净投放（净回笼）量占投放量和回笼量的比重非常小，从 2002 ~ 2008 年情况看，平均占比分别为 4.97% 和 5.23%。也就是说投放量或回笼量只要单方预测误差 1 个百分点，就会造成净投放（回笼）误差接近 20 个百分点，影响非常之大。因此，使用预测模型分别测算投放量和回笼量。

（四）考虑人民币跨境流通的影响

随着人民币流通范围的扩大，尤其是海峡两岸政策积极向好，两岸交流进一步扩大，经济金融、产业的交流与合作进一步密切并呈快速发展趋势，人民币在我国台湾地区的流通也日益增加，改变了福建省现金流通的格局。据台湾《联合报》报道，目前人民币现钞在台金额超过 1 000 亿元；据台湾“行政院”大陆委员会估计，2004 ~ 2008 年，仅赴大陆旅游台湾民众携人民币入台将超过 1 000亿元。这些数据虽未进一步核实，但人民币在台湾大量流通并沉淀的事实毋庸置疑，而且流通的范围和金额还将继续扩大，对福建省发行基金投放的影响也将进一步加大。在今后预测分析工作中，应做好人民币对台流通监测工作。一方面，通过海关、商务、外事、公安、边防、银行等多个部门共同合作，建立人民币对台流通监测机制，从总量上预测人民币对台流通状况；另一方面，在“台属”分布较广的乡镇，选取具有代表性的“台属”作为调查对象，通过个体推算全省“台属”与“台胞”之间人民币现钞往来情况，为全省人民币现钞发行分析预测提高依据。

（五）分析非现金结算工具替代效应

近年来，随着支付基础设施的不断建成和完善、支付服务组织的健全以及社会信用的发展，非现金支付工具在社会经济活动中发挥着越来越重要的作用。非现金支付工具的优势已被越来越多的经济主体所接受，其对现金的影响日益凸显。积极研究非现金结算工具发展对现金支付的影响，对人民币现钞投放回笼预测具有积极的影响。自 2007 年第 1 季度开始，福建省现金收支量持续下降，非现金结算则稳步上升，非现金结算占全部结算量的比重从 2007 年第 1 季度的 61.17% 稳步提高到 2008 年第 4 季度的 72.68%。由此可以得出，在结算总额相对稳定的情况下，现金结算与非现金结算必然此消彼长。因此，积极关注非现金结算量的变化，对分析和预测人民币现钞投放和回笼具有重要的意义。

六、人民币现钞发行分析与预测的相关政策建议

（一）构建经济金融指标数据库

影响发行基金投放回笼的因素除了本课题提到的 GDP、固定资产投资规模和利率等因素外，还有地区经济发展水平、产业结构等诸多因素。因此，建立一个完善的本地区经济金融指标数据库对人民币现钞投放回笼的预测具有重要意义。建议建立下列数据库：

1. 历年发行基金投放、回笼、净投放（回笼）数据。

2. 历年商业银行现金投放、回笼和净投放（回笼）数据及各种投回渠道的发生额及比例变化。

3. 历年经济金融指标，如 GDP、CPI、利率、M_0、M_1 等。

4. 历年非现金结算量，及其对现金的替代率。

5. 历年经济结构特征及变化。

数据库的建立不但能实时掌握福建省经济金融运行情况，而且实现了历年发行基金及重要经济指标等重要数据档案的数字化备份，为利用发行基金数量分析预测模型提供数据基础。

（二）规范金融机构现金分析统计工作

做好现金投放、回笼情况的分析，提高现金分析和预测工作水平，将有利于人民银行对商业银行现金流通真实情况的监测，使现金流通分析有了科学的依据，为人民币现钞发行决策提供真实、准确、有效的数据。现行的现金收支统计工作由人民银行调研统计部门负责，货币金银部门通过对银行综合现金执行情况的分析研究，并以此为依据编制发行基金调拨月度及年度计划。对于各金融机构报送给调查统计部门汇总的数字，货币金银部门只是被动接受进行分析，无法了解金融机构数字的真实性。为确保现金收支数据的准确性、及时性，建议由人民银行货币金银部门和调查统计部门联合对金融机构现金收支统计工作开展检查和指导，确保现金收支统计数据真实、有效。此外，加强现金统计业务培训，提高金融机构统计人员素质，明确操作规程，掌握项目归属，做到分项逐笔登记，日清月结，正确区分外部和内部现金收支行为，确保统计数据的准确性。

（三）提高区域分析和预测能力

《中华人民共和国中国人民银行法》规定中国人民银行具有“发行人民币，管理人民币流通”的重要职责，发行部门职责并不限于发行基金的投放回笼，而是整个社会的货币流通领域。为提高人民币现钞发行预测的科学性、有效性，保证市场正常的现金供应，降低发行基金调拨成本，提高人民银行金融服务水平，一是要提高各级人民银行发行人员思想认识，增强发行人民币和管理人民币流通责任感和使命感，加强对货币流通的监测、分析、调节和管理。二是要

充实、配足基层货币金银管理人员。发行业务已从单纯的体力劳动，上升到体力和脑力劳动相结合的综合性业务工作。因此，各级人民银行发行部门应配备一定数量的具有综合能力和分析能力的工作人员，才能适应中央银行职能转变后货币发行部门职能工作。三是增加发行人员培训和学习交流的机会。通过有效的学习培训，增强发行人员现金流通分析能力，使之能够综合运用宏观经济观点正确分析、评价现金投放、回笼态势，保证人民币现钞发行预测与分析工作的需要。

（四）加快支付结算体系建设

随着每年现钞投放量大幅增加，保证现钞供应成了一个严肃的金融问题，单纯依靠印钞公司逐年增加现钞印制数量，只能造成现金的投放量逐年增加，形成恶性循环。现金支付向非现金支付的转变显得十分必要，通过增加现钞的印制数量，保证现金供应的同时，积极要求金融机构加大对非现金结算方式的宣传，鼓励群众使用非现金结算方式进行交易，减缓现钞的投放增长速度。一是要加快支付结算体系基础设施建设；二是要创新支付结算手段，为客户提供灵活多样的结算服务；三是要加强宣传引导，鼓励客户使用非现金结算工具。

主要参考文献：

[1] 陈宝山：《现钞学》，西南财经大学出版社 2000 年版。

[2] 姜超、彭睿：《对现阶段我国现金流通状况的研究》，《海南金融》，2006 年 7 月。

[3] 王振武：《人民币现金投放回笼分析预测系统的设计与实现》，《华南金融电脑》，2007 年 5 月。

[4] 陈玉华、龙明开：《发行基金投放回笼影响因素分析》，《海南金融》，2008 年 10 月。

[5] 李治国、曾利飞：《货币需求弹性决定因素的实证研究》，《财经研究》，2007 年 3 月。

[6] 李云荣：《GDP 与货币发行量相互关系的实证分析》，《当代经济》，2007 年 12 月。

[7] 熊伟：《中国货币发行量与 CPI 和 GDP 之间关系实证分析》，《新西部（产业经济）》，2007 年 9 月。

[8] 韩伟、张良：《对近年来现金投放趋缓的实证分析》，《金融观察》，2001 年 4 月。

[9] 潘永东：《货币需求理论中的货币职能研究》，《山西财经大学学报》，2008 年 11 月第 30 卷第 2 期。

[10] 王宇伟：《不同经济部门的货币需求差异研究——中国货币需求不稳定的一个新解释》，《经济科学》，2009 年第 4 期。

商业银行非面对面业务客户身份识别问题研究

中国人民银行福州中心支行课题组

组长：吴成居

总纂：陈正川　陈仁泉

执笔：陈　靖　游廉明

课题组成员：吴成居　陈正川　陈仁泉　原永中　韩向国
刘麟生　赵　冰　万利华　黄　萍　陈　靖
林　昊　游廉明　马　磊　刘　玮　马晓丽
高开宇

参与单位：中国人民银行天津分行、呼和浩特中心支行、合肥中心支行、乌鲁木齐中心支行、青岛市中心支行

一、非面对面业务现状及问题

（一）非面对面业务的定义及类型

根据《金融行动特别工作组反洗钱及反恐融资评估办法》的表述，非面对面业务包括：通过互联网或邮政等其他方式完成的业务关系；通过互联网完成的服务和交易，包括个人投资者通过互联网或其他互联电脑服务完成的证券交易；使用ATM机；电话银行业务；通过传真或类似手段发布指令或提交申请，使用预付储值卡、充值卡和账户联接储值卡等电子交易终端进行支付或提款。

调查显示，目前，国内商业银行非面对面业务主要有四类。一是自助设备类业务，即在特定的服务区域内，通过电子化、自动化的金融服务设备与网络资源，为客户提供全天候不间断综合金融服务的业务，包括了ATM、POS业务等。二是网上银行业务，即通过因特网向社会提供的自助式银行服务，具有转账结算、网上支付、信息查询、投资理财等功能。三是电话银行业务，即以计算机网络技术和现代通信技术结合的新型应用，集自动语音服务和人工服务于一体，具有账户查询、转账、信息查询、账户管理、投资理财、业务受理、咨询投诉和产品营销等功能。四是手机银行业务，即商业银行基于特定网络的移动通信数据业务平台为客户提供的金融服务，具有查询、转账、缴费、贷记卡、消费支付、投资理财等服务功能。

（二）国内非面对面业务客户身份识别措施及监管要求

1. 现行法律对商业银行非面对面业务客户身份识别的监管要求。目前，我

国《中华人民共和国反洗钱法》、《金融机构客户身份识别和客户身份资料及交易记录保存管理办法》等法律规章仅对客户身份识别提出普遍性的规定，即要求金融机构在为客户办理业务时，要了解、核对、登记和留存客户的相关身份信息。专门针对非面对面业务的相关规定仅1条，即在《金融机构客户身份识别和客户身份资料及交易记录保存管理办法》第十七条中作原则性规定，要求金融机构利用电话、网络、自动柜员机以及其他方式为客户提供非柜台式服务时，应实行严格的身份认证措施，采取相应的技术保障手段，强化内部管理程序，识别客户身份，而并未对非面对面业务的操作规程作出明确、具体的要求。

2. 国内商业银行非面对面客户身份识别实务操作。现阶段，除部分非面对面业务功能（如ATM、POS）的开通是随着客户账户开立而自动生成外，网上银行、手机银行、电话银行等均须由商业银行开展非面对面业务客户身份识别。以网上银行为例，其流程大致如图1所示：

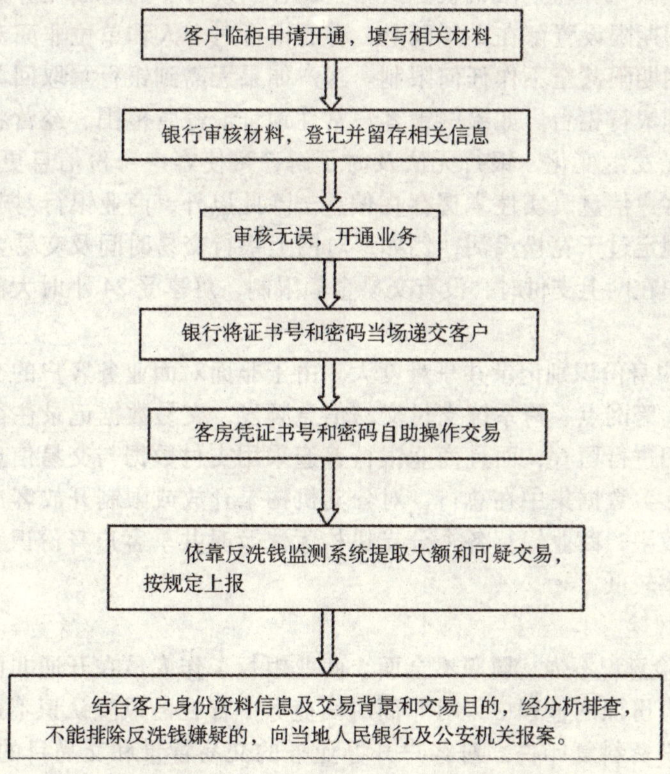

图1　现阶段商业银行非面对面客户身份识别主要流程

从图1可以看出，目前商业银行在网上银行非面对面业务开通阶段的客户身份识别工作与其他业务相仿，而在业务持续期间的识别仅仅依靠证书号和密码来确认客户身份，若账户的实际控制人和登记账户使用人非同一人，则无法识别。

（三）国内非面对面业务存在的洗钱风险和监管隐患

1. 制度风险。

（1）监管政策制定笼统。目前，由于《金融机构客户身份识别和客户身份资料及交易记录保存管理办法》对商业银行非面对面业务的客户身份识别相关规定过于笼统、简单，并没有针对非面对面业务提出详细的识别步骤和流程。对于客户身份识别流程，尤其是客户的交易目的、交易性质及控制客户的自然人和交易的实际受益人如何识别，尚无可操作性的规定，可操作性不强，对实务的指导性不强。而商业银行虽根据前述规定的原则性内容，结合本系统非面对面业务特点，制定了相应的非面对面业务客户身份识别的操作规程，但是这些操作规程也存在不全面、不完善的问题，从而影响了非面对面业务客户身份识别工作的有效性。

（2）数字证书年检期限偏长。据调查，客户进行非面对面业务处理所需的数字证书使用期限设置都在2年以上，有的银行对个人和单位非面对面业务的数字证书使用期限甚至不作任何限制。客户如果无需到银行拿取回单，理论上可以长期不到银行柜台。如果网银客户常住地址、经营范围、经营状况、实际控制人等情况发生变化，银行无法及时了解，致使客户身份信息更新不及时，商业银行对客户信息真实性掌握存在偏差。除此以外，商业银行对非面对面业务的限制性规定过于宽松灵活，例如，对网上银行交易时间及交易金额没有任何限制，客户在网上支付时，没有交易金额限制，可享受24小时大额转账汇款等各种服务。

（3）客户身份识别记录共享难度大。由于非面对面业务客户的交易具有分散性的特点，跨网点、跨系统支付交易信息频发，交易数据记录往往由商业银行的不同部门进行留存，而且商业银行普遍采用支付数据与交易信息记录集中模式，绝大多数数据集中在总行，对分支机构未开放或限制开放客户身份识别信息的共享权限，商业银行各个分支机构无法及时共享客户身份识别信息，使得数据利用率较低。

2. 履职风险。

（1）风险意识不强，履职不全面。商业银行工作人员在开通非面对面业务环节的客户身份识别过程中，对非面对面业务中存在的风险认识不足，往往只注重留存身份资料复印件，对客户开办业务的交易背景和交易目的疏于了解。甚至商业银行还主动放弃客户身份初次识别过程中应当履行的职责。

（2）依赖初次识别，履职不到位。商业银行工作人员往往过度依赖于非面对面业务开通环节的客户身份识别，在持续识别和重新识别客户身份时，偏重于对客户业务合规性的识别，忽略对客户身份信息的识别。商业银行对非面对面客户身份的持续识别和重新识别工作未发挥应有的作用。

3. 业务特点风险。

（1）交易覆盖面广，但监控困难。POS 机分布从传统的公用事业单位、酒店及大型超市向个体工商户快速延伸，并且可受理各类银行卡消费。由于 POS 机资金交易监管的手段与技术较为落后，且发卡行、收单行及银联分属三个机构，客户身份资料信息及交易信息保存在不同的机构，使监管部门无法完整了解客户身份信息，也无法对整个交易进行有效跟踪与监测，对涉案资金无法进行及时冻结。

（2）客户身份重新识别难以有效执行。非面对面业务仅在首次申请或变更时进行客户身份识别，之后只要密码或认证证书正确即可办理业务。据调查，客户进行网银业务处理所需的身份证书（个人网银与企业网银）使用期限设置都在 5 年。客户如果无需到银行拿取回单，理论上最长可以 5 年以上不需要到银行柜台。如果网银客户常住地址、经营范围、经营状况、实际控制人等情况发生变化，银行无法及时了解，客户尽职调查就难以有效执行。

（3）代理关系的客户身份识别存在困难。实践中，存在客户由他人代为办理业务而商业银行并不知情的情形。例如，客户开通网上支付功能后，将交易密码或密钥告知他人，委托他人通过网络下达交易指令。在此类情形下，由于金融机构无从了解代理关系的存在，金融机构也就不可能对代理人的身份证件或者其他身份证明文件进行核对并登记。

（4）非面对面业务的离柜特征影响了客户身份识别工作的开展。商业银行只能在开通、终止非面对面业务，如开通网上银行、变更有关事项或注销网上银行时对客户进行身份识别，并留存有效身份证件复印件。而通过网银转账，或通过自助终端存取大额现金时，商业银行无法识别客户职业、经营背景、交易目的、交易性质及资金来源等信息，这使反洗钱“了解你的客户”工作难以开展。如客户申请网上银行业务时，商业银行会提供电子银行口令卡或 U 盾供客户选择。电子银行口令卡或 U 盾事实上就作为客户的身份认证，而电话银行、手机银行只是凭借设置密码作为客户的身份认证，而在实际交易中究竟谁是电子银行口令卡、U 盾或密码真正的使用者，银行根本无法知晓。

4. 技术条件限制。

（1）客户真实身份识别存在困难。在网上银行系统中，用户的身份认证依靠基于“RSA 公钥密码体制”的加密机制、数字签名机制和用户密码。用户的唯一身份标识就是银行签发的“数字证书”。数字证书的引入，只是实现了银行交易网站对用户数字证书的身份认证，同时确保客户提交的交易指令的不可否认性。但是无法对使用数字证书的客户真实身份进行有效核实。

（2）监测系统功能有待进一步完善。反洗钱可疑交易数据监测系统只是对商业银行所有交易资金与交易情形的监测和预警，缺乏对非面对面业务的重点监测和预警技术手段，无法有针对性地结合非面对面业务特点进行区别监控。如无法将向客户提供电子服务的窗口划分为正常类、关注类、可疑类和禁止类等不同类别，进而有针对性地进行监控。当前非面对面业务品种层出不穷，而商业银行系统功能的不足，单靠数据推理和情形分析很难全面实现对非面对面业务客户身份的识别以及账户实际控制人的了解。

二、调查问卷及政策建议

（一）问卷调查及数据分析

1. 数据描述。针对优化商业银行非面对面业务客户身份识别流程的可行性及必要性问题，课题组结合现阶段商业银行客户身份识别工作实际，对天津市、安徽省、内蒙古自治区、福建省、新疆维吾尔自治区和青岛市六地的商业银行开展了以流程优化为目的的问卷调查，填写问卷的人员为各银行反洗钱部门负责人及柜台人员。经过对问卷进行鉴别之后，剔除无效问卷，共回收有效问卷4 010份。样本的基本分布信息如表1：

表1　调查问卷反馈样本基本分布信息表

分类	题号	采样数	最小值	最大值	反馈均值	标准差
流程优化意愿	1	4 010	1	7	5.87	1.253
	2	4 010	1	7	5.87	1.252
	3	4 010	1	7	5.91	1.265
流程优化措施	4	4 010	1	7	5.71	1.544
	5	4 010	1	7	5.95	1.308
	6	4 010	1	7	5.69	1.542
	7	4 010	1	7	5.59	1.703
流程优化环境	8	4 010	1	7	6.04	1.178
	9	4 010	1	7	5.35	1.467
	10	4 010	1	7	5.75	1.381
	11	4 010	1	7	6.07	1.199
流程优化成效	12	4 010	1	7	5.33	1.413
	13	4 010	1	7	5.22	1.471
	14	4 010	1	7	5.06	1.664

2. 结果分析。课题组从流程优化的四个角度（即流程优化意愿、流程优化措施、流程优化环境、流程优化成效来分析流程优化的综合成效）出发，针对

每个角度设计了能够反映其内在含义的问卷。根据反馈结果看（见表2），整体上所有问卷题目的得分中均有最小值1（否定最大值，即最为否定）、最大值7（肯定最大值，即最为肯定），这体现受访人对于问卷所列问题意见的广泛性。从问题得分的均值看，所有问题均在5分以上，最高分为6.07分，最低分为5.06分，平均分为5.67分。表明调查结果显示，受调查对象对所有问题普遍持较为肯定的态度。

表2　　反馈政策建议重要性和紧迫性的认可度排序前10名

序号	题号	反馈均值	政策建议内容
1	11	6.07	商业银行应当采用切实可行的方法，技术上保证基层行能够随时从上级行调用本行的历史交易信息。
2	8	6.04	商业银行是否应当开发并设计交易识别功能模块，建立非面对面业务可疑交易监控体系。
3	5	5.95	商业银行应当加强对非面对面交易客户的准入审查，对其基本身份资料信息进行进一步核实，并做好登记、留存工作。
4	3	5.91	商业银行应严格执行流程再造措施，并定期检查执行情况。
5	1	5.87	商业银行领导层应对业务进行流程再造改革，并督促全体员工加以落实。
6	2	5.87	进行流程再造改革。
7	10	5.75	商业银行是否应当根据自身业务发展情况，合理制定交易落地管理起点金额，从而控制超额交易划转。
8	4	5.71	商业银行有必要在了解客户的基础上，进行严格的客户洗钱风险等级划分。
9	6	5.69	商业银行是否应当运用科技手段有效识别非面对面交易客户的真实身份。
10	7	5.59	若商业银行已经建立较为完整的客户资料数据库，您认为各商业银行是否应当充分共享包括客户身份资料、指纹数据信息等在内的客户信息。

（二）政策建议

1. 构建非面对面业务客户身份识别制度框架。

（1）监管部门要明确监管要求，发布监管指引。应进一步细化现行监管要求，制定发布《商业银行非面对面业务客户身份识别指引》（简称《指引》）。《指引》内容建议涵盖三方面规范，即界定非面对面业务范围（含义及外延），明确识别要求（包括对非面对面业务客户身份的识别内容、识别方式、识别原则、识别流程、识别措施和识别情形等方面的特殊要求），提出软硬件要求（主要包括要求商业银行制定《非面对面业务客户身份识别操作规范》，明确商业银行自助设备的安全稳定性、交易证书的保密性、数据的网络共享性以及组织机构和人员配备等方面的要求）。

（2）商业银行要落实监管目标，细化制度措施。一是根据《指引》要求，结合自身非面对面业务开展情况，研究制定《商业银行非面对面客户身份识别操作规范》，明确业务开通环节、业务持续环节的识别流程，提出对重点高风险环节的把关措施，建立多重审核的防范制度等。二是要按照《指引》要求，配备开展非面对面业务客户身份识别所需要的硬件设施，如交易证书、身份信息识别仪等，为有效进行客户身份识别作准备。三是要设立专门机构或指定内设机构、配备熟悉业务人员，负责非面对面业务客户身份识别的指导、监督工作，并确保新开通非面对面业务的各环节均能符合客户身份识别的规范要求，切实有效地防范洗钱风险。

2. 优化非面对面业务客户身份识别流程。应在现有识别内容的基础上，优化非面对面客户身份识别流程（见图2），严格制定识别条件，采用多项措施丰富各环节的识别内容，相应增加能够反映资金流向、交易频率、交易行为异常的识别要点，及时发现可疑交易行为，以达到对商业银行非面对面业务客户身份的有效识别。

（1）在业务开通环节，实行更严格的识别措施。一是充分利用直接面对客户机会，开展“客户尽职调查”。由于非面对面业务的特殊性，客户在理论上可长时间不到柜面办理业务，商业银行无法对客户的真实身份信息进行核实。商业银行应通过初次识别，直接面对客户的机会，充分履行“客户尽职调查”职责，直接询问、了解客户使用非面对面业务的目的、资金的主要来源、真实受益人等，以此核实客户身份背景、交易性质及其实际控制人或受益人。二是建立信息报备制度，掌握业务实际使用人情况。由于非面对面业务的离柜特性，商业银行无法确认客户账户交易的实际操作控制人是否为客户本人，因此，商业银行应建立《非面对面业务实际控制人或授权操作人报备制度》，要求客户在开通非面对面业务时，登记业务实际控制人或授权操作人的相关信息，建档备查。三是积极利用生物科技手段，建立客户身份信息库。当前客户利用网上银行、电话（手机）银行和ATM（自助设备）进行支付时，完全依赖密码进行身份验证，不利于识别客户真实身份。采用生物特征技术判别客户身份，通过生物特征信息库，如“指纹银行”[①] 利用人体本身固有的生物特征（包括指纹或虹膜等特征）进行身份验证，不存在丢失、遗忘或被伪造等问题，具有更好的安全性和可靠性，可实现真正意义上的客户身份识别。

① 王薇：《“指纹银行”：电子银行业务发展的新路径》，《现代金融》，2008年第1期。

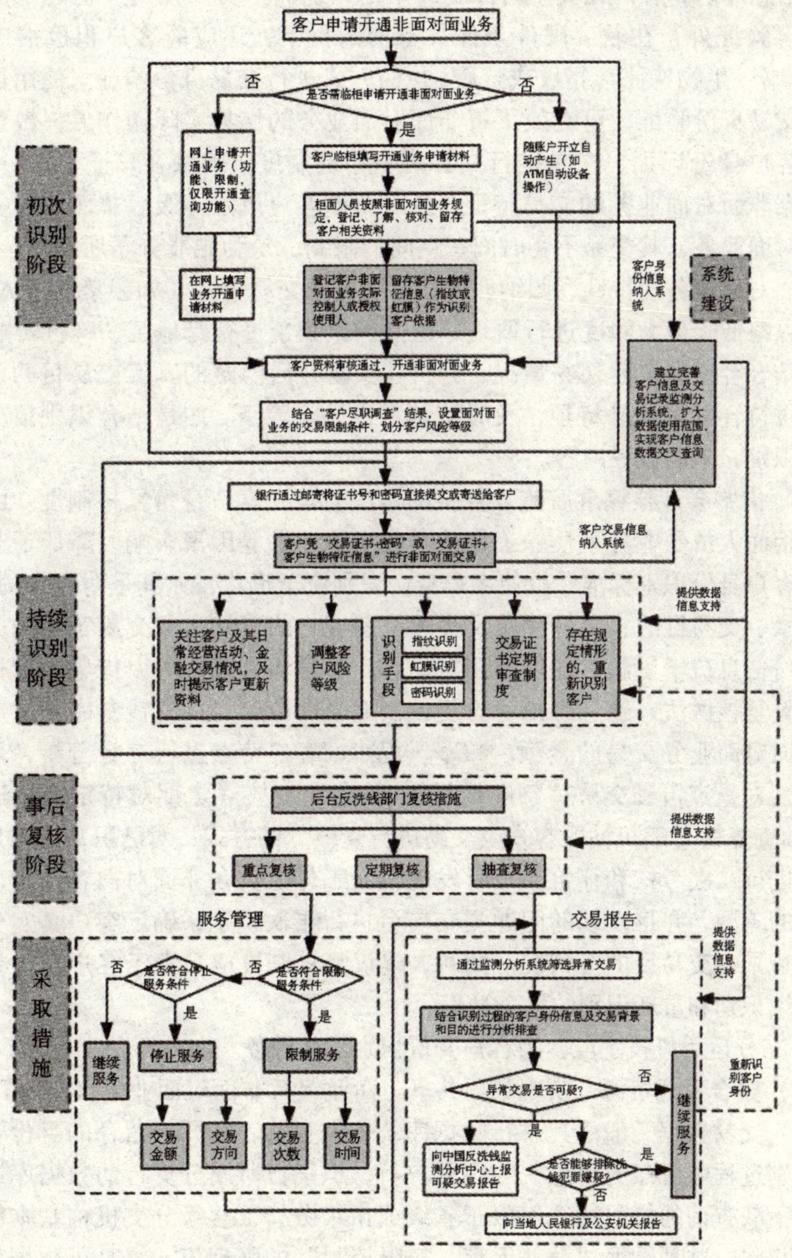

图 2　商业银行非面对面业务优化流程

（2）在资金交易环节，采用指纹技术判别与监测分析结合的持续识别措施。一是使用多种身份识别手段，验证交易客户身份信息。在商业银行建立客户生物特征信息库后，客户在交易时除继续采用传统的“交易证书+密码”的方式进行身份验证外，在软、硬件条件具备的前提下，还应向客户积极推广采用“交易证书+生物特征（指纹或虹膜）”的方式进行交易身份验证。使用这种方式进行交易身份验证，可有效了解非面对面业务的交易实际操作人，做到真正意义的客户身份识别。二是推行交易证书年检制度，确保客户证书唯一绑定。三是根据非面对面业务的交易特征，及时调整客户风险等级。非面对面业务有别于面对面业务，其交易不受时间、空间的限制，易为犯罪分子所利用。因此，针对非面对面业务的特性，归纳、构建主要可疑交易模式（如频繁通过ATM自助设备以略低于最大额度进行取现，通过网银频繁进行跨地区、跨行转账等）；同时，结合客户的实际交易情况，分析其交易背后隐藏的真实交易目的，进而判断是否符合可疑交易特征，及时调整客户风险等级。四是结合识别情况，重视重新识别，限制服务内容。

（3）借鉴会计核算事后监督复核的做法，建立客户身份复核制度。由于商业银行柜面人员受业务素质、工作技巧甚至拉业务等因素影响，降低了非面对面业务客户身份识别标准，致使客户身份识别流于形式，尤其是对客户的职业、经营背景、交易目的、交易性质及实际控制客户的自然人和交易实际受益人等重要身份信息疏于了解。建议非面对面客户身份识别工作可以借鉴会计核算的事后监督复核做法，建立客户身份复核制度，即由后台反洗钱专岗人员通过对客户非面对面业务交易的金额、频率、规律、客户特点进行综合分析，采取重点复核（对重点可疑交易对象进行复核）、定期复核（定期对特定客户进行复核）、抽查复核（随机抽取客户及交易进行复核）的方式，对已识别的客户及交易活动进行二次考核和评价，及时发现柜面工作人员在非面对面客户身份识别时出现的疏漏，并将发现的问题提交前台进行再次识别、确定客户真实身份及其交易背景、交易目的等情况。同时，建议复核制度应贯穿于客户身份初次识别、持续识别和重新识别的整个过程。

3. 充分运用科技手段，为客户身份识别工作服务。

（1）整合系统资源，实现数据共享。商业银行非面对面业务（如ATM、网上银行）交易数据一般由其总行数据库统一保存；客户开户留存的身份资料信息、识别过程中留存的信息一般由开户行、识别行所属分支行的数据库进行保存；而下载查询的权限往往仅限于省级或市级分行，县级分支机构基本没有下载查询权限。这种数据“分块保存、权限控制”的管理模式提高了数据使用的安全性，但由于客户数据信息的不完整可能误导客户身份识别工作，遗漏真正的可疑交易线索，增加了基层商业银行对可疑交易的排查难度，降低了分析效率。因此，应推动商业银行规范各级数据库系统的资源共享，消除数据保护壁垒，有效开放非面对面交易数据信息的查询和下载。基层行应能够随时从上级行调用本行的历史交易信息，以便及时还原交易信息；在分析可疑交易时，遇到交易对手是非本行客户时，也应能从交易对手开户行得到基本身份信息，这有助于可疑交易的分析和排查，从而形成完整的交易背景。

（2）优化监控体系，实现自动识别。在现有监测分析系统基础上，利用系统共享数据，建立非面对面业务的客户身份、交易规模、账户活跃度、地域特点等综合性数据分析模型监控体系（如网银交易可疑特征、ATM转账可疑特征等），详细记录客户身份识别过程和商业银行采取的相关措施，通过全方位、多角度汇总检索，判断账户交易是否异常，使监测分析逐步规范化。当发现确实存在异常交易时，系统进行自动关注、分析，及时提示反洗钱部门介入，结合识别过程中收集的相关信息，进行主观分析判断，开展重新识别工作。

（三）模型结论支持

1. 模型建立。模型参数表见表3，路径图见图3。

表3　　流程再造指标体系参数表

潜变量	观测变量	指标说明
流程再造意识	领导重视（X_1）	商业银行领导对流程再造的重视程度
	全员意识（X_2）	商业银行全体员工对流程再造的认知程度和参与程度
	执行力度（X_3）	商业银行对流程再造的实施力度和执行程度
流程再造措施	风险等级划分（Y_1）	进行风险等级划分的必要性
	建立业务关系识别（Y_2）	严格准入审查的必要性
	业务关系存续期间识别（Y_3）	进行交易身份验证的必要性
流程再造环境	信息共享（X_4）	各商业银行对客户资料的共享程度
	实时监测分析（X_5）	对非面对面交易施行实时监控的必要性
	事后监督（X_6）	事后分析发现洗钱线索的可能性
	交易落地管理（X_7）	适当限制大额交易，实行超额交易落地管理
	交易数据保存（X_8）	统一交易数据保存方式的必要性
流程再造成效	洗钱风险控制（Y_4）	流程再造后商业银行对非面对面业务洗钱风险的控制程度
	有效识别客户（Y_5）	流程再造后商业银行对非面对面业务客户身份识别的有效程度
	业务成本节约（Y_6）	流程再造后能有效节约商业银行非面对面业务经营成本

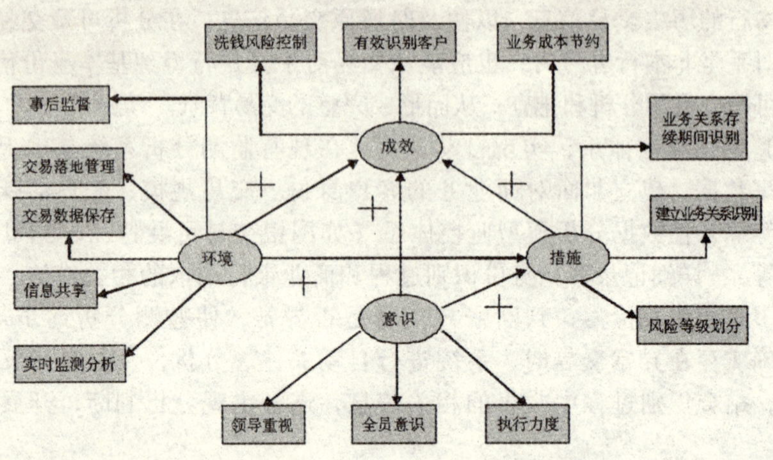

图3　结构方程模型路径图

假设：

H_1：环境和成效间存在正向关系；

H_2：意识和成效间存在正向关系；

H_3：措施和成效间存在正向关系；

H_4：意识和措施间存在正向关系；

H_5：环境和措施间存在正向关系。

由图3可知，圆形图示中的变量是潜变量，方形图示中的变量是测量变量；意识、环境是外生变量，而成效、措施是内生变量。

2. 实证研究。下面将根据上述建立的结构模型进行实证研究，实证研究的目的是验证结构模型并得出结构变量间的相互关系，从而对政策建议提供参考依据。

（1）问卷设计。问卷衡量方式采用 Likert 7 点尺度量表来进行评估，对每个题目分别给予1～7的量化分数：1 表示“非常不同意”；2 表示“比较不同意”；3 表示“不同意”；4 表示“中立”；5 表示“同意”；6 表示“比较同意”；7 表示“非常同意”。

（2）数据收集。以天津市、安徽省、内蒙古自治区、福建省、新疆维吾尔自治区、青岛市六地的银行业金融机构的柜台人员和反洗钱部门负责人为调查对象。

本研究的数据来源于调查问卷，对问卷进行鉴别之后，剔除无效问卷，并将有效问卷进行随机抽样，将 195 份问卷的数据信息导入 SPSS14.0 软件进行分析。

本文将采用的是基于 PLS 的结构方程模型方法。根据相关资料，样本量一般要求为模型中具有最多结构路径指向的结构变量的路径数的 10 倍，最少不能少于5倍。本文模型中具有最多结构路径指向的结构变量的路径数为3，故本文对样本量的一般要求为30份。按照这一要求，本次回收的有效样本量符合这一必要条件。

（3）信度和效度。信度就是测量前后的一致性，就是一项研究在多大程度上具有可重复性。一种测量手段只有具有较高的信度，其结果才具有参考价值。Cronbach′s 系数介于0到1之间，值越大信度越高。相关文献表明：信度系数若大于0.7表示信度相当高；当系数介于0.3到0.7之间时表示信度可以接受；若小于0. 3则信度低。根据SPSS14.0计算出的Cronbach′s 系数为0.861，可见本文问卷是可靠的。

所谓效度是指正确性，即能测出被测量的问题特征的程度。对于本文的实证可以通过测量每个结构变量的AVE值（平均提取方差）来反映。AVE值大于0.5表示50%以上观测变量的方差被说明，体现了结果变量具有较好的效度。

表4列出了结构变量对应的AVE值：

表4　　结构变量AVE值对应表

结构变量名称	流程再造意识	流程再造措施	流程再造环境	流程再造成效
AVE值	0.794771	0.9009	0.881356	0.90957

如表4所示，本文所有结构变量所对应的AVE值均大于0.7，说明结构变量具有很强的效度。

（4）总体分析。由图4可得出各个结构变量的路径系数，如表5所示。

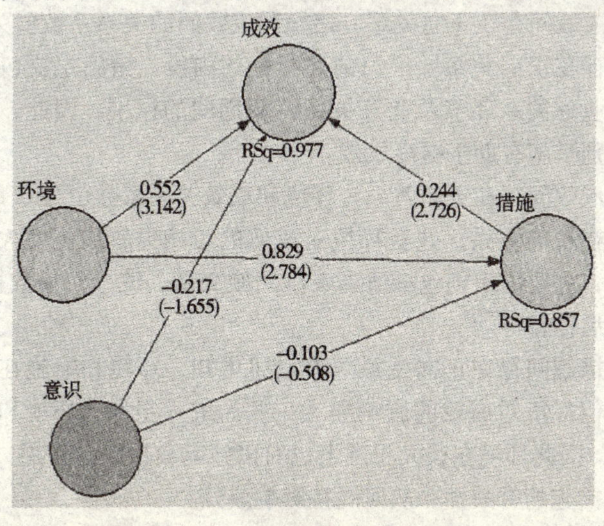

图4　结构方程模型路径图

表 5　　流程再造变量路径系数表

	流程再造意识	流程再造措施	流程再造环境	流程再造成效
流程再造意识	1			
流程再造措施		1		
流程再造环境		0.829	1	
流程再造成效		0.244	0.552	1

从模型的整体拟合图中，我们可以得出结构变量假设与实证的比较结果（见表6）。

表 6　　课题结构变量关系的假设与实证检验结果

关系假设	支持与否	T值
H_1：环境和成效间存在正向关系	支持	3.142
H_2：意识和成效间存在正向关系	不支持	-1.655
H_3：措施和成效间存在正向关系	支持	2.726
H_4：意识和措施间存在正向关系	不支持	-0.103
H_5：环境和措施间存在正向关系	支持	2.784

经查T分布表知，假设 H_2、H_4 的T值未通过检验，假设 H_1、H_3、H_5 的T值通过检验。

结论：

• 措施和成效间存在正向关系。措施和成效间的关系系数值为0.244，因此措施和成效间存在正向关系。根据前述指标的内容，措施主要包括客户风险等级划分、建立业务关系环节及业务关系持续期间的识别，因此，强化上述环节的客户身份识别措施有助于提高成效。

• 环境和成效间存在正向关系。环境和成效关系系数值为0.552，因此环境和成效间也存在正向关系，并且环境对成效的影响力较措施要大，应更加重视对环境的改造，主要的措施包括适当限制大额交易、统一交易数据的保存方式、对交易进行事后监督等。

• 环境和措施间存在正向关系。由上述可知，环境和措施在一定程度上都能影响成效，但环境对成效的影响要大一些。进一步地，环境和措施的关系系数值为0.829，因此环境在很大程度上也对措施起着积极的作用，加强环境建设同样可以提高措施的有效性，从而间接影响成效。

综上所述，本文模型部分在归纳、提取政策建议的基础上，将建议分为措施、环境、成效等指标，并根据拟合结果得出了三者之间的相互关系。模型结论是在强化措施的基础上，重点加强环境的建设。一是根据非面对面业务特点构建客户身份识别的制度框架，使监管部门与商业银行通过制定和落实相关措施，确保客户身份识别覆盖非面对面业务的范围和环节；二是优化客户身份识别流程，优化后的流程通过指纹识别、事后监督等手段丰富识别内容，以达到对客户的有效识别。三是充分运用科技手段，为非面对面客户身份识别服务，既整合了系统资源实现数据共享，也优化了监控体系，实现自动识别。最后，根据环境和措施的高度正相关性，提出以环境建设带动措施的有效落实，从而双管齐下，达到影响最终成效的目的。

参考文献：

［1］2008 年福建省支付体系运行报告。

［2］巴塞尔银行监督委员会：《银行的客户尽职调查》，2001 年 10 月。

［3］靳珂：《浅议商业银行非柜台业务洗钱风险问题》，《湖北经济学院学报》，2009 年 1 月。

［4］史斌斌：《网上银行反洗钱存在的问题及建议》，《法制与经济》，2009 年1 月。

［5］黎应扬：《浅谈网上银行业务的反洗钱监管》，《经济师》，2008 年第 9 期。

［6］王薇：《“指纹银行”：电子银行业务发展的新路径》，《现代金融》，2008 年第 1 期。

［7］王惠文、刘强、屠永平：《偏最小二乘回归模型内涵分析方法研究》，《北京航空航天大学学报》，2000，26（4）。

［8］蒋红卫、夏结来：《偏最小二乘回归及其应用》，《第四军医大学学报》，2003（3）。

征信体系建设与中小企业融资问题研究

中国人民银行福州中心支行课题组

课题主持人：晏露蓉

课题组成员：秦振强　叶谢康　朱　敢　吴　迪　刘碧芳

我国中小企业融资难问题由来已久，以往理论对中小企业融资问题的研究侧重于从政策制度上寻求对中小企业的融资支持，较少从技术层面、从信用信息基础设施建设的角度，探讨如何提高商业银行信贷发放的技术水平和风险控制能力，以扩大对中小企业的信贷投放。但实际上，制约中小企业融资难的关键因素之一是银行、企业间信息不对称。加快征信体系建设，构建信息沟通交流平台，是缓解中小企业融资难的重要举措。本课题试图从征信的角度探寻缓解中小企业融资难的新思路。

一、征信体系对改善中小企业融资状况的作用机理

融资是一种借贷关系，本质是信用关系，以信任为基础，以借贷双方相互了解为前提。根据博弈论与信息经济学理论，信息的共享和传递有助于博弈参与人作出决策，达到均衡，避免逆向选择和道德风险。

在现实经济生活中，银行与中小企业在信用信息上往往是不对称的。中小企业生存时间短、经营不稳定，较少与银行发生业务往来，商业银行难以掌握足够的信息来判断其信贷风险。2008 年，人民银行总行的调查表明，中小企业因财务状况不良、信用不高和经营管理水平欠佳等因素被商业银行拒绝贷款申请比例均在 50% 以上。①

我国征信体系经过几年建设，目前已形成以下框架：一是信用登记机构。指人民银行牵头建设的征信系统包括企业和个人征信系统、中小企业信用档案数据库、应收账款质押登记公示系统和融资租赁登记公示系统。二是信用评级机构。开展企业主体和债项评级，以大公、中诚信等信用评级机构为代表。三是信用调查机构。开展企业信用调查，以对境外客户开展信用调查为主，帮助出口企业了解进口商的信用，催收海外应收账款。以新华信、华夏等信用调查机构为代表。四是信用配套服务机构，如中小企业信用担保机构。

---

① 张涛：《中小企业融资的基本特点和我国的现状》。

征信体系建设的本质在于促进信用信息传导、完善信用信息共享和惩戒机制，解决银行和企业间信用信息不对称问题，改善中小企业的融资状况。

二、我国征信体系建设对改善中小企业融资状况的实证分析

（一）征信系统建设扩大中小企业贷款

1. 企业征信系统便于商业银行防范跨行跨区信贷风险。企业征信系统采集企业基本信息和信贷信息，以及环保违法、拖欠工资、欠税等非银行信息，较为全面地反映企业信用状况，并在全国银行信贷网点实现联网查询，大大减少了银行贷前调查工作量，提高了信贷决策效率。如通过考察申请贷款的中小企业是否有不良贷款、拖欠利息、对外担保额过大、提供虚假信息、高级管理人员或关联企业存在不良信用记录等情况，有效识别企业风险，把好信贷准入关。截至2009年12月末，企业征信系统在全国范围内共收录企业及其他组织1 576万户，全年日均查询16.9万次。[①]根据不完全统计，福建省企业征信系统的应用使银行办理企业贷款的审批时间由原先的20多天缩短到7天左右。近年来，每年银行利用征信系统否决高风险贷款达24.3亿元。2006年以来，中小企业贷款余额逐年上升。2008年年末中小企业贷款余额比2006年年末增长了1 405.69亿元，贷款余额占所有企业贷款余额的80%以上，尤其是小企业的贷款余额比例有较大提高，从2006年的58%上升到2008年的62.16%。[②]

2. 个人征信系统促进小企业贷款。个人征信系统又称个人信用信息基础数据库。截至2009年年底，个人信用信息基础数据库在全国范围内共收录自然人6.6亿人，其中有信贷记录的1.5亿人。全年日均查询92.8万次。[③]

个人征信系统虽然征集的是个人信用信息，但由于中小企业相对大企业，其企业主管人员的信用情况对企业的信用有较大影响，许多中小企业贷款是以企业主管人员个人的名义申请个人财产担保抵押贷款等方式进行的，因此，中小企业主管人员的个人信用情况对于放贷银行有重要的参考价值。相当部分中小企业尤其是微小企业的贷款，是以企业主个人名义申请经营性贷款，银行通过向企业主发放自助可循环消费贷款、个人助业贷款、综合消费贷款等方式来满足企业的资金需求。个人征信系统成为扩大中小企业贷款的一条重要途径。

（二）中小企业信用档案建设促进尚未贷款中小企业与银行信息对接

相对于企业信用信息基础数据库，中小企业信用档案建设主要针对尚未与银行发生信贷关系的中小企业。人民银行根据国务院部署，从2006年开始中小企业信用档案建设。中小企业信用档案搭建了银行和企业双方信息沟通桥梁，为中小企业提供展示平台，便于商业银行挖掘潜在优质客户。2009年，福建

①②③ 数据来源：企业信用信息基础数据库。

全省通过中小企业信用信息数据库，向商业银行筛选推荐注册资本100万元以上的未贷款成长型中小企业名单3 914户，供商业银行查询调查。据不完全统计，已有127户中小企业获得贷款或授信意向。据统计，截至2009年12月，全国已有195.7万户未贷款中小企业建立了信用档案。福建省共有6.6万户未贷款中小企业纳入中小企业信用档案。其中，有4 280户中小企业取得银行授信意向，3 805户取得银行融资。中小企业信用档案建设，为改善中小企业融资环境逐步发挥重要作用。

（三）应收账款质押登记公示系统促进动产质押融资

2008年10月，为配合《物权法》的实施，应收账款质押登记公示系统正式上线运行。应收账款质押登记公示系统的设立为中小企业应收账款融资提供了平台，实现了企业之间、企业与银行、担保公司等金融机构之间应收账款质押信息的公开与共享，降低了质押风险，提高了中小企业应收账款的融资利用率。据统计，2009年8月，全国出质人为中小企业的登记量占当月登记量的63.5%，应收账款质押融资是中小企业较为青睐的融资方式。

在应收账款登记品种方面，不仅包括对商业贸易产生的销售款、发票对应的应收账款、水电气暖、学校医院等各类收费权的质押，还包括了对政府的收益、不动产销售或出租收益的质押和转让等。中小企业应收账款质押融资量在系统建成的近几年有了较大的增长。据统计，截至2009年8月末，通过应收账款质押或转让，中小企业约获得融资18 952亿元，占登记反映的融资总额的37.7%。[①]

（四）信用担保体系促进中小企业实现信用增级

2009年8月，全省担保公司总家数641家，在福建省经济贸易委员会备案的中小企业融资担保机构达254家，注册资本186亿元，担保额达到326.7亿元，为缓解中小企业融资难发挥了积极作用。征信对提高中小企业信用担保机构的担保能力具有重要作用，能有效缓解担保公司对被担保企业的信息不对称和银行对担保公司的信息不对称。

银行与担保公司信息不对称是影响双方互信合作的一个重要原因。首先，担保业长期缺乏主管部门，担保公司发展良莠不齐且运行透明度较差，银行无从了解担保机构资信状况和偿债能力。其次，担保公司与银行合作模式多样化，存在封闭式、半开放式、开放式[②]等各种合作模式。在后两种模式下，担保公司与多家银行合作，使银行对担保公司的运行情况无法有效掌握。征信体系一方

① 中国人民银行征信中心《应收账款质押登记公示系统专题报告》第32期。

② 封闭式即担保基金全部存放某家银行，只与某家银行合作；半开放式即担保基金切块存放多家银行，以切块的担保基金与相应银行建立较为固定的合作关系；开放式即担保一笔存放一笔担保基金。

面可将担保公司经营信息纳入企业征信系统，供合作银行查询；另一方面可发挥市场自律，利用第三方信用评级，揭示担保公司整体经营状况，供合作银行参考使用，并作为确定担保放大倍数的依据。

福建省利用征信体系建设增强中小企业融资担保体系功效。一是向担保公司开放征信系统查询业务取得一定成效。为了缓解担保公司与企业端的信息不对称程度，2008 年，福建省人民银行系统利用企业征信系统，创新采取“企业授权、商业银行代理查询”的方式对担保公司开放被担保企业的资信查询业务，供担保公司评信使用，收到明显成效。二是担保公司经营信息纳入企业征信系统取得积极进展。为克服银行与担保公司之间的信息不对称，将担保公司经营信息纳入企业征信系统是最为直接有效的解决方式。据初步统计，截至 2009 年 9 月末，福建省已有 301 家担保公司纳入企业征信系统，注册资本 149.85 亿元，分别占全省担保公司总家数（641 家）和总注册资本（211 亿元）的 46.96% 和 71.02%。[①] 三是担保公司第三方信用评级试点开始启动。2009 年福建省启动担保公司第三方信用评级试点工作。第三方信用评级率先在注册资本亿元以上的担保公司中启动，首批 48 家机构参与了评级。对担保机构开展信用评级增强了担保机构的信息透明度，促进了担保机构规范经营管理，推动了担保机构与银行的合作，扩大了对中小企业的贷款担保放大倍数。

（五）信用评级促进中小企业培植信用

1. 信用评级增强中小企业信用透明度。信用评级是对借款人还款能力和意愿的评价。第三方机构中小企业信用评级，能够作为商业银行内部评级的必要补充，修正内部评级的系统性偏差。全国目前有 80 家信用评级机构从事企业主体评级和债项评级，其中，福建省有 3 家。福建省每年为千余家企业开展信用评级，省内人民银行将企业的信用评级结果登入企业信用信息基础数据库的“企业大事记”栏中，作为企业信用报告的附属产品，向商业银行提供实时查询，增强信用透明度。

2. 信用评级促进中小企业获得政策扶持。2008 年，厦门市政府开展成长型中小企业评选活动，将信用等级 A 级以上的企业评为成长型企业，推荐给商业银行。政府支付企业参加信用评级的费用，已累计完成对 280 户中小企业的信用评级，其中 245 户企业获得银行信贷支持。

3. 信用评级促进中小企业债券发行。信用评级成为企业债券发行的必经环节，源于资本市场信息不对称，对中小企业发行短期融资券、集合债、集合票据开展评级，增强债券品种的信息透明度，帮助投资者选择投资产品。

---

① 数据来源：企业信用信息基础数据库。

三、征信体系建设缺陷制约中小企业融资服务功能的发挥

（一）企业和个人征信系统运行质量有待提升

1. 企业征信系统覆盖面不够广。2009年年末，全省企业系统（含中小企业信用档案系统）已收集21.3万户企业的信息，占全省企业数的75.8%，尚有24.2%的中小企业未进入征信系统。系统采集的非银行信息范围有待扩大，尚未采集企业间商业信用信息，不利于推动企业利用商业信用开展企业间融资，不利于提高资金周转率。

2. 企业征信系统功能有待完善。企业征信系统的功能过于单一，仅局限在企业信用信息的采集和信用报告的提供上，无法有效利用汇总数据提供信贷资金投向分析和行业景气分析，尚未与中小企业信用档案建设密切结合，造成未贷款的中小企业信息与已贷款的中小企业的相关信息脱节，影响了商业银行对中小企业融资业务的开展。

3. 企业与个人征信系统未衔接共享。企业和个人征信系统尚属两个相对独立的征信系统，分别记录企业和个人的信用信息，而无法根据需要快速准确地体现企业及企业主（包括法人、总经理、财务负责人等）的综合信用信息。而中小企业的特殊性则体现在企业的信用与企业主的信用是密切相关的，企业主是否诚实守信在很大程度上决定了该企业是否能够履约还贷。这两大系统相互独立在一定程度上给商业银行快速、全面地评判中小企业的信用状况带来不便。同时，由于企业和个人征信系统的分割，使企业为个人担保、个人为企业担保的大量信贷信息没有共享，也不利于商业银行控制信贷风险，进而影响对中小企业的信贷投放。

（二）中小企业信用信息应用成效不够明显

数据库功能不完善难以满足商业银行的应用需求。首先，信息筛选功能不完善。数据库没有按行业、按利润增长率等字段对已录入的信用信息进行筛选，不利于商业银行主动对大量中小企业进行筛选，也不利于人民银行结合地方特色产业、重点行业向商业银行开展中小企业推介工作。其次，缺乏客观科学的信用评分功能。商业银行无法对录入的中小企业信用信息进行系统自动评分，无法根据分数的高低初步判断企业信用状况的好坏从而提高审贷效率。

（三）应收账款质押融资业务有待进一步发展

应收账款质押融资业务范围较窄、业务品种较少。应收账款质押融资刚起步，登记的业务品种虽有增加，但总体偏少。2008年对福州市已开展应收账款质押融资业务的9家商业银行的抽样调查显示，应收账款质押融资业务类型主要集中在有稳定预期收入的公路、广电、景点的收费权或是有政府追加担保的业务上，且多数应收账款质押合同期限控制在6个月内，最长不超过1年，业务

范围较窄，品种也不够多元化，应收账款质押融资的功能没有充分发挥。

（四）征信体系对中小企业担保体系的支撑功能有待提高

当前，福建省担保机构与企业、银行之间存在信息不对称，是制约银行与担保公司合作、放大担保倍数的重要因素之一。首先，目前担保公司尚不能直接接入企业和个人征信系统，征信系统间接开放，难以满足担保公司保前和保后管理需要。征信系统记载的担保公司经营信息不尽完备，难以有效促进双方互信合作。对风险准备提取的充足程度、代偿比率、代偿损失率等反映担保公司风险管理控制能力和信用能力的指标和数据尚未纳入。其次，担保公司征信信息的收集渠道不健全。除传统的融资性担保业务外，还应收集工程履约保函等非融资性担保业务以及对外投资业务等。单纯通过商业银行收集信息难以完全、及时反映担保公司的经营状况，不利于银行对担保公司经营状况和风险的全面把握。第三，担保公司参与外部评级的动力不足，对促进双方合作的效果有待评估。

（五）信用评级的公信力和产品应用有待提升

1. 信用评级市场不规范，信用评级公信力有待提高。中小企业信用与大企业具有不同的特点，目前对中小企业信用评级的指标和方法需要改进，评级方法主要依赖过去的财务数据，而中小企业多为定额缴税，对财务报表的编制不规范，从报表资料很难判断企业真实生产经营状况。而且，评级机构尚未建立信用评级数据库，无法利用已积累的企业数据信息档案开展评级结果违约率检验，使评级结果的客观性得不到及时修正。

2. 评级产品需求不足，使用领域狭小。信用评级产品的最大用户是商业银行，我国商业银行由于组织体系的垄断性，竞争不充分，资金供求不平衡，供给大大小于需求，能提供抵押担保的企业已基本满足商业银行信贷投量需要，没有积极性去挖掘无法提供抵押担保只能发放信用贷款的客户，从而使商业银行对把握企业主体信用状况较有帮助的第三方信用评级需求不强。对企业主体的信用，即作为第一还款来源的信用调查仅依靠内部评级，较少参考外部评级。另一方面，评级机构未能根据市场需求提供高质多样的评级产品，商业银行、担保机构等找不到合适的评级产品用于信贷和担保等业务的开展与创新。

四、发达国家和地区依托征信系统缓解中小企业贷款难的经验及启示

（一）美国的经验

美国解决中小企业融资难的主要经验是商业银行运用评分系统，征信机构提供信息支撑。美国商业银行对中小企业贷款审核采取的主要措施是应用差异化信用评分模型和自动决策流程进行授信决策，寻找大批符合条件的客户。美

国具有发达的征信业，除了穆迪、标普等三大评级机构外，还有从事企业商业信用调查的全球著名的邓百氏公司，以及以益百利为代表的三大个人信用评分机构。商业银行通过征信机构等提供的外部数据、银行内部数据和申请人本身提供的数据建立信贷管理跟踪模型，进行运作管理。

（二）欧洲的经验

欧洲征信业的发展是以中央银行建立的“中央信贷登记系统”为主体，兼有私营征信机构的社会信用体系。欧洲各国基本上都建立了企业和个人征信系统。有的国家征信系统不论大小企业的信息都收集。征信机构应用收集来的企业信息，开发出中小企业信用评分模型，出售给商业银行，由商业银行对中小企业开展信用评分，扩大对中小企业的信贷支持。

（三）我国香港的经验

1. 香港银行业中小企业信贷拥有良好的市场环境。主要通过香港金融管理局、银行公会和中小企业协会等组织的统一协调行动，加强银行与中小企业的互动，解决中小企业融资中存在的信息不对称的难题。香港监管当局承认银行作为私人企业对于中小企业的疑虑是合情合理的，“慎贷”可能是一种理性选择，因此监管当局不会运用行政手段强令银行增加对特定客户群的支持，而是通过提供特别保证、建立中小企业信贷资料库等经济补偿和技术援助手段来鼓励银行增加对中小企业的投入。

2. 推进商业资料信贷库建设。该商业资料信贷库由邓百氏公司负责营运，各认可机构强制参加。通过收集、储存中小企业的贷款记录并向认可机构开放查询，帮助具备良好信贷记录的中小企业方便、快捷地获得贷款，减少银行坏账；帮助各认可机构进行信贷决策，并按照不同的信贷记录厘定相应利率。

（四）我国台湾的经验

台湾依托较为健全的征信体系缓解中小企业融资难。台湾有金融业联合征信中心，采集企业在金融机构间的信用信息，在金融业间实现企业信用信息共享。以中华征信所为代表的信用调查机构，为企业与企业之间提供商业信用调查，为企业与商业银行之间提供借贷信用调查。还有较为健全的中小企业信用担保基金体系。这些机构在缓解中小企业融资难中发挥重要作用。

（五）发达国家和地区的启示

发达国家和地区解决中小企业融资的做法，主要是运用高效的信息管理系统，为商业银行信息管理系统的实施提供帮助服务，这对我国征信体系建设和商业银行创新中小企业信贷品种有很大启示。

1. 加强征信产品开发的深度和广度。目前我国征信产品仅限于提供统一的企业信用报告，这远远不能满足银行和中小企业双方的需求。征信机构应充分挖掘现有数据库资源的内涵，开发出国外征信市场常见的信用评分、防欺诈软件、身份识别、信用状况跟踪等产品。对不同风险管理制度的授信机构，面对不同风险水平的授信主体，提供不同类型的信用报告。

2. 充分利用征信系统优化中小企业融资环境。征信系统中大量企业信用信息为优化中小企业融资环境提供了有效的手段。商业银行根据信用产品的应用、相关数据的积累和分析，从中挖掘中小企业贷款的盈利点，发展中小企业信贷市场。

3. 创新中小企业审贷模式。如中国银行福建省分行借鉴“淡马锡”融资模式，对中小企业贷款的申请、审批、放贷及风险控制等各个环节，采取“流水线”的形式进行批量处理，最大限度上满足了中小企业“短、频、快”的授信需求。

五、加快征信体系建设，改善中小企业融资的对策建议

（一）增强企业和个人征信系统的信用支撑作用

1. 完善企业征信系统数据质量和功能，健全信用约束和激励机制。实现企业贷款卡管理系统与中小企业信用档案信息对接。拓展此功能并下载企业名单向商业银行推介，有助于提高商业银行信贷产品营销的针对性。

2. 探索企业与个人征信系统关联方式。改变两大系统相对孤立的状态，实行关联运行。当商业银行等金融机构查询某家企业的信用报告时，能同时体现企业相关主管人员的信用情况，并且系统能根据主管人员的整体信用状况自动形成分析报告，附在企业信用报告之后，供商业银行审贷、担保机构决策和评级机构评级参考。

（二）构建未贷款中小企业与银行的信息对接平台

1. 创新数据库应用模块，实现应用功能和信用产品多样化。一是在系统中增加按“资产总额”、“销售收入”、“行业分类”等字段筛选的功能，同时建立查询申请提请通道与机制，赋予商业银行按实际需求进行名单筛选与信息查询的权限，方便各商业银行按自身的目标客户定位与营销特点进行客户信息查询；二是增加按照一定的要求与格式进行的数据自动转换与生成的功能，方便人民银行与各商业银行对辖区中小企业的信息加工与查询汇总；三是增加模糊查询功能、关联企业信息搜索功能等。

2. 优化数据库信息项，保证数据的准确与更新。对福建省内各家商业银行的信用信息需求调查显示，商业银行对中小企业信用信息的需求除了企业注册登记日期、行业分类、注册资本金额、对外投资情况、是否有贷款需求、上年销售收入、基本财务数据等信息外，还对中小企业年度税收缴纳额、企业全年水电消耗总量、企业海关报表、企业违约行为、企业涉诉信息、企业实际控制人以往创办企业的情况、关联企业信息等较为关注。因此，建议进一步完善中

小企业信用档案数据项，添加商业银行关注的信息，实现数据应用与更新的良性循环。

3. 创新征集模式，搭建银行和企业间的高效融资平台。建议依托企业征信系统开发相关功能模块，实现信息征集模式的创新及银行和企业间的高效融资平台搭建。第一步，让有潜在融资需求的中小企业如实、完整地在系统中登录所要求的信息资料，并上传相关资料（如营业执照、缴税证明等）的扫描证件，供商业银行进行真实性认定及审查。第二步，以网络形式向意向融资银行提请融资申请，并通过系统即时和自动触发的短信形式向意向融资银行发送企业的融资需求，具体可包括企业名称、规模、融资金额、期限等要素。第三步，融资银行在限定期限内上网进行资料审查与核实，如有初步融资意向，按企业预留的联系方式进行进一步接洽；如无融资意向，通过系统短信回复平台详细说明拒贷理由。

（三）增强中小企业信用担保和信用培植功能

1. 逐步实现征信系统对担保公司的直接开放。在要求担保公司安排专门工作人员、建立信用信息查询管理制度并能有效遵循信息保密制度的前提下，通过专线接入的方式，逐步向担保公司直接开放征信系统查询业务。对担保公司开放征信系统可分阶段展开，可率先向经营实力强、社会信用记录好的担保公司开放，取得经验后进一步向全省范围推广。

2. 完善担保公司经营信息征集机制。在依托商业银行收集担保公司融资性担保业务信息的基础上，加强与担保行业协会合作，多渠道收集担保公司非融资性担保业务和对外投资业务信息，并纳入企业征信管理系统。利用企业征信系统的备注栏目，建立担保公司重大事项披露和报告制度，满足银行风险防范和控制的需要。

3. 大力推进担保公司第三方信用评级试点工作。首先，制定统一的信用评级标准，完善信用担保评级方法、指标体系和评级工作流程。其次，采取强化政策引导和行政推动相结合的方式推进评级工作。凡与银行发生业务往来且业务满1年的担保公司都应该参加信用评级；凡享受免征营业税或申请享受国家免税政策或其他政策扶持的，都应该参加信用评级；无正当理由不参评的，取消优惠政策待遇。第三，推广应用评级结果。把担保公司信用等级作为商业银行确定担保授信合作对象、放大倍数、授信额度和利率的参考依据，对信用等级不同的担保机构实行区别对待、扶优限劣。第四，给予财税政策扶持。对担保公司的信用评级费用，给予适当财政补贴；对符合条件的已评级担保公司，优先推荐成为全国中小企业信用担保体系试点单位，免征3年营业税，并优先享受政府扶持资金，多渠道利用财政资金引导担保公司积极参与外部信用评级。

4. 发挥信用评级机构对中小企业的信用培植功能。（1）开展中小企业信用培植。对满足一定贷款条件但还没有达到银行信贷准入标准或已获一定额度授信但信用等级相对偏低的中小企业开展信用培植，提升企业的信用度和级别，促进其规范经营管理，逐步达到贷款条件，增加授信额度，缓解融资困难。商业银行对信用等级高的中小企业，在贷款程序、授信额度、贷款期限、利率浮动、担保倍数等方面给予优惠，政府相关部门在政府采购、政府项目工程招投标、推荐评定信用企业、发展专项资金、融资担保、发放创业基金、贴息政策等方面给予优惠。(2) 信用评级机构还可利用自身的技术和人员优势与中小商业银行开展借款企业信用调查咨询等业务合作。(3) 探索开展对区域内房地产、建筑等重点行业的企业开展信用排名，为贷款银行、消费者提供咨询服务，为商业银行中小企业信用评分提供区域行业分析数据。(4) 开发适合中小企业特点的评级体系。中小企业规模小，数量多，财务信息不健全，对中小企业的信用评级应有别于大型企业。大型企业评级关注的固定资产、资本利润率；小型企业关注的是市场订单和成本，以及商业往来信息、水电缴费等软信息。

（四）扩大征信产品应用和服务范围

1. 推进动产质押融资登记平台建设。

(1) 建立应收账款风险评估体系，有效控制业务风险。由人民银行牵头，在全国范围内统一开展应收账款外部评级试点工作。通过科学设计应收账款信用评级指标体系，使应收账款质押风险得以量化和监测，从而有效控制信贷风险，推动商业银行等金融机构利用应收账款对中小企业开展融资业务。(2) 健全应收账款质押融资登记公示相关法规。应当明确应收账款质押融资系统登记和之前主管部门登记之间的衔接问题，确保系统的登记效力。进一步明确应收账款转让登记、变更登记的法律效力，明确质押与保理的关系。应当以法律法规成文的形式明确应收账款包含的范围，哪些财产权利可以用于质押，例如某些特殊业务，如销售电力收入、采矿经营权、涉及外汇管制的应收账款质押业务是否属于登记范围等。(3) 建立全国统一的动产担保登记电子平台。2009 年 7 月新上线的融资租赁登记公示系统，是借鉴应收账款质押登记公示系统建设经验，为解决融资租赁的权利公示和租赁物出租人的权益保障问题而建设的又一个有关动产融资物权登记的系统，进一步完善了动产担保登记制度。随着两个登记系统的不断完善和发展，有必要对两个系统进行整合、扩充，建立全国统一的动产担保登记电子平台，解决动产担保登记分散在各个部门、管理不统一不规范的问题。进一步发展仓储质押融资、知识产权质押融资等多种动产质押融资方式，以利于整个供应链上中小企业的融资支持。

2. 扩大征信产品的运用。

(1) 加强征信产品的运用，利用全国统一的企业征信数据库，开展行业分析，监测行业风险，结合宏观调控政策和货币信贷政策，为中小企业信贷投放风险提供参考。(2) 大力发展信用调查公司。我国现有信用调查公司260多家，新华信、华夏和邓百氏（中国）公司是该类机构的代表，当前我国信用调查市场处于开发阶段，尚未出现具有重大影响的信用调查机构。发展信用调查公司，有助于拓宽企业信息收集渠道，扩大信用信息采集范围。(3) 扩大征信产品的服务范围。我国征信体系还需要进一步拓展服务空间。一是担保公司、融资租赁公司、信用评级公司等机构为企业提供担保、融资租赁、信用评级等授信活动，应当同商业银行一样，能够根据自身业务的需要向征信机构购买相关的信用产品，同时向征信机构报送有关信用数据。二是企业与企业之间进行业务往来的，能够从征信机构获得业务往来客户的商业信用报告，有助于中小企业建立信用管理制度，在优化自身的信用状况的同时把握客户的信用状况，提升中小企业整体的信用程度。三是面向政府机关政府采购、国有投资项目招投标、拨付财政性补贴资金、对企业进行行政许可、评优奖励、资质认证等活动提供相应的信用产品，提高政府决策的针对性和有效性。在依法、可行的前提下扩大征信市场的服务范围，有利于培育和释放征信市场需求，形成征信产品开发的内在推动力。

参考文献：

[1] 王慧军、张晶敏：《基于非对称信息条件下的中小企业融资约束与对策》，《重庆工商大学学报》，2008 年第 4 期。

[2] 朱罗丰：《影响信用评级市场发展与评级产品应用的几个问题》，《上海金融》，2008 年第 10 期。

[3] 中国人民银行天津分行课题组：《动产质押：缓解中小企业融资难的有效途径》，《中国金融》，2009 年第 4 期。

[4] 闫俊宏、许祥秦：《基于供应链金融的中小企业融资模式分析》，《上海金融》，2007 年第 2 期。

[5] 李连三、曹亚廷：《国外征信机构的产品开发及对我国的启示》，《河南金融管理干部学院学报》，2008 年第 3 期。

[6] 国务院发展研究中心考察团：《英国、德国和意大利征信机构的特点与启示》，《经济研究参考》，2003 年第 82 期。

[7] 马微：《征信数据采集及在金融系统中的运用》，《内蒙古金融研究》，2007 年第 5 期。

[8] 张涛：《中小企业融资的基本特点和我国的现状》，《中国金融》，2009 年第 21 期。

[9] 叶谢康：《对我国中小企业融资制度变革的思考》，《福建金融》，2009 年第 8 期。

中小企业信用评级体系初探

中国人民银行厦门市中心支行课题组

课题主持人：郑卫国

课题组成员：林志强　马昱新　梁志瑾　林志伟　沈益昌

周超（执笔人）

由于中小企业自身存在的问题以及银行和企业间严重的信息不对称，由此产生的信用风险导致了银行的慎贷行为，造成了中小企业融资的困难。解决这一问题的关键，在于寻求一种揭示风险的有效途径。中小企业信用评级体系具有识别、揭示和甄别风险、风险（贷款）定价、减低社会成本、提高社会效率、联合惩治违约行为、促进企业信用管理约束的功能，因此，建立健全中小企业信用评级体系是解决中小企业融资难题的一个重要环节。本文基于我国中小企业的实际情况分析了中小企业评级的特点，在此基础上对构建中小企业信用评级体系进行了探索，选择合理的评级方法和评级要素，并对中小企业评级指标进行了详细设置，尝试构建一套适用于中小企业的评级指标体系。

一、中小企业信用评级特点分析

中小企业具有市场退出成本低、适应性强、特色经营、比较优势突出、机制灵活、创新能力强等优势，但中小企业的规模小且资源有限，竞争力较弱，生命周期较短；同时，中小企业的管理欠规范，计划性较差。针对中小企业不同于大企业的诸多特征，中小企业信用评级也应有不同于大型企业的侧重点。

（一）着重考察经营管理者素质

中小企业管理模式的最大特点是企业的所有者同时就是企业的经营者。所有者和经营者的统一，使得所有者能够直接对企业的生产经营全过程进行直接控制，有利于降低生产成本。中小企业的这种管理模式能够产生竞争优势。对中小企业而言，企业领导者的个人素质往往有着极其重要的作用，直接影响着一个企业的经营管理水平，甚至可以决定一个企业的未来。因此，在中小企业信用评级中应突出对领导者素质的评价，并对相关指标赋予较大的权重。

（二）突出企业实际偿债能力的评价

偿债能力是传统企业评估的一个基本领域。在长期的评估实践中，人们已经探索出很多反映企业偿债能力的指标，较常用的例如资产负债率，能够比较准确地表示企业长期偿债能力，较为综合地反映企业的偿债状况。但是一个企业的负债水平低并不能够完全证明其偿债能力强。对于中小企业而言，短期的实际偿债能力是最关键的问题。根据中小企业的融资特点，对企业现金流及担保状况的考察显得格外重要。因为对中小企业而言，是否有充足的现金流及现金流的可靠来源是企业按期偿还债务的根本，而是否能够提供有效抵（质）押物或者出具有效的担保证明也是企业偿债能力的直接保障。因此，在中小企业评级中应当突出这两方面关于企业短期实际偿债能力的评价。

（三）突出履约情况评价

中小企业的违约成本较低，违约率较高，因此在评定企业的信用等级时，仅仅拥有良好的财务状况和偿债能力并不意味着该企业具有良好的信用，是否能够按照义务及时履约也是企业信用的一个决定因素。因此，在信用评级时应对履约情况进行分析评价，包括对企业法人个人信用度、各政府监管职能部门的监管记录信息，以及企业的商业信用、银行信用等方面的考察，以全面反映企业的过往履约状况；同时，在评级指标体系中应对这一部分设置较高的权重。

（四）注重企业的前景分析及预测

中小企业往往具有比大企业更短的发展周期，企业的发展前景评价对中小企业信用等级的评定具有至关重要的影响力，因此在中小企业评级中应注重企业的前景分析及预测。一个具有良好发展前景的企业应当具有发展的广阔前景和可持续性。企业发展的前景可以从外部环境和企业自身成长性两方面来进行评价。所谓企业自身成长性，是指企业自身具有经济增长的潜力，企业是否制定正确的发展目标，是否重视创新，经营成长性如何，都起到关键的作用；外部环境则广泛涉及企业外部的客观环境，如国民经济宏观景气状况、国际市场走势、经济管理体制的变革、所处行业的发展状况等等。

二、中小企业信用评级方法的选择

（一）中小企业评级方法——综合分析法

目前企业信用评级的方法主要有定量分析法和定性分析法。通过采用定量分析方法，可以对复杂的数据进行归并、计算、比较、分析和预测，分析评级对象的发展趋势，进而作出信用评价。但单纯的定量分析法很难对企业作出全局性、整体性的评价。通过定性分析，可以对评级对象各因素及其发展趋势进行推理判断，适用于许多难于用计量表达的场合。但单纯的定性分析法的随意性较大。综观国内外关于信用评估方法的研究和实际应用情况，以定性分析与定量分析相结合的综合分析法对企业进行分析评判更为全面，也更为科学。因此，本文在建立中小企业信用评级体系时选取定量与定性分析相结合的综合分析法，对企业的整体状况进行全局性、整体性评价的同时，对企业的经营财务数据进行定量计算，在此基础上对企业的信用等级进行分析评判。

在定量分析与定性分析比重的设定上，应充分考虑中小企业自身的特点。在以往针对大型企业的信用评级中，由于其经营和财务核算较规范，定量指标真实度高，因此在指标体系设计时以定量分析为主，定性分析为辅，由定性指标修正定量指标。大多数中小企业经营历史不长，经营状况变动幅度大，主营业务变化快，经营规模小，可用于融资担保的资产较少，并且由于经营管理规范性差，账面财务数据真实性较低，因此对中小企业而言，现有的账面经营规模和财务数据不足以说明企业现阶段及未来的经营情况和偿债能力，这在很大程度上限制了定量指标的使用效力。另一方面，如前所述，中小企业评级应当注重的几个方面，例如经营管理者素质、企业前景分析及预测、企业履约情况评价等评级要素的评判往往难以量化，大部分要依靠专业评估人员的职业判断。此外还有一个不得不提到的重要考量因素——中小企业信用评级的成本控制。评级中介机构进行评级产品定价时，企业规模往往是一个重要的参考因素，并且中小企业信用评级业务尚在推动期，评级费用往往部分或全部由政府的财政扶持资金支付，收费较低，评级中介机构基于成本控制的考虑，投入的人力、物力是较为有限的，因此在设计评级体系时应考虑实际情况确保指标体系的简便和可操作性。基于以上几个因素的考虑，本文在设计中小企业信用评级体系时采用以定性分析为主、定量分析为辅的方法。

（二）定量分析指标评分法——比率分析法和功效系数法

中小企业信用评级量化指标大部分涉及财务数据的分析计算，因此本文选择财务分析中的比率分析法对财务数据进行计算处理。比率分析法是以同一期财务报表上若干重要项目的相关数据相互比较，求出比率，用以分析和评价公司的经营活动以及公司目前和历史状况的一种方法。由于比率是由密切联系的两个或两个以上的相关数字计算出来的，所以通过比率分析，往往可以利用一个或几个比率独立地揭示和说明企业某一方面的财务状况和经营业绩，或者说明某一方面的能力。利用财务比率，包括一个单独的比率或者一组比率，以表明某一个方面的业绩、状况或能力的分析，就称为比率分析法。我国目前一般将财务比率分为三类，即获利能力比率、偿债能力比率和经营能力比率。本文设定的比率分析法计算的量化指标也主要是这三类指标。

功效系数法又叫功效函数法，是根据多目标规划原理，对每一项评价指标确定一个满意值和不允许值，以满意值为上限，以不允许值为下限，计算各指标实现满意值的程度，并以此确定各指标的分数，再经过加权平均进行综合，从而评价被研究对象的综合状况。运用功效系数法进行信用评价，可以使企业中不同的业绩因素得以综合。功效系数法的模型为：

$$Di = \sum[(Zis - Zib)/(Ziy - Zib)]$$

式中：Di——单项指标的功效分数；Zis——指标的实际值；Zib——指标的不允许值；Ziy——指标的满意值。

$$D = \sum Di \times Pi$$

式中：D——指标的总功效分数；Pi——按各项指标的重要程度不同，事先给出的相应权数。

功效系数法建立在多目标规划原理的基础上，能够根据评价对象的复杂性.从不同侧面对评价对象进行计算评分，正好满足了中小企业信用评价体系多指标综合评价企业资质的要求；并且功效系数法为减少单一标准评价而造成的评价结果偏差，设置了在相同条件下评价某指标所参照的评价指标值范围，并根据指标实际值在标准范围内所处的位置计算评价得分。这不但与中小企业信用评级多档次评价标准相适应，而且能够在目前我国中小企业各项指标值相差较大情况下，满足减少误差、客观反映企业经营状况、准确公正评价企业绩效的要求。综上所述，本文选取“比率分析、功效计分”的方法，计算中小企业信用评级定量指标分数。

三、中小企业信用评级要素的选择

信用评级要素表示信用评级所要评价的内容，国际上对形成信用的要素有很多种说法，例如5C要素、3F要素、5P要素等，通常使用的信用分析要素是“5C”原则：“Character（性格）、Capacity（能力）、Capital（资本）、Collateral（抵押品）、Condition（商业周期状态）”，通过对贷款人的职业道德、业务能力、资本金实力、抵押品质量以及整体经济运行情况的分析，可以对贷款人的整体状况作出较为清晰的判断。在我国，企业信用评级通常主张信用状况的五性分析，包括安全性、收益性、成长行、流动性和生产性。依据企业成长理论，在前述中小企业信用评级特点分析、方法选择的基础上，本文确定了评估中小企业信用状况的六个评级要素：企业基本素质、经营能力、获利能力、偿债能力、履约情况和前景分析与预测。

（一）企业基本素质

企业的基本素质主要是针对以下四个方面的考察：领导层素质、员工素质、管理水平、经济实力。

1. 领导层素质。对于中小企业而言，领导者的素质往往有着极其重要的作用，因此，对领导层素质的考察至关重要。本文设置领导层的范围包括了企业主、企业实际控制人、股东以及企业的专职中层以上干部，主要考察领导层的文化水平、业务水平、领导者品质以及法律意识等。这些因素对企业的经营现状与发展前景有着深刻的影响，并且和企业的信用资质有着直接的联系。

2. 员工素质。员工素质对企业而言也十分重要，一个出色的团队是企业竞争力的核心要素，因此对人力资源构成的考察是十分重要的。

3. 管理水平。管理水平对一个企业有着重要的影响，本文重点考察企业规章制度的建设和管理的实效性，以及企业财务核算的规范性。

4. 经济实力。企业的经济实力直接与抗风险能力相关联。规模越大，实力越强，抗风险能力相应增强，信用状况就更加稳定。本文不仅采用了传统的评级指标——企业实有净资产，还根据中小企业的特点，对企业股东或实际控制人的经济实力进行考察。

（二）经营能力

企业经营能力就是企业对包括内部条件及其发展潜力在内的经营战略与计划的决策能力，以及企业上下各种生产经营活动的管理能力的总和。从一定意义上说，企业的资质是通过企业的经营能力集中表现出来的。企业经营能力是一个系统的概念，本文主要从企业的经营环境、经营管理分析、营运能力的财务评价三个方面对中小企业经营能力进行综合评价。

1. 经营环境。企业经营环境是指对企业经营活动产生影响的企业内外条件或要素的总称。本文主要从行业竞争程度、企业经营规模、经营年限、行业地位等几个方面，对中小企业的经营环境进行综合考量。

2. 经营管理分析。对经营管理能力的分析主要集中在决策能力、市场拓展能力、抗业务风险能力、抗资金风险能力等几个方面。

3. 营运能力的财务评价。营运能力是指企业运转资产的能力，反映了企业经营活动的效率和活力，与企业的盈利能力和偿债能力紧密相关。中小企业的主要经营活动就是供、产、销活动。如果这一过程顺利、流畅，则企业的营运能力就强；如果这一过程在某个环节中断或迟滞，则企业营运能力较弱。本文主要对企业经营过程中的资金流转情况进行财务评价，以此判断企业的营运能力水平。

（三）获利能力

对一个企业来说，持续稳定的经营和发展是获取利润的基础，而最大限度地获取利润又是企业持续稳定发展的目标和保证。只有在不断获取利润的基础上，企业才可能发展。充足而稳定的收益往往能够反映企业良好的管理素质和开拓市场的能力。盈利能力较强的企业具有更大的活力和更好的发展前景，同时企业的获利能力及其稳定性是企业获得足够的现金以偿还到期债务的关键因素。企业获利能力分析的重点是利润分析。本文从利润管理分析和利润相关财务评价两个方面考察中小企业的获利能力。利润管理分析主要对企业的盈利模式、利润构成、主营业务利润的稳定性和费用控制等方面进行考量；利润相关财务分析主要分为对生产销售有关和资产权益有关的盈利能力分析。

（四）偿债能力

偿债能力是企业用其资产偿还长期债务与短期债务的能力。企业偿债能力是体现企业财务状况和经营能力的重要标志，反映了企业偿还到期债务的承受能力或保证程度，是企业信用评级中的关键一环。本文对中小企业偿债能力的评价包括了企业偿债能力管理分析、担保能力分析、企业偿债能力财务评价三个方面。其中，企业偿债能力分析主要是对企业的财务状况和财务弹性进行考察。企业偿债能力的财务评价主要借助相关的一些财务指标对企业的资产负债结构、资产流动性、担保状况、获利能力对债务偿付的保障程度等方面进行考察。

（五）履约情况

是否能够按照义务及时履约是企业信用的一个决定因素。履约情况评价在中小企业信用评级中起到至关重要的作用，一个企业的履约意愿对其信用能力会产生最直接的影响。本文选取了四个主要方面对中小企业信用评级进行考察：第一是法人信用行为，主要考察企业实有资本的到位情况；第二是法定义务的履行情况，主要是依据工商、税务、海关、外管等部门的企业信用记录对其法定义务履行情况进行考察；第三是企业的银行信用情况，考察金融债务履约情况；第四是企业的商业信用，主要考察企业的商业契约和应付款项的履约情况。

（六）前景分析及预测

企业的前景分析及预测的目的主要是在现有情况进行分析的基础上，考虑内外部环境的变化趋势，对企业未来的经营和财务状况进行预测评估，以避免相关联的风险因素对企业未来信用状况的影响。本文主要从外部环境和企业自身成长性两个方面对企业发展前景进行分析预测。外部环境包括了宏观经济形势及政策、行业形势及产业政策两个分析要点；企业自身成长性的考量则包括了对企业发展目标、产品（业务）发展前景、研究开发能力以及经营成长性、利润成长性等方面的考察。

四、中小企业信用评级指标体系的设置

根据前述的功效系数法模型，计算定量指标分数的公式为：

$$Di = \sum [(Zis - Zib)/(Ziy - Zib)]$$

式中：Di—— 单项定量指标的功效分数（满分值为 1 分）；Zis—— 指标的实际值（指标实际值优于满分值，按满分值计；劣于零分值，按零分值计）；Zib—— 指标的不允许值；Ziy—— 指标的满意值。

$$D = \sum Di \times Pi$$

式中：D—— 定量指标的总功效分数；Pi—— 按各项指标的重要程度不同，事

先给出的相应权数。

计算定性指标的公式为：

$$Q = Pj\sum Qj$$

式中：Qj—— 单项定性指标的分数（满分值为 1 分）；Q—— 定性指标的总分；Pj—— 按各项指标的重要程度不同，事先给出的相应权数。

企业评级指标体系总得为：

$$M = D + Q = Pi\sum Di + Pj\sum Qj$$

（一）企业基本素质

对企业基本素质的考察包括了领导者素质、员工素质、管理水平和经济实力四个方面，采用的均是定性指标（包括采用参考值计分的定性指标）。具体的指标设置见表 1。

表 1　企业基本素质评价指标设置表

	指标名称	计算公式或考核内容	计分公式或参考标准
领导层素质（包括企业主、实际控制人、股东以及专职中层以上干部）	文化水平	考察领导层受教育程度（本科及以上、大专、中专及以下）	按人数权重计分，大专以上占 80% 得满分，占 50% 得 0.75 分，占 25% 得 0.5 分，否则不得分
	业务水平	考察领导层从事专业工作年限（10 年及以上、5～10 年、5 年以下）及参考管理层的工作业绩和拥有客户情况	按人数权重计分，5 年以上占 80% 得 1 分，占 50% 得 2/3 分，占 25% 得 1/3 分，结合工作业绩和拥有客户情况适当加减分
	领导者品质	考察企业领导者的个人品质（参考领导者的奖惩情况、群众威信、担任的社会职务等）	艰苦创业、诚实守信、社会反映良好得 1 分，较好得 2/3 分，一般得 1/3 分，行踪不定、背景复杂不得分
	法律意识	考察企业管理者的守法和履约意识	守法经营、履约意识强 1 分，否则不得分
员工素质		根据企业员工的学历、技术职称、专业年限，员工流动性和专、兼职情况，考察企业团队的整体素质	好 1 分，中 0.5 分，差 0 分
管理水平	制度建设及管理实效	考察企业是否建立符合企业现时及未来发展需要的组织机构、企业制度，岗位责任制、内部控制制度、工艺规程、质量管理机制	强 1 分，中 0.5 分，弱 0 分
	财务核算规范性	考察财务制度的执行情况，会计资料的真实性、完整性及合法性	好 1 分，中 0.5 分，差 0 分

续表

	指标名称	计算公式或考核内容	计分公式或参考标准
经济实力	实有净资产	=净资产－待处理资产损益－长期待摊费用－潜亏－转移的资本	根据所处行业、地域、主营业务等方面的不同，视具体情况得分，强1分，中0.5分，弱0分
	股东或实际控制人经济实力	股东或实际控制人的经济实力，投资其他产业情况，计分需要计算一个判断的参考值。 $参考值=\frac{\text{股东或实际控制人的所有者权益或个人总资产}}{\text{对本企业的投资额}}$	参考值大于3得1分，大于2小于3得0.5分，小于2不得分

（二）经营能力

对企业经营能力的考察包括了经营环境、经营管理分析、财务评价三个方面（见表2）。经营环境和经营管理分析方面采用定性指标，财务评价方面采用定量指标，在此基础上计算功效分数。

表2　　经营能力评价指标设置表

	指标名称	计算公式或考核内容	计分公式或参考标准
经营环境	行业竞争程度	考察企业的行业进入门槛	行业进入难1分，较难0.5分，容易0.25分
	经营规模	考察企业的经营规模大小、近3年经营性收入增长态势	经营规模大且呈增长态势得1分，经营规模较大或呈增长态势得0.5分，经营规模小或呈下降态势不得分
	经营年限	考察企业实际经营年限	5年以上得1分，2年以上得0.5分，2年以下得0分
	行业地位	考察企业和品牌知名度、行业协会评价、产品议价能力、原材料竞价能力	好1分，中0.5分，差0分（行业或政府评价好得1分）
经营管理分析	决策能力	考察企业决策的合理性、信息充分性、程序科学性和资源保障性	强1分，中0.5分，弱0分
	市场拓展能力	考察企业的市场营销管理能力、市场营销能力、品牌经营能力	强1分，较强2/3分，一般1/3分，弱0分
	抗业务风险能力	考察企业的客户稳定性、风险控制及风险保障、应急措施、市场应变能力	强1分，中0.5分，弱0分
	抗资金风险能力	考察企业的客户诚信度、结算方式、结算工具安全性	强1分，中0.5分，弱0分

续表

	指标名称	计算公式或考核内容	计分公式或参考标准
财务评价	营业收入现金率	=销售商品、提供劳务收到的现金/营业收入	（实际值－零分值）/（满分值－零分值）×权数
	应收账款周转率	=营业收入/应收账款年平均余额	
	流动资产周转率	=营业收入/流动资产年平均余额	
	总资产周转率	=营业收入/总资产年平均余额	

定量指标说明：

营业收入现金率，反映企业所得现金占其营业收入的比重，即企业每实现1元的营业收入所获得的现金。由于现金及现金等价物价值变动和无法收回的风险很小，现金流量对销售收入比率越高，企业营业收入面临的风险越小，则企业营业收入的质量越高。

应收账款周转率，反映年度内应收账款转为现金的平均次数，说明应收账款流动的速度。一般来说，应收账款周转率越高，平均收账期越短，应收账款的收回越快。否则，企业的营运资金会过多呆滞在应收账款上，影响正常的资金周转。

流动资产周转率，反映流动资产的利用效率，是分析流动资产周转情况的一个综合指标。流动资产周转快，可以节约资金，提高资金的利用效率。

总资产周转率，综合反映企业整体资产的营运能力。一般来说，资产的周转次数越多或周转天数越少，表明其周转速度越快，营运能力也就越强。

（三）获利能力

对企业获利能力的考察包括了利润管理分析和财务评价两个方面（见表3）。利润管理分析主要采用定性指标，财务评价主要采用定量指标。

表3　　获利能力分析评价指标设置表

	指标名称	计算公式或考核内容	计分公式或参考标准
利润管理分析	主营业务收入占比	=自营体现的主营收入/营业收入总额	（实际值－零分值）/（满分值－零分值）×权数
	利润构成	考察企业利润来源于经营性利润或营业外收支	全部来自经营性收入得1分，部分来自经营性收入得0.5分，全部来自营业外收入得0.25分
	主营业务利润分析	考察企业主营业务利润的稳定性	来源稳定得1分，来源较稳定得0.5分，收入来源偶然不得分
	费用管理	考察企业的费用控制管理水平	好1分，中0.5分，差0分

续表

	指标名称	计算公式或考核内容	计分公式或参考标准
财务评价	营业利润率	=营业利润/营业收入	（实际值-零分值）/（满分值-零分值）×权数
	成本费用利润率	=利润总额/成本费用总额	
	总资产报酬率	=（利润总额+利息支出）/总资产年平均余额	
	净资产收益率	=净利润/净资产	

注：定量指标说明：

主营业务收入，是指企业经常性的、主要业务所产生的收入。主营业务收入的占比越高，企业的营业收入越稳定，利润来源也更稳定。

营业利润率，是衡量企业经营效率的指标，反映了在不考虑非营业成本的情况下，企业管理者通过经营获取利润的能力。

成本费用利润率，表明每付出1元成本费用可获得多少利润，体现了经营耗费所带来的经营成果。该指标值越高，利润就越大，反映企业的经济效益越好。

总资产报酬率，是指企业息税前利润与平均总资产之间的比率，用以评价企业运用全部资产的总体获利能力，是评价企业资产运营效益的重要指标。

净资产收益率，是指利润额与平均股东权益的比值。该指标越高，说明投资带来的收益越高；指标越低，说明企业所有者权益的获利能力越弱。该指标体现了自有资本获得净收益的能力。

（四）偿债能力

对企业偿债能力的考察包括了偿债能力管理分析、担保能力分析和财务评价三个方面（见表4）。偿债能力管理分析和担保能力分析采用定性指标，财务评价采用定量指标。

表4　　偿债能力评价指标设置表

	指标名称	计算公式或考核内容	计分公式或参考标准
偿债能力管理分析	财务状况	考察企业的资产和债务结构	合理1分，中0.5分，差0分
	财务弹性	根据资产质量及流动性、经营性现金流量、外部筹资能力、存量资金调剂能力等方面考察企业的财务弹性	高1分，中0.5分，低0分
担保能力		根据企业已经和可能提供的有效抵（质）押物（包括第三方提供）情况，以及能够出具有效证明的保证情况判断企业的担保能力	强1分，较强0.5，弱0分

续表

	指标名称	计算公式或考核内容	计分公式或参考标准
财务评价	资产负债率	=总负债/总资产	（零分值-实际值）/（零分值-满分值）×权数
	流动比率	=流动资产/流动负债	
	非筹资现金流入与流动负债比率	=非筹资现金流入/流动负债年平均余额	
	利息倍数	=（利润总额+利息支出）/利息支出	
	担保比率	=年末担保余额/净资产	

定量指标说明：

资产负债率，是指企业负债与企业资产的比重，用以反映企业的资产结构。资产负债率过高说明企业负债过多。该指标也是衡量企业长期偿债能力的一个重要指标，反映了企业清算时企业所有者权益对债权人利益的保证程度。

流动比率，是企业流动资产与流动负债的比率，也称“营运资金比率”，是反映企业短期偿债能力的指标。一般说来比率越高，说明企业资产的变现能力越强，短期偿债能力亦越强；反之则弱。

非筹资现金流入与流动负债比率，是企业在一定时期内的非筹资现金流入量同流动负债的比率，可以从现金流动的角度反映企业当期偿付短期负债的能力。现金流入负债比率越大，表明企业经营活动产生的现金净流量越多，越能保障企业按期偿还到期债务。

利息倍数，是企业息税前利润与利息费用之比，用以衡量偿付借款利息的能力，是衡量企业支付负债利息能力的指标。利息倍数不仅反映了企业获利能力的大小，而且反映了获利能力对偿还到期债务的保证程度。它既是企业举债经营的前提依据，也是衡量企业长期偿债能力大小的重要标志。要维持正常偿债能力，利息倍数至少应大于1，且比值越高，企业长期偿债能力越强；如果利息保障倍数过低，企业将面临亏损、偿债的安全性与稳定性下降的风险。

担保比率，是对外担保额与上市公司净资产额的比率，是个相对数，能反映上市公司对外担保额的相对大小。担保比率越大，说明上市公司对外担保越多，偿债能力就相对较弱。

（五）履约情况

对企业履约情况的考察包括了法人行为信用考察、履行法定义务考察以及对企业银行信用和商业信用的考察，主要采用定性指标。

表5　　履约情况评价指标体系设置表

	指标名称	计算公式或考核内容	计分公式或参考标准
法人行为信用	实有资本到位情况	资本完整率=实有资本/应到位资本	视具体情况得分

续表

	指标名称	计算公式或考核内容	计分公式或参考标准
履行法定义务	工商部门信用记录	依据工商部门对企业的评价体系进行审核（如重合同守信用、注册资本金无抽逃等）	好 1 分，较好 0.5 分，一般 0.25 分，差 0 分
	海关部门信用记录	依据海关部门对企业的评价体系进行审核（如据实申报纳税，无恶意偷逃税行为等）	
	税务部门信用记录	依据税务部门对企业的评价体系进行审核（如据实申报纳税，无恶意偷逃税行为等）	
	外汇管理部门信用记录	依据外汇管理部门对企业的评价体系进行审核	
	其他法定义务	行政、司法部门裁决书、判决书执行情况	
银行信用	金融债务履约情况	=实际履约金融债务/应履约金融债务	视具体情况得分
	利息支付率	=已付各项利息/应付各项利息	（实际值－零分值）/（满分值－零分值）×权数
商业信用	应付款清付情况	=应付款项的清付情况	视具体情况得分
	好1分，中0.5分，差0分	=商业契约履行情况	商业合同、协议等的履行情况

定量指标说明：

本文主要从实有资本到位情况这一角度考察企业法人行为信用，这里计算一个参考值，即资本完整率。参考资本完整率的数值，在0~1分之间评出实有资本到位情况这一定性指标的得分。

（六）前景分析及预测

对企业发展前景的考察主要包括了外部环境分析和成长性分析两个方面，均采用定性指标。

表6　　前景分析及预测指标设置表

	指标名称	计算公式或考核内容	计分公式或参考标准
外部环境	宏观经济形势及政策	经济增长、经济周期、货币政策、财税政策及其他政策法规的影响	有利 2 分，一般 1 分，不利 0 分
	行业形势及产业政策	市场集中度、行业发展周期、产业政策支持、产业盈利性	发展行业 1 分，扶持行业 2/3 分，维持行业1分，淘汰行业0分

续表

	指标名称	计算公式或考核内容	计分公式或参考标准
成长性	企业发展目标	企业根据在国家经济规划、区域规划和行业中的地位确定发展规划及措施	明确、合理得1分，较明确0.5分，无目标0分
	产品（业务）发展前景	寿命周期、需求量、销售量、毛利率	好1分，较好0.5分，差0分
	研究开发能力	市场研究开发机构的设置和投入	强1分，中0.5分，弱0分
	经营成长性	经营规模增长、业务创新能力	好1分，较好0.5分，差0分
	利润成长性	成本、费用竞争优势和利润增长潜力	好1分，较好0.5分，差0分

（七）扣分项

其他重要事项：若企业存在违规经营、未决诉讼、大案要案、重大事故等其他重要事项，或实际控制人和企业高级管理人员信用记录存在重大问题，应考虑酌情扣分，如果情节较为严重，应将评级调低。

参考文献：

［1］欧志为、萧维等：《中国资信评级制度建设方略》，上海财经大学出版社 2005 年版。

［2］林汉川、夏敏仁：《企业信用评级理论与实务》，对外经济贸易大学出版社 2003 年版。

［3］朱顺权：《企业资信评级方法创新及应用》，西南财经大学出版社 2002 年版。

［4］邹建平：《信用评级学》，中国金融出版社 1994 年版。

［5］石新武：《资信评估的理论和方法》，经济管理出版社 2002 年版。

［6］李连燕：《对我国中小企业信用管理体系建设问题的思考》，《山东财政学院学报》，2005（5）。

［7］李宝庆：《中小企业发展之信用管理体系的构建》，《金融研究》，2002（3）。

［8］胡绍辉、覃世海：《关于建立中小企业融资服务体系的构想》，《长春金融高等专科学校学报》，2000（3）。

［9］李连三：《征信在中小企业融资中的作用——理论和实证研究的视角》，《河南金融管理干部学院学报》，2007（3）。

［10］李善民、熊美勇：《基于完善信用评级体系的中小企业融资出路探讨》，《湖南财经高等专科学校学报》，2007（4）。

［11］康书生、鲍静海、史娜、李纯杰：《中小企业信用评级模型的构建》，

《河北大学学报（哲学社会科学版）》，2007（2）。

[12] 戴根有、万存知、王晓蕾等：《建设我国企业和个人征信体系研究》，中国人民银行2004年重点课题。

[13] 赖金昌：《中国的中小企业融资问题》，国际金融公司中国项目开发中心2005年微小企业融资国际研讨会。

[14] Tullio Jappelli and Marco Pagano，"Information Sharing，Lending，and Defaults：Cross－Country Evidence"，Working Paper No. 22，UNIVERSIT? DEGLI STUDI DI SALERNO，May 1999.

[15] Jarl G. Kallberg，Gregory F. Udell，"The Value of Private Sector Business credit Information Sharing：The US Case"，*Journal of Banking & Finance*，2003（27）：449－469.

[16] Inessa Love and Nataliya Mylenko，"Credit Reporting and Financing Constraints"，World Bank Policy Research Working Paper 3142，October 2003.

大额现金存取监测有效性研究

中国人民银行福州中心支行课题组

课题主持人：吴成居

课题组成员：陈正川　陈仁泉　骆锦田　李　芳　胡建庭　吕　婕

一、引　　言

随着市场经济的不断发展，现金结算领域越来越广，已广泛覆盖社会生产和再生产的全过程和各个环节，且金额呈逐年递增的趋势。统计显示，尽管流通中现金占货币供应量比例逐年下降，但是其绝对值的增长比例却逐年增加，2004～2006 年，我国的现金流以每年 2 000 亿元左右的规模增长，而 2007 年及 2008 年该数字则大幅提高至 3 000 亿元以上（见表 1）。

表 1　　2004～2008 年流通中现金占货币供应量比例

	月均（亿元）	占货币供应量（%）
2004 年流通中现金	20 022	8.41
2005 年流通中现金	22 039	7.97
2006 年流通中现金	24 961	7.74
2007 年流通中现金	28 267	7.45
2008 年流通中现金	31 759	7.18

为了解大额现金存取的影响因素以及公众对大额现金管理的看法，课题组①发放了 6 197 份调查问卷，受访者中有 39.5% 的人为个体经营者、商人或者企业财务人员。79% 的人年龄在 45 岁以下，72% 的人受过高等教育（大专及以上）。问卷调查显示，中国城乡居民普遍存在“用现偏好”的结算习惯。从大额现金存取的频率来看，13% 的受访者从不进行大额现金存取，7% 的受访者每天进行一次以上大额现金存取，38% 的人每周或者每月进行一次大额现金存取（见图 1）。从大额现金支取的用途来看，19% 的人支取大额现金是为了消费或者缴费，

① 包括人民银行昆明中心支行、福州中心支行、厦门市中心支行。

16% 的人则是为了转存他行，34% 的人是为了支付债务或者贷款（见图 2）。从使用非现金结算工具的意愿来看，52% 的被访者表示对 5 万元以上的交易不使用现金进行支付，还有 10% 的人表示无论金额大小皆选择非现金方式进行支付（见图 3）。

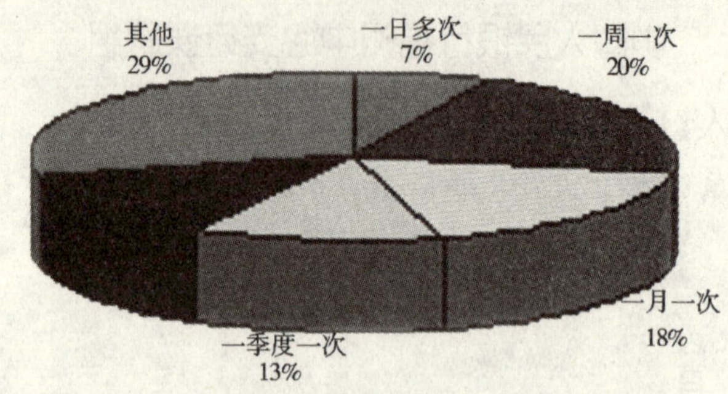

图 1　现金使用频率调查结果

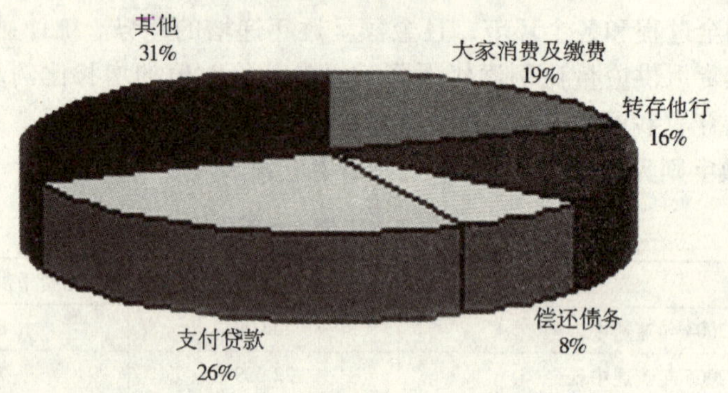

图 2　大额现金支取用途

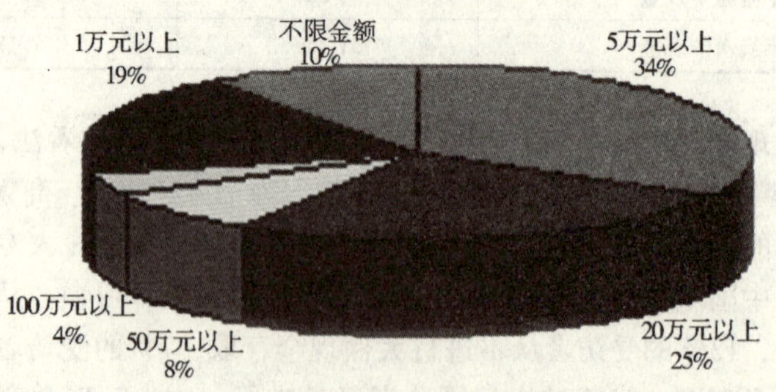

图 3　使用非现金支付工具意愿调查结果

《从反洗钱角度论非现金结算的推广》一文认为，现金结算一直以来为中国城乡居民广泛接受并普遍使用，除了其本身具有简单、快捷、费用低等特点外，还存在四个方面原因：一是支付体系长期不发达导致居民习惯使用现金支付；二是社会信用体系不健全影响非现金结算的推广；三是公众对新兴电子支付渠道使用知识的缺乏导致非现金结算难以广泛推广；四是现金结算与非现金结算的成本差异导致公众依然偏好现金结算。课题组经问卷调查发现“用现偏好”的普遍存在主要有经济成本、金融服务质量、社会诚信、税收四方面的影响因素。

第一，与经济成本关系。问卷调查显示，如果银行对大额现金存取款收取与转账、汇款一样的手续费，仅 14% 的被访者表示使用大额资金时不改变以前做法；39% 的被访者表示将选择转账；35% 的人表示将使用转账，偶尔使用现金（见图 4）。如果银行对大额现金存取款收取比转账、汇款高 1 倍的手续费，仅 10% 的被访者表示使用大额资金时不改变以前做法；49% 的被访者表示将选择转账；30% 的人表示将使用转账，偶尔使用现金（见图 5）。也就是说，使用现金结算的成本提高，选择非现金结算的人数占比明显提高。同时，另有 63% 的被访者表示不赞成银行对大额现金存取收费，18% 的人表示赞成，17% 的人表示无所谓。这说明，相对于现金结算的零成本，非现金结算在交易成本上的劣势还是比较明显的。因此，成本高低是居民考虑是否选择“现金结算方式”的重要因素之一。

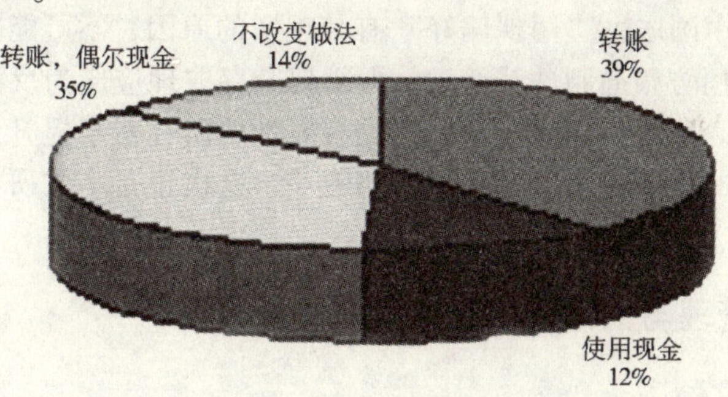

图 4　增加成本后选择现金结算变化情况

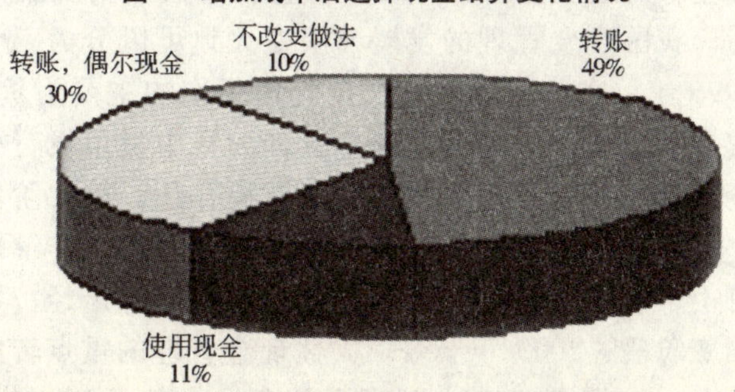

图 5　成本提高 1 倍后选择现金结算变化情况

第二，与金融服务质量关系。问卷调查显示：19%的被访者表示，刷卡不方便是使用现金的主要原因之一；26%的被访者表示使用现金的原因是转账到账时间没有现金存取快。尽管近年来支付环境不断优化，非现金支付占比也在不断攀升，但正所谓冰冻三尺非一日之寒，中国长时间支付体系不发达带来的居民用现偏好不可能在一朝一夕间改变。这说明，我国现行支付结算体系不够发达对于居民使用现金的意愿有着较大的影响，金融服务质量不佳在一定程度上助长了居民的“用现偏好”习惯。

第三，与社会诚信关系。问卷调查显示：28%的被访者表示之所以使用现金，主要是因为使用现金进行交易可以钱货两清、现金交易较可控。这种现象直接反映出公众对社会信用体系的信心不足，而且这也与我国目前的信用状况相符。目前，我国虽然已经建立了个人征信管理系统，但涵盖的个人客户资信情况还不全面，加之单位客户的支付信用记录还未建立，无法形成全面有效的信用监督机制。

第四，与税收等其他因素关系。问卷调查显示：34%的被访者表示，之所以使用现金，主要是因为习惯使用现金；19%的被访者表示之所以使用现金是因为使用现金能够使进货更低廉，成本更低。这说明现金交易的普遍存在与税收因素存在一定的关联。

综上所述，中国居民“用现偏好”有其现实的原因，不可能在短期内迅速改变。为了有效预防和遏制洗钱活动，大额现金存取理应成为反洗钱资金监测重点关注的对象。而对大额现金存取监测有效性的研究对于提升反洗钱工作的实效性具有重要的现实意义和远大的战略意义，这也正是本文研究的出发点和落脚点。

二、现金管理与大额现金存取监测关系分析

（一）历史沿革

我国现金管理—大额现金管理—大额现金存取监测的发展是一个渐进过程。课题组认为，我国现金管理的发展与演变大致可以分为三个阶段：第一阶段，1949～1996年。在这一阶段，现金管理工作的主要为货币政策服务，是宏观调控的重要手段之一。期间，现金管理为集中货币发行权、调节货币流通、稳定市场物价、促进经济发展发挥了重要作用。第二阶段，1997年4月～2003年。这一阶段，人民银行总行在保留现金管理工作继续为宏观调控政策服务的基础上，提出要通过大额现金管理防范和打击经济犯罪活动，防止金融犯罪。第三阶段，2003年至今。大额现金管理的重点转向预防和遏制犯罪，倾向于从资金监测角度对大额现金的存取进行监测、分析。体现在：一是第二阶段所制定的大额现金管理制度于2006年底陆续被废止；二是2007

年1月1日《反洗钱法》颁布实施，大额现金管理监测得到了不断加强。但是，目前人民银行总行对大额现金存取监测职能如何有效发挥作用还没有具体的指导意见，人民银行各分支机构根据辖区实际开展多种形式的探索与实践。

总体来说，第一阶段和第二阶段从控制、管理现金投放、规范对公单位现金使用角度对现金实施管理，第三阶段开始从预防和遏制犯罪的角度实施大额现金管理，并将现金管理的重点转向从资金监测角度对大额现金的存取进行监测、分析。

从大额现金管理的演进路径看，1997年4月，《大额现金支付登记备案规定》（银发［1997］121号）首次从管理角度提出了“大额现金”这一概念。当年8月，在《中国人民银行关于大额现金支付管理的通知》（银发［1997］339号）进一步明确，储蓄账户单笔支取5万元（不含5万元）以上的，取款人应提供有效身份证件，储蓄机构负责人核实后予以支付；一次性支取20万元（含20万元）以上的，取款人必须至少提前1天预约。也就是说，1997年，我国开始建立大额现金支取的身份审核制度和预约制度。

之后，大额现金的标准作了三次调整（见表2）。（1）2001年12月29日，《中国人民银行关于进一步加强大额现金支付管理的通知》（银发［2001］430号）规定，对居民个人而言，大额现金为一次性支取50万元（含50万元）以上现金的，或一日数次支取累计超过50万元（含50万元）。（2）2003年，率先在银行业金融机构领域开展大额现金存取监测。《人民币大额和可疑支付交易报告管理办法》（中国人民银行令［2003］第2号发布）规定大额现金标准为金额20万元以上的单笔现金收付，同时明确其范围为：包括现金缴存、现金支取和现金汇款、现金汇票、现金本票解付。（3）2007年，《反洗钱法》及其配套规章实施后，中国人民银行公告［2007］第4号、［2008］第5号陆续将前述有关大额现金管理的规定废止，向当地人民银行报送大额现金交易的规定随之被废止。同时，大额现金的标准被定义为：《金融机构大额交易和可疑交易报告管理办法》规定的单笔或者当日累计人民币交易20万元以上或者外币交易等值1万美元以上的现金缴存、现金支取、现金结售汇、现钞兑换、现金汇款、现金票据解付及其他形式的现金收支；《金融机构客户身份识别和客户身份资料及交易记录保存管理办法》规定的一次性金融业务，且交易金额单笔人民币1万元以上或者外币等值1 000美元以上的，自然人客户人民币单笔5万元以上或者外币等值1万美元以上现金存取业务；保险费金额人民币1万元以上或者外币等值1 000美元以上且以现金形式缴纳的财产保险合同，单个被保险人保险费金额人民币2万元以上或者外币等值2 000美元以上且以现金形式缴纳的人寿保险合同。

表2　　大额现金标准有关规定一览表

	1997年		2001年		2003年		2007年	
	起点金额	采取措施	起点金额	采取措施	起点金额	采取措施	起点金额	采取措施
单位	当地人民银行确定	登记并报备			单笔20万元以上现金收付	报告	1. 单笔或当日累计20万元；2. 一次性金融业务1万元以上	1. 报告；2. 识别客户身份
个人	单笔5万元	要求提供有效证件	单笔或当日累计50万元（新增）	向当地人民银行报告				
	单笔20万元	预约					单笔5万元	要求提供有效证件

《中华人民共和国反洗钱法》实施后，对大额现金存取管理的内容更多地和客户身份识别方面的规定相结合。一是客户身份识别的内容增多。《金融机构客户身份识别和客户身份资料及交易记录保存管理办法》规定了对属于一次性金融服务的大额现金交易应当识别客户身份，了解实际控制客户的自然人和交易的实际受益人，核对客户的有效身份证件或者其他身份证明文件，登记客户身份基本信息，并留存有效身份证件或者其他身份证明文件的复印件或者影印件。二是由仅在支取时识别转变为存取皆应识别。《金融机构客户身份识别和客户身份资料及交易记录保存管理办法》规定了金融机构为自然人客户办理人民币单笔5万元以上或者外币等值1万美元以上现金存取业务的，应当核对客户的有效身份证件或者其他身份证明文件。

课题组问卷调查显示，福建省、昆明市两地296家银行业金融机构营业网点中，目前仍有274家执行大额取现内部审批制度。尽管如此，由于开户单位与开户银行之间为平等主体的关系，大额现金支取审批能够在多大程度上发挥作用以及发挥何种作用，仍然有待进一步考证。此外，目前仍有268家银行业金融机构执行大额取现预约制度，而大额取现预约有关规定《中国人民银行关于大额现金支付管理的通知》（银发［1997］339号）已被公告废止（中国人民银行公告［2007］第4号）（大额现金标准有关规定的演变过程详见表2）。这说明，大额现金存取监测与大额现金管理在实务中未被严格界定。

（二）关系分析

研究大额现金存取监测有效性问题，首先应当理清人民币管理、现金管理、大额现金管理、大额现金交易报告与大额现金存取监测几个基本概念，并在此基础上研究这些工作之间的相互关系。

人民币管理是指中国人民银行对人民币纸币和硬币的发行、流通、销毁、反假等方面所作的一系列政策规定，并在此基础上建立的一整套监督执行机制。它包括人民币发行基金管理、流通中人民币管理、人民币形象管理和反假人民币管理。

现金管理则是对一切企事业单位、机关、团体等单位使用现金的数量与范围进行控制与管理，其目的是为了有计划地调节货币流通，节约现金使用，稳定市场物价。

大额现金管理是在现金管理的基础上，对一定金额以上的现金存取、兑换等从建立和完善开户银行大额现金管理、审批、登记、备案制度等方面进行管理和规范，以达到控制不合理的大额现金支出，防范和打击经济犯罪活动，防止金融犯罪等目的。

大额交易报告是指金融机构对规定金额以上的大额交易依法向中国反洗钱监测分析中心报告。大额交易报告包括大额现金交易报告和大额转账交易报告两大部分。

大额现金存取监测是以预防和遏制洗钱活动为根本目标，通过对大额现金存取的情况进行监测，进而对其进行分析，从中发现有价值可疑交易线索的一个过程。

《反洗钱操作实务》一书认为，以往的现金管理与当前的大额现金存取管理相比，在管理目标、管理手段等方面存在差异。现金管理是以减少使用现金为目标，通过限制可提现账户、库存现金和使用范围（用途）等手段来加强管理。大额现金存取监测是以预防洗钱活动为主要目标，通过客户身份识别、大额和可疑交易报告等手段，对大额现金存取活动加以重点关注。

综上所述，人民币管理与大额现金存取监测并无直接关系，现金管理成效将在一定程度影响大额现金存取监测的有效性。大额现金管理兼具现金管理和大额现金存取监测双重目标，但侧重点依然是现金管理。大额现金交易报告则属大额现金存取监测的范畴，是大额现金存取监测的重要组成部分和最主要的手段。

三、当前国内外大额现金存取监测模式介绍

（一）国内做法

1. 现行模式。目前大额现金存取监测的主体是中国反洗钱监测分析中心。人民银行分支行在大额现金存取监测方面的职责主要是对金融机构开展大额现金有关的客户身份识别及履行大额交易报告的情况进行监督检查。

一方面，银行业金融机构需要将“自然人银行账户频繁进行现金收付且情形可疑，或者一次性大额存取现金且情形可疑”的交易作为可疑交易报告反洗

钱监测中心，对该可疑交易分析、识别认为涉嫌犯罪活动的同时报告中国人民银行当地分支机构。另一方面，《金融机构反洗钱规定》第六条规定，中国反洗钱监测分析中心依法履行接收并分析人民币、外币大额交易和可疑交易报告等职责，而大额现金交易报告也属于大额交易报告的一部分，自然也应该向中国反洗钱监测分析中心报送。因此，可以说目前中国反洗钱监测分析中心是开展大额现金存取监测的主体。

2. 国内探索。

（1）总行试点。根据中国人民银行反洗钱局要求，2008 年 9 月起全国 10 个试点城市开始开展大额现金存取监测试点工作，主要关注和分析重点有：一是通过现金存取量大的客户分布情况分析现金使用频率高的行业及特点；二是通过现金投放、回笼大的客户的基础数据确定重点关注对象；三是通过现金投放回笼的银行分布情况判断现金使用的主要原因及特征；四是通过单位、个人交易量大的客户重点关注交易情况并进行背景分析；五是对前期确定的重点关注对象进行跟踪调查，对前后交易情况及特点进行对比分析。

（2）福州中心支行探索。除了人民银行总行指定的大额现金管理试点城市，人民银行其他分支行也都在积极探索大额现金存取监测的有益做法。

2008 年，人民银行福州市中心支行通过逐级报送制度，在省（市）级以上机构层层建立条块结合的大额现金存取监测数据库，充分掌握辖区现金大投放金融机构网点和大额现金存取大客户情况，并以这些客户作为重点监测对象。具体提出两方面的要求：一是要求金融机构严把开户和现金存取两大关口，强化履行反洗钱三项核心义务；二是要求各级人民银行和金融机构对前十大网点和十大客户资金交易开展监测分析，及时发现利用现金进行洗钱和其他犯罪活动的客户，各级人民银行按季撰写分析报告，逐级上报至福州中心支行。

2009 年，进一步改进大额现金存取监测分析管理。一是建立分层次的大额现金存取监测制度，即人民银行重点监测现金交易量大的银行业金融机构，银行业金融机构重点监测现金存取量大或交易频繁的客户及交易。二是进一步优化大额现金存取报表格式。将银行业金融机构原来报送的“大额现金存取金额前十位客户报表”调整为报送“大额现金存取监测分析情况报告表”，“金融机构现金投放量前十名网点名单”增加“现金回笼量”、“现金投放回笼轧差数”等要素，以全面了解金融机构开展大额现金存取监测情况。三是报送大额现金存取监测季度分析报告。及时掌握银行业金融机构执行现金管理有关规定、开展大额现金可疑交易排查分析及产生大额现金交易量大的原因、背景等情况。截至 2009 年 11 月 30 日，福建省全省各级银行业金融机构（不含厦门市）通过大额现金存取监测主动发现 147 例可疑交易线索，据此开展反洗钱调查 3 起，向公安机关报案 12 起，立案 2 起，破获 1 起。

（二）美国大额现金存取监测模式简介

1. 大额标准。金融机构对现金的存取并没有数量限制，但大额现金提取需要提前通知银行准备现金。根据《银行保密法》及财政部据此制定的《银行保密法规》的规定，金融机构对超过1万美元的现金存款、取款和货币兑换都需要在交易完成后15天内向FinCEN递交现金交易报告（Fin－CEN Form 104）。这里的金融机构包括银行、其他储蓄机构、证券经纪商与交易商、外汇兑换点、邮政汇票（Money Order）和旅行支票销售点等。如果存在多笔现金交易，在金融机构知晓这些交易都是同一个人所为或受同一个人委托，且造成1个工作日内的现金提取总额或现金存入总额超过1万美元的情况下，金融机构应将这些现金交易看做是一笔现金交易，并应递交现金交易报告。据统计，2008年FinCEN共收到各类现金交易报告1 608.3万份。

2. 监测主体。美国没有一个单独的机构来管理现金，现金管理的职能分散在联储及财政部下属的金融犯罪执法网络FinCEN、国税局、雕刻与印刷局（BEP·）和造币厂（US Mint）。其中，与反洗钱工作有关的是FinCEN。FinCEN成立于1990年，它是一个用制度和技术手段组建起来的政府内的反洗钱情报网络，其核心职能在于为执法部门提供情报支持。在现金管理方面，FinCEN要求金融机构根据法律要求填写报送现金交易报告（Currency Transaction Report，CTR）、国际现金与货币工具运输报告（Report of International Transportation of Currency or Monetary Instruments）和赌场现金交易报告（Currency Transaction Report Casino，CTRC），并从这些报告构成的金融数据库中发现洗钱犯罪的线索。

3. 监测内容。现金交易报告内容分为三个部分：第一部分是直接从事现金交易或其委托人的个人信息，包括姓名、出生日期、地址、职业、社会安全号及可以证明身份的证件等；第二部分是交易的金额及类别；第三部分是从事交易的金融机构的信息，包括机构名称、地址、银行代码以及批准现金交易员工的职务和签字等。

此外，年博彩收入超过100万美元的赌场在收到或兑付1万美元以上现金时需填写并向FinCEN递交赌场现金交易报告（FinCEN Form 103），报告中的现金交易仅限于赌场业务。

《银行保密法》和《银行保密法规》规定，任何个人携带或邮寄1万美元以上的现金或货币工具应在15日内填写并递交国际现金与货币工具运输报告（FinCEN Form 105）。

四、大额现金存取监测模式探索中发现的问题

（一）人民银行分支机构开展大额现金存取监测存在局限性

由于人民银行反洗钱工作人员对金融机构的客户不了解，加上金融机构提

供的客户信息有限，因而难以对其现金交易是否正常作出判断（特别是个人客户更是难以判断），往往只能采取将现金交易量较大或交易频率较高的客户作为重点关注对象。如，福州中心支行在2008年开展大额现金存取监测过程中，共要求金融机构对50名重点客户大额现金交易补充说明情况。根据反馈结果，只有4名客户列入重点可疑，报案2起。但这与动用大量人力、物力开展这项工作相比，投入产出率较低。

（二）现行大额现金存取监测模式有效性的提高仍受制于现金交易的基本特性

现金交易具有隐蔽性强、难以跟踪的特点。一方面，它是一种单方的交易活动，银行只能记录收款人或付款人一方的信息，无法了解交易双方的全部信息；另一方面，现金一旦离开银行，银行便无从跟踪其用途和流向，更谈不上对其交易的了解。此外，单个金融机构难以对客户的现金交易进行追踪。从这个角度来看，人民银行接受大额现金交易报告并进行汇总分析有一定的现实意义。但是我们也要看到，缴存资金的合法性如何监测是一个现实存在的问题，因为现金缴存环节主要是来源合法性的问题，而支取环节主要是资金去向的问题，如何获取资金来源及去向的真实情况是一个难题。

（三）个人结算账户大额现金存取监测、管理制度上存在漏洞

“存款自愿、取款自由”的储蓄原则已演变成“存款自愿、取现自由”，个人结算账户现金支出变得更复杂、更隐蔽，且难于监控。个人结算账户凭借提现自由度高、转账功能提升的优点，吸引大量非个人客户使用个人结算账户用于经营结算。以福建省开展大额现金存取监测的情况看，自然人客户使用现金较多的个人结算户大额取现动辄几百万元、几千万元，且存取金额较大的多数为企业的法定代表人或公司的财务人员。显然存在较多企业资金往来通过企业相关个人账户进行结算的情况，但由于对个人账户现金支取缺乏有效的监控和制约机制，对个人结算账户客户尽职调查难度较大，对个人存取款是否属可疑交易，多数难以界定。

（四）“钞不离柜”问题易使交易数据失真

一方面，随着个体私营企业越来越多，而企业又惯用现金结算方式，特别是私营企业老板或财务人员平时的货款回笼存入个人卡，或单位以备用金为用途取现后存入企业老板或财务人员个人卡，而在办理这些交易过程中客户往往要求以现金方式从一账户中取出并存入另一账户，在此期间并未发生正式的现金收支。但由于不少商业银行将此类交易简单地作为现金存取办理，造成了“钞不离柜、虚增现金量”这一问题，容易使大额现金数据失真，影响监测分析的准确性。

（五）缺乏科技手段，分析效率有待提高

全国各个地区都有不同的经济特点，各地区大额现金存取无论从交易量还是交易模式上都有一定的区别。从这个角度来看，人民银行各分支机构接收当地商业银行报告的大额现金交易报告并进行汇总分析有一定的现实意义。但是，目前只有中国反洗钱监测分析中心有强大的系统及技术对金融机构报送的海量数据进行分析判断，即使人民银行分支机构接收了当地商业银行报送的大额现金存取交易报告，也会因为技术上的问题而步履维艰，难以取得成效。此外，大额现金交易报告已经作为大额交易报告的一部分报送中国反洗钱监测分析中心，如果要求商业银行各分支机构向当地人民银行报送大额现金交易报告也会存在资源浪费的问题。

五、提高大额现金存取监测模式有效性的建议

由于现金交易使得资金流向难以追踪，限制和减少大额现金的使用，有利于反洗钱资金监测有效性的提高。在《中华人民共和国反洗钱法（草案）》审议中，就曾有一些全国人大常委会委员提出“限制和减少在交易中使用现金，以减少反洗钱资金监测的难度”等建议。大额现金管理与大额现金存取监测息息相关，而大额现金管理又是一项政策性强、影响面广的系统性工作。基于此，提出以下几项具体的制度建设建议：

（一）减少现金交易量，提高大额现金存取监测效率

1988 年颁布实施的《现金管理暂行条例》及其实施细则适应了当时的经济体制和背景。但经过近 20 年的发展，中国的经济环境发生了翻天覆地的变化，商业银行已被界定为企业，不再适宜履行行政管理职能。鉴于加强现金管理是打击洗钱犯罪的一个重要方面，当前应在立法层面上通过修改《现金管理暂行条例》、通过推广非现金结算来减少现金使用，以便从源头上有效预防和遏制现金洗钱。建议建立如下三大制度：

1. 实行大额现金存取收费制度。这一制度的建立有助于借助经济杠杆，增加用现成本，促使客户为降低成本支出，减少现金的使用，从而增加非现金支付比例，减少大额现金报告数量，使大额现金交易报告的线索价值得到提升。

2. 出台非现金结算减税制度。现金使用量过多，在中国的现实背景下，税收因素不容忽视。要做好大额现金存取管理工作，减少全社会现金流通量，必须从税收制度着眼，通过建立合理的激励约束机制，在全社会范围内形成明确清晰的制度预期，从而逐步减少现金使用。具体而言，就是要两手抓：一手抓约束，通过立法、执法，对利用现金交易偷逃税款的予以严厉打击；另一手抓激励，在企业与个人申报纳税时，经过合理测算，对于非现金结算的予以适当减税，从而调动其积极性，鼓励其通过银行渠道进行结算。

3. 推行大宗物品交易非现金结算制度。建议在积极调研的基础上，采取加强现金管理与推行非现金结算并重的原则，通过修改增补《中华人民共和国反洗钱法》、《中华人民共和国中国人民银行法》、《现金管理暂行条例》等法律法规有关现金管理方面的规定，在大宗资金交易（如提供商品房、汽车、黄金玉器珠宝、家用器具等耐用品、奢侈品的服务经营场所及拍卖行、典当行、高级娱乐场所等领域）强制推行非现金结算。

（二）改进现行做法，建立分层次、差异化的现金交易报告制度

目前，中国大额现金交易报告制度为全国统一标准，但考虑到中国是一个疆域广阔的大国，地域之间经济发展水平差异较大，各地之间现金使用数量、频率、渠道、动机有着显著的区别，采取统一的报告标准，抹杀了地区之间的差别，可能形成发达地区现金交易报告数量庞大，淹没了真正有用的信息；而落后地区则因为现金交易报告数量相对较少，难以发现有价值的线索。

鉴于大额现金交易报告是大额现金存取监测的核心内容，对于发现和打击洗钱犯罪有着重要意义，同时在实现“总对总”报送后，人民银行分支机构不掌握大额与可疑交易信息，不利于分支机构主动开展线索分析调查，因此建议建立分层次、差异化的报告制度，即建立反洗钱监测分析中心和人民银行省级分支机构两级报告接收体系。在各省级行层面，允许各省从实际情况出发，经过调查研究，计算该地区的大额现金报告标准，由银行业金融机构向当地人民银行报告，以期真正发挥现金交易报告的作用。

（三）借鉴国际做法，扩展大额现金收付监测报告范围

目前，根据有关规定，主要是由金融机构统一向反洗钱监测分析中心报送大额现金交易报告。金融机构确实是现金流动的主渠道，但是参照国际惯例，适时扩大现金交易报告主体，扩大信息来源，拓宽信息覆盖面，实现不同信息渠道的交叉比对对发现洗钱犯罪线索也有重要意义。

因此，建议将洗钱风险相对较高的特定非金融机构纳入报告主体范围，例如贵金属行业、拍卖行、珠宝行业、房地产行业、律师事务所、会计师事务所等。具体操作层面，可参照美国的例子，建立企业和个人的现金交易报告制度，要求所有企业及个人对达到报告标准的现金交易向监管当局报告。这样一方面可以扩大信息来源，增加发现洗钱犯罪的线索来源；另一方面，也可实现交叉比对，防止谎报瞒报漏报；还可通过现金交易报告，还原资金流动轨迹，避免通常情况下现金交易带来资金流动链条中断的情况。

（四）建立正向激励机制，提高违法成本

现金交易报告是大额现金存取监测工作的核心所在，报告的真实性与完整性直接决定了大额现金存取监测工作的实效性。美国对违反现金交易报告制度的行为制定了较重的罚则：一是处罚金额高，企业最高罚款 100 万美元，个人

最高罚款 50 万美元；二是直接责任人需承担刑事责任，最高刑期达到了 10 年。而我国《中华人民共和国反洗钱法》仅规定了未按照规定报送大额交易报告或者可疑交易报告的金融机构及相关责任人需接受行政处罚，与美国相关规定比较仍然存在违法成本较低的问题：一是罚款金额低；二是无需承担刑事责任。考虑到现金交易报告对发现犯罪线索有重要意义，频繁、大额使用现金往往可能和严重犯罪有关，故建议对迟报、漏报、瞒报大额现金交易报告的行为提高惩戒标准，加大处罚力度，并建立刑事惩戒制度，以对报告机构和个人形成有力约束，促其严格合规报告现金交易。

增加违法成本促使义务主体完整、准确报告大额现金交易报告，属于利用反向激励机制，在这种情况下商业银行开展报告工作是被动的。激励机制主要沿着两个方向前进，即正向激励和反向激励。如果过于偏重反向激励，则金融机构容易采取防御性报告态度，其工作目的主要是应付监管者的监管。因此正反向激励和反向激励应结合使用，建议建立大额现金报告的正向激励机制，设立专项奖励基金，对提供有价值线索的金融机构从经济上补偿和精神上奖励，使金融机构的反洗钱工作由被动变为主动。

（五）统一大额现金存取客户风险等级划分原则，建立高风险客户名单

目前中国人民银行总行对金融机构客户风险等级划分的指导思想是由各个金融机构根据其自身的情况对其客户进行客户风险等级划分，人民银行对金融机构具体的客户风险等级划分依据不做干预。由于大额现金交易存在较大的洗钱风险，建议统一大额现金存取客户风险等级划分原则，建立高风险客户名单，并分别采取不同的识别和监控措施。目前可对大额现金存取客户分成三个风险等级，根据各户风险等级不同采取审核、登记、了解其交易背景、职业背景、资金流向等一项或多项措施，并对高风险客户进行严格的分析排查。如果经过分析判断无法排除洗钱嫌疑的，应在报告其上级行或总行的同时向当地人民银行提交专题报告，并对该客户账户交易进行持续性的监控。

（六）建立大额现金存取监测数据库，实施动态监测

现金由于其资金形态的独特性，对其监测的难度相当大，单纯以几笔大额现金交易或依靠一个营业网点的识别分析为基础很难得出准确的结论，大部分情况下必须通过持续的动态监测和辖区横纵之间的信息交换才能获得完整的资金链条。通过各级银行机构管理行建立其辖区的综合监测机制是当前提高大额现金存取监测有效性的重要手段之一。在各银行机构管理行的综合监测体系内，集中辖下各级机构大额现金交易监测的可疑交易线索和高风险客户名单等有关数据，建立大额现金存取监测风险数据库，由管理行反洗钱部门督促重点网点加强大额现金存取监测工作，组织辖下机构对大额现金存取重点可疑交易信息追踪调查、历史比对和信息交换，并通过一定的监测平台进行综合分析判断，

提高大额现金存取可疑交易报告的质量。

（七）开放已有大额现金交易数据库，节约监测成本

前已述之，大额现金交易报告已经作为大额交易报告的一部分报送中国反洗钱监测分析中心，如果要求商业银行各分支机构向当地人民银行报送大额现金交易报告将会存在资源浪费的问题。同时，各地人民银行在科技方面的软硬件力量与反洗钱监测分析中心也有较大差距，在数据处理能力上也会存在薄弱环节。因此，建议由中国反洗钱监测分析中心向人民银行省一级分支行开放其辖内大额现金交易报告数据，并提供一定的查询分析功能，使其强大的系统及技术力量得以充分发挥。在此基础上，人民银行省一级分支行根据当地实际，对金融机构报送的数据进行开展监测分析，推动大额现金存取监测分析工作取得成效。

参考文献：

［1］陈正川：《反洗钱操作实务》，法律出版社 2009 年版。

［2］梁英武：《支付交易与反洗钱》，中国金融出版社 2003 年版。

［3］欧阳卫民：《国际反洗钱重要文献选读》，中国金融出版社 2005 年版。

［4］李德、张红地：《金融运行中的洗钱与反洗钱》，人民公安出版社 2003 年版。

［5］孙长华、徐军、宋作勇：《反洗钱知识手册》，中国社会科学出版社 2007 年版。

［6］王若阳：《金融情报组在行动》，群众出版社 2007 年版。

［7］中国人民银行支付结算司：《中国支付体系发展报告 2006》，中国金融出版社 2007 年版。

［8］安建、冯淑萍、项俊波：《 < 中华人民共和国反洗钱法 > 释义》，人民出版社 2006 年版。

［9］中国金融业反洗钱框架制度构建研究课题组：《中国金融业反洗钱框架制度构建研究》，《济南金融》，2002 年。

［10］于勇：《现金管理目标与若干实践问题研究》，《金融会计》，2006 年第 1 期。

［11］人民银行济南分行：《个人支票信用环境建设初探》，《金融会计》，2005 年第 2 期。

［12］李若谷：《反洗钱知识读本》，中国金融出版社 2005 年版。

［13］中国人民银行福州中心支行课题组：《从反洗钱角度论非现金结算的推广》，《金融改革发展研究与海峡西岸经济区建设实践》，中国金融出版社 2008 年版。

金融机构反洗钱综合能力评估框架研究

中国人民银行福州中心支行反洗钱处课题组

课题主持人：陈正川

课题组成员：陈仁泉　李　芳　林　昊　胡建庭　游廉明

一、文献综述

我国反洗钱工作历时 6 年，期间理论界和实务界就构建我国反洗钱法律制度、组织架构等方面问题作了积极的研究和探讨。近年来，面对反洗钱监管领域的不断扩大和监管资源相对不足的矛盾，关于如何转变监管理念，合理配置监管资源，实现反洗钱效益最大化的问题，已然成为一项反洗钱监管面临的迫在眉睫的新课题，并成为学者、专家当前研究的热点。

（一）树立以风险为本的监管理念

《以风险为本的反洗钱监管——英国金融服务局的实践》一文认为，反洗钱监管属于功能性监管的范畴，涉及银行、证券、保险等多个行业，贯穿金融机构前台、中台、后台等多个环节，为以风险为本的监管模式提供了新的监管思路，并详细介绍了英国金融服务局以风险为本的监管实践。《风险为本原则：反洗钱监管理念的创新与应用》一文认为，风险为本是理性必然和客观要求，并提出“CSAST”五步流程法反洗钱监管框架，就固有风险评估、控制风险评估、监管风险评估、风险系数与风险容忍度进行探讨。《金融业反洗钱监管模式及对我国的启示》一文着重介绍了以风险为本反洗钱监管的演变、程序、内容，分析以风险为本反洗钱监管的有效性，并从五个方面提出我国反洗钱工作推行以风险为本监管模式的建议。《对风险为本反洗钱监管机制的探讨》一文认为，我国已经具备实施以风险为本监管的基础，但还存在诸如缺乏反洗钱国家风险评估机制、规章制度不完善、金融机构反洗钱能力不足、反洗钱部门合力尚未形成等问题，制约以风险为本监管的有效实施，并针对存在的问题提出相关政策建议。

金融行动特别工作组（FATF）制定的《以风险为本的打击恐怖融资指导方针》及《风险为本方法的指南》对风险为本的反洗钱方法进行了归纳，用于指导相关国家构架风险为本的反洗钱体系。主要内容是：（1）当一个国家准备在全国范围内实施基于风险的反洗钱方法时，应在国家范围内对洗钱风险进行评估，以推动整个反洗钱体系对洗钱风险达成共识。（2）金融机构应根据对风险的判断确定风险等级分类标准，并根据风险等级的大小采取适当措施降低风险，从而将主要精力运用于高风险客户及交易。（3）监管机构应实施与风险相称的监管行动。首先，监管机构对金融机构的业务活动、面临的洗钱风险有深入和完整的了解，据此判断哪些金融机构面临的风险较大，以决定监管资源的分配。其次，通过有效的现场和非现场监管及对金融机构内外部信息的分析来确定金融机构所采取的合规措施及风险管理措施是否充分。当金融机构风险管理能力较弱时，监管者应采取积极的监管行动。第三，监管者对违反反洗钱规定的金融机构应给予足够的处罚。（4）各相关部门应在反洗钱工作中形成合力，特别应注重各相关部门将有价值的信息及时传递给金融机构。

（二）建立"以非现场监管为主、现场检查为辅"的监管机制

《反洗钱监管新思路——金融机构反洗钱工作分级评估》一文在分析我国反洗钱工作面临的挑战基础上，提出应对金融机构反洗钱工作进行分级评估，并根据评估结果采取监管措施。《人民银行分支行反洗钱非现场监管工作存在的问题及建议》一文详细分析了反洗钱非现场监管工作中存在非现场监管任务和监管能力不匹配、金融机构反洗钱工作能力不足、非现场监管信息利用率低等问题，并提出改进非现场监管信息报送体系、建立洗钱风险预警体系、加强监管机构组织机构建设等建议。《金融机构反洗钱工作非现场监管评价指标的构建及应用》一文构建了执行力指标体系和发展力指标体系，并用模糊综合评判模型进行评估。

综上所述，理论界和实务界对金融机构反洗钱综合能力进行评估的相关研究主要集中于介绍以风险为本的反洗钱监管模式及非现场监管评估的指标设计等方面，对金融机构被用来洗钱的风险进行评估则涉及不多。本文在对金融机构反洗钱非现场监管评估实践和启示进行阐述的基础上，尝试用层次分析法对金融机构被用来洗钱的风险进行评估。

二、金融机构非现场监管评估实践

反洗钱非现场监管评估于2008年开始试行。本文以人民银行福州中心支行2008年度开展金融机构反洗钱非现场监管评估为研究案例。人民银行福州中心支行根据金融机构报送的反洗钱非现场监管报表及在日常工作中掌握的监管信息，对福州市区内109家省、市级的银行、证券（期货）、保险业金融机构2008年反洗钱工作情况进行评估，并根据评估结果采取相应监管措施，取得积极成效。

（一）评估流程

人民银行福州中心支行对金融机构开展反洗钱非现场监管评估的流程包括收集信息、分析评估、采取措施、归档留存四大环节。

1. 收集信息。

（1）收集基本信息。在对金融机构进行评估之前，应充分收集以下信息：非现场报表信息、现场检查报告、金融机构的内外部审计报告、金融机构向公众披露的信息、上报的非现场监管资料、来自其他监管机构的监管信息、各种媒体报道的信息等。（2）筛选分析和深入收集信息。在收集基本信息的基础上，对这些信息进行仔细整理、筛选和初步分析，确定金融机构的关键问题、风险以及需要进一步了解的评估信息。

收集基本信息的主要做法是建立工作台账。工作台账如表1、表2和表3所示。

表1　　　　工作台账——例1

序号	季度	可疑交易主体姓名/名称	涉嫌上游犯罪/报告原因	线索来源行另	结索来源单位	接收线索时间	涉及交易笔数	涉及交易金额（万元）	处理情况	备注
2008001	1	张XX	恐怖活动犯罪	建行	XX支行	2008. 02	330	16 664	直接报案	已报案
2008002	1	国XX	集资诈骗犯罪	中行	XX支行	2008. 02	252	7 800	开展反洗钱调查	已报案
2008003	1	XX硅业公司	未知	招行	XX支行	2008. 03	543	5 485	继续监测	—

表2　　　　工作台账——例2

2008年全省金融业反洗钱工作电视电话会议					
单位名称	姓名	职务	办公电话	手机	签到
XX银行	XX	副行长			
	XX	内部控制合规部总经理			
YY银行	YY	副行长			
	YY	法律合规部总经理			

表3　　工作台账——例3

金融机构反洗钱日常工作台账					
（　　　　　　）如非现场监管报表收集报送					
工作任务 金融机构	布置时间	截止时间	实际完成时间	报告质量	备注
XX 证券福州东街营业部	-	2008年1月8日	2008年1月6日	数据出现明显错误	通知该机构进行修改
YY 证券福州华林路营业部	-	2008年1月8日	2008年1月9日	较好	-

2. 分析评估。

（1）综合分析。对收集到的所有评估信息进行综合整理分析。综合分析过程，对所收集的非现场监管信息发现有疑问或需要进一步确认的，可采取电话询问、书面询问、走访金融机构、约见金融机构高级管理人员谈话等方式。（2）确定初步的评估结果。依据规定的评估标准和方法，在综合分析评估信息的基础上，合理、准确判断被评估金融机构的风险状况。（3）复评。在初评基础上对被评估机构的风险与经营状况进行再评估。对于各项评估内容，复评与初评不一致的，应当阐明理由，并提出具体的修改意见。

3. 采取措施。

（1）向金融机构通报评估结果。（2）由金融机构提出反馈意见。（3）对金融机构反馈意见进行处理。（4）采取相应的监管措施。

4. 归档留存。

评估工作全部结束后，应当做好评估信息、评估工作底稿、评估结果、评估结果反馈等文件、材料的存档工作。

（二）评估指标及其权重

1. 评估指标。设定指标时侧重于考虑“做与不做”，适当考虑“做好、做坏”，共确定了12类评估指标。评估指标体系除《反洗钱非现场监管办法（试行）》规定的反洗钱内部控制制度建设、机构和岗位设立、宣传、培训、内部审计、客户身份识别和可疑交易报告7类评估指标外，选择增加了配合人民银行开展行政调查（及时性、完整性、质量）、报送非现场监管报表（及时性、完整性、质量）、协助公安机关或其他机关打击洗钱活动有效性、向当地人民银行报送可疑交易线索（数量、质量）和落实人民银行工作部署（临时性的工作部署，如会议、调查、研讨、分析会）5类评估指标。

2. 指标分值及其权重。每个金融机构均给予75分的基础分值。在此基础上，设定加、减分项目，主要引导金融机构积极履行客户身份识别、可疑交易报告等反洗钱核心义务。12类评估指标中，与客户身份识别、可疑交易报告等反洗钱核心义务相关的4类评估指标给予较高权重，占60%；而内部控制制度建设、机构和岗位设立、宣传、培训、内部审计5类评估指标，占20%；协助公安等机关打击洗钱犯罪、报表质量、落实人民银行工作部署3类评估指标，占20%。除"向当地人民银行报送可疑交易线索"、"配合人民银行开展行政调查"采用加分形式外，其余评估指标均采用减分形式。

（三）评估结果及其激励措施

从总体情况看，银行业金融机构有6家被评为"A级"，11家被评为"B级"，8家被评为"C级"；证券（期货）业金融机构有1家被评为"A级"，28家被评为"B级"，15家被评为"C级"；保险业金融机构有1家被评为"A级"，30家被评为"B级"，8家被评为"C级"。71.56%的金融机构评级在"B级"以上，说明大部分金融机构能够按照反洗钱监管要求开展工作。

从分行业情况看，24%的银行业金融机构评级为"A级"，而证券（期货）业金融机构和保险业金融机构评级为"A级"分别仅有2.27%和2.56%，说明银行业金融机构反洗钱工作较为扎实。

上述结论与银行业金融机构反洗钱工作率先开展，证券（期货）、保险业金融机构近两年刚刚起步的现状基本吻合。

根据评估结果，人民银行福州中心支行将评级为"A级"的金融机构确定为2009年反洗钱"免检"单位，通报全省，以表彰先进，实施正向激励。对评级为"C级"的金融机构共发出31份非现场监管意见书［其中，银行业8份、证券（期货）业15份、保险业8份］，并抄送其上级机构；同时，要求限期整改，并在规定期限内报送经其上级机构同意的整改报告，以鞭策后进。此举震动较大，大多数金融机构领导对反洗钱工作明显重视，一些金融机构总部分管领导甚至一把手亲自批示，责成下级机构认真查找原因，强化内部管理，按照反洗钱法律规章的要求履行相关义务。

（四）存在问题及改进措施

1. 评估指标存在的问题。上述评估结果尽管与金融机构日常开展反洗钱工作情况基本吻合，但是本文认为评估过程也存在诸如指标设置及其权重不尽合理、评估标准不够明确、审计主体范畴过于单一等问题。对此，本文从增加评估指标和修改评估标准两方面研究提出如下改进和完善建议：

（1）增减评估指标。一是补充调研信息的内容。对反洗钱工作的前沿研究被采用，好的经验被推广的，作为加分项目。二是补充风险等级划分的内容。在现场核实过程中发现未在10个工作日对客户进行风险等级划分的，每1户扣一定分值（扣完为止）。

（2）修改评估标准。一是内部控制制度、宣传培训及内部审计方面。内部控制制度发生变化的、分支机构新设立的须在10个工作日内报备；反洗钱培训方面，每年度金融机构必须开展2次以上的反洗钱培训。内部审计方面，每年度至少接受1次与反洗钱工作相关的内部审计，审计人员必须独立于本级机构的反洗钱职能部门和岗位，如上级机构内审部门、上级机构反洗钱业务对口部门或本级机构内审部门，本部门的自查不计入内审范畴。二是客户身份识别方面。明确客户身份识别、可疑交易报告数量出现异常情形时，金融机构未提供合理说明的，才予以扣分。三是可疑交易报告方面。明确通过现场检查或在"中国反洗钱监测分析中心分支行交互平台"抽查中发现可疑交易报告报送不及时、要素错误、要素不全、可疑特征描述理由不充分等情形的，扣一定分值（扣完为止）。四是发现、报告有情报价值的可疑交易线索方面。删除报送线索即可得分的评估标准，只有对线索开展调查的或就该线索向侦查机关报案的才加一定分值；公安机关据以立案的，每个案件再加一定分值。向公安机关报案而未向人民银行报告的，每一例扣一定分值。

2. 评估方法存在的问题。本文认为，按照上述原则调整、修正评估指标和评估标准后，开展金融机构反洗钱非现场监管评估，能比较客观、公正地反映上年度金融机构反洗钱工作开展情况。但是，这种评估也存在不足之处。

（1）反洗钱非现场监管评估无法体现金融机构评估的延续性。非现场监管评估仅仅是反映上年度金融机构反洗钱工作的开展情况，即反映金融机构在一个特定阶段的反洗钱工作完成情况，而不能反映金融机构反洗钱工作能力的延续性等情况。

（2）反洗钱非现场监管评估无法体现金融机构被用来从事洗钱的风险。比如，即使某个金融机构非现场监管评估获得较高的评分，但因其内部控制制度无法有效落实等情形，也可能导致金融机构面临较大的洗钱风险。

（3）反洗钱非现场监管评估的导向性可能导致评估偏离客观实际。如在反洗钱工作开展的前期，为鼓励金融机构发现、报告可疑交易线索的积极性，以提高反洗钱有效性，对主动开展主观分析排查的金融机构给予适当加分既是合理的，也是必要的。但是，这也会带来反洗钱非现场监管评估不够公正的后遗症。某个金融机构能严格履行客户身份识别和可疑交易报告义务，有效堵截洗钱活动，但正因为其反洗钱有关制度得到有效落实，该金融机构较少被犯罪分子用来从事洗钱活动，导致其较难发现有情报价值的可疑交易线索，进而导致其非现场监管评估级别较低。

因此，鉴于反洗钱非现场监管评估存在的上述天然缺陷，有必要从以风险为本的角度对金融机构反洗钱综合能力进行考量。

三、以风险为本要求对金融机构反洗钱综合能力进行评估

何谓金融机构反洗钱综合能力？目前理论界尚未对此提出一个明确的定义。

本文认为，金融机构反洗钱综合能力是指金融机构根据反洗钱法律规章及有关政策、制度要求合规经营，建立了健全的反洗钱内部控制制度，设置了行之有效的反洗钱组织机构，严格履行客户身份识别、可疑交易报告等反洗钱核心义务，最终具备有效预防洗钱风险的能力。金融机构反洗钱综合能力越强，表明金融机构能有效预防洗钱风险的能力越强，金融机构被用来洗钱的风险越小。

（一）反洗钱监管模式由“合规为本”转为“风险为本”

《我国反洗钱监管模式向以风险为本转变问题研究》一文认为：以合规为本的监管模式是指监管者围绕监管目标，制定详尽的规则，细致规范被监管对象的行为，并通过合规检查等措施督促被监管对象严格执行这些规则。以风险为本的监管模式是指反洗钱监管部门设立规范的监管程序，通过建立科学的风险评估考核体系，对被监管对象的洗钱风险状况进行全面系统的前瞻性评估，了解和衡量被监管机构面临的洗钱风险类别和程度，关注其最大洗钱风险环节，主动采取行动做好部署，防范现有的洗钱风险和潜在的风险，以维护金融体系的安全。

以合规为本模式的最大优点在于明确了对被监管对象的具体行为要求，被监管对象须“照章办事”，监管者主要通过考察被监管对象的合规情况来监督，侧重于对被监管对象反洗钱工作的中间过程进行监管。在这种模式下，监管作用的充分发挥依赖于两个前提：一是规则的制定必须详尽全面；二是监管者必须拥有足够的资源对被监管对象的合规情况进行全面、有力的监督。

以风险为本模式的最大优点在于对实际洗钱风险有较强针对性，注重对洗钱风险的前期识别和对风险的实际控制，侧重于对被监管对象反洗钱工作的开端和结果进行监管。在这种模式下，监管者可重点关注风险较高的反洗钱义务主体，被监管对象也可针对自身面临的洗钱风险灵活采取反洗钱措施，使反洗钱资源得到更有效的配置。这种监管模式也需要两个条件：一是被监管对象在反洗钱意识和经验上已具备一定基础，能够在较长时期内独立开展反洗钱工作；二是监管者能够科学准确地评估被监管对象的洗钱风险。

FATF既是目前最具权威的国际反洗钱组织，又是以风险为本反洗钱理念的积极倡导者。FATF认为，以风险为本的反洗钱措施能够保障金融机构及时有效地识别客户和特定业务的洗钱风险，从而有助于金融机构将更多的精力和资源分配到风险最高的部门和环节，最终达到在现有监管资源约束下获得最佳监管效果的目的。[①]

① 金融行动特别工作组（FATF），《以风险为本的打击恐怖融资指导方针》及《风险为本方法的指南》。

英国是以风险为本反洗钱理念的先行实践者，其在2004年的《反洗钱战略》中提出了构建反洗钱体系的“相称原则”，同时修改了相关反洗钱法律，使其更加体现风险为本的原则性。英国的反洗钱监管注重发挥行业自律组织的作用，如“反洗钱联合指导小组”经监管部门核准发布的《金融业反洗钱指引》对法律和监管要求进行了细化，并推荐了工作措施，金融机构可自行选择是否遵照执行。美国是曾经采用以合规为本反洗钱监管模式的典型国家，但近年来，随着反洗钱及反恐融资形势的变化，美国的反洗钱监管逐步引入了以风险为本的理念。

（二）开展金融机构反洗钱综合能力评估的必要性分析

我国目前的反洗钱监管模式主要是以合规为本，随着反洗钱工作的深化，“有效性”正取代“基础性”，成为反洗钱工作新的要求，反洗钱监管模式也由以合规为本转为以风险为本。由于我国金融业洗钱风险的不均衡性、反洗钱义务主体范围的逐步扩大以及反洗钱监管资源的相对有限性、构建正向激励机制等因素，使反洗钱监管部门有必要对金融机构反洗钱综合能力进行适当的评估，并采取相应措施。

1. 洗钱风险的不均衡性要求对金融机构反洗钱综合能力进行适当的评估。国际反洗钱经验表明，受洗钱成本、洗钱便捷程度等因素制约，不同行业、不同业务品种被洗钱分子利用的可能性差异很大，而且即便是同一类业务在不同历史时期所面临的洗钱风险也相差很大。风险的不均衡性既表现在空间上的不同领域，也表现为时间上的动态过程。这就要求反洗钱监管部门以风险为导向，从洗钱风险的角度考量金融机构反洗钱综合能力，有的放矢。

2. 监管资源的有限性要求对金融机构反洗钱综合能力进行适当评估。2007年《反洗钱法》实施后，反洗钱监管领域急剧扩大，反洗钱义务主体由银行业扩展至证券期货业、保险业金融机构以及中国银联股份有限公司、农信银资金清算中心、城市商业银行资金清算中心等支付清算组织，并进一步向房地产等特定非金融领域延伸。目前，反洗钱日常监管工作包括反洗钱现场检查、非现场监管、可疑交易调查、涉嫌洗钱案件协查、推动洗钱罪定性和判决、重点可疑交易线索处理、大额现金监测、反洗钱调研、宣传、培训、业务指导等在内的十几项工作任务。与此同时，人民银行的监管机构尚不健全，队伍素质有待提高，且短期内不可能投入大量人力、物力、财力来完善反洗钱机制，我国将在很长的一段时间内面临监管资源不足的问题。对金融机构进行拉网式的反洗钱现场检查力所不及，因此只能以风险为本为原则，通过对金融机构反洗钱能力进行适当的评估，精心选择现场检查对象，选择洗钱风险大的金融机构实施现场检查，以优化监管资源配置，提高反洗钱工作的针对性和有效性。

3. 构建正向激励机制要求对金融机构反洗钱综合能力进行适当评估。均衡监管和随机监管在激励被监管对象主动开展反洗钱工作方面都有明显不足。均衡监管容易让被监管对象形成“干好干坏一个样”的预期，随意监管则容易使被监管对象专注于风险以外的其他因素。相比之下，以风险为本的金融机构反洗钱综合能力评估是以风险状况作为采取监管措施的依据，既有利于监管措施对症下药，也有利于形成正向激励。

四、以风险为本的金融机构反洗钱综合能力评估框架

以风险为本的监管主要包括：全面客观地了解被监管机构的情况，形成基本情况概览；对被监管机构进行全面的风险评估，摸清被监管机构的风险类别和风险程度；根据掌握的被监管机构的基本情况和风险评估结果，认真研究策划监管工作，对金融机构实行差别监管；根据金融机构的风险类别和风险程度，有计划地确定现场检查的范围和重点，实施有针对性的现场检查，并根据现场检查的结果，调整和更新被监管机构的风险评估结果；通过实施持续有效的非现场监管，对被监管机构存在的风险进行预警，并根据非现场监管的结果，调整和更新被监管机构的基本情况概览。以风险为本的监管实际上是一个评估风险——采取措施——再评估风险——再采取措施的持续不断、动态的过程。这使监管者能够及时全面地掌握金融机构的洗钱风险状况及其管理水平，进而有针对性地采取措施，使金融机构的洗钱风险控制在可承受的范围，以维护整个金融秩序的安全和稳定。

基于上述考虑，本文研究提出了“以风险为本的金融机构反洗钱综合能力评估框架”。该评估模型设定了两个前提条件：一是反洗钱监管部门充分掌握了金融机构反洗钱各项工作情况；二是反洗钱监管部门已要求金融机构对面临的洗钱风险开展自评。

（一）评估模型构建

1. 评估方法——层次分析法。层次分析法是美国宾夕法尼亚大学的运筹学家 Tomas Saaty 于20 世纪 70 年代末提出的解决多目标复杂问题的定性与定量相结合的决策分析方法。该方法将定量分析与定性分析结合起来，用决策者的经验判断各衡量目标实现的标准之间的相对重要程度，并合理地给出每个决策方案的每个标准的权数，利用权数求出各方案的优劣次序，比较有效地应用于那些难以用定量方法解决的课题。层次分析法的基本内容是：根据所研究问题的性质，提出一个需要达到总体目标。然后将问题按层次分解为不同的指标层，对同一层次内的各个因素通过两两比较的方法确定出相对于上一层目标的各自的权系数。这样层层分析下去，形成一个多层次的分析结构模型，综合分析到最后一层，即可给出一个所有因素（或方案）相对于总目标而言其重要性（或偏好）程度的排序。它能够较为密切地将决策者的主观判断和逻辑推理联系起来，对

决策者的推理过程进行量化的描述，可以有效避免决策者在结构复杂和方案较多时逻辑推理上的失误。这种方法近年来在政策分析、方案评选、资源分配等领域得到广泛的应用。

2. 层次分析模型构建。

（1）评估指标。根据评估指标体系设计的原则，以人民银行福州中心支行新修订《中国人民银行福州中心支行反洗钱非现场监管评估办法（修订）》为蓝本，建立了体现金融机构反洗钱综合能力的指标体系（见图1），力争比较全面、综合地反映金融机构反洗钱综合能力。这些指标包含内部控制制度、机构岗位设置、宣传培训、内部审计、客户身份识别、可疑交易报告、日常协助配合7类一级指标、28类二级指标。这些指标大部分是定性指标，课题组用层次分析法确定评估指标权重，并尝试对3家银行业金融机构反洗钱综合能力进行评估。

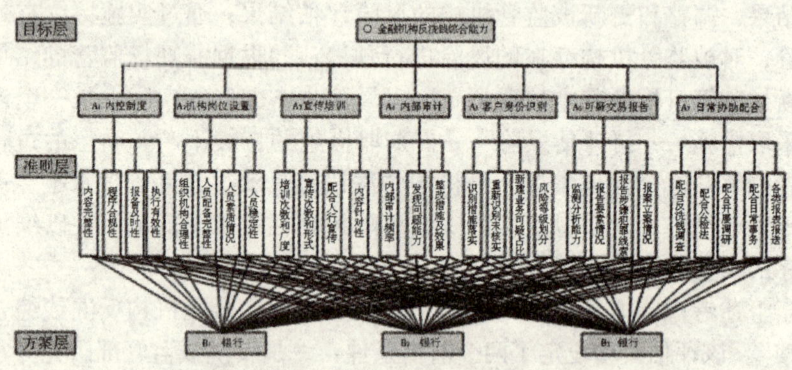

图1　金融机构反洗钱综合能力评估指标

（2）判断矩阵构造。在层次分析法中，为了使判断定量化，关键在于设法使任意两个方案对于某一准则的相对优越程度得到定量描述。一般对单一准则来说，两个方案进行比较总能判断出优劣，层次分析法采用1~9标度方法，对不同情况的评比给出数量标度（见表4）。

表4　　Saaty九级标度法及其含义

判断矩阵元素的值	定义	解释
1	同等重要	目标i和j同样重要
3	略微重要	目标i比j略微重要
5	相当重要	目标i比j重要
7	明显重要	目标i比j明显重要

续表

判断矩阵元素的值	定义	解释
9	绝对重要	目标 i 比 j 绝对重要
2、4、6、8	介于两相邻重要程度间	
倒数	相应元素交换次序比较的结果	

在这里，我们对问题进行简化处理。假设我们使用的指标体系只有一个层级，包含七大类一级指标，对金融机构反洗钱综合能力进行评价。将七大类指标进行两两比较（成对比较）后，假设得到如下的判断矩阵。

$$A = \begin{matrix} A_1 \\ A_2 \\ A_3 \\ A_4 \\ A_5 \\ A_6 \\ A_7 \end{matrix}\begin{bmatrix} 1 & 1 & 1 & 1 & 1/3 & 1/3 & 1/5 \\ 1 & 1 & 1 & 1 & 1/3 & 1/3 & 1/5 \\ 1 & 1 & 1 & 1 & 1/3 & 1/3 & 1/5 \\ 1 & 1 & 1 & 1 & 1/3 & 1/3 & 1/5 \\ 3 & 3 & 3 & 3 & 1 & 1/3 & 1/2 \\ 3 & 3 & 3 & 3 & 3 & 1 & 1/2 \\ 5 & 5 & 5 & 5 & 2 & 2 & 1 \end{bmatrix}$$

矩阵 A 表明，当地反洗钱监管部门在金融机构反洗钱综合能力评估过程中，最重视客户身份识别、可疑交易报告和日常协助配合工作，对内部控制制度、机构岗位设置、内部审计重视程度较小。

（二）金融机构反洗钱综合能力评估

1. 计算判断矩阵最大特征值和特征向量。求同一个层次上的权系数（从高层到低层）。记判断矩阵 A 的最大特征值为 λ_{max}，与其相对应的标准化的特征向量为 $W=(\omega_1,\omega_2,\cdots,\omega_n)^T$。$(\omega_1,\omega_2,\cdots,\omega_n)$ 为因素 $A_1,A_2,\cdots,A_n$ 相对于上一层因素按重要性进行的排序。对于判断矩阵的最大特征根和相应的特征向量，可用线性代数的方法进行计算。但从实践角度看，一般采取近似方法计算，主要有和方根法与和积法。以和积法为例进行计算：

将 A 规范化，有：$\bar{a}_{ij} = a_{ij}/\sum_{k=1}^{n} a_{kj} \quad i=1,2,\cdots,n$

计算 $\bar{\omega}_i$：$\bar{\omega} = \sum_{j=1}^{n} \bar{a}_{kj} \quad i=1,2,\cdots,n$

将 $\bar{\omega}_i$ 规范化，得特征向量 ω 第 i 个向量 ω_i：$\omega_i = \bar{\omega}_i/\sum_{i=1}^{n}\bar{\omega}_i$

计算 A 的最大特征值：$\lambda_{max} = \sum_{i=1}^{n} \frac{\sum_{j=1}^{n} a_{ij}\omega_j}{n\omega_i} = 7.14$

相应的特征向量为：$W=(0.065,0.065,0.065,0.065,0.167,0.229,0.342)^T$

2. 计算层次总排序权值。计算某一层次所有因素对于最高层（总目标）相对重要性的权值（称为层次总排序，这一过程是从最高层次到最低层次依次进行的）。

上例中，当前层次上因素为 $A_1, A_2, \cdots, A_m$；对总目标的排序为 $a_1, a_2, \cdots, a_m$；B 的 n 个元素对上一层因素为 A_j 的层次单排序为 $b_{1j}, b_{2j}, \cdots, b_{nj}(j = 1, 2, \cdots, m)$。$B$ 的总排序为：$B_1, B_2, \cdots, B_n$。其中，B 层第 i 个因素对总目标的权值为：$b_i = \sum_{j=1}^{m} a_j b_{ij}$（影响求和）。

上例中，假设 B_1、B_2、B_3 三家金融机构成对比较结果为：

内部控制制度

$$\begin{matrix} B_1 \\ B_2 \\ B_3 \end{matrix}\begin{bmatrix} 1 & 1/3 & 1/2 \\ 3 & 1 & 4 \\ 2 & 1/4 & 1 \end{bmatrix}$$

机构岗位设置

$$\begin{matrix} B_1 \\ B_2 \\ B_3 \end{matrix}\begin{bmatrix} 1 & 1/3 & 1/2 \\ 3 & 1 & 1 \\ 1/3 & 1 & 1 \end{bmatrix}$$

宣传培训

$$\begin{matrix} B_1 \\ B_2 \\ B_3 \end{matrix}\begin{bmatrix} 1 & 1/3 & 5 \\ 3 & 1 & 7 \\ 1/5 & 1/7 & 1 \end{bmatrix}$$

内部审计

$$\begin{matrix} B_1 \\ B_2 \\ B_3 \end{matrix}\begin{bmatrix} 1 & 1/2 & 2 \\ 2 & 1 & 1 \\ 1/2 & 1 & 1 \end{bmatrix}$$

客户身份识别

$$\begin{matrix} B_1 \\ B_2 \\ B_3 \end{matrix}\begin{bmatrix} 1 & 1/3 & 1/5 \\ 3 & 1 & 1/2 \\ 5 & 2 & 1 \end{bmatrix}$$

可疑交易报告

$$\begin{matrix} B_1 \\ B_2 \\ B_3 \end{matrix}\begin{bmatrix} 1 & 3 & 5 \\ 1/3 & 1 & 2 \\ 1/5 & 1/2 & 1 \end{bmatrix}$$

日常协助配合

$$\begin{matrix} B_1 \\ B_2 \\ B_3 \end{matrix}\begin{bmatrix} 1 & 1/3 & 1/2 \\ 3 & 1 & 2 \\ 2 & 1/2 & 1 \end{bmatrix}$$

上述七个矩阵的最大特征根和对应的特征向量、一致性比率详见表5。

表5　七类权向量最大特征根和对应特征向量

项目	内部控制制度	机构岗位设置	宣传培训	内部审计	客户身份识别	可疑交易报告	日常协助配合
λ_{max}	3. 109	3. 568	3. 066	3. 218	3. 004	3. 004	3. 009
B	0. 156 0. 620 0. 224	0. 325 0. 440 0. 235	0. 283 0. 643 0. 074	0. 329 0. 407 0. 264	0. 110 0. 309 0. 581	0. 648 0. 230 0. 122	0. 164 0. 539 0. 297
CI_k	0. 0545	0. 284	0. 033	0. 109	0. 002	0. 002	0. 0045

则 B 构成矩阵：

$$B=\begin{bmatrix}0.156 & 0.325 & 0.283 & 0.329 & 0.110 & 0.648 & 0.164\\0.620 & 0.440 & 0.643 & 0.407 & 0.309 & 0.230 & 0.539\\0.224 & 0.235 & 0.074 & 0.264 & 0.581 & 0.122 & 0.297\end{bmatrix}$$

$$W^3=B\cdot W=\begin{bmatrix}0.156 & 0.325 & 0.283 & 0.329 & 0.110 & 0.648 & 0.164\\0.620 & 0.440 & 0.643 & 0.407 & 0.309 & 0.230 & 0.539\\0.224 & 0.235 & 0.074 & 0.264 & 0.581 & 0.122 & 0.297\end{bmatrix}$$
$$\times(0.065\ \ 0.065\ \ 0.065\ \ 0.065\ \ 0.167\ \ 0.229\ \ 0.342)'$$
$$=(0.294\ \ 0.426\ \ 0.280)'$$

3. 一致性检验。

（1）判断矩阵一致性检验。由于 λ 连续地依赖于 a_{ij}，则 λ 越比 n 大，A 的不一致性越严重。用最大特征值对应的特征向量作为被比较因素对上层某因素影响程度的权向量，其不一致程度越大，引起的判断误差越大。因而可以用 $\lambda-n$ 数值的大小来衡量 A 的不一致程度。

定义一致性指标：$CI=\dfrac{\lambda-n}{n-1}$

$CI=0$，有完全的一致性；CI 接近于 0，有满意的一致性；CI 越大，不一致越严重。

为衡量 CI 的大小，引入随机一致性指标 RI。RI 的计算方法为随机构造 500 个成对比较矩阵 $A_1,A_2,\cdots,A_{500}$，得到一致性指标：$CI_1,CI_2,\cdots,CI_{500}$。

$$RI=\frac{CI_1+CI_2+\cdots CI_{500}}{500}=\frac{\dfrac{\lambda_1+\lambda_2+\cdots+\lambda_{500}}{500}-n}{n-1}$$

具体的 RI 值 可查表 6 获得：

表 6　　随机一致性指标 *RI*

n	1	2	3	4	5	6	7
RI	0	0	0.58	0.90	1.12	1.24	1.32

定义一致性比率：$CR=\dfrac{CI}{RI}$

一般，当一致性比率 $CR<0.1$ 时，就认为 A 的不一致程度在容许范围之内，有满意的一致性，通过一致性检验，可用其归一化特征向量作为权向量；否则要重新构造成对比较矩阵 A，对 a_{ij} 加以调整。

上例中，判断矩阵 A 的一致性比率 $CR=\dfrac{CI}{RI}=\dfrac{(7.14-7)\div(7-1)}{1.32}=0.018<0.1$，通过一致性检验。

（2）层次总排序及其一致性检验。由表 6 可知，3 家金融机构七类矩阵均通过一致性检验。

层次总排序的一致性比率为：$CR=\dfrac{a_1CI_1+a_2CI_2+\cdots\cdots+a_mCI_m}{a_1RI_1+a_2RI_2+\cdots\cdots+a_mRI_m}$

当 $CR<0.1$ 时，认为层次总排序通过一致性检验。层次总排序具有满意的一致性；否则需要重新调整那些一致性比率高的判断矩阵的元素取值。

上例中，$CR=\dfrac{a_1CI_1+a_2CI_2+\cdots\cdots+a_mCI_m}{a_1RI_1+a_2RI_2+\cdots\cdots+a_mRI_m}=0.0579<0.1$，表明总排序通过一致性检验。

4. 模型结论。因此，层次总排序（最优决策）为：B_2 首选，B_1 次之，B_3 最后，即 B_2 银行反洗钱综合能力最强，B_1 银行次之，B_3 银行在三者中相对较弱。同时，由矩阵 B 可知，B_2 银行反洗钱各项工作相对较好，反洗钱综合能力较强，但可疑交易报告方面不如 B_1 银行；B_1 银行客户身份识别和日常协助配合工作较差，可对其发出发风险提示；B_3 银行除客户身份识别工作外，其他工作相对较差，可对 B_3 银行 进行现场检查，辅助其提升反洗钱能力。

参考文献：

［1］查宏：《以风险为本的反洗钱监管——英国金融服务局的实践》，《福建金融》，2008 年第 12 期。

［2］许朝霞：《对风险为本反洗钱监管机制的探讨》，《金融纵横》，2009 年第 8 期。

［3］中国人民银行西安分行课题组：《反洗钱监管理念探析》，《西部金融》，2008 年第 6 期。

［4］李伟：《反洗钱监管新思路：金融机构反洗钱工作分级评估》，《河北金融》，2008 年第 11 期。

［5］殷官林：《风险为本原则：反洗钱监管理念的创新与应用》，《西部金融》，2009 年第 1 期。

［6］刘应淑、周哲、胡健、张圣枝：《金融机构反洗钱工作非现场监管评价指标的构建及应用》，《金融纵横》，2009 年第 2 期。

［7］刘玮：《层次分析法在反洗钱非现场监管工作中的应用》，《金融实务》，2008 年第 7 期。

［8］兰埃用：《我国反洗钱监管模式向以风险为本转变问题研究》，工作论文，2009 年。

［9］童文俊：《金融业反洗钱监管模式及对我国的启示》，《管理观察》，2009 年第 2 期。

［10］刑宏：《人民银行分支行反洗钱非现场监管工作存在的问题及建议》，《黑龙江金融》，2009 年第 3 期。

［11］金融行动特别工作组（FATF）：《以风险为本的打击恐怖融资指导方针》、《风险为本方法的指南》。

次贷危机与征信监管问题研究
——支持扩内需的建议

中国人民银行福州中心支行征信管理处课题组

课题主持人：晏露蓉

课题组成员：秦振强　叶谢康　陈　澍

次贷危机给全球经济金融带来深远影响。美国征信机构在次贷危机中起了非常重要的推波助澜作用，暴露出征信行业和征信监管体系存在的严重问题。对次贷危机中美国征信机构和征信监管暴露出的问题进行分析、吸取经验教训，对提高我国征信管理水平，促进刚起步的征信市场健康发展，构建良好的金融市场环境和社会信用环境具有重要意义。

一、次贷危机与美国信用评级

信用评级是资本市场发展的"双刃剑"。一方面，可以促进资本市场的发展。信用评级具有风险揭示、风险定价、资产配置、提升监管等功能。通过信用评级，帮助投资者选择债券，促进资本市场发展。另一方面，它能扩大资本市场风险，诱导金融危机的发生。资本市场产品复杂化，容易使投资者对信用评级产生依赖性，听信评级结果。一旦评级结果不实、风险揭示不充分则阻碍资本市场发展，甚至直接导致金融危机的爆发。

（一）美国征信机构在次贷危机形成发展过程中所起的作用

征信机构是指依法设立的、独立于信用交易双方的第三方机构，专门从事收集、整理、加工、分析企业和个人信用信息，并对外提供信用报告、信用评分、信用评级等的业务活动。征信机构可分为三类。一是信用评级机构，主要从事企业主体和债项评级。二是信用登记机构，主要采集企业和个人的信用信息，提供企业和个人的信用报告。三是信用调查机构，开展企业的商业信用调查。

美国征信机构由于部分机构混业经营，其业务大致分为两类。一是信用评级机构，如穆迪、标准普尔、惠誉等评级公司。二是企业和个人信用登记和调查机构，既收集企业和个人信用信息，又对企业和个人的信用进行评估或评分的机构。企业信用登记评估机构在美国以邓百氏公司为代表。个人信用登记评分机构，以益百利、环联、艾奎法克斯三大征信局为代表。以信用评级为主的美国征信机构在促进美国资本市场发展的同时，在次贷危机中担任了重要角色。美国资本市场的发展对信用评级产生严重依赖，信用评级通常被认为是投资价值的尺度，它可以使投资者鉴别有价证券，特别是金融衍生产品的投资选择。在次贷危机各种深层原因集聚的背景下，信用评级成为点燃危机的导火线。

由于1997年以来美国长期的低利率政策、扩张性的信贷政策导向、金融监管的滞后再加上公众对房地产价格长期升值的预期，使得美国的房地产市场经历了空前的繁荣，也使得美国的房贷从1997年以前80%优贷、6%次优贷、14%次贷的情况，转变为1997~2006年全部房贷中有40%为次贷的局面，潜伏着较大的金融风险。

1. 危机发生前，评级虚高助推次贷金融产品扩张。评级机构在危机发生前虚高金融衍生产品的信用等级，将大量远远不合乎AAA标准的次贷和次贷产品评为AAA。评级机构不但为结构性金融产品评级，而且还直接参与产品的构建，并在评级过程中大量获利。同时，给予高风险产品的高评级使金融市场杠杆率不断提高，杠杆率的提高又吸引更多的高风险产品出现。评级结果表现出的顺周期效应在危机爆发前助长市场投机，助推金融危机的形成。

2. 危机发生后，快速降级加剧了市场恐慌。由于美国资本市场对评级的过度依赖导致金融同质化风险。危机中美国穆迪、标准普尔、惠誉三大评级机构对基于次贷的金融产品评级严重缺乏客观性从而导致评级波动。按照美国有关监管条例要求，金融机构持有的债券必须达到一定的级别。当评级机构下调债券信用等级超出监管当局规定的范围时，势必引起金融机构的集中抛售，加剧市场恐慌。

3. 其他征信机构在次贷危机中的作用。首先，企业商业信用评估没有发挥风险防范作用。以邓百氏为例。邓百氏公司依据企业实力、财务状况、还款记录等历史资料对企业的风险程度、还贷能力等作出评估和预测。这些信用报告被认为蕴含着“有远见的信息”，对于监控企业风险变化发挥着重要作用。然而，邓百氏商业信用评估并没能在次贷危机中发挥其所宣称的风险防范和危机规避作用。比如，美国国际集团（AIG）以及2001年安然、2002年世通等大公司存在的重大风险，邓百氏等商业信用评估机构事先未作出任何风险预警。其次，个人征信机构缺乏客观公正性。个人信用评分在美国个人消费贷款、信用卡的发放中起了重要作用。信用评分在狂热的市场中没有对客户的信用作出客观公正的评价，导致商业银行对大量不具有还款能力的客户发放次级贷款，这些次级贷款经资产证券化后转为次级债券，隐含了巨大的市场风险。

（二）美国次贷危机中信用评级暴露的问题

1. 利益冲突引发的职业操守问题。

一是收费模式变化和业务范围的拓展导致利益冲突。早期的评级采用向投资者收费的模式，而目前大部分评级机构采取的是向受评机构收取费用的模式，业务范围也大为拓展，不仅对金融产品评级，还直接参与金融产品的构建，使受评机构有可能通过付款对评级机构施加压力以获得更高的评级。评级机构作为一个商业组织，利益冲突使其独立性和公正性受到了怀疑。

二是金融产品设计中的利益问题。次贷危机中还暴露出金融产品和投资策略设计上过于依赖信用评级的问题。结构化的金融衍生产品在风险判断上对评级机构的依赖很大。抵押债务权益（CDO）等结构性融资产品的构建本身就是以评级结果为导向的。市场对评级机构的信任一定程度上弱化了市场自身对风险的判断。在流动性过剩、监管宽松的大环境下，虚高评级的 CDO 等结构性金融产品市场的规模迅速扩张。同时，给予高风险产品的高评级使金融市场杠杆率不断提高，反过来又吸引更多的高风险产品出现。

2. 垄断经营的行业模式造成市场约束机制缺失问题。

首先，行业垄断导致市场约束弱化。早期信用评级机构的行为约束来源于充分竞争的市场。但经过多年的市场竞争淘汰，目前美国三大评级机构垄断了美国及全球的大部分评级业务，在全球信用评级市场穆迪、标准普尔和惠誉三家机构占有的份额超过90%。行业垄断导致市场约束弱化，影响市场公平，还可能造成评级结果雷同和市场共振，影响评级市场的正常运行。

其次，行业自律软化。理论上讲，市场机制的弱化可以由行业自律予以弥补。但目前美国征信行业没有出台行业自律规范。从“安然事件”以来不断暴露业内丑闻，受到社会各界的广泛指责。美国征信行业的行业自律问题亟待加强。

第三，信息和程序透明不高。提高信息透明度也是强化市场约束的途径之一。虽然征信机构一般会在网站上或信用报告中简要介绍信用评分、信用调查或信用评级的基本方法，但不会公布数据来源，更不会公开核心的信用评分、信用调查或信用评级方法。在国际现有认可制的监管模式下，监管部门对征信机构资料、信息的掌握也较少，市场投资者更是难以了解评级机构的运作情况。信息透明度不高，使得市场和监管部门对征信机构的约束作用减弱，容易导致各种影响公正、公平和科学性的问题发生。

3. 信用评级自身的技术问题。

其一，信用评级模型过于定量化。次贷危机中，资产质量的持续下降也暴露出被各大评级机构广泛采用的定量分析模型的局限性。相对于定性分析模型，定量模型一定程度上规避了主观因素，但就目前社会科学所达到的技术水平看，定量模型是在严格限制条件和进行假定的前提下进行分析的，而且美国信用评级模型设定的历史资料大部分被限定为好的经济环境下，几乎没有房价大幅下跌的数据。评级模型对复杂多变的社会经济现象的解释水平并不高，尤其是对预测未来的经济风险，有说服力的模型尚未见到。

其二，信用评级机构对金融创新产品的分析能力不足。金融衍生产品的构造较复杂，使得征信机构及其分析师们难以完全了解这些产品的本来面目，判断缺乏客观性。美国证券交易委员会（SEC）在对评级机构的调查中承认其“没有基本的处理住宅抵押贷款支持证券（RMBS）和抵押债务权益（CDO）日益增长的复杂性的能力”。对产品的不了解，使得征信活动的有效性受到一定程度的影响。

二、我国征信市场发展概况与监管现状

（一）征信市场发展现状及存在的问题

1. 与美国相比，我国征信市场尚处于初级发展阶段。我国信用评级业起步较晚，其伴随着债券市场的发展而产生。目前全国开展信用评级的机构约80家。随着我国加入WTO，一些国外知名的评级机构如穆迪、标准普尔、惠誉等纷纷在中国成立合作公司或办事机构。目前，我国信用评级机构的业务范围主要包括银行间债券市场评级和信贷市场评级。信贷市场评级包括企业主体评级、信用担保机构评级、商业票据评级和其他评级。截至2008年年末，全年共计完成借款企业主体信用评级42 476次，信用担保机构信用评级778次。信用评级对推动我国债券市场发展、防范银行信贷风险起了积极作用。

2. 征信市场存在的问题。尽管我国信用评级业已有20多年的发展历史，但总体上还处于起步阶段，主要存在以下为问题：

第一，信用评级市场有效需求不足。首先，借款企业评级遭遇市场困境。目前评级业务主要集中在债券市场评级，借款企业评级发展步履维艰。而在我国众多的评级机构中，目前具有资格从事银行间债券市场评级的只有4家，大部分评级机构的业务局限在信贷市场上。我国评级行业的发展与美国不同，不是市场自发形成的，而是由监管部门的推动产生和发展的。借款企业信用评级对政策推动的依赖较强，除了跨行贷款的集团关联企业的外部评级结果有一定市场外，信用评级结果使用有限。其次，债券品种结构较单一，我国债券市场无论是规模还是品种都有待拓展。

第二，信用评级结果公信力有待提高。我国尚缺乏比较权威、有国际影响力的机构。评级机构在内部管理、数据积累、评级的模型和方法、信息应用、业务规范和透明度方面仍然有较大差距。

第三，信用评级结果使用缺乏制度支持。外部评级的价值和作用体现不明显，评级结果的使用除了债券市场企业发债必须经过信用评级外，在其他领域没有政策要求。同时，商业银行和政府有关部门并没有给予信用级别较好的企业相关扶持优惠政策，使企业参与外部评级的积极性不高。

第四，评级机构行为不规范。由于申请评级的公司需要支付评级费用，造成评级机构和被评公司之间存在利益冲突。这在没有行政强制要求评级的地区和项目尤为明显，许多企业参评是为了树立形象，“花钱买品牌”。受利益冲突影响，存在低价竞争、级别竞争，导致信用评级市场出现“劣币驱逐良币”的现象。

（二）我国征信监管现状及存在的问题

1. 我国征信监管发展历程及举措。人民银行是对我国信用评级最早开始进行监管的机构，监管历史可以追溯到20世纪90年代之前。2003年国务院赋予人民银行管理信贷征信业和推动建立社会信用体系职能以来，后者明显加大了对评级机构的监管。

第一，加强对债券市场评级的监管。2004年6月人民银行和中国银行业监督管理委员会联合发布《商业银行次级债券发行管理办法》，规定商业银行发行次级债券应聘请证券信用评级机构开展信用评级，证券信用评级机构对评级的客观、公正和及时性承担责任。同年，《证券公司短期融资券管理办法》施行，规定企业、证券公司发行短期融资券应经在中国境内工商注册且具备债券评级能力的评级机构的信用评级，并将评级结果向银行间债券市场公示。2008年4月，人民银行发布的《银行间债券市场非金融企业债券融资工具中介服务规则》规定：“信用评级机构应在充分尽职调查的基础上，独立确定企业和债务融资工具的信用级别，出具评级报告，并对其进行跟踪评级。信用评级机构应接受投资者关于信用评级的质询。”

第二，加强对信用评级机构的监管。2006年人民银行发布《信用评级管理指导意见》，以加强对信用评级机构在银行间债券市场和信贷市场从事金融产品信用评级、借款企业信用评级、担保机构信用评级业务的管理和指导。该意见对评级机构的人员状况、报备材料、内部制度、评级程序和执业规范等均作了具体要求，并统一了长期债券、短期债券、借款企业和担保机构评级的信用级别标识及含义。同年，在《中国人民银行征信管理局关于加强银行间债券市场信用评级管理的通知》中，要求建立银行间债券市场信用评级业务报备制度和信用评级报告管理制度，并对跟踪评级工作作了具体要求。

第三，制定信用评级行业标准。2006年，人民银行发布《信贷市场和银行间债券市场信用评级规范》，对信用评级主体、信用评级业务、信用评级业务管理进行了规范。规定了开展实地调查、跟踪评级等制度。

第四，开发信用评级结果违约率系统。汇总全国各信用评级机构近年来的评级结果，开发违约率系统，检验评级结果，并将评级结果作为评级机构优胜劣汰评判机制的重要依据。

此外，建立了信用评级机构统计报告制度、行业自律、信用评级人员考试制度等。

2. 征信监管存在的问题。

第一，法律依据和监管体制问题。首先，法律制度需进一步完善。目前对信用评级机构的监管依据主要是部门规章，国家法律尚未出台。最近国务院法制办公布的《征信管理条例》（征求意见稿）对信用评级行业的机构管理、人员管理作出了初步规范。但评级业务管理以及相应的法律责任亟待进一步明确。其次，需加强监管协调机制。我国评级市场监管格局存在机构由人民银行统一监管，业务由国家发展和改革委员会、中国证券监督管理委员会等分市场认可的格局。按评级对象，不同的监管部门批准设立或核准业务范围、认定资格，统一的监管体系尚未形成。

第二，监管手段有待完善。目前评级监管对评级流程的监管较多，对评级结果的检验较少。违约率系统尚未发挥作用，使评级结果的客观性难以评定。信用评级尤其是借款企业评级的流程需要规范，如外部评级专家评审委员会问题，本应是外部评级区别于、优势于内部评级的显著特征，但《征信管理条例》（征求意见稿）中，对评审委员会人员组成、运作机制等缺乏明确规定。对信用评级从业人员职业资格认定和考试制度也有待进一步完善。

第三，行业发展与国家经济金融安全问题。信用评级关系到一个国家的融资渠道和融资成本，对金融市场和金融秩序可能产生重大影响，甚至关系到国家主权。许多国家对信用评级行业的发展高度重视。我国信用评级在国际市场上尚无话语权，而国外评级机构已纷纷进入国内市场，如何培植和发展我国民族评级业是个重要课题。同时，评级机构一般要接触到企业的大量机密信息，也要关注评级对国家经济安全问题的影响。

三、次贷危机对我国征信市场培育和监管的启示

美国信用评级市场发展的成功经验对我们培育征信市场具有借鉴意义，其在次贷危机中暴露的监管问题，对加强我国征信市场监管、建立完善我国信用评级监管体系具有重要参考价值。

（一）培育征信市场需求，推动征信市场发展

我国征信市场和征信体系发展尚处于初级阶段，需要扶持推动，要在发展中得到逐步规范。

1. 大力发展债券评级业务。债券市场评级是当前信用评级的主要业务。这几年，虽然我国债券市场得到较快发展，但与美国相比差距遥远，需要加大发展力度。一是增加债券发行的规模和品种，发展企业债、公司债、短期融资券、中小企业集合券和中期票据等，推动资产证券化试点，逐步探索发展无担保债券。二是对债券评级推广“双评级”制度，由两家机构对同一债项进行评级，

使评级的结果更客观。三是对境外企业来境内发债融资，应强制要求由国内具备债券发行评级资格的机构进行评级。

2. 推进信贷市场评级业务的发展。首先，政策引导推进信贷市场信用评级试点工作。由人民银行从审慎宏观监管、维护金融稳定以及推动社会信用体系建设的角度出发，出台制度性管理办法，选取部分市场公信力高的信用评级机构作为试点，明确规定金融机构对于大集团关联企业必须使用外部信用评级报告，并将评级结果作为贷款审批的重要参考，然后逐步扩大到首次授信企业、贷款大户企业。其次，针对中小企业抵押担保困难的问题，通过信用评级和信用培植，培养筛选优秀中小企业，并由银行和政府给予相应的优惠政策。第三，信用评级机构还可利用自身的技术优势与中小商业银行开展借款企业信用调查咨询等业务合作。探索开展对区域内房地产、建筑等重点行业的企业开展信用排名，为贷款银行、消费者提供咨询服务。

3. 积极拓展其他业务。开展担保机构信用评级，通过担保机构信用评级促进银行和担保机构的合作，并对信用等级高的担保机构给予政策扶持。开展商业承兑汇票评级。在商业承兑汇票推广意见中明确要求出票企业要经外部评级，以促进商票的异地流转。开展可转让按揭抵押贷款评级，制定可转让按揭抵押贷款信用评级有关规定和技术标准，防范金融衍生品信用风险。

（二）完善征信法律制度建设，保障征信行业发展

美国次贷危机启示我们，不能仅仅依靠声誉来制约市场，更要有完善的法律规范。美国的征信市场是市场自我发展逐步完善的，为少走弯路，我国征信市场在发展初期就必须得到规范，保证整个征信行业健康发展。

1. 加快推动《征信管理条例》出台，理顺监管体制，明确监管责任。首先，要进一步明确征信体系的主管部门和监管职责，统一规划我国征信体系建设，协调各有关部门的建设工作。《征信管理条例（征求意见稿）》（以下简称《征求意见稿》）明确中国人民银行征信管理局是我国征信业管理的主管机关，负责对征信机构及其业务活动实施监督管理。在此基础上，征信主管部门的职责需进一步细化，尤其是要建立征信监管协调机制，协调国家发展和改革委员会、中国证券监督管理委员会、中国保险业监督管理委员会、中国银行业监督管理委员会等部门各自分管的征信市场，协调各地方政府部门共同做好国家信用体系与地方信用体系建设。其次，进一步明确征信监管的领域和对象。《征求意见稿》明确征信业务范围和征信主管部门的管理对象，并对征信机构的市场准入条件作了初步规定。需进一步明确征信机构市场业务许可的条件，以及征信机构市场退出条件和方式。

2. 明确征信机构的法律地位、法律责任。

第一，明确征信机构对其产品的权利和责任。征信机构（尤其是信用评级机

构）以商业化的运行方式提供征信产品或服务，客观上对被调查或评级对象行使“准监管职能”，对被评级机构的生产经营、投资者的权益具有重要影响。征信机构应明确对其产品在何种范围内承担何种责任，包括民事责任甚至刑事责任。《中华人民共和国证券法》和《中华人民共和国注册会计师法》的有关条款可供借鉴。在即将出台的《征信管理条例》及有关细则中，应明确和平衡征信服务双方的权责，并通过制度规范形成良好的互动关系，既保证征信服务质量，又促进行业的发展。

第二，明确未来我国征信市场各类市场主体的地位和权责。不同于美国完全由商业性征信机构为主导的征信行业发展模式，我国采取大多数国家采用的公共征信机构和商业性征信机构并存互补的发展模式。因此，必须首先明确我国公共征信机构和商业性征信机构的法律地位、职能定位、权责关系。公共征信机构（即中国征信中心）是由国务院征信主管部门设立、代表国家建立运营金融统一征信平台、不以营利为目的事业性机构，主要为金融监管部门、各金融机构和社会公众提供征信产品和服务。商业性征信机构（信用评级机构）是公共征信平台的重要补充，为征信市场提供多元化服务，从而提升整个征信体系的效率和服务水平。通过完善征信法律法规，保证公共征信平台正常运行和信息安全，并支持商业性征信机构业务拓展，保证其合理发展空间，从而建立多元化、公正透明、合理竞争的征信市场。当前迫切需要明确的是，公共征信机构如何向商业征信机构开放信息服务问题，以促进整个征信业的均衡发展。

（三）加强征信机构和业务的监管，提高征信产品质量

1. 加强机构监管。首先，完善市场准入和退出机制。目前世界主要征信国家都制定了征信机构市场准入规定，而且大多遵循从严的原则，我国对征信机构的管理也要遵循注册审批制度。《征求意见稿》对征信机构注册资本、管理制度、高级管理人员任职资格、技术设施、内部控制制度等都作了明确要求。人民银行颁布的行业标准《信用评级主体规范》也规定了信用评级机构强制退出的5种情形，并建立了以违约率检验制度为核心的信用评级机构评级质量检验制度。要进一步细化市场退出的条件，对征信机构的业务范围进行界定，对征信机构的兼并重组作出适当的制度安排。其次，加强从业人员任职资格、技术水平监管。次贷危机进一步显现加强征信机构（特别是信用评级机构）从业人员任职资格管理的重要性。《征求意见稿》对征信从业人员的资格设定了条件，规定了不得担任征信机构的高级管理人员、董事、监事的6种情形。需要进一步建立健全征信从业人员任职资格考试制度，并将商业银行的内部评级从业人员也一并纳入外部评级任职资格管理。

2. 加强业务监管。第一，完善内部管理制度，解决征信机构利益冲突。征信机构必须建立完善的管理制度，以应对经营中存在利益冲突。应明确要求信

用评级机构在评级业务和其他服务之间设置防火墙制度、业务承接和信用等级评定隔离制度、信息质量审核与责任制度、评级质量内部审议制度、评级人员备案制度等。第二，加强信息披露，提高征信机构透明度。在《征信管理条例》及其细则中，明确有关征信机构信息公开的具体内容和征信监管部门对征信机构信息公开进行监督的权限和办法。第三，建立完善的评级结果违约率检验制度和外部检查监督制度。应加快违约率系统建设，公布检验结果，并以此作为信用评级机构优胜劣汰的重要措施；要进一步制定和完善征信机构有关业务档案备案制度；规定征信机构重大事项报备制度；完善主管部门定期检查制度和评级机构的违规罚则等。

（四）培育民族征信业，把握信用评级市场发展主导权

美国次贷危机再次证明信用评级在现代金融体系中的重要作用。信用评级业通过对企业和政府的债务偿还风险进行评价，引导金融资本投资和经济决策，直接关系到金融产品的定价权，并影响一国信贷市场利率及汇率形成，与国家金融主权和经济安全密切相关。一旦信用评级出现问题，将给整个经济金融系统造成严重冲击。因此我国在信用评级行业建立之初，就必须牢牢把握市场和行业发展的主导权。

1. 积极培育我国民族征信产业，做大做强国内信用评级机构，争取我国在国际信用评级市场的话语权。一是明确评级机构的归口管理部门和监管部门，完善征信法律法规和各项管理制度。二是将加快发展民族信用评级机构纳入金融体制改革规划。选择若干家有发展潜质的民族评级机构，以国有参股或大型金融机构参股的方式进行重组，并给予多种优惠政策扶持，扶持民族信用评级机构成长壮大。三是积极推动民族评级机构开展国际合作，积极参与国际金融活动，争取应有的金融事务话语权。

2. 完善征信行业对外开放制度，规范外资评级机构在华业务。一是明确限制外资评级机构不得涉及国家经济金融安全的重要领域，如大型国有企业、主要金融机构、国防工业等；二是制定专门的管理办法，对外资信用评级机构在华业务的信息采集范围、业务种类、信息使用和跨国信息传递等方面进行限制和规范。

3. 严格控制外资评级机构进入的控股比例。根据我国国情，借鉴外资金融机构投资中资银行的相关规定，外资机构持股中资信用评级机构的比例最高不得超过 25%，而且不能直接或间接控制合资企业的经营权。

参考文献：

[1] DiMartino and Duca ，"The Rise and Fall of Subpring Mortgages"，Federal Reserve Bank of Dallas Economic Letter，2007，2（11）.

[2] 黄裕平：《防范同质化加剧市场风险》，《 中国金融》，2009（14）。

[3] Roger Stover，"Third – Party Certification in New Issues of Corporate Tax – Exempt Bonds：Standby Letter of Credit and Bond Rating Information"，*Financial Management*，Vol. 25，1996，pp. 62 – 63.

[4] Frank Partnoy，"The Siskel and Ebert of Financial Markets?：Two Thumbs Down for the Credit Rating Agencies"，Washington University Law Quarterly，Vol. 77，1999，pp. 681 – 686.

[5] 《Financial Oversight of Enron：the SEC and Private – Sector Watchdogs》，U. S. Securities and Exchange Commission，October 8，2002.

[6] [美] 约翰·B. 考埃特、爱德华·A. 爱特曼、保罗·纳拉（著），石晓军、张振霞（译）：《演进着的信用风险管理》，机械工业出版社 2001 年版。

[7] 柳永明：《美国对信用评级机构的监管——争论与启示》，《上海金融》，2007（12）。

[8] 袁敏：《美国评级业监管发展动向及述评》，《证券市场导报》，2008（1）：P21。

[10] 中国人民银行驻美洲代表处：《美国次贷风暴中评级机构的问题和启示》，《中国金融》，2007（19）：P56 – 57。

[11] 龚宇：《美国信用评级业监管体制之变迁——"次贷危机"下的反思》，《证券市场导报》，2008（7）。

[12] 梁琦：《西方证券评级制度比较研究及其对我国的启示》，《证券市场导报》，1999（11）：P41。

[13] 袁敏：《 资信评级作用、发展与监管初探》，《证券市场导报》，2004（9）：P44。

个人征信信息主体权益保障问题研究

中国人民银行福州中心支行征信管理处课题组

课题主持人：秦振强

课题组成员：叶谢康　陈　勇　刘碧芳

在个人征信发展过程中，个人信息主体权益保护始终是人们关注的重点问题。个人征信是在征信业发展与主体权益保护两者的博弈中一路走过来的。研究个人征信信息主体权益保障问题，即寻求个人信息权益保护与个人征信业发展两者间的妥协与协调，也是确定个人信息主体权益合理边界的问题。

个人信息主体权益保障的核心问题是确认信息主体的信息权利。个人征信信息主体权益保护涉及以下问题：一是信息收集过程中个人的隐私权和决定权问题；二是信息提供环节的信用报告公正准确性问题，涉及个人的知情权、异议权和纠错权；三是信息使用过程中信用报告的合理利用问题；四是信息处理全过程的信息安全问题。

与西方征信国家个人征信百年多的历程相比，我国个人征信业刚刚起步。个人信用信息基础数据库（简称“个人征信系统”）运行近 5 年。截至 2009 年年底，个人信用信息基础数据库收录自然人数共计 6.6 亿多人，其中拥有信贷账户的超过 1.75 亿人。个人征信的应用范围和社会影响越来越广。但涉及个人隐私权保护的法规不健全，个人征信系统在实际应用中遇到诸多问题，有关个人信用的诉讼案件逐渐增多。近年来，身份盗用、商业银行提供错误信息、少数信息主体在信用交易中由于对授信条款的误解导致违约而产生负面信用信息等纠纷不断出现。一方面，现行法规中对纠纷的处理没有明确的标准，不利于纠纷的快速解决，不利于信息主体权益维护；另一方面，由于信息准确性不足、对信息使用的规范不明确，造成现实中部分误用、滥用现象，制约了个人征信系统功能的发挥，不利于我国个人征信业的发展。因此，探索信息主体权益保障，规范个人信用信息使用，促进个人隐私保护，对推进个人信用体系建设具有重要的现实意义。

一、我国个人征信信息主体权益保障中存在的主要问题

（一）权益保护制度保障不健全

目前我国针对个人信息主体权益保障的立法分散，没有形成体系，概念不

统一，保护范围较窄，缺乏有效的法律监管。现行法规中没有出现“隐私权”的字眼，没有任何一部法律冠以“隐私”之名，更没有法律冠以“个人信息保护”之名。从宪法层面上看，没有明确个人隐私权；从法律层面上看，《中华人民共和国民法通则》、金融法规的相关法条中也没有明确个人隐私权和其他信息权利，《个人信息保护法》尚未出台，《中华人民共和国合同法》、《中华人民共和国担保法》等涉及个人信用信息，但法规间衔接不够。总体上说，个人征信方面专门法规建设缺乏上位法的支持。从有关个人征信的专门行政法规、部门规章层面上看，人民银行《个人信用信息基础数据库管理暂行办法》（简称《暂行办法》）对个人信用信息基础数据库的运行进行了专门规范，但法律层次较低；《征信管理条例》的起草几经波折，其征求意见稿于2009年10月刚刚公布。《征信管理条例（征求意见稿）》对个人征信信息主体权益保障问题作出了相对具体而明确的规定，但仍然存在诸多问题。因此，我国个人征信业在个人信用信息与非信用信息的界定、信用机构行为规范、隐私权的保护等方面尚处于一种无序的状态，甚至出现了无法可依的局面。

（二）个人信用信息收集、使用有待规范

1. 个人信用信息收集方面。

（1）信息收集范围的界定范围问题：信息收集边界未规范，可能导致信息主体的“征信不公”。目前个人征信系统已收集的信息包括个人基本信息、银行信贷信息、非银行信息（行政处罚信息、公共缴费信息、社会保障信息等）。《征信管理条例（征求意见稿）》规定了个人信用信息包括个人基本信息、信用交易信息和其他信息，征信机构不得收集家庭出身及疾病等五类信息。但是，征求意见稿中“其他信息”的规定使得信息收集范围缺乏明确的规范边界，“与个人信用状况密切相关的行政处罚信息、法院强制执行信息等社会公共信息”具体如何定义仍缺乏可操作性。

（2）信息收集渠道问题：信息提供者行为规范缺乏。从我国个人征信系统实际运作情况来看，个人信用信息的主要信息提供者依次为：金融机构、政府有关部门和其他授信机构、企业或个人。其中，金融机构提供个人信用信息在《暂行办法》规范下准确性和连续性较好，但其他两类信息提供者的信息提供行为缺乏规范，存在内部数据不准确、数据提供不规范、后续纠错机制未建立或不完善等方面问题。

（3）信息收集时的本人同意权问题：未能有效避免“单方征信”，公众知情权和决定权没有得到有效保障。个人信息收集是否需要取得信息主体的同意一直是征信工作中颇具争议性的问题，各国采取的做法也不一。从我国征信活动的实践来看，在征信系统建设初期，为了推动个人征信系统建设，按有关规定，从金融机构收集个人信息，未经个人同意是必要的。但个人征信系统收集非银行信息受到有关方面的质疑，特别是“将电信缴费信息纳入个人信用报告”引起了公众强烈质疑，根本原因在于当前公众对电信自身的诚信度持有怀疑。

2. 个人信用信息使用方面的问题。

（1）信息使用主体方面。《征信管理条例（征求意见稿）》对信息查询主体作了规定。归纳起来，信息主体本人及经其授权的个人、法人及其他组织可以查询信息主体信用信息，行政机关、司法机关以及法律、法规授权的具有管理公共事务职能的组织在履行职责的过程中依据法律规定可以不经信息主体授权查询其个人信用信息。但由于相关法规衔接不够（基本上相关法律规定了上述机关可以查询账户情况，但没有明文规定可以查询个人信用报告），目前上述机关查询个人信用信息基本上都拿不出相关的法律规定。

从实践来看，个人征信系统运行至今，福州市共接受司法机关查询 84 次。司法机关查询主要存在以下问题：一是司法部门工作证件真实性判断难度大；二是司法部门查询个人信用报告证明文件不规范，目前各部门均没有专门的个人信用报告查询通知书，而是套用原有的其他查询通知书，如“XX 公安厅查询存款/汇款通知书”、“人民法院协助查询存款通知书”。另外，个人信用报告查询也应用于福建省企业界评选优秀企业家、用人单位招聘员工等，但都通过本人查询渠道获得；对单位统一查询信用报告在评优评先制度设计、招聘合同条款中需进一步完善有关查询条款。

（2）信息查询内容方面。通常不同的信息查询主体对个人信用信息的需求不同，有的只需要个人征信系统中的部分个人信息即可满足。而目前人民银行征信中心提供的个人信用报告只有两种版本，即金融机构查询版和本人查询版。实际上，除金融机构外其他主体在当地人民银行征信部门查询到的信用报告都是本人查询版，它包含了最详尽的个人信息，从而造成除本人外的其他主体可能得到过度的个人信息，不利于维护信息主体利益。

（3）信息查询授权效力范围方面。按照《征信管理条例（征求意见稿）》和《暂行办法》的规定，商业银行查询个人信用报告必须取得被查询人的书面授权，但对已发放的个人信贷进行贷后风险管理时例外。这可以理解为，在签订贷款合同时，借款人已授权商业银行可以查询其信用报告。但在贷款结清后，商业银行是否还可以不经本人授权而查询个人信用报告呢？上述两个法规均未作出明确规定。

（4）信息如何使用方面。在商业银行如何使用个人信用信息方面，目前《暂行办法》只对允许使用个人信用报告的业务范围进行了原则性规定，但对个人信用信息具体如何使用没有一个通行的标准。如，商业银行能否以个人信用信息中一个小的负面记录为理由拒绝授信？在个人信用记录存在逾期的情况下如何区别对待？在实践中，各商业银行判断个人信用状况不良的标准不一，有的银行对连续逾期6次以上的客户实行限制；有的银行则对连续逾期3次以上的客户就实行限制，甚至拒绝授信。被征信人质疑商业银行有无超范围、超程度使用信用报告，但目前没有法律规定商业银行必须向客户说明拒贷原因。此外，由于配偶信用报告出现负面记录而影响授信的情况也时有发生，个人获得授信的权利受到影响。在政府机构如何使用个人信用信息方面，目前的相关法规没有作出任何规定。在实践中可能因"无法可依"而出现侵害信息主体权益的结果。

（5）信息使用期限方面。个人负面记录保存多久？《暂行办法》没有对此作出规定。按国际惯例，一般负面信息保存7年。但我国是保存几年？从哪个时点开始计算？这些问题均没有明确。直到《征信管理条例（征求意见稿）》对此作出了明确规定：不良信用行为或事件终止之日起已超过5年的个人不良记录不得披露、使用。

由于我国个人征信系统收集信息的起点是截至2004年1月1日，包括所有负债未结清的信贷账户信息及其后发生的所有信贷业务信息，其中有部分借款人可能在个人征信系统建立之前发生过逾期等不良信用记录，从那时起算至今已逾5年，对这部分信息具体做如何处理，目前尚无明确的措施。

（三）信息主体的知情权、异议权和纠错权保障有待改善

1. 信息主体的知情权：个人征信宣传告知和本人便捷查询需要改进。由于我国个人征信系统初期从金融机构收集个人基本信息和个人信贷信息是未经过本人同意的，虽经人民银行征信部门大力宣传，但仍有部分被征信人对此并不知情，甚至还不知道有个人征信系统的存在；更多的人是知道人民银行已经建立了全国统一的个人征信系统，但对本人具体哪些信息被收集进个人征信系统并不清楚。

《征信管理条例（征求意见稿）》规定信息主体有权向征信机构查询自己的信用报告，个人每年有一次免费获取其信用报告的权利。目前人民银行分支机构基本开放了个人信用报告本人免费查询，但在为个人获取其信用报告提供便利方面还有待加强，而且在法规上对此也未作出明确规定。实际上，人民银行各分支机构征信管理部门同时履行征信管理和征信服务的职能，由于人手少、业务多，很难实现对信息主体的便利服务。同时，由于委托查询在实践中存在委托书公证等要求，事实上公众必须本人亲自到人民银行柜台窗口才能查询到信用报告。

2. 异议处理方面。

一是异议处理的时限问题。《征信管理条例（征求意见稿）》规定，征信机构应当按照国务院征信业监督管理部门的规定受理异议申请，并在收到异议申请之日起20个工作日内完成对异议信息的核查和处理，书面答复异议申请人。

《暂行办法》也对征信中心分支机构和人民银行征信管理部门受理异议申请的时限作了规定。但从我们前期对个人异议处理情况的调查和检查情况看，实践中存在相当数量的个人直接向相关商业银行提起的异议申请。出于提高异议处理的效率以及人民银行分支机构人手不足等原因考虑，人民银行也鼓励商业银行自行受理个人异议申请。但《暂行办法》对商业银行自行受理异议申请的处理没有作出时间限制，导致在实践中存在异议申请迟迟得不到处理的情况。

二是异议处理的救济问题。《暂行办法》规定个人异议信息经过核查确认存在错误的，由征信中心更正；对于无法核实的异议信息，允许异议申请人对有关异议信息附注100字以内的个人声明。但在实践中，由于核实环节多等原因，个人异议信息时常出现在规定时限内无法得到核实的情况，而征信中心对附注个人声明的做法持十分谨慎的态度，从而导致个人异议信息更正久拖不决的现象时有发生。虽然被征信人可以通过法院起诉实现法律救济，但由于相关法律法规不健全，如何界定征信机构侵权，如何界定客户损失等问题难以解决，致使信息主体的权益保障真正得以实现存在相当大的难度。

三是异议处理的监督管理问题。商业银行自行受理个人异议申请的，没有相关的异议登记系统，人民银行无法随时跟踪异议处理情况，而人民银行开展现场检查次数毕竟有限。而且，如果商业银行不主动提供其自行受理异议申请的登记情况，人民银行也缺乏相应的检查手段。

二、我国个人征信信息主体权益保障制度建设的对策建议

（一）逐步建立健全与个人征信有关的法规体系，使个人征信信息主体权益保障“有法可依”

首先，要在《中华人民共和国宪法》中明确个人隐私权，为个人信息保护提供了最坚实的基础。其次，加强《中华人民共和国个人信息保护法》等法律层次的法规建设，在民法、行政法等相关法律中明确个人信息保护的内容，并注意相互间的衔接。第三，加强个人征信立法建设，出台实施细则和操作规范。在吸收社会公众反馈意见的基础上，尽快出台《征信管理条例》。在此基础上，人民银行应尽快制定相关的实施细则，并对现行个人征信相关部门规章和内部制度进行梳理，及时修订和完善相关办法，确保个人征信活动各环节均有明确的制度规范。

（二）规范个人征信信息收集、使用和安全管理，在征信活动中维护信息主体权益

1. 信息收集方面。

（1）明确个人征信信息收集范围。一是在法律法规层面上对信息收集范围进行限制。明确哪些信息可以收集，哪些信息不得收集。此外，人民银行应该

制定相关的实施细则或操作规范，明确“与个人信用状况密切相关的行政处罚信息、法院强制执行信息等社会公共信息”的具体范围，防止信息收集范围的无规则扩张。个人征信系统收集部分逾期未缴费信息必须建立在身份核查和信息查实并符合一定条件的基础上，防止将其他信息纳入个人征信系统作为实现相关部门执法目的的手段。二是人民银行总行要统一各地非银行信息收集的口径、进度，最大限度地消除地区征信“差异”，真正体现“征信面前人人平等”的征信原则。

（2）对信息收集渠道和手段进行限制。强调信息收集要通过合法、公开的渠道，应当禁止以未经授权的私人访问方式取得对信息主体不利的信用信息，信用调查公司的信息应审慎应用。

（3）个人信息的收集原则上必须得到信息主体的同意，除法律特别规定外。由于我国征信业起步较晚，相关的社会信用法律制度建设不健全，本着促进我国个人征信业发展的原则，允许适度放宽对隐私权的保护。目前采取的中国征信中心与其他征信机构区别对待的方法可以暂时施行，即除依法已经公开的个人信息外，征信机构收集个人信息应当直接取得信息主体的同意；但中国征信中心由于其特殊的地位和作用收集个人信息不需直接取得信息主体的同意，但仍应采取增加征信机构（包括中国征信中心）的义务、强化法律责任等措施实现对信息主体的权益保障。

2. 信息使用方面。

（1）原则性规定。必须对个人信用信息使用的目的和范围进行合理限制，信息内容应当与核实个人身份、判断个人信用状况有关，并且不能对个人合法利益造成任何损害，尤其不能对个人造成歧视性后果。

（2）信息查询主体范围应当受到限制。目前我国对信息查询主体的范围界定过宽，有可能不利于信息主体的利益。建议借鉴美国的做法，明确个人信用信息查询主体范围，否则即使取得当事人的同意（包括从本人处取得）也属违法行为。信息查询主体可以分为两类：一类是民事活动中的交易对方，包括信用交易、应聘、投保的相对方以及经当事人本人同意、并以书面形式委托的个人和机构；另一类是公权力部门，应限制在司法部门、社会福利部门等。

（3）信息内容应区别对待。借鉴美国和俄罗斯的做法，开发信用报告的不同查询版本，包括个人查询版、商业银行查询版、政府查询版等。如政府查询版只提供个人基本信息、个人守法信息等，对商业银行、非金融授信机构、雇主和其他机构等区别对待，以够用、不过度提供为原则，分别提供不同的信息。

（4）严格信息使用条件和程序。信用信息使用必须得到信息主体的授权，授权可以包括明示授权（主要涉及个人隐私信息的使用）和默许授权（适用于个人公开信息的使用），以不经本人授权使用为例外。公权部门依据法律的规定不经本人授权可以查询个人信用信息，人民银行应该制定相应的查询条件和操作规范。此外，还应对本人授权查询的授权效力范围作出规定，如规定商业银行以贷后管理为名义的查询，只能在该笔贷款结清之前。

（5）信息具体使用方面。现实生活中授信机构可能都有一套自己的价值判断标准，在信用状况相同的情况下，授信机构总是倾向于授信给各方面条件较好的申请者。因此，法律如果不明确规定个人信用信息中哪些信息可以作为判断授信的标准，哪些不能，信用信息的使用就会失去标准，信息主体平等的信用权利也会受到损害。

信用评价应以个人目前的收入与资产状况和以往的信用记录为基础，而不能根据个人的基本情况预测其未来信用状况发生某种变化的可能性，并以这种可能性作为信用基础。因为建立个人信用制度的目的在于建立一个守法守信的社会秩序，而不是为授信机构单方提供选择交易对象的机会。因此，对于守信的个人，即使其存在某些影响其资产和收入状况的可能性，只要这种可能还没转变为现实，就不能假定其信用状况发生了变化，而应当为其提供平等的信用机会，否则将会破坏这种守法守信的社会秩序。因此法律应当规定，授信机构应给予申请人平等的信用机会，不得因申请人的性别、年龄、民族、婚姻状况、宗教信仰等因素作出歧视性的授信决定。

在我国目前间接融资市场资金需求大于供给的情况下，为保护个人征信信息主体权益，应对商业银行如何使用个人信用信息进行必要的限制。如，对逾期时间很短（1周以内）、金额小（200元以内）、次数少的被征信人，商业银行不得仅以此为理由拒贷。同时，应规定对逾期时间长、金额大、次数多的严重行为，对被征信人不得给予授信，以体现个人征信系统在促进社会信用环境建设方面的作用。

此外，应当规定消费者有获知授信申请被拒绝或降低原因的权利，授信机构必须将申请被拒绝或降低的原因告知询问人。

（6）信息保存期限方面。建议参照国外的做法，对记录的保留期限分门别类作进一步具体规定：逾期时间很短、金额很小且债务得到清偿的信息保留3年；一般的逾期信息保留5年；金额较大、逾期时间长或恶意透支的信息保留7年；金额巨大的金融诈骗等刑事犯罪信息保留10年以上。

3. 信息安全保密方面。应当注重个人信用信息的安全保密和信息流动两者的平衡。在规定征信机构负安全保密义务的同时，允许信息的流动，应制定有关信息流动过程中的安全保密管理制度。

应当要求信息提供者（主要是商业银行）建立完善的安全管理制度和科学规范的业务操作规程，注意经常检查内部信息系统，积极解决系统中存在的各种技术问题，防止或尽量减少技术原因或人为因素造成的信息泄露。

需要注意的是，在信息存储、处理和传输都依赖于计算机和网络的今天，如何建立信息安全保障机制至关重要。因此，如何公平地区分责任，既保护信息主体的权益，又防止无端加重信息控制人的责任，是需要慎重考虑的问题。有关机构如果能够证明自己已经为确保个人信用信息的安全性采取适当的措施，尽到了审慎的注意义务，则可以免责。

（三）维护信息主体知情权、异议权和更正权，确保信用信息的公正准确性

1. 知情权方面。

首先，应当规定不良信息被提供或收集时，必须通知信息主体。使信息主体即时了解到个人信用记录的变化，及时更正错误信息，或者纠正导致不良信用的行为，采取措施修复个人信用。建议借此次《征信管理条例（征求意见稿）》出台的契机，进行一次全国范围内"不良"信用记录彻底清查。利用公安部公民身份全国联网核查系统，通过在一定期限内集中向信息主体发送并通报已形成记录的信用档案，让公众了解自己的信用状况并就不实之处提出异议，在此基础上剔除那些不符合事实信用记录，补充修正现有的个人基本信息。

其次，应当规定信息主体有免费获取个人信用报告的便利权利。不仅应当规定个人每年有一次免费获取其信用报告的权利，而且应当规定征信机构为信息主体获取信用报告提供便利条件。如果信息主体在接到其申请被拒绝的通知后向征信机构提出查看有关其个人信用报告的要求，征信机构必须免费向该信息主体提供一份完整的信用报告，不受每年免费提供一次的限制。信息主体如有需要额外查询本人信用报告的费用也应当定得低一些。

第三，应当要求授信机构帮助消费者减少违约和及时纠正违约行为，防止和减少不良记录的产生。一是在授信合同签订过程中，应当清楚解释授信合同的有关条款，并确定消费者已经理解合同有关条款；二是在授信合同到期前（还款日前）提醒消费者按时还款，并给消费者留下履行还款手续必要的时间；三是当消费者发生违约时，及时通知消费者，并告知违约记录将进入个人征信系统及后果，以避免出现消费者因对合同内容误解或疏忽大意忘记还款时间而导致违约；当消费者出现违约时，通过善意提醒可以使大多数消费者及时纠正违约行为，防止个人信用记录进一步恶化。

第四，应继续大力开展个人征信宣传。使广大社会公众认识个人征信系统，了解个人信用报告及其对个人信用生活的影响，并积极查询本人信用报告，发现问题，及时提出异议，以保证个人信用信息的全面性和准确性，从而维护个人的信用权利。

2. 异议权和更正权方面。目前个人异议存在便利性不足的问题。可以借鉴美国《公平信用报告法》的规定和联邦贸易委员会与三大征信机构的有关要求，规定征信机构必须提供免费电话，并保证有效维持免费电话在正常营业时间内

能够接通，甚至还可以规定征信机构开通网上申诉渠道，方便信息主体行使异议权、更正权。

此外，信息提供者（主要是商业银行）应当防止或尽量减少技术原因造成的身份盗用或信息错误。如果异议信息是由信息提供人造成的，信息提供人在接到信息主体的异议申请后，应立即采取措施更正异议信息。同时，人民银行应当完善异议处理登记系统，不仅登记信息主体向征信机构提起的异议申请，也要登记信息主体向商业银行直接提起的异议申请，便于跟踪监督商业银行异议处理的进度。建议征信中心适当放开对于无法核实的异议信息添加个人声明的做法。

（四）建立健全法律责任和权利救济制度，完善权益保护辅助措施

1. 有关民事赔偿责任的规定。《征信管理条例（征求意见稿）》规定了征信机构和信用信息使用者因过错给信息主体造成损害的，应当依法承担民事责任。但还需进一步明确过错的认定和损害赔偿责任的范围。不仅应规定直接经济损失的赔偿责任，还应规定精神损害的赔偿责任，适当的时候可以考虑惩罚性赔偿。借鉴美国的做法，最好能对赔偿金额作出详细规定。

2. 行政责任和刑事责任的规定。就个人征信信息主体权益而言，参照《个人信息保护法（专家建议稿）》第68条的内容作出规定。个人信用信息处理者不能及时采取措施以保证个人信息准确性、完整性和及时性的，以及由于安全措施不到位，导致个人信息的泄露、丢失、毁损或其他安全事故等，由国务院征信业监督管理部门责令改正，处5 000元以上5万元以下罚款，有违法所得的，没收违法所得；情节特别严重或者逾期不改正的，处5万元以上10万元以下罚款，可以责令暂停个人信用信息处理或吊销登记证或许可证；构成犯罪的，依法追究刑事责任。

3. 行政司法救济制度方面。《征信管理条例（征求意见稿）》已经规定了国务院征信业监督管理部门（即人民银行）依法监督征信业务活动情况，对违反征信业管理规定的行为进行查处。建议增加监督管理部门帮助信息主体提起民事诉讼，协助取证等职责。

实践中，人民银行应十分注意履行好监管者的职责，审慎批准征信机构的设立，密切关注并监督检查个人征信活动在信息收集、保存、整理、加工、分析、使用等各环节是否符合征信业务的一般规则，依法对违反征信业管理规定的行为进行查处，从而维护信息主体权益。

（五）加强权益维护监管，保证相关制度落实到位

目前，个人信息主体保护的监管部门是人民银行征信管理部门。征信管理部门应积极采取措施，加强监管，维护信息主体权益。

1. 加强权益保护组织机构建设。人民银行征信管理部门设立信息主体维权

部门或岗位，与异议处理部门或岗位分开，专门负责处理信息主体的投诉，监督异议处理操作规程，促进异议处理部门提高效率。

2. 加强对商业银行异议处理的监督检查。异议处理的核实、修改和回复的环节主要在商业银行，大量的异议处理是由客户直接向商业银行申请。要定期通报各商业银行异议处理回复和解决情况，开展异议处理检查；对超期回复和解决的商业银行按有关规定予以处理，促进商业银行提高异议处理的回复率和解决率。

3. 完善异议处理监督跟踪信息系统。督促商业银行完善异议处理系统，改进跟踪功能，使其上下级银行间能及时了解异议申请流转情况，随时掌握异议动态。将商业银行受理的异议纳入人民银行异议处理统计范畴，以便全面把握异议处理动态，分清类型，有针对性地予以解决，切实维护信息主体权益。

参考文献：

［1］周汉华：《个人信息保护法（专家建议稿）及立法研究报告》，法律出版社 2006 年版。

［2］李朝晖：《个人征信法律问题研究》，社会科学文献出版社 2008 年版。

［3］中国人民银行征信管理局：《征信专题研究》，中国金融出版社 2009 年版。

［4］王征宇等：《美国的个人征信局及其服务》，中国方正出版社 2003 年版。

［5］百姓征信知识问答编委会：《百姓征信知识问答》，中国金融出版社 2008 年版。

外汇管理篇

金融危机下福建省涉外企业汇率风险管理分析

中国人民银行福州中心支行经常项目管理处课题组

课题主持人：阮玉盼

课题组成员：洪万钟　林　薇　黄　瑛

由美国次贷危机引发的全球性金融危机已经逐渐向实体经济蔓延，福建省是外贸依存度很高的省份，经济和贸易不可避免地遭受了冲击，企业的盈利水平大幅下挫。2005年我国汇率体制改革之后，人民币汇率的弹性增强，涉外企业在经营过程中面临更多的汇率风险。提高企业在新的汇率形成机制下抗风险的能力，并通过规避汇率波动保障正常经营成果，安全度过金融危机已成为外汇服务的重要内容。

一、有管理的浮动汇率制下涉外企业汇率风险分析

（一）现行有管理的浮动汇率制度

2005年7月21日，中国开始实行以市场供求为基础、参考一揽子货币进行调节、有管理的浮动汇率制度。为进一步完善此制度，促进外汇市场发展，提高金融机构自主定价和风险管理的能力，2007年5月21日，中国人民银行又再次决定扩大银行间即期外汇市场人民币兑美元交易价浮动幅度，银行间即期外汇市场人民币兑美元交易价浮动幅度由3‰扩大至5‰。人民币汇率告别了自亚洲金融危机以来事实上的与美元保持固定汇率的做法，汇率开始波动起来。

（二）汇率市场化是大势所趋

1994年以来，我国实行的是以市场供求为基础的、单一的、有管理的浮动汇率制度。1997年亚洲金融危机后至2005年汇率体制改革之前，人民币与美元之间汇率仅有微小的变动。这种单一盯住制有助于稳定市场预期，促进对外贸易和资本引进。但却不能根据人民币的实际价值进行汇率调整，不能自主控制基础货币量，使本国经济在很大程度上依附于被盯住的国家，货币政策缺乏自主性。在经济全球化的背景下，从单一盯住制到更具弹性的浮动汇率制度是人民币汇率制度的必然选择。根据蒙代尔“三元悖论”：资本自由流动、汇率稳定和货币政策独立三者不能同时成立，政策选择只能是两两组合。因此，为保持

货币政策的独立性，并实现人民币完全自由可兑换，只能渐进而有序地推行汇率制度改革，最终实现汇率市场化。

（三）汇率市场化与外汇管制的矛盾

中国是实行较严格外汇管制的国家。国际上许多外汇风险管理方法在我国推行时不可避免地受到外汇管理政策的约束。主要表现在：一是人民币只在经常项目下可兑换，企业不能以人民币作为结算货币来规避汇率风险；二是现行办法规定大多数金融衍生产品交易必须以真实交易为背景。这种实需原则在一定程度上限制了企业使用衍生产品的灵活性。

（四）汇率市场化挑战涉外企业的适应性

在汇率改革大幕拉开后，人民币对美元的汇价变动变得越来越成熟，并非一味的升值，而是呈现出升中有跌、跌中有升的态势，而且汇率变化与其他主要货币走势的关联度也越发密切。汇率的频繁波动给许多需要结售汇的涉外企业带来了更多因汇率波动引发的变数，汇率波动开始挑战涉外企业的适应性。只有在新的形势下不断接受新的理念和不断了解新的金融工具，才能有效规避汇率风险，在今后日渐激烈的竞争中保持领先。

二、金融危机下福建省涉外企业控制汇率风险的紧迫性

受金融危机影响，发达国家消费能力遭受重挫，福建省进出口形势恶化，2008 年 11 月以来福建省进出口及收付汇金额开始呈现明显的回落势头，2009 年 1 月更是双双出现大跳水，首次出现负增长（如图 1 和图 2 所示）。在这种情势下，企业的盈利能力进一步减弱，汇率风险使原本就微薄的利润所剩无几。若能较早采取应对措施，汇率波动的影响有可能被降到最低水平，甚至还能在一定程度上提升利润水平。控制汇率风险以直接提高利润水平刻不容缓。

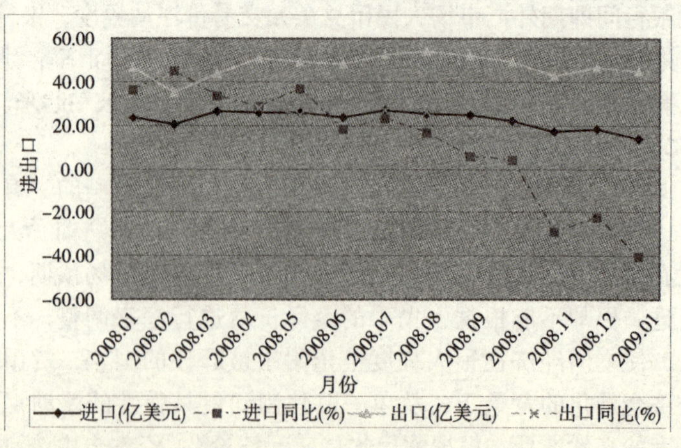

图 1　2008. 01 ~ 2009. 01 福建省进出口情况表

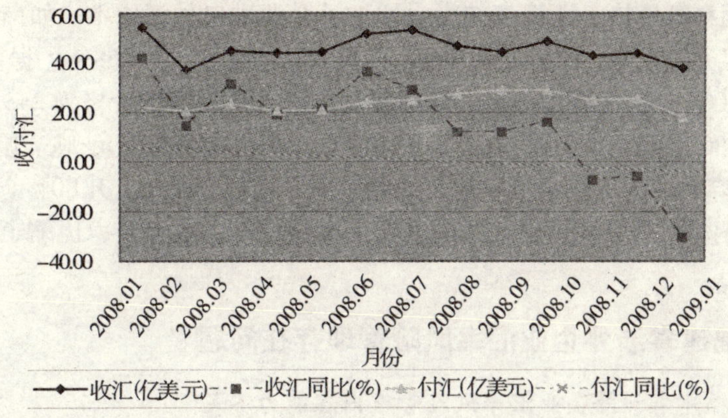

图2 2008.01～2009.01 福建省收付汇情况表

（一）出口销量大幅减少降低了利润水平，增加了控制汇率风险的紧迫性

受欧美经济衰退、消费需求大幅下降的影响，出口企业的订单量明显下降，机电行业、电子企业、纺织服装业、玻璃行业、水产加工行业等均出现利润空间不断被压缩，甚至亏损面扩大的现象。如三农集团主要出口草甘磷产品，2008年上半年产品月均出口600～700吨，下半年产品月均出口减少至300～400吨，销售单价也从2008年6月的12 500美元/吨降至了12月的3 800美元/吨，降幅达70%。龙工集团受全球金融危机影响，装载机的市场需求明显萎缩。从2008年9月开始该企业销量同比逐渐下滑，其中2008年11月下降幅度最大，同比下降了44%。福耀玻璃工业集团股份有限公司，由于其汽车玻璃的主要市场在金融危机中遭受了沉重打击，2009年1月出口约750万美元，同比下降51.93%。

（二）出口企业收汇难度增加，时间延长，控制汇率风险迫在眉睫

金融危机导致欧美商品市场需求大为减少，外方企业以各种借口推迟或拒付款，出口企业收汇难度增加，时间延长，汇率风险随之扩大。如闽东丛贸船舶实业有限公司2008年出口额1 085.6万美元，而收汇额仅为205万美元。该公司2008年4月出口一艘价值980万美元的船舶，由于外国购买商受全球金融危机的影响，资金出现问题，故无法按合同规定付清船舶款，该公司只能接受分期付款方式收回款项。福州金飞鱼柴油机有限公司2008年出口总额为2 672.70万美元。受金融危机影响，境外企业流动性紧缺，该公司2008年8月后有约468.18万美元的出口货值在货物出口后180天尚无法收回，形成了大量的远期收汇款项。南平铝业、康丽大针纺、武夷山阳光竹地板等企业也均遇到购买方以各种借口不付款的情况。

（三）企业进口成本增加，压缩了企业的利润空间，控制汇率风险紧迫性凸显

国际原材料价格高位运行，粮食、大豆、铁矿石、有色金属、液体化工、

塑料米、饲料等价格上涨幅度较大，增加了企业进口付汇成本。如南纸股份有限公司付汇大幅上升，付汇额为8 492万美元，同比增长56.68%。据企业反映，这是由于2008年前3季度废纸价格报复性上涨，平均废纸价格为243美元/吨，甚至突破300美元大关，而2007年平均废纸价格仅为190美元/吨。厦门国贸进口的铁矿砂2008年价格增幅80%，导致其付汇金额也同比上升80%。龙工集团2008年受钢材平均采购价格上涨的影响，销售成本大幅增长，压缩了企业的利润空间。

三、福建省涉外企业汇率风险管理存在问题

（一）福建省涉外企业汇率风险管理内在能力不足

对于涉外企业来说，金融危机的影响逐渐显露出来，多变的汇率环境对涉外企业更是雪上加霜，汇率风险已经给企业带来了实实在在的损失。尽管许多涉外企业已经感受到了汇率风险所带来的种种影响，但目前福建省大部分涉外企业对于汇率风险的反应却相当滞后。

1. 汇率风险管理意识薄弱。1997年亚洲金融危机后，人民币与美元之间的汇率仅有微小变动，加上严格的资本管制和外汇市场管制，中央银行对外汇供求和汇率水平有着决定性的影响。企业习惯于由国家来承担汇率风险的一切责任，企业自身进行汇率风险管理的意识相当薄弱。因此，在汇率形成机制发生变化、人民币汇率浮动弹性进一步增强后，企业在认识形态上尚未改变，主动化解汇率风险意识不强。2008年8月之前，人民币保持较为明显的单边升值态势，进口企业依旧采取预付货款的结算方式，单方面承担大部分的汇率损失。据了解，福建省涉外企业在国际贸易中更多考虑的是信用风险而非汇率风险。在国际金融环境持续恶化、企业盈利能力下降的情况下，其对汇率风险依旧没能引起足够的重视，要么干脆置之不理，要么抱着侥幸心理消极应对。

2. 汇率风险管理水平较低，规避汇率风险方式较为单一。福建省涉外企业在应对汇率风险方面习惯采用简单的押汇、办理远期结售汇的方式来避险。2007年人民币保持单边升值的趋势以来，这种方式几乎成为企业无风险获取外汇收益的最简便的方法。但随着金融危机的爆发，国际经济形势变得更加复杂，人民币结束了单边升值的趋势，开始转为贬值，企业如果仅办理简单的远期结售汇很容易产生汇率方面的损失。

3. 汇率风险管理人才缺失。目前福建省涉外企业领域内高水平的金融人才十分匮乏，企业内部没有设置专门的汇率风险管理部门，也没有专门的人员负责向企业高级管理人员报告汇率风险方面的动态，大部分企业的汇率风险管理只能是由财务部门代为履行，而财务人员又并非专业的金融人才，许多仅懂得基本会计理论，在汇率风险管理中面临专业化的问题时显得力不从心，这就使

得企业在规避汇率风险方面很难达到最佳的管理效果，大大制约了企业对汇率风险进行有效管理的能力。

4. 产品附加值低，合同定价失去话语权。福建省传统的出口企业普遍以低成本、低附加值、低价格的方式赢得国际市场。在国际金融危机和人民币升值的双重压力下，出口成本增加，削弱了我国出口商品在价格上的优势，再加上产品本身的质量和技术含量不高，附加值低，使得福建省出口企业产品价格没有弹性，在合同定价时丧失话语权。

（二）涉外企业汇率风险管理外部环境不佳

涉外企业面临的外部环境也是影响其汇率风险管理有效性的重要因素。一般来说，企业可以通过金融或者非金融的手段来规避汇率风险，而金融工具的运用是涉外企业进行汇率风险管理的主要外部途径。

1. 涉外企业交易对手需求萎缩，转移汇率风险难度增大。涉外企业通过在交易过程中合理签订合同条款，选择有利的货币和结算方式是控制汇率风险最节约成本的方式之一。金融危机导致欧美等主要市场需求疲软，海外交易对手资金链普遍紧张，企业通过进口延付、出口预收等方式进行贸易融资的难度增大。相反，海外客户延期付汇和预收货款需求强烈。福建省涉外企业在谈判中往往不能获得有利条款，财务费用增加，单方面承担更多的汇率风险。诸如东南汽车，进口结算方式上多用信用证及预付货款方式，特别是汽车配件进口，大部分依旧采用预付货款方式，结算货币以美元、欧元为主，并不能根据汇率走势而采用有利于自己的结算货币和结算方式。

2. 银行出于自身风险考虑差异性产品策略难以实现。金融部门涉外企业规避汇率风险中，银行应该提供有效咨询服务，利用其研究力量帮助企业分析前景，合理运用各种外汇衍生工具来规避企业不同的风险控制需求。由于商业银行远期外汇敞口头寸全部由总行承担，相应的，总行统一负责产品的开发和定价，并规定了严格的风险控制制度，分支机构在产品期限结构、合约价格等方面缺乏自主调整的权利，无法根据客户的实际情况调整产品供给，不能满足客户的个性化需求，差异性产品策略难以实现。

3. 金融部门提供的规避汇率风险途径有限。目前，我国依旧对资本项下的外汇进行管制，涉外企业很难利用国外发达资本市场的金融衍生工具来规避汇率风险，诸如外汇期货、期权等，国内金融机构提供的规避汇率风险的工具又相对较少。企业较常运用的规避汇率风险的工具仅为远期结售汇业务，币种包括美元、港币、欧元、日元等；期限有 7 天、1 个月、3 个月、6 个月、9 个月、12 个月共 6 个期限档次。外汇掉期市场规模过小，只有小部分企业操作掉期。而具有保值功能的外汇期货、期权、货币互换、互换期权等衍生产品业务尚未开展，人民币无本金交割远期（NDF）市场也未对境内投资者开放，企业可以选择的工具有限，难以满足企业进行外汇风险套期保值的需要。

4. 银行汇率避险业务门槛过高。商业银行为了控制交易风险，要求企业对部分金融衍生产品交纳一定比例的交易保证金。如中国银行对远期结售汇业务按照期限的不同分别收取交易金额3%～10%不等的保证金，对于3个月以内的远期结售汇业务一般收取交易金额3%的保证金，超过1年则收取交易金额10%的保证金，并根据交易币种的汇率趋势进行相应调整。在当前金融危机的背景下，对于规模较小、资金紧张的中小企业来说这是一个不低的门槛，成为涉外企业选择汇率避险工具的障碍之一。此外，银行对涉外企业贸易融资财务指标的评价的要求很严，增加了企业的融资难度。企业可以运用的控制汇率风险的外部手段十分有限。

四、值得借鉴的成功案例

当多数企业为汇率风险所困时，却有少数企业获得了汇兑收益。全球液晶显示器的第一大制造厂——冠捷集团自2005年以来，通过对其外汇头寸进行管理，利用汇率避险工具、采用有效的汇率风险管理手段，不仅成功避免了因汇率波动而造成的汇兑损失，而且还获得了汇兑收益。

（一）应对人民币汇率升值的方法

2008年8月之前，该集团主要通过以下七项措施来应对人民币汇率升值：

1. 压缩境内资金规模，加快资金流动。在资金调度方面，坚持资金用多少进多少，并将收回来的货款当天对外支付。即便是远期结汇到期交割后，资金也立即对外支付。这种头寸当天进出或隔夜存款的方式盘活了集团的资金，充分发挥了资金有效性，降低了财务成本。据统计，该集团本外币存款基本维持在500万元与50万美元，分别比历史上最高存款余额下降了99.24%与99.59%。

2. 调整结算方式，减少费用支出。为了最大限度减少财务费用，该集团借助在国际上有较高知名度的有利条件，灵活调整进口付汇的结算方式，将信用证结算方式的比重由原来的70%的调减至30%，节约财务费用支出约1 123万元。

3. 提高产品的科技含量，争取在价格谈判上的话语权。该集团根据当前国际市场的需求，采取相应的应对措施，加大研究开发投入，调整经营理念，把更多的精力放在研究开发高科技和高附加值产品上，从而在价格谈判上获取更多话语权。

4. 集中采购，降低成本。据调查，该集团采取针对性的采购策略，将主要原材料SRT的采购集中到几家大的制造商手中，以大规模、大批量的采购模式换取相对优惠的采购价格，以优惠的价格转嫁汇率风险，成功地使采购成本下降了10% ~20%。

5. 采取进口延期付汇方式获取人民币升值收益。据统计，自2006年以来该集团进口项下办理延期付汇4.95亿美元，办理外债登记4.51亿美元。

6. 利用海外代付降低融资费用。由于海外代付具有融资利率低、手续方便等特点，在人民币汇率升值背景下，成为该集团青睐的融资方式。2008年度该集团利用海外代付和银行外汇贷款办理对外支付占进口项下全部对外支付总额的31.18%。

（二）应对人民币汇率贬值的方法

2008年9月以来人民币汇率加剧波动，该集团逐步改变资金运作方式，以应对可能出现的人民币汇率贬值风险。

1. 利用远期售汇提前锁定购汇成本。调查显示，该集团从2008年9月开始办理了18.6亿美元的远期售汇的合约，特别是12月以来国际外汇市场美元汇率走强、人民币汇率回落，仅12月1日~5日短短5天时间就签订了1.5亿美元远期售汇合约，提前锁定了购汇成本。

2. 大量偿还境内外币贷款。受到人民币汇率贬值预期及国外融资成本较低的影响，该集团逐步加大国外融资力度，如增加海外代付，或者通过其在香港的母公司加大融资力度以及货款回笼的形式满足其资金需求，同时大量归还境内外汇贷款，2008年10月末该集团全部还清境内外汇贷款。

3. 减少进口延期付汇方式。据了解该集团目前仅对部分小料件进口付汇采取延期付汇方式，2008年9月以来延期付汇仅为0.52亿美元。

（三）启示

冠捷集团通过采取上述汇率风险管理措施，获得了大量的汇兑收益。特别是金融危机发生后，企业利润大为缩水，企业的主营业务利润为负，收益主要体现在汇兑损益方面。由此可见，企业具有较强的专业常识和较高的汇率风险管理水平，善于运用各种金融避险工具，不但不会形成汇兑损失，反而可以赢得汇率风险收益。提高汇率风险管理水平是保障企业盈利能力、降低财务费用的重要举措。加大外汇服务力度，不仅仅应给予困难企业必要的政策支持，还应提高企业的避险知识储备，为企业创造更广阔的避险选择空间。

五、福建省涉外企业汇率风险管理的对策建议

（一）加大宣传力度，提高企业汇率风险管理意识，深入企业现场指导，使企业及时了解外汇业务、外汇政策法规和新的政策工具

外汇管理局应加大对汇率风险管理重要性的宣传力度，引导企业增强汇率风险意识，注重影响汇率变动的基本因素，把汇率风险管理作为企业日常工作的一项重要内容，并设置专门的职能部门，配备相应的管理人员，努力将汇率

波动对企业盈利的影响降低到最小。同时，组织涉外企业汇率风险管理培训，协助企业培养外汇管理人才。防范汇率风险是一项技术性较强的业务，准确预测汇率变化趋势是管理汇率风险的前提。因此，外汇局应加强同外汇指定银行的协调配合，组织银行相关部门专业人员对涉外企业的汇率风险管理人员进行授课，指导企业深入学习规避汇率风险知识，主动及时地关注汇率市场变化，帮助企业掌握各种外汇避险工具的运用，以提升企业汇率风险管理水平，增强规避风险的能力。

（二）加大政策支持力度，在总局政策框架下，结合福建省实际，用活出口收结汇政策，加快速度办理收结汇手续，有效解决出口企业的收结汇难题，增强企业规避汇率风险的主动权

现阶段主要措施有：

1. 实行凭纸质报关单办理贸易收结汇，解决初始可结汇额不足的问题。

2. 针对国家外汇管理局汇综发【2008】118号文件实施后，企业仍存在出口后180天内收汇，但超过9月30日国家外汇管理局规定的可凭纸质出口报关单办理的最后时限的实际情况，福建省分局研究制定了相关措施，通过核查企业出口和收汇的真实性和一致性后，予以核准办理收结汇手续，及时解决了企业困难。

3. 简化“出口收结汇联网核查系统”操作，解决企业在多家银行收汇，尤其是在异地银行收汇无法提供多张IC卡办理收结汇联网核注的问题。

4. 积极与外汇指定银行保持联系，在核实企业出口和收汇的真实性和一致性后，快速予以核准办理结汇，及时解决企业因许可证项下出口导致收汇方和出口方不一致的问题。

5. 简化来料加工企业办理收汇超比例登记手续，允许企业凭电子口岸打印的出口报关单电子底账经外汇局审核后，办理相关收结汇手续。

（三）提升涉外企业利用内生性非衍生工具控制汇率风险的能力

对于涉外企业来说，运用内生性非衍生工具规避汇率风险既节约成本又方便企业操作，是企业在日常涉外交易过程中最频繁使用的规避汇率风险方法之一。

1. 选择有利的计价货币和结算方式。一般来说，出口选用“硬货币”，进口采用“软货币”成交。货币的“硬”和“软”是相对的，在一定条件下会发生变化，因此必须合理预测其变动趋势。进出口收付汇还应根据实际情况选用合适的结算方式。一般而言，即期信用证最符合安全收汇的原则，远期信用证、托收次之。在信用证方式下，当汇率有升值预期时，国内出口商应尽量多使用即期信用证结算；当汇率有贬值预期时，应尽量多使用远期信用证结算。对于进口商而言，则当汇率有升值预期时，应尽量使用远期信用证，推迟付款时间；当汇率有贬值预期时，尽量使用即期信用证，尽早付汇，也可在开立信用证时

就办理购汇。

2. 有效预测汇率波动趋势，提前或延期结售汇。在金融危机爆发的情况下，国际金融形势变得更加复杂多变，汇率的波动频率变高，提前或延期结售汇对涉外企业会产生不同的利益效果。企业应有效预测汇率波动趋势，调整结售汇的时间。当预测计价货币将进入贬值趋势时，出口商应尽早以即期外汇交易的形式收回出口货款，并尽快结汇，避免因计价货币汇率的下跌而产生损失；进口商则应尽量要求延期付款，以便在计价货币贬值后以相对较小的成本购汇支付。当预测计价货币将进入升值趋势时，则采取相反操作，推迟收结汇，提早购付汇。

3. 将汇率风险纳入价格管理。企业在订立合同时，应考虑合同期内的汇率波动幅度，并纳入价格谈判中，将汇率波动的风险转嫁给交易对方，或者转嫁给下游企业。例如，预测计价货币在合同期内会有5%的升值，则进口商可以在价格谈判过程中下浮5%；若预测计价货币在合同期内会有5%的贬值，则出口商可以在价格谈判过程中上浮5%；假如汇率朝着预期的方向波动，由于在定价过程中已经考虑的汇率风险，进出口企业依旧可以获得正常利润。采用这种方法完全规避汇率风险只有具有绝对垄断地位的企业才能做到，一般涉外企业都只能部分规避，双方共同分担风险和收益。

（四）通过市场手段调节经济主体的市场行为，扩大市场主体对规避汇率风险的选择空间

1. 提升涉外企业合理使用现有避险产品、转移汇率风险的能力。利用现有金融衍生工具，规避汇率风险。目前银行提供的汇率风险管理工具主要有远期结售汇和外汇掉期业务。对进口商来说，需要用人民币购买外汇，如果预期未来人民币有可能贬值的话，可以通过远期售汇业务锁定付汇成本。对出口商来说，需要将所得外汇兑换成人民币，如果预期未来人民币有可能升值的话，则通过远期结汇业务锁定收汇金额。同时，还可利用贸易融资方式，转移汇率风险。采用贸易融资规避汇率风险主要有向银行申请办理出口押汇、票据贴现、出口保理、福费廷等方式。通过这些方式，既改善了出口企业的现金流状况，又可达到规避汇率风险的目的。

2. 鼓励金融机构加大金融创新，研究开发避险产品，为企业提供多元化金融工具。人民币汇率体制改革给商业银行带来了服务创新的好机会，商业银行应抓住机遇，以客户需求为导向，进一步增加外汇避险工具种类，鼓励有条件的商业银行加快创新，针对不同客户群开发新的以规避汇率风险为主的金融衍生产品，增加企业规避汇率风险的途径。同时，银行应充分利用自身在人才与专业方面的优势，加强对企业规避汇率风险的指导，为企业提供更专业的意见和适合企业实际需求的外汇避险产品，支持和帮助企业顺利开展各种对外经济

往来。帮助企业树立汇率风险防范意识，鼓励企业积极运用外汇衍生产品，规避汇率风险。

3. 发展金融衍生品市场，拓宽企业可选择的范围。金融衍生品市场为企业提供了规避汇率风险的有利场所，因此应大力发展外汇衍生品市场，丰富外汇衍生产品。例如在已允许开办人民币外汇货币远期和互换的基础上，加快研究和推出人民币期货和期权交易等，培育和发展 NDF 市场，为境内人民币衍生产品市场提供有效的流动性。取消对市场主体的部分限制，让更多的经济主体参与到金融衍生产品市场交易中。扩大现有人民币汇率衍生品市场的参与范围，引入更多的银行机构参与人民币衍生品交易；尽快取消对企业参与人民币汇率衍生品交易的各种限制，降低交易门槛，使企业能够根据自身经营需要灵活选择交易的种类和规模，及时调整进出口贸易结算的币种和期限结构，疏导企业资金通过市场途径规避风险。

（五）扩大汇率管理研究学潮，探讨更加适合的汇率管理体制

人民币汇率制度安排从完全不自由兑换、经常项目下自由兑换到最终完全的自由兑换，对经济的影响甚大，因此也需谨慎。涉外企业面临的汇率风险是在我国现行汇率制度安排下的汇率风险，外汇制度安排合理与否对涉外企业汇率风险管理影响深远。如何构造更加适合自己的外汇风险管理系统，外汇局要高度重视。可以在外汇局、银行、企业以及学术界都掀起汇率管理研究的学潮，探讨更加合理的汇率管理制度安排，完善汇率形成机制，让汇率尽可能真实地反映市场资金的价格，使境内机构和个人能够根据这些价格信号的变动情况作出理性反应，从而从体制的源头提升涉外企业加强汇率风险管理的能力，提升企业的盈利水平，增强企业在国际市场上的竞争力。

参考文献：

［1］黄亦君：《基于现金流量的我国海外企业外汇风险管理策略》，《生产力研究》，2007 年第 23 期。

［2］李朝辉：《我国外贸企业规避汇率风险方法初探》，《商场现代化》，2007 年第 22 期。

［3］杨春红：《汇率市场化形势下对企业汇率风险管理的思考》，《南方金融》，2007 年第 5 期。

［4］黄庆：《汇改后中小出口企业避险策略》，《现代金融》，2007 年第 3 期。

［5］蒋玉洁：《谈加强企业汇率风险管理》，《财会月刊》，2007 年第 18 期。

国际金融危机对推进人民币资本项目可兑换的启示

中国人民银行福州中心支行国际收支处课题组

课题成员：林　勃　高晓倩

国际短期资本流动的不稳定性与投机性是引发许多国家货币危机乃至国际金融危机的重要外部原因，在推进人民币资本项目可兑换的进程中，必须十分关注防范和化解外部冲击和国际金融危机传导扩散的风险。

一、国际金融危机产生扩散的原因分析

自布雷顿森林体系崩溃以来，各国不断遭受金融危机困扰，特别是20世纪90年代以来，大规模的国际金融危机频发，发达国家与发展中国家、实施浮动汇率与固定汇率制度的国家、资本账户自由化和实施资本管制的国家均深受其害。产生危机的主要原因可归结为以下四方面：

（一）国内宏观经济失衡是国际金融危机产生的内在根源

一是经济基础薄弱。具有竞争力的制造业、合理的产业结构是一国宏观经济稳健运行的重要基础，往往也是金融危机发生国的“软肋”。如冰岛传统上以渔业和旅游业为经济支柱，工业基础薄弱，20世纪90年代以来放宽金融管制，实现银行私有化和货币自由浮动，快速扩张金融业，通过全球扩张、多领域投资和高负债、高杠杆的衍生产品投融资，聚积泡沫化的巨额财富。由于虚拟资产的快速膨胀大大超出实体经济规模，随着资金链的断裂和信用泡沫的破灭，冰岛缺乏坚实基础的经济结构脆弱性凸显，陷入前所未遇的货币金融危机，面临“国家破产”风险。再如亚洲金融危机发生前的泰国、印度尼西亚等国产业结构长期以出口导向的劳动密集型产业为主，在产业升级调整方面乏善可陈，在周边国家的竞争下，逐步失去固有的价格优势，从而危及金融安全。

二是泡沫经济的形成与破灭。最为典型的案例发生在日本。1985～1990年，日本土地资产总值增长了2.4倍，相当于同期GDP的5倍；日经指数从12000点上升到39000点，股票总市值增长了4.7倍，市盈率超过70倍。当虚拟资本脱离实物资本和实业部门的过度增长泡沫破灭后，经济难以避免地陷入衰退。90年代中期日本股价、房价跌幅分别高达80%和70%，股票和地价的损失相当于

GDP的90%，90年代成为日本“失去的十年”。

三是僵化或失当的汇率安排。从国际经验看，汇率制度的可信度与可持续性至关重要，特定的汇率制度必须与一国的经济基本面、宏观政策协调一致，否则势必引发货币危机。“不当的固定汇率——金融危机——浮动汇率安排”是不少国家特别是发展中国家汇率制度演变的共同经历。如巴西、阿根廷将本币汇率兑美元汇率高估锁定；泰国等东南亚国家1997年以前实行盯住美元的固定汇率，出现汇率高估，成为国际游资的冲击目标而爆发金融危机，最终不得不放弃固定汇率。在浮动汇率制度下的汇率安排失当也容易引发严重的不良后果，如日元在《广场协议》后的快速升值，产生严重泡沫。

四是经常账户赤字与短期资本大量流入。以亚洲金融危机为例，泰国、印度尼西亚、马来西亚等国自20世纪80年代中期以来持续出现经常账户逆差，国际收支平衡主要依靠外资特别是短期债务和短期证券投资，国际收支平衡的基础较为脆弱。泰国、阿根廷、俄罗斯的货币危机也与外债及短期资本规模过大有关，属于由债务危机导致的货币危机。

（二）国际游资冲击是国际金融危机发生传导的外部条件

金融危机国际化传导的重要外部条件是资本项目可兑换前提下的国际游资冲击，大量资金流入后的迅速抽逃几乎是所有发生金融危机国家的共同遭遇。随着贸易自由化、区域乃至全球经济一体化程度的提高，一国发生的金融危机很容易引发邻国的金融动荡，从而使一国的金融危机演变为区域性乃至全球性的金融危机。值得关注的是，国际游资冲击的对象不仅局限于经济基础较为脆弱的发展中国家，一些发达国家也深受其害。比如1992～1993年的欧洲货币体系危机中，芬兰马克、瑞典克朗、意大利里拉等先后遭受冲击，以索罗斯为代表的对冲基金在与欧洲多国中央银行的对弈中取得胜利。

（三）高杠杆率衍生工具的推波助澜是国际金融危机危害加剧的“倍增器”

美国次贷危机之所以传导扩散为席卷全球的国际金融危机，就在于对冲基金、私募基金和投资银行等通过高杠杆率融资投资基于次贷的债务抵押债（CDO）、抵押贷款支持证券（MBS）等金融创新产品，将美国次级房贷的风险放大转移到全球资本市场。这一过程中，名义本金规模数倍于全球GDP的高杠杆率衍生工具是次贷危机扩散加剧的“倍增器”，其资金杠杆率高达20～40倍，这意味着投机者运用2～4美元的资金就可以撬动100美元的投资，同时也意味着基础资产价格的微小波动就可以造成衍生工具持有者数十倍的损益。在欧洲货币体系危机、亚洲金融危机和《广场协议》后的日元升值泡沫中，同样有投机资本在汇市、股市和债市中从事高杠杆率保证金交易。

（四）科学宏观调控与有效金融监管的缺位是国际金融危机爆发的重要原因

无论是国内宏观经济的失衡还是外部游资的冲击与高杠杆率衍生品的推波

助澜，只要经济管理当局调控得当，监管到位，就可以将脆弱性控制在风险可承受范围，这是一国免遭金融危机冲击的最后一道也是最为关键的防线。以欧洲货币危机为例，20世纪90年代初期的欧洲经济尽管乏善可陈，但各主要经济指标总体仍处在安全区间，之所以爆发货币危机，就在于各国政府和中央银行在维护欧洲汇率机制稳定与控制通货膨胀、刺激本国经济复苏的多重目标间迷失且协调不力，从而产生英镑等货币人为高估的脆弱性，为投机资本创造炒作空间。同样，美国次贷危机传导扩散为席卷全球的国际金融危机，也暴露了美国联邦储备委员会对衍生品交易特别是场外衍生品交易的监管不力。

二、从国际经验看资本管制在预防和应对国际金融危机中的作用

推进人民币资本项目可兑换有必要认真研究、借鉴其他国家开放资本账户的经验和教训，科学分析资本管制在防范、抵御国际金融危机中的作用。

（一）资本管制与非管制国家发生金融危机的实证概率评估

美国联邦储备委员会经济学家 Reuven Glick 和 Michael Hutchison 于2004年在一份研究报告中对1975～1995年间69个发展中国家发生的160次货币危机与实施资本管制与否的相关性作了专门的概率评估。数据表明，69个发展中国家在22年间发生货币危机的频率①为11.7%，其中，1975～1979年间发生货币危机的频率最低（9.9%），1985～1989年间频率最高（14.3%）；而同期实施资本管制的国家占统计样本的83.4%②，其中1975～1989年间实施资本管制的国家占比呈上升趋势，到1990年以后占比有所下降，1985～1989年间实施资本管制的国家占比达89%，在1995～1997年间降至76.2%。基于上述观测数据的研究还显示，当年实施资本管制的国家发生或不发生货币危机的概率分别是12.7%、6.8%；上一年度实施资本管制的国家发生或不发生货币危机的概率分别是12.5%和8.0%。数据表明，至少从表面上看，资本管制并不能减少货币危机发生的概率，甚至还提高了货币危机发生的可能性，也就是说货本管制并不能降低一国货币不稳定的风险。

为衡量各国发生货币危机的影响因素和概率，Reuven Glick 和 Michael Hutchison 还选取了90个国家（32个新兴市场国家和58个发展中国家、转型经济国家）作为样本空间。这些样本不仅包括那些在1975～1997年间经历了危机的国家，而且也包括同一期间没有经历严重危机的国家。研究发现，实施资本账户限制对于货币危机可能性的概率基准高达31%～36%。Eichengreen 和 Leblang（2003）考查了不同货币制度条件下资本账户自由化与国际金融危机的关系，发

① 考察期内发生货币危机次数/（考察的国家数×考察年度区间）

② 在年末实施资本管制的国家×实施管制的年度区间/（考察的国家数×考察年度区间）

现结论大同小异，甚至在某些条件下，还可以得出“国际金融危机＝资本管制危机”的结论。

（二）资本管制的效率评估

资本管制是指一国政府或货币当局对可能影响经济稳定和发展的资本流动及相关交易采取的限制措施，其主要目的是促进国际收支平衡与保持汇率稳定，并以此促进宏观经济与金融市场稳定。从资本管制的内容看，主要可以划分为对短期资本流入的管制与对资本外逃的管制。

1. 对短期资本流入的管制效率评估。一般认为短期资本更具投机性，容易增加宏观经济和金融体系的不稳定性与脆弱性，因此不少国家特别是新兴市场国家都不同程度地对短期资本流入进行直接或间接的管制。但无论在理论还是实务方面，都很难有效界定和区分长期投资与短期投机。特别是随着金融市场和金融衍生工具的不断发展和创新，二者间的界限更为模糊。想在鼓励和保护长期投资以及保持跨境收支必要“便利化”的同时有效管制“热钱”流入几乎是不可能的任务，世界各国几乎都没有这方面的成功经验。

从国际经验看，智利、巴西、泰国都曾面临大规模资本流入的问题，这些国家采取的主要措施包括：禁止某类交易，实施资本流量规模管理以及设立行政审批的直接管制措施，对跨境资本流动征税，实施强制性无息存款准备金等，但总体成效都不理想。

以巴西为例。为应对国内通货膨胀诱发的资本加速流入问题，巴西1993年实施了对短期外资流入直接管制与间接管制并举的“组合拳”。主要内容包括：限制外国投资者对固定收益证券的投资，严格控制美元外债，禁止基金投资固定收益债券，对证券投资征收进入税，提高证券投资撤资期限，对资本流出进一步自由化等。这些举措并未收到预期成效，巴西资本项目顺差占GDP比重从1992年的1.5%攀升到1996年的4.3%，其中大量为短期资本。究其根源，一是大量短期资本以直接投资名义流入以规避管制；二是活跃的远期外汇市场及其他衍生品交易，使监管当局改变流入资本结构的努力被金融创新所规避。

智利从20世纪90年代初对资本流入的管制曾被很多学者认为是应对国际资本冲击的一个有效工具，但越来越多的研究表明智利资本管制的有效性缺乏令人信服的数据支持。智利1987～1997年间GDP持续较快增长，国际资本开始大量流入，外汇储备与中央银行冲销压力较大，中央银行冲销成本达GDP的1.1%。为此，智利政府开始对资本流入实施管制。1991年开始对除贸易信贷外的所有外债要求在中央银行存放20%的无偿准备金（URR），1992年将准备金率提高到30%。无偿准备金突出了对短期资本的惩罚性征税，以30%的准备金率和1年的存放期限为基础测算的对1个月短期外债的隐含税率为30.86%，而对36个月外债的隐含税率仅0.86%。在实施上述资本流入管制措施的同时，智利政府还实施了包括紧缩性财政政策在内的一系列经济改革措施，取得了一定成效：实际 GDP 持续保持 7.3% 的年均增长；恶性通货膨胀得到有效控制；国内实际利率始终保持高于国际市场的利率水平，实际利差从 1985～1991 年间的 1.05% 扩大到 1992～1997 年间的 2.95%；短期外债占比从 1990 年的 19.4% 降为 1998 年的 5.4%。但与此同时，智利实际汇率 1991～1997 年以年均 4% 的速度持续升值，表明资本管制没有完全消除资本流入带来的本币升值压力。1990～1995 年平均净私人资本流入为 GDP 的 7.9%，1996～1997 年上升到 10.2%。资本流入水平居高不下，说明资本管制成效并不十分显著。实证分析还表明，无息存款准备金（URR）对资本流入结构的“扬长抑短”效应是短期的，只在 1 年内有效（Lauren&Cardoso，1998）。越来越多的学者指出，智利之所以能抵御重大货币危机，是由于其有效的审慎管理措施，而不是由于资本管制（Lauren&Cardoso，1998；Edwards&Gregorio，2000）。

从上述资本管制措施的成效看，对短期资本流入的管制无法根除资本大规模流入，在局部的资本管制下，被管制的资本总可以通过未被管制的渠道流入。

2. 危机时期对资本流出的管制效率。金融危机发生后，一国通常面临较大的资本外逃压力，在此背景下实施资本流出管制成为一些国家的选择，最为典型的代表是亚洲金融危机期间的马来西亚。

在亚洲金融危机之前，马来西亚资本流动自由化程度较高，除对有国内负债的公司规定一些限制外，对资本的流入与流出基本不设限；同时，对林吉特的跨境交易没有限制，存在活跃的离岸市场。1998 年 9 月，马来西亚政府面对日益恶化的经济形势，拒绝了国际货币基金组织的有条件援助，转而实行资本管制。资本管制的主要目标是终止对林吉特的投机活动。主要措施包括：林吉特对美元实行固定汇率；取消林吉特的离岸交易，林吉特资产交易必须在政府指定金融机构进行；禁止林吉特在境外流通，在国外持有的林吉特资产必须存入国内金融机构，冻结全部外国资本 1 年。其后，为避免全面管制的负面影响，马来西亚于 1999 年 2 月对管制措施作相应调整，将禁止外国资本在 12 个月内撤资的直接限制措施改为更具市场化特征的撤资税。

马来西亚的资本管制措施与其他宏观经济、金融政策配套实施，迅速制止了资本外逃，杜绝了对冲基金对林吉特的投机性炒作，防止了形势的进一步恶化，在短期内起到了较好成效，但如果就此盲目夸大资本管制的作用则有失偏颇。如泰国也曾于 1997 年 5 月实行资本管制，但管制措施不广泛，未削除离岸市场的影响，引发大量规避管制的交易活动，泰铢持续贬值得不到有效控制，资本管制只维持了不到 2 个月就难以为继，直到政府宣布泰铢自由浮动并进一步实行广泛的结构性改革才使经济形势好转。相对其他国家在危机后采取的管制措施，马来西亚的“成功”经验在于采取全面而非局部的管制，这样做短期内的确可以取得立竿见影的成效，但从中长期看成效有限且代价高昂。

必须指出的是，资本管制容易给人们一种虚假的安全感，从而掩盖经济基本面与金融市场的脆弱性。如韩国由于存在一定的资本管制，尽管其财阀经济和金融体系存在诸多严重问题，但市场分析和投资银行界仍认为韩国由于资本管制的原因不会受到货币危机的冲击。但事实证明资本管制并未使韩国在亚洲金融危机中幸免于难。危机过后韩国政府痛定思痛，推动了包括银行改革与进一步开放资本账户在内的深层次改革，取得较好成效，从危机中实现稳定和复苏的情况好于事后采取全面资本管制的马来西亚。

Dellas 和 Stockman（1993）对资本管制预期引发货币危机作用机制的研究结果表明，如果投资者预期政府在发生危机时实行资本管制，这种预期本身就会导致投机，从而使政府被迫实行管制。在这一机制中，引发投机攻击的是投资者关于政府可能实行资本管制的理性预期，政府只有在投资者没有预期的条件下才能成功实行管制。政府越频繁采取管制措施，投资者的预期就越大，投机攻击就越可能发生。这一理论在对冲基金对不少国家货币的投机炒作中多次得到证实。

（三）资本管制的成本评估

一般认为，对资本流动的管制会不可避免地抑制长期资本流动和与货物贸易相关的交易。以行政审批为主导的资本管制容易滋生寻租交易，妨碍社会公平公正，降低效率。通过资本管制保护国内市场，往往容易弱化竞争力，从而加剧国内产业的脆弱性。

1. 国际收支持续顺差背景下资本管制的成本。在经济快速起飞阶段，如何应对国际收支持续大额顺差带来的本币升值压力是不少新兴经济体面临的共同难题。在这方面德国、日本采取了不同的应对措施，最终效果也截然不同。德国在应对升值压力时，较早主动调整汇率，在《广场协议》生效前就缓解和释放了升值压力。德国在 1973 年 5 月实行浮动汇率制度后，在很大程度上已经取消资本管制，仅留存对短期资本流入的少量限制。由于这些限制阻碍了国内货币市场的运作，德国于 1974 年全面实行资本自由流动。尽管资本账户的开放使马克多次受到投机性冲击，但德国凭借独立稳健的货币政策和欧洲货币体系的联动机制，成功抵御了危机。日本在应对升值压力时，更多注重运用市场干预和资本管制手段，只有当这些措施不奏效时才被动让日元升值。如 1971 年实行“严进宽出”导向的外汇管理以应对日元升值压力，1973 年为应对石油危机而实行“宽进严出”导向的外汇管理，1977 年重回“严进宽出”导向的外汇管理。尽管日本的外汇管制政策调整有很强的针对性，但短期有效的治标之策客观上延缓了必要的国内政策调整与改革，从而最终导致了比不实行管制更为剧烈的汇率调整与经济衰退。

2. 金融危机时期资本管制的成本。以一度被普遍认为是成功范例的马来西亚为例，从中长期来看，资本管制的负面影响也不容易小视。

（1）短期的资金外逃压力转变为中长期的资金净流出。对外资带有敌意性的管制措施使外资不敢轻易流入。当大多数东南亚国家恢复资本流入时，马来西亚资本项目仍保持逆差，1999 年资本项目逆差占 GDP 的 8.4%，甚至比形势最严峻的 1998 年还要高 4.9 个百分点。

（2）国家信用等级下降。实施资本管制措施后，几乎所有的国际评级机构都降低了对马来西亚的信用等级和主权风险评级，马来西亚企业和银行在国际市场筹资成本显著提高。

（3）管理成本高昂。管制措施的出台带有很强的突然性，令市场主体措手不及，贸易商和投资者需要提供许多额外文件和证明才能进行交易，跨境交易便利性缺失，效率低下。

（4）对离岸市场的干预引发国际纠纷。马来西亚采取的对境外林吉特资产交易的管制措施，使新加坡市场上总值约 43 亿美元的 56 种马币股票全部被冻结，引发新加坡和马来西亚两国的外交纠纷。

（5）经济结构调整与金融改革滞后。实施资本管制使马来西亚得以有效保护国内银行和企业免受金融危机冲击，但由此也使银行和企业失去深化改革的动力，原有的经济模式和结构几乎原封不动保存下来。这使马来西亚在结构调整与银行业改造重组方面落后于其他亚洲国家，影响了经济复苏的可持续。

三、国际金融危机对推进人民币资本项目可兑换的启示与借鉴

（一）资本项目开放与国际金融危机没有必然因果联系

金融危机究其根源是市场经济条件下一国宏观经济内在脆弱性的集中爆发，是市场机制对一国经济结构失衡的震荡性自我修复。在这一过程中，宏观经济的内在脆弱性与结构失衡是爆发危机的内因，与资本项目开放相伴而生的外部冲击是外因。内因是起决定性作用的主导因素，外因必须通过内因起作用。对 69 个发展中国家发生的 160 次货币危机与实施资本管制与否相关性的实证研究表明，资本管制并不能减少货币危机发生的概率和货币不稳定的风险。一些国家之所以在开放资本项目后爆发金融危机，主要根源在于其宏观经济固有的脆弱性与失衡扭曲，如宏观经济失衡（主要表现为高通货膨胀、高财政赤字、高贸易逆差）、金融体系脆弱、汇率机制僵化等等。资本项目开放有可能会放大这些问题的严重程度，甚至吸引投机资本攻击，但爆发金融危机绝非资本项目开放之过。

（二）资本管制不足以使一国在国际金融危机中独善其身

从实施管制的新兴经济体经验看，全面而严格的资本管制严重阻碍正常的

国际交往，代价高昂且难以持续；而局部的资本管制往往顾此失彼，容易被交易主体规避，无法根除资本大规模流出或流入。在资本管制环境下成长起来的本国银行、企业往往缺乏必要的国际竞争力，难以应对复杂严酷的国际市场环境。同样是实施资本管制的国家，智利和韩国在20世纪90年代的不同境遇说明，单靠资本管制不足以使一国在国际金融危机中独善其身。智利自80年代中期就致力于金融改革，加强对金融机构的审慎管理，拥有拉美最强健的银行体系。这是智利得以抵御90年代全球性金融风波的关键所在。反观韩国，尽管在90年代的大部分时间同样实施资本管制，但糟糕的官管金融体制与金融监管空白让银行贷款方向和风险过分集中，金融体系十分脆弱，从而在金融危机中遭受重创。也正因如此，韩国在亚洲金融危机后尽管多次遭受外部冲击，但仍坚持资本项目可兑换方向不动摇。

（三）资本管制措施短期有效但非长久之计

实施资本管制短期内能在一定程度上削弱或延缓经济内在失衡诱发的外部冲击，但从中长期看资本管制不足以解决宏观经济的脆弱性与结构失衡的深层次矛盾，而只能维系经济运行内在深层次矛盾进一步积聚背景下的短暂稳定，最终往往要付出更大的代价。Auster 等人（2006）对巴西、智利、哥伦比亚和泰国等国实施资本流入管制的实证研究表明，对资本流入进行管制的收益是短期和有限的，而成本却是长期和不确定的。对马来西亚在亚洲金融危机中实施的一揽子资本流出管制的效应评估结果也大同小异，措施实施后短期的资金外逃压力很快转变为中长期的资金净流出。结合对短期资本流入和资本外逃的双向管制成效评估，可以发现，从长远看被管制的资本总可以通过未被管制或管制不充分的渠道流出或流入，资本管制措施短期内有些作用，但中长期成效并不理想且代价高昂。

（四）实现资本项目可兑换是大国经济的必然选择

从国际经验看，一国经济崛起的过程往往也是国际经济秩序与格局演变调整的过程。该国往往面临着汇率升值与市场开放的内、外部压力，这既是本国经济发展的内在要求，也是国际经济格局演变过程中多方利益博弈的必然结果。在这一进程中，主动、渐进的汇率浮动与积极稳妥地推进资本账户开放是大多数转型国家的必经之路与成功经验。放开资本管制有利于充分发挥市场的价格发现功能，并在此基础上形成合理、均衡的汇率水平，有助于从源头上防止和纠正价格扭曲与结构失衡。在此进程中虽然有可能遭遇外部冲击，但只要应对得当，通常不足以威胁经济的持续、快速增长；而借助资本管制维持名义汇率的一时稳定，必然导致甚至加剧价格扭曲与结构失衡，反而更容易遭受投机冲击，产生大的动荡与危机。

（五）实现人民币资本项目可兑换需要一系列的配套条件

从国际经验看，一些新兴经济体在没有做好充分准备的情况下过早过快开放资本项目或资本项目开放顺序安排不当，使脆弱失衡的本国经济失去必要的保护从而爆发金融危机。这方面墨西哥、泰国、印度尼西亚等国都是十分典型的例子。因此，在资本项目开放进程中，必须辩证地考虑国内条件、国际环境和可兑换风险三者之间的关系，从总体上把握可兑换的风险。根据各国经验，结合我国国情，推进人民币资本项目可兑换既要考虑我国市场经济体制框架初步建立、综合国力不断增强及国家宏观调控和抵御金融风险能力不断提高的有利因素，也要充分考虑到经济结构不尽合理、经济整体竞争力不强、金融体系存在脆弱性等现实困难。尤其是要加强与金融企业改革、资本市场开放和企业改革等方面的相互配套，协调推进汇率改革、资本项目可兑换与利率市场化进程，加强与汇率政策、货币政策、产业政策、财政政策等的协调配合，保证改革顺利进行和取得预期效果；同时，通过必要的政策协调与配套，防范和化解改革可能带来的金融风险，保障国家金融安全。

（六）关注海外人民币市场与衍生品交易的影响与冲击

随着金融全球化的发展，离岸市场规模迅速扩大。由于离岸市场游离于常规监管之外，对冲基金等投机者经常利用离岸市场平台发动投机攻击。泰国1997年对资本流出的管制功败垂成的重要原因之一，就在于对离岸泰铢交易缺乏有效监管。在不久前召开的G20峰会上，要求“避税天堂”提高透明度和加强对对冲基金监管已成为热门议题。目前，境外的人民币衍生产品（NDF、期货、期货）与人民币股指期货市场方兴未艾，随着人民币资本项目可兑换进程加快和人民币国际化进程的起步，如何有效控制境外人民币市场与衍生品交易对我国货币金融稳定的冲击与影响已成为不容回避的课题。

参考文献：

［1］郎晓龙：《货币危机与资本管制》，中国经济出版社2007年版。

［2］綦建红、鞠磊：《关于资本管制有效性的理论与经验分析》，《东岳论丛》，2008年第1期，

［3］冯晓明：《资本管制能抵御金融危机吗？——评智利模式的资本管制》，《国际经济评论》，2003年第4期。

［4］胡祖六：《亚洲金融危机十年启示录》，《经济观察报》，2007年10月17日。

［5］潘锐：《美国次贷危机的成因及其对国际金融秩序的影响》，《东北亚论坛》，2009年1月。

［6］胡志浩：《透过危机看衍生品的发展》，《中国金融》，2008年第24期。

［7］刘淄:《国际收支持续顺差下汇率升值的经验与启示——以日本、德国为例》,《南京财经大学学报》, 2009 年第 1 期。

［8］Reuven Glick and Michael Hutchison, “Capital Control and Exchange Rate Instability in Developing Economies”, *Journal of International Money and Finance* 24(2005).

［9］Dellas, H. and Stockman, A., “Self - fulfilling Expectations, Speculative Attack, and Capital Controls”, *Journal of Money, Credit and Banking*, 1993 (25).

［10］Lauren, B. and Cardoso, J., “Managing Capital Flows: Lessons Form the Experience of Chile”, IMF Working Paper, WP/98/168.

地下钱庄非法跨境汇兑活动探究

中国人民银行福州中心支行外汇检查处课题处

课题主持人：郑旭光

课题组成员：林洁蕾　朱　璠

“地下钱庄”是指游离于金融监管体系之外，利用或部分利用金融机构的资金流通渠道，提供与银行业务类似的服务，并以营利为目的，形成一定规模，跨地区甚至跨国境从事人民币、外汇资金非法交易活动的体系。广义的地下钱庄，指非法经营本外币业务而牟取暴利的体系，其业务范围包括金融体系之外的高息揽存、人民币借贷、非法买卖外汇、本外币资金汇兑以及资金非法跨境转移等。狭义的地下钱庄一般指从事非法进行外汇买卖、本外币汇兑以及资金非法跨境转移的体系。广义或狭义的地下钱庄在现实中常常互相纠结，在外汇管理领域成为异常资金跨境进出的重要渠道，其非法跨境汇兑活动既影响我国外汇管理效果，又助长违法犯罪。本文通过分析近年已破获的地下钱庄案件，总结地下钱庄非法跨境汇兑活动的特征，梳理查处地下钱庄案件的难点，并提出相应的政策建议。

一、地下钱庄的现状和组织运营特点

（一）经营规模化

目前地下钱庄经营已形成相当规模，资金吞吐量大。如国家外汇管理局福建省分局2009年破获的“2·13”特大地下钱庄涉及全省除龙岩市以外的8个市，省外涉及上海市、云南省、浙江省、广东省、海南省、湖南省，以及深圳市、苏州市8个地区，涉案金额超过50亿元。2006年上海市破获的地下钱庄和2007年深圳市破获的杜氏钱庄涉案金额分别达53亿元和43亿元人民币，均为当地有史以来破获的最大地下钱庄案件，涉及全国31个省市的众多行业。

（二）经营主体国际化

境外主体渗入是近年来破获的地下钱庄案件中明显特征之一，如上海市53亿元地下钱庄是新加坡欢裕公司在中国境内设立的办事处，深圳市杜氏钱庄是香港中港人民币找换行在境内设立的分支机构。

（三）服务对象多样化

地下钱庄的交易有稳定的客户群体，对象已从早期的个人和国有外贸公司逐步发展到外资企业和民营企业。外资企业已成为地下钱庄外汇非法交易重要而稳定的供需“大户”，交易主体数量和交易金额均大大超过其他类型交易主体。地下钱庄不会互相争抢生意和肆意扩充地盘，相互之间没有固定的上线与下线之分，只有规模大小之别，彼此间独立操作，只是在单个钱庄无法满足大金额交易需求或资金呈现逆差时，若干个彼此间熟悉的钱庄才会相互调剂，配合活动。

（四）经营电子化

如泉州市“6·2”钱庄集中90%以上的交易通过网上银行进行，主要案犯郭某手中就掌握多达34个在各银行开通网银功能的个人账户。这些账户网银交易频繁，日交易均在几百万元左右。郭某在境内住处通过网上银行操作其掌握的香港银行外汇账户汇入境内以及境内人民币账户之间的转账交易。深圳市“7·18”钱庄租用工业厂房作为窝点，通过电话、传真、电脑等建立单证处理中心，内部建立局域网，连接台湾总部及香港、广州等办事处，各分点通过网络与外界互通信息，传发指令，接发数据。

（五）交易隐蔽化

一是采用“境外收外币、境内付本币”或“境内收本币、境外付外币”的方式完成资金跨境转移。从表面上看，境内仅为本币资金的收付；二是通过设立空壳公司和借用他人身份证开立大量账户，使用一段时间后废弃，再另开立账户使用；三是利用网上银行进行快速批量资金划转，形成资金池，增加资金交易复杂性；四是幕后控制人不出现在相关交易资料中，难以认定其犯罪事实。

（六）运作体系化

在规模经营的客观要求及信息技术的应用下，地下钱庄已呈体系化运作状态，大小钱庄之间分工合作、拆借资金、互通信息，构成一张严密的犯罪网络。“2·13”地下钱庄以家族经营为主要方式，经营者有的是母女关系，有的是堂叔伯兄弟关系等，核心成员有着紧密的血缘和裙带关系，家族性经营特点十分突出，相互间资金来往密切。

（七）借道平衡头寸

由于采用境内外本外币分别交割的方式为客户办理跨境资金汇兑业务，地下钱庄体系存在境内外头寸不平衡问题。根据所掌握的案例，借助贸易或资本金等渠道进行资金跨境调配是其主要平衡头寸手段。如深圳市在2008年发现大量不明资金通过外商投资企业虚假注册、虚假增资流入境内。这些境外资金利用虚构合同办理结汇，结汇资金集中流向境内疑似钱庄控制账户，涉及企业1 041家，涉及金额87.17亿元港币。从其资金来源及流向判断，上述无真实交易背景的跨境资金流动，有可能是地下钱庄体系在进行头寸平衡。

（八）反侦查能力强

地下钱庄组织结构严密，分工细致，主要通过电话与客户商谈业务，电话中关键内容使用暗语，如一万元说成“一粒”；较少使用现金交易，通过银行进行资金划拨，对大宗交易一般分成几小笔来进行；交易不订立任何书面合同，不留书面凭据，有的只简单记录交易情况，在确认交易完成后就销毁；平时进行交易的账务记录大多不设置相关的账簿、账册，也不使用正规的记账凭证和记账方式，仅以某种形式或采用某种代码进行流水记录。利用网上银行等新型金融工具进行资金转账，没有纸质交易凭证，给办案人员分析案情和寻找固定证据造成很大的困难。而且一些涉案人员曾受过外汇管理局和公安机关的打击处理，较熟悉外汇法规、办案程序和技巧等，具有较强的反侦查能力。更有地下钱庄带有“黑社会”性质，经营窝点保安、监控严密，打击难度加大。

二、社会主体通过地下钱庄办理跨境汇兑的原因

（一）地下钱庄长期存在的客观性

1. 人民币尚不能自由兑换。部分境内外个人为规避政策，通过地下钱庄买卖外汇进行跨境投资。在破获的地下钱庄案件中，涉及大量的个人非法汇兑，也有通过钱庄汇入境内证券公司的炒股资金。

2. 中国金融体系不健全。由于中小金融机构的缺失，中小企业及个人合理经营性融资需求得不到满足，地下钱庄成为金融体系的重要补充。从这个角度看，相关法律的缺失导致民间资本长期不允许进入银行金融领域，但市场需求依然存在，使得地下钱庄的非法性和必然性并存。在对石狮市 20 家企业所作的调查中，100% 的企业认为身边的企业或个人曾经求助过地下钱庄。有的企业认为，如果没有地下钱庄的融资可能企业早已倒闭。银根越是紧缩时，地下钱庄的作用越突出。有些小企业甚至坦言不愿从银行渠道融资，认为银行放贷偏好向大型企业倾斜严重，对于中小企业而言，向地下钱庄融资尽管担负较高的利息，却可以避免资金链断裂而破产。

（二）地下钱庄生存发展的必然性

1. 结算办理迅速。如客户需要从香港汇入一笔资金到境内使用，在银行办理需要 2 个工作日，而通过地下钱庄，客户只需将港币打入指定的账户，国内代理人遂将人民币款项打入客户指定的账户，几十分钟之内甚至更短时间即可完成。

2. 服务到位。地下钱庄可提供大额资金上门服务、全天 24 小时营业、跨境汇款 24 小时内到账等服务。由于地下钱庄服务方便快捷，使一些本可以通过正常渠道办理跨境汇兑业务的企业成为地下钱庄的客户。

3. 业务办理手续简便。通过地下钱庄汇兑和借贷，一般无需接受资金来源

和借贷用途的调查。如由于台湾当局长期以来限制台胞到大陆投资及贸易，所有资金往来都必须通过第三方转讫，接受监控，并有限额限制。地下钱庄恰好能解决这个问题，一些台商的投资款便通过地下钱庄直接流入大陆。此外，地下钱庄凭借信用、借据、个人担保及抵押等担保方式发放贷款，但手续相对简便。同时，其不良资产率一般较低，由于其大多有一定的社会势力和背景支持，完全可由高利率的收益予以覆盖。

（三）地下钱庄利益驱动因素

1. 非法外汇买卖资金需求。通常情况下，非法买卖外汇价格高于对应的银行牌价，赚取汇差是外汇非法交易的主要原动力。地下钱庄以赚取买入和卖出的交易价差作为主要的牟利方式，无论银行牌价与非法外汇买卖汇率的比较如何变化，都不会影响其获利。

2. 支付走私款。走私分子为牟取暴利，直接从境外组织货源，通过各种非法途径进入境内，不可能取得合法手续到银行购付汇，只能通过地下钱庄将出售走私货物所得的人民币款项换成外汇进行支付。

3. 逃避税费。一是部分企业出于逃避关税的目的，刻意隐瞒真实的成交价格，采取“低报高进”的方式而产生的进口差额通过地下钱庄进行支付；二是部分企业特别是外商投资企业，为逃避税收，做假账隐瞒部分人民币利润甚至虚报亏损，将利润通过地下钱庄转移到境外，使国家每年因此流失巨大的财税收入。

4. 骗取出口退税。出口企业高报高退税率的出口产品价值，所需差额则通过地下钱庄汇入境内，并以出口货款名义结汇，以骗取出口退税。泉州市南安市“6·2”地下钱庄案破获后，有企业供认向地下钱庄购买外汇用于出口核销以骗取退税的犯罪事实。

5. 外商投资企业虚假验资。一些民营企业为了享受国家税收优惠，争戴“洋帽”，以海外乡亲的名义在境内投资办企业，将民营企业转变为外商投资企业，企业验资或增资所需外汇只能向地下钱庄购买。如泉州市破获的某地下钱庄案，涉案企业某化纤有限公司和某机械有限公司均系虚假外资企业，都向地下钱庄非法购汇用于验资。

6. 清算违法犯罪活动资金。以破获的地下钱庄为例，有的是境内个人为偿还境外赌博欠款，如向指定的境内地下钱庄汇款，地下钱庄再通过其境外经营机构向赌场归还资金。

7. 突破宏观调控政策限制。在货币政策适度从紧的宏观调控下，境内房地产企业从国内银行或资本市场融资十分困难，而境外资本对国内房地产市场觊觎已久，利用地下钱庄实现境外资金流入房地产市场。再者，2007 年商务部出台了“外商投资产业指导目录”对外商直接投资的行业准入进行了规定，为规避管理，部分境外投资者通过地下钱庄将外汇资金转化为人民币资金，委托境内企业代为投资境内限制性行业。

三、查处地下钱庄案件的难点

（一）调查阶段挖掘线索难

伴随金融和通讯技术的不断创新，地下钱庄非法外汇交易越来越呈现“来去无踪”的状态，突出表现为联系网络化、交易电子化和证据空白化，且资金进出采取“轧差”方式的“两条线”运作，很难判定资金间的联系。目前，地下钱庄案件调查的主要线索来自银行系统提供的资金交易流水。福建省外汇管理局在“2·13”特大地下钱庄案中采集了350个主要涉案账户的银行资金交易流水，对案件调查具有关键作用的信息是交易对方的账户情况。但在实际工作中，各银行系统功能参差不齐，交易对方信息严重缺失，不仅使大部分的资金交易性质难以认定，而且使案件调查的延伸受到了极大的局限。不仅如此，当前大多银行把可疑交易的监控重点放在传统业务上，往往只关注大额存取现金、转账等日常柜面上实时发生的业务，而忽视了对日终轧账和月末打印出的网上银行业务流水及单位分户账进行系统的分析和甄别。同时，受银行业务系统授权限制，基层银行（如市级以下银行机构）有关人员都无法直接获取网上银行交易的全面信息，至少要通过其省级分行才能提取相关账户交易信息。目前，各家金融机构还没有针对网上银行业务的特点开发出一套跟踪监测比对发现可疑交易的系统，这就使得目前网上银行可疑交易的发现和甄别困难重重，成为地下钱庄的重要结算渠道。

在居民个人用汇需求上升时期，发现地下钱庄线索的另一个有效途径是群众举报。但是，由于法律法规宣传不足，举报奖励机制不完善，社会公众对地下钱庄危害性的认知有限，往往对地下钱庄线索敏感性不强，有些甚至为了资金流转的便捷、节约换汇成本主动找到地下钱庄，对于此种行为触犯的法律规定、应当承担的法律责任等却知之甚少。此种情况导致地下钱庄线索的挖掘存在较大难度。

（二）取证阶段固定证据难

对地下钱庄非法跨境汇兑行为的认定，目前司法实践采用的是双方取证原则，即有人民币和外币兑换行为的发生、有买卖外汇双方交易的证据、有对买卖过程的事实描述等。但是，在现实中较难取得完整的双方证据。

1. 涉外跨境取证难。地下钱庄境外交易占较大比例，公安机关要调取境外的证据材料难度大、取证周期长。由于境内外法律制度、司法程序和金融管理体制的差异，对地下钱庄行为的认识不同，使获取境外证人证言、取得相关银行账户资金流动情况等取证工作难度大、时间长，影响案件的正常移送起诉。

一些地下钱庄境外机构的经营行为在当地是合法的，更难以让对方配合取证。境外取证涉及国际或区际司法协助，需要基于特定的司法协助协定或双边对等互惠原则进行，费时费力、程序繁琐。

2. 境内非法跨境汇兑金额和行为认定难。地下钱庄经营的主要模式已经演变成本外币轧差交易模式，不仅买卖双方当事人没有直接的交易行为，而且资金交易也实现了境内与境外的实际分割。检查部门对涉案金额的认定难以通过外汇与本币资金的配对来实现。此外，地下钱庄内资金交易次数多、记录简单甚至没有记录，犯罪嫌疑人和证人（当事人）对交易的次数、数额的供述和陈述往往比较混乱，银行账户的交易金额有时难以与公安机关掌握的交易数目相符合，账户之间往来错综复杂，要区分用于非法跨境汇兑的资金和用于其他业务的资金较为困难。

此外，地下钱庄的重要职位大多由其家族成员出任，组织体系严密，面对执法人员时，易于形成攻守同盟。地下钱庄成员被抓获后，大都百般抵赖，拒不交代，在口供上经常出现“一对一”或“零”口供的情况。钱庄的“客户”往往由于害怕受到处罚，不愿配合调查取证工作。所以，要厘清交易的来龙去脉，存在调查跨度、取证深度、时间长度的挑战，对办案效率产生影响。

（三）处理阶段量刑处罚难

1. 刑事处罚难。最高人民检察院、公安部联合颁布的《关于经济犯罪案件追诉标准的规定》对非法买卖外汇的追诉标准规定为：非法外汇买卖达到20万美元或非法所得5万元人民币才能提起诉讼。在实践中，对于达到追诉标准的案件，以“非法经营罪”追究其刑事责任，刑事处罚偏轻，大多判处较短的有期徒刑或缓刑，并处罚金也较轻，难以起到强有力的震慑作用。从对部分违法分子受罚后的后续跟踪情况看，重操旧业的比例非常高。另外，地下钱庄经营者往往采用单次交易不达到追诉数额的办法逃避打击，大量不够追诉标准的案件只能移交给外汇部门作行政处罚。

2. 行政处罚难。一是刑事证据无法直接采用，外汇管理部门必须重新调查取证，遇到违法当事人不配合时，还需借助公安部门传唤等强制手段才能顺利进行。二是外汇部门行政强制手段乏力。尽管新修订的《外汇管理条例》赋予外汇管理部门更多的监督管理执法权限，对相关违法行为的法律责任更为明确适用，但要求过于严格，如查询被调查外汇违法事件的当事人和直接有关的单位、个人的账户，需经国务院外汇管理部门或者省级外汇管理机关负责人批准；对于有证据证明已经或者可能转移、隐匿违法资金等涉案财产或者隐匿、伪造、毁损重要证据的，要向人民法院申请冻结或者查封等，直接影响办案效率。三是对于外汇非法买卖行为的行政处罚标准，新修订的《外汇管理条例》规定“私自买卖外汇、变相买卖外汇、倒买倒卖外汇或者非法介绍买卖外汇数额较大的，由外汇管理机关给予警告，没收违法所得，处违法金额30%以下的罚款；情节严重的，处违法金额30%以上等值以下的罚款”，相比刑事处罚而言，行政处罚的违法成本更重，因此犯罪嫌疑人往往宁愿接受刑事处罚以保全违法利益，甚至会采取“丢卒保车”的方法，让“马仔”接受刑事处罚，而狡猾的幕后老板则逃避法律制裁继续从事外汇非法交易经营行为。四是基层外汇检查人员往往面临外来说情压力、办案阻力和人身安全保障等问题。尤其是在当前受国际金融危机影响，地方政府从保增长、扩内需的角度出发，要求行政执法部门对企业的经济违法犯罪行为网开一面，放其一马。

四、相关措施与建议

（一）加强部门合作，增强侦破力量

在地下钱庄案件的处理中，跨部门的监管协调显得尤为重要。建议统一协调，加强跨地区打击地下钱庄外汇非法交易的配合和联动，形成合力。人民银行、外汇管理局、公安和海关、边检等部门之间要建立紧密的信息沟通渠道，同时与司法部门协调解决在打击工作中遇到的各方面困难，如行政处罚与刑事惩罚关系的协调、建立境外合作机制等，共同加大打击力度，提高查办效率。

（二）阻断地下钱庄经营的渠道

1. 加强对空壳公司的治理。空壳公司是地下钱庄经营的必要工具，各相关部门应采取联合行动治理空壳公司，如提高企业工商登记注册的真实性审核要求，对法定代表人个人信息、合同章程等要素进行严格审核，对经营地址进行实地核对，加强对新设企业日常监管，加大对其后续经营情况的抽检力度等。

2. 加强对网上银行非法交易的监管。一是完善可疑交易报告制度，监管部门从工作中不断总结发现非法交易的特征，及时向商业银行和其他金融机构发出可疑交易报告指引，引导其发现和上报可疑交易；二是在完善可疑交易报告制度的基础上，对存在可疑交易的高风险账户进行限制。

（三）引导社会主体通过正规渠道办理外汇业务

一是加强金融创新，提高银行办理外汇业务的便利性；二是降低通过银行办理外汇业务的成本，提高银行服务水平，吸引企业通过正规途径办理外汇业务，如实现两岸银行直接通汇，降低两岸资金往来成本等。

（四）解决取证难题，尝试单方取证

受外汇检查手段和职权的限制，公安机关及外汇检查人员在收集地下钱庄交易书证、物证等其他证据并形成完整的证据链方面存在一定困难，而口供尽管有其局限性，但其在收集的其他证据之间可以起到意想不到的锁链作用，使零散的证据经当事人的供认有机联系起来，从而形成难以翻案的证据链。福建省已在查处此类案件中适用“单方取证”，惩处成效显著。建议最高人民法院出

台类似福建省公、检、法在打击地下钱庄中采取单方取证做法的司法解释，对外汇非法交易分子在口供笔录上承认其外币账户上资金是用于外汇非法交易的，且有相应的银行账户交易记录的原始凭证等其他证据相印证的，即可实行单方举证，认定其外汇非法买卖行为成立，解决当前在打击地下钱庄法律方面的瓶颈。在境外证据无法取得的情况下，建议相关部门从制度上进行创新完善，建议借鉴《中华人民共和国刑法》中“巨额财产来源不明罪”取证模式，对地下钱庄案件中跨境交易的举证责任实行有条件倒置，由犯罪嫌疑人承担部分举证责任。

（五）严格贯彻“过罚相当”原则，准确适用制裁措施

在外汇执法中，应当严格贯彻“过罚相当”原则，根据案件实际情况决定适用行政处罚或者刑事处罚，某些情况下甚至二者并用，才能实现惩戒、纠正违法行为、维护社会秩序的目的。

在外汇执法过程中，对外汇行政违法行为或涉汇犯罪行为的准确认定是正确适用法律的关键。刑事处罚与行政处罚是单独适用还是同时适用应根据实际情况决定。对符合刑事追诉标准、涉嫌犯罪的案件，行政执法机关应依法及时移送司法机关处理。如果行政机关在作出行政处罚后，发现违法行为达到刑事标准、涉嫌犯罪，行政执法机关应当在作出行政处罚之后、移送公安机关之前，把《行政处罚决定书》副本抄送同级公安机关、人民检察院接受审查，并根据后者的要求移送。此外，对明显涉嫌犯罪的案件，行政执法机关甚至可以现场移送，这有利于公安机关及时采取刑事侦查手段，控制涉案人员和赃款赃物，确保案件告破，也有利于节约执法成本，提高办案效率。

（六）扩大宣传力度，营造良好信用环境

通过对已破获案件的分析，一些个人不顾自身信用，出借身份证等证件方便地下钱庄设立空壳公司和开立账户；一些中介结构不遵守职业操守，为地下钱庄提供虚假注册验资服务，客观上助长了地下钱庄的滋生。应大力加强信用体系建设，通过信用数据联网共享，建立个人和机构的完整信用记录，并将信用记录运用于公共生活的各个方面，提高失信行为的违规成本。同时，加大打击地下钱庄违法犯罪活动的宣传力度，从正面积极引导居民通过合法途径兑换外汇，提高群众遵守外汇法规的意识。建立一套完善的社会举报体系，适度提高举报人的奖励金，切实为举报人保密，鼓励群众积极举报案件线索，让地下钱庄无处遁形。

农村金融篇

中国农业银行改革与“三农”金融服务绩效评价研究

中国人民银行福州中心支行课题组

课题主持人：宋汉光

课题组成员：吴湧超　杨秀萍　杨吉惠

农业、农民、农村（简称“三农”）问题历来是中国经济发展中的重要问题，解决三农问题是中国改革和经济建设的重大、迫切而又十分艰巨的任务，但是目前我国农村金融体系还不完善，缺乏多样化的竞争主体和竞争机制，无法满足农业和农村经济进一步发展对金融服务的需求。农村金融所暴露出的越来越严峻的问题已经严重阻碍了我国农村经济的发展。推进农业和农村经济的发展，不仅需要政策性金融的支持，更加需要商业性金融的支持。“面向三农”是国家赋予农业银行新的市场定位，如何找到一条大型银行商业服务三农的可持续发展模式、如何解决好服务三农与商业运作有机结合是一个重大的课题。

一、中国农业银行面向三农改革现状与路径

2008 年 10 月国务院常务会议通过了《农业银行股份制改革实施总体方案》，农业银行股份制改革方向有了明确的定位，即按照“面向三农、整体改制、商业运作、择机上市”的改革思路，努力建设成为资本充足、内部控制严密、运营安全、服务优质、效益良好、创新能力和国际竞争能力强的现代商业银行。目前农业银行正围绕三农事业部改革，整体构建面向三农的组织体系、管理体系、基础设施和产品体系，促进农村金融产品和服务的创新，强化农村金融机构的竞争合作。

（一）农业银行服务三农的职能定位

1. 立足县域服务三农，促进农业产业化发展。目前，国民经济进入了快速增长期，县域龙头企业、农业产业化企业不断涌现，为农业银行提供了良好的外部环境和发展机遇。农业银行有国家信用基础，有长期服务三农的品牌和信誉，在以县域为基础的经营中应有所作为，要在主动营销客户、细分市场、强化服务，实行信贷业务、中间业务和负债业务综合营销中，充分发挥农业银行在县域金融主渠道的优势和在农村金融体系中的骨干作用。

2. 加强农村基础设施建设，促进农村经济发展。加大在农村的信贷资金投入，加快农村基础设施建设，改善农村金融服务环境，提高农村金融服务水平，为农村经济发展提供良好的金融生态环境。

3. 贴近三农，为国家惠农政策提供信贷等综合金融服务。积极支持国家出台的各项惠农政策，提供配套的信贷资金支持；依托自身网络技术优势，为三农提供全方位金融服务，确保国家支农资金及时准确发放。

4. 面向三农必须从实际出发因地制宜区别对待，在东部、西部实施不同的管理模式和信贷政策。在较发达的东部地区农业银行应保持原有的发展模式，提升支农层次，拓展高端客户；在农村经济欠发达的西部地区农业银行应简化信贷手续，降低服务门槛，贴近服务三农，缓解贫富差距。

（二）农业银行服务三农的功能设计

1. 建立相应的公司治理机制。一是在董事会设立三农金融发展委员会，负责审议和监督落实三农业务发展战略规划、业务经营计划、基本政策制度、风险战略规划等事项。二是在总行高级管理人员层次成立三农金融部管理委员会，统筹协调推进全行三农金融服务工作。三是总行内设三农金融部。按照事业部管理体制，总行挂牌组建三农金融部，作为独立核算的利润中心，负责全行三农金融业务的政策研究、制度制定、产品研究开发、客户营销、风险管理、考评激励、信息披露等职责；总行设立三农核算与考评、信贷管理、风险管理、产品研究开发、人力资源管理、资本与资金管理等中后台管理中心，为三农金融部提供支持保障服务。

2. 建立灵活有效的条线型垂直管理体系。一是各一、二级分行挂牌设立三农金融部×××省（市）分部，作为三农金融部系统管理的机构。管理半径较小、所辖县（市）少的省区，可不设二级分部，实行一级三农金融分部直管县域支行的管理模式。三农金融分部负责对辖内三农业务和事业部建设的系统指导、业务规划、绩效考核、产品研究开发和风险管理。一、二级分行三农金融分部及其中后台管理中心，比照总行三农金融部设立管理委员会和组织架构。三农金融部总部、分部可设置跨部门的三农项目管理团队，在主管授权下开展服务三农专项工作，形成服务三农的合力。

二是以县域为整体设立三农金融部经营单元。全部县域支行逐步改造为中国农业银行三农金融部经营单元，并加挂“中国农业银行三农金融部××县（市）营业部”的牌子。以地域为界，对全国2 003个建制县（市）内的2 048个县（市）支行实行事业部制管理。各县（市）支行成为三农金融部的基本经营单元。三农金融部经营单元应按照精简高效的原则设置县域支行中后台部门；前台客户部门根据当地三农和县域经济特点，因地制宜、灵活设置，如农村产业金融部、农户金融部、客户部等。加大对县域的电子化建设投入，加快网点转型步伐，强化网点服务功能。

3. 三农金融部治理和报告关系。三农金融部实行授权经营，中国农业银行赋予三农金融部相对独立的经营自主权，包括业务规划、信贷制度制定、绩效考评、资源配置、人事管理和产品研究开发等方面的权利和责任。三农金融部内部实行逐级授权经营。县域支行（事业部单元）行长向二级分行三农金融分部总经理报告工作，二级分行三农金融分部总经理向一级分行三农金融分部总经理报告工作，一级分行三农金融分部总经理向三农金融部总裁报告工作。

4. 下沉三农信贷决策重心。一是有权自主制定信贷政策制度。以惠农卡为载体，以农户小额贷款为推手，以县域规模化融资和中小企业金融为基础，推行决策重心下沉的三农和县域信贷业务经营模式。三农金融部在农业银行信贷基本制度框架内，自主制定和实施三农及县域信贷业务管理办法。二是建立分层信贷审批制度。区分业务品种、金额、风险程度，对三农和县域信贷业务采取直接审批、合议审批、会议审批三种决策模式。在省级和地市分行设立信贷业务审查审批中心。根据三农和县域信贷业务规模和客户数量占全部信贷业务的比例，配置三农和县域信贷业务审查人和独立审批人。三是信贷业务授权制度。除总行直管客户和大型项目外的三农和县域信贷业务审批权全部转授给省级三农金融分部；原则上将县域小企业、个体工商户和农户等信贷业务审批权下沉至县支行，使其决策更加贴近市场和客户；对县域大中型客户的信贷业务审批在省、地、县三级实行分层授权。四是三农金融部信贷创新。对风险程度较低的县域中小法人信贷业务和个人信贷业务，简化业务流程，合并评级、授信、用信审批。大力推广应用信贷管理系统的信贷决策管理子系统，推行信贷业务网上审批，运用先进技术手段提高决策效率。

（三）农业银行服务三农的产品开发

农业银行正积极探索适应三农特点的新型金融产品，如以惠农卡为载体为广大农民量身定做综合性金融产品，推出了一系列特色产品和服务，包括“公司＋农户”保证担保贷款、农业龙头企业季节性融资贷款、小企业简式快速贷款、小企业自助可循环贷款、金农保一单通等等。一是在组织架构上，农业银行在重庆市设立专门面向三农的三农产品研究开发分中心，作为总行的派出机构，延伸总行产品研究开发触角，紧贴三农市场，与总行各部门联动以利于研究开发产品的整体推广。将进一步研究开发农户大额贷款、县域个人生产型贷款、县域工薪贷款等新产品。二是在品牌整合上，发布全国首个三农产品体系品牌——“金益农”。它整合了农业银行为三农打造的100多款金融产品，涵盖农民生产生活服务、现代农业服务、农村商品流通服务、农村中小企业服务、农村基础设施建设与资源开发服务、农村城镇化建设服务、农村综合事业发展服务、加强与其他金融机构合作八大领域。

（四）农业银行服务三农的效益核算

1. 单独编制三农金融部综合经营计划。依据全行发展战略和三农及县域业务发展规划，单独编制、下达三农金融部包括经济资本计划、业务计划、信贷计划、财务计划（预算）和风险计划等在内的综合经营计划。

2. 三农金融部营运资本管理体制。一是建立相对独立的三农金融部营运资本管理体制，按略高于全行水平的资本充足率核定三农金融部营运资本，优先保障三农金融部经营发展需要。二是制定三农金融部相应经济资本管理办法，对事业部分部和经营单元实行经济资本计划管理。

3. 三农金融部财务资源配置。对三农金融部单独安排费用预算，适度提高三农业务发展费用率。建立"基础费用+激励费用+战略费用"的三农金融部费用配置机制。单独安排三农金融部的资本性支出；单独制定三农金融部固定资产投入计划，实施倾斜性的工资资源配置政策；单独核定三农金融部工资总额，三农金融部的成本收入比应高于全行平均水平。总行统一缴纳企业所得税，设二级科目单独反映三农金融部应计缴的所得税。其他税种由三农金融分部、经营单元按属地管理原则及时缴纳。

4. 农业银行实行三农金融部单独核算体系。一是三农金融部各级机构执行农业银行统一会计制度和统一会计科目体系的前提下，对三农和县域业务进行会计核算和会计报告，并调整部分会计科目设置以精确反映三农和县域业务情况。二是引入市场机制，采用价格杠杆，通过资金转移定价、成本分摊、收益分享和风险计量等方法，准确计量三农金融部各级机构的效益和风险，形成公允、透明的核算机制。三是三农金融部经营单元作为单独的会计核算主体，账务设置自成体系，完整反映县域支行各项资产、负债和经营管理的指标情况。四是通过业务财务核算系统自动生成完整的农业银行三农金融部会计报告，反映三农金融部财务状况和经营成果。

二、中国农业银行服务三农改革绩效的评价

截至目前，农业银行改革时间不长，虽然现在去全面评价农业银行改革的绩效还为时尚早，但我们仍试图通过研究农业银行改革前后治理机制变化、经营业绩的情况及农业银行服务三农的状况来初步评价改革的绩效。由于数据的缺乏和农业银行的地区差异性，无法对全国整体的农业银行改革绩效作出评价，因此，本文将重点以福建省农业银行及抽样的16家县域支行①作为改革绩效评

① 16家县域支行包括：仙游县、南安市、漳浦县、武平县、建宁县、邵武市、屏南县、长乐市、福清市、连江县、马尾区、闽侯县、平潭县、永泰县、罗源县、闽清县。

价的研究对象。

（一）农业银行改革绩效评价标准的选择

在已有的文献资料中，大多通过标准的财务比率分析来衡量改革前后农村金融机构的业绩变化，再以此来考察改革的绩效。但是单纯以财务数据进行比较并没有考虑到客观实际所赋予农村金融机构服务三农的特定目标，这种方法在逻辑上与农村金融机构改革的目标并不吻合。由此，我们以农业银行改革的大背景为依托，重点选择以福建省农业银行及抽样的 16 家县域支行改革为实例，从改革目标中选取三个评价标准，力图比较客观地评价农业银行的改革绩效。

1. 治理机制的完善。“面向三农”与“商业动作”如何协调是农业银行改革面临的重要课题之一，而完善的治理机制对于农业银行的长远发展具有重要的意义。此次农业银行改革也正是从这方面入手，力图通过治理机制的变化来实现农业银行服务三农的目标和长期可持续的发展。因此，治理机制的变化是判断农业银行改革绩效的第一个标准。

2. 农业银行对于三农支持力度的强化。农业银行不同于一般的商业金融机构，其改革的目的之一就是对于三农的服务。而在此次农业银行改革的目标中，更是着重提出要把农业银行办成面向三农的金融机构。因此，农业银行服务三农的力度是评价此次改革绩效的第二条标准。

3. 农业银行经营业绩的改善。判断此次农业银行改革是否取得了一定的成果，最终还是要从其经营业绩上来体现。但也应该看到，影响农业银行经营业绩状况的因素不仅仅是改革，诸如宏观经济的状况、积累的历史包袱、政府的政策支持等都会对经营数据产生影响。本文将力图从多个方面考察改革前后农业银行经营业绩方面的情况，尝试判断此次改革的实践效果。

（二）农业银行改革对其治理机制的影响

农业银行福建省分行作为农业银行总行确定的 8 家三农金融服务试点分行之一，在优化业务流程、构建制度体系和运行机制等方面进行了一系列的实践，并于 2008 年 3 月开始探索三农事业部制的管理模式和服务路径，实施“条线管理、单元经营、重心下沉、单独核算、正向激励、有效约束”的运作模式，逐步构建专注发展三农业务的组织机构和政策制度体系。

一是设立省分行三农金融分部，将全省 59 个县域支行全部纳入其中。省分行三农金融分部设三农对公业务部、三农个人金融部 2 个前台客户部门。三农对公业务部同时承担三农金融分部管理委员会办公室职责。设立三农会计核算、考核评价、信贷管理、风险管理、人力资源管理 5 个中后台管理中心。初步建立事业部单独核算体系。2009 年前 3 季度，三农金融部福建省分部实现拨备前利润 16 亿元，计提减值准备支出 5.85 亿元，实现拨备后利润 10.15 亿元，拨备前、拨备后利润分别占全行的50.4%和66.6%。资产回报率达到0.76%，成本收入比为38.29%，主要指标已达到中国银行业监督管理委员会对农业银行三农金融事业部的监管要求。

二是因地制宜设置二级分行三农金融分部组织架构，于2009年3月末全面完成组织架构搭建（见图1）。对三农业务占比高的三明市、南平市、宁德市、漳州市、泉州市等地设区市三农金融分部，设立三农对公、三农个人2个三农前台部门，中后台部门主体为三农业务服务。其中泉州市三农金融分部还设立独立的办公区域。对城区业务占比较大的省分行营业部、龙岩市三农金融分部，设对公、个人2个三农前台部门，中后台部门主体为城区业务服务，并明确专门管理团队为三农业务提供支持。对仅辖一个县域行的莆田市设区市三农金融分部，单设三农前台部门，中后台部门主体为城区业务服务，并明确专职岗位为三农业务提供支持。

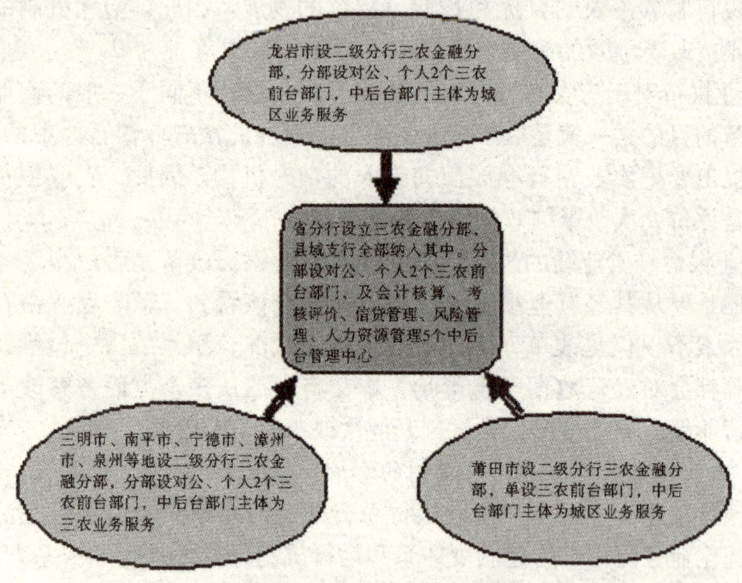

图1　福建省农业银行面向三农改革模式

三是优化县域支行内设机构。目前各支行的内设机构已基本调整到位。省农业银行对全省59个县域支行进行分类，一类~五类支行设置上限部门数按类别从6个逐级递减到2个，一类~二类支行前台部门分设公司业务部和个人金融部，三类~五类支行将公司业务部和个人金融部合并设置为客户部。泉州分部还将辖内安溪县龙涓镇、永春县一都镇明确为服务三农的专业支行。各县域支行根据各县的经济发展、网点分布和各乡镇、村的地理位置，成立若干个流动客户经理组，以解决网点服务覆盖不到的地方三农业务服务问题。目前全省成立31个流动客户经理组，负责对未设网点乡镇的三农客户进行营销维护。每个小组由组长和1～3名客户经理组成，明确服务的地域范围。流动客户经理组以城区和有网点的乡镇营业所为核心，主要职责是在农村领域加强农业银行服务三农的宣传，加大农业银行金融产品的推广力度，有效营销贷款、存款、代理、理财等中间业务，提高服务水平和质量。

简要评价：总体而言，在体制、机制方面，福建省农业银行已经按照服务三农的要求，作出了一系列重大的调整和安排，但是全面提升县域农业银行服务三农的力度和效率仍需要一个过程。事实上，金融商业化运作，以利润最大化为目标，撤并低效基层网点工作是前些年农业银行的工作重点；出于效益保本点测算和安全方面考虑，低于甚至略高于保本点和存在安全隐患的营业网点均被撤并，致使部分县支行仅存一两个经济相对繁荣乡镇的网点，有的县级支行已是“光杆司令”，乡镇没有一个网点。乡镇网点的大量撤并，导致县域农业银行对三农支持力度削弱。虽然流动客户经理组的方式对解决网点不足问题有所帮助，但难以充分发挥作用。流动客户经理组工作辐射面广，业务量大，再加上原有柜台业务压力，扩大及专职配置相关人员的难度较大，客户经理队伍人员不足矛盾突出，且许多流动客户经理的“兼职身份”使其无法做到专职负责三农业务。

（三）农业银行改革对其三农业务的影响

1. 农业银行所处的环境和此次改革对其在服务三农上的考虑。三农金融业务是农业银行的传统业务领域。20世纪80年代中期以前，农业银行全部贷款的98%以上集中于农村。80年代中期至90年代初，为解决农产品“卖难”和扶持乡镇企业，农业银行每年将60%的信贷资金用于农副产品收购和乡镇企业发展。1993年和1996年，农业银行分别进行了政策性业务分离和与农村信用社脱钩的改革，成为国有商业银行，其贷款结构也不断调整，贷款范围逐渐扩大，但涉农贷款比重逐步下降。农业银行全国机构数由2001年的44 418家减少到2005年的28 234家，其中主要在农村地区办理业务、提供服务的营业网点由2001年的10 837家锐减到2003年的5 462家。据农业银行统计，到2009年9月末，涉农贷款余额1.18万亿元，其占贷款余额总量的29%。

此次农业银行改革中，面向三农是其重要的原则，也是农业银行改革区别于其他大型商业银行改革的显著特征。2007年全国金融工作会议明确提出，农业银行要强化为三农服务的市场定位和责任，充分发挥农村金融体系骨干作用，利用在县域的资金、网络和专业等方面优势，更好地为三农和县域经济服务。一般而言，农村具有以下特征：相对贫困，从事农业生产及相关行业，人口密度低，基础设施落后，缺少与城市市场的融合。这些特征又直接导致农村金融市场的特征：一是人口密度低，平均贷款额小，家庭储蓄少，增加了交易成本；二是农户常常缺少商业银行所要求的传统形式的担保品；三是交通条件等原因导致农村金融市场高度分割，产生了信息障碍并限制了风险的分散；四是农业生产的季节性、农产品价格的高度相关性和收入的波动性都加大了农村金融风险。这些因素导致农村金融的经济效益相对较低、风险较大，因而农村金融业务往往具有政策性，与其相关的金融产品有公共产品的属性。

2. 近几年福建省农业银行三农业务的状况分析。各家商业银行于2007年开始，按人民银行和中国银行业监督管理委员会建立的《涉农贷款专项统计制度》定期统计涉农贷款数据。从数据可获得性的角度考虑，本文针对2007～2009年期间福建省农业银行的相关数据来分析其三农业务的发展趋势情况（见表1和表2）。

表1　　2007～2009年福建省农业银行涉农贷款统计

项目	2007	2008	2009.06
总贷款发放（亿元）	1 291.87	1 382.29	1 633.07
涉农贷款发放（亿元）	541.49	550.22	594.46
当年新增涉农贷款（亿元）	—	8.73	44.24
涉农贷款占总贷款的比重（%）	41.92	39.81	36.40
新增涉农贷款占新增贷款比重（%）	—	9.66	17.64
涉农贷款不良率（%）	12.96	3.50	2.80
全省所有金融机构涉农贷款不良率（%）	6.99	3.67	2.84

表2　　福建省农业银行涉农贷款全省占比情况统计　　（单位:%）

项目	2007	2008	2009.06
涉农贷款	23.13	21.07	19.03
涉农贷款按照投向和用途分类			
1. 农村贷款	21.34	19.74	17.79
农户贷款	13.77	13.85	15.09
农村企业及各类组织贷款	23.74	21.69	18.66
2. 城市企业及各类涉农组织贷款	36.19	30.11	29.09
涉农贷款按照贷款风险分类			
1. 正常贷款	21.64	21.11	19.04
2. 不良贷款	42.87	20.10	18.73

可以看出：（1）在2007~2009上半年间，福建省农业银行涉农贷款规模逐年攀升，从2007年的541.49亿元增加到2009年6月末的594.46亿元，增长9.78%。但其涉农贷款在全省所有金融机构涉农贷款占比逐年下降，从2007年的23.13%下降至2009年6月末的19.03%，下降了4.1个百分点；同期农业银行的农户贷款在全省所有金融机构农户贷款占比有所上升，从2007年的13.77%上升至2009年6月末的15.09%，上升1.32个百分点。（2）涉农贷款占总贷款比重逐年下降，从2007年的41.92%下降至2009年6月末的36.4%，这其中有不良贷款剥离的因素。（3）涉农贷款不良率显著下降，从2007年的12.96%下降至2009年6月末的2.80%。与全省所有金融机构涉农贷款不良率比较来看，2007年农业银行涉农贷款不良率比全省所有金融机构高出5.97个百分点。2008年随着农业银行大幅剥离不良贷款，当年的涉农不良贷款率大幅下降，比2007年下降了9.46个百分点，比全省所有金融机构涉农不良贷款率低0.17个百分点。总体上，农业银行涉农贷款的风险已经得到较好的控制。

3. 福建省16家县域农业银行三农业务的状况分析。以福建省的16家县域农业银行为样本考察改革对于其三农业务的影响，参见表3。

表3　福建省16家县域农业银行涉农贷款统计表　（单位:%）

项目	2005	2006	2007	2008	2009.06
涉农贷款增长率	—	2.68	28.13	-12.28	7.02
涉农贷款占总贷款比重	74.06	82.24	79.04	73.98	69.04
农户贷款占涉农贷款比重	16.43	22.47	18.86	24.13	24.30
涉农贷款不良率	25.87	21.99	19.22	7.38	5.97

注：2009.06的涉农贷款增长率是与年初数字比较。

可以看出：（1）16家县域农业银行涉农贷款表现出一定的增长趋势，但增长率在各年波动较大。在2008年由于农业银行对不良贷款进行大幅剖离，当年的涉农贷款增长率有所下降。（2）涉农贷款占总贷款比重在波动中有所下降，从2005年的74.06%下降到2009年6月末的69.04%。（2）在整个涉农贷款规模增长的情况下，涉农贷款不良率下降趋势非常明显，涉农贷款不良率从2005年的25.87%下降到2009年6月末的5.97%，趋势见图2。（4）与农村经济紧密相关的农户贷款占涉农贷款比重有所上升，但比重仍较低，每年都在25%以下。

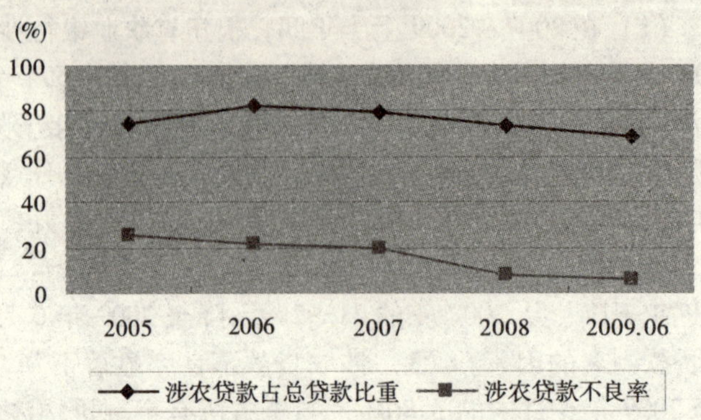

图2　福建省16家县域农业银行各年涉农贷款比重及不良率

4. 城乡收益级差对农业银行服务三农的影响。与城区业务经营相比，农业银行县域业务集约化程度、经营效率、投入产出比相对较低，城乡收益级差影响了农业银行整体效益的提高。在不考虑管理行成本分摊的情况下，农业银行福建省分行县域银行税后净利润、存款、贷款在点均数、人均数等经营效率指标明显低于城区银行（见表4）。其中，2008年福建省县域农业银行税后点均净利润241.03万元，是城区农业银行的58.75%；人均净利润15.74万元，是城区行的64.38%。县域银行2008年成本收入比率为29.35%，比城区银行高出9.2个百分点。也就是说，从总体上看，同样投入1元的费用成本，城区银行产出营业净收入4.96元，而县域银行只能产出营业净收入3.41元，相差1.55元。再如，农业银行德化县支行在乡镇农村发行惠农卡作为新型农村合作医疗服务的载体，目前发卡7.2万张，卡成本、自助设备、营业场所装修等初始投入263.9万元，卡年均存款约3 000万元、贷款总量2 160万元。在不考虑信贷风险和资金时间价值的情况下，经福建省农业银行测算该项目年均现金流入147.97万元，现金流出137.7万元，净现金流量为10.27万元，预计该项目的静态投资回收期需约26年。

表4　2008年福建省农业银行县域银行与城区银行部分经营指标对比

（单位：万元）

项目	净利润			存款			贷款		
	总量	点均	人均	总量	点均	人均	总量	点均	人均
合计	218 633	300.32	19.98	14 395 100	19 774	1 250	10 607 100	14 570	921
县域银行	114 009	241.03	15.74	8 578 000	18 135	1 185	4 653 900	9 839	643
城区银行	104 624	410.29	24.45	5 817 100	22 812	1 359	5 953 100	23 346	1 391

5. 简要评价。通过对近几年农业银行三农业务状况的分析，可以看出，农业银行涉农贷款规模有所扩大，不良涉农贷款余额和占比实现双降，涉农信贷资产质量持续向好，涉农贷款风险控制能力得到增强。当然这其中应该包括整个宏观经济的影响，但改革的因素也应该占有相应的比重。同时，农业银行在所有金融机构涉农贷款占比方面有所下降，而对农户的贷款占比有上升趋势。总的来说，此次改革的制度设计对于农业银行的三农业务是个很大的保证，其成效也已初步显现。在此次农业银行改革的制度设计中，确保农业银行继续行使服务三农的职能是重要的一环。农业银行在向商业化转轨过程中，与其他商业银行一样，面临着越来越激烈的市场竞争和经营压力。如何处理好商业化经营和服务三农的关系，是一个亟待探索解决的难题。总体上看，由于农业属于弱质产业，农民属于低收入群体，决定了三农金融业务成本高、风险大、收益低。大型商业银行如何找到一条服务三农的新路子，既要体现国家意志，改善薄弱的农村金融服务，又要遵循现代商业银行的规律，严格控制风险和成本，为投资者提供合理的资本回报，仍是摆在农业银行面前的一个重大课题，需要进一步不断的探索和实践。

（四）农业银行改革对其经营业绩的影响

由于农业银行的改革时间较短，无法通过计量模型将改革措施对经营业绩的贡献进行量化，因此，本文转换思路，通过考察农业银行改革前后经营业绩的变化来判别改革的绩效。在选取评价指标时，不仅考虑了一般适应性，即考虑到农村金融机构的特殊性，还顾及了针对性，即考虑了改革的内容和目标。本文选用以下指标对近几年福建省农业银行的经营状况进行分析：一是用存贷款余额来简要评价其经营规模的状况；二是用不良贷款率的情况来评价其风险控制的状况；三是用当年实现利润来评价其经营可持续性的状况。

1. 改革前后福建省农业银行经营状况分析（见表5）。

（1）福建省农业银行整体经营规模（从存贷款余额来看）从2005年到2009年6月期间平稳增长，2009年6月末存款余额和贷款余额分别比2005年增长66.69%和75.7%。

（2）农业银行存贷款规模在整个福建省所有金融机构中所占的比重呈现逐年下降趋势，从2005年到2009年6月末，农业银行存款市场占有率和贷款市场占有率分别下降了1.79个百分点和3.6个百分点。

（3）农业银行的盈利水平较不稳定，在各年中有升有降，波动较大。2005年和2007年的营业利润增长率分别为59.83%和147.65%，而2006年和2008年的营业利润增长率则为负数，分别为-3.02%和-15.82%。

（4）农业银行的不良贷款率逐年下降，从2005年的14.93%到2008年的3.39%，下降了11.54个百分点，下降程度非常显著。

表5　　2005～2009上半年福建省农业银行经营状况表

项目	2005	2006	2007	2008	2009.06
全部金融机构存款余额（亿元）	7 654.12	9 260.17	10 372.29	12 172.08	14 345.61
全部金融机构贷款余额（亿元）	5 413.46	6 784.02	8 522.56	9 891.69	12 030.74
农业银行存款余额（亿元）	1 236.94	1 504.79	1 585.46	1 784.06	2 061.90
农业银行贷款余额（亿元）	929.44	1 073.34	1 291.87	1 382.29	1 633.07
农业银行存款增长率（%）	22.99	21.65	5.36	12.53	—
农业银行贷款增长率（%）	16.23	15.48	20.36	7.00	—
农业银行存款市场占有率（%）	16.16	16.25	15.29	14.66	14.37
农业银行贷款市场占有率（%）	17.17	15.82	15.16	13.97	13.57
当年营业利润（亿元）	145 047	140 665	348 354	293 246	273 408
利润增长率（%）	59.83	-3.02	147.65	-15.82	—
当年不良贷款率（%）	14.93	12.08	9.77	3.39	—

2. 对福建省16家县域农业银行经营状况的分析。

（1）改革对于县域农业银行经营规模的影响。从2005年到2009年6月，16家县域农业银行所有服务网点个数及乡镇服务网点个数都有所缩减，服务网点总个数从2005年的189个缩减为2009年6月的173个，同期乡镇服务网点个数从107个缩减为97个。16家县域农业银行的经营规模（以存款总额和贷款总额衡量）有所扩大，存量存款从2005年的209.12亿元增加到2009年6月的377.61亿元，存量贷款从2005年的108.84亿元增加到2009年6月的151.78亿元（见表6和图3）。

表6　　16家县域农业银行经营情况统计

指标名称	2005	2006	2007	2008	2009.06
存款余额（亿元）	209.12	267.04	274.73	323.54	377.61
贷款余额（亿元）	108.84	109.21	130.72	129.23	151.78
贷存比（%）	52.05	40.90	47.58	39.94	40.19
增量贷款占增量存款比例（%）	—	0.64	279.63	-3.05	41.71
存量贷款占存量存款比例（%）	52.04	40.9	47.58	39.94	40.19
贷款增长速度（%）	—	0.34	19.69	-1.14	17.45
营业网点家数（家）	189	181	175	174	173
其中乡镇营业网点家数（家）	107	101	98	97	97
发放惠农卡存量（万张）	—	—	—	30	154

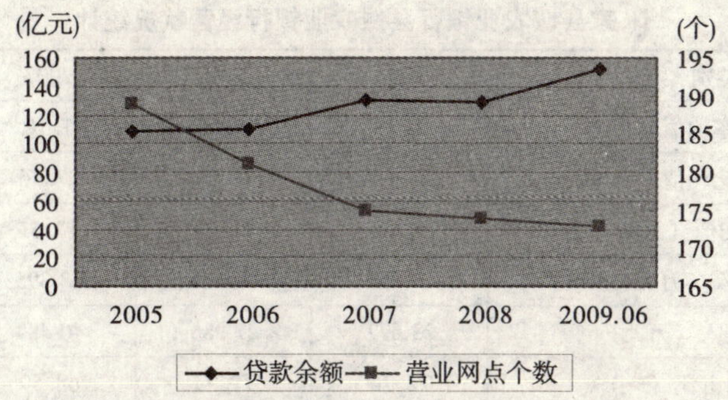

图3　16 家县域农业银行服务网点与经营规模变化趋势

（2）改革对于农业银行风险控制的影响。从表 7 中可以看到，随着农业银行经营规模的扩大，其不良贷款额及其所占总贷款的比重逐年下降，其中不良贷款额由 2005 年的 19.92 亿元下降为 2009 年 6 月的 6.15 亿元，绝对额下降了 13.77 亿元。如果考虑到近年来贷款数额的增长，说明改革前后不良贷款额的下降非常明显。另外，从不良贷款率上来考虑，2009 年 6 月末的不良贷款率仅为 4.05%，分别比改革前的 2005 年和 2006 年下降了 14.25 百分点和 8.14 个百分点，下降趋势显著。进一步分析，由于历史原因，农业银行不良贷款的来源与其当时承担过多国家农业性政策性贷款致使大量贷款无法回收有很大关系，而 2007 年以后不良贷款的下降与农业银行改革过程中对大量不良贷款的剥离及政府的政策支持有着莫大的关系，但其中改革后的商业化运作及新的治理机制下管理层和经营者对经营风险的关注也是不可忽视的一个因素。

表 7　　16 家县域农业银行县域农业银行不良贷款统计

类别	2005	2006	2007	2008	2009.06
贷款余额（亿元）	108.84	109.21	130.72	129.23	151.78
不良贷款（亿元）	19.92	13.31	13.28	6.87	6.15
不良贷款比重（%）	18.30	12.19	10.16	5.32	4.05

（3）改革对农业银行盈利状况的影响（见表 8）。从资产收益角度来看，16 家县域农业银行的资产收益率在不断上升，由 2005 年的 1.03% 上升到 2008 年的 1.65%。从成本角度来看，16 家县域农业银行的成本收入比由 2005 年的 37.64% 下降到 2008 年 30.4%。从收入结构来看，利息收入仍是农业银行的主要收入，各年利息收入占比基本维持在 70% 左右。从人均利润来看，16 家县域农业银行的人均利润率呈现上升趋势，由 2005 年的 9.66 万元/人上升至 2008 年的 21.98 万元/人。总体而言，随着农业银行改革的不断深入及中央落实服务三农政策的到位，农业银行的盈利状况在不断改善。

表8　　16家县域农业银行县域农业银行经营状况统计

类别	2005	2006	2007	2008
资产收益率均值（%）	1.03	1.13	1.76	1.65
成本收入比均值（%）	37.64	38.24	27.46	30.40
人均利润率均值（万元/人）	9.66	11.08	17.61	21.98
利息收入（万元）	63 259	70 164	88 395	121 090
非利息收入（万元）	23 677	27 386	40 484	46 461
利息收入占比（%）	72.76	71.93	68.59	72.27

3. 简要评价。从以上的分析可以看出，农业银行在改革进程中，营业网点有所减少，但存贷款规模逐年扩大；在风险控制机制上，不良贷款的控制有明显变化，不良贷款率逐年下降；在盈利状况上，利润呈增长趋势。应该说，在农业银行的经营绩效上，此次改革发挥了积极作用，并取得了初步的成效。

三、提升农业银行服务三农效率的政策建议

围绕新的市场定位，破解服务三农的商业运作难题，农业银行应借鉴国际相关经验，针对三农客户特点，改进服务模式，创新金融特色产品，完善组织体系和业务运作机制，建立适应服务三农的全新信贷制度，提高资源配置和风险控制的效率。

（一）增强三农金融服务的商业可持续性

一是农业银行应充分利用农村和城市两个市场，发挥农业银行的比较优势，建立有效衔接的城乡双层经营体系，并通过商业运作机制将资金流回农村，实现以城市反哺农村。二是要细分农村金融市场，对三农金融业务实行差异化管理。三是探索成为农村金融机构资本的提供者。农业银行可以通过参股、控股等方式投资农村商业银行、农村信用社、村镇银行和其他新型小额贷款机构，成为连接城乡金融组织的纽带。四是尝试开展农村批发贷款业务，降低经营成本。五是政府在财税、金融政策上对农村金融给予优惠政策。可借鉴国外成功经验，对包括农业银行在内的农村金融机构实行税收优惠政策，建立对特定信贷业务的专项扶持政策，适度调低农村金融机构存款准备金率。

（二）完善服务三农的信贷管理制度

一是要适当下放贷款权限。在风险可控和责任明确的前提下，适当扩大县域农业银行三农业务转授权，特别是县域中小企业贷款和个人生产经营贷款的转授权，提高三农业务办理的灵活性和时效性。探索实施面向客户的批量、定向授权。每年选择一批目标客户一定额度内的贷款审批权直接转授经营行。在经济区域授权基础上，实行客户授权和产品授权。二是简化信贷流程。根据影

响三农客户偿还能力的关键指标，设计简洁实用的信用打分卡，既能及时识别具有成长性的潜力客户，又能有效屏蔽不守信用的高风险客户。将小额贷款的评级、授信、单笔用信程序合并起来，尽量简化三农客户的流程和手续。三是改进授信方法。鉴于县域客户财务不规范，应主要根据抵押资产核定授信额度。对于发展前景好、综合实力强的客户，可以适当延长评级、授信时间跨度；对于总体情况没有恶化的客户，其信用等级评定和授信额度的核定可以简化程序。同时，合理确定信贷产品的期限、价格、还款方式。特别是期限约定要适应农村产业的生产周期和基础设施投入的回报周期。四是要积极开辟有利于扩大服务三农覆盖面的新型渠道，包括ATM、POS、支付通等。五是加强对外合作，扩展支持功能。如与地方政府行业协会等签订务实合作协议，与其他金融机构合作，通过银团贷款、代理服务等方式，实现功能互补等。

（三）探索适应三农金融产品

一是充分发展农户小额信用贷款。以小额信贷为桥梁，将普通农户作为基本贷款客户群，努力扩大农户贷款的覆盖面，把农户培育成市场份额大、效益好、风险小的稳定客户群，在支持农民提高收入的同时，增加农业银行自身的经营效益。二是全面推广订单农业贷款。针对农业产业化企业资金需求的特点，开办“公司+农户”、“公司+中介组织+农户”、“公司+专业市场+农户”等促进农业产业化经营的订单农业贷款，通过公司、农户、金融机构等多方的资金联结，支持订单农业快速发展。三是开发农村专业经济组织贷款。以支持农村专业经济组织作为拓展农村金融市场的业务增长点，在风险可控的前提下，根据农民专业合作组织的经营状况，积极为符合条件的农民专业合作组织解决季节性、临时性所需的资金，扩大对合作组织的必要授信和信贷支持。四是大力发展结算、银行卡及理财服务等以手续性为重点的中间业务。特别要在外出农民工较多、较集中的乡镇，设置ATM、POS等金融机具，为农民工提供用卡特色服务，加大非现金支付结算工具在农村的推广力度，培养农民形成新的支付习惯，逐步推进农村金融结算服务现代化。

（四）完善三农金融服务的激励约束机制

一是实行信贷奖励基金制。根据县域优质客户少、资产拓展难度大的特点，设立信贷奖励基金。奖励基金是按每笔贷款实现收益的一定比例计提，贷款成功收回实现效益后即按规定兑付主要相关人员的奖励。二是实施小额贷款主负责人制。县域小额贷款可以适当简化操作程序，实行贷款主负责人负责制，即每户（笔）贷款确定一名主负责人，由其全权负责贷款的调查和贷后管理，支行按贷款额的一定比例提取奖励金。贷款到期收回本息后给予主负责人一定比例的奖励；如果贷款形成风险主负责人也要承担相应的经济责任。三是引入“岗位责任赔偿制”。对县级支行贷款投放因非主观故意形成的风险损失，试行损失赔偿代替行政处罚的补救措施，对经检查证实各岗位主责任人无主观故意和重大违规行为的贷款损失，主责任人按贷款本金的一定比例赔付后不再对其行政处理。但对于明显因贷款调查失实、审查失察或管理失误等主观原因造成损失的则应当依规从严处罚。四是推行贷款客户保荐制。“保荐人”要与农业银行签订《客户保荐协议》，贷款到期收回本息后给予一定比例报酬，如果贷款形成风险“保荐人”亦要承担相应的经济责任。

（五）构建适合三农金融风险监测制度

一是细化制定符合三农和县域市场客户特点的信用评级和授信标准。实行分类指导，区别对待，综合考虑不同区域经济发展程度、不同企业行业类别、性质、发展规模和生命周期等因素的差异，细化三农客户信用评级和授信的指标分类和标准值，增强三农业务信贷准入标准的科学性。二是完善三农贷款风险分类体系。细分增加贷款分类等级，坚持定量与定性分类标准相结合，增强三农信贷业务风险控制的科学性和灵活性，并把对三农客户的信用评级结果与其信贷分类结果结合，在此基础上综合考虑确定其在农业银行的某项债权风险暴露程度，为建立完善三农业务风险信息数据库提供基础经验值。三是完善三农和县域业务经济资本管理。细化并合理确定各类三农信贷业务的经济资本指标权重，充分发挥经济资本管理的导向作用，做到既有利于推动三农业务发展，又有效提高对三农业务的风险覆盖程度。四是完善三农业务风险监测制度，建立三农业务风险管理信息支持系统，制定风险预警模板，从制度、技术上提高三农风险监测的能力和水平。

（六）健全三农业务风险分担与补偿机制

一是完善农业保险体系。设立政策性农业保险机构，开发各类宜农保险产品，对农户的生产、销售等各个环节进行保险。通过国家补贴等形式，降低保险费率，鼓励农民购买保险。当因自然风险或市场风险造成农户绝收、减收时，由保险公司赔付，以增强农业和农户的抗风险能力，从而降低银行支持三农业务的风险。二是国家建立风险补偿基金，对农业银行支持三农贷款特别是小额贷款给予一定的风险补偿，以促进农业银行小额信贷业务的持续发展。三是实行税收优惠政策。用税率杠杆鼓励农业银行增加对县域的信贷投入。可根据农业银行支持三农情况核定优惠税率。如新增存款一定比例以上用于支持三农的，财税部门可分档次对其实行优惠税率；对农业银行设立在指定地区的营业税予以减免。四是实行优惠存款准备金率。为支持农业银行将农村资金更多地投入到农村地区，可考虑将农业银行涉农存款参照执行农村信用社缴存存款准备金率政策，促进其增强放贷能力。五是通过银行间市场发行资产证券化产品和信用衍生产品，拓宽涉农金融机构的资金来源，分散农业贷款的信用风险。

(七) 创新服务三农担保方式

一是大力推广农户小额信用贷款和农户联保贷款。农业银行应加强与信用协会或信用合作社等信用共同体的合作，运用联保、担保基金和风险保证金等联合增信方式，探索发展满足信用共同体成员金融需求的联合信用贷款。二是扩大农户和农村企业申请贷款可用于担保的财产范围，建立健全涉农贷款担保财产的评估、管理、处置机制。按照因地制宜、灵活多样的原则，探索发展大型农用生产设备、林权、水域滩涂使用权等抵押贷款，规范发展应收账款、股权、仓单、存单等权利质押贷款。三是完善农村土地金融制度。适当调整对农村土地及房屋的产权形式，改革农村现行住房管理制度，对农户住宅发放房产证，允许农民以房产证进行抵押贷款；允许农民以依法取得的土地承包经营权作抵押获得贷款，并在土地管理部门登记备案。四是推进和完善多元化的农村信贷担保体系建设，鼓励各类信贷担保机构通过再担保、联合担保以及担保与保险相结合等多种方式，加大对农村的融资担保服务。五是扩大企业和个人信用信息基础数据库在农村地区的信息采集和使用范围，建立健全农户、农民专业合作社和涉农企业的电子信用档案，设计客观、有效的信用信息指标体系，建立和完善科学合理的资信打分和信用积分制度，推动建立农村信用信息共享机制。六是加强农业信贷担保平台建设。建立政府扶持、多方参与、市场运作的农村信贷担保机构，推动现有商业性担保机构开展农村担保业务，鼓励有条件的专业合作社、涉农企业和协会组织创办针对农户和农村中小企业的担保公司。

(八) 优化三农金融生态环境

一是强化法制建设，完善农村金融生态的制度基础。在《中华人民共和国商业银行法》的基础上，针对农村金融发展实际，尽快出台“农村金融法”、“农业现代化资金补助法”、“农业灾害补偿法”等农村金融法规，并制定相关的规章制度及实施细则，确保各项法规在农村金融发展中发挥应有的制度保障作用。修订完善《中华人民共和国破产法》、《中华人民共和国刑法》、《中华人民共和国担保法》等法律法规，严肃追究逃废债务的自然人和企业法人的刑事责任。二是建立健全农村信用征信体系，改善农村金融生态的信用环境。综合运用法律、经济、宣传、舆论监督等手段，建立和完善社会信用的正向激励和逆向惩戒机制。由政府出面，创建信用村、信用乡镇、信用县，同时建立农村中小金融机构、乡镇政府、村委会和农户“四位一体”的社会信用体系，进一步营造重信用、讲诚信的社会氛围。整合工商、税务、银行等部门的信用信息资源，通过横向联网，建立农村企业和农户信用数据库。三是减少不当的行政干预，推动农村金融市场化建设。进一步简化政府审批程序，规范政府行为，提高政府部门的办事效率，尽量减少金融机构的交易成本，增强其经营效率。进一步减少行政干预，给予农村金融机构一定程度的自由空间，为农村金融市场的发展创造一个宽松、公平的经营环境。

主要参考文献：

［1］何广文、李树生等：《农村金融学》，中国金融出版社 2008 年版。

［2］王双正：《中国农村金融发展研究》，中国市场出版社 2008 年版。

［3］《中国农业银行三农金融事业部制改革试点实施方案》，农银发［2009］177 号，2009 年 5 月 6 日。

［4］中国银监会：《中国农业银行三农金融事业部制改革与监管指引》，2009 年 4 月 23 日。

［5］中国农业银行：《2009 年中国农业银行三农金融服务报告》。

［6］农业银行国际业务部课题组：《印度尼西亚人民银行在农村的商业化运作》，《农村金融研究》，2007（10）.

［7］侯建波、廉桂萍：《中国农业银行农村营业网点经营机制改革探索》，《内蒙古农业大学学报》，2008（5）。

［8］张惠茹：《印度尼西亚人民银行——村银行的成功经验及启示》，《农村经济》，2005（12）。

［9］郭福春：《农村金融改革与发展问题研究》，浙江大学出版社 2007 年版。

［10］夏书亮：《日本农村金融体系的运行范式及经验总结》，《金融发展研究》，2008（6）。

［11］《农业银行股份制改革与服务三农的矛盾分析》，东北师范大学硕士学位论文，2008 年。

［12］王东德：《农业银行建立产品成本核算体系的思考》，《广西金融研究》，2007（4）。

［13］农业银行研究室课题组：《农业银行面向三农的产品与服务研究》，《农村金融研究》，2007（12）。

［14］缪曼聪：《农业银行“面向三农”：市场定位与制度安排》，《金融参考》，2008（1）。

［15］李二平：《农业保险发展状况及对策研究：以湘西自治州为例》，国研网，2009 年 9 月 23 日。

［16］孙志军：《农村金融需求变化特征与金融产品创新策略》，国研网，2009 年 7 月 8 日。

［17］肖建国：《农业银行三农金融事业分部：改革路径、成效与优化建议》，国研网，2009 年 10 月 14 日。

[18] 李正旺、漆志伟：《农业银行商业化可持续发展研究》，《中州学刊》，2005（5）。

[19] 中国农业银行滨州市分行课题组：《农业银行实施蓝海战略服务三农的风险控制问题研究》，2008 年 09 月 27 日。

[20] 孙伟平：《对县域农业银行服务三农能力建设的思考》，《福建金融》，2009 年 4 期。

[21] 陈中贤：《农业银行服务三农应把握的几个问题》，《湖北农村金融研究》，2009（4）。

[22] 张锐平：《农业银行服务三农的关键：突破信贷瓶颈》，《南方金融》，2008（9）。

土地流转及金融支持研究

中国人民银行三明市中心支行课题组

课题主持人：杨长岩

课题组成员：施　永　张建明　雷贵优（执笔）

土地流转是农村经济发展、农村劳动力转移的必然结果。中央对农村土地承包经营权流转问题一直高度重视，2008 年 10 月召开的党的十七届三中全会在保持土地承包经营权流转政策连续性的基础上，进一步明确了政策界限和要求。近年来随着农村城镇化进程的加快和进城务工农民的增多，农民对土地的依赖明显减弱，流转土地的愿望比过去更加强烈。在科学发展观指导下，十分有必要加强对农村土地流转及金融支持有关问题的研究，为推进农村改革与发展服务。

一、农村土地流转有关基础理论与现实价值

（一）农村土地流转基础理论

西方的一些经济学理论，如新制度经济理论、地租地价理论、土地产权与土地法权理论、土地市场和土地市场制度理论等对分析研究中国土地制度建设，分析农村土地流转具有重要的借鉴意义。

1. 制度变迁理论。制度变迁是一种效益更高的制度对另一种制度的替代过程。新制度经济学作为体现市场经济运行规律的理论，对于中国现阶段以发展社会主义市场经济为前提、以土地制度创新和土地市场的完善为基本内容的土地制度改革，具有一定借鉴意义。

2. 西方经济学中的地租和地价理论。西方古典经济学关于地租、地价的一些理论，虽然年代久远，并由于历史局限性还存在一些失误和不足，但这些理论对于研究和分析当前进行的土地使用制度改革，对于建立土地流转制度，对于合理调节与用地有关的各方面的经济利益，仍然具有很大的启发和借鉴意义。

3. 土地产权理论。农村土地产权是农村土地所有权演变、发展的必然结果。社会经济的日益发展，使农村土地所有权的占有、使用、收益、处分等内在权能不断分离派生并独立化为各个特殊权益时，量变导致质变，原来的农村土地所有权就只保留了最终处分权能，即农村土地的最终所有权，它已经不能包容各个独立化的农村土地权益了。于是，农村土地产权应运而生，成为农村土地

所有权的各项权能在市场经济中的独立运作层面。

4. 土地市场与土地流转制度。土地市场是要素市场之一，以土地作为交换客体。在西方发达国家，土地市场作为重要的要素市场，与市场经济同发展，有效配置土地资源。土地市场不同于一般市场，它是以土地产权的流动和转移为特征的，从而使土地市场制度的构建显得极其重要。

（二）农村土地流转现实价值

20世纪80年代以来，伴随着农村剩余劳动力转移，土地在不同个人间的边际评价出现重大差异。由于农业生产中劳动力与土地总是互补的，对于具有不同农业生产力水平的农户，土地边际产出的程度不同。在经济较为发达的农村地区，农村劳动力在市场意识、价值观念和知识技能等方面不断进步，一部分有能力在非农产业实现就业的农民，将会比较其种地的收益和机会成本。当这部分农村劳动力试图退出农业产业时，尽管他们对土地的边际产出评价已经很低，但作为理性的个体，他们依旧会考虑自己已经承包并仍有较长存续时期的农村土地如何被尽量有效地利用。一种可能的选择是将土地承包经营权出租或转让，部分实现承包制赋予的从土地上获得收益的权利。对于另一部分留在农业生产产业的农民，农业生产可能给他们带来较高的收益。如果他们发现在自己的生产和经营下，土地具有较高的边际产出，尤其是那些具有较多市场信息、较新生产技术和较高经营能力的农户，他们有可能承租或受让前一类人的土地承包经营权，从而对农业生产进行更多的投入。这样，土地使用权的流转就具有土地边际产出拉平效应。双方对土地边际产出的评价差距越大，土地资源配置效率被改进得就越多。

当前农业普遍存在小规模分散经营，许多大宗农产品缺乏竞争力，越来越难以适应当前农业市场化、国际化的要求。搞活农村土地流转，是当前农业和农村发展的必然趋势，是农业、农村和农民（简称"三农"）问题中的关键性环节，是发展农村规模经济的必然选择，是加快社会主义新农村建设的需要。

二、三明市土地流转基本情况及主要模式

（一）土地流转基本情况

据统计，到2009年12月底，全市实行二轮承包的耕地面积为232.48万亩，占应实行二轮承包耕地的99.3%；已发放土地承包经营权证书的农户为45.08万户；已签订耕地承包合同的农户为45.04万户，占应签订合同农户的99.4%。全市土地承包经营权流转面积达42.6万亩，比2008年增加3.1万亩，占承包耕地面积的18.4%。

1. 流转形式多样化。农村土地流转的主要形式有出租、转包、转让、互换和其他方式的流转。其中，以出租和转包模式运用最为广泛，占到全市农村土

地流转规模的88.8%。一些地方，例如大田县、将乐县已逐渐出现转让和入股等新型流转方式。在42.6万亩流转耕地面积中，出租28.9万亩，占67.8%；转包8.93万亩，占21%；转让2.2万亩，占5.16%；互换1.12万亩，占2.6%；入股0.15万亩，占0.35%；其他形式流转1.3万亩，占3.1%。

2. 流转程序规范化。在土地流转过程中，一些地方进一步规范了有关程序。如沙县要求农户自主流转要执行3个程序：双方洽谈磋商，认定流转方式、流转时间、流转价格，以及流转收益支付方式。

3. 流转地经营特色化。流转土地全部为农业用地，全部用于种植业。土地流转后，开发经营的项目大多涉及优势产业和特色产品，还带动了一批有竞争力的新兴产业。从全市看，除种植粮食外，流转土地集中用于发展烟叶、果蔬、食用菌等优势特色产业。其中，种植烟叶14.6万亩，占流转面积的37.46%；种植果蔬5.7万亩，占8.15%；种植食用菌2.63万亩，占6.17%；种植花卉苗木1.5万亩，占3.5%。

4. 流转期限短期化。据调查，三明市全市耕地流转期限在1年以内的占58%，1~5年的占37%，5~10年的占3%，10年以上的占2%。说明经营权流转存在短期及非稳定性特点。

5. 流转主体多元化。从承包地流转的过程看，农村土地经营权流转主要是在农户之间进行，土地流转主体从农户逐步扩大到农业龙头企业、农民专业合作社、科技人员和外来专业大户。全市流转土地中，流转给农户（含专业大户）的32.3万亩，占流转面积的75.8%；流转给农业企业的土地有7.68万亩，占流转面积的18%；流转给农民专业合作社的土地有2.47万亩，占流转面积的5.8%。

6. 流转规模扩大化。土地流转逐步由农户间小规模自发流转向土地集中连片的规模流转发展。在近两年来新增的流转面积中，规模流转约占50%左右。目前，全市土地流转连片规模在50亩~100亩的达6.3万亩，连片规模在100亩以上的达5.9万亩，上述规模流转面积占流转总面积的28.6%。

（二）土地流转主要模式

1. “土地+项目招商”促流转。近年来，沙县有5万多农村劳动力外出经营沙县小吃，土地闲置甚至抛荒现象日趋突出，农民流转土地意愿强烈。地方政府按照“农民自愿，政府引导，积极扶持，规范管理”的原则，以项目招商结合土地流转，发展现代农业项目。一是按照“依法、自愿、有偿”的原则，依托乡村土地流转服务机构，集中抛荒地或无人耕种闲置地，全面整理登记可流转土地。二是按照“群众自愿，土地入股，集约经营，收益分红，利益保障”的原则，引导农户以土地承包经营权折合股份，将土地流转至农业项目，实行土地股份分红保底价。目前通过以上两种方式累计整合出可供规模流转的耕地

63 处，面积 3 万亩。其中，集中连片 100～500 亩的土地 35 处，面积 7 360 亩；连片 500～1 000 亩的土地 19 处，面积 11 830 亩；连片 1 000 亩以上的土地 9 处，面积10 810 亩。

2. “统收统包”土地流转。明溪县沙溪乡耕地 1.06 万亩，农户 1 536 户，现有出国劳务经商 1 800 多人，全乡外出劳动力超过总劳动力的 50%，导致大量耕地无劳力耕作。为避免抛荒，推动土地进行规模化、集约化经营，该乡在沙溪村试点采取“统收统包”土地流转新模式。由村委组织村民代表召开筹备会议，研究讨论统一收回、集中流转、租金标准、发包原则等问题，达成共识后，初步设定“统收统包”方案。通过农户之间平等协商，确定土地承包经营权流转的转包价、租金、转让费。对制订的“统收统包”具体实施方案进行审议，通过后由到会人员签字画押确认。通过流转平台，统一对外发包流转，并由村委会对流转土地进行统一台账管理。目前，该村“统收统包”土地流转面积 1356 亩，涉及农户 297 户。培育红豆杉种植大户 2 户，涉及土地流转面积 316 亩；烟叶种植大户 21 户，涉及土地流转面积 389 亩，有效带动特色农产品基地的规模扩展，促进了一批种养能手连片承包、规模经营，有效推动了农业产业化发展。

3. “代耕代种”托管流转。泰宁县是福建省 25 个粮食主产区之一，现有耕地面积 16.6 万亩，农村人口 10 万人左右。近年通过“代耕代种”托管流转，有效解决耕地抛荒撂荒现象。一是对需要流转土地进行登记备案。二是以村委会为主进行协调。村委会通过与种田大户或用田需求大户的沟通，根据用田需求，引导双方达成代耕代种协议。三是技术支持。政府组织技术下乡等方式，加强对代耕农户进行技术培训，提高农业生产的科技含量。目前，泰宁全县有 11 000 余户农户参与代耕代种，托管代耕农村土地流转面积达 20 399 亩，占全县耕地面积的 13.08%，撂荒面积由 2007 年的 10 792 亩减少到目前的 8 658亩。

4. “合作社＋农户”合作流转。近年来，三明市现有各类农民行业协会和专业合作组织 547 个，其中年销售收入 50 万元以上的 194 个，固定资产总值 1.19 亿元。永安市、大田县借助农民专业合社这个农村经济发展龙头，引导农户有效流转土地，提高土地利用效率。一是农户作为会员以土地经营权为股份共同组建合作社。合作社实行按土地保底和按效益分红的方式。年度分配时，首先支付社员土地保底收益每股（亩）850 元，留足公积公益金、风险金，然后再按股进行二次分红。二是合作社为载体统一租种非会员农户土地。典型如永安市洪田镇上石村紫云烟草农民专业合作社，合作社会员 23 户，注册资金 57 万元。目前“合作社＋农户”土地流转模式，共涉及农村土地流转 2 740 亩，农户 259 户，有效促进了农民农业生产实现统一化、专业化，提高农作物销售效率，农户人均收入增加。

三、金融支持主要实践

（一）农村土地承包经营权抵押贷款

农村土地承包经营权抵押贷款是指以依法取得的土地承包经营权附带地上种养物作为抵押而发放的贷款。以三明市明溪县为例，规模集中流转的土地主要用于培育红豆杉、烟叶、粮食、薯类、绿色蔬菜五大生产基地，基地建设每年对资金需求达5 000万元以上。为促进农业产业化发展，满足农户规模化经营的资金需求，2007年年初在明溪县人民银行等有关部门的指导与支持下，明溪县农村信用社出台了《明溪县农村土地经营权抵押信贷业务试点办法》，率先开展了此项业务试点。目前，明溪县全县推广土地流转面积4.8万亩，占总面积30%，培育规模流转200亩以上的大户27户。至2009年12月底，农村信用社累计发放此项贷款588.9万元，余额207万元。

农村信用社办理农村土地经营权抵押贷款的操作程序见图1：

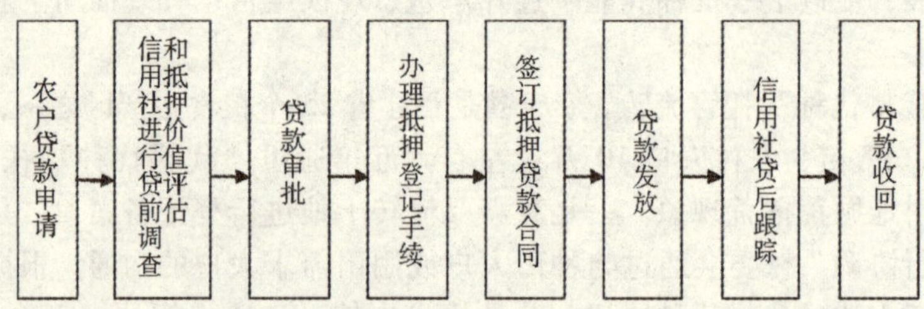

图1　农村信用社办理农村土地经营权抵押贷款的操作程序

（二）农村土地承包经营权流转农业项目贴息贷款

沙县政府、农业银行、农村信用社、邮政银行、财政局、农业局于2008年6月1日联合推出“农村土地承包经营权流转农业项目贴息贷款”（以下简称“贴息贷款”），较好地解决了当前农业项目发展与投入不足问题，促进农村土地规模经营。沙县每年拟安排200万元资金对贴息贷款实行贴息。2008年，沙县农村信用社、农业银行、邮政银行发放贴息贷款1 232.22万元，2009年1～11月发放贴息贷款1 237.36万元，两年累计发放贴息贷款2 469.58万元，11月底余额1 741.36万元。2008年6月到2009年9月末共贴息104万元。

四、土地流转及金融支持中存在的主要问题

（一）土地流转方面

1.流转行为不规范，农民利益不能得到有效保障。目前，三明市农村土地经营权流转多以村集体和农户自行转让为主。部分农户在土地流转过程中，习

惯以口头形式商定双方的权利义务关系，包括土地流转费用支付方式、转让期限等，而没有以规范的书面合同形式确定下来，即使有书面合同，合同文本也不够规范，如流转双方权利义务及违约责任、承租土地附着物、有关赔偿条款、土地被征用后承租户损失补偿等缺乏明确具体的约定。这给土地流转双方在土地使用过程中发生争议、纠纷埋下隐患。

2. 组织形式较简单，流转市场未形成。目前，三明市全市只有63个乡镇、518个村建立了土地流转服务中心或服务站，多数乡镇还没有建立土地流转服务机构。从已有机构的运作情况看，也存在渠道不畅、机制不活和作用没有发挥的问题。土地流转市场建设不足主要表现在：一是缺乏一个由上到下网状的土地流转中介服务机构；二是尚未建立市场化的土地流转价格体系。

3. 价格增值不高，农用地装备有待加强。主要表现在：一是道路通达情况差。许多农业用地的道路交通、田间路况流转前后没有实质性改变。二是农用地价值级差大。农户流转意愿强弱不一，农业用地的价值级差评估受区位因素、耕作便利条件、城市影响度、道路通达度等因素影响，是动态的。如据沙县县委党校调查显示，沙县城郊部分农用地地租为800斤/亩干晚谷，一般情况为种粮200公斤/亩干晚谷、种烟300~350公斤/亩干晚谷，偏远山垄田的地租最低，仅为50公斤/亩干晚谷。

4. 财政扶持力度小，制约了土地流转的进一步发展。土地流转后要实现土地规模经营，需要投入大量的资金，由于政府财政等部门对规模种养大户、专业合作社、农业龙头企业在基础设施建设、税收优惠、资金投入等方面的扶持措施较少，加上近几年农业生产资料价格持续上涨，农产品投入产出效益不佳，租种土地或雇工的收益更少，在一定程度上制约了土地流转。据不完全统计，2007、2008年三明市财政支农资金发放58 641.63万元和78 338.46万元，分别占地方财政收入13.78%和15.2%。

5. 农村社会保障体制的缺失，放慢了土地流转的速度。目前农村土地流转后，农民的医疗、劳保、丧葬、抚恤、退休金等社会保障政策还未配套完善，而且由于农村劳动力转移就业处于非稳定状态，农民的户籍制度、就业制度等还没有真正解决，部分农民对土地流转存在一定思想顾虑。

（二）金融支持方面

1.银行难以满足土地流转带来的多样性信贷需求。2009年上半年三明市中心支行就农民筹资能力开展调查。此次调查共发放调查问卷450份，收回有效问卷450份，收回率100%。其中，县城及周边155份，乡镇155份，乡村140份。调查显示，随着经济的发展，农民对资金的需求在不断增加，81.56%的农户希望借入资金或继续借入资金，且银行贷款成为农民筹资的首选。从筹资额度看，10.44%的农户希望筹资1万元以下；46.89%的农户希望筹资1万~5万元；31.78%的农户希望筹资5万~15万元；10%的农户希望筹资15万~30万元；0.8%的农户希望筹资30万元以上。从农户希望借入资金的用途分析，农民家庭借款用于最多的是农业生产性投资或农产品流通。通过土地流转，近年来三明市农业逐渐从传统型向林业、药材种植、水果种植、花卉栽培等特色农业转型，带动大批农民致富。调查表明，有41.39%的农户目前从事小规模或中等规模特色种养殖。

2. 土地流转改革对现代化的结算方式需求将越来越高。土地流转改革后，规模化经营使农村资金流量逐渐加大，现有的农村支付体系中存在的现金结算量大且不及时、票据使用率低以及未设置ATM、POS等问题，已经严重制约了农村经济发展。人民银行三明市中心支行针对农民金融知识需求情况开展问卷抽样调查，共向农民发出问卷2 000份，回收有效问卷1 862份。调查结果表明，无一人使用过贷记卡，有95.7%的调查对象对信用卡的知识选择“不了解”；关于ATM的使用，有39.8%的调查对象选择“操作过”，53.2%的人选择“没操作过”，7%的调查对象选择“不知道ATM”；对于电汇等银行结算知识，有81.7%的调查对象选择“不了解”。这表明农村地区公众金融知识的不足严重限制了非现金结算业务的推广。

3. 农业保险难以适应土地流转的需要。土地流转后，农业产业化、规模化程度进一步提高，但由于农业生产抵御自然风险能力较低，经营风险进一步加大，且农户以土地使用权作抵押融通资金，其本身存在风险，也需要农业保险的保障。目前农业保险发展较为缓慢，农业、农村和农民保险品种开发与市场开拓、保险管理体系构建等方面都存在较大的不足。如三明市仅试点了森林火灾保险、水稻种植保险、农村住房保险和能繁母猪保险等少数几个农业保险品种，难以适应农业发展的要求。

4. 土地流转改革对农业信用体系建设提出了较高要求。农村征信体系的建设是避免农村金融市场信息不对称及逆向选择和道德风险的有效手段。土地流转改革及由此带来的农业生产产业化、集约化必然提出较高的信贷需求，而目前农村信用体系薄弱，在一定程度上影响信贷投放和土地流转的顺利进行。

5. 农地使用权抵押受到法律限制。土地承包经营权是一种不完整的产权，造成承贷主体难以落实。《中华人民共和国土地管理法》第十条规定：“农民集体所有的土地依法属于农民集体所有，由村集体经济组织或村民委员会经营、管理；已经分别属于两个以上的农村集体经济组织的农民集体所有的，由村内各该农村集体经济组织或者村民小组经营、管理；已属于乡（镇）农民集体所有的，由乡（镇）农民集体经济组织经营、管理。”可见，虽然法律规定农村土地归农民集体所有，但在集体所有制下，土地所有权主体实际上并不明晰。这种土地产权制度的缺陷实质上阻碍了各种生产要素，特别是金融要素的进入。

五、相关建议

（一）政府方面

1. 创建服务型政府，通过政策导向激活土地流转。一是要明确发展理念，坚持把宣传工作作为转变观念的推手，积极宣传贯彻《中华人民共和国农村土地承包法》、《农村土地流转管理办法》等法律法规的基础，按照党的十七届三中全会提出的“现有土地承包关系要保持稳定并长久不变”的要求，妥善解决一些地方存在的延包遗留问题，规范整理好土地承包档案资料，在坚持农村基本经营制度的前提下，积极引导农民搞好土地流转，促进规模经营，实现流转土地、盘活资源、主动流转、放心流转。二是要确定发展目标，坚持规划先行，重点推进。要站在县域经济发展的角度，明确各村镇发展现代农业的目标、定位、重点，制定出系统、科学、可操作性的乡村土地利用规划方案。三是要注重发展策略，坚持项目牵引、示范带动。要重视产业特色、品牌优势，对在带动和促进土地流转和农户增收作用突出的项目，特别是规模经营的龙头企业和种养大户要从资金扶持、税收优惠、技术指导、农机补贴等方面给予倾斜。

2. 鼓励多种主体参与运作，逐步建立健全土地流转市场。

（1）积极培育土地流转的中介组织。在农村土地流转中，存在中介组织的情况下，土地流转存在着农村集体土地承包者（委托人）、土地流转服务组织（即中介机构）、受托人三种主体。这三种主体构成关系如下图2，即土地承包者将自己承包的土地委托给土地流转中介机构，土地流转中介机构对有意向的受托方进行审核，对于符合条件的法人、工商企业或自然人进行登记备案后确定其为受托人，委托人和受托人再通过订立合同对彼此的权利义务进行明确。

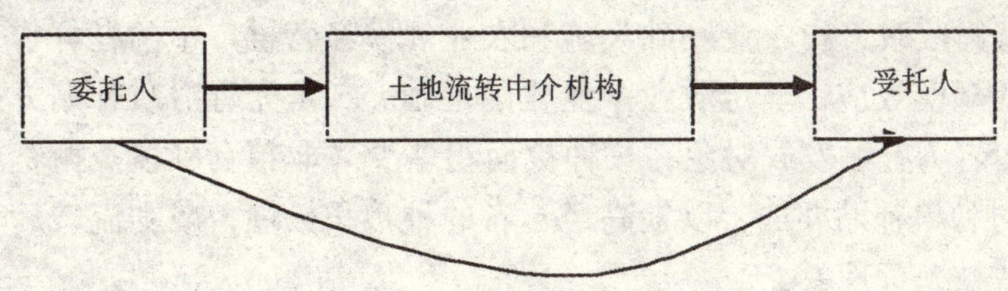

图2　土地流转关系

（2）进一步完善土地流转平台。一是规范制度建设。建立健全农村土地流转登记、流转纠纷调处等制度。二是规范合同文本管理。依据有关法规，对农村土地承包经营权流转合同文本进行修订完善，做到统一规范。三是规范档案管理。由专人负责农村土地流转合同资料、档案管理，争取早日进行信息化录入，实行信息化管理。四是规范流转收益管理。合理确定流转费用，并确保兑现，保证农户经济利益不受损失，严防流转收益被“截留、扣缴”。五是成立农地使用权评估机构，开展土地分等级和价格评估工作，为公平交易提供参考，减少价格确定的随意性和不合理性，规范流转行为，避免市场交易主体利益受到侵犯。六是加强对流转土地的监管，确保不改变土地的农业用途。

（3）积极培育农地流转的各类主体，认真开展项目评估和特色农业的基础建设工作。采取多种措施扶持专业大户、家庭农场、农业专业合作社等规模经营主体的发展。鼓励种田能手、专业大户和各类经营主体通过土地流转建立农产品生产基地，开展土地规模经营；合理规划庄园模式、专业合作社等发展布局，引导土地流转和规模经营向优势产业和优势区域集中。

（4）推行“股田制”，建立“土地经营股份合作社”。即村集体以合作社形式，将农户土地承包权或经营权量化入股，合作社以股东代表的身份与专业合作社、公司或业主签订土地流转协议，监督村集体土地流转后的使用情况，农民按照持股比例年终参与股份合作社的分红。

3. 树立生态农业的发展理念，改善流转地地貌地况。土地流转需要政府提供水利等农村基础设施的投入等基础支持。一是要有规划地逐步改善农业用地的基础设施条件。把改善耕作便利条件、道路通达度、田间道路等因素作为提高农业用地价值级差的重要突破口，进一步加大农田水利、交通设施和土地开展整理。二是要有选择地推广生态农业，建设“绿色家园”。积极申请无公害农业生产基地的认定，鼓励业主申请无公害农产品、绿色食品、有机食品品牌，从资源基础与特色对接入手，通过提高农贸市场影响度实现农业用地的价值增值。

4. 加大财政支农力度，增加对土地流转的财政补贴。一是加大财政支农力度，发挥好财政政策在农业基础设施和农业规模经营推广中的杠杆作用，提高农村经济的规模效应，奠定农业产业化的基础。二是完善财政补贴方式，实行以土地经营者为补贴发放对象，按种粮面积多少（非粮食种植及抛荒地不享受补贴）计付种粮补贴办法，以提高经营者的种粮积极性，减少流转后耕地用作其他用途或被抛荒现象。

5. 建立农村社会保障体系，健全失地农民的社会保障。一是逐步健全失地农地农民的社会保障制度或最低生活保障制度，加大农村社会保障资金投入，建立农村最低生活保障机制，保证农民最低生活水平；在条件成熟情况下，农村集体组织可以以土地所有权名义，收取一定租金，专门用于农村养老等社会保障，又可使农村社会保障水平得到提高。二是建立健全覆盖全社会的农民医疗保障和养老保障制度，使农民老有所养，老有所医。三是加大农村教育投入，保障农村义务教育，使农民的子女能够受到最起码的教育。

（二）金融支持方面

1. 完善农村金融服务体系，增强农村金融服务能力。一是创新农村金融体制。放宽农村金融准入政策，加快建立商业性金融、合作性金融、政策性金融相结合，资本充足、功能健全、服务完善、运行安全的农村金融体系。构建以农业发展银行等政策性银行为支撑，农业银行和农村信用社为主，邮政储蓄银行等其他金融机构为辅，村镇银行、小额贷款公司等四类农村新型金融机构为补充的农村金融服务体系。二是总结农业银行“面向三农”试点经验，推动各商业银行成立三农信贷服务部，配套各项支农优惠信贷政策，实施专业化管理。三是改进服务方式，提高服务质量和工作效率，满足农村多元化的金融需求。

2. 积极创新各类金融产品，顺应土地流转带来的规模化经营需求。商业银行要根据现代农业特征及农村土地流转发展趋势，银行应根据“大农业”对金融资本的需求，积极探索大额与小额农户贷款挂钩的发放管理办法，对实力强、资信度好的规模经营主体给予一定的信贷授信额度，允许规模经营主体以联保等形式办理贷款手续。保险公司要扩大农业保险范围，除了主要粮食作物如水稻外，还可包括水果、花卉等当地种植规模比较大的品种，家畜保险承保对象包括乳牛、肉猪、肉羊、鸡鸭等多种家畜。

3. 突破土地承包经营权抵（质）押限制，创新新型三农担保机制。一是推动抵押担保制度创新。建议对《中华人民共和国物权法》和《中华人民共和国担保法》进行修改，取消对土地承包经营权抵押和质押的限制。二是制定《农地抵押贷款管理办法》。在土地流转加速的情况下，应加强农地抵押贷款产品研究。三是建立政府扶持、多方参与、市场运作的农村信贷担保机制。由政府出资建立贷款风险补偿基金，对因自然灾害引发的担保代偿实行补偿机制，支持各类担保机构开办农业贷款担保业务。

4. 完善农村支付结算网络，满足新时期农民结算需求。土地流转改变了一家一户分散经营的状况，催生了一批龙头企业、种养大户等规模经营主体，培养了一批新型农民，促进了社会主义新农村建设，加快了城乡经济社会一体化发展。农村经济的发展要求更加畅通的农村支付结算网络。一是改进农村支付结算环境。以农民工银行卡、绿卡、万通卡为主要载体，普及用卡知识，实现跨行转账功能，减少现金使用量。二是拓展支付结算网络在农村地区的辐射范围，做好支付系统、支付影像交换系统在农村地区的延伸工作，缩短农村地区资金清算周期。三是加强非现金结算业务的市场管理，重点打击金融诈骗活动。

5. 加快农村征信体系建设，将土地流转各类主体信用信息纳入征信系统。土地流转带动了农业企业、农民专业合作社和家庭农场等适度规模经营主体的发展，他们逐渐成为了农村金融需求的主体和新鲜力量。应尽快将村镇银行等四类农村新型金融机构接入征信系统，并将农民和专业合作社组织的信用信息纳入征信系统，使征信系统在土地流转和农业产业化经营中发挥重要作用。

参考文献：

[1] 丁关良：《土地承包经营权基本问题研究》，浙江大学出版社 2007 年版。

[2] 中国人民银行三明市中心支行课题组：《农村土地流转与承包经营权抵押信贷的实践与探索》，《福建金融》，2007（2）。

[3] 吕晓：《农村土地流转有关基础理论概述》，http：//www. wejj. cn /. 2009. 01. 13。

[4] 陈徐、易娟：《农地流转改革中发展农地金融业务的障碍分析》，《金融时报》，2009. 02. 23。

[5]《关于我市农村土地承包经营权流转情况的报告》，http：//www. sm. gov. cn/smrdw/showmessage. asp？ id =3138。

农村微型金融组织制度缺陷与改进路径

中国人民银行宁德市中心支行课题组

课题组组长：郑寿明

课题组成员：吴滋兴（执笔）　陈晶平

农村微型金融组织是为农村微小企业、个体工商户、专业种植养殖户及一般农户等群体提供包括信贷、保险、汇兑等微型金融服务的组织，主要以微型信贷组织为主。完善的农村微型金融体系在许多国家被认为是经济发展和消除贫困的重要因素。大力发展农村新型金融组织，促进农村金融机构之间的相互竞争，成为解决当前农村金融问题的多方共识。

一、农村微型金融组织的特点

从微型金融组织的发展情况看，微型金融组织形式已从最早时的企业非法人，向企业法人、金融企业法人等多种形式发展；服务对象从贫困农户，延伸到一切无法得到正规金融机构服务的农村微小企业、个体工商户、专业种植养殖户及一般农户等群体；服务内容从单一信贷服务发展到信贷、保险、汇兑等多种微型金融服务；从微型金融组织的资金来源看从接受捐赠资金发展到吸收利用商业化资金。

（一）组织形式多样化

农村微型金融组织有多种组织形式，其性质和模式也呈现多元化，有公益性的，有政策性的，有互助性的，也有商业性的，还有民间非正式微型金融组织。一般可以把农村微型金融分为三种类型。一是新型农村微型金融机构：村镇银行、贷款公司、农民资金互助社。这三种形式的新型金融机构为经过中国银行业监督管理委员会行政许可、接受中国银行业监督管理委员会监管的、在工商行政管理部门登记注册的企业法人，是正规的金融机构。二是小额信贷组织：农户自立服务社、小额贷款公司、具有金融功能的农村专业合作社。小额贷款公司是由地方政府指定部门省级政府主管部门管理，到当地工商行政管理部门申请办理注册登记手续并领取营业执照的小额信贷组织。扶贫社、专业合作社等小额信贷组织多为在民政局注册的非企业社团法人，没有专门的管理部门，一般由发起人自行管理。三是非正式微型信贷组织，如民间标会等。

（二）服务对象和服务内容更加广泛

微型金融组织最初的目标是以小额信贷为载体，为贫困农户服务。福安市农户自立服务社以原有的8个贫困乡镇的贫困群众和沿海6个乡镇的连家船民为主要扶持对象。2009年6月底，小额贷款覆盖到全市17个乡镇166个行政村343个自然村，贷款客户达4 451户，小额贷款余额2 006万元，其中有60%的农户在省定贫困线以下，95%的农户近3年来未得到过正规金融机构贷款支持。村镇银行等新型微型金融组织的成立，进一步拓宽了微型金融服务的对象和服务内容。具有融资功能的专业合作社以发放预购定金和原材料赊销的方式提供信用服务。

（三）资金来源商业化

早期小额信贷组织的资金来源是各种捐赠资金。目前也有通过商业性金融市场获得各种商业性资金，增加支农资金问题。如福安市农户自立服务社成立以来小额贷款本金已由省脱贫办专项资金500万元，增加到1 882万元。2007年开始利用银行资金开展小额贷款项目，增加了国家开发银行贷款700万元。2008年再增加渣打银行贷款650万元，使得小额信贷业务有了较快的发展。村镇银行、农村资金互助社作为新型微型金融机构，还可以吸收居民的储蓄资金，增加了资金来源。小额贷款公司和其他微型金融组织资金是各种商业性资金进入微型金融市场的渠道，这些商业性的资本与不以盈利为目的的捐赠资金是有本质区别的，其首要目的是资本的保值和增值。

二、农村微型金融组织发展不能满足微型金融服务需求

从当前微型金融组织的案例看，各种形式的微型金融组织对农户和农村中小企业获取信贷资金具有支持作用，这种支持能提高农村融资主体的产业发展和成长能力，促进农村产业结构发展，增加农民创业和就业机会，构成了微型金融组织的微观制度绩效。

微型农村信贷组织是农村金融体系最弱的一环，对缓解整个农村金融问题作用有限。焦瑾璞、杨骏在《小额信贷和农村金融》中指出，截至2002年年末，全国共计有108家非金融小额信贷机构；截至2009年6月末，全国已有118家新型农村金融机构开业。其中，村镇银行100家，贷款公司7家，农村资金互助社11家。从经营情况看，已开业机构实收资本47.33亿元，吸收存款余额131亿元，贷款余额98亿元，累计发放农户贷款55亿元，累计发放中小企业贷款82亿元。但是截至2008年年末，全国有1 424个乡镇没有金融服务。村镇银行、小额贷款公司等农村新型金融组织的试点工作进展缓慢，农村金融服务“农业、农村和农民”（简称“三农”）能力不足。

与商业银行和农村信用社相比，农村微型金融组织在服务对象，以及提高

农村信贷覆盖面等方面具有一定的优势，并有较好的运作机制，但是资金实力薄弱。以福安市农户自立服务社为例，其资本金不是一次到位的。2002～2006年，该机构均处于保本点边缘。2007年以后，服务社贷款本金引入了国家开发银行的贷款700万元，才开始盈利。虽然农民专业合作社机构比较多，但是实力也比较弱。以福建省福鼎市为例，截至2009年5月末，在福鼎市工商行政管理局登记的农民专业社82家，累计注册资金11 363万元，单家最大注册资金2 000万元，最小的仅1万元，涉及茶叶、果蔬、谷物、水产养殖、药物种植等20多个农业行业。福鼎市82家合作社中，注册资金100万元以上的30家，占比36.6%。其中，500万～1 000万元的6家，1 000万元以上仅1家，合计占比仅8.5%，资金实力明显偏弱。开展信用合作的前岐镇蘑菇专业协会，注册资本50万元，在支持社员的资金需求时往往有心无力。

三、农村微型金融组织的制度缺陷

对正规金融制度无法解决农民贷款难的问题，微型金融组织制度是一种创新。实践表明，微型金融组织制度创新并没有形成商业资金大量进入微型金融服务领域的制度绩效，微型金融组织制度存在缺陷。

（一）组织制度缺陷

目前农村微型金融的法律体系中，已有《关于调整放宽农村地区银行业金融机构准入政策、更好地支持社会主义新农村建设的若干意见》、《村镇银行管理暂行规定》、《关于小额贷款公司试点的指导意见》、《关于做好农民专业合作社金融服务工作的意见》、《关于村镇银行、贷款公司、农村资金互助社、小额贷款公司有关政策的通知》。这些均属于部门规章，没有上升为法律层次。

微型信贷组织定位不明确。目前非政府组织或半官方专业性小额信贷机构都在当地民政部门登记为非企业社团组织，从事小额信贷扶贫工作。中央和地方政府的相关部门对小额信贷是比较支持的，但所有这些小额信贷机构都不是严格意义上的金融机构，也不具备一般经济实体所具备的融资资格。这种民间机构的定位使得小额信贷组织业务开展受到严重束缚。专业合作社开展信用合作的相关规范文件未出台，其所能开展的业务范围、与金融机构业务区别也没有法律界定。微型信贷组织的功能定位没有明确，不仅无法通过吸收自愿储蓄持续筹集相对低廉的资金，而且也不能从正规金融机构融资以扩大自己的业务规模。

新型农村微型金融机构的设立门槛高。从注册资本金来看，新型农村微型金融机构准入门槛是比较低的，在县市一级设立村镇银行，注册资本只需300万元；在乡镇一级设立村镇银行，注册资本甚至仅需要100万元。然而根据《村镇银行管理暂行规定》第八条规定，设立村镇银行必须要有金融机构作为发起人或出资人。

民间标会等民间微型借贷组织以更低的交易成本和更直接的自发激励机制赢得了农民的信任和青睐。即使民间标会经常发生倒会的现象，仍有很大的市场。但尚无专门的法律规定对民间标会行为进行规范，地位未得到法律认可。

（二）风险防范制度缺陷

每一种形式的微型金融组织都有一套标准的运行机制，确保其风险控制到最低。福安市农户自立服务社运行5年来，除3户因户主死亡共1 700元的贷款无法偿还外，其余贷款均按期收回，贷款回收率高达99.9%。但是微型金融组织在防范风险方面存在制度性缺陷。

一是系统性风险。农业作为弱势产业，缺少有效的风险分散和保障机制，一旦遭受严重的自然灾害或国家产业政策变化，就会有大批农户和农产品企业因遭受严重损失而无力偿还贷款。这就决定了农村小额信贷比其他商业性贷款具有更大的风险性。微型金融组织虽然自身具有防范个体风险的机制，但却无法防范因自然灾害、市场波动、农业病虫害产生的系统性风险。

二是管理风险。农村合作基金会在农村小额信贷的提供上曾经产生过重要影响。农村合作基金会经历了从试点到政府部门推广，最后清理整顿的历程。从原来发展农村经济、用好用活集体资金，演变为变相吸收公众存款，发生社会挤提，引发金融风险，被取缔。宁德市蕉城区、福安市曾发生多次倒会事件。2004年福安市的民间“标会”倒会涉及会头200多人，参与“标会”人员2.7万人次，涉及金额约8亿元人民币。农村合作基金会的试点到兴盛，门槛低是十分关键的影响因素。由于准入门槛低，吸收和调动大量的社会资金从事农村微型金融的服务。监管的宽松甚至是缺失是金融风险产生的关键原因。从操作实践看，农村合作基金会制定“一章程、三会、七制度”形同虚设。许多微型金融组织都存在监管机关不明确，管理力度不够。

三是财务风险。农村微型金融组织难以推广的根本原因在于它是按照正规金融的运行规则来进行，无法降低交易费用。根据世界银行扶贫协商小组（CGAP）2005年的统计，全球范围内小额信贷机构有7 000~10 000家左右，成功的不到10%。因此，对于商业化运作的微型信贷组织来说，最主要的问题是经营不可持续。福安市农户自立服务社成立以来，尽管支农的成效显著，但2002~2005年均处于亏损状态，2006年少量盈余。

四是道德风险。道德风险的形成与市场和法律的不健全有直接的关系。农村合作基金会实际上是从事银行业务，一旦基金会出现倒闭，股东逃债，损失的就是储户（群众）。部分会头和会员甚至用会款放高利贷牟取暴利，用会款购买房地产、轿车等奢侈消费。甚至一些标会会头、会员携款潜逃。一旦会头或者会员中出现欺诈逃逸行为，就导致支付链和信任链的断裂，产生大规模倒会风波。在风险偏好的主导下，农村金融的市场主体会选择低效率的金融制度，不敢轻易涉足农村微型金融服务市场。

（三）定价制度缺陷

利率说到底就是资金价格，而资金价格本质上是由资金市场供求决定的。我国金融机构的贷款倾向于现代工业、城市和发达地区，而农村资金的供给远远不能满足和适应农业和农村经济发展的实际需要，导致了农村金融贷款利率一般较高。

一般而言，小额信贷利率水平应界于商业性贷款利率与高利贷利率之间。福安市农户自立服务社的资金成本在7.5%～8%之间，为了解决其财务上的问题，自立服务社发放的贷款实行高利率政策，其贷款的年利率平均达16%，利差达8%。我国较早成立的3家贷款公司的贷款利率也比较高，如晋源泰平均贷款利率达到20.68%，日升隆平均贷款利率达到17.64%，全力平均贷款利率达到16.39%。

高利率并没有形成商业性资金大量参与微型信贷的激励机制。农村微型金融机构实行高利率，主要为吸引更多的资金投入到三农。但实际效果并不明显，没有商业银行会因为更高的利率而去营销农户和中小企业。实践中，高利率更多被用作调整信贷结构的手段。如银行对希望退出的客户报出高价，迫使客户归还贷款。由于各银行对资产质量的高度重视，银行风险管理的原则是基本上不允许贷款项目失败。如果贷款出现风险，相应的信贷人员作为责任人要受到严厉追究。这种制度安排造成金融机构的经营选择风险度低、还款更有保证但利率也较低的客户，而不愿参与微型信贷市场。

高贷款利率往往使得许多渴望获得小额信贷的农民望而却步。高利率政策导致了小额信贷的逆向选择，较高的贷款利率促使借款人从事高风险的项目，项目失败，就可能降低借款人还款的可能性。据调查，福安市农户自立服务社贷款项目成功比率为84%。16%农户的贷款项目失败，不仅造成农户的巨大资金损失，同时还要支付高额贷款利率，打击了农户的信心。小额信贷的部分目标群体客户拒绝获得小额信贷，小额信贷帮助贫困人群摆脱贫困的初衷无法兑现。

（四）资金融通制度缺陷

对于微型金融组织来说，一个可靠、稳定的资金来源十分重要。稳定的资金来源有助于微型金融组织增强其服务能力，实现可持续发展。

近年来，随着经济的发展，金融存贷款总量高速增长。当前金融机构的资金面十分充裕，但是农村微型金融组织缺少资金，支农能力有限。在微型金融组织的制度安排上缺少一个商业银行对微型金融组织的资金批发机制。国内已有微型金融组织尝试从金融机构获得商业性资金。如福安市农户自立服务社通过其总部向商业银行拆借资金（主要是国家开发银行、渣打银行贷款），最高时利率10%（年利率，下同），目前利率9%。据调查，国家开发银行贷给中国扶贫基金会的利率为6.6%，担保公司担保费1%，总部管理费1.5%；省政府启动资金（扶贫办）各500万元，按银行同期基准贷款利率计算。以此测算农户自立服务社资金成本在7.5%~8%之间，从商业银行借入资金的成本过高。

在农村合作基金的发展过程中，一些农村合作基金会偏离办会宗旨，采取高息变相吸收公众存款的做法，变成“准金融机构”。吸取农村合作基金会的教训，国家对发展吸收公众存款的微型金融组织采取了审慎的态度。对小额贷款公司等微型小额信贷机构不允许其吸收存款，只靠发起人的资本金和有限的捐助资金。虽然农村资金互助社是一个银行机构，但根据《农村资金互助社管理暂行办法》，农村资金互助社不得向非社员吸收存款。农村资金互助社资金来源受限，规模偏小。由于入股农民加入互助社的目的是获得贷款扩大再生产，基本没有余钱存款，即便有了余钱，资金互助社存款利率也不具备吸储优势。

（五）激励制度缺陷

在农业部门和农村大部分群体难以获得正规金融服务又无法承受高息的非正规金融服务的情况下，政府应在农村金融中发挥积极的作用（包括建立政府所有的金融组织），以扩展正规金融的服务边界。非银行类的微型金融组织由于不是银行机构无法得到人民银行的资金支持。微型金融机构资金来源缺少财政性资金。税务部门仍然按照对商业银行的税收标准对农村微型金融进行征税，无疑会加重农村微型金融经营成本和负担。根据国税函发（1995）156号文，发生贷款行为按“金融保险业”税目征税，村镇银行、小额贷款公司的营业税率为5%，而农村信用社等金融机构减办为2.5%。

四、农村微型金融组织制度改进路径

要鼓励发展适应当地基本金融服务需求的、服务功能简单、运作成本较低的农村微型金融组织，扩大农户贷款覆盖面，提高信贷获得度，保证偏远区域的农村也能获取发展所需的金融服务。

（一）制定《微型金融组织法》

完善的农村微型金融组织法律体系有助于提高金融效率，保障金融交易的权益和维护金融体系的稳定。微型金融的实践已经大大超前于国内的立法步伐，尤其是微型金融适应于各地经济发展，探索出许多有效运作模式，要将农村中存在的、有利于农村发展的微型金融组织模式以法律的形式给予肯定和完善。《微型金融组织法》要明确各类微型金融组织法律的地位，规范微型金融组织的设立、运作方式、经营范围、风险承担、退出机制、法律责任。对不同类型的微型金融机构实行分类管理和监管，使微型金融行业健康良性发展。

要提高村镇银行、贷款公司、资金互助社等商业性微型金融机构的设立条件。按照业务范围、风险特点以及对公众影响的不同，对其市场准入条件作出不同的规定，包括注册资本金、高级管理人员、会计财务制度、内部控制等方面。允许资本雄厚、财务状况良好的资产管理公司、保险公司、证券公司等中外非银行金融机构作为发起人。要规范公益性的微型金融组织的设立。公益型微型金融组织是带有公益性质的社团法人，资金以捐赠为主，营运收入为辅。一般由捐赠机构出资，相关政府部门核准成立，是按市场方式运作的非营利性机构。

（二）建立宽严相济的监管体系

对微型金融组织的监管要与商业银行、信用社有所区别，采取宽进严管的原则，审慎性监管和非审慎性监管相结合。一是明确监管部门。新型农村微型金融机构经中国银行业监督管理委员会审批，监管部门比较明确。而其他类型的小额信贷组织不属于金融机构，由此带来多头监管问题。建议在全国层面设立新的监管机构（如小额信贷监管局），或指定统一政府监管部门。人民银行和中国银行业监督管理委员会由于监管经验成熟，可以纳入金融监管框架内，并明确各自的监管职能。二是明确监管原则。对于只贷不存小额信贷组织实施非审慎管制，为小额信贷机构设计行为准则，包括信贷业务准入、防止欺诈和金融犯罪、建立信用服务体系、利率限制等。对于吸收公众存款的小额信贷机构实行审慎性监管。将监管重点从金融机构市场的准入监管转化为业务经营的持续性监管。通过严格的现场和非现场监管手段对商业银行的经营风险时刻监控，并建立相应的奖优罚劣机制。三是创新监管手段。对小额信贷组织和民间微型金融组织实行备案登记制度。如对于民间标会只要会员人数、标会金额、会首及会员资格及其他有关条件达到法律规定标准，就可以注册登记，依法设立。对于少数行为不规范、投机取巧的小额信贷，管理机关要及时采取行动，予以取缔，禁止其开展业务。依托行业协会开展行业自律。抓紧组建小额信贷业协会行业，制定行业协会章程和行业自律公约。加强会员之间的自律和协调，引导同业的良性竞争，从而保护行业范围内的整体利益和会员的合法权利。

（三）积极发展各种类型的农村微型金融组织

成立由各级政府主导，政府各部门及人民银行、银行业监督系统等组成的协调小组，重点推动微型金融组织的设立。市政府结合本地实际，制定试点工作的实施细则，选择试点地区并合理分配试点名额；人民银行除了为其提供贷款卡、账户审批、股东信用资质审核等服务外，对存款准备金、存贷款利率、支付清算、会计、征信等有关管理政策予以指导和监督；银监局和经济贸易委员会则加强日常监督管理，如贷款投向、风险控制等。

要鼓励金融机构参股微型金融机构。当前农村金融机构在农村的网点少，要求商业银行在农村地区设立机构是不现实的，因此，鼓励商业银行参股村镇银行、贷款公司，是实现大型商业金融参与微型金融服务的有效方式。

选择条件成熟的担保公司转型为小额贷款公司。选择条件成熟的担保公司，转型成立小额贷款公司具备三大优势。一是人员素质优势。小额贷款公司的发展离不开一支专业的人才队伍，担保公司与金融机构业务往来频繁，经过长期的积累，造就了一批专业素质过硬、业务水平较高的人才队伍。这些人员直接参与小额贷款公司的运作，有利于公司的发展。二是审核效率优势，包括资金筹集效率和人员审核效率。《关于小额贷款公司试点的指导意见》对注册资本、股权结构都有严格的限制，选择满足注册资本要求的担保公司转型，只需对股东持股比例进行适当调整便能完成前期注资工作，提高了资金筹集效率。《关于小额贷款公司试点的指导意见》还要求出资设立小额贷款公司的自然人、企业法人和其他社会组织，拟任小额贷款公司董事、监事和高级管理人员的自然人，应无犯罪记录和不良信用记录。而担保公司在成立之初便对高级管理人员及股东资质进行了审核，转型成小额贷款公司无需再重复审核，提高了人员资格审核效率。三是信息优势。担保公司前期作为银行和企业间的沟通平台，积累了一部分企业的相关信息，通过转型成小额贷款公司，可以更便捷地了解申请贷款企业的经营状况，提高了审贷的效率，降低了贷款风险。

要在农民专业合作社基础上开展组建农村资金互助社的试点工作。鼓励发展具有担保功能的农民专业合作社，运用联保、担保基金和风险保证金等联合增信方式，为成员贷款提供担保，借以发展满足农民专业合作社成员金融需求的联合信用贷款。鼓励农民专业合作社围绕农业产业化经营和延伸产业链条，借助担保公司、农业产业化龙头企业等相关农村市场主体作用，扩大成员融资的担保范围和融资渠道，提高融资效率。在农民专业合作社基础上组建农村资金互助社，依法合规审慎开展经营活动，真正办成社员自愿入股、民主管理、以服务社员为宗旨、谋求社员最大利益的合作性金融组织。支持符合条件的农村资金互助社按商业原则从银行业金融机构融入资金。

（四）完善利率的定价机制

微型金融的定价机制包括贷款期限确定和利率制定两个方面。科学的定价机制可以在一定程度上控制微型金融风险，并保证信贷放款切实到达真正需要贷款的人群手中。微型贷款利率定价要坚持收益与风险对称，贷款利率必须覆盖每笔业务的成本和费用、风险损失和盈利目标，兼顾市场竞争策略，使价格竞争建立在理性定价的基础上。综合考虑借款人的信用等级、贷款的担保抵押状况、市场竞争情况，以及本地资金供求等实际因素进行贷款定价，在实现机构盈利的同时，强化风险评估，提高利率风险控制能力。金融机构应针对不同的客户群体及信用状况制定不同的利率政策，真正做到惠农、促农，充分发挥合作社的信用功能，推动现代农业的健康、快速发展。

（五）构建微型金融的资金融入机制

要采取多种方式使运作良好的小额信贷机构扩大融资渠道，从而达到降低融资成本，激励其更好地为低收入农户提供贷款服务，并将其作为一项增加农业投入的措施。一是建立商业银行对小额信贷机构的资金批发机制。商业银行批发贷款给小额信贷机构，由小额信贷机构贷给农民。资金批发的价格应介于银行间同业拆借利率与基准利率之间，期限在1年以上，担保方式可以采取财政担保、国有企业担保、担保公司担保或以应收账款抵押等多种方式。二是建立人民银行再贷款资金的融入机制。建议人民银行总行在支农再贷款中安排部分资金用于支持小额贷款机构。具体方式有：（1）人民银行通过农村信用社等金融机构对小额信贷机构发放支农再贷款，金融机构可在人民银行再贷款利率基础上加1%的管理费，并监督和管理再贷款的使用。（2）人民银行直接向小额信贷机构发放支农再贷款，期限在1年以上，担保方式可以采取财政担保、国有企业担保、担保公司担保或以应收账款抵押等多种方式。三是在银行间市场探索发行集合债券，拓宽微型金融组织的融资渠道。

（六）建立政府扶持体系

财税政策支持的关键点是建立正向激励机制，通过对农村金融机构的扶持，达到支持农村经济发展的目标。一是建立农村金融风险补偿基金。由地方政府、农村金融机构共同出资建立风险补偿基金，主要用于因自然灾害等原因造成的农村金融损失补偿。以农村金融机构税收中超过2008年年末税收数的部分建立一个风险基金。收费标准按平均资产计算，以鼓励可靠的增长并反映潜在的对基金的需要。二是对农村微型金融组织给予财政补助。为了吸引更多资金投入农村和农业，政府应采取一定的激励手段和补贴措施。对农村小额信贷给予免交营业税和所得税的优惠政策。对农户小额信贷形成的亏损给予部分财政补贴，解决商业性原则与政策性原则相冲突的矛盾。三是为农村金融组织获得资金提供担保。为农村金融组织壮大资金实力提供支持。如美国联邦土地银行和协会，除自身所有的不动产仍缴纳税收外，免征其他一切税收。同时，它发行的债券和票据持有者免征州和地方所得税。此外，虽然美国政府对联邦土地银行的债券不承诺担保，但是历史上，政府曾经两次对联邦土地银行施以援手，因此市场习惯上认为其债券是有保证的。四是政府委托微型金融组织贷款。各级地方政府要加大专项支农力度，不仅要增加财政支农资金总量，而且要提高其在财政总支出中的比重，形成支农资金稳定增长的机制。政府以财政资金作为原始资金，通过微型金融组织对农村和农业进行低息融资资金投入，既能实现财政资金的长期可持续运转，又可以起到支持微型农村金融组织的作用，加大对资金互助组织的财政转移支付力度，把财政支农资金和农业科技三项费用以国家公共股的形式投入资金合作组织。

参考文献：

[1] 欧阳红兵、胡瑞丽：《微型金融及其在我国的发展》，《改革与战略》，2007（10）。

[2] 姚莉：《发展中国家开展微型金融的不同模式》，《华北金融》，2007（11）。

[3] 黄娇梅：《城乡统筹背景下发展农村微型金融的探讨》，《重庆职业技术学院学报》，2008（6）。

[4] 林毅夫：《培育农村金融本土力量》，《经济研究信息》，2008（8）。

[5] 中国人民银行平凉市中心支行课题组：《整合农村金融机构的必要性分析及操作思路》，《西安金融》，2006（12）。

[6] 朱锋、肖东平：《农村金融"新政"解读》，《济南金融》，2007（1）。

[7] 刘雅祺、张非、王清漪：《微型金融的发展现状及我国特色模式》，《农村金融研究》，2008（10）。

[8] 杨彬彬、李剑阁：《应大力发展农村微型金融》，《财经》，2008（6）。

[9] 孙娇婷、寿志敏：《在农村建立微型信贷银行的探索》，《经济论坛》，2007（17）。

[10] 赵冬青、王康康：《微型金融的历史与发展综述》，《金融发展研究》，2009（1）。

[11] 李志辉、国娇：《非洲国家微型金融发展的经验与借鉴》，《华北金融》2007（8）。

[12] 张亮：《国际微型金融机构的发展趋势》，《经济导刊》，2007（12）。

[13] 刘雅祺、张非一、王清满：《微型金融的发展现状及我国特色模式》，《农村金融研究》，2008（10）。

[14] 张丹丹：《小额贷款公司发展的路径选择》，《黑龙江对外经贸》，2008（11）。

[15] 秦煜：《农村资金互助社的金融制度创新》，《学会》，2008（8）。

论农村金融服务效率

——福建省农村金融市场竞争与合作的建议

中国人民银行福州中心支行课题组

课题主持人：晏露蓉

课题组成员：赖永文　　李春玉　　李志林　　方晓炜

一、前　　言

农村金融服务效率指在现有经济社会条件下，农村金融服务体系以最小的交易成本①将资金从富余地区优化配置到短缺地区以及从富余部门②优化配置到缺乏部门。在我国当前城乡二元经济结构特征明显的情况下，农村金融服务效率既包括将城市富余的资金配置到农村，也包括在农村区域内将资金从富余部门配置到缺乏部门。

为了便于研究，本文根据福建省实际，以行政区划的建制规定为标准，将农村界定为地域上的县及县以下，称县域。文中，农村经济即县域经济，农村金融即服务于县域经济和社会的金融。

金融服务包括银行服务、证券服务、保险服务、信托服务等，其中银行服务又包括信贷与非信贷服务。基于目前我国农村最缺乏的金融服务是信贷服务，因此本文研究的金融服务以信贷为主，并涉及与信贷相关的财政、担保、保险等服务。

提高农村金融服务效率，既可从竞争的角度来论述，也可从合作的角度来论述。竞争可促进农村金融体系提供有针对性的金融产品和服务，提升金融服务功能；合作则可进一步优化竞争环境，从而促进更高层次的竞争。从竞争的层次看，主要包括正规金融与民间金融的竞争，以及正规金融机构相互之间的竞争。本文研究的竞争指后者。从合作层次看，主要包括三个方面：第一，金

---

① 交易成本最早由科斯提出，是指在一定的社会关系中，人们为达成特定的交易所耗费的成本。这些成本包括：(1) 市场信息成本，即有关收集和传播市场信息的费用，其中最主要的是关于价格信息的费用。(2) 合同谈判成本，即为订立合同进行谈判所支出的费用。(3) 合同履行成本，即为使合同得以履行而必须支出的费用，如制度与执行经济法和进行诉讼的费用。(4) 运输成本。

② “富余部门”是个广义的概念，既可指不同产业范畴，也可指不同经济主体范畴。

融供给主体与需求主体之间的合作，合作基础是共同创造价值，并按不同的形式参与分配；第二，金融供给主体之间的合作，合作基础是利用各自优势，取长补短，提高金融服务水平；第三，金融供给主体和配套体系之间的合作，如信贷机构与担保机构、保险机构之间的合作。

本文的研究思路：通过对福建省农村金融市场供需的比较分析，揭示存在的问题，提出加强农村金融合作，在改善农村金融服务、合理配置资源的基础上，实现农村经济发展和金融发展的建议。首先，从竞争层面提出各类别金融机构根据自身优势进行市场细分的建议；其次，从合作层面提出各类别金融机构通过优势互补拓展农村金融市场、增强农村金融服务的建议；第三，建议加强贷款部门与非贷款部门之间的合作，如银行保险、银行担保等合作，改善农村金融生态环境，以此提高农村金融服务效率、支持农村经济发展。

二、福建省农村金融市场供需比较分析

随着“农业、农村和农民”（简称“三农”）经济的快速发展，福建省农村金融需求总量扩大，各类金融服务需求不断上升，但信贷市场供给总量不足，供需存在失衡问题。

（一）福建省农村金融需求现状

整体上，福建省农村金融需求总量较大。随着社会主义新农村建设的推进以及农业现代化进程的加快，农村金融需求呈现多样化。

1. 农村金融需求总量较大。银行信贷是福建省农村经济发展的主要资金来源。2008 年年末，县域贷款占全省县域融资的比重为 88%。对县以下的乡镇来说，除民间借贷外，贷款是其主要的外部资金来源。因此，本文对农村金融需求的分析主要关注贷款需求。

“十一五”期间，随着社会主义新农村建设的推进，福建省县域生产总值增速加快，县域经济走上快速发展的道路。统计数据①显示，“十一五”前 3 年（2006 ~2008 年）县域生产总值年平均名义增速为 18. 81%，高于全省平均水平 0. 7 个百分点。县域生产总值增速明显加快，极大地带动了县域实体经济对金融的需求。“十一五”前 3 年县域金融机构贷款②年平均增速为 21. 39%，高于同期县域生产总值年平均名义增速 2. 58 个百分点。但是县域金融需求的满足度仍明显低于全省平均水平。2005 ~2008 年县域生产总值占全省生产总值的比重保持在 54% ~57% 的区间，而县域金融机构贷款仅占全省贷款的 24% ~25% 左右，

---

① 数据来源于《福建统计年鉴》。

② 指位于县域的金融机构发放的贷款。由于下文中所用的县域涉农贷款自 2007 年才开始统计，故此处用县域金融机构贷款代替。

比县域生产总值占比低约30个百分点，农村金融需求总量仍有较大空间。

2. 农村金融需求结构呈现多样化。随着新农村建设的不断推进，农村金融需求已逐渐拓展到农村经济生活的方方面面，目前大体分为农村基础设施建设，农林牧渔业生产，农村第二、第三产业生产以及农户消费等方面。

第一，农村基础设施建设发展机遇良好，资金需求量加大。近年来，福建省大力发展农村水利、道路、通信等基础设施，资金需求量加大。

第二，农林牧渔业全面发展，对现代金融服务的需求较迫切。福建省农业经济结构逐步调整，经济作物生产比重提高一方面带动了科技支农项目、现代化农业基础设施建设项目等对信贷资金的需求；另一方面由于经济作物生产周期一般较长，其所需资金的周期也相应延长。

第三，农村第二、第三产业发展迅速，带动农村非农金融需求增加。农村第二、第三产业虽然整体较城市弱小，但在解决农村人口就业、促进农民增收等方面作用显著，成为农村经济发展的重要支柱，其快速发展也极大地带动了农村金融需求。

第四，农户消费模式转变，农民消费金融需求增加。随着农户消费逐步升级，其资金需求从购买生活必需品等温饱型消费向购买耐用消费品、高档电器、汽车、住房以及子女就学等小康型消费升级转变。农户消费模式的变化，不仅在规模上带动农民的金融需求，也对农村个人金融服务提出了更高的要求。

（二）福建省农村金融供给现状

当前，福建省农村金融供给总量不足，县域贷款结构不均衡，市场竞争格局不尽合理。

1. 县域贷款总量供给不足。县域存贷比偏低，存款资金外流明显。2009年6月末福建省县域金融机构存贷比①为61.03%，低于同期福建省本外币存贷比22.83个百分点。若以县域涉农贷款②代替县域金融机构贷款计算存贷比，则县域存贷比③仅为57.62%，低于同期全省本外币存贷比26.24个百分点。县域存款资金大量外流，县域经济失血严重。

2. 县域贷款供需结构失衡。由于按县域金融机构统计的县域贷款无涉农的分细项数据，故本文如无特别说明，一般均采用县域涉农贷款指标进行分析。

第一，农村基础设施建设贷款满足度较高，资金较为充裕。据估算，2008

① 指县域金融机构发放的所有贷款和吸收的存款的比例。

② 指金融机构发放给农户、注册地位于农村区域（指除地级及以上城市的城市行政区及其市辖建制镇之外的区域，范围同县域）的企业及各类组织的所有贷款。该指标数据为涉农贷款扣除城市企业及各类组织涉农贷款后的差额。该指标有别于县域金融机构贷款，因为县域金融机构有可能向县域外的城市发放贷款。

③ 指县域涉农贷款与县域金融机构吸收的存款之比。

年全省县域完成基础设施建设投资①占全省县域固定资产投资的 26.69%。2008 年年末福建省县域基础设施贷款②余额占全省县域三次产业贷款之和的 20.82%，比同期县域基础设施建设投资占比低 5.87 个百分点。县域基础设施贷款占比偏低，主要原因是农村水利、环境和公共设施管理业的资金来源多为财政资金，它们的贷款余额占比低于行业投资占比 7.34 个百分点。而农村基础设施建设中其他行业的贷款余额占比均高于其投资占比 0.6～1 个百分点。在财政与金融部门的共同支持下，农村基础设施建设资金来源较为充裕。

第二，农林牧渔业贷款供给不足，结构差异较大。2008 年全省县域生产总值中，第一产业即农林牧渔业增加值占 16.63%，而县域涉农贷款中，农林牧渔业贷款占 13.33%，县域的农林牧渔业贷款占比低于增加值占比 3.3 个百分点，农林牧渔业贷款投入整体不足。分行业看③，农林牧渔业的部分行业出现贷款缺位现象（见图 1），特别是渔业，金融机构的资金支持较为不足。

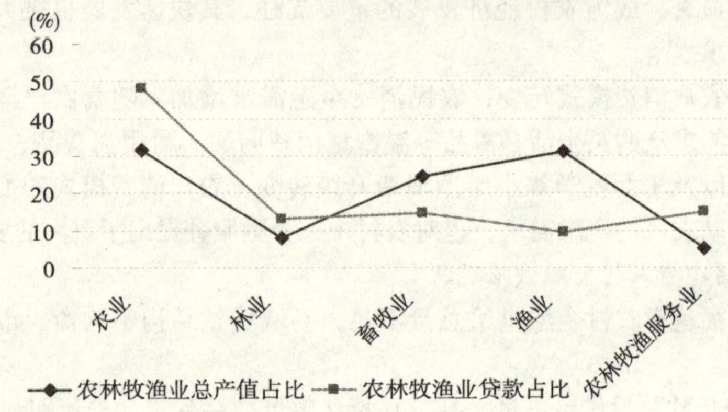

图 1　2009 年 6 月末农林牧渔业贷款占比与农林牧渔业总产值占比比较

第三，农村第二产业贷款占比较高，而第三产业的贷款供给不足。从产业分布看，2008 年年末县域金融机构贷款④投向第二、第三产业的比重分别为 55.12% 和 29.38%，其中，第二产业贷款占比高于第二产业增加值占比 4.66 个百分点，而第三产业贷款占比低于第三产业增加值占比 3.53 个百分点。

---

① 县域基础设施建设投资含全省县域电力、燃气及水的生产和供应业，交通运输、仓储和邮政业，水利、环境和公共设施管理业三个行业的城镇固定资产投资。

② 县域基础设施贷款指县域贷款中投向电力、燃气及水的生产和供应业，交通运输、仓储和邮政业，水利、环境和公共设施管理业三个行业的贷款。

③ 因现有涉农贷款数据无法提供城市企业及各类组织农林牧渔业贷款的分行业数，这里分行业贷款数为全部农林牧渔业的分行业数（含县域及城市）。

④ 由于涉农县域贷款没有按三次产业分类统计，故用县域金融机构分行业贷款代替。

第四，农户消费贷款供给不足，资金满足度偏低。2009 年上半年，全省农村（县及县以下）消费品零售额占全社会消费品零售总额的 32. 39%。2009 年 6 月末县域涉农贷款中，农户消费贷款余额占全省个人消费贷款（不含住房贷款、住房装修贷款及汽车贷款）余额的比重为 29. 31%，低于农村消费品零售总额占比 3. 08 个百分点。

3. 贷款市场竞争格局不尽合理。县域涉农贷款按用途可分为农林牧渔业贷款、支农贷款、农户消费贷款、农户其他生产经营性贷款、农村企业非农贷款。以上各类市场的竞争格局不尽相同，部分用途的贷款供给过于集中（见图 2）。

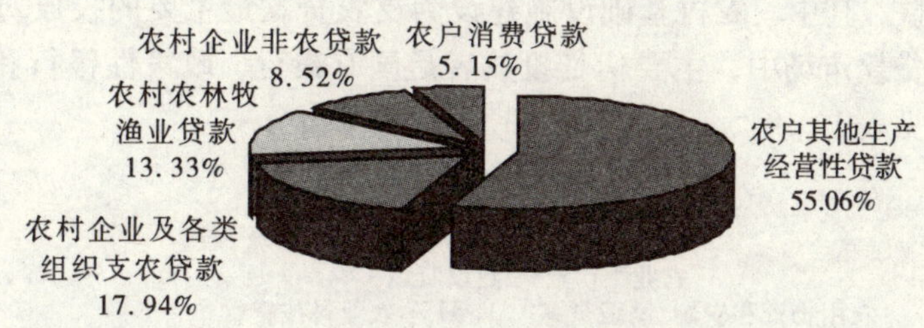

图 2　2009 年 6 月末县域涉农贷款各用途类占比比较

第一，农林牧渔业贷款供给主体高度集中，农村合作金融机构“一家独大”。农林牧渔业贷款直接用于支持农业生产。在这一市场中，农村合作金融机构充分发挥其农村金融主力军的作用，合计占据 83. 24% 的市场份额，远高于其他类型金融机构（见表 1）。

表 1　2009 年 6 月末各用途县域涉农贷款机构类型占比比较　（单位：%）

	农林牧渔业贷款[3]	支农贷款[4]	农户消费贷款[5]	农户其他生产经营贷款[6]	农村企业非农贷款[7]
国有银行[1]	7. 55	59. 76	56. 79	19. 76	69. 31
政策性银行	7. 15	14. 96	0. 00	0. 00	0. 00
股份制银行	0. 72	3. 01	0. 37	0. 00	23. 88
农村合作金融机构	83. 24	20. 93	42. 51	76. 34	4. 53
其他银行[2]	1. 34	1. 35	0. 34	3. 90	2. 29
合计	100. 00	100. 00	100. 00	100. 00	100. 00

注：（1）国有银行含中国工商银行、中国农业银行、中国银行、中国建设银行和国家开发银行，下同。

（2）其他银行指城市商业银行、邮政储蓄银行、村镇银行，下同。

（3）农林牧渔业贷款指用于从事农、林、牧、渔业活动的所有贷款。

（4）支农贷款指用于支持农业产前、产中、产后的各环节和支持农村基设施建设的各类特定用途的贷款。

(5) 农户消费贷款指发放给农户的用于直接满足自身吃、穿、住、用、行以及医疗、学习等资金需要的贷款。

(6) 农户其他生产经营贷款指发放给农户从事工业、商业、建筑业、运输业、餐饮业、服务业等生产或流通活动的贷款。

(7) 农村企业非农贷款指发放给注册地在农村的企业及各类组织的除农林牧渔业贷款、支农贷款外的所有贷款。

第二，大量支农贷款投向农村基础设施建设，国有银行市场份额占比过半。支农贷款是用于支持农业产前、产中、产后各环节和支持农村基础建设各类特定用途的贷款。其中，农村基础设施建设为支农贷款最主要的投放对象（见图3）。在支农贷款市场中，主要信贷投放者是国有银行、政策性银行和农村合作金融机构（见表1）。

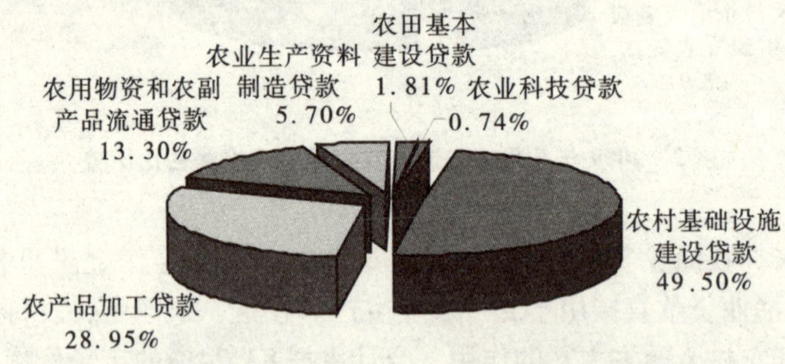

图3　2009年6月末县域支农贷款按用途分类比较

第三，农户类信贷[①]投放占比偏低，主要由农村合作金融机构和国有银行供给。农村合作金融机构在农户类信贷市场的竞争优势明显，分别占据农户消费贷款及农户其他生产经营贷款42.51%和76.34%的市场份额；国有银行对这两类市场也有一定的介入，分别占有56.79%和19.76%的市场份额（见表1）。

第四，过半县域涉农贷款用于支持农村企业非农生产，机构同质竞争现象较为明显。近年来在经济较发达的沿海县域很多企业如房地产公司、工业企业等既具有农村地区生产成本低廉的优势，又摆脱了农业弱质性的特点，因而收益预期也较高，成为各大银行竞相抢夺的贷款对象。从市场份额上看，各机构参与市场竞争的积极性较高，国有银行和股份制银行是其最主要的市场投放力量（见表1）。

① 主要指农户消费贷款和农户其他生产经营贷款。农户其他生产经营贷款指农户从事工业、商业、建筑业、运输业、餐饮业、服务业等生产或流通活动的贷款。

4. 各类型金融机构在农村市场优势不同。在资金成本方面，政策性银行的资金来源是财政拨付资本金、发行政策性金融债券和信贷资金回收等，相比较以存款负债业务作为主要资金来源的商业银行，资金成本较低。在资金供应能力方面，国有银行及农村合作金融机构集中了县域大量的居民及企业存款，资金供应能力较强。在县域网点及人员分布上（见表2），农村合作金融机构和邮政储蓄银行网点设置贴近农村市场，在该市场的信息和渠道优势较强。而在管理、技术和人才储备方面，全国性商业银行具有明显优势。

表2　2008年年末福建省各类型金融机构县域网点、人员、存款占比比较

（单位:%）

	县域网点数占比	县域人员数占比	县域存款占比
国有银行	33.45	49.39	65.76
政策性银行	0.64	0.87	0.33
股份制银行	1.49	2.74	8.14
农村合作金融机构	46.59	32.82	15.22
邮政储蓄银行	17.30	13.35	8.97
城市商业银行	0.51	0.82	1.59

（三）农村金融供需失衡及其主要原因分析

农村金融供需失衡，既表现在总量上金融供给不能满足金融需求，也表现在细分市场上的供需结构性矛盾。从总量上看，县域贷款占县域生产总值的比率远远低于全省平均水平。2008年年末全省县域涉农贷款余额占县域生产总值的37.11%，而全省该比率为91.39%。从结构上看，首先是产业上的失衡，涉农贷款中有近半数用于支持农村企业的非农生产，支农力度有所削弱；其次是细分市场上的失衡，主要体现为农村基础设施贷款资金较为充裕，金融机构对农村大企业的贷款参与度较高，而对农业生产贷款及农户类贷款则参与不足。

从市场竞争与合作的角度分析，农村金融供需失衡的原因主要有：

1. 农村金融竞争不充分。一方面，由于农村金融体系不健全，金融服务覆盖面不够广，导致农村金融服务供给资源相对稀缺，甚至出现部分细分市场的垄断现象，竞争不充分。另一方面，由于金融体制、金融机构的经营策略以及国家政策等原因，大型金融机构“求大放小”，竞争同质，争相抢夺优质贷款项目，而对农业生产等的市场细分服务不够，未能提供个性化服务。由此形成农村基础设施建设金融供给较充分，农业生产和农村其他领域金融供给不足的局面。

2. 农村金融合作不足。由于各类别金融机构的发展历程不同，形成了不同的市场定位、管理方式和企业文化。而大多数金融机构缺乏开拓农村金融市场的经验，因此，他们对农村金融合作的认识不足，且农村金融合作的基础也有待健全完善。但是，对金融体系而言，与竞争一样，合作也是促进服务功能完善的手段。它有利于形成农村金融供给合力，减少因为无序、不当的竞争而产生的效率损失。从福建省实际看，各类别金融机构在农村金融市场的合作仍不足，导致各自的优势不能有效融合，农村金融体系的功能未能充分发挥。

3. 信贷配套体系建设滞后。从金融运作的角度看，金融机构主要起组织资金和提供资金的作用，而这一功能作用的有效发挥还需要其他配套体系的支持。完善的农业保险体系有助于降低农业生产风险，从而能提高农业生产对资金的吸引力。健全的担保体系有助于降低借款人的信用风险，从而有利于信贷供给和需求的顺利衔接与信贷资金的正常循环周转。财政支持体系有利于缓解或解决市场失灵问题，有助于改善农村生产经营环境，从而促进各类金融机构和中介机构的正常运作。虽然福建省农业保险、农村担保等体系已取得一定的发展，但对信贷投放的支持力度还远远不够，在一定程度上制约了农村信贷的增长。

三、提高农村金融服务效率的竞争与合作建议

通过上文对农村金融供需现状和问题的分析我们认为，支持福建省三农经济发展，需要从竞争与合作两方面来提高农村金融服务效率。在竞争上，要采用差异化的方法，避免服务同质化的恶性竞争。在合作上，应加强金融机构之间的优势互补、金融机构与担保等非金融机构的合作，提高金融协同效应，降低交易成本，共同促进农村金融发展壮大。

（一）农村金融市场竞争与合作的理论分析

从前文分析可知，不同金融机构具有不同的竞争优势。按照波特的价值链模型①分析方法，对金融机构而言，这些优势体现为资金来源成本、金融机构运作的经营成本以及资金运用的方式等方面，这些环节就是金融机构价值链上的“战略环节”。从资金来源成本看，批发筹集的资金成本小于分散筹集的成本；从机构运作成本看，主要与人员、网点、科技等密切相关；从资金运用成本看，

① 波特提出的价值链分析模型把企业内外价值增加的活动分为基本活动和支持性活动。基本活动涉及企业生产、销售、进料后勤、发货后勤、售后服务。支持性活动涉及人事、财务、计划、研究与开发、采购等。基本活动和支持性活动构成了企业的价值链。不同企业参与的价值活动中，并不是每个环节都创造价值，实际上只有某些特定的价值活动才真正创造价值。这些真正创造价值的经营活动，就是价值链上的“战略环节”。企业要保持的竞争优势，实际上就是企业在价值链某些特定战略环节上的优势。运用价值链分析方法来确定核心竞争力，就是要求企业密切关注组织的资源状态，要求企业特别关注和培养在价值链关键环节上获得重要的核心竞争力，以形成和巩固企业在行业内的竞争优势。企业的优势既可以来源于价值活动所涉及的市场范围的调整，也可来源于企业间协调或合用价值链所带来的最优化效益。

批发业务的成本小于零售业务。在波特竞争理论中，产品差异化是保持独占地位的重要策略。由于农村金融市场仍处于有待进一步开发的状态，因此，各金融机构在竞争中根据自身的优势，采取差异化的策略，开拓细分市场，是最优的竞争策略。从福建省农村金融市场机构分布看，大中型银行在县城部分有网点、部分无网点，而在县以下基本无网点，因此，它们若采用传统的方式大力开展零售业务，则业务覆盖范围有限，但它们具有较强的筹资能力和管理能力，在批发业务经营上具有明显优势。而对于中小型农村金融机构，由于其在农村市场网点分布较健全，因此在从事零售业务方面具有明显优势，但在批发业务方面，实力有限，难以大规模开展。所以，如图 4 所示，在区域Ⅱ和Ⅲ，大中型银行和地方农村金融机构均可充分发挥自己的优势实行差异化策略开展业务；而在区域Ⅰ和Ⅳ，大中型银行和地方农村金融机构如若各自开展业务，则难以达到最优目标，但是如果合作则可以实现最优目标。

	零售业务	批发业务
大中型银行（县城有网点，县以下无网点）	业务覆盖范围有限（Ⅰ）	优势明显（Ⅱ）
中小型农村金融机构（县城及县以下有网点）	优势明显（Ⅲ）	实力有限（Ⅳ）

注：中小型农村金融机构包括农村合作金融机构、村镇银行、小额贷款公司等，其他金融机构统称为大中型银行。

图 4　金融机构农村市场竞争与合作策略

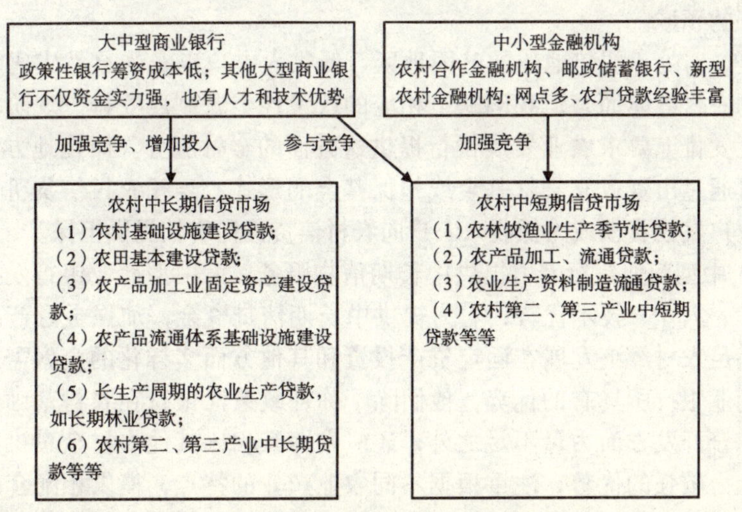

图 5　农村金融市场竞争导向

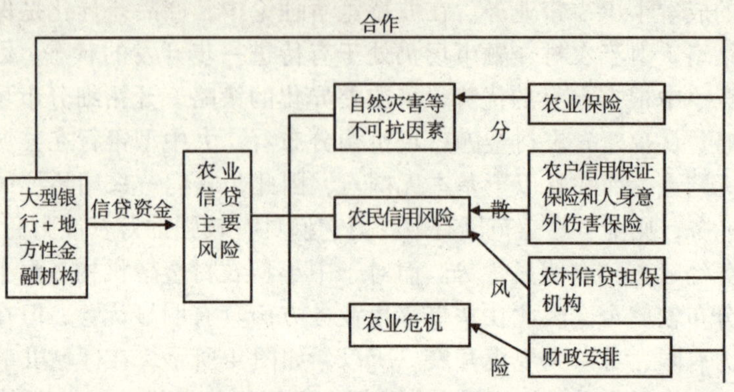

图6　农村金融市场合作导向

（二）农村金融市场细分与竞争的建议

目前，农村金融市场的开拓力度不够，市场前景广阔，运用市场细分的差异化方法，根据金融机构自身的优势开拓特定市场，在当前农村金融深化程度较低的情况下，较具现实意义。

1. 政策性银行着力弥补商业性金融的不足。政策性银行发挥低筹资成本和政策性优势，着力支持农村经济突破发展"瓶颈"，弥补商业性金融的不足。农业发展银行是我国唯一的农业政策性金融机构，它具有政策性优势和筹资成本较低的优势，其贷款利率相对较低，在提供农业综合开发和农村基础设施建设等中长期贷款方面具有较强的竞争优势，这也是其在农村金融市场中应该继续加强服务的领域。

但是，对处于弱势地位的贫困地区、低收入农户以及受自然灾害和农业危机影响的农村群体而言，我国缺乏相应的政策性金融制度安排。现阶段我国需要从制度安排上要求农业发展银行提供这方面的金融服务。而在地方层面，地方政府可通过出资成立贷款基金或担保基金的形式，委托农村信贷机构专门向低收入农户发放贷款或为低收入农户向农村信贷机构贷款提供担保。

2. 大中型商业银行着力提供中长期信贷服务。大中型商业银行发挥资金实力和管理、人才、技术优势，着力提供中长期信贷资金，加强金融产品和服务创新，满足农村经济发展在固定资产投资和其他方面多样化的金融需求。基于大中型商业银行所具有的优势，他们除了弥补政策性银行在农村基础设施建设和农业综合开发方面力量不足之外，还应发挥其相比其他农村金融机构资产负债管理能力较强的优势，注重根据不同农业产业的特点，提供相配套的中长期信贷支持，促进农业现代化。例如，大中型商业银行可根据林业生长周期长的需求，提供相应的中长期贷款。而农民合作社是现代农业生产的一种新型组织方式，但当前它们往往在固定资产投入、农业生产装备、土地改良等方面投入不足。因此，大中型商业银行应针对农民合作社中长期资本投入的需求，开发出相应的金融产品，拓展市场。

此外，大中型商业银行也可利用科技创新的手段，运用现代化金融工具替代营业网点的部分功能，提供标准化的针对农村个人的金融服务。例如，农业银行推出的惠农卡就是一个典型示范。

3. 中小型农村金融机构着力提供中短期信贷服务。中小型农村金融机构发挥网点较健全和贴近农村的优势，着力满足农村经济发展的中短期资金需求。目前，福建省中小型农村金融机构主要是农村合作金融机构，新型农村金融机构如村镇银行。由于邮政储蓄银行开展信贷业务历史较短，在农村网点覆盖上与农村合作金融机构具有类似的特点，在农村金融市场上也具有社区银行的功能，因此归在此类探讨。这类机构应当满足农村中最活跃的金融需求，即提供灵活性、差异性的金融服务。根据农户和农村中小企业生产经营以及消费的特点，提供配套化、差异化的服务，重点解决农村波动性较高的中短期资金需求。从农户的利益出发，在创新产品和服务上下功夫，为农户创造新价值的同时以达到自身发展的目的。而在资金来源和成本、管理、技术、人才等方面，则应在金融合作上着力。

（三）农村金融合作的建议

为提高金融服务效率，既要依靠竞争，也要依靠合作，竞争与合作是矛盾的统一体。通过适度竞争，可以降低资金价格，提高服务水平；而通过合作，则有利于引导资金回流农村。在合作方式上，不仅需要贷款部门之间的合作，也需要贷款部门与非贷款部门如保险、担保之间的合作。同时，财政资金可以通过支持农业保险、农业信贷担保机构的形式，促进降低金融风险，引导信贷资金投入，起到“四两拨千斤”的作用。

1. 加强信贷机构之间的优势互补与合作。不同金融机构所具备的各自优劣势是它们合作的基础。在合作的角度上，可分为几个层面。

（1）从区域层面看，在县城，一般国有商业银行均有网点，它们可以和缺乏网点的政策性银行合作；而在乡镇，大型银行均缺乏网点，它们则可以和农村中小金融机构合作。

（2）从机构层面看，不同机构间具有不同的优劣势，它们在农村金融市场可开展筹资、贷款、技术开发、共用金融基础设施等方面的合作。

（3）从风险利益共担层面看，在合作方式上概括起来有以下几种：

一是无风险共担的委托代理，即大型银行委托当地农村金融机构向特定的借款人发放贷款和提供金融服务。当地农村金融机构根据委托合同的要求负责贷款的日常管理以及资金的发放与回收等，但不承担贷款风险，只根据合同收取手续费。

二是风险共担的委托代理，即大型银行事先设定农村目标客户群体和贷款条件，然后将批量的资金委托给当地农村金融机构向这些客户发放贷款，但具体的借款人由当地农村金融机构选择和管理，当地农村金融机构根据合同约定收取固定的管理费用并承担一定比例的贷款损失。

三是紧密型合作，即可由大型银行参股地方农村金融机构，建立战略合作关系，由大型银行向地方农村金融机构输入人才、技术和管理，通过地方农村金融机构健全的网点体系，开拓农村金融市场。此模式要求地方农村金融机构严格以支农为宗旨，避免大型银行的参股而改变支农方向。

四是除了引领资金回流农村外，大型银行与中小型农村金融机构也可开展产品创新合作。如根据农村资源特点开发新型贷款抵押品种，根据农村经济特点开展信贷流程创新，以及开展汇兑、结算、理财等中间业务方面的合作。还可发挥各自人才结构不同的特点，互相进行交流培训。

此外，大型银行也可发展其他的合作机构，拓展农村金融业务，如开发银行的永安模式和闽清模式①在产业集群区利用当地政府融资平台与农村合作金融机构合作，将资金批发给融资平台发放贷款。

2. 加强信贷机构与保险机构的合作。当前，农业保险覆盖面以及对信贷的风险分散支持仍显微弱。农业保险与农业信贷相结合，将降低农业生产经营的意外损失，提高生产收益的稳定性，减少农业信贷的风险。农业信贷的拓展也有利于农业保险的推广，有利于提高保险的覆盖面以降低保险经营的损失率。在合作模式上，可有以下几个层次：

第一层次，针对农户的“保单质押”贷款。它主要是投资性保险产品与信贷的结合，通过信贷方式提高保单的利用效率。

第二层次，农业经营保险与信贷的结合。它要求想获得银行贷款的借款人，必须购买对应所从事的农业产业的保险产品，以此降低农业经营可能受到的自然灾害、病虫灾害等风险，提高还款来源的稳定性。由此，金融机构发放农业信贷的积极性将得到提高。

第三层次，综合性农业信贷保险，它要求借款人如想获得银行贷款，就必须购买相应的种植或养殖保险、农户信用保证保险和人身意外伤害保险，以此最大限度地减少农业生产风险、借款人人身风险以及信贷损失风险。在此模式下，农业信贷的安全性得到最大程度的保障，有利于减少金融机构发放农业信贷的顾虑，但该保险产品的成本也最高。政府应出资提供保费补贴或者主导建立农业再保险公司，以促进农业保险的发展。

---

① 开发银行通过与地方政府合作建立融资平台，将贷款资金由平台机构批量转贷到符合条件的中小企业，从而实现对大量中小企业提供融资支持。永安模式主要支持当地的林业，闽清模式主要支持当地的陶瓷业。

3. 加强信贷机构与担保机构的合作。目前，福建省内初步涌现出了一批专门服务农村借款人的担保公司，例如信用促进会、农业小企业担保公司以及村级村民担保公司等。但这些担保公司大多规模小、资本实力不足，不容易为金融机构所接受，对农村借款人的增信作用有限。本文提出，可借鉴台湾农业信用保证基金的发展经验，在福建省建立由政府出资引导，信贷机构、农村生产经营主体参与的信贷担保体系，从股权的内在联系上建立信贷机构与担保公司的合作关系。

担保体系层级上可分为省级、市级、县级，也可根据区域特点成立跨地区的担保公司。省级、市级担保公司可直接对借款人提供担保，也可对市级、县级担保公司提供再担保；市级、县级担保公司可为农业小企业担保公司和村级村民担保公司等提供再担保。农村担保公司的投资主体包括：第一，财政出资引导，为支持农村发展，可不参与公司的利润分配；第二，吸收农村合作金融机构及其他签约银行等信贷机构参股，对担保公司担保的贷款给予利率优惠；第三，吸收农业企业、农业协会入股。担保公司对其会员，在一定担保金额内优先提供担保，给予担保费率优惠，以此扩大会员的覆盖面。担保范围覆盖农、林、牧、渔业的直接生产及其产品的加工、运销等，并对直接农业生产收取较低的担保费率，以支持其发展。

专栏 台湾农业信用保证基金

1983年，为了协助担保能力不足的农渔民能够从贷款机构取得资金，为了保障农业贷款机构贷款的安全，提高农贷资金的效用，台湾当局成立了农业信用保证基金。该基金成立时基金总额为3亿元新台币。至2002年年末，基金实收金额为60.9亿元新台币，其中出资比例结构为："中央政府"65%，签约银行30%，签约农渔会5%。从保证对象看，该基金为实际从事农、林、牧、渔业的生产、加工、运销、仓储以及休闲农业、农业发展事业等的个人，以及团体、独资、合伙、公司和合作组织等提供担保。从担保费率看，个人基本费率为0.35%，企业基本费率为0.7%。台湾农业信用保证制度的实施极大地促进了农业贷款机构的贷款发放，满足了农业发展的资金需求。目前，随着台湾农业的转型升级，农业信用保证贷款用途也逐步从农业生产性贷款向农村建设和农家消费贷款倾斜，保证贷款金额也趋向大额化。

四、结　　语

改革开放30多年来，在中国经济社会加快发展的进程中，三农问题已成为中国实现现代化的“瓶颈”之一。全球金融危机后，农村市场作为中国扩内需、调结构的一个“主战场”地位越发突出。金融作为经济的核心，如何以最大化的服务效率来支持农村经济发展，成为重要的课题。在一个饱和的市场中，微观个体要扩大市场份额，就必须通过竞争抢占其他同行的市场份额。当所有同行都通过这一策略展开竞争时，必然带来产品价格下降以及竞争成本上升，行业的平均利润率也将随之下降。但在中国这样的新兴市场国家，农村金融市场是一个有待进一步开发的市场，它不是饱和或趋于饱和的，而是空间巨大的。对此，越来越多的金融机构已有所认识。而且随着国家政策导向力度的加大，许多金融机构已逐步进军农村金融市场。但由于开拓新市场需要投入一定的“沉没成本”，因此，许多金融机构在刚进入农村市场时，往往习惯于选择从现有的市场份额中分一杯羹，这就出现了多家机构之间同质甚至恶性竞争的现象，其结果是农村金融服务效率整体并未得到明显提升。基于此，本文提出了农村金融市场竞争与合作的观点，认为金融机构应从自身的优势出发，采取差异化的市场策略，尽早实现市场细分，并运用合作共赢的策略，弥补自身的不足，加强与其他机构的合作，共同开拓市场，避免单兵作战所带来的沉没成本大、重置成本高等问题。这样，从宏观上可实现金融资源的合理配置，在微观上可实现成本最低、效率最高。

此外，由于金融管理方式以及科技手段等创新日新月异，各类别金融机构的优势和劣势也在不断变化。同时，受经济环境变化的影响，农村经济主体的金融需求也可能变化。由此，各类别金融机构在制定竞争策略时，需要关注这些变化并随之调整。在合作策略的选择上，需要关注交易成本的变化以及道德风险的存在对合作所能达到的目标以及效率产生的影响。

反思与建议：集体林权制度改革中的金融问题研究

——基于福建省案例分析

中国人民银行福州中心支行货币信贷管理处课题组

课题主持人：晏露蓉

课题组成员：赖永文　张　斌　朱　敢

2003年，新世纪集体林权制度改革试点①在福建省、江西省、浙江省、辽宁省4省启动，取得经验后于2008年向全国铺开。我国当前58%的林地归集体所有②，集体林权制度改革的成效直接关系到我国林业生产力能否得到实质性的提升，林业产业能否长足发展，以林地为生的农民能否在这次改革中得到实惠、提高生存能力、走向富裕。因此，社会各方都对这次改革给予了充分的关注。伴随着六年的改革实践，这次林权制度改革的核心——产权明晰的林权证③价值得到了新的认识。建立健全配套机制，合理评估农民手中的林权证价值，发挥林权在提升林业生产力、推动林业产业发展、维护林业生态平衡中的融资作用是本文研究的重点，并力图为进一步深化集体林权制度改革提供新的视角和有益参考。

一、回顾：集体林权制度改革与金融创新

（一）林权制度改革回顾

伴随着新中国政治、经济体制变革，我国林权制度改革总体上经历了五个阶段。第一个阶段是土地改革时期的分山分林到户，由县级人民政府发给林权证书，林业分散经营。第二个阶段是农业合作化时期的山林入社，山林归个人和集体共同所有，林业由分散经营走向集中经营。第三个阶段是人民公社时期

---

① 我国的森林分为生态公益林与商品林。新世纪林权制度界定商品林的使用权与林木所有权参与改革，而林地所有权还是集体所有。全国目前有不低于30%的森林是生态公益林，因其属公共品以生态效益和社会效益为主，不参与此轮改革。

② 《我国全面推进集体林权制度改革综述》，2009年6月23日，国家林业局网站 http：//www. forestry. gov. cn 。

③ 林权证是县级以上地方人民政府或国务院林业主管部门，依据《森林法》或《农村土地承包法》的有关规定，按照有关程序，对国家所有的和集体所有的森林、林木和林地，个人所有的林木和使用的林地，确认所有权或者使用权，并登记造册，发放的证书。

的山林集体所有、集体统一经营管理。第四个阶段是改革开放时期的林权改革探索。1981 年在南方八省林区开始推行“稳定山权林权、划定自留山、确定责任山”的“林业三定”改革[①]。1985 年提出“取消木材统购，放开木材市场，允许林农和集体的木材自由上市，实行议购议销”[②]。第五个阶段即是始于 2003 年试点 2008 年全国推开的新世纪集体林权制度改革。

福建省作为试点省份之一，首先拉开了新世纪林权制度改革的序幕。此轮林权制度改革是对集体所有制下的林业产权进行改革，改革的目标是建立“产权归属清晰、经营主体落实、责权划分明确、利益保障严格、流转顺畅规范、监管服务到位”[③] 的现代林业产权制度。与以往改革不同，这次林权制度改革真正体现赋权于民。从强调国家、集体权益为导向转向了以农民权益为导向，新的林权制度赋予农民长期稳定的林地承包经营权和林木所有权，这些权益能够转让、入股、抵押，农民从改革中获得了实在的利益。新世纪林权改革极大地调动了林区营林育林积极性，带动林区实现了经济、社会、生态效益的提升，福建案例可鉴（见表 1）。

表 1　　福建省林权制度改革前后主要统计指标比较

统计指标	2002 年（林改前）	2008 年（林改后）	2008 年比 2002 年增长（%）
一、经济效益			
1. 林业产值（亿元）	636	1324	108.2
2. 规模以上林业企业（个）	900	1600	77.8
3. 林地平均租金（元/亩/年）	6.5	15.8	143.1
4. 木材销售平均价格（元/立方米）	457	605	32.7
5. 木材产量（万立方米）	597.9	833	39.3
6. 竹材产量（万根）	21271	33777	58.8
二、社会效益			
1. 林农人均林业收入（元/年/人）	341.3	447.2	31.02
2. 村集体林业收入（万元/年/村）	1.66	3.14	89.2
3. 造林面积（万亩）	101.7	215	111.4
其中：非公有造林面积比重（%）	44.3	60	15.7（个百分点）
4. 森林火灾发生率（次/十万公顷）	6.21	1.92	-69.1

① 《中共中央 国务院关于保护森林发展林业若干问题的决定》，1981 年。

② 《中共中央 国务院关于进一步活跃农村经济十项政策》，1985 年。

③ 《中共中央 国务院关于全面推进集体林权制度改革的意见》，2008 年。

续表

统计指标	2002 年（林改前）	2008 年（林改后）	2008 年比 2002 年增长（%）
5. 森林病虫害发生率（%）	1. 1	0. 0	-96. 5
6. 盗砍滥伐林木案件（万宗）	1. 67	1. 24	-26. 0
三、生态效益			
1. 森林覆盖率（%）	60. 52	63. 1	2. 58（个百分点）
2. 有林地面积（亿亩）	1. 1	1. 15	4. 5
3. 活林木蓄集量（亿立方米）	4. 18	4. 97	18. 9

（二）明晰产权与金融创新

1. 新世纪林权制度改革的核心——明晰产权。产权是经济制度的核心，明晰的产权是市场交换的先决条件。此轮林权制度改革的首要任务是明晰产权。福建省将林地、林木的各项权利明晰到人、到户或到经营实体，并将林地使用者拥有长期的林地使用权和林木所有权以及相应的处置权、收益权和补偿权以全国统一样式的林权证[①]的形式确立下来。林权证解决了长期存在的林业产权不清、经营主体不清等体制性障碍，使林业发展具备了较为坚实的产权制度基础。

2. 林业投融资改革的突破——金融创新。资金是产业发展的瓶颈，在明晰产权的前提下，福建省进行了一系列配套改革，林业投融资改革首当其冲。由于林业是关系国计民生的基础产业，原有的产权制度下，林区发展的资金大多来自各级财政，但是有限的财政资金难以支撑林区经济和社会发展。新世纪的集体林权制度改革调整了林权所有制，落实了责、权、利，引入社会资金参与林区发展成为可能。林权抵押贷款便是林业投融资改革的破题之作，实现了我国农村信贷史上以林权证为抵押物的突破。自 2004 年年初福建省永安市农村信用社发放的全国首笔 100 万元林权抵押贷款至 2009 年 9 月末，福建省金融机构累计发放林权抵押贷款 68. 02 亿元，贷款余额 30. 12 亿元，涉林面积 1 013. 14 万亩。近 3 年来林权抵押贷款按照年均 25. 59% 快速增长。紧随其后，林业保险初见端倪。2008 年福建省由财政补贴保费的森林火险投保面积达 363. 01 万亩，比 2006 年增长 4. 5 倍。2009 年福建省政府对全省 1. 15 亿亩有林地森林火险提供保费补贴，投保面积比 2008 年增长了 30 倍（见表 2）。

① 根据《森林法实施条例》的规定，森林、林木和林地的权属证书式样由国务院林业主管部门规定，自 2000 年 4 月 18 日起，启用全国统一式样和编号的林权证，该证经县级以上地方人民政府盖章生效。

表2　　福建省林业金融主要指标比较

统计指标		2005年	2006年	2007年	2008年	2009年9月末
一、林业贷款						
农林牧渔贷款	余额（亿元）	—	—	429.11	407.37	440.27
	同比增速（%）	—	—	—	—5.06	17.93
林业贷款	余额（亿元）	—	—	40.66	49.91	59.62
	同比增速（%）	—	—	—	22.75	23.84
	比年初增量（亿元）	—	—	—	9.25	11.65
林权抵押贷款	余额（亿元）	12.8	16.6	21.12	26.81	30.12
	同比增速（%）	—	29.69	27.23	26.94	11.97
	比年初增量（亿元）	—	3.8	4.52	5.69	3.31
林业贷款占农林牧渔贷款比重（%）		—	—	9.48	12.25	13.54
二、林业保险						
	投保面积（万亩）	—	65.97	238.06	363.01	11500
	保险金额（亿元）	—	2.35	8.81	13.19	575

备注：（1）表中林业贷款数据来自"福建省金融统计报表—涉农贷款"。根据人民银行统计制度，涉农贷款从2007年开始统计。

（2）表中林业保险数据均属政策性森林火灾保险，由政府提供保费补贴。

2003年以来，伴随着林权制度改革，福建省创新出林权证抵押贷款、林权证担保贷款、林权证联保贷款、林权证抵押小额贴息贷款、森林火灾贴费保险等一批金融产品。配合林权制度改革，金融创新从无到有成效显著。从表2中可以看出，近年来由于林权抵押贷款的快速增长，带动林业贷款保持快于农林牧渔业贷款的增长趋势。但实践中也存在林业贷款总量偏小、适应林业产业特点的信贷产品少、贷款利率偏高、金融机构观望多参与少以及林业商业保险拓展困难等问题。这些问题反映出目前林权证融资能力不充分。分析存在这一系列金融问题的深层原因，探索解决方法，促进提高林权证的融资能力，是推动深化集体林权制度改革，拓展林业投融资渠道的重点。

二、反思：集体林权制度改革中的金融问题分析

（一）林业金融创新中的问题梳理

1. 林权抵押贷款问题。林业金融创新是围绕林权制度改革开展的，林权抵押贷款独树一帜。林权证落实到户后，林区农民贷款抵押难的问题得到缓解，但是贷款供需矛盾仍然存在。林区农户（简称"林农"）普遍反映林权抵押贷款利率偏高，期限偏短，抵押率偏低，授信额偏小。针对基于林区农户的林权抵

押贷款（简称“林农林权贷款”）有关问题分析如下：

（1）受管理成本高制约，贷款利率偏高。银行利率定价是与贷款项目的管理成本高低、风险控制难易程度关联的。仅就管理成本而言，由于林地勘界、林木价值评估等工作专业性强，使银行贷款前调查困难；而林业生产周期长、林区远离银行网点等因素，使银行贷款后跟踪困难，因而林农林权贷款管理成本高，风险防控难度大。根据银行利率定价原则，林农林权贷款利率不可避免地高于其他同期限的贷款。

（2）受风险控制难制约，贷款抵押率偏低。银行贷款抵押率是与抵押资产的风险控制程度关联的。首先，林业自然灾害风险预期高，尤其在幼林阶段自然灾害的潜在风险大；其次，林产品市场风险难控，林业长周期的生产过程中，林产品价格未来走势难预测；第三，林业贷款抵押资产处置难。风险产生后，由于现行的林木采伐行政管理与森林资源交易市场体系不健全等原因，抵押资产处置变现困难。因此林农林权贷款抵押率较低。

（3）受林权证评估价值低制约，贷款授信额度小。银行贷款授信额度是与贷款者的信用程度关联的。林农的信用建立在其还款能力之上，目前主要体现在所抵押的林权证价值上。根据当前的评估标准，林权证表现的价值仅是承包期林地上林木的经济价值。目前林业分散经营带来生产资料、风险防控、作业时间等成本偏高，以及林权登记、评估等中介服务成本与采伐限制管理形成的行政成本等附加成本高，扣除各项成本后，贷款者的盈利水平低，因此林农林权贷款授信额度小。

（4）受信贷政策和信贷资金来源制约，贷款期限短。由于林权抵押贷款产品是针对林农小额贷款设计的，以流动资金贷款为主，在实际运用中存在与林木生产周期长这一特点不匹配的情况。2009 年人民银行等五部委文件已对此出台了政策，金融机构可根据林业的经济特征、林权证期限、资金用途及风险状况等合理确定林业贷款的期限，林业贷款最长可为 10 年[①]。对于大银行而言，根据实际情况适当延长林业贷款期限已不成为问题。但是对于以零售业务为主的农村信用社等小型金融机构而言，其吸收的短期存款是难以支撑长期贷款的，因此需要大小金融机构之间的合作。此外，长期贷款利率高于短期贷款，贷款者亦应合理选择贷款期限。

2. 林业保险问题。森林是风险高发区域，林权制度改革后，原本由集体承担的风险，随着林权证落实到林农身上。为此，作为分担林业风险的重要金融产品——森林火灾保险应运而生。但是林业保险同样面临成本高和风险难控等

---

① 中国人民银行、财政部、中国银行业监督管理委员会、中国保险业监督管理委员会、林业局：《关于做好集体林权制度改革与林业发展金融服务工作的指导意见》，银发【2009】170 号。

问题，纯商业型的林业保险拓展困难，政策导向型的林业保险将在相当长的时期内处于主导地位。

受人们对林业保险认识不足的制约，森林火险拓展困难。保险是国际公认的规避风险的金融工具，林业保险的作用也早为世界所认知。但是福建省森林火灾保险试点以来，始终定位于为林权抵押贷款提供配套服务。投保森林火灾保险是林权抵押贷款的前置条件之一，由此导致农民对林业保险产生认识偏误。部分林区农民甚至错误地将林业保险费看作是乱收费，要求政府取消投保以减轻农民负担。森林火险的这种定位，不利于林业保险的拓展。

受林权评估价值低的制约，森林综合保险举步维艰。目前林业保险险种单一，保障范围仅限于火灾。对森林资源构成威胁的自然灾害除了火灾外，还包括冻灾、风灾、洪灾、病虫灾等等。此外，还存在盗伐等人为灾害。天灾人患风险防控，使林业保险市场需求巨大。但是，受前述林业经营者对保险认识偏颇和造林阶段收益低、林权证价值被低估、森林资源不能得到应有的珍惜和保护等因素综合影响，致使目前林业保险覆盖面较小，增加了保险经营的成本和风险，制约了保险产品创新，森林综合保险拓展困难。

（二）林业金融的成本和风险问题分析

无论是商业信贷还是商业保险，高成本及风险不可控是违反其经营原则的。因此，降低成本、提高风险可控性是解决林权融资和林业保险问题的关键。

1. 林农林权贷款的成本问题分析。要解决林农林权贷款中存在的高成本问题应从降低单位价值成本的角度分析，林权单位价值成本与林权所承载的总价值成反比，与实现价值所耗费的总成本成正比（见图 1）。

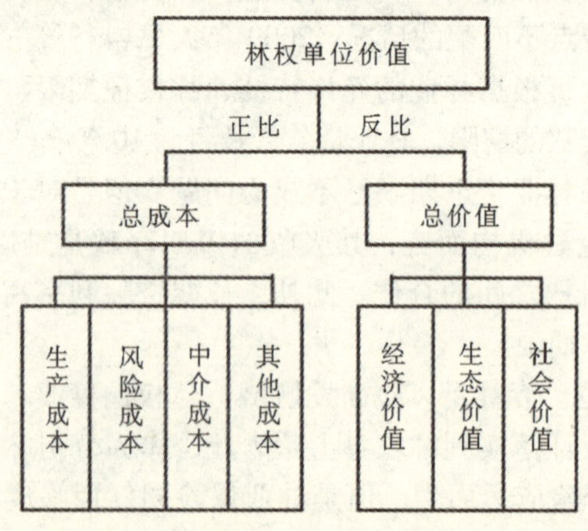

图1　各种影响因素之间的关系

林权经营中的总成本包含直接成本和其他成本。

直接成本包括：（1）生产成本。林业生产过程中的物耗、劳动力消耗等费用，如林地租金，林木种植、养护、采伐、运输等环节费用。（2）风险成本。林业生产风险防控及风险分担等费用，如森林资源保护、保险等费用。（3）中介成本。林权确权费用，如资产评估、确权登记等费用；林权交易过程产生的费用，如林产品交易前的仓储保管、林产品或林权交易费和税等费用。

其他成本，即行政管理等其他因素产生的费用。如：（1）行政管制成本。林业采伐指标管制所导致的林木因不能及时砍伐、交易所产生的费用。（2）贷款管理成本。银行贷前调查、贷后跟踪管理等贷款管理因素产生的成本，通常以贷款利率水平反映。（3）信用增级成本。由于贷款者信用不足或抵押物不足，需通过担保、反担保等方式实现信用增级所产生的成本，一般以贷款担保费等方式体现。

传统的林业生产是以实现木材的利用价值为目的，现代林业生产应以森林资源的综合利用价值为目的，"多效林业"已成为国际共识。因此，林权总价值应包含经济价值、生态价值和社会价值三个方面。（1）经济价值，即林地经营价值，也称"林地资源价值"。在我国，林地是一种所有权不准买卖而使用权可以转移的特殊商品，其价值主要由林地本身的土地价值和林地资源价值两部分构成。由于目前我国的商品林地只有承包使用价值，所以森林资源的经济价值主要是通过承包经营林地上生长的林木及所有动植物所能创造的经济价值来确定。（2）生态价值。目前国际上对森林资源生态价值的评估主要集中在各项环境功能价值方面，包括涵养水源价值、保育土壤价值、固碳释氧价值、净化空气价值以及生物多样性价值等等。（3）社会价值。目前主要包括林业产业发展增加就业机会、提供景观和游憩两方面的价值。森林资源的社会价值还应涵盖科学文化价值、防灾减灾价值及增加国防效益等方面，但是计量困难。

以上分析可知，要提高林权证的融资能力，就要降低林权单位价值成本，即有效控制总成本，充分挖掘林权的综合价值，其中林权的生态价值和社会价值的货币估值是关键。

2. 林农林权贷款的风险控制问题分析。林农林权证抵押贷款风险主要有天灾人患风险、市场风险和抵贷资产处置风险。天灾人患风险，即火、风、冰、洪、病虫害等自然因素导致的风险，以及盗伐、纵火、疏于管理等人为因素导致的风险。林业经营遭遇此类风险的概率较高。市场风险，即由于市场需求变化或是交易市场缺失等因素引起的风险。由于林业生产周期长，市场的不确定因素多，给贷款前风险的测量带来困难。抵贷资产处置风险，即贷款遭遇风险后，抵押品处置困难带来的风险。

单户林农无论从抵御天灾人患的风险还是对市场信息及交易的把控能力方面都处于相对劣势，而诸如保险、担保等风险分担机制欠缺加大了林农林权贷款的风险。风险控制问题成为林权抵押贷款发展的瓶颈。

3. 林业保险的成本与风险问题分析。大数法则是保险业经营的一个重要的数理基础，对同质风险必须在大量保险单位之间分摊，才能分散风险、分摊经营成本。从前述情况可知，目前我国林业保险经营难以遵循大数法则，保险经营收益无法覆盖风险，从而导致保险费率高，加大了投保人的成本，影响其持续投保的积极性，致使保险产品的推广和创新裹足不前。必须让保险经营符合大数定律，做到广覆盖、低成本、风险可控，商业保险才能发挥其在林业产业发展中的积极作用。

综合以上分析，林业金融产品创新过程中遭遇的高成本、风险难控问题，归根结底是林权背后的森林资源价值被低估的问题，这不仅影响林权证的融资能力，长此以往还将影响市场对林业产业发展的合理预期。因此，科学地测量评估林权价值应在深化林权制度改革中予以充分重视。

三、建议：创新机制，促进金融支持林业经济发展

新世纪林权制度改革解决了商品林产权的分割和归属问题，林权落实到户，调动了广大经营者的生产积极性，但这仅仅是改革的第一步。由于我国的林业产业基础薄弱、结构不合理，集聚的民生问题、资金问题、生产经营方式问题、社会对“多效林业”的认识问题、森林资源综合价值的挖掘和合理利用问题等等都在逐渐梳理、辨析之中。需要形成有效的利益机制，培育有利于实现产权的制度环境，林权制度改革才能向前推进。如前文分析的林权融资中的金融问题，就需要相关配套机制来促进解决。为此，在对新世纪林权制度改革试点阶段回顾、反思的基础上，提出加快配套机制创新的建议。

（一）建立产权明晰下的林业规模化经营机制

1. 规模经营有利于实现林业经营成本效益优化。根据经济学理论，规模经济是对生产经营成本的分摊，是降低成本、提高效益的有效方式，林业经营需要重视成本效益。新世纪林权制度改革引入并推广家庭承包经营。作为一种制度创新，由于其产权清晰、利益直接，短期内实现了农民增收的目标。但是家庭经营的投入成本高、管理难度大、销售渠道不畅，同时分散经营生产方式不符合林业生态发展、实现综合效益最大化的目标。如果这种经营方式长期延续下去，将不利于林业经营水平的提高和生产力发展。必须走规模化、专业化、集约化的经营之路，林业经营成本效益实现最优，林业才能获得更大更远的发展，林农才能获取长期持续的经济收益。

2. 产权分割和规模经营的统一——股权合作林场案例。林权明晰到户不等于林业生产就必须是一家一户的生产方式。2008 年《中共中央、国务院关于全面推进集体林权制度改革的意见》也明确提出，扶持发展林业专业合作组织，

培育一批辐射面广、带动力强的龙头企业，促进林业规模化、标准化、集约化经营，关键在于林业规模化经营必须兼顾已拥有林权的农民的利益。林改后，在产权明晰的前提下，福建省林区出现了不少自发的规模经营方式，如家庭联合经营、委托经营、合作林场、股份制林场等等，并已形成一些典型的范例。例如福建省永安市西洋镇虎山股份合作林场。该林场成立于2004年11月，股东代表15人。股东以自己拥有的林权折价入股，并按入股的比例承担责任和分配收益。成立初期林场的资产评估价值为400万元。经过几年的发展，至2009年9月末，林场股东已发展到86人，经营面积1.6万亩，资产总额逾3千万元。林场建立后，把生产和流通、经营与服务有效结合起来，取得了很好的成效。虎山林场案例表明适度的规模经营，能降低生产、管理和交易成本，提高抵御灾害和控制风险的能力。联合经营下，实现林木交替生产销售，改变了单户经营“十年投入，一年收成”的局面，做到年年可分红，股东收益稳定。与此同时，林场的融资能力得以提升。林场作为贷款主体，林权抵押贷款由“零售”转为“批发”，银行的贷前调查和贷后跟踪管理成本大大降低，因此银行给予林场的贷款授信额度和利率优于林农贷款。

3. 规模经营有利于林业产业结构调整，带动农民增收和就业。林木业、林业生物业、森林旅游业及森林碳汇业等林业产业的发展都必须建立在规模经营的基础之上。据统计，2007年我国实现林业产业总产值1.25万亿元（按现价计算），比2006年增长17.66%。其中第一、第二、第三产业分别增长17.78%、16.07%和27.96%。林业三次产业的产值结构由2006年的44.21/48.80/6.99调整为44.25/48.14/7.61。[①] 从这组数据中可以看出我国林业向实现森林资源综合效益方向发展。规模经营有利于林业产业结构调整和发展，有利于林业劳动力在三次产业中的转移。拥有林权的农民除了在股份合作组织中获得稳定的股权收益之外，还能根据自己的能力和就业辅导培训，通过参与三次产业活动获得劳务报酬。林业三次产业的发展带动了林农增收和就业，有效维护了林区农民的利益。

（二）建立科学有效的森林资源价值评估机制

1. 森林资源的效益价值划分。前文分析中已经强调了科学认定森林资源价值在林权制度改革中的重要性，并将森林资源价值分为经济价值、生态价值和社会价值。但是价值的实现取决于社会对它的利用方式和利用强度。例如一片森林资源可能具有森林游憩的社会价值，但如果没有开展森林旅游，就不会产生森林游憩的效益。同理，一片防护林或水源涵养林虽然其蓄积量也具有生产

---

① 《2008中国林业发展报告》，国家林业局网站 http：//www.forestry.gov.cn。

商品木材的经济价值，但为了生态利用的目的，除了少量的间伐材以外，基本不产生木材效益。本文虽然立足于商品林改革的分析，但是生态公益林同样具有价值，也可以产生效益。根据文献分析，森林资源的效益价值，包括以木材为主的物质产品效益价值和环境效益价值。森林资源效益价值划分是为了方便林权价值的核算。

2. 森林资源的阶段价值划分。林木的生长周期大致可分为造林、育林、成熟林三个阶段。在造林阶段，即期经济价值、生态价值、游憩社会价值低，而期货投资价值、生态投资价值（包括碳汇交易价值）、就业社会价值高；在育林阶段，各种价值权重相对均衡；在成熟林阶段，各种价值权重与造林阶段反之。而从实际视角，一片林区难以截然划分不同的阶段。但是，既然林权证能够实现林地和林木的分割，也应该能够实现权证价值的合理测算。如同林木采伐管理，只要有完善的林权管理档案和科学的林权评估体系，实现林权证不同阶段价值的测量是可能的。

3. 森林资源的正负价值划分。必须指出，森林资源是把双刃剑，它既是碳汇也能成为碳源①。森林资源形成的碳汇储量能够通过生态价值转让使林权增值。反之，森林资源遭遇破坏，不仅不能实现林权原有价值，所形成的碳源还将损失其生态权益，使价值由正转负。因此森林资源的天灾人患风险防控非常重要，保护好森林资源，是实现林权价值的保障，护林与育林同样重要。为此，建议设计森林资源价值评估体系时将其正负价值一并考虑。

建立森林资源价值评估体系专业性强，从市场交易公平及信息对称的角度，还应考虑评估指标的标准化与国际化，这非本文所能顾及。但要推动林权改革深入，实现改革成效，急需科学的森林资源价值评估体系与林权制度改革配套。

（三）建立统一有序的森林资源市场交易体系

产权界定的主要目的是为了使产权的流动与增值有机统一起来，优化资源配置。产权改革的最终目的是要实现经营者的收益权。目前我国森林资源权益交易局限于木材现货交易，且多是民间交易或是区域性交易，供需双方信息不对称。由于市场交易体系的严重缺失，经营者的收益权难以实现，势必影响生产经营积极性，影响林权的投融资能力，继而影响改革成效。因此，在建设科学评估体系的同时，还须建立全国统一的森林资源权益交易市场体系。该体系应包括森林资源各种形态的权益交易平台，如木材现货交易、木材期货交易等实物权益交易平台，林地使用权转让、林场股权转让、碳汇指标交易等合约权益交易平台。现代化交易市场体系的重点是实现信息对接和权益交割的便利，市

① 《联合国气候变化框架公约》（UNFCCC）将碳汇定义为从大气中清除二氧化碳的过程、活动或机制，将碳源定义为向大气中释放二氧化碳的过程、活动或机制。

场建设在覆盖面、时效性等方面有刚性需求。国内外许多完善的市场体系为我们搭建森林资源市场交易体系提供了经验借鉴。

1. 实物权益交易平台，即木材等林产成品交易平台。搭建林业实物权益交易平台，需要实现几个结合。（1）无形交易市场（电子交易平台）与有形交易市场的结合。建立全国统一的木材电子交易平台。第一，通过实时发布木材交易信息，适时推出木材交易指数，实现市场供求信息的透明化、便利化，解决目前木材交易信息不对称的问题。第二，通过建立市场公平交易机制和监管机制，以保证交易的安全有序。由于一个完整的木材交易过程不仅包括信息对接、交易安全环节，还包括验货、仓储、物流等其他环节，因而电子交易平台如果辅以有形交易市场，可满足木材交易全过程供需双方的需求。（2）区域性市场与全国性市场的结合。为了提高交易效率，木材交易市场需要有一定的集中度，但由于木材运输需要一定的成本，“大一统”的市场难以满足全方位的需要，为此在建立全国性木材交易市场的同时，可在木材生产集中区建立区域性交易市场，以区域性交易市场作为物流或仓储节点，带动形成全国性的统一的木材交易网络。（3）现货市场与期货市场的结合。林木生产周期长，在构建现货实物交易市场的基础上，需要进一步发展木材期货交易市场，以便于林业生产经营者管理长周期生产的价格变动风险，同时满足林业经营者远期组织货源的需要。我国上海商品交易所曾于1994年推出胶合板期货交易达5年之久，虽然最终由于期货交易制度不健全、投机过度以及市场诚信基础薄弱等原因中止交易，但是毕竟积累了一定的运营经验，可在此基础上探索借鉴美国木材期货成功运行的经验[①]，建立分阶段木材期货交易机制，满足产业发展要求。在市场发展初期，可首先发展非标准化的现货远期交易品种。该品种具有期货锁定远期价格的特征，同时可以满足买方组织相对稳定货源的需要。由于其属非标准化合约，较易推行。待市场发育相对成熟后，可将现货远期交易品种改造转变为期货交易产品，发展具有我国特色的木材期货交易市场。

2. 合约权益交易平台。由于林木生长周期长，形成林业经营风险预期，使得林业投资者高度关注林权流动性。因此需要建立相关平台以满足各种合约权益交易的需要。例如，林地使用权或林场股份转让交易。目前这两类权益交易有场外流转（私下流转）和场内流转两种形式。对于场外流转，当前疏通比堵截有效，应引导其朝有序化、阳光化方向发展。而场内流转模式是一种更为高效率的交易制度安排，应大力培育。此外，还可探索碳汇指标交易平台建设，

---

① 美国最早于1969年在芝加哥商品交易所推出木材期货，随后在20世纪90年代芬兰、瑞典、英国均推出了胶合板等木材期货品种，但最终因成交量低而停办。美国的木材期货交易一直得以延续，并于2005年在纽约商品交易所进一步推出了木浆期货与期权合约。

以促进森林固碳减排等生态价值实现。

（四）建立过渡期财政政策引导机制

一项重大的改革，政策的引导作用不容忽视，尤其是财政调控政策“四两拨千斤”的杠杆作用是其他政策所不具备的。

1. 运用财政收入调节机制引导社会培育、保护和合理运用森林资源。由于长期以来我国森林资源价值被低估，导致培育、管护森林资源的成本效益低于运用的成本效益，形成林业经营“重森工、轻育林”。随着森林资源综合价值理论逐渐被社会认知，森林资源的培育、保护与开发、利用需要平衡的机制已形成共识。

税收是国家调节收入差距、实现社会公平、构建和谐社会的重要平衡机制。国家在2009年深化经济体制改革工作意见的通知中提出了“研究制订并择机出台资源税改革方案；加快理顺环境税费制度，研究开征环境税”①。除税收机制之外，目前我国财政收入制度中还有基金调节机制。2008年11月国家环保部下属的中国环境文化促进会和中国发展战略学研究会社会战略专业委员会发布的《中国碳平衡交易框架研究》报告，提出建立具有中国特色的碳平衡交易制度，具体包括中国碳基金制度和中国生态补偿金制度。② 虽然新税种或是新基金的设立需要平衡各方利益，必须通过充分论证和科学测算，非短期可以实现，但是这些政策思路对于运用财政收入调节机制引导社会培育、保护和合理运用森林资源，维护林权，有效实现森林资源的综合利用价值，无疑具有重要的意义。

2. 运用财政支出调节机制引导社会资金投资林业产业发展。前面已经分析了林权抵押贷款及林业保险创新中遇到的高成本和风险难控的瓶颈问题。虽然这些问题通过林业规模化经营和科学的评估机制及完善的市场交易体系建设的到位而有望解决，但这毕竟是个渐进过程。林业发展的资金问题不能等到市场的配套机制都健全后再予以解决。为此，我们特别提出在林权制度改革推进过程中，林业经营从行政管理向市场管理过渡阶段，建立财政政策导向的林权融资和保险模式。

林改初级阶段，虽然产权明晰了，但林业规模经营尚未形成，林业生产力低下，产业化程度低，市场力量弱，林权评估价值低，林业经营成本高，抗风险能力弱。这个阶段的林权融资和保险能力低，需要财政资金主导，通过贷款贴息、保险贴费的方式降低经营者的融资成本和保险成本。目前中央财政和福建省财政均采用这种引导方式。此外，财政还可通过定期拨出一块风险准备金，

---

① 《国务院批转发展改革委关于2009年深化经济体制改革工作意见的通知》，2009年，中央政府门户网站www.gov.cn。

② 中国有色金属报，2008年11月15日，www.cnmn.com.cn。

用于林权抵押贷款担保、保险风险补偿、贷款风险资产收储的运作。这部分资金可以单项安排，也可综合使用，取决于制度设计。由于林业风险对于金融机构而言是预期风险，有了财政的风险准备资金，降低了金融机构对林业风险不可控的预期，换言之，提高了林权证融资的信用等级。财政只要定期出一小部分资金，滚动使用，带来的是银行和保险大量资金的持续投入，“花小钱引大钱”，财政政策“四两拨千斤”的杠杆作用得以有效发挥。

随着林权制度改革深入推进，林业生产规模化经营发展、产业化程度提高、科学的森林资源评估体系及多元化的林权交易市场体系的形成，林权价值得到提升，融资和保险能力增强。该阶段林业融资和保险模式也逐渐由财政主导、银行和保险参与，调整为财政引导、银行信贷和商业保险主导、社会资金参与。当林改进入市场机制发挥主导作用阶段时，财政引导作用逐渐减弱至淡出。

这种改革过渡期分阶段融资模式的假设是为了强调财政政策在林业投融资改革中的作用。在林业的改革发展中，资金的需求量很大，非财政资金能够独担。因此需要各级财政发挥好“四两拨千斤”的引导作用，建立政府财政资金的风险分担机制带动社会投资。

在推进林改过程中，除了上述机制建设外，还有一些配套机制需要关注。如，科学的采伐管理制度、调解仲裁林权争议纠纷的法律制度、公有林与非公有林协调发展机制、社会化服务体系建设等等。

综上所述，通过回顾与反思我国集体林权制度改革与金融创新实践，梳理与剖析问题之所在，其结论是，高成本与风险控制难的预期是当前林权证融资和保险遇到的核心问题，而其深层原因在于目前森林资源的各类价值实现程度有限以及各项配套机制尚不到位。这种情况下，促进提升林权融资和保险能力，已超出了金融机构努力的范畴，需要在深化集体林权制度改革过程中，通过促进林业规模化经营、完善森林资源价值评估体系、建立统一有序的林权交易体系等配套机制建设，以实现林业金融创新的风险、成本、收益匹配，实现林业投融资可持续发展。但由于各类机制建设非一朝一夕可以实现，过渡期需要发挥财政政策的引导和风险分担作用，带动银行、保险的参与和扩大投入。协同有效的制度安排是推动深化林权制度改革的关键。

参考文献：

[1] 郭艳芹、孔祥智：《集体林权改革的经济学分析》，《福建论坛（人文社会科学版）》，2008 年第 10 期。

[2] 聂　华：《森林资源货币计量中的价值论基础》，《北京林业大学学报》，2002 年 1 月。

[3] 高　岚、李　怡、陈叙图：《华南农业大学学报（社会科学版）》，2009

年第2 期。

［4］俞小平、姚 萍、聂 影：《林业产业引进期货贸易机制的实践与障碍》，《林业经济》，2008 年第 8 期。

"三农"政策导向下完善涉农贷款专项统计制度研究

中国人民银行福州中心支行调查统计处课题组

课题主持人：王德惠

课题组成员：周　恒　方晓炜　赵　红

中国是一个农业大国，农业、农民和农村（简称"三农"）发展历来关系着国民经济和社会和谐。在党中央、国务院的积极部署下，近年来金融部门大力支农，为新农村建设、农业生产、农民生活改善等发挥重要的资金支持作用。2007年年初，全国金融工作会议明确提出将农村金融改革发展作为金融工作的重点，要求建立一个"多层次、广覆盖、可持续"的农村金融体系。金融统计部门应当在三农政策导向下，设计与完善更为科学合理、更具现实意义的涉农贷款统计制度，为决策层提供能确切反映金融资金投向、力度和节奏的数据地图。

一、三农政策脉络的梳理

（一）三农工作重点的历史演变路径

1982年以来，国务院陆续出台了11个关于三农工作的一号文件，形成了以三农一号文件为核心、其他相关政策为辅助的三农政策体系，揭示了不同时期下的三农工作重点。总体而言，我国三农工作分为两个阶段。第一阶段始于20世纪70年代末。该阶段三农的工作重点在体制上的解放。1978年12月召开的十一届三中全会明确提出要在经济上充分关心农民物质利益，在政治上切实保障农民的民主权利，调动我国几亿农民的积极性。1982～1986年，在十一届三中全会精神指引下，围绕农村土地经营制度的改革，国务院连续出台了5个关于三农工作的中央一号文件。该阶段下的三农工作重点在解决当时历史背景下的平均主义突出、农民生产积极性不高的难题，因此主要通过体制层面上的放活来带动思想上的解放，进而推动农村生产力的发展。90年代后，我国三农工作进入第二个阶段，该阶段下诸如农民收入增幅减缓、城乡差距持续快速拉大等新的三农问题开始逐步显现。2002年，党的十六大会议指出："统筹城乡经济社会发展，建设现代农业，发展农村经济，增加农民收入是全面建设小康社会的重大任务。"2004年起，国务院继20世纪80年代后再一次连续出台三农一号文件，不仅赋予了三农工作新的时代意义，更为当前三农工作思路提供指导。从近年来的6个三农一号文件可以看出，当前三农工作思路已由第一阶段下的“重解放”调整为现阶段的“求发展”。从民生的角度入手，探索解决新形势下三农问题解决途径，促进城乡之间协调发展，具体包括促进农民增收、稳定农业发展、提高农业综合生产能力、建设社会主义新农村、发展农业基础设施及现代农业等。

（二）三农政策导向的解读

通过对三农工作重点的历史演变路径进行回顾，可以发现第一阶段内，中国的三农政策重在放活体制、深化改革以调动农民生产的积极性、促进农业生产；第二阶段内，中国的三农政策重在统筹城乡，促进农民收入、农业生产、农村建设的全面发展。第一阶段下的三农政策对当前新形势下三农问题的适用性逐渐减弱，因此我们主要关注第二阶段下的三农政策主张，查找当前三农问题中亟待解决的关键点，使我们的涉农贷款统计制度的设计更具现实意义。

通过对新形势下三农政策的解读，我们认为当前三农政策主要包括以下方面：

1. “农业”政策导向。农业问题，表现为确保粮食稳定发展的同时，积极调整农业内部结构，促进林、牧、渔业等协调发展，并在此基础上衍生出科技支农、农产品流通、农产品加工、现代化农业、农业产业化等发展方向。其中，大农业生产是核心，而技术的引入、市场的培育、产业链的延伸等是为了更好地促进农业的快速发展。

2. “农民”政策导向。农民问题，主要集中在减负增收、权益保障和促进消费升级三个方面。首先，农民减负增收在历年的一号文件中均为促进农民民生的重要手段，具体涉及通过税费减免等减轻农民生产及生活负担，通过发放贫困补助、发展农村地区第一、第二、第三产业以及促进农民进城务工等方式，为农民开创多条增收渠道。其次，农民的权益保障体现在农村居民的消费教育等权益保障和农民工在城市务工及生活中所面临的权益保障问题。第三，随着农民生活条件的逐步改善，部分农民的消费需求有逐步向高层次升级的趋势，例如农民对职业技能培训、教育或再教育的需求等。

3. “农村”政策导向。农村问题，主要任务是建设社会主义新农村，包括促进农村基础设施建设，加强农村科教文卫等社会事业建设等。近年来，政府高度重视农村基础设施建设，既为促进民生提供保障，也能逐步释放其对农村需求的带动效应。

二、涉农贷款统计制度综述

（一）涉农贷款统计制度的意义

三农问题历史积淀久，关联因素多，需要政府调动各方资源在机制、资金、硬件等层面多方协调。对于城乡二元结构下农村户籍制度改革等大宏观层面的体制，金融机构难以发挥其资金支持作用，因此本文不对此展开探讨。从资金层面上说，金融部门与财政部门共同作为三农的主要资金供给者，对三农问题的解决发挥着极为重要的作用。图 1 中，做阴影处理的模块为金融部门可发挥资金支持作用的领域。涉农金融统计制度设计的意义就在于摸清金融支持三农的资金投向，反映金融支持三农的方向与力度。因此，充分发挥金融统计作用，为政府准确掌握金融支持三农的现状提供数据支持，是涉农贷款统计制度设计中责无旁贷的任务。

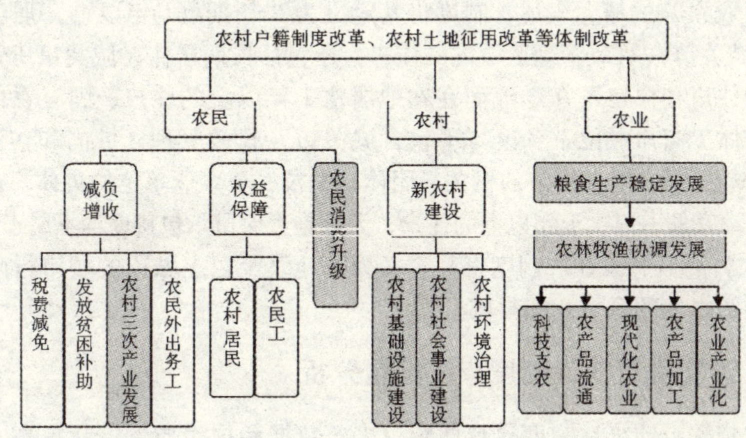

图 1　三农政策导向图

（二）涉农贷款统计制度设计体系介绍

2007 年 7 月，依据中央支持三农发展、推进社会主义新农村建设的政策，为全面、完整、系统地反映金融机构信贷支持三农的情况，为国家制定相关政策提供信息支持，中国人民银行调查统计司研究建立了涉农贷款专项统计制度。

1. 涉农贷款专项统计制度的报表体系设置。涉农贷款专项统计包括三类统计报表：采集类报表、辅助类报表和汇总类报表。其中，采集类报表围绕农业、农村、农户三条主线设计，包括 4 张报表，分别从农林牧渔业、农户、农村企业及各类组织、城市企业及各类组织涉农 4 个方面反映各类涉及三农的贷款规模、期限风险等情况；辅助类报表为各省（自治区、直辖市）农业产业化龙头企业信息统计表。

2. 涉农贷款专项统计报表反映的内容。一是采集类报表中，农林牧渔业贷款、农户贷款和农村企业及各类组织贷款情况统计表分别将涉农贷款按照用途、受贷主体、城乡地域进行统计，分别从不同侧面反映金融业对农业、农村、农民的支持力度。城市企业及各类组织涉农贷款情况统计表反映了城市用于农业和农村建设用途方面的贷款。二是涉农贷款汇总情况表，反映涉农贷款的各层次构成情况以及农村中小企业贷款、农业产业化龙头企业贷款等情况。

（三）现行涉农贷款统计制度中 三农的相关概念表述

现行涉农贷款统计制度中，“农业、农户（即农民）、农村”的相关定义表述如下：

1. “农业”的概念表述。制度中，除“农、林、牧、渔业贷款”项下包含的“农业贷款”专指对农作物种植业的贷款之外，其他部分所说的农业均是涵盖种植业、林业、畜牧业和渔业等产业的大农业。

2. “农户”的概念表述。制度将其定义为“长期（1 年以上）居住在乡镇（不包括城关镇）行政管理区域内的住户，还包括长期居住在城关镇所辖行政村范围内的住户和户口不在本地而在本地居住 1 年以上的住户、国有农场的职工和农村个体工商户。位于乡镇（不包含城关镇）行政管理区域内和在城关镇所辖行政村范围内的国有经济的机关、团体、学校、企事业单位的集体户；有本地户口，但举家外出谋生 1 年以上的住户，无论是否保留承包耕地均不属于农户”。

3. 农村的概念表述。制度将其定义为除地级及以上城市的城市行政区及其市辖建制镇之外的区域，即县域。

三、涉农贷款统计制度存在问题分析

涉农贷款专项统计制度执行两年以来，数据和报表质量不断提高，但制度在指标体系与报表体系设置方面存在以下几方面的问题。

（一）指标体系设置存在的问题

1. “农村”的区域界定范围过于宽广。随着城市化规模的推进，工业、商业占据着部分乡镇国民经济的主要指标，农村经济形式已经发生了较大的转变。对于部分经济发展较快地区，传统意义上的农村区域已经相对缩小。但是按照制度对农村的概念表述，县域即为农村，可能导致部分经济发展较快地区存在农村区域范围过大，统计数据不能客观反映信贷资金支持农村建设发展情况，导致贷款数据虚高，影响信贷资金投入的有效性，制约新农村建设进程。

2. “农户”界定的可操作性较差。虽然制度对“农户”的定义很明确，但是信贷人员逐一根据居住地和居住时间界定个人类客户是否属于农户，工作量大且不易判断。一方面，已投放贷款的客户的资料多是只提供身份证、户口簿、居民身份证上注明的地址，不一定是居住的地址，界定其是否为农户可能存在差错。另一方面，新发放贷款的后续信息维护难度大。当前农村人口进城务工、经商、开办企业不断增多的背景下，信贷人员难以对客户资料进行必要的补充登记，界定其是否为农户可能存在难度。

3. 支农贷款同时包含了“农村”和“农业”两个维度。采集类报表中的农村企业及各类组织贷款和城市企业及各类组织涉农贷款情况表中均包含支农贷款。制度规定，支农贷款为“用于支持农业产前、产中、产后各环节和支持农村基础设施建设的各类特定用途贷款”。其中，支持农业产前、产中、产后各环节的各类特定用途贷款应属于“农业”维度，如农产品加工贷款、农业生产资料加工贷款、农用物资和农副产品流通贷款、农业科技贷款。支持农村基础设施建设的各类特定用途贷款应属于“农村”维度，如农田基本建设贷款和农村基础设施建设贷款。现行制度未能将支农贷款按不同维度有效区分，同质化了不同维度的数据，可能掩盖其真实差异。

4. 对指标设置存在遗漏。根据制度中涉农贷款汇总情况统计表的指标设置，涉农贷款总量 = 农村贷款 + 城市企业及各类组织涉农贷款 = 农户贷款 + 农村企业及各类组织涉农贷款 + 城市企业及各类组织涉农贷款。现行制度只考虑了城市（即非农村）企业及各类组织从事农林牧渔业、支持农业生产与农村建设贷款的统计，遗漏了对城市个人（即非农户）从事农林牧渔业、支持农业生产与农村建设贷款的统计。

（二）报表体系设置存在的问题

1. 现行报表中，对涉及农业和农村维度贷款的统计范围过小。农林牧渔业贷款情况统计表围绕着农业维度设计，依照上文所述的农业政策内涵，除传统的农业外，科技支农、农产品流通、农产品加工等也应包括在农业维度之内，技术的引入、市场的培育、产业链的延伸能够更好地促进农业快速发展。但是，现行制度中农林牧渔业贷款情况统计表仅反映了从事农业生产（即第一产业）的贷款，而将从事支持农业生产（即第二和第三产业）的贷款分散反映在农村（城市）企业及各类组织贷款情况统计表中，导致对涉及农业维度贷款的统计范围过小。农村企业及各类组织贷款情况统计表围绕着农村维度设计，也存在着同样的情况。该表仅反映了投放对象位于农村区域的贷款，而将用途为支持农村建设的贷款排除在外，导致对涉及农村维度贷款的统计范围过小。

2. 采集类报表不需要包括城市企业及各类组织涉农贷款情况统计表。采集类报表中，城市企业及各类组织涉农贷款情况统计表反映了城市（即非农村）在农业与农村维度方面的贷款情况，统计项目包括农林牧渔业贷款和支农贷款。其中，农林牧渔业贷款纳入涉农范围的依据是其属于“农业”维度，与“农户”和“农村”维度无关，应将其纳入农林牧渔业贷款情况统计表中。支农贷款纳入涉农范围的依据是其分别属于“农业”与“农村”维度，应将其进行有效区分后分别纳入农林牧渔业贷款情况统计表和农村企业及各类组织贷款情况统计表中统计。现行制度中，将城市企业及各类组织涉农贷款单列为采集类报表，不仅可能混淆填报人员对报表设计思路（即围绕农业、农村、农户三条主线）的判断，而且使得农林牧渔业贷款情况统计表中涉及农业贷款的分类不够细化，采集类报表与涉农贷款总量之间未形成有机的整体。

3. 汇总情况表无法直观反映三农不同维度的贷款总量情况。涉农贷款汇总情况表中涉农贷款的分类情况为，第一个层次按地域将涉农贷款划分为农村贷款与城市企业及各类组织贷款，后者涉及三农的依据是其属于农业与农村的维度，从而在此分类下将本应归属在农村维度的贷款分为了两部分。第二个层次将农户贷款作为农村贷款的子项。一方面，该设置下二者为包含关系，与三农政策口径不匹配；另一方面，采集类报表中的农村企业及各类组织贷款情况统计表不包括农户贷款，采集类报表与汇总类报表前后设置未形成有机的整体。

四、完善涉农贷款统计制度的建议

（一）关于指标体系设置的建议

1. 细化农村的界定标准。具体做法为在现行的县域即为农村（“大农村”）口径下增设“小农村”口径，即将农村与国家统计局《关于统计上划分城乡的暂行规定》中划定的乡村对接，将城镇以外的其他区域界定为农村。[①] 此做法的优点，一是与制度中农户的地域属性界定标准保持一致；二是符合社会公众对农村的普遍认知；三是乡村为弱势群体集聚地，是真正需要给予扶持的贫困落后区域，金融机构在自主经营、自负盈亏的经营模式下对该区域进行信贷扶持值得鼓励。

2. 修改农户的判定标准。农户是国家扶持的弱势群体，调查农户贷款的目的就是为制定信贷扶持政策服务的。但是从目前执行情况来看，由于制度对农户的判定不具备可操作性，各填报机构往往扩大了农户的范围，无法真实反映对农户贷款信贷支持情况，因此建议以户籍为标准来判定“农户”的身份更为清晰易行。

3. 对支农贷款按“农村”与“农业”维度细分类。如上所述，支农贷款同时包含了“农业”与“农村”两个维度，建议按照不同维度细化支农贷款分类。一是将用于支持农业产前、产中、产后各环节的各类特定用途贷款定义为“支持农业生产贷款”，具体包括原制度支农贷款子项中的农产品加工贷款、农业生产资料加工贷款、农用物资及农副产品流通贷款和农业科技贷款。二是将用于支持农村基础设施建设的各类特定用途贷款定义为“支持农村建设贷款”，具体包括原制度支农贷款子项中农田基本建设贷款和农村基础设施建设贷款。

4. 添加城市个人（即非农户）支持农业贷款指标。建议参照城市企业及各类组织涉及三农贷款的指标设置，添加对城市个人（即非农户）属于农业与农

① 国家统计局《关于统计上划分城乡的暂行规定》在我国市镇建制和行政区划的基础上划定城镇区域，具体包括城区和镇区，乡村是指城镇以外的其他区域。

村维度贷款的统计指标。具体做法为，在“农业”维度设置指标“城市个人农林牧渔业贷款”（此部分数值应较小）与“城市个人支持农业生产的贷款”，纳入“农业”主线统计；在“农村”维度设置指标“城市个人支持农村建设的贷款”（此部分数值应较小），纳入“农村”主线统计。

（二）关于报表体系设置的建议

1. 统计对象按三维度标准分类的思考。由于农村、农业和农民分别属于不同分类标准下的概念，各维度数据存在交叉，即同一笔贷款可能同时具备两个维度，从而具备两种属性。如农户农林牧渔业生产贷款同时具备“农业”和“农户”两种属性，从而同时具备两个维度。从统计分组原理考虑，统计对象（以涉农贷款为例）按三维度标准分类的理论模式应如图3所示。该模式下，涉农贷款应分为A～G7个部分，只须对此7个部分数据进行有效区分并准确统计，便能根据不同需要得出不同数据。考虑到三农政策口径中农村和农户的侧重点不同，二者之间不应存在交集①，即图2中F和G部分数据为零。涉农贷款按三维度标准分类的实际模式应如图3所示。但现行制度中，除A部分数据可以有效地区分外，其余部分均无法有效区分，各采集类报表内部构成的细分类与该模式不符。因此，我们建议转变目前的报表体系设计思路，严格按照图4所示的模式细化采集类报表指标分类，使得图中各部分数据均能有效区分，从而不同维度涉及三农贷款与涉及三农贷款总量、采集类报表与汇总类报表形成一个有机的整体。

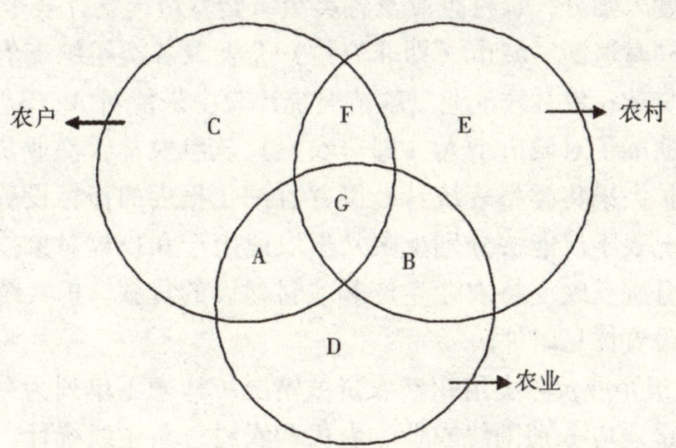

图2　涉农贷款统计制度理论设计框架

① 现实中应存在农户支持农村建设贷款，但该部分数值应很小，故假设二者不存在交集，而将该部分贷款纳入农户其他生产经营性贷款中统计。

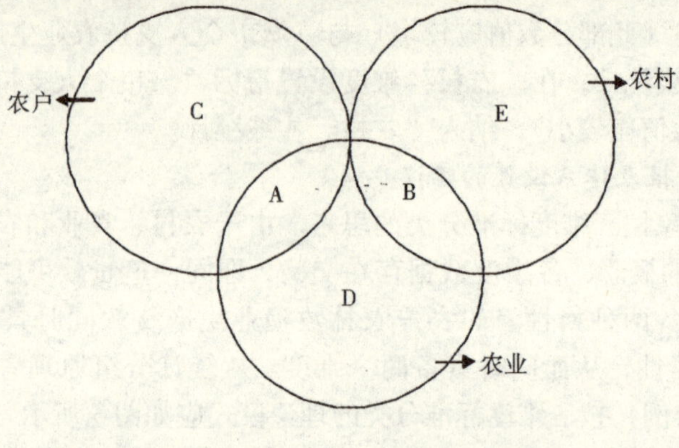

图3 涉农贷款统计制度实际设计框架

2. 建议扩大采集类报表中对涉及农业和农村维度贷款的统计范围。如上文所述，现行制度中采集类报表指标设置存在如下问题：一是统计范围过小，如农林牧渔业贷款情况表只反映了从事农业生产的贷款；二是细化程度不够，以农林牧渔业贷款情况统计表体现最为明显，仅进行了行业细分类；三是存有遗漏，如农村企业及各类组织贷款情况表遗漏了对支持农村建设贷款的统计。以图4为例，A部分为农户贷款情况统计表中的农户农林牧渔业生产贷款，C部分为农户贷款情况统计表中扣除农户农林牧渔业生产贷款部分，由于上述的支农贷款子项的维度未细分，农村企业及各类组织贷款情况统计表未能对B和E部分有效区分，同时遗漏了城市（即非农村）企业及各类组织支农贷款中用于支持农村建设的贷款；农林牧渔业贷款情况统计表中未能对A、B、D部分进行有效区分，同时遗漏了对城市个人（即非农户）从事农林牧渔业贷款的贷款。因此，我们建议扩大采集类报表统计范围并且细化报表的指标设置，使涉及农业与农村贷款情况表不仅能够分别反映从事农业生产和投放对象位于农村的贷款情况，还能够分别反映支持农业生产和农村建设的贷款。扩大统计范围后的采集类报表指标设置详见附件。

3. 建议城市企业及各类组织涉农贷款情况统计表不单列为采集类报表。我们建议采集类报表应分别围绕农业、农民和农村三条主线统计，只保留原先的农林牧渔业贷款、农户贷款和农村企业及各类组织贷款情况3张统计表并予以适当命名，如命名为“涉及农村（农业、农户）贷款情况统计表”。由于城市企业及各类组织涉农贷款情况统计表反映了用于农业与农村建设方面的贷款情况，其纳入涉及三农的依据是其分别属于“农业”与“农村”维度，建议将其有效区分后分别作为反映各自维度贷款报表的子项。即城市企业及各类组织贷款情况统计表中的农林牧渔业贷款和支农贷款中的农产品加工、农业生产资料制造、农用物资及农副产品流通、农业科技贷款应作为图 4 中 D 项目的子项，而支农贷款中的农田基本建设和农村基础设施建设贷款应作为图 4 中 E 项目的子项。城市个人（即非农户）从事农业贷款情况与之类似，应将其有效区分后分别归入 D 和 E 项目。新模式下，如果需要统计城市（或农村）企业及各类组织涉及三农的贷款总量，可以分别从三个维度报表中提取相关子项指标汇总得到。

附件：重新设计后的报表体系及其说明

一、采集类报表

表 1　　涉及农业贷款情况统计表　　（单位：亿元）

		A	B	C	D	E	F
		人民币			外币		
		余额	短期	中长期	余额	短期	中长期
1	1. 从事农业（农、林、牧、渔）生产贷款						
2	（1）农户从事农业生产贷款						
3	（2）城市个人从事农业生产贷款						
4	（3）农村企业及各类组织从事农业生产贷款						
5	（4）城市企业及各类组织从事农业生产贷款						
6	2. 从事支持农业生产贷款						
7	（1）农户从事支持农业生产贷款						
8	（2）城市个人从事支持农业生产贷款						
9	（3）农村企业及各类组织从事支持农业生产贷款						
10	（4）城市企业及各类组织从事支持农业生产贷款						
11	涉及农业贷款合计						

表 2　　涉及农村贷款情况统计表　　（单位：亿元）

		A	B	C	D	E	F
		人民币			外币		
		余额	短期	中长期	余额	短期	中长期
1	1. 投放对象区域位于农村的贷款						
2	（1）农村企业及各类组织与农业有关的贷款						
3	其中：农村企业及各类组织从事农业生产贷款						
4	农村企业及各类组织从事支持农业生产贷款						

续表

		A	B	C	D	E	F
		人民币			外币		
		余额	短期	中长期	余额	短期	中长期
5	（2）农村企业及各类组织从事支持农村建设贷款						
6	（3）农村企业及各类组织与农业、农村建设均无关的贷款						
7	2. 用途为支持农村建设贷款						
8	（1）农村企业及各类组织从事支持农村建设贷款						
9	（2）城市企业及各类组织从事支持农村建设贷款						
10	（3）城市个人从事支持农村建设贷款						
11	涉及农村贷款合计						

表3 涉及农户贷款情况统计表 （单位：亿元）

		A	B	C	D	E	F
		人民币			外币		
		余额	短期	中长期	余额	短期	中长期
1	1. 发放对象为农户并且涉及农业的贷款						
2	（1）农户从事农业生产贷款						
3	（2）农户从事支持农业生产贷款						
4	2. 发放给农户但不涉及农业的贷款						
5	（1）农户其他生产经营性贷款						
6	（2）农户消费贷款						
7	涉及农户贷款合计						

二、汇总类报表

表4 涉及三农贷款汇总情况统计表 （单位：亿元）

		A	B	C	D	E	F
		人民币			外币		
		余额	短期	中长期	余额	短期	中长期
1	1. 涉及农户贷款						
2	其中：（1）只涉及“农户”的贷款						

续表

		A	B	C	D	E	F
		人民币			外币		
		余额	短期	中长期	余额	短期	中长期
3	①农户其他生产经营性贷款						
4	②农户消费贷款						
5	（2）同时涉及“农户”与“农业”的贷款						
6	①农户从事农业生产贷款						
7	②农户从事支持农业生产贷款						
8	2. 涉及农村贷款						
9	其中：（1）只涉及“农村”的贷款						
10	①农村企业及各类组织支持农村建设贷款						
11	②城市企业及各类组织支持农村建设贷款						
12	③城市个人支持农村建设贷款						
13	④农村企业及各类组织与农业、农村建设均无关的贷款						
14	（2）同时涉及“农村”与“农业”的贷款						
15	①农村企业及各类组织从事农业生产贷款						
16	②农村企业及各类组织从事支持农业生产贷款						
17	3. 涉及农业贷款						
18	其中：（1）只涉及“农业”的贷款						
19	①城市个人从事农业生产贷款						
20	②城市个人从事支持农业生产贷款						
21	③城市企业及各类组织从事农业生产贷款						
22	④城市企业及各类组织从事支持农业生产贷款						
23	（2）同时涉及“农户”与“农业”的贷款						

续表

		A	B	C	D	E	F
		人民币			外币		
		余额	短期	中长期	余额	短期	中长期
24	（3）同时涉及“农村”与“农业”的贷款						
25	涉及三农贷款合计						

三、重新设计报表体系后的统计指标校验关系说明

（一）涉及农业贷款情况统计表

[1] = [2] + [3] + [4] + [5]

[6] = [7] + [8] + [9] + [10]

[11] = [1] + [6] = [2] + [3] + [4] + [5] + [7] + [8] + [9] + [10]

（二）涉及农村贷款情况统计表

[1] = [2] + [5] + [6]

[2] = [3] + [4]

[1] = [2] + [5] + [6] = [3] + [4] + [5] + [6]

[7] = [8] + [9] + [10]

[5] = [8]

[11] = [1] + [7] − [5] = [1] + [7] − [8]
= [2] + [5] + [6] + [9] + [10] = [2] + [6] + [8] + [9] + [10]
= [3] + [4] + [5] + [6] + [9] + [10] = [3] + [4] + [6] + [8] + [9] + [10]

（三）涉及农户贷款情况统计表

[1] = [2] + [3]

[4] = [5] + [6]

[7] = [1] + [4] + [2] + [3] + [5] + [6]

（四）涉及三农贷款汇总情况统计表

[1] = [2] + [5]

[2] = [3] + [4]

[5] = [6] + [7]

[1] = [2] + [5] = [3] + [4] + [6] + [7]

［8］＝［9］＋［14］

［9］⩾［10］＋［11］＋［12］＋［13］

［14］＝［15］＋［16］

［8］＝［9］＋［15］＋［16］⩾［10］＋［11］＋［12］＋［13］＋［15］＋［16］

［17］＝［18］＋［23］＋［24］

［18］＝［19］＋［20］＋［21］＋［22］

［17］＝［19］＋［20］＋［21］＋［22］＋［23］＋［24］

［5］＝［23］

［14］＝［24］

［25］＝［1］＋［8］＋［17］－［23］－［24］＝［1］＋［8］＋［17］－［5］－［14］

＝［2］＋［5］＋［9］＋［14］＋［18］＝［2］＋［9］＋［18］＋［23］＋［24］

＝［3］＋［4］＋［6］＋［7］＋［9］＋［15］＋［16］＋［19］＋［20］＋［21］＋［22］

⩾［3］＋［4］＋［6］＋［7］＋［10］＋［11］＋［12］＋［13］＋［15］＋［16］＋［19］＋［20］＋［21］＋［22］

（五）表间校验关系

表1：［2］＝表3：［2］＝表4：［6］

表1：［3］＝表4：［19］

表1：［4］＝表2：［3］＝表4：［15］

表1：［5］＝表4：［21］

表1：［7］＝表3：［3］＝表4：［7］

表1：［8］＝表4：［20］

表1：［9］＝表2：［4］＝表4：［16］

表1：［10］＝表4：［22］

参考文献：

［1］《中共中央国务院关于三农工作的十个一号文件（1982－2008年）》，北京：人民出版社2008年版。

［2］《这中共中央国务院关于2009年促进农业稳定发展农民持续增收的若干意见》，2008年12月31日。

［3］朱为群等：《中国三农政策研究》，中国财政经济出版社2008年版。

［4］温铁军：《三农问题与世纪反思》，三联书店2005年版。

[5] 中国农村金融学会：《中国农村金融改革发展三十年》，中国金融出版社2008年版。

[6] 杨海钦：《从十个“一号文件”看未来三农政策走向》，《农村经济》，2008（11）。

[7] 董文兵：《十个中央一号文件的政策透视——我党三十年农村改革的政策路径及其启示》，《中共太原市委党校学报》，2008（6）。

[8] 中国人民银行《涉农贷款专项统计制度》（银发［2007］246号），2007年7月。

构建普惠性农村金融体系研究

中国人民银行福州中心支行金融稳定处课题组

课题主持人：徐剑波

课题组成员：王仁生　郑希元　郑　平

随着金融改革的深化，普惠性金融逐渐引起经济金融界的重视与关注。普惠性金融体系的建立，将包括穷人在内的金融服务有机融入国家金融体系。最终这种普惠性的金融体系能够面向绝大多数人，面向更贫困、更偏远地区的客户开放信贷市场。如何构建一个普惠性的金融体系，为穷人提供小额信贷，在保证商业利益的前提下，实现从扶贫到培育其发展能力的转变，已成为世界各国金融改革中不可忽视的一个重要问题。毫无疑问，我国目前金融体系离普惠金融体系还有很大距离，主要原因正是在于服务于农业、农村和农民（简称“三农”）的农村金融体系的不完善。建设社会主义新农村，必须坚持以发展农村经济为中心，而发展农村经济离不开农村金融的支持。农村金融兴，则农业兴。农村金融活，则农业活。从其他国家农业发展经验来看，无论是发达国家还是发展中国家，在建设普惠性金融体系过程中都十分重视农村金融体制建设。近年来随着我国农村金融体系的演变以及农村经济自身的发展，农村金融供给与需求都出现了一些新变化和新特点，尤其是农村资金供求矛盾突出，资金外流趋势加剧，这与社会主义新农村建设对金融支持的需求极不适应。因此，有必要强化和树立普惠金融理念，建立、完善普惠性农村金融体系，以惠及迫切需要金融支持与服务的弱质地区、弱质产业和弱势群体。

一、基本理论概述

（一）普惠性金融体系

普惠性金融体系也称“包容性金融体系”。2005 年是联合国“国际小额信贷年”，在此背景下，联合国提出建立“普惠金融体系”新理念。其基本含义是：能有效、全方位地为社会所有阶层和群体提供服务的金融体系，让广大被排斥在正规金融体系之外的客户获得金融服务，对象是农户、微型企业等相对贫困群体、产业和地区。其基本框架主要从客户、微观、中观和宏观四个层面进行构建（见图 1）。普惠性金融体系不同于国内开展的“扶贫贷款”，后者主要是强调补贴性质的优惠贷款利率，贷款并没有真正到贫困人群手中、贷款的还款率不高。前者更强调商业可持续，提供贫困群体金融服务的非正规金融机构应与传统的正规金融有机结合，除了一般性的存贷款业务外，还包括保险、理财等。普惠性金融体系给弱势群体提供了一种与其他客户平等享受现代金融服务的机会和权利，这是传统金融体系所无法实现的。在满足贫困户生活性金融需求的基础上，为其提供了扩大再生产的小额信贷资金，有利于实现脱贫致富。作为一种扶贫方式，普惠金融的提出和发展有力地促进了贫困地区经济的发展，产生了良好的经济社会影响。

普惠性金融体系：

- 客户层面：即服务对象层面，包括一切有金融需求的地区和社会群体，尤其是贫困者和低收入者。
- 微观层面：即服务提供者层面，包括从民间借贷到商业银行以及位于它们中间的各种类型。
- 中观层面：即市场建设层面包括基础性的金融设施和一系列能使微观金融服务提供者实现降低交易成本、扩大服务规模和深度、提高技能、促进透明的目标的措施。
- 宏观层面：即宏观监管层面，主要指政府的宏观政策和相应的法律法规框架。

图1　普惠性金融体系框架

普惠性金融理念对我国具有重大的理论意义和现实意义。从理论上看，改变了过去支持相对贫困群体的惯性思维，即低利息提供补贴。而普惠性金融则要求商业可持续，要求利率能够覆盖风险，这是一个理论突破。只有将包括穷人为对象的金融服务有机融入金融体系，尤其是那些被传统金融所忽视的农村地区和贫困群体，才能使过去被排斥于金融服务之外的大规模弱势客户群体获益，最终这种包容性的金融服务体系能够对社会中的绝大多数人，包括过去难以到达的更贫困和更偏远地区的客户开放金融市场，每个人才能有机会参与经济的发展，才能实现社会的共同富裕。普惠性金融体系，尤其是针对贫困群体的金融服务面临三个主要的挑战：一是为大规模群体金融需求扩展高质量的金融服务（规模）；二是不断拓深更贫困和更偏远地区的客户群体（深度）；三是降低客户群体和金融服务提供者双方的成本（成本效益比）。我们如何能战胜上述挑战？可能的答案是：将为低收入者的金融服务作为每个国家主流金融体系的有机组成部分。

（二）普惠性农村金融体系

普惠性金融的理念是将金融服务覆盖到社会的所有阶层，特别是那些低收入者。而在中国这样一个农业大国，大部分的低收入者都来自于农村地区，因此在农村地区建立普惠性金融体系是我国构建普惠性金融体系的最主要环节，是实现和谐金融发展的重要基础。党的十七届三中全会提出，建立现代农村金融制度，创新农村金融体制，加快建立商业性金融、合作性金融、政策性金融相结合，资本充足、功能健全、服务完善、运行安全的农村金融体系，引导更多的信贷资金和社会资金投向农村。这必然是普惠性的、完整的农村金融体系，覆盖到中高低所有的农民群体。

同样，普惠性农村金融体系的框架也应从四个层面构建。一是客户层面，普惠性农村金融体系的服务对象是农村地区一切有金融需求的社会群体，包括富农和贫农，包括优势农业和弱势农业。中国农村地区的金融需求是多层次的。从对象来看，既有农村基础设施的贷款需求，也有企业的融资要求，还有个体户的资金需求；从业务来看，既有贷款、存款和汇款业务，也有保险和投资业务，还有金融咨询服务业务等。二是微观层面，多层次的金融需求，也需要一个多元化的金融服务体系予以支持。中国农村经济的发展呈现出较强的地域性和层次性，各地经济的发展极不平衡，使得农村金融需求也表现出较强的地域性和层次性特征。要使金融在支持三农方面发挥其应有的作用，必须对农村金融体系进行大的调整，构建一个政策金融、商业金融、合作金融、民间金融共同参与，非银行类金融机构为补充，资金能够回流，国家政策支持引导的具有竞争性的多样化的农村金融组织体系。三是中观层面，主要指农村金融市场建设、基础性的金融设施，以及一系列能使农村金融机构实现降低风险、充分支持三农的措施。这涵盖了很多的金融服务相关者和活动，如农村支付结算系统、农业保险、担保体系、评估体系以及农村信用环境的改善等等。四是宏观层面，如要使农村金融可持续健康发展又能保证支农方向，就必须有适宜的法规和政策框架。政府、中央银行、金融监管部门是主要的宏观层面的参与者。

（三）建立普惠性农村金融体系的必要性

普惠农村金融体系的提出，对于有效改善农村地区金融供给不足、金融供需矛盾突出的现状，促进农业和农村经济的发展，建设社会主义新农村和构建和谐社会具有重要的现实意义。

1. 建立普惠性农村金融体系对于建设社会主义新农村具有重大意义。一方面，普惠性金融体系满足三农经济发展多样化的金融需求。普惠性农村金融体系下，农村地区贫困农户和弱势群体可以享受到相应的多方面的金融服务，除了一般性的存贷款业务，还包括保险、理财等。此外，普惠性金融把贫困农户当作客户来平等对待。这种对贫困农户的服务不是慈善事业，而是一种金融业务。它给贫困农户提供了一种与其他客户平等享受现代金融服务的机会和权利，这是传统金融体系所无法实现的。另一方面，普惠性金融体系中提供的金融产品和服务如小额信贷，是贫困农户与贫困斗争的有力工具。小额信贷在满足贫困农户生活性金融需求的基础上，为贫困农户提供了扩大再生产的小额信贷资金，有利于帮助贫困农户脱贫致富。作为一种扶贫方式，普惠性金融的提出和发展有力地促进农村地区经济的发展，产生良好的经济社会影响，同时也是构建和谐社会、构建社会主义新农村的必然选择。

2. 普惠性农村金融体系是和谐金融的体现。农村金融是我们国家目前整个金融体系中最薄弱的环节，而普惠强调的是公平、正义，要求每一个需要金融服务的群体都应该有公正的金融服务的享有权和机会，而农业、农村和农民，尤其应该得到均等化的甚至是更为优惠的金融服务，因此从理念的角度、从实践的角度都应该贯彻执行普惠金融制度这样一个思路。目前，针对农村中高端市场的金融体系已初步建立，但低端贫困群体金融机构覆盖面严重不足，并且针对这一群体的金融体制还未健全。正规金融机构和组织在我国农村金融市场中占据垄断地位，因缺乏有效的竞争导致资产质量不高、管理水平低下；民间金融机构和组织由于其合法性身份和地位得不到承认，发展极为缓慢；金融机构、金融市场和金融基础设施的发展相对滞后，导致金融服务弱化，资金供给和需求之间严重不平衡；由于正规金融市场偏好较高层次的服务对象，非正规金融市场发育不全，很多低收入者尤其是赤贫人口被排除在金融服务的范围之外。诸多问题的存在要求我国全面建立普惠性农村金融体系。

二、海内外农村金融体系发展的经验借鉴及启示

（一）海内外农村金融体系发展情况

1. 美国农村金融体系发展情况。美国农村金融体系主要特点：（1）农村金融机构多元化，信贷渠道多样化，在竞争中生存，在分工中互补。这是美国农村金融体系的主要特色。（2）美国合作农业信贷系统实现了国际农业信用合作的创新。该系统的合作性质更多体现在把农民组织起来从金融市场上吸收社会资金，从而迅速扩大了农业信贷资金供给规模。（3）健全的组织体系保障了农村资金的相对独立运行。美国农村金融体系在其运作过程中，始终围绕如何满足农业发展的信贷需求而进行，基本实现了农村资本的相对独立运行。（4）有政府强大的资金、政策扶持。美国在农村信贷的发展初期，为了促进信贷事业的发展，政府给予了大量的拨款。如美国联邦土地银行最初的股金主要是政府拨款，占总股金的80%，而政府农贷机构的资金绝大部分来源于财政的拨款或借款。（5）发达的金融市场为农村信贷资金的筹集提供了巨大支持。合作系统的协会和银行不办理一般的存款和储蓄，信贷资金大部分来源于国家在金融市场上出售有价证券。（6）有完备的法律体系为美国农村金融制度作保证。在美国，农村金融的运作具备完备的法律体系。不仅有专门的法律，而且更多地是把农业金融的运作融合到其他的相关

法律体系中，从而使农村金融运作有章可循、有法可依，避免行政干预和领导人更换等造成的不规范、不合理现象。

2. 日本农村金融体系发展情况。日本农村金融体系是由合作金融和政府金融两部分组成。其主要特点：(1) 政府的大力支持和扶植，是促进日本合作金融发展的重要原因。(2) 体系内三级组织之间只有经济往来，无行政隶属关系。农户入股参加农协，农协入股参加信农联，信农联又入股组成农林中央金库，三级组织之间不存在领导与被领导关系，上级组织运用经济手段和窗口来指导下级组织，形成独立的资金运行系统。(3) 根据立足基层、方便农户、便于管理的原则设立机构，坚持以农村社区和社员为服务中心。(4) 利率和分红既照顾会员利益，又兼顾集体利益。(5) 建立了农业信用保证保险制度，保证了农村合作金融的安全、健康运行。

3. 我国台湾农村金融体系发展情况。台湾农村金融体系由专业性农村金融机构和兼业性农村金融机构两大部分组成。其主要特点：(1) 农村金融和合作金融一体化，金融体系比较健全；(2) 农村金融网络完善，农贷资金管理制度严格。台湾农村金融网点众多，遍布各地，形成严密的金融服务网络，并建立了严格的农贷管理制度。一是农贷资金的使用范围，必须密切配合当局的农渔业政策，以发放农业生产贷款及调节合作社团资金为主要内容。二是严格限制贷放对象。合作金库及农会信用部一般只对合作社社员或本区域内农会会员实行放贷，并对贷款用途、额度和期限进行严格审核。(3) 农村资金来源多渠道，农贷规模较大。台湾的农村资金来源多渠道，主要表现为：农村金融机构大多采取股份制形式广筹资金，台湾省合作金库系由台湾省政府、农渔会、农田水利会、合作社、合作农场合股组成。除金融机构外，还有一些政府及事业机构也从事农贷供给，扩大了农贷规模。

(二) 启示与借鉴

1. 政府大力支持。政府的扶持是农村金融体系得以快速发展与完善的重要保证。为了农村金融机构的正常运作，美国、日本等国家的政府都重视对农村金融的支持。一是通过官方农业金融机构，提供农业信贷资金。二是运用政府补贴办法，通过其他信用系统，保证农村信贷资金的供给，如对商业银行的涉农贷款也进行利差补贴。三是针对农村金融组织还制订了一系列的优惠政策，如支持合作金融系统发行农贷债券，合作金融机构在经营过程中免交存款准备金、不交税，符合有关条件的商业银行可以享受税收等方面的优惠待遇。四是通过建立担保机构等措施来降低农村金融风险，优化农村金融环境。这样，不仅有力地保证了农业资金确实用于农业，而且为非农资金向农业转移打下了基础。

2. 市场机制的基础配置作用。农村金融市场中存在着一定的“市场失灵”，适度的政府干预是十分必要的，但政府的干预仅仅是对市场机制的有益补充，决不是替代市场。各国政府在干预农村金融市场过程中，除采取少量必要的行政干预以外，大都通过不断完善农村金融发展环境，运用利益诱导机制引导资金流入农村，尽量避免损害市场机制在资源配置中的基础地位，且在农村金融市场不断成熟以后，不断减少对农村金融市场的干预。

3. 多层次、广覆盖、可持续的金融体系。多层次竞争的格局不仅提高了农村金融的效率，更促进了其运作的成功。合作金融、商业金融及政策性金融机构在农村金融市场各司其职，在为农业提供生产性资金、促进农产品流通、加快农村工业化进程等方面提供了资金上和技术上的保障，广覆盖的网络体系满足了各方面的需求。只有各个机构实现互补、共赢，形成紧密的利益相关体，将合作的理念贯穿于整个服务农村金融的体系当中去，才能保持可持续发展的金融体系，从而推动农村经济和社会健康、快速发展。

4. 健全的农地金融制度。土地金融是各国农村金融体系中非常重要的组成部分，土地作为农村最大的财富，在各国农村资金融通中发挥着非常重要的作用。缺乏有效的担保品是农村居民贷款难的一个重要原因，允许农民用土地作为抵押来获得土地改良、水利建设和购买农用机械所需的长期贷款或提供土地按揭贷款，既解决了农业生产长期资金投入不足的问题，又能实现农地的适度规模经营，增强农民授信能力。

5. 完善的金融法律体系。当今世界，农村金融体系较为完备的国家和地区，无不是通过国家制定相关的法律来规范、约束农村金融业的发展，而且在运作过程中不断地完善和修订，形成较为规范、有效的法律体系。

由于农业生产条件、国民经济发展水平、发展道路选择以及社会文化传统的不同，各国农村金融体系及其作用效果相应有很大不同。总之，要从本国国情出发，根据农业和农村经济发展实践的需要，不断创新适合农村经济发展阶段要求的农村金融体系。

三、我国农村金融发展现状及问题——基于福建省实际

（一）农村金融需求日趋多样，普惠金融供给不足

1. 农村金融机构支农意识不强。我国金融机构热衷于大而全、都想变成大银行，真正支持贫困、低收入人群和微型企业的微型金融服务难以发展。金融机构不愿将资金投入期限长、见效慢、风险高的农业项目，支农积极性不高，贷款投向上侧重于非农产业，“钟情”大项目、大客户。即使支农重点也是投向于特色农业、优势农业，农业产业化企业及县域优势企业，而传统的种养殖业、小企业、农村经济合作组织和专业经营户资金需求则难以获得满足。各家商业银行在有限的客户资源之间互相竞争，而开拓新市场和创新新产品的积极性不高。政策性金融、商业性金融、合作型金融无法有效互相补充，协调发展，在广大农村基层乡

镇的农村金融服务主要是依靠农村信用社。

2. 农村金融服务能力弱化。近年来，金融机构对县及县以下地区的网点进行裁撤和整合，农村地区网点大幅缩减了近20%。当前金融机构在县城以下机构网点偏少，农村金融服务存在弱化趋势，削弱了金融机构支持农村发展的力度。据监测调查统计，2009年6月末20个县平均每个乡镇仅2.02个金融机构网点，覆盖面不高，部分乡镇甚至没有营业网点。从表1可以看出，目前作为支农主力的农业银行、邮储银行的网点覆盖率仅为26.53%、35.4%，而农村信用社几乎处于唱“独角戏”的地位。政策性金融中目前农业发展银行仅在福建省20个县（市）设有分支机构，占全省县（市）的1/3。其他如小额贷款公司、村镇银行、农村资金互助社等各类新型金融机构发育迟缓。

表1　　20个监测县的乡镇金融机构营业网点分布情况

金融机构	工商银行	农业银行	中国银行	建设银行	邮储银行	农村信用社
网点数（个）	9	69	8	9	92	339
网点分布率（%）	3.46	26.53	3.08	3.46	35.4	130.4

3. 农村地区资金外流弱化金融支农的基础。农业经济具有成本高、收益低、自然风险大等特点，使农村金融机构惜贷现象明显，长期以来金融资源不断从农村流向城市，从农业流向非农产业，导致农村金融空洞化，农村资金紧缺的局面雪上加霜，一些金融机构已经成为农村的“抽血机”。从监测调查发现（见表2），6月末20个县金融机构上存资金达246.95亿元，占各项存款余额的26.19%。其中，农业银行上存资金达99.20亿元，在农村金融机构中居第一位，占农村金融机构上存资金总量的40.17%。邮储银行上存资金达46.22亿元，居第二位。从存贷比情况看，6月末，20个监测县农业银行存贷比仅为49.9%，同比还减少2.76个百分点，而邮储银行的存贷比仅为3.81%。

表2　　20个监测县金融机构上存资金及存贷比情况

指标 / 金融机构	上存资金			存贷比		
	6月末（亿元）	比年初增减	同比增减	6月末（亿元）	比年初增减（%）	同比增减（%）
农业银行	99.20	36.34	42.18	49.90	0.24	-2.76
邮储银行	46.22	5.94	14.60	3.81	1.45	3.14
农村信用社	2.76	0.52	1.19	74.92	2.92	3.30

4. 农村普惠金融产品及服务创新不足。尽管农村金融服务质量近年来取得的长足进步不容置疑，但调查表明，大部分乡镇金融产品还只限于存款、取款、贷款和一般的汇兑，一些信贷产品尚处于尝试、摸索阶段，成熟度和规范化欠缺；

中间业务处于低层次、功能单一的代收代付状态，与现代农村经济发展联系紧密的投资理财、信息咨询等业务尚未开展。

（二）普惠金融机制缺失，涉农金融机构惠农效果难以体现

1. 农业银行股改迫切需要解决好“面向三农”与“商业运作”的矛盾。一是服务三农定位模糊不清。调查中发现，农业银行将自己定调为面向县域经济服务大农业，但大农业包含了优势农业，县域既包括城镇也包括农村，既包括农业也包括工业、服务业，“县域”的范围比三农的范围要宽泛得多。如以大农业、县域经济取代三农，必然目标模糊、支持错位、责任不清。二是“支农”角色逐步淡化。农业银行在支农方面已呈现逐步退出现象，真正支持三农的涉农贷款不多。据统计，2009 年 9 月末，农业银行福建省分行直接三农贷款余额（指发放给企业及各类组织从事农林牧渔业活动、支持农业和农村基础设施建设和发放给农户的贷款）仅占全部贷款的 17.08%。在县域地区尤其是在欠发达县域，农业银行支农力度落后于农村信用社。三是扶贫贷款使用尚需商榷。据调查，部分扶贫贴息贷款投向了工艺品等制造业，且在实际运作中变成银行间争挖客户资源的工具，造成不良社会影响。四是乡镇网点机构人员不足。农业银行在营业网点布局、信贷投向等经营战略方面调整后，被裁减的机构与人员基本上都来自县及其以下的分支机构，在盈利的驱动下出现了机构向城市集中的倾向，实际支农功能逐渐弱化。

2. 农业发展银行支农能力薄弱。当前农业发展银行政策性金融范围界定不清、不科学，商业化倾向明显。据 2008 年开展的农业发展银行改革调查，对农业发展银行“存”与“撤”两种观点并存。但不论是哪种观点，都要重视当前农业发展银行发展中存在的问题。一是农业发展银行业务规模偏小。农业发展银行与其他金融机构相比，不论在业务量、经营效益还是在机构网点、队伍建设上都没有竞争优势。2009 年 10 月末，全省农业发展银行各项存、贷款余额分别仅占全省中资金融机构存、贷款余额的 0.34% 和 1.77%。二是政策性贷款业务逐步缩小，商业性业务逐步扩张，呈超越政策性业务的趋势。2009 年上半年商业性贷款（不包括用于支持中央和地方各级粮油储备的准政策性贷款）占全部贷款比重达 63.6%。三是商业性信贷存在一定风险。商业性业务可能存在与当前商业银行普遍存在共性的资金来源与运用期限不匹配等问题。四是历史遗留问题有待化解。农业发展银行不良贷款主要为各类历史挂账和不合理占用贷款。按照银监局口径，2009 年上半年末全省农业发展银行不良贷款余额 15.63 亿元，占比 7.56%。政策性粮食财务挂账 14.77 亿元，虽得到清理及地方财政认定并剥离，但只偿还贷款利息，本金仍是挂账，且部分县（市）地区还有欠息现象。五是基层机构队伍质量偏低。机构多年未变的格局以及长期未更新的人员已与当前业务（特别是商业性业务）发展不相适应，正面临队伍老化等问题。

3. 农村信用社改革遇到挑战。农村信用社原来定性为合作金融，过去以行政

力量推动的合作金融没有生命力，长期官办化逐步偏离了合作金融的轨道，合作性质已逐渐丧失，当前农村信用社已将向股份制银行发展作为产权改革的指导方向。农村信用社出现市场化改革倾向，将不利于三农发展。当前省级联社管理存在两个问题：一是重管理轻服务；二是行业管理变成行政管理，行政色彩过于浓厚。同时，近年来省级联社要求搞全省统一法人呼声很高，也想发展成大银行。如果出现省级法人社，一是基层社没有经营自主权，不适应当地三农经济发展，农村经济千差万别；二是三农经济微利甚至亏损，信用社可能成为新的资金“抽水机”。同时，农村信用社统一法人体制改革虽然取得了一定成效，但也存在社员（股东）参与管理机制还不健全、社员代表行使股东权力的意识比较淡薄、理事会职能发挥不充分、监事会独立性不够、“三会一层”履行职责不够明确等问题，有待进一步解决。

4. 邮政储蓄银行改革有待深化。一是经营管理体制尚未彻底理顺。金融业务和邮政业务彻底分离还需要做相当时日的努力。大部分网点人、财、物仍受邮政局统管，仅对极少部分网点有完全管理权。以邮政储蓄银行福清支行为例，其对17个网点拥有业务决策权，但仅对2个网点的人、财、物有直接决策管理权。二是邮政储蓄银行网点中有相当一部分仍然规模较小、设施陈旧、设备落后，存在较大风险隐患。三是贷款业务量少，定价机制不完善。如之前所述，邮政储蓄银行大量资金上存，20个监测县的邮政储蓄银行2008年6月末上存资金46.22亿元，占存款总量39.17%，存贷比仅为3.81%，成为农村资金抽水机，大大减弱支农力度。同时，贷款定价机制不畅，经营的小额贷款和质押贷款业务贷款利率偏高，利率统一执行15.84%。从部分县有贷款意愿的农户、商户的情况看，普遍认为利率偏高，增加经营成本。四是职工队伍专业素质总体偏低。从业人员大多学历较低，对金融业务不熟悉，特别是缺乏信贷从业经验，导致金融业务拓展的严重困难。相应的监控措施形同虚设，信贷业务面临较大的风险。

（三）普惠金融基础设施薄弱，相关配套环境亟待改善

1. 农村支付结算环境落后。部分乡镇金融机构网点设备老旧，金融自助设备覆盖率低。据调查统计，截至2008年9月福建省941个乡镇，平均每个乡镇2.7台ATM和8.9台POS，ATM覆盖率44.42%，POS覆盖率37.30%。部分乡镇金融机构网点未实现直接通汇，正常汇款业务通过县辖往来或上级行办理，结算环节多，速度慢，支付业务处理效率不高。同时，农村地区交通不便，结算金额小，对非现金结算方式的认知度低，对非现金结算缺乏信任感和安全感，加之金融机构提供结算服务品种有限，农村交易通常以现金方式进行。

2. 农村金融配套机制建设缓慢。一是农村信用体系及担保抵押机制亟待建立健全。在现行信贷政策下，金融机构贷款强调借款人要有足够的资产担保抵押，强调风险管理，强调借款人的还款意识，但目前农民金融资产少，获得信用能力

低，金融机构满足农民贷款需求与化解金融风险的矛盾依然突出。推行信用村工程建设，农村金融机构对信用村的农户放贷。这仍没有解决农户贷款需要抵押品的问题，农户的有效金融需求难以满足。二是农业和农村产权得不到有效利用，抑制农村信贷的供给。福建省在探索农村金融产品创新时发现，由于缺乏正规的产权交易中心和产权流转市场，大部分农业和农村产权得不到交易和确认，难以形成有效抵押物，无法有效利用。三是政策性保险发展缓慢，农业保险覆盖面和保障水平仍较低。四是农户金融知识缺乏影响现代支付手段在农村地区的推广。

（四）支农考核机制不健全，普惠金融政策扶持力度有待加强

1. 现行的统计制度掩盖支农情况的真实性。按目前人民银行、中国银行业监督管理委员会统计制度①的口径，县域金融机构向各类企业发放的所有贷款都需归入农村企业及各类组织贷款项目，都属于涉农贷款的范围。但据调查反映，实际上在县域，尤其是在经济较发达的沿海县域很多企业其业务与农业生产经营活动关系也不大，注册地在县域的企业贷款并不涉农。这种统计项目得出的涉农贷款数字一定程度上夸大了农业银行支农力度，也导致涉农贷款数量虚增，影响统计数据的真实性。据监测显示，2008 年 6 月末全省金融机构各项贷款余额为 10 903.24亿元，其中涉农贷款 3 123.46 亿元，占各项贷款余额的 29.65%。而涉农贷款中，真正直接支农贷款仅为 1 592.33 亿元，占 50.98%。

2. 政策扶持力度有待加强。农村金融机构因其保本、微利、普惠等因素的限制，必须得到国家和地方政府在信贷政策、注册登记、税费征收、土地用房等方面给予优惠的政策扶持。农村金融机构在没有财政支持的情况下，很难转变商业金融角色来谋求普惠金融的推进与泛化，最终导致农牧户的金融需求在和金融机构的成本博弈中两败俱伤。目前我国配套政策不健全，扶持力度不够，存在短期倾向和主观意愿太强，难以有效引导和促进农村金融对经济的支持。

四、完善普惠性农村金融体系的对策建议

（一）发挥现有农村金融组织的作用

农村金融改革是一项系统工程，既要着力创新新型农村金融机构，在推广增量上做文章，也要着重现有金融机构的改革，在搞活存量上下功夫。一是农发行要加强政策性业务，拓展支农领域，加大政策性金融对农业开发和农村基础设施建设中长期信贷支持，但对政策性业务与商业性业务应实行账户分离；出台相关

---

① 中国人民银行和中国银行业监督管理委员会2007 年联合下发的《关于建立涉农贷款专项统计制度的通知》（银发［2007］246 号）规定：县域金融机构涉农贷款包括农户消费和其他生产经营贷款、农林牧渔业贷款、支农贷款、农村企业及各类组织其他生产贷款4 类贷款。支农贷款主要指农田基本建设贷款、农产品加工贷款、农业生产资料制造贷款、农用物资和农副产品流通贷款、农业科技贷款、农村基础设施建设贷款。

政策，及时归还各类历史挂账和不合理占用贷款本金，及时剥离农业发展银行由于历史原因形成的不良贷款，使其轻装上阵。二是农业银行股份制改革。加快三农金融事业部制改革工作，完善风险防控机制和配套机制体系，明确三农服务目标、业务定位、政策配套，加大对农业银行支持三农情况的考核和激励，通过创新适应三农经济的金融服务模式和手段，提高金融服务水平。三是保持农村信用社县（市）法人地位的长期稳定。要纠正省级联社重管理轻服务的倾向，区分行业管理与行政管理的不同，淡化行政色彩，增强服务氛围，真正发挥行业管理部门的作用；要保持现有县（市）社法人地位稳定，不能向成立全省统一法人的方向转变，完善法人治理结构，强化外部监管，保证信用社良好运转；对农村信用社改革后还是资不抵债的，要通过建立农村存款保险制度，实行市场退出。四是增强邮政储蓄银行为三农服务功能，成为小额信贷服务功能的县域网点，扩大邮政储蓄银行涉农业务范围，鼓励和促进邮政储蓄资金回流农村。

（二）推进农村金融组织体系创新

在农村要构建具有审核简便性、办理方便性、批准迅速性和使用便利性 4 个特点的微型金融体系，有效、全方位地为社会所有阶层和群体提供服务，尤其是要为目前金融体系并没有覆盖的社会人群提供有效服务。开放民营资本进入微型金融服务业的途径，坚持在三农需要的地方而不能仅在经济发达的地方设立微型金融机构。明确界定微型金融机构的业务主要是大力发展小额信贷，而不能完全复制大型银行的业务范围，避免业务层次高端化，要将业务重点放在支持三农、服务三农。加强管理抓规范，充分吸取当年城市信用社、农村合作基金会一哄而上的历史经验教训，避免造成新的金融风险。此外，可创造条件实现大型商业银行与创新型农村金融机构之间的互助共赢。规范发展现有的非存款类民间金融形式，可以直接转型为新型农村吸收存款类的民间金融组织，严格按照正规金融机构设立的程序，登记注册为合法的金融机构，接受审慎监管。

（三）着力改进和提升农村金融服务

一是鼓励金融创新，建立和完善以金融企业为主体、以市场为导向、以客户为中心的金融创新体系。农村金融服务要进村入户，农村金融机构作为面向三农，担负强农惠农的重任，就必须紧密结合农村的实际，在政策允许范围和风险控制能力内，不断创新便利性、安全性强的金融产品和服务方式，适应农村多元化金融服务需求。拓展农村消费类贷款和农民创业类贷款，对乡镇下岗失业人员再就业提供担保贷款，研究开办农村住房贷款等业务；大力拓展涉农中间业务的增值服务，推出为农民量身定做的家庭理财产品和代理服务业务。探索土地抵押贷款模式，允许农民以多种形式流转土地承包经营权，发展适度规模经营。二是加快推动农村金融机构信息化、网络化进程，以先进的科技信息网络来解决服务不足问题。银行的自助设备要向乡镇以下延伸，在农村金融机构网点难以覆盖的地方，借助网络、电话、银行和行业终端，大力发展网上银行、电话银行等自助业务；改善农村支付结算的质量问题，使网银、电话银行、手机银行等业务只要网络信息能覆盖的地方都能使用，提高农村支付结算速度和效率。

（四）加快推动政策性金融业务发展

一是创新农村政策性信贷业务发展模式。三农政策性信贷业务可以通过招标方式，配套优惠政策，鼓励各类金融机构介入三农政策性信贷领域。同时，适当拓宽农业政策信贷业务，突出农业政策性金融服务三农的特色，并在财政上予以一定的补贴。二是大力发展农业保险，分散和降低农业生产的自然风险。积极发展政策性农业保险，加大国家对农业保险的支持力度，通过保费补贴等手段，扩大投保范围。加大财政补贴力度，中央财政补贴根据农业产业政策调整补贴标准。要制定税收优惠政策，加快农业保险立法，尽快出台农业保险条例。积极发展农业再保险，通过财政补贴和委托代理方式，鼓励商业性保险公司为农业原保险提供再保险支持。通过税费减免、财政补贴等政策手段，鼓励商业性保险机构进入农村保险市场，发展多种形式的商业保险。通过多种渠道筹集资金，建立农业巨灾风险基金，建立巨灾风险分散机制和再保险机制，建立科学有效的风险分散机制。

（五）完善农村金融配套环境建设

一是健全相关法律法规及配套政策。农村金融机构要提升服务水平，要借助行政的、法律的支持。建议出台“农村金融法”或“合作金融法”等规范和保护农村金融这一相对弱势领域；考虑强制贷款比例的立法问题，出台类似美国的《社区再投资法》，规定吸收农村存款的金融机构必须把吸收存款的一定比例用在当地的农业贷款上，防止农村资金外流；出台非正规金融管理办法，将其纳入法制化轨道，合理疏导，引导其规范有序发展等。二是完善支农引导与激励机制。要科学界定三农业务，建议以贷款项目行业性质和投向用途来认定，准确反映和考核检查农业银行支持三农的真实情况；通过上存资金监管和稳定人才策略，避免农村吸收的资金流入城市和非三农业银行业，确保一批熟悉农村政策、三农经济的管理人才和经营人才留在农村。三是制定统一农村金融配套优惠政策。要事先确定，对市场透明，凡是服务三农的金融机构都可以享受优惠政策。建立扶持农村金融服务的长效机制。比如税收上可以考虑营业税减半，所得税全免。进一步放松农村金融机构利率限制，推进市场化利率，可以参照市场利率自主决定存贷款利率，让金融机构获得与风险对称的回报。同时，进一步降低存款准备金率要求，或者不交存款准备金，提高再贷款支持力度。四是加快信贷担保机制建设。创新贷款担保方式，扩大有效担保品范围，探索实行动产抵押、仓单质押、权益质押等担保形式，建立政府扶持、多方参与、市场运作的农村信贷担保机制。积极发挥财政资金作用，在农村建立担保基金。五是加强农村信用体系建设。综合运用法律、经济、宣传、舆论监督等手段，广泛开展信用乡镇、信用村、信用社区、信用户、信用企业建设，进一步营造重信用、讲诚信的社会风气，加快征信体系建设，建立以政府信用为核心的社会信用体系，加大失信惩戒，促进农村金融环境健康发展。

参考文献：

[1] 刘玲玲、杨思群等：《中国农村金融发展研究》，清华大学出版社 2007 年版。

[2] 刘仁伍：《新农村建设中的金融问题》，中国金融出版社 2006 年版。

[3] 祝健：《中国农村金融体系重构研究》，社会科学文献出版社 2008 年版。

[4] 夏慧：《普惠金融体系与和谐金融建设的思考》，《浙江金融》，2009 (3)。

[5] 韩俊：《普惠型农村金融体系亟待建立》，《农村金融研究》，2009 (7)。

[6] 杜晓山：《建立可持续性发展的农村普惠金融体系》，《金融与经济》，2007 (2)。

[7] 赵明光：《农村金融供求演变与普惠制金融体系的建立》，《西南金融》，2007 (10)。

[8] 宋磊、王家传：《现代农村金融制度的客观审视与思考》，《新疆农垦经济》，2009 (9)。

[9] 陈汉明：《美国农村金融组织制度及对我国的启示》，《科技创业月刊》，2009 (3)。

[10] 贾楠：《日本农村金融制度及对我国的启示》，《金融与经济》，2009 (6)。

[11] 吴晓俊、谢金楼：《国外农村金融发展模式及借鉴》，《现代金融》，2009 (3)。

[12] 闫晓春：《关于农村金融服务'三农'深层次思考》，《黑龙江金融》，2009 (8)。

[13] 焉越强：《农村金融产品和服务方式创新难点及对策》，《吉林金融研究》，2009 (9)。

[14] 程炳友：《我国农村金融市场效率机制研究》，《农村经济》，2009 (8)。

[15] 高彦彬：《农地金融创新与农地流转模式选择》，《调研世界》，2009 (6)。

综 合 篇

福建省金融服务业发展研究

中国人民银行福州中心支行课题组

课题主持人：晏露蓉

课题组成员：晏露蓉　陈宝泉　吴　伟　蒋颖敏

一、课题研究的意义与方法

在经济全球化的今天，经济运行与金融活动相伴进行。在金融促进经济发展的过程中，总量增长与结构变化共同发挥作用，但金融结构的变化更是一种内在的推动力。从中国（福建省亦然）近20多年来金融运行的实际看，金融服务业发展的成就突出表现在总量的快速增长和规模的急剧扩大。在一些金融总量指标已经达到一定规模的情况下，金融结构的调整和优化、金融产业升级明显滞后，金融效率低下已经成为金融运行中的主要矛盾和金融业发展的主要限制性因素。在经济和社会发展对金融提出更高要求的背景下，为充分体现科学发展观中重视结构协调发展的本质要求，福建省金融业必须以结构调整为重点推进金融效率的提高，进而带动金融服务业的升级优化。

本课题基于理论和实践两方面的考虑，在两次经济普查数据（2008年和2004年）和历史统计资料的基础上，运用多元统计和计量经济学等方法，对金融结构和金融效率进行多层次、多角度的分析，以期在实证上对金融结构和金融效率的关系进行比较系统的研究，在实践上为优化金融结构、改善和提高金融效率提供有价值的政策建议。图1描述了课题主要的研究思路和框架。

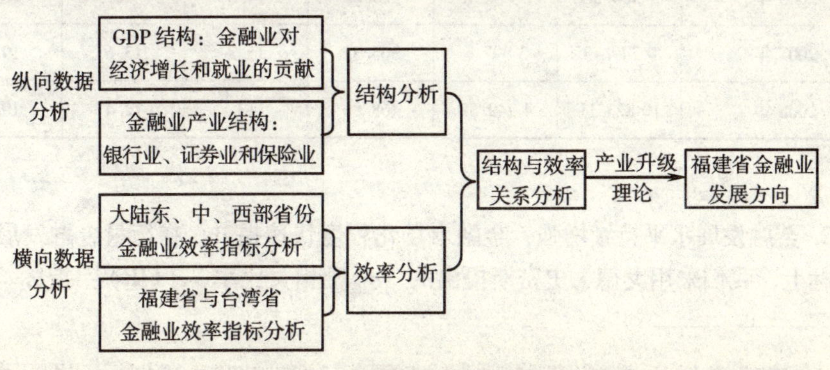

图1　课题研究的思路与框架

二、福建省金融服务业结构分析——纵向比较

（一）福建省金融服务业发展现状分析

1. 金融服务业规模持续快速扩大，增幅超过 GDP 和第三产业。从对 GDP 的贡献看，2008 年，福建省金融服务业实现增加值 468.86 亿元，是 2004 年的 1.60 倍，占第三产业增加值的比重从 2004 年的 7.75% 提升到 2008 年的 11.03%；金融业对 GDP 和第三产业的贡献率稳定快速提升，分别从 2004 年的 2.68% 和 8.16% 提高到 2008 年的 6.64% 和 18.94%。

从增速看，金融服务业增加值增幅超过 GDP 和第三产业（见表 1）。2004 年金融服务业增加值增幅分别低于 GDP 和第三产业 2 和 1 个百分点。从 2006 年开始，福建省金融服务业增加值增速大幅提高，2008 年达到 19.9%，分别高于 GDP 和第三产业 6.9 和 7.5 个百分点。

表 1　福建省 GDP、第三产业和金融业的结构比较

年份	绝对值（亿元）			增速（%）		
	GDP	三产	金融服务业	GDP	三产	金融服务业
2000 年	3 764.54	1 495.52	118.9	9.3	10	6
2001 年	4 072.85	1 618.24	124.84	8.7	9.2	6.5
2002 年	4 467.55	1 765.80	138.28	10.2	9.2	10.8
2003 年	4 983.67	1 949.91	150.09	11.5	9.7	7.8
2004 年	5 763.35	2 206.02	171.00	11.8	10.8	9.8
2005 年	6 568.93	2 527.47	179.14	11.6	12.5	3.2
2006 年	7 584.36	2 974.67	229.65	14.8	16	26.5
2007 年	9 249.13	3 697.6	364.32	15.2	13.6	19.5
2008 年	10 823.11	4 249.59	468.86	13	12.4	19.9

2. 金融发展水平持续增强，金融市场化程度快速提升。在衡量金融发展水平的指标上，我们采用戈德·史密斯提出的“金融相关比率”（FIR）① 指标。它的

① 金融相关比率（FIR），课题采用银行本外币存款和本外币贷款之和除以国内生产总值计算，这是因为福建的主要金融资产集中在银行，而银行最主要的资产和负债是贷款和存款。

定义是全部金融资产价值与全部实物资产（即国民财富）价值之比，这是衡量金融上层结构相对规模的广义指标。从图 2 看出，福建省与全国的 FIR 均呈上升态势，说明随着金融存量资本的显著增加，经济货币化和金融化程度大大提高，金融发展水平逐步增强。另一方面，福建省 FIR 持续低于全国，亦即福建省金融规模水平低于全国。这既与历史环境相关，也与福建民间资金的充裕水平明显大于全国有关，民间资金参与经济建设但未能进入金融统计范畴。分阶段看，从 2004 年开始，全国 FIR 企稳回落，而福建省 FIR 继续波动上升，说明近几年福建省金融规模的增势强于全国。

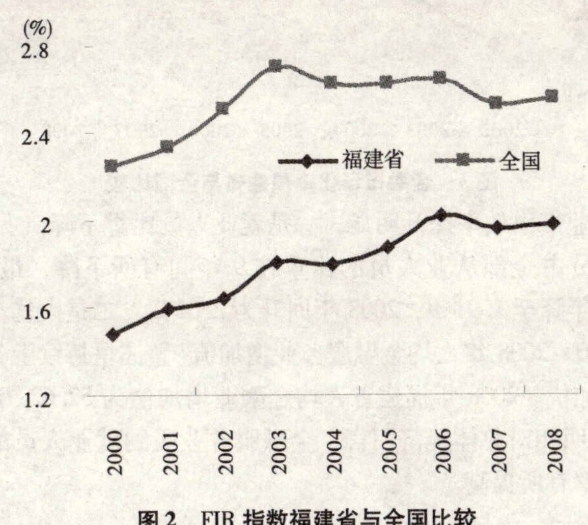

图 2　FIR 指数福建省与全国比较

在金融市场化率[①]方面，从图 3 可看出，尽管福建省非国家银行的市场占比低于全国平均水平，但加速上扬特征较全国明显，说明福建省金融市场化进程不断加快，虽然金融市场竞争程度整体弱于全国，但成长速度快于全国。福建省 2004 年金融市场化率为 33. 01%，2008 年达到 39. 65%，同期全国分别为 39. 32% 和 44. 46%，差距逐步缩小。伴随金融市场化程度提高，市场竞争程度也在加深，国有金融机构的实力得到增强，各种非国有金融机构快速成长。

① 计算方法：全金融机构本外币存款和贷款余额之和扣除国家银行（包括农业发展银行、国家开发银行和工商银行、农业银行、中国银行和建设银行）本外币存款和贷款余额后的净值，除以全金融机构本外币存款和贷款余额。受统计数据口径限制，计算时间始于 2002 年。

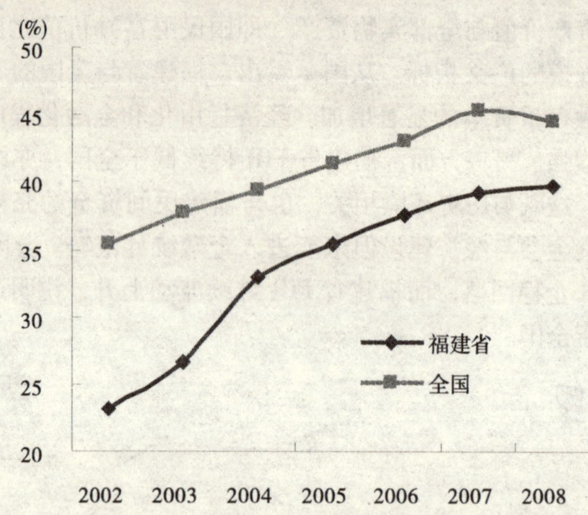

图3　金融市场化率福建省与全国比较

3. 金融服务业产出效率提升明显。一是就业人员比重下降（见图4）。城镇金融服务业从业人员占全部从业人员的比重在9年间有所下降，最高点为2001年(2.87%)，2007年降至1.91%，2008年回升为2.02%。二是人均金融服务业增加值大幅上升。2000~2008年人均金融服务业增加值[①]整体呈持续上升态势，特别是近两年升幅明显加快。2008年福建省人均金融业增加值为52.62万元，是2004年的2.53倍。这表明相对总体经济而言，金融服务业吸纳就业人员的增势弱于平均水平，但产出效率有所提高。

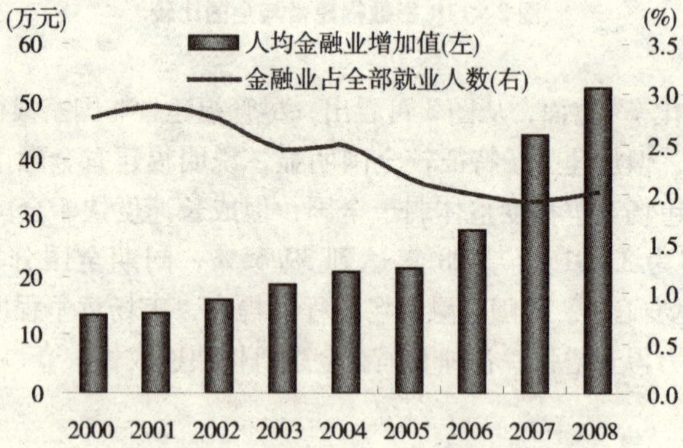

图4　人均金融业增加值和金融业就业人数比重比较

（二）福建省金融服务业产业结构分析

1. 金融机构类型结构。福建省金融组织机构呈现多样化但不平衡，四大商业

① 这里的人均金融服务业增加值为金融服务业增加值除以金融服务业城镇就业人员数。

银行仍占据主导地位。(1) 资产和机构结构 (见表2)。2008年年末四大商业银行集中了全省银行业42.79%的资产，有分支机构2 195家，占银行业机构总数的41.27%；股份制商业银行资产总量占总数的36.26%，分支机构数为232家，占比4.36%；农村信用社资产总额占比为5.66%，分支机构数1 603家，占比30.14%；其他类银行机构资产总额占比为15.32%。(2) 从业人员结构。四大商业银行从业人员50 660人，占银行业机构从业人员的半壁江山，达56.11%。

表2　　2008年福建省银行业机构从业人员及其资产规模情况

机构类别	营业网点			法人机构（个）
	机构个数	从业人数	资产总额（亿元）	
一、国有商业银行	2 195	50 660	7 852.4	0
二、政策性银行	39	1 010	885.5	0
三、股份制商业银行	232	9 334	6 653.8	1
四、城市商业银行	97	2 861	626.5	3
五、农村信用社	1 603	14 918	1 038.5	69
六、农村合作银行	238	1 582	228.6	3
七、信托投资公司	2	205	20.0	2
八、邮政储蓄	879	8 607	575.0	0
九、外资银行	30	1 064	464.1	2
十、农村新型机构	3	41	4.6	3
合计	5 318	90 282	18 349.1	83

非银行金融机构发展较为滞后。(1) 截至2008年年末，福建辖区共有3家法人证券公司，下辖77家分支机构，异地驻闽证券营业部142家，从业人员分别为1 559人和2 010人，24家期货营业部，1家投资咨询公司。(2) 福建省保险机构数达到2 240家，从业人员为112 219人，其中正式职工21 656人，营销人员90 563人。分行业看，财产保险机构1 022家，其中省级分公司28家，营业部7家；人寿保险机构1 218家，其中省级分公司26家，营业部2家。

2. 金融市场结构。一方面，福建省金融市场规模不断扩大。(1) 2008年年末全省金融机构本外币存款余额12 172.08亿元，是2004年1.89倍，金融机构本外币贷款余额达9 891.69亿元，是2004年的2.08倍。(2) 2004年全省境内上市公司仅为45家，占全国的3.40%。截至2008年年底，全省在境内上市公司55家，占全国的3.38%，与2004年大致持平；在境外上市公司近70家（不完全统计）。境内上市公司总市值4 242.87亿元，证券和期货交易量分别达到20 982.42亿元和

21 773. 90亿元。（3）2008 年福建省保险业共实现保费收入 290. 67 亿元，为 2004 年的 2. 14 倍。2008 年福建省保险深度为 2. 69%（见图 5），较 2004 年仅小幅提高 0. 34 个百分点；保险密度为 806. 52 元，是 2004 年的 2. 09 倍。可见，近几年保险业虽然有所发展，但仍较滞后，在福建省国民经济发展中的地位仍然不高，普及程度也较为低下。

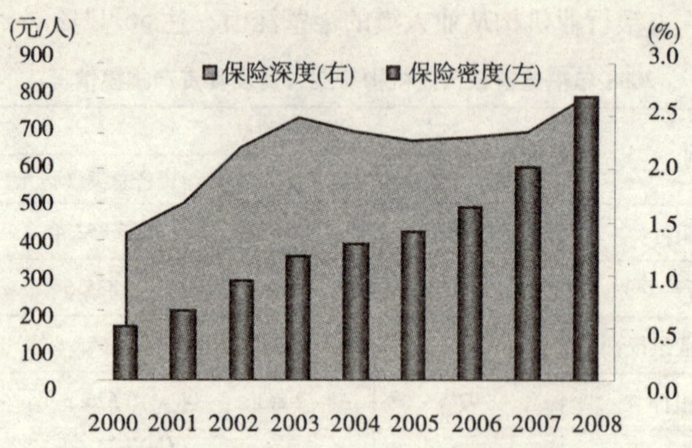

图 5　福建省人均金融业增加值和金融业就业人数比重比较

另一方面，市场失衡现象呈现。（1）四大商业银行的存款占到全省存款市场的 57%，贷款占贷款市场的 56%，金融资产占全部银行机构总资产的四成左右。（2）直接融资与间接融资失衡。股票市场和债券市场境内总融资额仅相当于贷款的 1/10。2008 年福建省本外币贷款新增额 1 483. 18 亿元；国内 A 股市场融资 121. 12 亿元，境外市场融资 182. 97 亿元；债券市场上，银行间市场上发行短期融资券 26. 75 亿元。

3. 金融功能结构。提供清算和支付手段功能显著。据统计，2008 年福建省 M_2/GDP 比值达为 112. 97%，低于 2004 年 0. 87 个百分点，低于 2008 年全国平均水平 44. 84 个百分点，一定程度上说明福建省经济货币化程度较高，但仍弱于全国平均水平，并且这几年基本处于停滞不前的状态中。同时，2008 年全省大额、小额支付系统业务量平稳增长。根据对全国 32 个支付系统城市处理中心业务运行数据统计，福州城市处理中心系统业务笔数和资金量均排在前 8 位。2008 年全省银行卡 POS 交易同比增长 47. 4%，相当于社会消费品零售总额的 41. 2%，较 2007 年上升 11. 2 个百分点，全省非现金结算占全部结算的比重为 70. 89%。

与此形成对比，金融集聚和风险管理功能略显不足。2004 年至今，全省仅引入 1 家外资银行，金融业从业人员占全省就业人员的比重较 2004 年亦有小幅下降。银行贷款较大比例投入基础设施领域，利差空间缩小，收益难以覆盖风险，而对于生产经营性企业尤其小型生产经营性企业的资金需求满足率仍然有待提高。

三、福建省金融服务业发展效率分析——横向比较

（一）DEA 模型及其评价指标

数据包络分析（Data Envelopment Analysis，DEA）方法是一种在“相对效率评价”基础上发展起来的新的系统分析方法，通过保持决策单元的输入或输出不变，借助于数学规划将决策单元（Decision Making Units，DMU）投影到 DEA 前沿面上，并通过比较决策单元偏离 DEA 前沿面的程度来评价它们的相对有效性。金融机构的运行及对宏观经济的影响可看作是由众多的输入输出指标构成的复杂系统，课题 DEA 评估模型的输入输出指标如图 6 所示。

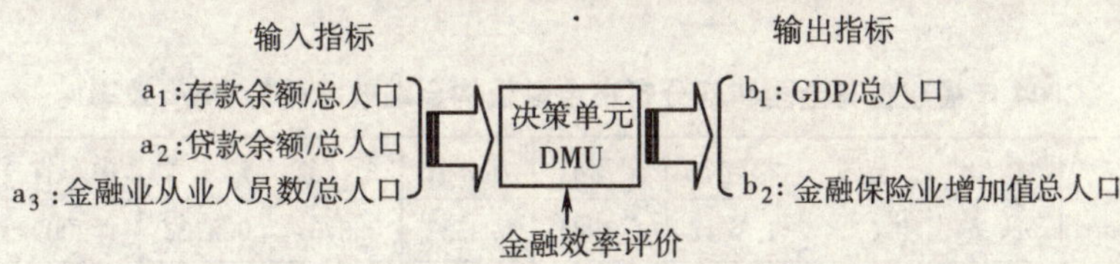

图 6　DEA 方法评价金融机构金融效率的输入输出指标

DEA 模型的输入指标包括：（1）金融机构从业人员数占总人口的比重作为机构的人力及智力资源，很大程度上影响金融机构运营；（2）金融机构存款是其经营资金的主要来源，一个地区存款额的大小直接反映区域金融机构吸纳当地资金的程度和利用当地存款的贷款规模，从而间接体现金融对区域经济的影响；（3）金融机构发放的贷款量既是金融机构盈利的主要来源，也直接反映区域货币投放规模，在金融机构金融效率衡量中占有重要地位。

输出指标包括：（1）金融保险业的增加值是金融机构的直接产出，人均金融保险业增加值体现为区域金融服务业的直接效率；（2）金融服务业除了促进自身发展外，还对其他产业（包括第一、第二和第三产业）发展起到间接的支持和带动。人均 GDP 反映金融服务业对本地区经济的整体贡献，体现为金融服务业的全效率（直接效率和间接效率之和）。

（二）实证检验

根据上述模型和指标体系的选择，本课题运用 2004 年和 2008 年的横截面统计数据，分别选取东、中、西部部分省份①（见表 3）与福建省金融机构作效率比较的实证分析。

① 鉴于福建省的地理位置，将东部沿海六省一市（福建省、上海市、江苏省、浙江省、广东省、山东省、海南省）全部列为分析对象，作为东部样本。其余中西部省份根据 2008 年年末本外币存款余额作近似等距抽样，各选取 3 个和 4 个省份作为分析对象，代表中部和西部。

表 3　　金融机构 DEA 模型效率分析的样本省份

区域	选取的省市名称
全国平均	
东部	福建省、上海市、江苏省、浙江省、广东省、山东省、海南省
中部	江西省、河南省、湖北省
西部	四川省、陕西省、青海省、云南省

应用 Win－QSB 软件对模型进行求解，分别计算出福建省与全国及部分省市的金融机构在相同输入下对不同输出的相对效率 DEA 值，结果如表 4 和表 5。

表 4　　2004 年福建省与全国和部分省市金融机构金融效率评价 DEA 效率值

输入	输出	全国	福建省	上海省	江苏省	浙江省	广东省	山东省	海南省
a_1，a_2，a_3	b_1，b_2	0.6214	1.1842	1.7985	0.9333	0.8731	0.8122	1.3009	0.7705
a_1，a_2，a_3	b_1	0.6132	0.8479	0.8144	0.8943	0.8376	0.8122	1.3009	0.6582
a_1，a_2，a_3	b_2	0.469	1.1515	1.7985	0.7623	0.6338	0.3871	0.7875	0.7611
输入	输出	河南省	湖北省	江西省	四川省	陕西省	青海省	云南省	
a_1，a_2，a_3	b_1，b_2	0.8119	0.9135	0.7783	0.7279	0.5321	0.6854	0.586	
a_1，a_2，a_3	b_1	0.8119	0.7091	0.7783	0.6812	0.5321	0.6143	0.5859	
a_1，a_2，a_3	b_2	0.3262	0.9135	0.4818	0.635	0.1628	0.6031	0.4375	

表 5　2008 年福建省与全国和部分兄弟省市金融机构金融效率评价 DEA 效率值

输入	输出	全国	福建省	上海省	江苏省	浙江省	广东省	山东省	海南省
a_1，a_2，a_3	b_1，b_2	0.8801	0.9444	1.1690	1.1793	0.9411	1.1129	1.1140	0.757
a_1，a_2，a_3	b_1	0.6682	0.8939	0.5547	1.1425	0.7149	0.8819	1.1120	0.757
a_1，a_2，a_3	b_2	0.8253	0.8508	1.1690	0.9143	0.9053	0.9872	0.8261	0.319
输入	输出	河南省	湖北省	江西省	四川省	陕西省	青海省	云南省	
a_1，a_2，a_3	b_1，b_2	1.1470	0.8843	0.8234	1.6884	0.7094	0.599	0.6175	
a_1，a_2，a_3	b_1	1.1470	0.8218	0.8234	1.4713	0.6792	0.594	0.6153	
a_1，a_2，a_3	b_2	0.5103	0.6766	0.3147	1.5138	0.4986	0.4809	0.4807	

从表 4 和表 5 看出，以人均存款余额（a_1），人均贷款余额（a_2）和金融服务业从业人员占总人口比重（a_3）为输入指标，以人均 GDP（b_1）和人均金融业增加值（b_2）为输出指标，在不同的输出指标组合下，各省市金融机构 DEA 效率值有较大的不同。

1. 若将 b_1 和 b_2 组合作为输出指标：（1）无论是2004年还是2008年，金融服务业的DEA效率值均较高。与2004年相比，2008年多数省市的DEA效率水平有所提高，说明金融服务业的整体效率有所提高。（2）各地区的效率值存在一定差距。其中，东部省市的整体效率最高，中部省市次之，西部省市的整体效率较低。（3）两个年份中都有一些省市存在DEA效率值超过1的现象①，2004年上海市的超效率DEA值最高，2008年则为四川省。

2. 若以 b_1 或 b_2 或作为输出指标，无论是2004年还是2008年：（1）各省市以 b_1 为输出的DEA效率值与以 b_1 和 b_2 组合作为输出指标的DEA效率值差别不大，而以 b_2 为输出的DEA效率值相对较低。这主要是因为金融服务业增加值作为GDP的构成部分，占比大多仅为40%左右。说明金融服务业的全效率（直接效率和间接效率）明显大于直接效率，金融服务业对相关产业的带动作用明显。（2）以 b_1 或 b_2 作为输出指标时，西部省市整体DEA效率值最低，而东部省市则略高于中部省市。与2004年相比，2008年大部分省市DEA效率值有所提高，中西部省份表现尤为明显。一方面，表明金融服务业对经济的贡献程度，东部、中部和西部依次递减；另一方面，与2004年相比，2008年大部分省市经济对金融的依赖程度有所提升，亦即金融业对经济发展的影响和贡献率增强。

3. 从福建省与全国和部分省市的对比看：（1）与全国平均水平相比，无论是2004年还是2008年，无论是 b_1 和 b_2 组合作为输出指标还是 b_1 或 b_2 单项作为输出指标，福建省的DEA效率值均高于全国平均水平，表明福建省金融服务业的直接效率和全效率均高于全国平均水平；（2）与兄弟省市比较，在以 b_1 和 b_2 组合作为输出指标时，福建省DEA效率值（或超效率DEA值）从2004年的第3位下滑至2008年第7位，下滑幅度明显；在以 b_1 或 b_2 单项作为输出指标时，在分析样本的几个省市中，2008年福建省DEA效率值（或超效率DEA值）排名与2004年相比出现了不同幅度的下降。其中，以 b_1 为输出时，排名从2004年的第3位降至第4位；以 b_2 为输出时，排名从第2位降至第6位，说明尽管互有长短，但福建省金融服务业效率的增势略显偏弱。（3）与东部省市相比，无论是以 b_1 和 b_2 组合作为输出指标还是以 b_1 或 b_2 单项作为输出指标，2008年福建省DEA效率值（或超效率DEA值）排名较2004年出现不同程度下滑，表明福建省金融服务业的效率在东部沿海省市中增势明显偏弱，直接效率和全效率的提升相对乏力，在金融服务业的直接效率上表现尤为明显。

① 在运用正常DEA模型分析时，得出的DEA效率值为1，这在理论上称为DEA有效，即DEA效率值满足技术有效和规模有效，此时，一般可以运用超效率DEA模型对其进行再评价，但此时得出的DEA效率值的绝对值大小没有特别的经济含义，仅用作比较相对大小。

四、福建省金融服务业发展方向探索

（一）产业升级理论概述

从 GDP 的三次产业构成看，金融服务业属于第三产业，因此，关于金融服务业的产业升级，既涉及 GDP 三次产业的升级理论，也必然建立在关于第三产业内部各服务业的升级理论基础之上。

1. 关于 GDP 三次产业升级的“配第—克拉克定理”。这是指有关经济发展中就业人口在三大产业中的结构变化的理论。克拉克认为，随着经济的发展，第一产业国民收入和劳动力的相对比重逐渐下降，第二产业国民收入和劳动力的相对比重上升，经济进一步发展，第三产业国民收入和劳动力的相对比重也开始上升。

2. 关于服务业内部结构的演进规律。在不同的经济发展阶段，服务业内部结构演进的一般规律有所不同：由劳动密集型向资本密集型进而向知识密集型演变，由低效化向功利化进而向知识化与信息化演进。在服务业内部结构这一演变过程中，传统的个人服务业（如旅馆业、饮食业等）以及批发零售业的比重由上升转为下降；运输、仓储和邮电业的比重由较快上升转为稳中有降；金融保险、房地产以及工商服务等生产性服务业的比重呈现较大幅度上升态势。随着工业化进程步入中后期，产业结构服务化的加快，以知识密集为主的社会服务业如金融、教育、文化、医疗、旅游等行业的地位日渐突出。

（二）福建省金融服务业结构与效率关系分析

1. 研究思路与指标选取。为更全面地分析金融结构与金融效率的关系，课题采取的研究思路是：先按照广义金融结构的内涵选取相关系列指标，采用因子分析方法选取公共因子并计算因子得分，计算因子综合得分作为反映金融结构的综合变量并确定内部权重。然后，按照宏观金融效率的定义选取相关系列指标，同样利用因子分析法找出不同层次的宏观金融效率，利用层次分析方法（AHP 法）确定权重，由此求加权平均效率作为反映金融效率的综合变量。最后用回归分析的方法求证金融结构综合变量与金融效率综合变量的弹性关系，综合分析权重和弹性确定各个原始解释变量对原始因变量的影响程度。

为此，根据金融业机构、市场和功能结构属性选取结构指标（见表 6），根据宏观金融效率所涉及的内容选取效率指标（见表 7），样本选取 2005 年 1 季度 ~2009年 3 季度年的季度数据，数据来源于相关各期的《福建金融统计季报一览》和相关统计资料。

表 6　　金融结构变量

变量	指标	含义	变量	指标	含义
x_1	货币性金融资产/金融资产总值	衡量银行业的地位	x_5	货币性金融资产/GDP	衡量经济货币化程度
x_2	国家银行资产/银行总资产	衡量国家银行的地位	x_6	金融资产总值/GDP	衡量经济金融化程度
x_3	间接金融/直接金融	衡量金融倾斜程度	x_7	M_1/M_2	反映货币资金流动强弱
x_4	货币市场规模/GDP	衡量货币市场的发展	x_8	存款总额/贷款总额	反映银行资产负债结构

表 7　　金融效率变量

变量	指标	含义	变量	指标	含义
y_1	金融服务业增加值/GDP	衡量金融业对实体经济的贡献	y_5	不良贷款/ GDP	衡量金融中介脆弱性
y_2	FIR	衡量金融发展程度的总量指标	y_6	储蓄投资转化率	衡量金融配置效率的总量指标
y_3	存贷款差/各项存款总额	衡量银行资金运用效率	y_7	金融机构的现金收入/金融机构的现金支出	衡量金融机构的营运效率
y_4	M_2/GDP	衡量货币化程度			

2. 实证检验。

（1）金融结构综合变量（X）。KMO 检验和巴特利特球形检验。金融结构样本指标的 KMO 指标为 0.561，偏相关性一般，仍属于适合进行因子分析范围；巴特利特球形检验的 Chi - Square 统计值为 285.637，相应的概率为 0.000，可认为相关系数矩阵与单位阵有显著差异，适宜作因子分析。

选取公共因子。根据所选指标的相关矩阵，利用 SPSS 软件得到的因子特征根以及贡献率和累计贡献率如表 8。

表 8　　因子特征根以及贡献率和累计贡献率

公共因子	特征根	贡献率（%）	累计贡献率（%）
公共因子 1	4.7	58.752	58.752
公共因子 2	1.528	19.099	77.851
公共因子 3	1.098	13.719	91.570

由输出结果可知，前3个公共因子的累计方差贡献率达到91.57%（经验值为大于75%～78%），基本包含了原始数据的信息，这说明用这3个公共因子代表原来8个金融结构指标有充分的把握。为得到经济意义更明确的公共因子，对因子载荷矩阵进行旋转，得到新的因子载荷矩阵（见表9）。

经过正交旋转的公共因子的经济意义比较明确，公共因子1（X_1）包括x_2、x_3和$x_8$3个指标，反映了金融市场的结构信息，可以称为“金融市场结构因子”；公共因子2（X_2）包括x_1、x_4、x_5和$x_6$4个指标，其性质与货币市场发展程度、经济货币化程度相一致，可以称为“金融功能结构因子”；公共因子3（X_3）包括x_7 1个指标，主要反映货币资金流动性强弱，可以称为“金融机构流动性因子”。

表9　旋转后的因子载荷矩阵（%）

变量名称	公共因子1（X_1）	公共因子2（X_2）	公共因子3（X_3）
存款总额/贷款总额（x_8）	0.968	－0.143	－0.111
间接金融/直接金融（x_3）	0.932	0.059	0.034
国家银行资产/银行总资产（x_2）	0.767	－0.62	0.057
货币性金融资产/*GDP*（x_5）	－0.667	0.56	0.440
货币性金融资产/金融资产总值（x_1）	－0.003	－0.882	0.175
货币市场规模/*GDP*（x_4）	－0.131	0.812	0.484
金融资产总值/*GDP*（x_6）	－0.599	0.707	0.361
M_1/M_2（x_7）	0.015	－0.016	－0.921

金融结构综合变量（X）的因子综合得分可根据三个公共因子的相对贡献率进行加权计算：

$$X = (58.75x_1 + 19.10x_2 + 13.72x_3) \div 91.57 \quad (1)$$

（2）金融效率综合变量（Y）。同理，对金融效率各变量作因子分析，得到三个公共因子（见表10），公共因子1（Y_1）包括y_1、y_2和$y_4$3个指标信息，可称为“金融适应效率因子”；公共因子2（Y_2）包括y_3和y_7，可称为“微观金融效率因子”；公共因子3（Y_3）包括y_5和y_6，可称为“资源配置效率因子”。因子与变量的相关线性关系见表11。

表10　因子特征根以及贡献率和累计贡献率

公共因子	特征根	贡献率（%）	累计贡献率（%）
公共因子1（X_1）	3.877（X_2）	55.391（X_3）	55.391
公共因子2（X_2）	1.256	17.945	73.337
公共因子3（X_3）	1.117	15.960	89.296

表 11　　旋转后的因子载荷矩阵（%）

变量名称	公共因子 1（Y_1）	公共因子 2（Y_2）	公共因子 3（Y_3）
$M2/GDP$（y_4）	0.974	-0.068	-0.020
FIR（y_2）	0.942	0.222	-0.213
金融服务业增加值/GDP（y_1）	0.760	0.578	0.072
金融机构的现金收入/金融机构的现金支出（y_7）	0.023	0.910	0.076
存贷款差/各项存款总额（y_3）	-0.422	-0.587	0.579
储蓄投资转化率（y_6）	0.050	0.144	0.893
不良贷款/GDP（y_5）	-0.527	-0.511	0.587

参考宏观金融效率的含义，在宏观金融效率的三个层面中，资源配置效率最重要，金融适应效率次之，微观金融效率居后，依此逻辑结合层次分析方法原理可得判断矩阵如表 12。

表 12　　三个层次效率的判断矩阵

模块	公共因子 3	公共因子 1	公共因子 2	Wi（权重）
公共因子 3	1	3	4	0.623
公共因子 1	1/3	1	2	0.239
公共因子 2	1/4	1/2	1	0.138

运用和法公式 $W_i = \frac{1}{n}\sum_{j=1}^{n}(a_{ij}/\sum_{k=1}^{n}a_{kj})(i = 1,2,\cdots,n)$ 计算各公共因子的权重，可得 W_1、W_2、W_3 分别为 0.239. 0.138 和 0.623。经检验，一致性指标（Consistency Index）值小于 1，所以判断矩阵的一致性是可以接受的。因而，金融效率综合变量（Y）的加权平均效率计算如下：

$$Y = \sum_{i=1}^{3} W_i Y_t = 0.239Y_1 + 0.138Y_2 + 0.623Y_3 \qquad (2)$$

（3）金融结构与金融效率关系。运用金融结构综合变量和金融效率综合变量 2005 年 1 季度～2009 年 3 季度期间的时间序列数据，求得回归关系如下：

$$Y = \underset{7.63}{0.8101} + \underset{4.95}{0.4052}X - \underset{-4.44}{0.6696}D_2 - \underset{-7.65}{1.1513}D_3 - \underset{-9.87}{1.5719}D_4 \qquad (3)$$

其中，Y 为金融效率综合变量，X 为金融结构综合变量，D_2、D_3 和 D_4 分别为季节性因子。回归方程的可决系数 $R^2 = 0.9057$，修正的 $R^2 = 0.8788$，拟合效果较好；模型的 F 检验值为 33.6178，对应 P 值小于 0.001，回归关系显著。另外，各个解释变量的 t 值都大于 2，P 值都小于 0.001；从变量系数的符号看，金融结构与金融效率呈正向关系，而与第 2、第 3 和第 4 季度的季节性因子呈反向关系，符合统计检验要求和变量经济内涵。

3. 金融结构与金融效率关系分析。

（1）金融结构与效率模型的构建。通过对反映福建省金融结构的8个变量和反映金融效率的7个变量进行因子分析发现，金融结构前3个公共因子的累计方差贡献率达到91.57%，基本包含了原始数据的主要信息。根据旋转后的因子载荷矩阵，我们归纳得出由金融机构功能结构因子、金融市场功能结构因子和金融机构流动性因子构成的金融结构综合变量；同理，结合层次分析法可以得出由金融适应效率因子、微观金融效率因子和金融资源配置效应因子构成的金融效率综合变量；根据结构综合变量和效率综合变量的时间序列数据，拟合得出反应它们关系的结构性方程。

（2）福建省金融结构对金融效率的影响作用较为明显，银行业前高后低的贷款投放在效率综合水平上体现明显。福建省金融结构的整体变动大约解释了金融效率整体变化的90%，金融结构与金融效率的关系十分紧密；每一单位金融结构综合水平的改善大约带来0.41单位金融效率综合水平的提高，各季节性因子对金融效率综合水平体现为反向作用，且影响力逐季增强，亦即在各个年度内，金融效率水平呈加速下降特征，这可能与银行业贷款的前高后低、逐季萎缩的投放态势有关。

（3）基于金融市场结构改革是福建省整体金融经济发展的关键。金融结构变化中，金融市场结构因素变化所带来的金融效率变化约占64%，金融功能结构因素的变化对金融效率的影响约占21%，流动性因素也会影响金融机构的经营效率，影响程度在15%左右。

（4）调整银行业和证券业的市场比例关系是推进市场结构演进的主要着力点。在金融市场结构因子的三项指标中，两项指标涉及银行业，一个指标关于证券业，这在一定程度上说明在涉及银行业、证券业和保险业的金融结构演进中，前二者是主要着力点。从三项指标的内涵看，改善国家银行在银行业中的地位，推进市场化建设，调整间接金融与直接金融的比例关系，以及保持合理的存贷比是推动市场结构改革和演进，进而提高金融效率和整体金融经济发展的关键。这在前述福建金融服务业的结构分析中也得到印证。

（5）做大银行业存款和贷款总量对提高金融效率意义重大。在金融效率的因子分析中，金融适应效率因子在综合水平的构成中占比最大，从其构成的三项指标看，与银行业的存款和贷款规模关系显著，说明对福建省而言，现今加快存款和贷款的增速可以有力提升金融效率。这从福建省FIR低于全国，以及经济和金融在全国位次的不对称中也可以得到印证。

五、促进福建省金融业发展的政策建议

根据福建省金融效率横向（台湾及兄弟省市）比较结果，以及福建省金融

结构与金融效率的关系分析，我们认为福建省金融服务业的未来发展应将重点放在以下几个方面：（1）全方位加强金融服务，努力构筑闽台金融合作新平台；（2）加强金融资本与产业资本的融合；（3）破解中小企业融资瓶颈；（4）调整金融机构的信贷结构、市场定位和空间布局；（5）大力提高个人金融服务水平；（6）加强和改善农村金融服务。

为此，我们从金融服务业的机构角度出发，对银行业、证券业和保险业提出如下政策建议：（1）提高银行创新能力，有效提升服务效率。建立完整高效的银行业体系，重点是建立市县区域银行业机构体系；提高银行业创新能力；进一步改善银行业发展的外部环境。（2）充分发挥市场功能，努力扩大融资规模。抓住创新发展机遇，推动证券业做优做强；充分发挥市场功能，努力扩大直接融资规模；加快并购重组，实现产业升级。（3）创新保险发展模式，拓宽保险服务领域。完善市场体系建设；突出发挥保险的社会保障作用；推进创新，拓宽保险服务领域。

六、研究的基本结论

（一）从 GDP 结构入手，分析福建省金融服务业对经济增长和就业的贡献

1. 从历史数据看，伴随金融服务业规模的持续快速扩大，金融保险业增加值对 GDP 的贡献逐步增强，增幅超过 GDP 和第三产业的平均水平。

2. 尽管福建省金融相关比率（FIR）和金融市场化率水平持续低于全国，但差距逐年缩小，增长趋势强于全国平均水平，金融发展水平和金融市场化快速提升。

3. 尽管金融服务业就业人员比重有所下降，但人均金融服务业增加值大幅上升，表明相对总体经济而言，金融服务业吸纳就业人员的增势弱于平均水平，但产出效率有所提高。

（二）从金融服务业产业结构入手，分析福建省银行业、证券业和保险业的现状

1. 从金融机构结构看，金融组织机构呈多样化趋势，但四大商业银行仍占主导地位，非银行金融机构发展较为滞后，不平衡性突出。

2. 从金融市场结构看，银行业、证券业和保险业的市场规模取得长足发展，但从存贷款的机构分布和直接融资与间接融资的比例看，市场失衡特征仍较明显。

3. 从金融功能结构看，经济货币化程度和金融体系结算效率大幅提升，但金融集聚和风险管理功能略显不足。

（三）运用 DEA 方法分析福建省与全国及部分省市金融服务效率

1. 整体看，全国平均水平和大部分省市金融服务业的 DEA 效率值均较高，

2008 年金融服务业整体效率较 2004 年有所提高，其中东部省市整体效率最高，中部省市次之，西部省市整体效率偏低。

2. 分项看，大部分省市金融服务业对相关产业的带动作用明显，金融业对经济发展的影响和贡献度增强。此外，分析表明东部、中部和西部省份金融服务业对经济的贡献程度依次递减。

3. 与全国平均水平相比，福建省金融服务业直接效率和全效率较高。与东部省市相比，福建省金融服务业效率增势明显偏弱，直接效率和全效率提升相对乏力，尤为金融服务业直接效率表现较为明显。

（四）运用多元统计和计量方法分析金融结构与金融效率的关系

1. 福建省金融结构对金融效率的影响作用较为明显。银行业前高后低的贷款投放在效率综合水平上得到体现，各季节性因子对金融效率综合水平体现为反向作用，金融效率水平在各年度内呈现逐季加速下降特征。

2. 金融市场结构改革是福建省整体金融经济发展的关键。金融结构变化中，金融市场结构因素的变化所带来的金融效率变化最大，金融功能结构因素次之，流动性因素较低。

3. 调整银行业和证券业的市场比例关系是推进市场结构演进的主要着力点。

在涉及银行业、证券业和保险业的金融结构演进中，前二者是主要着力点。改善国家银行在银行业中的地位，推进市场化建设，调整间接金融与直接金融的比例关系，以及保持合理的存贷比是推动市场结构改革和演进，进而提高金融效率和整体金融经济发展的关键。

4. 扩大银行业存款和贷款总量对提高金融效率意义重大。对福建省而言，加快存款和贷款的增速对提升金融效率的作用更为明显。这从福建省 FIR 低于全国，以及经济与金融在全国位次的不对称中也可以得到印证。

主要参考文献

［1］朱南等：《关于我国商业金融机构效率的实证分析和改革策略》，《管理世界》，2004（2）。

［2］秦宛顺：《中国商业金融机构业市场结构、效率和业绩》，《经济科学》，2001（4）。

［3］张健华：《我国商业金融机构效率研究的 DEA 方法及 1997－2001 年效率的实证分析》，《金融研究》，2003（3）。

［4］陈建南、廖琪：《基于 DEA 模型的金融效率评价》，《金融与经济》，2008（11）。

［5］吴先满、魏礼亚：《江苏发展金融业的对策研究》，中国金融出版社 2009 年版。

［6］李量：《现代金融结构导论》，经济科学出版社 2000 年版。

［7］孟钊兰、邵洪选：《金融结构与金融效率关系》：《甘肃例证，重庆工商大学学报（社会科学版）》，2008（5）。

［8］王振山：《金融效率论》，经济科学出版社 2000 年版。

［9］陈恩：《台湾地区经济结构分析——从产业结构角度切入》，经济科学出版社 2003 年版。

结构性融资需求与金融创新支持研究

——基于中小企业融资视角

中国人民银行龙岩市中心支行课题组

课题主持人：王建威

课题组成员：王兰芳　高　庆　何国钦

一、理论视角与形成机理

（一）结构性融资需求与创新的界定

本课题要研究的结构性融资问题并不是国际上纷繁复杂的表内、表外融资产品创新，也不是基于单一融资需求层次理论、金融成长周期理论和资本结构理论的金融创新；而是与上述理论有根本区别的，具有全新理论视角，根植于企业价值链、供应链与信誉链（复合性链式结构）的融资需求。故而在此将其定义为："建立在企业，特别是中小企业价值链、供应链与信誉链基础之上，自偿性结构融资的信贷模式，并引入核心企业、物流监管公司、资金流导引工具等新的风险控制变量，对融资链的不同节点提供封闭的授信支持及其他结算、理财等综合性金融服务需求。""过去企业找银行贷款好比'借鸡下蛋'，没'鸡'下不了'蛋'；现在企业则可以拿将来的'蛋'换银行的'鸡'。"这是对结构性融资创新最为形象而又贴切的比喻。其引人关注之处在于：首先，它为中小企业融资的理念和技术瓶颈提供了解决方案，中小企业信贷市场不再可望而不可及；其次，它提供了一个切入和稳定高端客户的新渠道，通过面向融资链系统成员的一揽子解决方案，核心企业被"绑定"在提供服务的银行；最后，结构性融资的经济效益和社会效益非常突出，借助"团购"式的开发模式和风险控制手段的创新，中小企业融资的收益—成本化得到改善，并表现出明显的规模经济。

（二）结构性融资创新的形成机理

要研究结构性融资问题，首先要研究企业的收益结构问题。根据对收益范畴的不同理解，课题组将企业的收益结构划分为三个层次。首先是收入结构，仅仅考虑各业务线直接收入的结构，如主营业务收入、其他业务收入、投资收益等项目；其次是利润结构，考虑各种产品对账面利润贡献程度；再次是价值结构，考虑产品或者业务线对企业长期价值和竞争力的影响，如未来贡献度、品牌等无形资产。价值结构对以股东价值为导向的现代企业建设来说非常重要。利润结构是企业直接关心的业绩指标，收入结构是最为直接、最为清晰的收益结构。很显然，结构性融资就是通过银行资金流、企业物流、经销商信息流的互补，并将资金流、物流、信息流整合到产业链管理之中，实现既为产业链中各个环节的企业提供集合融资、结算等一体化银行服务，又为弱势企业提供新型信贷融资服务，达到多方“共赢”之目的。而课题要研究的结构性融资则是基于股东价值最大化目标之上对融资需求的综合判断，是在收入结构基础上实现企业价值的最优化。也就是说，是在链式结构融资的基础上，将价值链、信誉链融入其中，通过提升企业融资能力、资信水平、预算约束、融资偏好等诸多方面，实现数量型需求要素与质量型需求要素的有机统一，通过资源的有机整合来获取更为有利的融资条件，实现与金融机构公平博弈，最终达到降低成本提高效益的目的（如图1）。

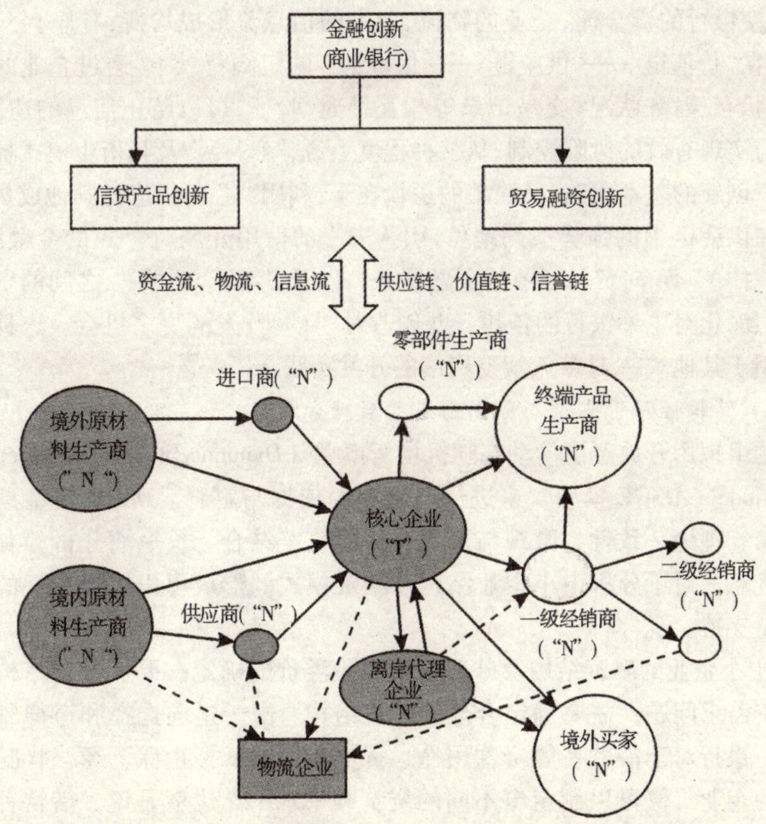

图1　结构性融资需求的参与各方与金融创新的形成机理

研究表明，结构性融资创新是一种新型的融资模式，银行通过企业的价值链、供应链、信誉链，可以对银行和企业之间的不对称信息进行剥离、稀释、降低、迁徙、堵截等信贷风险管理，而企业则可以通过较为透明的物流与信息流来获取银行的资金流，最终实现银行和企业之间“双赢”的新型信贷需求。事实上，在社会分工专业化条件下，每个企业都是用来设计、生产、营销、交货以及对产品起辅助作用的各个因子集合，所有这些活动都可以用价值链表示出来；同时，由于分工细化导致企业之间联系加强，价值链也相应提升到供应链层次。在现代市场营销环境下，企业之间的供应链同时也是一种信誉链。因为信誉链是上下游企业之间的信誉连接体系，其核心是厂商信誉的共建和共享。进入信誉链的企业条件比较严格，尤其是中小企业要致力于提高信誉水平，在信誉链的基础上，以同一分工合作体系中的共同项目或价值链为单位进行融资，这就是“1 + *N*”及其衍生结构性融资需求的形成。在某种程度上，结构性融资需求就是以价值链 —— 供应链 —— 信誉链为主的企业“融资链”需求，上面各种因子的联结，使银行的资金流、企业的物流、双方的信息流形成均衡、有序、公开、透明的传递；在“价值链 —— 供应链 —— 信誉链”的广阔背景下，透过企业的贸易背景、经营状态、财务状况、交易记录等相互补充、验证，可以防止信息的遗漏、扭曲或虚假与实现有效的风险控制。从某种程度上说，“1 + *N*”及其衍生模式提供了结构性融资创新的基本思路，其简单的逻辑在于：利用“1”与供应链其他成员利益关联及其在供应链中的强势谈判地位，引入“1”的信用开展对“*N*”的金融服务；同时，利用对“*N*”面向贸易环节的金融服务，以及“N”与“1”之间的贸易、结算关系，深化对主办银行的依赖，并创造对“1”开发的更多机会。这种模式同样也适用于其他“一对多”贸易网络的开发实践。

（三）结构性融资需求与创新形成的数理分析。

课题组拟用开放经济的动态随机均衡模型（Dynamic Stochastic General Equilibrium Model，DSGE 模型）来进行理论上的依据与解释。DSGE 模型具有显性建模框架、理论一致性、微观与宏观分析的完美结合、长短期分析的有机结合等诸多优点，对于分析中小企业结构性融资模式的形成可以提供更好的参考依据与定量支持。

1. 中小企业的融资结构及外部融资风险溢价的确定。要从价值结构角度来分析融资需求问题，需要确定合理的融资结构。由于逆向选择和道德风险问题的存在，银行对于借款者的贷款用途、资信水平、抵押担保、经营状况等有形或无形的企业价值可以制定出不同的贷款利率水平。也就是说，借款者的内部融资和外部融资成本之间存在着差异，即存在着外部融资的风险溢价（External Finance Premium）。假定中小企业的融资需求为 D，资本的价格为 K_t，在 $t+1$ 期初，企业购买资本所需的资金为 $D_{t+1}K_r$。R_t^e 为无风险利率，R_t^{nk} 为风险利率，企业拥有的净财富为 N_t（为企业的流动资产加上不动产的抵押价值减去所有负债）。根据 *Bernanke - Gertler - Gilchrist* 模型推导的结果可得到下面的方程

$$D_t(1 + R_t^{nk}) = \Phi(\frac{N_t}{D_{t+1}}K_t) \times (1 + R_t^e) \quad (1)$$

从该公式（1）可以看出，如果企业不完全从内部融资，那么随着外部融资比例的增加，风险利率与无风险利率的差距将增大，亦即外部融资的风险溢价将增加，从而融资结构将对融资成本产生影响。另外，从银行的角度看，银行在满足借款者的贷款需求量时，贷款利率依赖于借款者的财务状况。借款者的财务状况越好，贷款利率越优惠；借款人项目投资失败，财务状况欠佳，则会出现道德风险。根据贷款的需求曲线单调递减的规律，故公式（1）左右两边将不相等，用 $U(\cdot)$ 表示其冯·诺伊曼效用函数，将会出现 $U(\cdot) < 0$ 或者 $U(\cdot) > 0$。

2. 商业银行的贷款行为决策。商业银行是信贷市场的完全竞争者，它从信贷市场上竞争性地获得所需存款的同时还要进行安全地贷款。没有一家银行的规模足够大以影响信贷市场上的存款利率或贷款利率。因此，银行是风险中性的，在银行获得零利润的前提下，最大化诚实借款人的效用是信息不对称信贷市场的均衡状态。同样，银行的冯·诺伊曼效用函数为 $V(\cdot)$，有 $V' > 0$ 而且 $V'' = 0$。在此，对信息不对称信贷市场的均衡状态用抽象数学方程来表示：

$$M_t = [\frac{p}{2}g(R_t^{nk} - R_t^e)^2 + \frac{(R_t^e - R_t^o)^2}{2}]$$

$$g(R_t^{nk} - R_t^e) = \begin{cases} R_t^{nk} - R_t^e, R_t^{nk} - R_t^e \geq 0 \\ 0 \qquad R_t^{nk} - R_t^e < 0 \end{cases} \quad (2)$$

式中：R_t^{nk} 为风险利率；R_t^e 为无风险利率；R_t^0 为贷款基准利率；P 为反映商业银行对盈利性与风险性两个目标相对关心程度的参数。P 值越大，表明商业银行对实现盈利期望值增长目标的相对关注就越强烈；反之，P 值越小，则表明商业银行对风险性指标目标更为关注。$g(R_t^{nk} - R_t^e)$ 第一项反映了风险利率 R_t^{nk} 高于无风险利率 R_t^e 的 利差，第二项反映了零风险目标下的利差，采用二次式，说明其银行利差与该偏差成指数增长。

基于有效满足结构性融资需求的状况，商业银行进行贷款行为决策时，不仅要关注单个借款企业的经营效益与风险状况，而且还必须关注整个产业链、融资链的经营效益与风险状况。受抵押担保物较为特别与银行授信较为特殊等因素的影响，贷款银行的行为决策方程就成为：

$$E_c = \sum_{t=0}^{\infty}\beta^t\left[\frac{P}{2}g(R_t^{nk} - R_t^e)^2 + \frac{(R_t^e - R_t^o)^2}{2}\right]0 \leq \beta \leq 1$$

$$g(R_t^{nk}-R_t^e)=\begin{cases}R_t^{nk}-R_t^e, & R_t^{nk}-R_t^e\geq 0\\ 0 & R_t^{nk}-R_t^e<0\end{cases} \quad (3)$$

$$E_c=E[M_t \mid D_t] \quad (4)$$

$$\beta^t=\frac{1}{(1+R_t^0)^2} \quad (5)$$

式中：E_c 为贷款银行对结构性融资链盈利与风险目标初始信息的条件预期算子集；D_t 为企业的信贷需求初始信息集，在信息不对称条件下，它包括博弈借款企业与贷款银行双方经营状况的所有相关信息；β^t 为 t 期贴现系数；R_t^0 为贷款基准利率。基准利率 R_t^0 越高，贴现系数 β^t 越小，表明贷款银行更为关心盈利性目标；反之，基准利率 R_t^0 越低，贴现系数 β^t 越大，表明贷款银行更为关注风险性指标。

3. 信贷需求满足状况之间的动态均衡。在信息不对称的条件约束下，为实现借款企业与贷款银行之间的博弈均衡，可将约束条件（1）式代入目标函数（3）式，则贷款银行的目标函数重新表述为：

$$\underset{m_{t,t=0,1,2\cdots}}{Max}=E_c\left\{\sum_{t=0}^{\infty}\beta_t\left[\frac{P}{2}g(R_t^{nk}-R_t^e)^2+\frac{(R_t^e-R_t^o)^2}{2}+D_tR_t^{nk}-\frac{N_t}{D_{t+1}K_t}R_t^e\right\} \quad (6)$$

$$0\leq\beta\leq 1\ ;x_t^*-x_t\geq 0\ ;t:0\sim\infty$$

根据最优控制理论，函数极大值的一阶必要条件可通过使该函数对优化变量的偏导数为零求得：

$$\frac{\partial Z_t}{\partial R_t^{nk}}=\partial\left\{\sum_{t=0}^{\infty}\beta_t\left[\frac{P}{2}g(R_t^{nk}-R_t^e)^2+\frac{(R_t^e-R_t^o)^2}{2}+D_tR_t^{nk}-\frac{N_t}{D_{t+1}K_t}R_t^e\right\}/R_t^{nk}=0 \quad (7)$$

$$R_t^{nk}=\left[PR_t^e-\frac{(R_t^e-R_t^0)^2}{2}+\frac{N_tR_t^e}{D_{t+1}K_t}\right] \quad (8)$$

$$R_t^e=\left[\frac{(P-1)R_t^{nk}-R_t^0}{1-P}+\frac{N_t}{2D_{t+1}K_t}\right] \quad (9)$$

（8）与（9）式分别为风险利率 R_t^{nk}、无风险利率 R_t^e 的最优策略或决策规则。可见，结构性融资理论依据具有两大最根本区别：其一是关注的收益与风险问题。从贷款行决策来看，不仅要求关注单个企业收益与风险，更要关注“1+N”整个资金链收益与风险；其二是贷款利率定价时考虑因素更多，不仅要考虑单个借款企业的利润指标、风险指标，更需要统筹兼顾整个产业链与融资链的经营效益与风险状况，由于（8）与（9）式各个系数综合影响，风险利率 R_t^{nk}、无风险利率 R_t^e 均大于0。

归纳起来，结构性融资要求贷款行结合帕累托最优（*Pareto Improvement*）规则，通过充分考虑R_t^{nk}、R_t^e两个信贷市场最优均衡点，实现信贷配给有效均衡与有效应对信息不对称的逆向选择与道德风险。

二、融资创新与实证考察

要研究结构性融资的创新问题，首先要研究结构性融资模式、融资定价、融资期限与风险管理创新四个方面。由于融资期限可以根据企业未来现金流（包括应收账款周转速度、存货周转速度）来确定，融资模式、定价机制与风险管理创新便成为创新的核心内容。在此将抵押担保融资、供应链金融与结构性贸易融资进行比较借鉴，以期得到比较系统、直观的了解。

（一）融资模式创新："担保贷款模式"要向"结构性融资模式"转变

1. 担保贷款模式，主要包括有形资产抵押、有实力第三方保证或有利益价值的权证质押。担保贷款模式下，商业银行比较关注单个中小企业的现有实力情况，对未来的现金流却没有得到足够的重视。调查显示，90%的中小企业获得贷款模式就是担保贷款模式，而在此种情况之下，由于中小企业没有足够的资产进行抵押，即使有资产抵押，也需要将其评估，评估费为2.5‰。如果信用担保机构为其提供担保，则需要交纳1.5%～2%的担保费用；在贷款审批期限方面，至少要7天，甚至半个月的时间，获得贷款之时，企业已经错失商机。

2. 供应链金融模式。供应链金融通过推动核心企业以及上下游企业"产——供——销"链条顺畅，并通过金融资本与实体经济协作，共同构筑起银行和企业之间互利共存、持续发展的资金融通链。深圳发展银行就是通过发展供应链金融业务保持了业绩快速增长与较好的资产质量，自2002年以来，累计投向供应链金融的资金总额接近1万亿元，累计扶持超过1.5万家中小企业实现了经营发展，其不良率也始终维持在0.5%以内。通过总结，可以将我国供应链金融模式分为"应付类"（应付账款融资模式）、"存货类"（仓单质押模式）、"应收类"（应收账款融资模式），而目前最有吸引力的则是"池"融资模式。2009年，深圳发展银行首创"池"融资理念，主要是将出口中小企业日常、琐碎、零散、小额的应收账款、背书商业汇票、出口退税申报证明单据等积聚起来，通过转让给银行，让银行为中小企业建立相应的应收账款"池"，并根据"池"容量提供一定的融资比例，企业可随需而取，从而将零散应收账款快速变现。

3. 结构性贸易融资模式。结构性贸易融资有别于传导的贸易融资，它是在商品贸易过程中，商业银行根据生产贸易企业的具体融资需求，通过货权质押、信托收据、保险及公证、货物监管、提货通知、货物回购、资金专户管理、期货保值等一系列结构化设计来掌握货权、监控资金，为其提供的集物流、信息流、资金流为一体的个性化的组合贸易融资方式，业务类型包括信用证、打包放款、贴现、押汇、垫付货款。

4. 比较分析。一是贷款保障方式。结构性融资的抵（质）押物更具有灵活性与针对性，它充分考虑了中小企业应收账款、预付账款与存货占比多，以及有效抵押担保物缺乏的特点，改变了传统的贷款保障方式，代之以企业未来现金流作为特定标的进行融资，因而更能够有效满足中小企业的融资需求。二是授信方式，结构性融资充分考虑了中小企业资金周转频率快的特点，采取按照未来现金流一定比例循环授信的方式，如“池”融资方式，可根据中小企业业务发展量身定做信贷产品，而且产品搭配也不是一成不变，可以根据客户业务量、供应商以及购买商的变化情况动态调整，确保了支持的有效性和信贷资金的安全。三是信息获得方式。结构性融资通过对银行的资金流、企业的物流、双方的信息流形成均衡、有序、公开、透明的传递，透过资金链企业之间的贸易背景、经营状态、财务状况、交易记录等相互补充、验证，可以防止信息的遗漏、扭曲或虚假，能够有效保障银行信贷资产安全。四是应用范畴。结构性融资通过突破传统金融服务理念，创新服务内涵，提供设计个性化的贸易融资产品和富有特色的结构性贸易融资、转运前后贸易融资以及提供配套贸易单据追踪、专业的应收账款催收和销售账户管理等各类非融资服务，满足客户全方位的业务需求，做大、做强中小企业贸易融资。五是风险控制。结构性融资只需关注融资链上的核心企业是银行的重点客户，核心融资点具有高度稳定性，就能够充分反映融资业务需求变化以及风险的可控原则；银行可以通过掌握整个融资链的连贯信息，银行承担的是链条断裂的风险，从而准确把握业务实质以及资金流向，双方信息的及时共享既降低了资金风险，也提高了融资效率。

（二）融资定价机制创新：基准利率加（减）点定价要向 RAVOC 定价转变

1. 基准利率加（减）点定价模式。目前商业银行采用的贷款利率定价方式（包括结构性融资）基本上仍以基准利率加（减）点的定价方式为主，贷款公式为：

贷款利率 = 贷款基准利率 ×（1 ± 浮动幅度）

或者，贷款利率 = 贷款基准利率 ×（1 ± $\sum$ 因素权重 × 因素浮动系数）

即在人民银行规定的基准利率基础上下浮动。因素浮动系数指企业信用等级系数、担保方式系数、管理成本系数、客房综合贡献系数或其他政策性系数。该种定价机制，特别是前一种定价机制过于生硬、简单，定价时考虑的因素较少，基础上没有体现风险与收益相匹配、扶优限劣、风险度量、区别对待、综合评价等原则。

2. RAROC（Risk Return Capital）贷款风险定价模式。RAROC 是由美国信孚银行于20世纪80年代末提出的，通过在风险与收益之间寻找一个平衡点，其定义为：（$\sum$ 净收益 − $\sum$ 预期损失）/ $\sum$ 经济资本，从而改变了基准利率加

（减）点定价方式只注重于盈利水平，忽视盈利背后风险大小的做法和违背商业银行经营“安全性、流动性、盈利性”原则的做法。花旗银行前主席兼总裁Walter Weston有一句名言：“事实上银行家从事的是管理风险的行业，简单说，这就是银行业。”这在一定程度上提示了银行风险管理的重要性。基于RAROC的贷款定价模式正是体现了银行这样的经营理念，它是在综合识别、度量和管理风险基础上的定价模式，依据银行的资产组合、业务和偏好进行资本配置，符合新巴塞尔协议的监管理念同时创新了一种基于风险分析、资产组合的管理文化以实现利润最大化目标。这种贷款风险定价模式与结构性融资所具备的动态性与风险性特征比较匹配，可以说是一种适合结构性融资的贷款定价方式。

3. 比较分析。在定价模式上，基准利率加（减）点定价模式主要考虑银行自身的成本、费用和承担的风险，银行的资金成本、费用、风险越高，贷款利率就越高，但是此种定价模式未考虑当前资金市场上的一般利率水平，而且在现实生活中，很难精确估算贷款的违约风险。而贷款风险定价模式主要根据客户对银行的综合收益贡献度与风险度等相关数据来确定贷款利率，体现了银行“以客户为中心”的经营理念，从银行与客户的全部业务往来中寻找最优资金价格，综合收益贡献度越高与风险度越低的企业贷款利率就越低，相当于银行对客户“让利”，体现了服务理念的转变。具体方面，两者明显差别是违约率（PD）、违约损失率（LGD）、营运成本（ABC）。很显然，RAROC模式通过风险控制较好地解决了中小企业缺乏抵押物或担保的难题，较好地满足了发展状况良好的中小企业结构性融资需求，与国内银行提供单一、无差异化供应链金融相比，特别是国内银行缺乏长期的经验数据以及高效的成本核算体系致使产品创新效益评估水平差现状相比，贷款行更能够把握中小企业的动态融资需求，更容易成为中小企业真正的融资支持伙伴。

（三）融资风险管理创新：商业银行单一风险管理要向全面风险管理转变

结构性融资创新，特别是供应链金融模式通过“巧用核心企业、盘活企业存货、活用应收账款”等三大路径将中小企业融资的风险化于无形，有效解决了中小企业融资难的四大障碍——“信用评级低、周转资金少、应收账款回收慢、贷款担保难”等问题。但是结构性融资并不是解决中小企业融资的“万能灵药”，本身也存在一些潜在隐患。如，核心企业面临信贷集中风险，复式链企业面临信息不对称风险和企业文化风险，复式链行业面临整个产业的市场风险和政策风险，而银行传统的单一风险管理模式明显不适应结构性融资发展的要求。如何坚持稳健经营原则和风险管理生命线则成为现阶段的新命题。课题组通过深入研究认为，需要创新银行的风险管理模式，从单一风险管理向全面风险管理转变。全面风险管理的基本要义是对信用、市场及操作风险等各类风险进行集中、统一的管理，实现对各类风险的全面覆盖，要紧紧抓住精细和责任这两个全面风险管理的基本要点，实现风险与收益的平衡。另一要义是高度重视活动现金流的风险控制，这与当前商业银行业务拓展中伴随不对称信息产生的信贷风险，特别是票据业务频频发生的各类诈骗案件形成了鲜明对比，也为信贷风险控制开辟了新的空间。具体到结构性融资，指在客户开发过程中，不孤立地对单个客户进行评估和授信，而是通过对交易链各节点财务特征的认真分析，借助真实交易活动的关联，对交易链条的客户群进行评估和授信，以交叉风险控制代替单一的个别风险控制。

（四）计量分析与实证检验

1. 模型设定与变量解释。由于融资需求与利率定价机制、利率浮动幅度、抵押担保模式、企业资信水平、企业财务变量等变量密切相关，而这些变量又具有异质性特征，为了校正这种异质性带来的估算偏差，课题组运用动态效应面板模型来估算不同融资方式对融资需求的影响：

$$D = \sum_{J=1}^{M} \alpha_{ij} f\{LOAN_{ij}, IIR_{ij}, RAIR_{ij}, BCRC_{ij}, PVA_{ij}, VAR_{ij}, ARVR_{ij}, IPR_{ij}, ITR_{ij}, PROF_{ij}, RISK_{ij}\} + \mu_i + \varepsilon_{it}$$

$$\sum_{J=1}^{M} \alpha_{ij} f\{LOAN_{it}, IIR_{ij}, RAIR_{ij}, BCRC_{ij}, PVA_{ij}, VAR_{ij}, ARVR_{ij}, IPR_{ij}, ITP_{ij}, PROF_{ij}, RISK_{ij}\} =$$

$$\begin{vmatrix} \alpha_{11}LOAN_{11} & \alpha_{12}IIR_{12} & \alpha_{13}RAIR_{13} & \alpha_{14}BCRC_{14} & \alpha_{15}PVA_{15} & \cdots & \cdots & \alpha_{1j}RISK_{1j} \\ \alpha_{21}LOAN_{21} & \alpha_{22}IIR_{22} & \alpha_{23}RAIR_{23} & \alpha_{24}BCRC_{24} & \alpha_{25}PVA_{25} & \cdots & \cdots & \alpha_{2j}RISK_{2j} \\ \alpha_{31}LOAN_{31} & \alpha_{32}IIR_{32} & \alpha_{33}RAIR_{33} & \alpha_{34}BCRC_{34} & \alpha_{35}PVA_{35} & \cdots & \cdots & \alpha_{3j}RISK_{3j} \\ \alpha_{41}LOAN_{41} & \alpha_{42}IIR_{42} & \alpha_{43}RAIR_{43} & \alpha_{44}BCRC_{44} & \alpha_{45}PVA_{45} & \cdots & \cdots & \alpha_{4j}RISK_{4j} \\ \vdots & \vdots & \vdots & \vdots & \vdots & \cdots & \cdots & \vdots \\ \alpha_{M1}LOAN_{M1} & \alpha_{M2}IIR_{M2} & \alpha_{M3}RAIR_{M3} & \alpha_{M4}BCRC_{M4} & \alpha_{M5}PVA_{M5} & \cdots & \cdots & \alpha_{Mj}RISK_{Mj} \end{vmatrix}$$

其中：D 为企业融资额；M 为最大矩阵阶数；α_{ij} 为变量系数；$LOAN_{ij}$ 为单笔贷款金额，与 D 呈现正相关，表明与融资需求的满足程度；IIR_{ij} 为基准利率加（减）点定价机制产生的利率水平，与 D 呈现负相关，反映企业的融资成本；$RAIR_{ij}$ 为 $RAVOA$ 定价机制产生的利率水平，与 D 呈现负相关，反映企业融资成本；$BCRC_{ij}$ 为企业的资信水平，与 D 呈现正相关，资信越高获得贷款机率越高；PVA_{ij} 为抵押或担保情况，与 D 呈现正相关，反映抵押物或保证能力的大小；VAR_{ij} 为应收账款价值大小，与 D 呈现正相关，反映质押金额的大小；$ARVR_{ij}$ 为应收账款损失率的大小，与 D 呈现负相关；IPR_{ij} 为存货计价变现，与 D 呈现正相关，反映质押金额的大小；ITR_{ij} 为存货周转率高低，与 D 呈现正相关，反映贷款收回速度的快慢；$PROF_{ij}$ 为企业获利能力，与 D 呈现负相关，能够越强，融资需求可能性越低；$RISK_{ij}$ 为盈余波动性，与 D 呈现负相关，波动性越强，融资满足率越低；μ_i 为个体效应；ε_{it} 为随机误差项。由于存在内生性问题，因而模型 *PROBIT* 回归会产生向上的估算偏差，而基于去均值变换的组内估算会产生向下偏差，通过一阶差分变换消除了个体效应，并利用上述 11 个控制变量的一阶差分滞后项作为工具变量，通过 *GMM* 较好地解决了这一问题，因此这种方法也称为差分 *GMM*，即在一阶差分方程的基础上引入原始水平方程，构成一个方程系统，并将水平变量作为其一阶差分滞后项的工具变量，从而较好地解决了弱工具变量问题，提高了计量模型估算效率。

2. 样本选择及其数据来源。为确保样本企业中所有贷款笔数都能较好地反映融资模式与需求满足程度之间的关系，课题组选择 300MLM：200（SAMPLE LOAN=500）来进行计量分析。筛选的基本原则是：控制变量选取的年份一致，即 2009 年 1～12 月区间；贷款基准利率水平没有发生较大变化；控制变量之间的选取口径要求一致，选择年度企业经营情况呈现出稳健性，或者说应收账款、存货、获利能力、盈余波动性等财务变量无大太波动。

3. 计量结果与实证讨论。

（1）融资模式差异对融资需求影响命题的检验结果。在检验命题假设时，课题组运用了动态效态面板的 *Probit* 模型，回归结果显示在表 1 中，模型 1 ～ 3 分别用以下三个变量衡量融资需求影响问题：① 以传统的抵押担保方式 *PVA*，如果为传统抵押贷款模式 ，则 *PVA* = 1，否则为 0。② 应收账款质押融资 *VAR*。如果为应收账款质押贷款模式，则 *VAR* = 1，否则为 0。③ 存货权利质押融资 *IPR*。如果为存货质押贷款模式，则 *IPR* = 1，否则为 0。和实践分析一致，变量 *LOAN* 的系数始终为正，说明样本企业都得到银行贷款；而 *PVA*、*VAP*、*ARVR*、*IPR*、*ITR* 的系数统计上不显著，则反映了贷款行对样本企业融资模式差异化的关心对象不同。*Probit* 模型的检验结果表明样本企业因抵押担保方式的不同，融资需求满足程度也会呈现出差异性，*MLM* 融资模式下，银行尽管也关心企业的成长机会与盈余波动性，但还是比较关心 *PVA* 的变现价值，*SCF* 融资模式下，银行对于 *VAP*、*ARVR*、*IPR*、*ITR* 关心程度较大，而且对于 *PROF*、*RISK* 也比 *MLM* 模式关心得多。由于 *VAR*、*IPR*、直接影响授信额度，*ARVR*、*ITR* 则会影响贷款的回收期限与损失机率；*PROF*、*RISK* 则在间接程度上反映了贷款质量，或者说间接反映了银行信贷资产的风险水平，因此，也在较大程度上受到贷款行的关注。

（2）结构性融资需求单因素分析与稳定性检验。由于 *PROF*、*RISK* 两个控制变量在样本区间呈现稳健性，不会发生较大波动，课题组运用 Breusch and Pagan（BP）测试和 Lagrange Multiplier（LM）测试检验异质随机效应模型和同质集成 Least Square 模型的相对效率，计算出 Chi - square 统计量全部在 1% 的水平上显著，说明动态随机模型比 Least Squaer 模型更适合。为了解控制变量对融资需求的影响，课题组拟用 M－TWO 进行财务杠杆回归与稳健性检验（见表2）。检验结果显示，*IIR*、*RAIR*、*BCRC* 三个变量的系数显著为正。相比之下，*ARVR* 的系数显著为负；*PROF*、*RISK* 的系数则呈现不确定性。这表明贷款行关注 *IIR*、*RAIR*、*BCRC* 等控制变量，而且要求极高；*PVA*、*IPR*、*ITR* 则受融资模式的影响，因而较少受到贷款行关注；而 *PROF*、*RISK* 的检验结果则显示具有较多成长机会或获利能力的中小企业获得融资较为便利。同样，对 *M－ONE*、*M－THREE* 进行检验也会得到类似结果。总体看来，融资模式对融资需求满足程度有较大影响，特别是 *PVA*、*VAR*、*ARVR*、*IPR*、*ITR* 等控制变量不同，贷款行对样本企业的 *PROF*、*RISK* 变量关注度也不尽相同。在 *MLM* 融资模式下，贷款行较为关注样本企业的 *PVA* 变现价值，对于 *PROF*、*RISK* 则显得缺乏深入了解，当然也受信息不对称因素的影响；而在 *SCF* 融资模式下，贷款行不仅要关注 *VAR*、*ARVR*、*IPR*、*ITR*，而且对样本企业的 *PROF*、*RISK* 有较为深入的了解，对样本企业的行业风险与核心企业经营情况要熟练掌握，以便于在风险可控的前提之下实现利润最大化。

表1　　融资模式差异性影响融资需求回归结果（模型）

因变量＝LOAN	预测符号	M－ONE	M－TWO	M－THREE
IIR	+	0.807＊＊＊ (5.43)	0.822＊＊＊ (5.15)	0.805＊＊＊ (5.18)
RAIR	+	0.039 (4.34)	0.014 (0.13)	0.013 (0.12)
BCRC	+	0.045 (0.25)	0.008 (0.03)	0.023 (0.22)
PVA	+	0.427 (0.49)		
VAR	+		0.435 (0.47)	
ARVR	–		0.472 (0.41)	
IPR	+			0.456 (0.46)
ITR	+			0.44 (0.45)
PROF	?	0.624＊ (1.70)	3.199＊＊ (2.61)	3.230＊＊ (2.594)
RISK	?	0.125＊ (0.11)	0.119＊ (0.09)	0.117＊＊ (0.08)

续表

因变量 = LOAN	预测符号	M - ONE	M - TWO	M - THREE
常数项	?	1.958 (0.92)	1.858 (0.87)	1.698 (0.76)
Year 和 Industry 哑变量	?	Yes	Yes	Yes
SAMPLE	500	300	100	100
Pseudo - R^2		0.86	0.86	0.86

注：* * *、* *、* 分别表示在 1%、5%、10% 水平上统计显著，对于无方向变量使用双尾 p 值检验，而对于单向变量使用单尾 p 值检验。

表 2　结构性融资需求单因素的回归与检验（*Probit* 模型）

	预测符号	基本结果				稳健性检验			
		TD	LTD	MTD	MLTD	TD	LTD	MTD	MLTD
因变量 = LOAN	+	0.002 (0.09)	0.008 (0.50)	0.015 (0.77)	0.004 (0.50)	0.002 (0.06)	0.007 (0.47)	0.020 (0.98)	0.005 (0.54)
控制变量									
IIR	+	0.001 * * * (0.07)	0.001 * * * (0.47)	0.003 * * * (0.67)	0.004 * * * (0.75)	0.003 * * * (0.08)	0.012 * * * (0.37)	0.017 * * (0.49)	0.018 * * * (0.52)
RAIR	+	0.012 * * * (0.09)	0.006 * * * (0.45)	0.015 * * * (0.54)	0.006 * * * (0.84)	0.003 * * * (0.09)	0.027 * * * (0.47)	0.015 * * * (0.37)	0.015 * * * (0.34)
BCRC	+	0.001 * (0.03)	0.003 * * (0.20)	0.005 * * (0.31)	0.006 * * * (0.50)	0.002 * (0.04)	0.005 * * (0.17)	0.010 * * * (0.28)	0.014 * * * (0.31)
PVA	——	——	——	——	——	——	——	——	——
VAR	+	0.071 * * * (7.38)	-0.005 * * * (-0.57)	-0.009 * * * (-1.13)	-0.010 * * * (-2.62)	0.069 * * * (7.12)	-0.005 * * (-0.85)	-0.011 * * * (-1.44)	-0.011 * * * (-2.81)
ARVR	-	-0.011 * * (-1.06)	-0.002 * * (-0.30)	-0.012 * * (-1.51)	-0.001 * * * (-0.01)	-0.011 * (-1.11)	-0.003 * * (-0.39)	-0.011 * * * (-1.33)	-0.004 * * (-0.10)
IPR	——	——	——	——	——	——	——	——	——
ITR	——	——	——	——	——	——	——	——	——
PROF	?	-15.6 * * * (-2.76)	-7.86 * * (-2.09)	-19.70 * * * (-4.30)	-7.76 * * * (-3.42)	-19.7 * * * (3.55)	-8.67 * * (-2.38)	-25.78 * * * (-5.70)	-8.94 * * * (-4.06)
RISK	?	-0.216 (-0.95)	-0.092 (-0.81)	-0.059 (-0.43)	-0.027 (-0.44)	-0.250 -1.10)	-0.108 (-0.97)	-0.078 (-0.52)	-0.039 (-0.65)

续表

	预测符号	基本结果				稳健性检验			
		TD	LTD	MTD	MLTD	TD	LTD	MTD	MLTD
常数项	?	-0.278 * *	-0.198 * * *	-0.614 * * *	-0.146 * * *	-0.429 * * *	-0.238 * * *	-0.852 * * *	-0.191 * * *
		(-2.54)	(-3.09)	(-7.78)	(-3.98)	(-4.19)	(-4.00)	(-11.2)	(-5.60)
Year/Industry 哑变量	?	Yes	Yes	Yes	Yes	Yes	Yes	Yes	Yes
SAMPLE		100	100	100	100	100	100	100	100
Pseudo - R2		0.78	0.60	0.76	0.57	0.78	0.60	0.78	0.60

注：(1) * * *、* *、* 分别表示在1%、5%、10%水平上统计显著，对于无方向变量使用双尾 p 值检验，而对于单向变量使用单尾 p 值检验；括号内报告的是 t 统计量。(2) *Lagrange Multiplier*（*LM*）（自由度为1）的检验产生的 x^2 在0.01的水平上显著，表明随机模型比 *Least Squaer* 模型更适合。(3) 由于融资需求 *D* 与贷款 *LOAN* 高度相关，故每次只选择基中一个异质性变量建立模型并检验。(4) 为简便起见，表中只列出了 *M - TWO* 的回归结果与稳健性检验。

三、研究结论与政策性建议

本课题着重研究根植在企业价值链、供应链、信誉链基础上的复合性融资创新定义、形成机理等问题的深入分析，认真比较 *MLM* 与 *SCF* 融资模式对融资需求影响的异同，运用动态效应随机模型 *Probit*，选择了 500*SAMPLE LOAN* 来进行计量分析，既为结构性融资需求学说提供了一种新的验证方法，同时，也为理论研究提供了重要的支持证据，回归结果与稳健性检验还表明，在 *SCF* 融资模式下，贷款行关注的是“1 + *N*”产业链的经营状况与融资风险，融资担保方式与信息透明度也更具开放性与动态性，授信额度也更具灵活性与针对性，能够切实提升中小企业的“边际信誉水平”和有效满足中小企业的融资需求。课题组建议，结构性融资创新的根本出发点是为了有效缓解中小企业融资难的问题，因此，要立足现实，突出重点，努力推动融资模式创新从“担保贷款模式”向“结构性融资模式”转变，定价机制创新从基准利率加（减）点定价向 *RAROC* 定价转变，风险管理创新从单一风险管理向全面风险管理转变，使结构性融资创新真正为支持中小企业发展作出应有的贡献。

参考文献：

［1］深圳发展银行—中欧国际工商学院“供应链金融”课题组：《供应链金融》，上海远东出版社 2009 年版。

［2］北京新华信商业风险管理有限责任公司 译校：《价值链管理——〈哈佛商业评论〉精粹译丛》，中国人民大学出版社 2004 年版。

［3］厦露、李严锋：《物流金融》，科学出版社 2008 年版。

［4］宋炳方：《商业银行供应链金融业务》，经济管理出版社 2008 年版。

［5］国际货币基金组织：《世界经济展望 2008》，中国金融出版社 2009 年版。

福建省与相邻省份经济发展对比研究

——基于1978年以来相关数据的解读

中国人民银行福州中心支行调查统计处课题组

课题主持人：张　燕

课题组成员：张　燕　郑　竑

一、引　言

改革开放以来，福建省经济取得长足发展，在全国经济地位也有较大幅度提高。但福建省与同处沿海的周边省份相比，经济发展仍存在差距。目前国内各经济区域之间竞争日趋激烈，因此，对福建省与周边省份的经济发展历程进行系统比较，寻找与周边省份的差距和主要原因，对于全省实施海峡西岸经济区（简称“海西”）发展战略有重要的借鉴意义。本文拟对1978年以来福建省与相邻地区经济发展变化情况进行较全面的研究，并根据研究结论，提出加快构建海峡西岸经济区的政策建议。

二、关于相邻省份与基期水平的确定

从地理位置看，福建省在陆地上与广东省、浙江省和江西省接壤，与台湾一水相隔。从区域经济角度看，自20世纪80年代以来台商大规模到祖国大陆投资，包括福建省在内的东南沿海各省经济发展已与台湾省形成了密切联系；同时，江苏省、上海市虽未与福建省直接相接，但两地在物流、销售市场等方面与福建省仍有较大关联。鉴于福建省与广东省、浙江省和江西省三个相邻省份都位于祖国东南部，在面积、地形、气候和资源等自然地理要素禀赋方面虽有一定差异，但差异远小于其他省（市）（见表1），因此，本课题选择的相邻省份主要为广东省、浙江省和江西省，在部分项目对比上适当引入江苏省和上海市，并充分考虑比较时间段内台湾省经济发展及其对福建省和相邻省份的影响。

表1　　1978年以来福建省与相邻省份自然地理要素状况比较

区域 项目	福建省	浙江省	广东省	江西省
土地面积（万平方公里）	12.4	10.18	17.98	16.69
主要地形地貌	全省山地丘陵面积约占全省土地总面积的80%以上，占比在东南部省份最高。	山地和丘陵占70.4%，平原和盆地占23.2%。	有山地、丘陵、台地和平原，其面积分别占全省土地总面积的33.7%、24.9%、14.2%和21.7%。	山地占全省总面积的36%，丘陵占42%，岗地、平原、水面占22%。
当地气候	大部分属中亚热带，闽南部分地区属南亚热带。	典型的中亚热带季风气候区。	北向南分别为中亚热带、南亚热带和热带气候。	四季变化分明，中亚热带季风气候明显。
陆地海岸线长度	3 751.5	2 253.7	3 368.1	—
资源状况	森林覆盖率全国最高，水资源和海洋资源丰富，但矿产资源较缺乏。	森林、水和海洋资源丰富，但矿产资源较缺乏。	森林、水和海洋资源相对丰富、拥有部分有色金属和能源矿产。	森林、水资源相对丰富，铜等有色金属和煤炭资源较丰富。

1979年广东省与福建省在全国率先实行对外开放。1978年后福建省及相邻省份经济体制和发展路径都发生了巨大变化。我们选择当年作为福建省与相邻省份经济增长比较的基期。从基期水平看，福建省经济金融总量指标远低于广东省和浙江省，一些重要指标与江西省还有不少差距；工业化程度低，虽然城镇居民人均可支配收入在四省中不落后，但总体仍处于较低水平（见表2）。

表2　　1978年福建省与相邻省份经济发展主要指标比较　（单位：亿元）

区域 项目	福建省	浙江省	广东省	江西省
地区GDP	66.37	123.72	185.85	87.00
固定资产投资	13.35	23.23	27.23	8.02
三大产业比例（%）	36:42.5:21.5	38.1:43.3:18.7	29.8:46.6:23.6	41.6:38:20.4
全部工业总产值	63.14	126.7	206.56	73.57
农林牧副渔业总产值	36.33	65.71	85.94	49.29
人民币存款总额	28.85	35.79	71.01	16.67

续表

区域 项目	福建省	浙江省	广东省	江西省
人民币贷款总额	31.43	48.9	108.84	39.54
城镇居民人均 可支配收入（元）	371.00	332.00	412.13	305.36

注：当年上海市 GDP 为 272.81 亿元，江苏省 GDP 为 249.24 亿元。

福建省位于东南沿海，近代以来在国内一直属于对外经济交流密切的相对富裕地区，但 1978 年以前经济发展在全国却处于落后状态，其主要成因：一是长期实行封闭的计划经济体制，阻碍沿海优势发挥；二是当时实行优先发展重工业的战略，福建省没有发展重工业的矿产资源优势，投资相对较少；三是与落后的陆路交通以及建国以后长期实行的对台备战政策有关。

三、改革开放以后福建省与相邻省份经济金融发展比较分析

（一）福建省及相临省份经济均得到快速发展

一系列数据变化表明，四省在经济总量迅速增加的同时，在结构变化上呈以下共性特征：对外贸易和外商投资总量大幅增加；由国营、集体企业占绝对主导地位发展到国有与国有控股企业比重大幅下降，外资企业和个体私营企业比重大幅上升；四省第一产业比例都呈下降局面，第二、三产业比例则不断上升（见表3）。

表 3　1978 ~ 2008 年福建省与相邻省份地区 GDP 增长情况比较

（单位：亿元）

年份 区域	1978	1985	1990	1995	2002	2008
福建省	66.37	200.48	522.28	2 094.90	4 467.55	10 823.11
浙江省	123.72	429.16	904.69	3 557.55	8 003.67	21 486.9
广东省	185.85	577.38	1 559.03	5 933.05	13 502.42	35 696.46
江西省	87	207.89	428.62	1 169.73	2 450.48	6 480.3

注：2008 年上海市 GDP13 698.15 亿元，江苏省为 30 312.61 亿元。

（二）四省经济发展主要指标存在明显的阶段性波动特征

1. 四省地区 GDP 增幅的时序大体可分为三个阶段：一是改革开放初期至 20 世纪 90 年代中期。广东省、福建省经济发展速度明显快于浙江省和江西省。其中，由于经济基础好，1987 年之前浙江省增速基本高于福建省；1988 ~ 1998 年福建省增速大体与浙江省持平并出现反超（1994 年、1996 ~ 1998 年福建省增速一度居于四省之首）。江西省处于落后状态。二是 1999 ~ 2004 年。浙江省增速

快速上升，超越广东省、福建省居四省之首，增速高于福建省约两个百分点。2002年后江西省经济出现加快发展态势，2002～2005年福建省增速一度居于四省最后。三是2005年以后。福建省逐步缩小与浙江省、广东省的增速差距，2008年再次在四省中处于领先地位。增幅变化表明，位于沿海的广东省、浙江省和福建省经济增速高于全国平均数，与非沿海省份差距拉大。福建省经济总量由1978年的第22位升至2008年的第12位，成为全国地位上升最快的省份；广东省、浙江省也分别由第6位和第12位升至第1位和第4位；江西省由第16位下降至第20位。

2. 固定资产投资和社会消费品零售额增长态势与地区GDP基本相同。

3. 1979～1998年广东省、福建省在进出口和利用外资方面远领先于浙江省和江西省，随着90年代后期浙江省外向型经济发展，1999、2001年该省进出口和实际利用外资都超过福建省。

4. 四省地方财政收入增幅差距经历了迅速增大又逐渐缩小的过程。

5. 相比较而言，福建省、江西省在四省经济发展中波动幅度相对较小，广东省、浙江省波动幅度则相对较大。在30年间比较明显的几次数周期性变化中，浙江省、广东省往往进入上升（下降）阶段比福建省、江西省要早1年左右，进入下降阶段则基本保持同步。

（三）福建省经济发展与广东省、浙江省存在明显差距

一是30年以来全省经济总量只有浙江省的1/2左右和广东省1/3左右的局面没有改变，人均总量也低于广东省和浙江省（见表4）。二是部分经济结构指标变化偏慢。1995年以后福建省第一、第二、第三产业结构比例调整速度明显落后于广东省、浙江省，2008年第一产业占比仍在10%以上，第三产业占比低于40%。企业所有制改革速度也比较慢。2007年私营企业占规模以上工业增加值比重仅为22%，占比甚至低于江西省（见表5、表6）。三是部分主要发展指标增速长期低于广东省、浙江省，主要表现在地方财政收入和社会消费品零售总额，显示经济发展内需相对偏弱。

表4　1978～2008年福建省与相邻省份地区城镇居民人均可支配收入增长情况

（单位：元）

区域＼年份	1978	1985	1990	1995	2002	2008
福建省	371	733	1 749	4 853	9 189	17 962
浙江省	332	904	1 932	6 221	11 716	22 727
广东省	412	954	2 303	7 439	11 137	19 733
江西省	305	619	1 188	3 377	6 336	12 866

表5　1978～2008年福建省与相邻省份第一、第二、第三产业比例变化比较

（单位:%）

	1978	1985	1990	1995	2002	2008
福建省	36:42.5:21.5	34:36.2:21.8	28.1:33.4:38.4	22.2:42.1:35.7	14.9:45.6:39.5	10.7:50:39.3
浙江省	38.1:43.3:18.7	28.9:46.3:24.8	24.9:45.1:30	15.5:52.1:32.4	8.6:51.1:40.3	5.1:53.9:41
广东省	29.8:46.6:23.6	29.8:39.8:30.4	24.7:39.5:35.8	14.6:48.9:36.5	7.5:45.5:47	5.5:51.6:42.9
江西省	41.6:38:20.4	40.4:36.6:23	41:31.2:27.8	32:34.5:33.5	21.9:38.5:39.6	16.4:52.7:30.9

表6　2007年福建省与相邻省份规模以上工业增加值按经济类型占比比较

（单位:%）

项目 区域	国有及国有控股企业	集体企业	股份制企业	外商及港澳台投资企业	私营企业
福建省	15.26	1.60	37.34	51.13	22.22
浙江省	15.24	0.74	27.33	27.22	36.21
广东省	20.04	1.11	30.50	58.54	14.46
江西省	33.96	1.76	33.48	15.29	33.91

（四）外向型经济已成为福建省发展的重要特色

从纵向对比看，全省进出口总额占全国比重由1981年的1.4%升至2008年的3.3%，居全国第7位；2008年全省实际利用外资占全国的10.85%。从相邻省份对比看，除广东省涉外经济规模遥遥领先外，当前福建省与浙江省在外向型经济相关指标方面的差距远小于其他方面差距，且在90年代中期之前福建省进出口和利用外资总额大幅领先于浙江省，这也是福建省曾在总量指标方面超越浙江省的最主要领域。这充分显示30年来外向型经济已成为全省经济发展的最大特色。

（五）福建省与广东省、浙江省在金融发展方面存在较明显差距

从规模、发展速度和经营效率等多角度全面衡量，福建省金融业都全方位落后于广东省、浙江省，福建省与两省在金融方面的差距已大于经济发展其他方面（见表7、表8）。一是存贷款增速低于浙江省，导致存量差距越来越大。据测算，1990～2008年，福建省存贷款年均增速比浙江省分别低3.5和4.2个百分点，存款增速略低于广东省。1990年福建省存贷款总量均为浙江省60%左右，2008年均为1/3左右。二是金融业发展水平远低于两省。福建省金融业无论在机构网点、直接融资能力，还是在创造的增加值等方面总体规模方面都大大低于广东省、浙江省。三是盈利能力差距扩大。就主要反映盈利能力的金融业增加值而言，2004年福建省约为浙江省的32.67%、广东省的28.37%，2007年约为32.45%和

20.26%，比重下降0.22和8.1个百分点。

表7　　1978～2008年福建省与相邻省份地区存款增长情况比较

（单位：亿元）

区域＼年份	1978	1985	1990	1995	2002	2008
福建省	28.85	111.99	359.45	1 458.91	4 253.07	12 172.08
浙江省	35.79	185.66	606.01	2 623.60	11 242.84	35 481.20
广东省	71.01	272.42	1 594.62	7 126.91	25 392.89	56 119.26
江西省	16.67	90.76	252.07	931.00	2 707.37	7 261.96

注：1978～2002年数据为中资机构人民币口径，2003年后为中外资机构本外币合并统计口径。

表8　　1978－2008年福建省与相邻省份地区贷款增长情况比较

（单位：亿元）

区域＼年份	1978	1985	1990	1995	2002	2008
福建省	31.43	131.98	381.75	1 184.86	3 110.05	9 891.69
浙江省	48.90	210.81	618.14	2 103.65	8 612.81	29 658.67
广东省	108.84	480.82	1 834.82	5 826.53	16 823.64	33 835.86
江西省	39.54	127.94	338.33	1 035.5	2 130.76	4 613.25

综上所述，从改革开放初期至20世纪90年代中期，广东省、福建省经济增速快于浙江省和江西省，外向度较高开始成为两省经济发展的主要特征。在此之后，浙江省进入飞速发展阶段，各类重要总量指标和增速指标相继超越福建省，奠定了当前浙江省经济全面领先于福建省的基础。福建省经济发展与广东省、浙江省相比，存在巨大差距的根源何在？我们从宏观环境因素、资源禀赋和自身经济发展等方面对1978年以来影响四省经济金融发展的主要因素进行了相关分析。

四、改革开放以来福建省与相邻省份发展变化的影响因素分析

（一）宏观环境因素

1. 国家区域经济政策的不断调整变化。改革开放以后，广东省、福建省率先实行对外开放，实行“特殊政策、灵活措施”。20世纪80年代初先后设立经济特区，以及大量经济技术开发区、沿海经济开放区和台商投资区等，大力发展出口加工工业，经济发展呈现较高外向度。沿海经济开放战略出台后，中央又在经济管理权限、建设项目和资金政策等方面给予东南沿海省份诸多扶持。此时“珠三角”经济圈逐步形成，广东省经济总量迅速接近乃至超越了上海市、江苏省。这一时

期国家对中西部扶持有所减弱，导致原先与广东省、福建省和浙江省差距不明显的江西省经济发展趋缓。90年代以后，随着对外开放深入，国家先后出台浦东开发战略、沿江经济开放战略、沿边经济开放战略等区域经济政策，全国区域发展重点开始由南部沿海地区转向整个东部地区和长江流域。在上述政策作用下，重点建设项目和外商投资开始向"长三角"地区集中，以上海市为中心的"长三角"经济圈逐步形成，上海市、江苏省、浙江省等地在固定资产投资、加工制造业及外向型经济等方面都得到快速发展。21世纪以后，国家先后出台支持西部大开发、中部省份崛起、振兴东北的相关政策，表明区域经济政策开始向中西部倾斜。因此，近年来以江西省为代表的中西部地区经济发展速度有所加快。2004年以后，福建省提出建立海峡西岸经济区的目标并得到中央的肯定，相关支持"海西"建设的政策措施陆续出台，推动近期福建经济增长速度亦有所提高。

2. 各地对外开放优惠措施趋向统一，"特区优势"不再存在。1978年以后广东省、福建省对外开放先行一步，两省在对外经济方面曾实行过一些特殊做法，如率先在国家计划指导下适当利用市场调节；在物价、劳动工资、企业管理等方面扩大地方权限；引进外资和先进技术设备，扩大对外贸易；以经济特区为龙头大力发展外向型经济以及后来逐步实行的外资企业相应所得税优惠等。这些主要由率先开放所带来的、并主要由广东省、福建省所享有的地区性政策优势，被称为"特区优势"。这种优势在很大程度上支持了两省20世纪80年代至90年代前期的发展。但随着对外开放深入，中央为支持浦东新区开发和西部大开发又先后出台了一些特别措施，有些比经济特区还优惠；同时，许多原先仅在两省实行的措施开始转变为各地都可实行的一般性政策。因此，90年代中期以后，广东省、福建省区域性优势有所削弱，出现了"特区不特"现象。2001年我国加入世贸组织以后，国家逐步调整招商引资政策，各地优惠措施趋向统一，部分优惠措施已被取消。2007年新《企业所得税法》规定，在过渡期结束后，经济特区、沿海经济技术开发区等地的外资企业将与国内企业一样实施25%的企业所得税率。这表明主要由广东省、福建省所享有的"特区优势"基本已不再存在。

3. 两岸经贸关系已由亲情投资为主转向产业转移为主。台商投资大陆第一阶段始于20世纪80年代末。主要发展劳动密集型产业，投资规模小，基本属于亲情投资。福建省作为离台湾最近的省份，在语言、风俗等方面有较强地缘优势，成为台商在大陆投资主要区域。1989～1991年台商对福建省投资占其对大陆投资总量的41.62%。第二阶段始于20世纪90年代。台商开始向大陆转移相关产业，由于受资金、设备需转经香港的政策因素影响，广东省成为当时台商投资首选地，投资领域转向以石化和重化工为代表的资本密集型产业。1992－2000年台商对广东省投资占对大陆投资总量的37.41%，对江苏省投资增至20.67%，福建省仅为7.45%。2001年以后台商投资进入新阶段，集中于以电子业为代表的技术密集型产业，主要落户长三角地区。2001～2007年台商对江苏省的投资占对大陆投资总量的36.51%，对广东省和福建省投资分别降至21.97%和6.54%。2007年江苏省对台湾贸易金额占全国的27.6%，上海市占13.4%，同期福建省只占5.5%。这说明当前台商投资大陆更注重基础设施、产业配套能力和销售市场等具体环境因素，区位、人文因素居相对次要地位。因此，福建省与台湾虽然隔海相望且“小三通”也已实现，但与周边省份相比，在发展两岸经贸关系上未获得相应优势。

（二）资源禀赋方面

1. 自然地理方面的不利因素影响了经济的进一步发展。表1可看出，福建省的主要优势在于森林和海洋，森林优势又产生了生态优势，但与相邻省份比较，福建省在自然地理方面存在不利于经济发展的客观因素。一是受地形影响，山地、丘陵比重在东南沿海各省最高，平原和盆地占比最小，导致可利用土地数量相当有限。二是与相邻省份交界之处多为山系阻隔，导致运输能力和货物集散能力受限制，造成本省经济对外辐射能力有限。三是矿产资源缺乏，在原辅材料方面存在劣势。改革开放初期，经济总量有限。上述因素对福建省发展的制约不明显。20世纪90年代后期以来，当发展进入更高阶段时，这些制约因素的影响日益显现，主要表现为：首先，建设用地需求与耕地资源不足矛盾突出；其次，对外货运能力受限制造成福建省大型投资项目往往必须自成体系，使投资成本高，削弱投资项目吸引力；矿产资源缺乏导致当前福建省六成以上能源和大量原材料需从省外、国外调入，且能源自给率逐年降低，使本省加工制造业运营成本较高和对外依赖度大。相比之下，广东省和江西省的可利用的土地资源和矿产资源就远高于福建省。浙江省虽然也存在土地和矿产资源不足的局面，但平原面积占比高，运输成本低，矛盾相对不突出。

2. 交通建设滞后已在很大程度上影响福建省经济发展后劲。改革开放以来，福建省基础建设总体落后于经济发展。目前虽已建成现代交通网络，但与周边发达省份相比，还存在很大差距。2006年全省高速公路密度仅为江苏省的31%、浙江省的43%、广东省的54%，等级以上公路只占公路总里程的2/3，而上述三省均超过80%。在港口方面，福建省虽然海岸线漫长，天然良港众多，但开发利用不足，港口吞吐量仅占全国的3.9%，只相当于宁波—舟山港的一半，还低于广州港。同时，省内各种运输方式自成体系，联运方式发展缓慢，导致与相临周边省份相比，货运周转量偏低，运输瓶颈突出已影响福建省经济发展后劲。

（三）自身经济发展路径存在欠缺

1. 工业化进程较慢，是福建省与广东省、浙江省发展存在差距的重要原因。

（1）福建省三次产业结构的高度化和合理化效应均不理想。主要表现为：一是福建省仍处于工业化加快发展的中期阶段，与相临省份比较，重化工业阶段进程相对较慢。二是第三产业发展滞后。从横向对比看,2008 年福建省第三产业占比分别比广东省、浙江省低 3.6 和 1.7 个百分点,占比连续 8 年低于全国平均水平;从纵向对比看,第三产业占全省 GDP 比重连续 10 年徘徊在 38% ~40%;表明近年来福建省第三产业发展缓慢,已落后于相邻省份(见表5)。

(2)经济增长更多依靠第二产业推动,发展阶段相对滞后。我们选择当期地区 GDP 增速为因变量 (Y),分别以第一、第二、第三产业增加值为自变量(X、Z、W),利用 1996 ~ 2008 年相关数据,运用普通最小二乘法进行参数估计,并经过相关数理检验,得到以下三个粗略模型:

福建省:$Y = 0.081051X + 0.513384Z + 0.410624W$

浙江省:$Y = 0.052606X + 0.523417Z + 0.450745W$

广东省:$Y = 0.126873X + 0.509667Z + 0.438318W$

这说明在其他条件不变情况下,1996 ~2008 年间福建省第一产业增加值每提高 1%,能推动当年全省地区 GDP 增幅提高 0.08%;第二产业增加值每提高 1%,能推动当年全省地区 GDP 增幅提高 0.51%;第三产业增加值每提高 1%,能推动当年全省地区 GDP 增幅提高 0.41%。浙江省第一产业增加值每提高 1%,能推动当年全省地区 GDP 增幅提高 0.05%;第二产业增加值每提高 1%,能推动当年全省地区 GDP 增幅提高 0.52%;第三产业增加值每提高 1%,能推动当年全省地区 GDP 增幅提高 0.45%。广东省第一产业增加值每提高 1%,能推动当年全省地区 GDP 增幅提高 0.13%;第二产业增加值每提高 1%,能推动当年全省地区 GDP 增幅提高 0.51%;第三产业增加值每提高 1%,能推动当年全省地区 GDP 增幅提高 0.44%。这表明当前福建省经济增长更多依靠第二产业推动,全省总体仍处于工业化中期向后期的过渡阶段,经济增长过于依赖第二产业,尚未进入经济发展更多依靠第三产业的更高发展阶段。广东省,浙江省经济增长虽然仍以第二产业为主,但经济发展已更多依靠第三产业推动。因此,就三次产业发展阶段而言,福建省已落后于广东省和浙江省。

2. 省内消费市场规模有限,内需对经济发展的拉动作用不明显。改革开放以来随着经济总量扩张,福建省内消费市场规模也逐年扩大,但与相邻省份比较,消费市场总体空间有限且增长缓慢。一是消费总量与广东省、浙江省差距较大。二是与广东省、浙江省相比,消费市场发展差距有进一步扩大趋势。1978 -2008 年全省社会消费品零售总额年均增长率比浙江省低 3.7 个百分点,比广东省低 1 个百分点。三是就最终消费对经济增长的贡献率而言,福建省低于广东省和浙江省。2007 年广东省最终消费对经济增长贡献率为 48.1%,而福建省 2008 年仅为 36.6%。这说明由于本省土地面积和经济总量都比较有限;与相临省份相比,人口最少[①]；居民收入水平在全国只属中上水平，导致内需对经济发展的拉动作用不明显。

3. 省内核心城市的带动效应差。改革开放初期，港澳对珠三角产业转移以及后来广州、深圳核心城市的发展都有效带动了广东省全省经济金融总量的提升。浙江省的杭州市、宁波市、嘉兴市、湖州市等城市均属距浦东200公里的扇型面内，浦东开发战略实施后，上海市在推动自身经济结构调整和加强大都市建设的同时，努力发挥枢纽功能，支持包括浙江省在内的整个长江三角洲各城市的结构调整，推动了浙江省产业结构由传统加工型向技术资金密集型转换。这就增强了地区之间经济联动和核心城市对整个区域的辐射能力。福建省不但较少受到香港特区、上海市那样的区域性乃至全国性经济金融中心的辐射，福州市、厦门市等城市在总体规模、基础建设、产业结构以及配套实施等方面与广州市、深圳市、杭州市、宁波市等城市也有明显的差距。因此，福建省核心城市的带动效应与广东省、浙江省相差甚远，基本处于核心城市规模明显偏小，区域经济影响力弱以及发展空间有限的局面。

4. 主导产业选择上没有充分利用海洋及生态优势。20世纪90年代后期以来，与周边省（市）相比，福建省主导产业选择出现突出的结构趋同和产业重构现象。全省确定的三大主导产业分别为电子信息、机械装备和石油化工。2008年三大主导产业实现增加值1 460.93亿元，增长17.1%，占规模以上工业增加值的30.72%。其中，机械装备业实现增加值682.18亿元，增长20.14%；电子信息业实现增加值378.33亿元，增长16.7%；石油化工业实现增加值400.42亿元，增长12.1%。

与周边省（市）相比，福建省的主导产业并不具备比较优势。就装备制造业而言，2006年浙江省该行业完成增加值1 976.7亿元，对规模以上工业增加值增长贡献率达33.8%；上海市规模以上装备制造企业实现销售收入9 271亿元，占全市工业总产值近一半；2007年广东省装备制造业工业总产值20 714.57亿元，同比增长24.5%，装备制造业对全省工业产值增长贡献率为37%。各省（市）装备制造业发展迅猛，相比而言，福建省装备制造业规模不大，技术水平也不占优势。

广东省明确提出支柱产业包括电子信息、电气机械及专用设备、石油及化学、纺织服装、食品饮料、建筑材料、森工造纸、医药、汽车及摩托车制造业，其主导产业之一电子信息业（含通信设备、计算机和其他电子）2007年工业增加值已达13 377.33亿元。

因此，福建省在主导产业选择方面，没有充分利用自身海洋优势及生态优势，

---

① 据调查，2008年年末福建省人口为3 604万人，浙江省为5 120万人，广东省为9 544万人，江西省为4 400.1万人。

导致主导产业与周边省份相比，存在严重重叠局面且竞争优势不突出。

5. 所有制改革滞后，民营经济发展慢导致福建省经济发展的内在动力不足。从20世纪80年代末期起，随着外商投资增加，福建省工业增加值已实现以外商港澳台投资企业为主。但时至今日，福建省经济仍保持着这种所有制结构，这种以外资为主的所有制结构延续近20年反映福建省经济发展很大程度还在依靠吸引外资，启动民间投资和发展民营企业力度相对不足。相比之下，浙江省私营企业工业增加值占比高，反映当地所有制改革步伐较快，经济活力相对较强。20世纪90年代以后浙江省大力发展个体私营经济，从根本上改变工业所有制结构。结合发展个体私营经济，大力推进以产权制度改革为核心的集体企业和国有企业改革，尤其是实行国有企业战略性大改组，形成公有制多种实现形式。1985年浙江省个体私营工业只占全部工业总产值的1.7%，还低于全国平均水平。到1998年，个体私营工业总产值猛增到5 110.8亿元，占全国总量的15.1%，个体私营工业比重比全国高出16.7个百分点。到2008年，浙江省私营企业占全省工业增加值的比重已达37.17%，个体私营工业实现从工业经济“必要的有益的补充”到“重要组成部分”的大跨越。相比只下，福建省比重仅为26.45%，民营经济发展慢使得建经济发展内在动力相对不足。这是近年来在几次较明显的周期性变化中，浙江省进入上升阶段比福建省早1年左右，进入下降阶段基本保持同步的重要原因。

6. 与浙江省相比，县域经济发展相形见绌进一步影响了福建省经济活力。改革开放以来，浙江省在发展县域经济上已探索出一系列成功经验：一是体制上，率先在全国实行“省管县”的财政体制，实现增强省级财力和壮大市（县）财政的目标，促进了县域经济持续快速发展，对县（市）大量下放经济管理权限，为县域经济提供体制优势。二是大力发展私营企业为主的民营经济。目前浙江省全省县域经济总量中，民营经济增加值、税收等指标都居全国第一。三是发展专业市场。20世纪90年代以后浙江省县域经济发展中涌现出各类大型专业市场，如义乌中国小商品城、绍兴轻纺城等都已成为全国闻名的大市场。专业市场大规模发展，成为浙江省县域经济的重要特色，并相应带动相关行业发展，增强了县域经济竞争力。四是壮大产业集群。90年代以后浙江省把小城镇建设与乡镇工业园区建设有机结合起来，形成专业化分工、社会化协作的产业集聚区，促进县域产业发展从多样化转向特色化。

相比之下，福建省县域经济发展远逊色于浙江省。根据2009年10月第九届全国县域经济百强评价，浙江省进入百强的县（市）达26个，福建省为8个。

7. 金融多元化程度较低，是福建省与广东省、浙江省相比存在金融差距的重要成因。与福建省相比，广东省、浙江省的金融业多元化程度较高。一是银行业体系层次性强，突出表现在：中小金融机构、外资金融机构和新型金融机构比重大。就主要为当地中小企业服务的城市商业银行而言，广东省、浙江省的资产总额分别为福建省的5倍和6倍；浙江省农村新型金融机构达58家，福建省仅为3家。二是广东省、浙江省更重视非金融机构融资渠道，两省鼓励金融机构加强短期融资券、企业债券等直接融资工具的营销推介工作。据统计，2001～2008年福建省企业非金融机构融资总额8 105亿元，仅相当于广东省的29.97%、浙江省的27.58%，均低于同期贷款占比，反映福建省民间融资、企业债券、股票等直接融资渠道发展相对缓慢。

结论：率先实行改革开放和大力发展外向型经济是福建省获得巨大发展的重要原因；1978年以前相对落后的历史因素不是当前福建省经济发展与广东省、浙江省相比仍存在明显差距的主要成因，差距的形成主要是宏观环境变化、资源禀赋差异和自身发展路径存在欠缺共同作用的结果。具体地说，在20世纪90年代中期以后，随着国家区域经济政策调整变化，发展重点不断转移；各地对外开放优惠措施趋向统一，"特区优势"不再存在；两岸经贸关系已转向产业转移为主；经济金融资源配置日益市场化这四种环境变化使福建省发展开始面临相对不利局面。同时，自然地理方面存在不利因素、交通滞后等资源禀赋方面的弱点也得到充分暴露；加上三次产业、主导产业、高新技术的发展目标存在缺陷，所有制改革、县域经济、银行业体系和非金融机构融资滞后等的自身发展路径的缺失，使自90年代后期起，在近10年时间内福建省与同处沿海的广东省、浙江省相比，经济发展的主要增速指标、总量指标和结构指标全面落后，经济发展呈现难以令人满意的局面。2005年以后，随着海峡西岸经济区建设步伐的加快，宏观环境再次发生变化，福建省各类增速指标有所提高，与广东省、浙江省的差距开始呈缩小之势。

五、进一步提高福建省经济增长质量，加快构建海峡西岸经济区的政策建议

（一）进一步发挥海峡西岸经济区发展的区位优势

一是创造新形势下"区位优势"。根据海峡西岸经济区的定位和发展目标，国务院对海峡西岸经济区建设提出了若干扶持政策。福建省应从规划布局、项目建设、政策措施等方面加强中央、国家部委和央属企业的沟通，争取实质性措施，促进海峡西岸经济区建设。二是加强海峡西岸经济区内城市群的经济合作和优势互补。包括福建省9个城市、浙江省3个城市、江西省4个城市以及广东省4个城市共20个城市在内的海峡西岸城市群的经济合作和优势互补，提升区域的整体影响力。三是考虑对两岸经济交流与合作作出类似CEPA的贸易优惠和投资便利化的安排。实行优惠的商品贸易政策，只要符合原产地规则，可享受低关税或零关税，双方互不对贸易货物实施限制性政策。四是建立自由贸易区。考虑在厦门象屿保税物流园区的基础上建立自由贸易港区，与对岸的高雄自由贸易港区相对

接，以加快“三通”进程，扩大两岸经贸往来。五是提升现有台商投资区作用。争取在中央支持下扩大福建省现有台商投资区的范围，延伸其功能，并努力争取在金融、税收、土地、物流等方面获得与天津滨海新区一样的优惠政策。

（二）调整经济发展战略，大力发展第三产业和民营经济

从国内外经济发展规律看，如果第三产业总量偏小的问题长期不能得到有效解决，将会严重影响经济发展方式转变和宏观经济持续增长。与第二产业相比，发展第三产业特别是生产性服务业所需的能源原材料消耗低，占用土地少，环境污染少，更符合福建省的生态优势和要素禀赋。因此，在制定加快海峡西岸经济发展的宏观政策和经济结构政策时，应从发挥区域优势和实现新的跨越式发展的角度出发，充分借鉴广东省、浙江省发展第三产业的有益经验，将加速发展生产性服务业放到重要地位。一是抓住传统服务业升级机遇，全面拓展生产性服务业的空间和内容。依托先进信息技术，快速形成新型金融、商务、技术咨询、文化娱乐等现代服务网络，满足各种消费群体的高端服务需求。二是把发展软件业作为重中之重，加快发展为制造业配套的研究开发设计、物流和会展等行业。三是加强服务业基础设施建设，满足城市化进程对居民服务业、城市交通等行业的需求，并扩大农村地区基础服务设施的覆盖面。

90年代以来雄厚的民间力量、遍地开花的民营经济，奠定了今天浙江省经济强省的坚实基础。福建省与浙江省在经济活力上的差距主要表现在民营经济方面。因此，福建省在加快海峡西岸经济区建设的进程中，应积极借鉴浙江省的有益经验，把发展民营经济作为重要的抓手，形成合力，为广大民间投资者创造法律框架允许下的最大自由环境，形成有效的创新机制，适应民营经济发展的投融资机制、民营经济信息集成的运作机制，实现政府制度创新与民营企业制度创新相结合、市场化制度和法制化制度相结合、政府职能转变与行业协会职能完善相结合。

（三）加强交通建设，充分发挥港口优势，发展临港产业

加快海峡西岸经济区建设必须加强综合交通运输网络与对外通道建设，缩小福建省在资源禀赋方面的不利影响。一是进一步加强铁路、公路集输运通道建设，采用海陆联运等多种运输模式，努力构建海峡西岸经济区连接长三角、珠三角以及江西省等中部省份的快捷运输通道，不断扩大福建省港口经济腹地范围。二是加强与江西省、浙南、粤东等地的产业合作，积极吸引该地区企业利用福建省港口，鼓励福建省与该区域的物流企业联手建设现代物流园区，降低物流成本。三是实施差异化发展战略，有效整合港口资源。应集中资源建设厦门港、福州港和湄州湾三大港口，加强大型专业化码头和深水航道建设。四是加快临港产业发展，大力发展能充分和加工制造等临港工业基地，发展临港工业集群。

（四）创造条件，努力增强福建和台湾两省产业合作

目前应加强福建和台湾两省在农业、工业、服务业方面的合作交流。一是推进海峡西岸农业合作。两岸具有相似的农业生产自然环境，台湾地区农产品生产成本高，福建省适合发展高新技术农业，台湾地区具有较强的农产品国际产销经验。当前福建省应积极引入台湾农民创业园，加快水产品集散中心建设，努力推动海西区成为两岸农产品交易中心和农业合作实验区。二是着力在“同等优先，适度放宽”上做文章，以福建省为根据地，推进福建和台湾两省在电子信息、石化、装备制造、轻纺、信息化等产业的深度对接，打造一些百亿级企业、千亿级产业集群，破解福建省工业总量小、企业规模小、工业产业基础相对薄弱问题。三是利用台商投资逐步转向新兴服务业，包括金融、流通、通讯、研究开发等高附加值领域，加快福建和台湾两省服务业发展合作。

（五）加快所有制改革，大力推动县域经济发展

浙江省县域经济发展的成功经验，对福建省具有重要启示：一是以改革和制度创新为动力，为县域经济发展提供宽松环境。应借鉴浙江省在财政上实行“省管县”的做法，扩大部分县（市）的经济决策权、事务统筹权和社会管理权，增强县域经济自主发展能力。二是以培育特色产业为目标，加快县域经济协调发展。福建省在县域经济发展中应充分利用当地的资源、市场和劳动力优势，大力发展特色农业和以陶瓷、制药和水产加工等为代表的特色工业，形成特色突出的区域性生产中心，推动县域经济跨越式发展。三是发展配套经济。应充分浙江省县域经济承接大中城市转移产业和零配件加工的经验，通过发展为大企业服务的配套产品、下游产品和为其服务的相关产业使县域经济融入大中城市的产业链延伸之中。

（六）实施金融多元化战略，更好地发挥发挥资金要素流动对经济的引领作用

一是结合海西区经济发展规划，建立完善多层次、多功能的金融机构组织体系，增加外部资金流入，扩大福建省金融总量，促进金融业提高竞争力。支持社会资本按相关要求设立村镇银行、小额贷款公司等新型金融机构，鼓励省外各类金融机构到县域设立分支机构，壮大经营规模；推动省内法人金融机构做大做强，增强为海西区建设服务能力。二是充分发挥金融业资金资源配置职能，更好地支持福建省经济增长。支持有条件的企业在境内外公开发行股票。引导企业发行企业（公司）债券、短期融资券、基础设施项目资产支持证券，努力扩大直接融资比重。借鉴浙江省经验，充分发挥民间资金补充作用，促进社会闲散资金向资本转化。积极引导各类基金（特别是保险资金）和投资机构参与实体经济建设；引导信托公司根据信托项目的特点积极吸引个人资金、企业资金、保险资金、各类基金等参与投资，使民间资金有序规范地投向实体经济领域。三是推动两岸金融合作。

推动对台离岸金融业务，拓展台湾金融资本进入福建省的渠道和形式，建立两岸区域性金融服务中心。优先批准台资银行、保险、证券等金融机构在福建省设立分支机构或参股福建省金融企业，进一步扩大两岸货币双向兑换范围，逐步建立两岸货币清算机制。发挥台湾金融业在农村金融、中小企业金融管理方面的经验和技能优势，加强福建和台湾两省金融在在农村金融、中小企业金融方面进行有效合作，推动福建和台湾两省农业合作、产业合作发展。

参考文献：

[1]国务院:《关于支持福建省加快建设海峡西岸经济区的若干意见》,《人民日报》,2009. 5. 7。

[2]方翔:《福建省经济发展与交通运输的相关关系分析》,《福建省社会主义学院学报》,2007. 2。

[3]《中国统计年鉴2009》、《中国金融年鉴2008》、《福建省统计年鉴2009》、《广东省统计年鉴2008》、《浙江省统计年鉴2007》和《江西省统计年鉴2007》。

福建省劳动力成本变化与促进就业关联研究

中国人民银行福州中心支行课题组

课题主持人：晏露蓉

课题组成员：赖永文　黄月琴　余　静

目前国内外经济环境较为复杂，一方面，受国际金融危机的影响，新增就业难度加大，为维护社会稳定，保持经济平稳较快发展，必须稳定就业局势，促进就业增长；另一方面，经济的发展、产业的升级、人民生活水平的不断提高都要求劳动力价格的不断提升。传统劳动经济学认为，工资水平上涨将会引起就业量的下降，虽然国内外已有的研究并未完全肯定这一论断①，但如何实现在劳动力价格不断上升的过程中促进就业是值得我们高度重视和研究解决的问题。本课题拟通过描述近年来福建省劳动力成本及就业的变化，分析两者间的关联及相互影响，从而提出在劳动力成本上升的前提下促进就业的若干思考。

关于劳动力成本，目前学者们虽有各自的表述，但是基本内容都是一致的，那就是劳动力成本是各企业（单位）在一定时期内为劳动者支付的全部费用。鉴于数据的可获得性，本文中的劳动力成本主要是指职工工资及保险，这是劳动力成本中最主要的部分，数据虽然不能做到精确和完备，却也不影响研究问题的主要结论。

一、福建省劳动力成本变化的主要特征

（一）总体工资水平不高，城乡差距明显

1. 城镇职工工资增长缓慢。改革开放以来，福建省经济持续快速发展，居民收入水平稳步提高，但进入2000年以后，城镇单位职工工资增长步伐明显放缓。2000~2008年全省城镇单位在岗职工平均工资年均增速只有11.7%，其中，2003~2005年低于10%；而同期全国职工工资年均增幅达到15.3%，快于福建省3.6个百分点（见表1）。由于增长速度缓慢，福建省在岗职工平均工资从2004年开始连续5年低于全国水平，在全国的位次逐步后退，2000年福建省居全国第7位，2008年退至第17位，平均工资与全国的差距也不断扩大，2004年与全国差距为421元，2008年扩大到3 527元。

① 如杨俊青（2005）的主要观点是提高工资会激励劳动者提高劳动生产率进而提高劳动需求最终导致就业的增加。

表1　　在岗职工平均工资福建省与全国比较

年份	在岗职工平均工资(元)		比上年增长(%)		福建省平均工资位次	福建省平均工资增速位次
	全国	福建省	全国	福建省		
2000	9 371	10 584	12.3	11.5	7	23
2001	10 870	12 013	16.0	13.5	8	26
2002	12 422	13 306	14.3	10.8	9	29
2003	14 040	14 310	13.0	7.5	9	29
2004	16 024	15 603	14.1	9.0	9	31
2005	18 405	17 146	14.9	9.9	11	26
2006	21 001	19 319	14.4	12.7	11	26
2007	24 932	22 283	18.7	15.3	13	27
2008	29 229	25 702	17.2	15.3	17	21

数据来源:《中国统计年鉴(2001－2009)》和《福建省统计年鉴(2001－2009)》。

从三次产业看,由于福建省经济发展较为依赖第二产业尤其是劳动密集型产业,而第二产业工资水平较低,影响整体工资水平增速缓慢;同时工资水平较高的第三产业发展相对缓慢,在一定程度上影响了整体工资水平的进一步提高(见图1)。

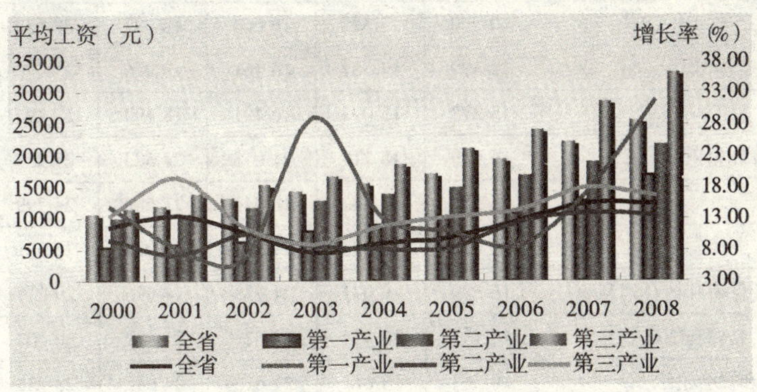

图1　2000～2008年福建省三次产业增长情况

数据来源:《福建省统计年鉴(2001－2009)》。

福建省第二产业近年来发展较快,第二产业占GDP比重由2000年的43.3%上升到2008年的50.0%,提高了6.7个百分点,从业人员比重由2000年的

51.0%上升至2008年的62.6%；但劳动密集型产业①占比较大，2008年劳动密集型产业增加值占制造业的比重达到43.3%。而第三产业占GDP比重从2000年到2008年由39.7%降为39.3%，减少了0.4个百分点，第三产业在岗职工占城镇单位在岗职工的比重也由2000年的46.3%下降到2008年的36.2%，8年下降了10.1个百分点。

2008年，福建省第二产业城镇职工平均工资只有21 662元，增幅仅为13.6%，增速居三产中的末位，并低于全国第二产业平均水平；而第三产业平均工资为33 218元，是第二产业的153.3%，增长16.6%，高于第二产业3.0个百分点。

从各行业看，制造业工资水平较低且占比较大影响整体工资水平缓慢增长（见表2）。

表2　　城镇单位在岗职工平均工资分行业变化　　（单位：元）

年　份	2003	2004	2005	2006	2007	2008
全省合计	14 310	15 603	17 146	19 318	22 283	25 702
农、林、牧、渔业	7 975	9 027	10 017	10 872	12 736	16 768
住宿和餐饮业	10 333	11 455	12 570	14 255	16 000	17 491
制造业	12 217	13 300	14 229	15 936	18 103	20 445
居民服务和其他服务业	15 009	15 952	15 707	17 572	19 394	22 645
水利、环境和公共设施管理业	12 948	14 067	16 433	18 355	22 912	23 854
租赁和商务服务业	14 538	16 393	16 986	20 205	20 896	23 864
采矿业	10 860	13 577	16 664	18 087	20 639	23 877
建筑业	13 779	14 381	16 161	18 976	21 170	24 268
批发和零售业	13 373	15 094	16 491	18 694	22 193	24 876
文化、体育和娱乐业	16 919	18 719	21 018	24 523	27 926	30 059
房地产业	16 582	17 542	18 944	21 588	24 799	30 601
教育	15 029	16 698	19 111	21 933	26 501	31 811
卫生、社会保障和社会福利业	16 589	19 071	21 733	24 076	29 219	33 990
交通运输、仓储和邮政业	18 181	20 424	22 623	25 987	30 402	34 086
公共管理和社会组织	16 567	18 617	21 616	24 645	28 958	34 761

① 本文劳动密集型制造业包括农副食品加工业、食品制造业、饮料制造业、纺织业、纺织服装鞋帽制造业、皮革毛皮羽绒及其制品业、木材加工及木竹藤棕草制品业、家具制造业、造纸及纸制品业、印刷业和记录媒介的复制业、文教体育用品制造业、工艺品及其他制造业12类行业。

续表

年　份	2003	2004	2005	2006	2007	2008
科学研究、技术服务和地质勘查业	19 913	21 783	24 346	27 701	35 483	37 450
电力、燃气及水的生产和供应业	20 562	22 842	26 695	29 909	36 546	40 196
信息传输、计算机服务和软件业	33 158	37 500	40 326	40 817	44 379	48 671
金融业	26 245	29 948	34 993	42 359	52 568	65 119

注：行业按2008年平均工资由低到高排列。

数据来源：《福建省统计年鉴（2001－2009）》。

近年来的数据显示平均工资最高的是金融业，信息传输、计算机服务和软件业，电力、燃气及水的生产和供应业三个行业，但其职工人数占比仅为4.9%（2008年）；平均工资最低的是农、林、牧、渔业，住宿和餐饮业，制造业三个行业，职工人数占比却达到为52.5%，其中职工人数占比50%以上的制造业平均工资水平处于行业倒数第3。

从各设区市看，只有厦门市和福州市在岗职工平均工资在全省平均水平之上（见图2）。如果不考虑厦门市，全省工资水平与全国的差距将更大。

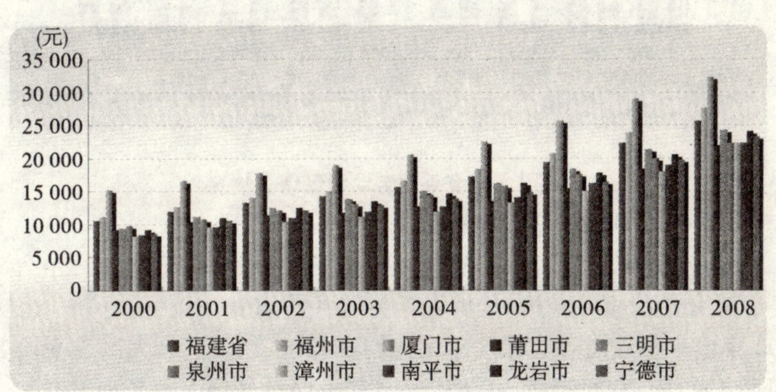

图2　各设区市城镇单位在岗职工平均工资变化

数据来源：《福建省统计年鉴（2001－2009）》。

作为全省在岗职工主要增长点的泉州市（在岗职工人数占全省比重由2000年的19.4%上升到2008年28.4%），2000～2008年工资年均增长10.9%，低于全省11.7%的年均增速（见表3）。

表3　　城镇单位在岗职工平均工资分地区变化

地区	全省	福州市	厦门市	莆田市	三明市	泉州市	漳州市	南平市	龙岩市	宁德市
2000～2008年在岗职工平均工资年均增速(%)	11.7	11.9	9.8	11.5	12.6	10.9	13.2	12.9	12.8	13.1

数据来源：根据《福建省统计年鉴(2001－2009)》相关数据测算。

2. 农村劳动者工资性收入总体水平较低且增速较慢。福建省农村劳动者工资性收入与城镇单位从业人员劳动报酬比，总体水平较低且增速较慢，其原因主要是农村劳动力相对素质较低及城乡劳动生产率差别拉大所引起的（见图3）。

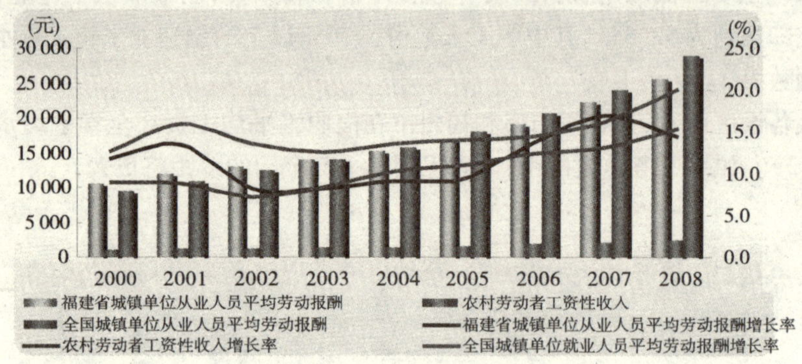

图3　城乡平均劳动报酬增长情况

数据来源：《福建省统计年鉴(2001－2009)》。

（二）社会保险增速加快，但农民工参保率较低

2002年以来福建省各类保险年增速均在两位数上，且大大高于平均劳动报酬增速（见图4）。至2008年底，福建省基本养老保险参保人数538.73万人，较2001年增长76.4%；医疗保险参保人数435.73万人，较2001年增长154.8%；失业保险的参保人数343.33万人，较2001年增长41.4%；工伤、生育保险参保人数分别为346.12万人和273.95万人，较2001年分别增长117.6%和131.7%。在农村，新型农村合作医疗制度和养老保险制度得到有效推广，新型农村医疗改革试点也在加快推进。

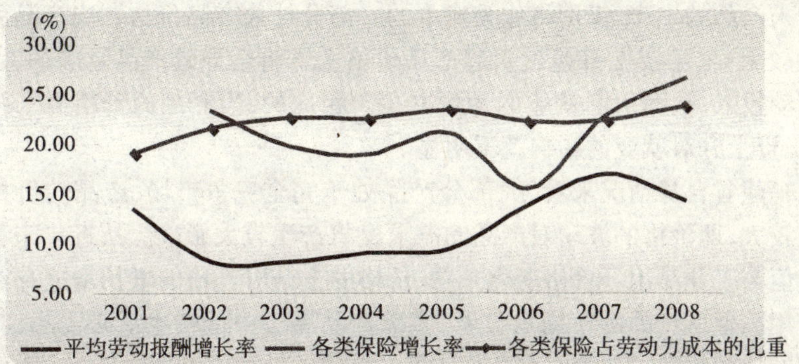

图4 福建省各类保险增长情况

注:(1)各类保险包括:养老保险、医疗保险、失业保险、工伤保险和生育保险。

(2)各类保险占劳动力成本的比重=各类保险总收入/从业人员劳动报酬总额。

数据来源:福建省劳动和社会保障厅。

但据福建省统计局调查资料显示,进城务工的农民工参加社会保险的人数却相对较少。2007 年参加基本医疗保险、基本养老保险、失业保险的占比分别仅为 58.9%、15.8%和9%。农民工在从事各种脏苦险累工作并接受较低收入待遇和较高城镇生活开销的同时,却较少享受养老、医疗、失业等相关福利,社会保障所应贯彻的公平、公正原则尚没有在农民工身上得到应有体现。

二、劳动力成本变化与就业关联分析

(一)劳动力成本变化影响就业的机理分析

按照传统劳动经济学的分析,工资水平上涨将会引起就业量的下降。这里工资上涨引起就业下降,实际是劳动需求的下降。工资对就业的影响,从理论上来说可以用劳动力需求的自身工资弹性来代替。劳动力需求的自身工资弹性指某种劳动力的工资变化1%所引起的此种劳动力的需求量发生变化的百分比。而根据派生需求定理,或称"希克斯—马歇尔派生需求定理",假定其他条件相同,在下述四种情况下,某种劳动力需求具有较高的自身工资弹性:①使用该类劳动力进行生产的产品富有价格弹性;②以其他生产要素替代该种劳动力很容易;③其他生产要素的供给富有弹性,无需大幅度提高这些生产要素的价格就能很容易地获得其供给量的增加;④该种劳动力成本占产品总成本的比重很大。

我们从以下几个方面分析影响福建省劳动力自身需求工资弹性的主要因素。

1. 最终产品的需求价格弹性影响分析。最终产品需求的价格弹性是指产品价格变动1%所导致的产品需求量变动的百分比。在其他条件相同的情况下,产品需求弹性越大,价格变动所引起的产品需求量变动就越大。劳动作为一种生产要素投入产品的生产,工资将作为成本的一部分计入产品价格。当产品的价格需求弹性较大时,工资上升通过引起产品价格上涨将会导致产品需求的大幅下降,减少劳动投入,从而引起就业的大量减少。相应的,当产品的价格需求弹性比较小时,工资上升对就业的影响就不明显。

从福建省自身情况来看,大部分产品处于完全竞争市场,产品的价格需求弹性相对较大,即价格的波动对产品的需求量将产生较大影响。从近年来福建省工业总产值与工业品出厂价格变化来看,价格的上升对产值的增长增速存在一定的抑制作用。但从产品的市场定位看,多数产品属于中低端生活必需品,其价格具有较高的比较优势,需求市场较为稳定。福建省外贸在2008年全球金融危机中受影响较小也说明了这一点(金融危机以来福建省出口降幅一直小于华东其他省市,也小于全国平均水平)。因此即使存在波动,福建省工业总产值及增加值的增速都保持在10%以上,价格对需求的负面影响并不明显(见图5)。

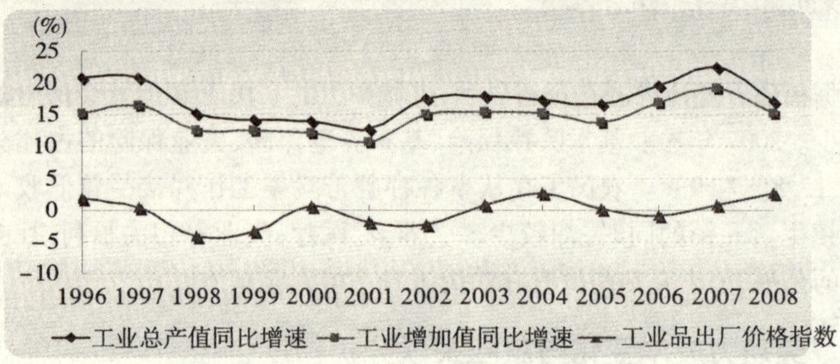

图5 福建省工业产出与工业品价格变化曲线

数据来源:《福建省统计年鉴(2001－2009)》。

2. 其他生产要素替代劳动的难易程度及供给弹性影响分析。当某种劳动力的工资上升时,企业倾向于用相对便宜的其他生产要素(可以是资本,也可以是其他类型的劳动力)对其进行替代。但是如果替代的难度很大,如某工作必须要由人来做,任何机器都无法代替人工,因而生产单位产品就必须使用一定数量的劳动力,那么工资上升的替代效应就很难发挥作用。但是,在替代很容易的情况下,替代效应就能发挥作用,从而促使劳动力需求量因工资上升而大幅度下降。因此,若其他条件相同,其他生产要素对劳动力替代越容易,劳动力需求的自身工资弹性就越高。更进一步说,当企业会试图用其他生产要素替代劳动力时,对其他生产要素的需求就会上升。如果此类生产要素的供给量很容易增加,即供给弹性较大,那么企业用其他生产要素替代当前劳动力的过程便很容易完成,当前劳动力的需求便有大幅度下降。但有些时候,其他生产要素的供给量必须在其价格有很大程度上升的情况下才有可能小幅度增加，即供给弹性很小，那么因这些生产要素的价格变得相对昂贵，企业便缺乏用这些生产要素对劳动力进行替代的动力，因而劳动力需求量减少的幅度会较小。因此，在其他条件相同的情况下，其他生产要素的供给弹性越大，劳动力需求的自身工资弹性就越大。下面以资本和技术两种除劳动力以外的主要生产要素的变化情况来分析。

资金可以说是资本的货币表现，这里用国内贷款的基准利率近似反映资本替代劳动的成本。从20世纪90年代至2002年，贷款的基准利率基本呈现震荡下行趋势。而2002~2007年，国内贷款的基准利率处于缓慢上行通道（一年期贷款基准利率由2002年末的5.31%上升至2007年末的7.47%），资金成本逐步上升。但这期间资金市场的流动性较为充裕，融资方式也逐步增加，资本的获得难度并不大。2008年受国际金融危机的影响，在适度宽松的货币政策下，中央银行5次下调贷款基准利率，累计降幅接近30%（一年期贷款基准利率由2007年末的7.47%降至5.31%），企业的资金成本明显下降，同时2009年来银行信贷的大量投放也降低了企业的融资难度。从资金的可获得性方面看，资本替代劳动的成本是有所降低的。而从资本的供给方面看，近年来投资推动经济持续高速增长，2005年以来福建省资本形成对经济增长的贡献率均达60%以上，同时稳健的货币政策为市场提供较为充裕的流动性，因此受资本的逐利性影响，资本的供给弹性是较大的。

从技术方面看（见表4），近年来福建省研究开发费用的资金来源中，企业资金的比重快速上升，由2000年的15.79%升至2008年的89.39%，可以说福建省研究开发费用的增长主要靠企业的投入；同时研究开发费用占GDP的比重也稳步上升，企业对于提升技术的需求越来越强烈，技术替代简单劳动的程度将会越来越深。但技术进步并不是一个短暂的过程，在短时间内迅速提高的可能性不大，因此其供给弹性是较小的。

表4　　福建省研究发展（R&D）经费支出增长情况

指　标	2000	2001	2002	2003	2004	2005	2006	2007	2008
R&D经费支出（亿元）	21.19	22.62	24.40	37.50	45.89	53.73	67.43	82.17	102.13
R&D经费支出增速（%）	—	6.75	7.87	53.69	22.37	17.08	25.50	21.86	24.29
R&D经费支出中企业资金所占比重（%）	15.79	16.24	16.71	27.51	36.62	47.14	59.76	72.30	89.39

续表

指　标	2000	2001	2002	2003	2004	2005	2006	2007	2008
R&D经费支出占GDP比重(%)	0.56	0.53	0.52	0.75	0.80	0.82	0.89	0.90	0.94

数据来源:《福建省统计年鉴(2001－2009)》。

随着福建省经济的结构调整和升级,资本、技术等其他生产要素对劳动替代的难度或将呈下降趋势,且资本的供给弹性相对较大,因此劳动力需求的自身工资弹性也相对较大,当工资上升到一定程度时,劳动力需求量可能因其成本的上升而明显减少。

3. 劳动力成本占总成本比例影响分析。劳动力成本占总成本的比例对工资弹性也有很大影响。当劳动力成本所占比例较大时,工资的上涨会造成总成本的更多上升。在其他条件相同的情况下,如果劳动力成本最初在产品总成本中所占的比重是20%,若工资上升10%,总成本将上升2%(20%×10%)。但如果最初比重是80%,则工资上升10%,总成本就将上升8%。由于在后一种情况下企业被迫更多地提高产品价格,产出量和劳动力需求量的下降幅度会更大。因此,总成本中劳动力成本所占的比重越大,劳动力需求的自身工资弹性越高。也就是说,劳动力成本比例较高的情况下,工资水平的上涨将导致工人的大量失业。

据2008年企业劳动力价格典型调查结果显示①,企业劳动力成本占总成本的比重仅为10%左右,且呈下降趋势。应该说,工资的上升对劳动力需求的负效应并不十分强烈。

综合几个方面因素来看,对福建省劳动力需求的自身工资弹性影响较大的因素是其他生产要素对劳动的替代难易程度以及其他生产要素的供给弹性。随着经济发展方式的逐步转变,资本的扩张和技术的提升可能增加劳动力需求的自身工资弹性,劳动力成本的上升可能对就业产生较大的负面影响。

（二）福建省就业形势对劳动力成本影响分析

1. 福建省就业总量不断增加,促就业政策取得成效。改革开放以来,福建省就业总量伴随经济增长而不断扩大,就业人员素质逐步提高,城镇登记失业率得到有效控制,就业局势保持基本稳定(见表5)。2008年,全省全社会就业人员总量达到2 079.8万人,比1978年增加1 155.3万人,年均增加38.5万人,年均增长

① 调查说明:2008年企业劳动力价格问卷调查选取福建省具有代表性的纺织服装业、鞋帽制造业、农副产品加工业等劳动密集型企业,回收有效问卷54份。其中,民营企业17家,外资企业37家;大型企业2家,中型企业34家,小型企业18家;参与出口的企业39家,属于一般贸易的企业有23家,属于加工贸易的企业有16家。

2.7%；全省就业人员数占总人口比重由1978年的37.8%提高到56.3%，上升了18.5个百分点。与此同时，城镇登记失业率持续下降。2008年全省城镇登记失业率为3.86%，低于全国平均水平。从就业人员的结构看，全省劳动力不断从第一产业中剥离出来，向第二产业、第三产业转移。其中，第一产业就业人员比重由1978年的75.1%降为2008年的31.1%，第二产业由13.4%升至35.6%，第三产业由11.4%升至33.3%。同时，就业人员的文化素质也明显提高，2008年，全省就业人口平均受教育年限8.6年，比1982年提高3.1年，城镇单位专业技术人员从1978年的8.4万人增加到2008年的101.6万人。

表5　　福建省就业基本情况

	2002	2003	2004	2005	2006	2007	2008
就业人员合计（万人）	1 711.3	1 756.7	1 814.0	1 868.5	1 949.6	2 015.3	2 079.8
就业人员构成（%）							
第一产业	44.7	42.4	40.2	37.6	35.2	32.7	31.1
第二产业	26.1	27.8	29.4	31.2	33.2	35.1	35.6
第三产业	29.2	29.8	30.4	31.2	31.6	32.2	33.3
城镇登记失业率（%）	4.20	4.10	4.00	4.00	3.93	3.90	3.86

数据来源：《福建省统计年鉴（2004－2009）》。

党的“十四大”以后，随着国有企业改革加快和社会主义市场经济体制逐步建立，企业下岗失业人员迅速增加。随着再就业工程的逐步开展，到2002年，全省下岗职工再就业率达到60%。2002年，国家出台进一步做好下岗失业人员再就业工作的政策措施；同年，人民银行等4部委为配合国家再就业政策出台了《下岗失业人员小额担保贷款管理办法》，开始办理金融支持扩大就业再就业的政策性贷款业务——小额担保贷款业务。2003年以来福建省下岗失业人员小额担保贷款业务持续发展，贷款扶持面不断扩大。目前该项政策已成为银行系统支持扩大就业再就业的一项重要信贷政策，较好地推动了全省再就业工作开展。2008年，福建省级筹集就业再就业资金达2.72亿元，发放小额（担保）贷款1.70亿元；帮助下岗失业人员再就业8.55万人，就业困难对象再就业3.32万人；城镇登记失业率由2002年最高的4.2%逐年下降到2008年的3.86%，实现了控制在计划指标4%以内的目标。

2. 劳动力市场供求变化明显，结构性矛盾较为突出。近年来福建省劳动力市场①呈现明显求大于供的趋势，但受全球金融危机等因素影响，自2008年下半年

① 根据福建省劳动和社会保障厅按季发布的《福建省劳动力市场职业供求状况》综合，数据范围为福建省9个设区市的中心劳动力市场及部分主要县（市、区）级劳动力市场的职业供求登记。

以来求人倍率逐季下降，到2009年第1季度转变为供大于求。但随着经济增速的逐渐回升，求人倍率2009年第2季度开始止跌回升，劳动力市场第3季度已恢复供不应求的态势（见图6）。

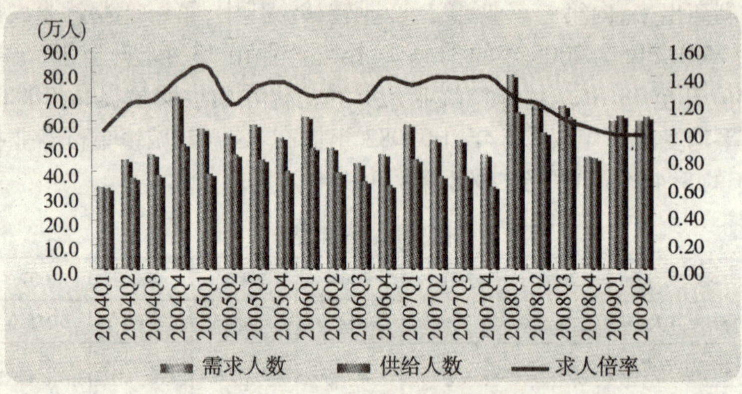

图6 福建省劳动力市场供求情况

数据来源：福建省劳动和社会保障厅、福建省劳动就业中心2004年第一季度至2009年第二季度《福建省劳动力市场职业供求状况》。

值得关注的是，劳动密集型企业一直保持较大的用工缺口。自2004年以来，一直位列求大于供前10位的主要是鞋帽制作、针织等劳动密集型工种，求人倍率基本在2以上。福建省民营经济发展较早，形成较为成熟的以纺织服装、鞋帽制作为主体的出口外向型传统产业集群，但由于产业技术含量不高，且部分中小企业用工不规范，员工工资福利待遇水平偏低，企业员工的流失率偏高，存在“招得到，难留住”的现象。同时现有技能人才结构与市场需求存在错位，2009年第2季度全省有技能要求的熟练工求人倍率为1.93，而无技能要求的一般劳动力求人倍率仅为0.83，结构性矛盾较为突出。

3. 人才市场供大于求，高等教育结构需要改善。综合福建省2007年来人才市场的统计信息①，就业形势比较严峻，总体呈现供大于求的态势。2009年福建省第2季度人才与职位供求比（求职人数/招聘职位数）为1.91:1，达到近几年的最高点，供求矛盾较第1季度及2008年同期均进一步加剧。

从分专业人才供需情况看，招聘职位与求职者数量排名前列的专业类别基本一致，即市场营销、计算机与应用类、保险、机械与仪器仪表类、财会类、建筑工程、企业管理、文秘、旅游与饭店管理、信息与电子类、证券、行政业务等专业，但各个

---

① 根据福建省人事厅按季发布《福建省人才市场供求信息情况》综合，统计范围包括：福建省9个设区市、部分县（市、区）政府人事部门所属人才中介机构、中国海峡人才市场及部分行业、民营人才中介机构共计22个单位。

专业的供求情况有较大差别。以 2009 年第 2 季度为例，在求职者数量排名前 10 位的专业类别中，教育类、翻译、信息与电子类、经济类、计算机与应用类、财会类的供求矛盾较大，其供求比分别为 16.5∶1、13.9∶1、3.2∶1、2.7∶1、2.5∶1 和2.5∶1；供不应求的专业有保险、旅游与饭店管理，其供求比分别为1∶9.9 和1∶2.1；供求基本持平的有市场营销和文秘，其中，市场营销首度改变了近十几年来供不应求的状况。

从人才供需的学历层次看，高学历呈现供过于求的局面，而随着学历的降低，供求逐渐趋于平衡，中职（高中）以下学历在多数时段呈现供不应求的态势（见表 6）。高等教育的扩招延迟了更多劳动者进入职场的时间，一定程度上缓解了就业压力，但从总体需求职位看，市场对高学历（本科以上）的需求占比仅为 10% 左右，且严重小于求职者，大学生就业形势十分严峻。高学历人才的增加对整体劳动者素质的提升有积极的促进作用，但对应的工资水平也较高，企业成本随之提高，对应目前的产业结构，其需求占比必然较小。

表 6　福建省人才市场学历层次供求比变化

	总体		研究生		本科		大专		中职（高中）以下	
	供求比	需求比重（%）	供求比	需求比重（%）	供求比	需求比重（%）	供求比	需求比重（%）	供求比	需求比重（%）
2009 年第 2 季度	1.91	100	5.60	0.36	5.23	9.89	1.85	42.91	1.24	46.84
2009 年第 1 季度	1.57	100	4.72	0.36	3.29	13.39	2.00	32.86	0.86	53.38
2008 年第 4 季度	1.35	100	6.29	0.30	4.99	10.56	1.00	36.01	0.84	53.13
2008 年第 3 季度	1.35	100	2.74	0.37	2.15	13.85	1.47	36.74	1.02	49.03
2008 年第 2 季度	1.41	100	2.09	0.49	2.58	10.45	1.89	35.77	0.85	53.29

注：供求比 = 供给人数（求职人数）/需求岗位数（招聘职位数）；需求比重各层次学历占需求岗位的比重。

资料来源：福建省人事厅 2008 年第 2 季度 ~2009 年第 2 季度《福建省人才市场供求信息情况》。

4. 结构性供求矛盾使未来劳动力价格仍呈上升趋势。2000 年以来，全省劳动年龄组（16 ~59 岁）人口比重呈波浪上行趋势，供给总量稳定增长（见图 7）。而根据前文对近年来劳动力成本和劳动力市场的分析，福建省就业形势主要体现为结构性供需矛盾，招工难，且高素质人才就业形势不容乐观。

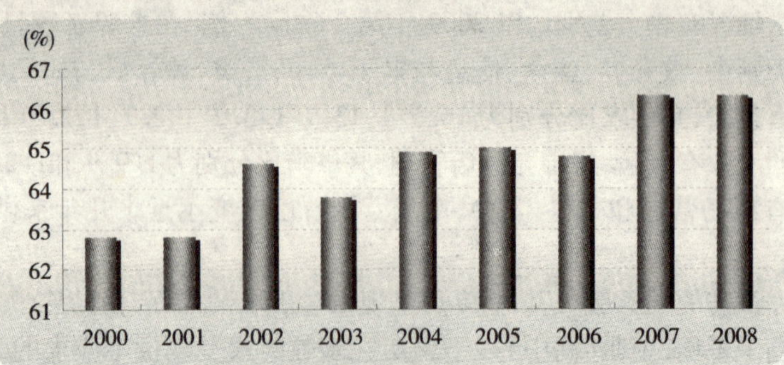

图7　福建省劳动年龄组人口比重

数据来源:《福建省统计年鉴(2001－2009)》。

结构性供需矛盾反映了两点:第一,工资水平偏低,就业环境无明显优势,对劳动者吸引力不够;第二,教育及培训结构与从业需求结构不相匹配。因此,一方面,经济的发展,产业结构的调整需要提高工资水平来吸引和留住劳动者以解决结构性矛盾;另一方面教育和培训的投入提升人才的培养成本,必然推动工资水平的上涨。受全球金融危机影响,目前经济才刚刚走出低谷,就业形势并不十分乐观,工资增长速度可能减缓。但在通货膨胀预期日益强烈的情况下,加上社会保障制度的逐步完善,未来劳动力价格依然呈上升趋势。

三、对劳动力成本上升趋势下促进就业途径的几点思考

如前文所述,劳动力成本上升可能通过增加企业成本影响产品价格,进而影响产品需求而减少产量,同时减少劳动力需求。但劳动力成本上升可以缓解劳动密集型企业招工难问题,并有利于产业结构的优化升级和技术进步,进而提升劳动力的素质。而要实现在劳动力成本上升过程中促进就业,良好的就业环境和保障至关重要。《劳动合同法》、《促进就业法》等保障劳动者权益以及促进就业的法律法规和国务院一系列促就业政策措施已经出台并实施,政策效应逐步显现。同时为进一步促进就业,缓解就业的结构性矛盾,以下几个方面应该得到改善。

(一)落实金融促就业政策,改善民生金融服务

近年来福建省着重推进金融支持民生信贷长效机制建设,不断改进小额担保贷款管理,金融促就业政策得到较好的实施。2009年,面对复杂的国内外环境,为促进就业国务院发布了《关于做好当前经济形势下就业工作的通知》。同时,人民银行和中国银行业监督管理委员会联合出台的《关于进一步加强信贷结构调整促进国民经济平稳较快发展的指导意见》中要求:要认真落实《国务院关于做好当前经济形势下就业工作的通知》,发挥小额担保贷款政策的积极作用,切实做好对零

就业家庭、就业困难人员、高校毕业生、残疾人、返乡农民工等重点就业人群的小额担保贷款发放和金融支持帮扶工作;鼓励有条件的地方,积极创新信贷管理模式和服务方式,加大对具有比较优势的劳动密集型小企业的信贷支持,积极推动创业带动就业;加大对发展职业教育的融资支持,提高返乡农民工就业能力。

根据国务院及各部委关于金融促进就业的指导意见,福建省要结合实际情况,进一步把握和领会创新小额担保贷款管理模式和服务方式的精神实质,着重加强对返乡农民工、高校毕业生、因灾失业人员、零就业家庭等群体创业促就业的金融服务。不断完善小额担保贷款风险补偿机制,积极推行"小额担保贷款+信用社区建设+创业培训"的联动机制,建立健全小额担保贷款可持续运作的长效机制,确保国家小额担保贷款政策的落实。同时,通过不断加强征信体系建设,发展多层次金融机构体系,引导金融机构积极探索担保方式,创新开展个人创业贷款业务,拓宽个人创业的融资渠道,加强对个人创业的扶持。

(二)大力发展职业教育,加快改善高等教育结构

劳动力是一种具有经济价值的资源,当其所具有的"劳动能力"能为企业家带来利益时,企业就会雇佣他们。劳动力市场将根据供需双方的需求进行调节,其结果是,有的劳动者能够在短期内实现就业,有的需要较长的时间,还有的则看不到重新就业的任何希望。这其中的影响因素有很多,但劳动者的素质是决定性的因素。教育实际上应是顺应市场需求培养相应的人才。针对前文分析的就业市场存在的结构性问题,福建省应大力发展职业技能教育,同时加快改善高等教育结构。

职业技能教育主要针对的是较低素质的劳动者。近几年城镇每年新增就业人数中有60%左右是从农村招收的,而技能对农村外出劳动力工资收入的影响较大。目前九年义务教育的顺利推行,农村外出劳动力的教育程度都有较大提高,一般都在初中文化程度以上,但农村外出劳动力拥有的技能状况较差,大多农村外出劳动力是不具有任何专业技能的普通劳动力。所以今后一个阶段要大力强化职业教育,提高农村外出劳动力的技能水平。同时引导外出劳动力进行自身人力资本投资。新一代外出务工青年已经渴望融入城市,但是单靠无技能的劳动收入,显然无法维系城市生活,并且这部分群体能够用于提升自身人力资本的资金也较少。因此政府应加大对外出劳动力的培训投入,根据企业的实际需求,通过举办各种公益性的"短平快"型的专业技能培训,强化劳动力的技能训练。

而高等教育结构的调整则主要解决大学生就业问题。尽管经过十多年的发展,福建省高等教育科类结构逐步向着适应劳动力市场需求的方向发展,但仍然不能主动适应劳动力市场的需要。由于劳动力市场需求的易变性和教育的滞后性,决定了高等教育科类结构要真正做到对劳动力市场的主动适应,必须既要适应当前劳动力市场的现实需求,又要面向未来劳动力市场的需求。在今后高等教

育结构的发展和调整中，政府应在下放专业设置权的同时加强对专业的评估与引导，加强劳动力市场需求预测，为调整高等教育专业结构服务，同时进一步畅通劳动力供需双方的信息渠道；而高校应真正确立在高等教育结构调整中的主体地位，如主动根据劳动力市场的需求设置专业和调整科类结构，使专业设置调整与毕业生就业状况适当挂钩。在适应劳动力市场需求的同时，又要注意保持自身的特色专业和学科，并根据自身的使命和类型确立与劳动力市场之间不同紧密程度的关系。

（三）完善社会保障制度、加大农民工保障力度

福建省大学生就业形势不容乐观，其中一个重要原因是整体就业环境对高素质人才的吸引力与其他较为发达的东部省市还存在一定的差距。完善的社会保障能够使劳动者对未来形成良好的预期，是吸引人才、留住人才的重要因素，同时在一定程度上减轻企业的负担，利于就业的岗位的增加。因此应加快完善社会保障制度，营造良好的就业环境，充分发挥政府在改善就业环境方面的作用。

必须特别重视农民工社会保障问题。农村外出劳动力为经济发展作出了巨大的贡献，但是其劳动报酬却远低于其实际贡献，这与企业低成本的扩张战略有着密切的关系。经济的发展以牺牲农村劳动力的权益为代价，那么社会有责任为农村外出劳动力的医疗、养老、工伤、失业等买单。在现有条件下，政府应确保用于农民工社会保障和社会福利的财政资金到位，并采取有力措施使企业应承担的部分落实，不断提高农民工社会保障水平，探索农民工社会保障的有效模式。

（四）促进工会作用的发挥，合理制定最低工资标准

市场经济条件下，工会是劳动力市场上代表工人与资方谈判的重要的市场竞争主体。但是由于在改革开放过程中，一方面，发展多种所有制经济并对国有经济进行改制和放权的同时，工会制度改革相对滞后，表现在许多国有单位的工会还停留在扮演慰问困难职工或组织搞文艺、体育等传统业务活动的角色上，而没有直接作为职工代表参与谈判；另一方面，在“三资”企业和私营企业中，工会组织发展亦很缓慢，或者根本没有建立工会组织，即使有工会组织，工会也不能代表职工参与收入分配政策、工资水平和各项福利待遇的制定。面对普遍拥有用工权和工资水平决定权的劳动需求方——企业，工人只能是企业收入分配的被动接受者，这就导致了双方地位的失衡，职工处于绝对的弱势地位。因此，劳动需求方利用其强势地位，压低工人工资，是导致劳动力价格普遍偏低的一个重要原因。因此，应当重视工会的作用，使之真正代表劳动者的利益，在提高劳动者收入上发挥作用。

最低工资标准是农村外出劳动力工资水平的主要决定因素，所以在制定最低工资标准的时候必须反映农村外出劳动力的诉求，建立最低工资的三方谈判机制，让农村外出劳动力参与到最低工资标准制定的决策中来，行使自己的谈判权，

维护劳动权益。但在当前资方处于绝对的强势，农村劳动力没有代表自己利益的工会组织或者农会组织的情况下，建立和完善最低工资听证制度和其他三方信息沟通机制和社会协商渠道，是次优的选择，但政府必须承担其维护农村劳动者权益的责任，在最低工资标准的制定中合理均衡企业和劳动者的利益。

参考文献：

[1] 王晓鹏：《劳动力成本对南京劳动密集型制造业的影响研究》，南京航空航天大学，2007 年。

[2] 管弦：《高等教育科类结构与劳动力市场关系的研究——以福建省为例》，厦门大学，2007 年。

[3] 张亚斌、吴小波、曾铮：《工资变动影响中国制造业出口部门就业的机理分析》，《中国人口科学》，2006 年第 5 期。

[4] 童玉芬：《北京劳动力需求量变动及影响因素的分析》，《求是学刊》，2007 年第 9 期。

[5] 曾湘泉、卢亮：《我国劳动力供给变动预测分析与就业战略的选择》，《教学与研究》，2008 年第 6 期。

[6] 石娟：《我国最低工资标准与就业关系的实证研究》，《当代经济》，2009 年第 3 期。

论信息生产、社群信任与社区银行制度模式

——基于信息经济学和新制度经济学的视角

中国人民银行福州中心支行金融研究处课题组

课题主持人：杨少芬

课题组成员：梁雪芳　王　勉　杨秀萍

一、引　言

在改革开放的30年中，尽管我国政府制定了一系列支持中小企业融资的政策措施，然而中小企业特别是微型企业、个体工商户和广大农户（以下将三者合称“中小客户”）间接融资环境并未得到彻底改善。我国中小客户面临的信贷约束增加，既有产生于市场经济条件下的一般性原因，也有源于经济转型期我国金融体制和市场环境的特殊原因。

从供给角度看，我国农村正规金融供给具有首先遵循国家偏好而非市场需求的倾向，缺乏有效满足农村中小客户金融需求的机制和动力，其对分散的、小规模的、季节性的、有效抵押物不足的小农经济的借款需求存在天然的排斥。从需求角度看，中小客户的信息不透明和不对称，致使信贷交易又增加了一个维度——利率的高低将影响客户的组成。如果银行预见到对贷款自由定价将导致逆向选择，并加剧中小客户信贷市场总体风险，则其会选择在保持相对较低贷款利率的前提下，对所有的中小客户贷款申请实行信贷配给。① 从政府角度看，我国在破解中小客户融资困局上存在明显的制度缺位。我国中小企业的融资问题，除了中小企业自身的原因外，最主要的还是来源于当前高度集中的银行产业组织结构（见表1）。

① 信贷市场中常见的信贷配给现象可以分为两类：一是按照银行标明的利率，所有能够获得贷款的申请人的借款需求只能部分地得到满足；二是在当期的利率水平下，银行对不同风险的借款人实行差别待遇。低风险的借款人的需求得到满足，高风险的借款人则被拒绝。因为只要高风险的借款人的风险足够大，银行就不会提高利率去吸引高风险的借款人，从而排斥低风险的借款人。市场经济条件下中小客户的融资不足大多出自第二类信贷配给。

表1　　2007年末我国银行类机构的存款市场份额

大型商业银行	中型商业银行	小型商业银行	农村信用社（含农村商业银行、农村合作银行）
四家国有商业银行+中国邮政储蓄银行	全国性股份制商业银行+城市商业银行	城市信用社	1.47%
52.82%	21.85%	0.32%	

资料来源：根据《中国金融年鉴（2008）》有关数据整理。

注：地方性中小金融机构（含城市商业银行、城市信用社和农村信用社）的存款份额仅占18.2%，银行业结构明显处于垄断竞争状态。

二、中小客户融资不足：相关理论和文献综述及其反思

当前，信息的不对称和不完全，不仅是困扰信贷市场运行的主要问题，而且对中小客户贷款可获得性的影响更为显著。要解决信息不对称问题，市场就必须有某种信号显示和（或）信息生产的机制和制度安排。[①] 在信号显示机制中，可信度问题是关键因素。一般而言，市场会通过某种强制性安排，迫使企业公开披露由第三方认证的、规范的格式化信息，由此可提高投融资双方间的合约效率。大量的实证研究发现，与大型客户相比，中小客户难以通过有效的信号显示工具，如经第三方审计的财务报表、良好的信用记录、可抵押资产或自有资本投入等易于编码、量化和传递的标准化信息，来显示自身的风险状况。因此，中小企业受银行信贷配给的影响更为严重（刘宵、张捷，2002）。

不同的企业信息结构和信息特征，要求不同的信息生产和信息传递方式，从而对应着不同的融资方式和治理机制。就更深刻的经济学意义而言，不同融资方式的本质差别，在于金融中介在信息生产方式以及在公司治理结构中的作用差异。对于缺少公开的可量化信息的中小客户而言，其融资不足的本质是金融交易中的市场失灵，而基于私有信息生产、具有准市场交易特征的关系型融资[②]（青木昌彦、Dinc和Boot，2000），实际上正是交易双方为克服这种市场失灵而共同构建的制度安排。在关系型融资安排下，关系型银行通过提供事前甄别和事后监督服务主动生产私有信息，而不委托第三方信息生产机构（如评级机构），即信息的生产活动是在双边关系的范围内进行的，从而保证了信息生产及其结果的私有性。

① 如果将有信息优势的交易方（融资方）称为代理人，而将另一方称为委托人，那么信号显示机制就是代理人主动或被动地向委托人传递信息的过程；而信息生产则是委托人主动的信息挖掘行为。一般而言，两种机制在市场中是并存的，但由于交易双方追求的效用目标不一致，不同的信息机制会呈现不同的特点。

② 关系型融资是指投融资双方在长期互动关系中，通过私有信息在双边框架下的生产来平滑投融资过程的融资行为。

私有信息的生产是高成本的，但由于信息的不完全性和跨期再利用，长期的客户关系有利于信息的不断收集和降低信息处理的边际成本，实现信息生产成本在时间上的有效分担（Greenbaum 和 Thakor，1995）。在紧密的客户关系中，关系型银行能实现对合约条款的跨期平滑，长期稳定的关系型融资者能得到跨期信用补贴，降低了信息摩擦（Peterson 和 Rajan，1995），即有效减少了企业在信贷市场上的进入成本。综上所述，通过私有信息的长期生产，关系型融资为高风险和信息不透明的中小企业提供了有效的融资途径，并为企业将来进入公开市场融资提供了必要的信号显示机制。

20 世纪 90 年代中期以来，随着国际银行业并购浪潮的兴起，银行在信贷方式上有增加运用量化模型的趋势，但是关系型融资始终被视为小型企业、农户和零星消费者最有效的融资手段。以美国为背景的经验研究发现，大银行对小银行的兼并或大银行之间的合并倾向于减少对中小客户的授信，银行对中小企业贷款的比率与银行规模存在很强的负相关（Strahan 和 Weston，1996）。Berger 和 Udell（2002）从关系型贷款的角度得出“中小银行是中小企业最佳融资伙伴”的结论。他们认为中小银行可通过与中小企业之间非标准化的、由密切关系而达成融资交易的准市场行为，来提高中小企业贷款可获得性。有关国外文献也提供了对上述结论的解释。一般而言，大型银行凭借其庞大的组织机构和发达的网络体系，在收集和处理公开信息上具有规模经济效应（Stein，2002），而提供关系型贷款①则会导致威廉姆森型组织不经济②及代理问题（Berger 和 Udell，2006），因此更倾向于提供面向成熟大客户的交易型贷款③。中小银行由于其具有地域性和社区性特征，可以通过长期与中小企业保持密切联系来获得各种“软信息”，从而提供建立在“软信息”④基础上的关系型贷款，部分弥补中小企业因无力提供合格财务信息和抵押品所产生的信贷缺口，成为解决由信息问题引起的中小企业融资问题的基本途径。

由上可见，主流的经济学文献基本上都是围绕着“信息”这一核心因素来分析中小企业融资难问题的，基本结论就是要大力发展中小银行，改善金融组织结构。然而，按照这些研究所提供的结论来反观我国，其实际情况似乎与理论预测并不

① 这里的关系型贷款不同于日本金融体系中大银行与大企业之间建立的主银行制度。

② 大型银行随着贷款管理的规范化逐渐倾向于采取标准化的信贷政策，贷款的决策依据逐渐依靠可传递、可证实、可监测的数据信息，而这正好与处理关系型贷款的要求相反。因此，大型金融机构主要为大型企业提供交易型贷款是经济的，而大量为中小企业提供关系贷款是不经济的，即必然导致威廉姆森型组织不经济。

③ 交易型贷款是指银行主要依赖企业的“硬信息”（如企业合格的财务报告和抵押资产的价值等）来制定贷款决策的信贷技术。由于这些信息便于编码和在银行内部传递，故此类技术常针对信息较透明的借款人。

④ “软信息”是指难以验证真伪、难以编码和以书面文字传递的各种非公开信息，这在信息不透明的中小企业贷款中被大量使用。

太一致。在我国现有的银行业结构中,地方性中小金融机构的数量并不少。但是,目前我国中小企业、城市居民和农户的间接融资不足仍然突出,这说明我国的中小金融机构并未有效地为中小客户提供融资服务,机构数量上的优势并不能解决问题。究其原因,可能有以下几个方面:其一,我国金融业目前处于国有商业银行占据主导地位的垄断竞争格局,5 家国有商业银行和 12 家全国性股份制商业银行两类机构 2007 年末资产余额和存款余额,占银行业金融机构的份额分别为 67% 和 68%。银行业的高度垄断减少了中小金融机构能够获得的金融资源,限制了它们为中小客户服务的能力。其二,在城市,自 20 世纪 90 年代中期起在撤并城市信用社的基础上组建的、被誉为"市民银行"和"中小企业银行"的城市商业银行,由于地方行政的强行介入和武断的股份制改造,其市场定位发生了急剧变化,大多无法承担为当地小企业和居民家庭服务的重任。而且城市商业银行群体也日益分化,一些地处全国中心城市的城商行资产规模已接近全国性股份制商业银行,其经营作风不再适合小企业融资的要求。其三,在县域和农村,以服务广大农户、农村中小企业和县城经济为主的农村信用社,虽历经多年改革却迄今尚未确定目标模式,国家一次次付出改革成本后却无法换来农户融资覆盖面和农村融资效率的提升,因为只要农村信用社将支农贷款的发放提高到政治高度,而非置于合理的银行风险管理层面来统筹,其就无法改造为真正的商业银行。即使那些已被称为"农村商业银行"者,实际上也远非真正意义上的商业银行。此外,试点范围已扩大至全国的新型农村金融机构也只能起到拾遗补缺的作用,其市场份额终究是很有限的。或许有人会说,当前县域经济的融资不足是我国农村金融体制改革尚未到位所致,只要改革进一步深化,中小客户的融资困境就能迎刃而解。如果这个推断正确,那么就那些信贷市场发育已相当成熟的发达国家而言,其信用制度、担保供给、法律环境、监管服务等金融基础设施均较为完善,为什么仍然存在中小客户融资难问题呢?显然,这一推断存在漏洞。西方学者从信息成本、代理成本等方面,就银行组织规模扩张对中小客户融资的影响机理作作的经济学分析,确实存在一定的合理性,但针对我国农村中小客户的融资困局,仅以中小客户"软信息"在大型层级组织内部传递所产生的代理成本高昂等理由是难以充分解释的。

三、以社区为基础构建的中小银行属于典型的关系型银行

如上所述,中小银行可以通过长期与中小客户保持密切联系来获取各种软信息。因软信息难以量化和传输,管理层级较少的小型金融机构在关系借贷方面可获得比较优势(Berger 和 Udell,2002)。由此引发的政策含义是,要改变一国以大银行体系为主的垄断性银行业市场结构,必须大力培育发展中小型银行,使其在市场中占据足够大的份额,以满足信息不透明的中小客户的需要。但问题的关键

在于，要建立何种模式的中小型银行更有效率呢？于是，“社区”和“社区银行”就被推到了理论和实践的前台。

人类的群居生活大体上可分类三个阶段：第一阶段是以血缘关系为基础的农村生活方式，目前中国农村的大部分地区依然是此种生活方式；第二个阶段是以经济关系为主的城市生活方式，人与人之间的关系主要是经济关系；第三个阶段是社区生活方式。此处所指的社区不再纯粹是经济、地理单元，更大意义上的是文化和价值取向的单元，是有相同文化及价值取向的人选择一个地区作为生活基地，未来会有越来越多的人融入社区生活，社区由此成为社会的基本单元。在成员相互联系密切、信息高度共享的紧密型社区内，由地缘、人缘、业缘等社区关系网络形成的“社会资本”①，提高了交易效率并节约了交易成本，从而有利于金融合约的履行。可见，社区是在建立人际关系和积累信任的基础上，引导成员自愿合作的制度形式，它能在协商基础上通过合作来促成金融交易。

由此，以社区为基础构建的中小型银行在扩展基于软信息的关系型贷款方面，具有大型银行所无法比拟的制度优势。社区银行的基本体制特征源于其服务区域的“社区性”。社区银行主要以民间资本参股为主，与中小企业地位对等匹配，因此对当地中小企业和微型客户具有天然的亲和力和适应效率。社区银行的员工本身也是融入社区生活的成员，与小业主们从属同样的乡土文化与习俗；由于社区银行的科层结构简单，代理链条短，管理层平时有更多的机会与当地中小客户保持密切的近距离接触，这种地缘、人缘和独立法人的地位优势，有助于他们低成本地获得潜在借款者各种非公开的关联信息。在积累了中小客户丰富的软信息之后，被赋予较大自主权的管理层可据此合理评估贷款风险与收益的平衡关系，对借款人违约的可能性进行定性判断。只要中小企业的资金需求符合产业政策、有较好的发展前景和增长潜力，社区银行均采取灵活、变通的方式予以扶持。与当地居民熟稔的社区银行管理者还能提供个性化的信贷产品，并引导家庭客户形成新的消费信贷需求，深化产品线的宽度和深度，进一步释放居民的消费潜能。可见，社区银行按自身特点发展优质客户并同时积累相关有价值的信息，从而使其真正发挥“软信息”的优势来控制风险、获取收益。

由于自然距离和“信息距离”的贴近，社区银行与当地中小企业之间还存在着

① “社会资本”在本质上是一种具有诚信、互惠等非正式制度安排的人际关系网络，诚信则是社会资本核心的制度内容。1980年，法国社会学家皮埃尔·布迪厄把经济学中的资本概念引入社会学研究，从社会网络的角度来界定社会资本，最早提出了现代意义上的“社会资本”概念。美国的科尔曼（1989）开创了将社会资本与集体行动结合起来研究的新视角，即认为社会资本也是解决集体行动问题的重要途径。帕特南（1992）认为社会资本是指社会组织的特征（如信任、规范以及网络等），它们能够通过促进合作行为来提高社会效率。托马斯·布朗（2000）则认为社会资本是按照构成社会网络的个体自我间的关系类型在社会网络中分配资源的过程系统，从而继续完善对社会资本的定义。目前，社会资本理论已逐渐成为经济学、社会学、政治学等多个学科共同关注的热点和前沿问题。

建立长久合作关系、持续交换信息的激励因素。首先,借款人会将由于经营上的原因而不便向外界透露的信息向银行提供,而不用担心银行向其竞争对手公布;其次,银行有动力为收集信息而投资,由此获得的企业专有信息将被保存于银行内部而不公开,并供银行反复使用,此举既有效遏制了"搭便车"①现象,又降低了单位贷款的信息成本。长期的借贷关系和充分的信息交流,使借贷双方易于建立起社群信任的关系。这种通过社区内长期重复性交易所积累的社会资本,以及进而形成的潜在集体惩罚机制,能有效抑制交易中的败德行为,大大减弱了信息不透明程度,促进了金融合约的签订和执行。小型企业和社区居民为了维护与社区银行之间的信贷关系,对于及时还贷有更强的动力,相应降低了监督成本。但在交易驱动型的信贷模式中,由于规模不经济问题,大型银行是不太愿意维持这种软信息联系型的借贷关系的。总而言之,社区银行在运用软信息打造银行与企业间借贷关系方面,具有天然的信贷技术优势。

表2　　　　社区银行与大型银行业务模式的主要差异

	社区银行	大型银行
服务对象	当地小企业、农户、家庭居民	规范化的中大型企业
地域范围	当地社区	全国甚至全球范围
信贷技术	关系型信贷	交易型信贷
收入结构	以利差收益为主,非利息收入占比较小	非利息收入(中间业务收入)占比较大
股权结构	一般不公开上市,股权结构集中	股权结构分散
信贷管理	灵活的、定性化管理	量化模型管理、信用评级
信用审查	借款人个性化的"软信息"(非公开信息)	公开的、可量化的、高度标准化的"硬信息"
信贷决策	授权给当地管理层	决策层次普遍上移、总部集中决策
经营目标	承担应尽的社区责任	股东利益最大化

四、社区是解决我国中小客户融资约束的重要制度资源

在当前我国垄断性的信贷市场中,国有大型银行与中小客户在信贷供求上存在着先天的体制不兼容的问题。在降低信息成本和增强激励以提升信贷交易水平的途径方面,通常是寻求"政府"与"市场"这两种经济生活中的基本制度安排,

① "搭便车"问题可能会因为制度安排是一种公共物品而产生。一旦制度安排被创新和被建立,每一个受这个制度安排管束的个人,不论其是否承担创新和初期的困难,都能得到同样的服务。社群信任是指存在于某个社会群体中的普遍信任关系。家庭是最基础的社群单位,家庭成员之间的信任是最基本的社群信任形式;一些组织良好的社会团体中的信任是高级的社群信任形式,是一种由人际信任(非制度信任)向社会信任(制度信任)过渡的形态。

具体就是制度的政府决定或市场决定。对于前者，由政府为银行和企业之间的信贷交易搭建平台，其优点是能降低交易成本，而且能确保那些长期有效的项目获得融资。但由于政府仍然是一个追求制度变迁潜在收益的主体，政府的介入往往与政府的过度干预相联系，从而将竞争排斥在经营和监管之外，使金融机构的非商业化贷款行为有了产生的基础，因此融资效率低下、设租寻租盛行以及道德风险严重就在所难免。我国城市信用社整体遭受的经营失败、农村信用社面临的制度困境以及城市商业银行较低的商业化和市场化程度，均为政府过度干预的后果提供了生动的注解。对于后者，虽然银行和企业之间的自发交易提供了“高能激励”，体现了真正的市场效率，但是银行和企业之间高昂的交易费用和时间成本，决定了这种纯粹的自发交易的成功率和覆盖面不可能很高，而中小客户的融资难又佐证了市场机制的内在缺陷。在缓解中小客户融资难问题上，虽然政府的适度干预十分必要，但市场失灵并非意味着一定要政府介入，完全可以依靠市场主体来自主地搜寻在降低交易费用方面更具效率的组织和制度形式，因为只有由市场主体自己来生产这样的制度，才能更好地满足制度需求。在农村金融领域，社区和社区银行就是目前更具效率的制度形式和组织形式。

与城市相比，我国农村地区仍然以小规模农户家庭经营为基础。这种小农经济模式决定了其金融需求通常具有季节性、单笔规模小、缺乏合格的担保抵押品等特点，这些特点又决定了农村体制内信贷服务的信息不对称分布更严重，以及由此造成的高交易成本，进而使得金融组织的信贷供给量只能达到次优而非最优，资本形成也受到了限制，在产生不完全合约问题时履行正式法庭程序的司法成本很高，法律体系发展得也不健全，又加剧了交易合同执行的难度。所以，人与人之间并非以正式合约的形式产生经济联系，而是更多地运用非正式的关系型合约①来进行金融交易。在农村地区，最典型的是以血缘和地缘上的谪亲关系连接起来的村庄。村庄内共享传统文化，组成了一个个或大或小的具有共同信仰、乡土习俗和道德观念的社区。可以把这种社区视为一个相对完整封闭的小社会，这个社会关系网络上的节点就是每个村民或者以某个村民为核心成员的家庭。可见，农村社区是农村金融市场需求分层、客户分类中的最基础和最具潜力的群体层次，明显具有生产信息的重要功能。历史经验表明，农村非正规金融（农村民间金融）正是基于社区才显示出了强大的生命力、适应力及其内部运作机制的有效性。

关于农村非正规金融的效率问题，可从交易成本、农村熟人社会特征以及非

① 关系型合约是对合同不完全性的一种反应，交易当事人知道合同不可能完全，因此就不追求完全，而只对双方的关系作个框定。亦即交易双方不是对行为的详细计划达成协议，而是对总的目标、广泛适用的原则和意外事件出现时的处理程序和准则，以及解决争议的机制达成协议（威廉姆森，1985）。

制度信任等角度进行描述。当借贷活动发生在一定的具有密切的地缘、业缘或亲缘联系的区域范围内时，其信息生产的成本几乎为零，关系和信誉往往代替了抵押品的使用，借贷的交易成本相对较低，而违约的机会成本却相当高昂，因为在这种基于长期交往活动而产生的社会道德习俗和村庄信任的文化中，违约及失信者将承受声誉和信用受损、被逐出其所在的社会网络以及日后的追索等。随着关系网络的扩展，借贷双方的交易成本递增。这是由于随着交易规模或范围的扩大，民间金融所拥有的信息优势会逐渐减弱直至丧失，将面临与正规金融同样的信息生产问题。民间金融由于制度和人力资本的缺失，再加上规模不经济，因此借贷的单位信息生产成本必然会高于正规金融机构。随着社会关系网络的扩展，这种由乡土社会内生的社区社会资本将逐渐减少，借贷合同的签约、监督费用等相应上升。另一方面，当交易在众多陌生人之间进行时，借贷关系的发生则是以正式的契约为基础，以法律为保障，而违约所带来的声誉成本、心理成本等社会成本迅速下降。由此可见，农村非正规金融的效率正是建立在有效利用社区的社会资本的基础之上的，但这种效率仅限于这种被分割的小规模市场中。当传统的农村社区沿着"村落社区——集镇社区——城市"这条路径变迁时，居住群体中成员流动性变大，建立在中国特有的乡土文化基础之上的社区社会资本减少，农村非正规金融对于正规金融的效率优势就会逐渐减弱。就我国而言，民间金融的产生是由农村经济发展水平约束下微观金融需求的不同特性内生决定的。小农经济自身的运营特点，决定了其不可能内生出现代意义上的金融制度。从某种意义上说，农村社区银行是介于正规与非正规之间的准正规金融组织，它实际上是传统民间金融向现代制度金融演化的必由之路。

五、规范我国社区银行发展的基本思路和策略

正如开篇所言，我国中小企业融资困难是市场失灵的产物。市场机制之所以在我国中小企业融资问题上失效，除了中小企业金融的一般性原因外，更主要的还是与我国中小企业所面临的制度安排和制度结构的特征相联系的，是属于制度性的融资短缺。多年来形成的以国有大型银行为主导的银行业结构迄今尚未发生实质性改变，而国有银行基于特定的信息结构和信息特征，普遍存在着对中小客户的信贷歧视，因此市场客观上对以社区银行为代表的中小型银行提出了持续的制度需求。社区银行作为一项市场主导型的制度创新，它的出现实际上是在现有金融结构内打开了一个豁口，将成为我国银行体系民营化改革的重大突破。

（一）社区银行的经营区域界定——"县域商业银行"

在我国，大型商业银行无法覆盖的主要是"微小企业"信贷市场，这就给小型商业银行的生存和发展留下了空间，而我国现行银行体系中最为薄弱的环节正是

小型商业银行。因此，只有限定社区银行的经营区域，才能促使其在当地与大型商业银行根据比较优势进行服务对象分工，致力于中小企业和社区居民这一细分市场。

将社区银行界定为“县域商业银行”的基本理由有二：一是美国社区银行的规模大致与我国的城市信用社相近，而我国的城市信用社是业务活动范围不超过县域的商业性银行机构（应宜逊、李国文，2005）。二是我国与美国同为大国，美国的商业银行层次体系（如图1）对我国有较大的借鉴价值。我国较为完善的银行业组织体系中，与美国“社区银行”相对应的层次将是“县域商业银行”。根据我国的具体国情，未来的银行业市场结构也将有5个层次（如图2）：一是资产规模最大的是跨国银行。目前中国工商银行、中国农业银行、中国银行、中国建设银行、交通银行五大国有商业银行已在境外设立机构，并且跻身世界大企业500强之列，其中一家或数家将有可能发展成为我国的跨国银行。二是“全国性商业银行”。目前除了工、农、中、建、交行外，还有12家股份制商业银行和中国邮政储蓄银行可以在全国范围内开展业务活动，今后还将继续增加。三是“省域商业银行”。它们可以在一个省（市、区）范围内开展经营活动。上海浦东发展银行、广东发展银行、兴业银行等在未成为全国性银行前均属此类。这一层次的银行在今后仍是不可缺少的。四是“市域商业银行”，即目前的124家城市商业银行。五是“县域商业银行”，其业务活动范围不能跨越县域，现有的42家城市信用社便归属这一档次。需要强调指出的是，在成立之初，就要对社区银行机构的市场需求数量进行科学分析和评估，对机构布设的进度安排和准入条件形成总体规划，注意汲取以往农村合作基金会和城市信用社的教训；同时，要按照县域经济发展的客观需求，造就富有生机活力的“社区银行”群体，允许同一县域内存在多家“社区银行”以利充分竞争，允许质地优良的“社区银行”做大做强甚至升格为市域商业银行。

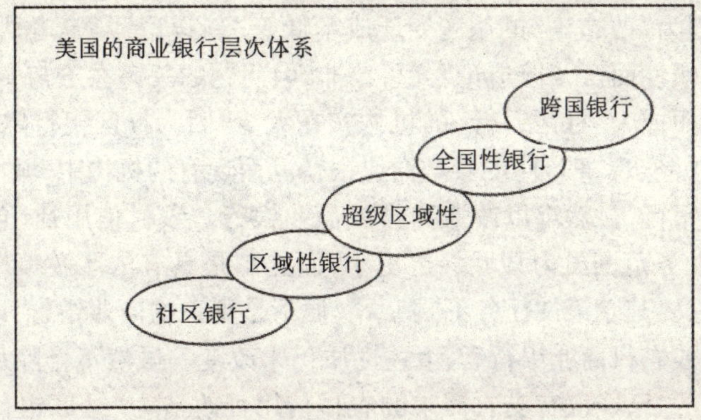

图 1

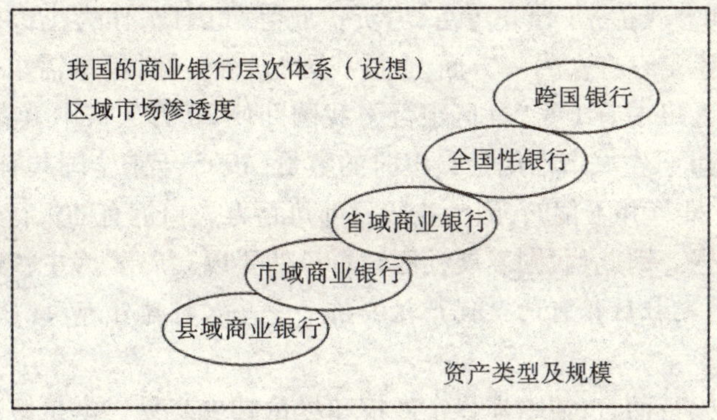

图 2

（二）我国社区银行设立的路径和应遵循的基本原则

1. 社区银行的组建宜采取市场化运作方式。参照国外社区银行的功能，我国要发展的社区银行是服务于民营经济中的微小企业以及居民家庭的社区化经营的小型商业银行，是一种市场需求的产物，因此其组建必须体现为企业行为、市场行为，不能异化为政府行为。若政府干预替代了社区成员的自主选择，则社区银行就蜕变成行政主体而非市场主体，靠行政约束而非资产约束。社区银行要真正建立完善的产权约束、竞争约束和规则约束机制，其发展只能契合当地经济发展的客观需要，同时切实防止地方政府权力的介入。

2. 社区银行的组建宜采取“新建为主，‘改造’为辅”的准入模式。基于我国的现实国情，社区银行的设立目前可以考虑的渠道主要有三种：(1)将现有的条件成熟的城市信用社和农村信用社，以社区银行模式进行重组和改造，使之走上市场化的经营轨道；(2)由民营企业资本组建新的社区银行，为国有银行提供一个对立面；(3)引导民间非正规金融发展成社区银行，实现向正规金融的演化。在“改造论”者看来，引入民营资本改造现有小银行机构，是我国目前建立社区银行较为合理的选择，因为“改造论”的制度变迁成本低于“新设论”。笔者认为，就制度变迁中的路径依赖性而言，“改造论”无可厚非，但问题的关键在于与实际需求相比，能够通过改造而成为“社区银行”的机构实在太少，因为社区银行定位于“产权明晰、政企分开”并实现“四自”的县域商业银行。而现有的机构中，城市商业银行已经是市域商业银行，显然难以改造为县域商业银行。农村信用社（包括县级统一法人联社）的业务范围虽为县域甚至更小，但其却是具有浓厚政策性色彩的行政化金融机构，只要其政策性任务不“剥离”，便不是真正的商业银行，即使被改组为农村合作银行或农村商业银行后，上述性质仍未改变。虽然不排除那些位于城区或城乡结合部的、已经没有支农需求的农村信用社改造为“社区银行”的可能性，但这毕竟是少数。现有的城市信用社是主要的“改造”对象，但目前数量极其有限，且又以不同方式扩张（合并重组、增资扩股等），因此，作为小银行机构的城信社实际上即将不复存在。另一方面，今后我国对“社区银行”的需求却相当大。目前美国每 4 万人口中有 1 家“社区银行”，我国即使 20 万人口中就有 1 家，也需要 6 500 家，均超过原先城市信用社最多时的数量（1995 年末全国共有城市信用社 5 279 家）。如此推算并不偏颇，因为我国目前每百万人口拥有的银行营业网点数仅为美国的 1/4 强。因此，我国发展社区银行显然要以“新建”为主，“改造”为辅。

（三）转型期社区银行的最优产权安排——导入特殊外部人（政府）下的集体产权

对于社区银行而言，清晰地界定产权和尽量减少交易成本是解决外部性问题的关键。至于产权明晰问题，作为社区银行外部性的受益方——社区成员在我国绝大部分为非公有制经济成分，基本上存在明确的产权边界。可见，产权明晰问题主要取决于外部性的供给方——社区银行的产权制度选择。有效的产权制度是经过市场竞争和不同主体相互交易并使交易成本最小的产权安排，而这种效率不取决于产权是否清晰，而主要取决于具体的社会经济条件。

我国正处于经济转轨时期，市场信息不完全，经济自由化和市场体系完善程度有待增强，在这种情况下，拥有集体性质的模糊产权[①]的社区银行的金融效率要高于纯粹国有或民营（私有）商业银行。面对转型中的市场，社区银行可要求地方政府作为一个模糊的所有者参与其经营活动，达成隐含性契约[②]，分享银行的控制权收益，并帮助银行排除由市场不完全所造成的各种不利于银行开展正常经营活动的信息与制度障碍，以达到降低社区银行的市场交易成本、增加控制权收益的

① 产权是利益集团对资源的所有权、使用权、转让权和收入权等多种权利的一种集合状态。如果某些方面的权能受到限制或禁止，就称为产权的残缺或模糊，隐含着进一步变迁的因素。

② 所谓隐含性契约是现代契约经济学理论中的一种契约，亦称为默认契约。它与显性契约相对应，是用以阐述权利相关主体之间的各种心照不宣的复杂协议的概念。

目的。在这种当地政府扶持下的集体产权制度形式中，以外部人身份加入的政府所拥有的仅是模糊产权，无法对银行的经营决策实施直接的完全控制，而银行内部人仍旧掌握着控制权，不会使社区银行论为地方官员或少数工商企业家的融资平台。可见，地方政府模糊产权（大多为虚拟的，政府不提供任何生产要素，主要体现为无法量化的行政权力；或认购“提倡股”以解决社区银行创立之初的资本金不足问题，在社区银行壮大之后，政府则及时退出）与社区银行清晰产权的结合，有利于社区银行发挥社区金融服务的专业化优势，提高社区金融资源运用的有效性和对社区的渗透力。但随着市场化改革的深入，在银行的生产函数诸变量中，获得某种特殊政策扶持的关系能力成为生产过程中的不必要资源。因此，在把握改革进程及节奏的基础上，地方政府的模糊产权应逐步退出，因为这种模糊产权只不过是与市场不完全相对应的一种过渡性安排。社区银行产权安排的最终结果是建立一种产权清晰、政企分开、权责分明、民有民营的现代股份公司组织形式，社区成员（股东）拥有全部剩余索取权和剩余控制权，从而有最大的激励来监督社区银行的运作并参与管理；也有充分的激励为社区银行选择最有能力的金融企业家，真正实现“谁出资、谁负责、谁受益”的原则，从而确保企业目标能最大限度地与社区成员的目标相一致。

（四）建立二元化的监管体制和严格有效的监管规则

借鉴许多发达国家建立多元化、多层次的金融监管体系的经验，并结合我国已实现横向管理的多元化（即由银监部门履行对银行、资产管理公司、信托投资公司及其他存款类金融机构的监管职能），建议进一步实施纵向管理的分权化，采取二元化的监管主体模式，由国家将对社区银行的审批权和监管权下放给省级地方政府，同时逐步取消对这些金融机构的国家信用保证（隐性担保），由地方政府着手社区银行的监督管理和建立地方性金融安全网，银监部门对地方金融机构仍然拥有业务指导权、发生重大违规事件时的牌照吊销权力。这实际上是对全国性的大型金融机构（国有资本绝对控股）与地方性的社区银行（以民营资本为主）实行分而治之的二元管理体制，从而降低社区银行的监管成本和节约监管部门的监管资源，也有利于社区银行的发展壮大。

相对大型银行而言，社区银行经营风险的外部性并不显著，但对社区本身的稳定会造成极大影响，因此监管当局必须对社区银行实施严格而特殊的监管。在市场准入条件方面，可降低资本金“门槛”，社区银行组建时的资本金下限不宜太高，同时规定上限以防止社区银行盲目扩张。要结合社区银行自身的风险特征，主要从内部控制和风险管理机制、合规性、信用风险、流动性风险、资本充足率等方面，改进和加强对社区银行的日常监管，特别要对单户贷款最高限额，股东贷款比例、关联企业贷款比例、存贷比、吸收社区外存款的比例、对社区的最低融资比例等指标，制订严格的考评和处罚规则，适当提高资本充足率监管标准。要对风险救助、市场退出和事后处置等制定明确可行的操作规程，根据社区银行风险问题的严重程度，实行有序、分步退市，对出现流动性风险的问题机构，可采取适当的流动性救助措施；对发生支付风险的失败机构，则强制其按照市场化和法制化手段退出市场（兼并或破产）。社区银行的市场退出，还必须考虑存款人特别是小额存款人的利益问题。

（五）优化完善支持社区银行发展的配套环境

1. 为中小企业和社区居民贷款营造良好的信息环境。要完善会计制度，提高会计信息披露质量；继续推进企业和个人征信系统建设，培育发展信用服务中介机构；建立一套完善的信用信息生产、传递和共享的机制和渠道，促进关系型信贷的风险定价，并降低道德风险的诱发概率；支持民间出资建立独立的、按市场化或企业化方式运作的资信评级和项目评估机构，建设地方性征信数据库；通过各个监管部门在相应的行业内发起设立行业征信数据库，对中央银行全国性征信系统构成有益补充。此外，应强调会计信息披露制度的统一和规范，为不同性质的金融机构获得中小企业信息提供便利。

2. 构建相对完善的法律框架和司法环境。一是可借鉴美国的《社区再投资法》，制定有效支持金融机构在经济欠发达特定社区开展金融活动的金融法律制度，迅速有效地缓解大型银行对基层资金的“虹吸效应”，填补大型银行分支机构撤离后留下的金融服务缺口。二是应尽快出台中小企业担保法或修订现有的担保法，弥补我国中小企业担保法律的缺失。由于正式金融制度下的相关法律法规未考虑中小企业特别是微型企业的特征，正规金融机构机械地执行贷款卡行政许可程序，从而无法发挥中小银行的“软信息”发现功能，影响了微小客户的贷款可得性。由此建议针对中小企业贷款担保物权的特点，在担保物品种范围、担保手续办理、抵（质）押权行使等方面，制定配套的法律法规，将动产抵押、浮动抵押等引入信贷实践。三是要严格执法，有效保护任何金融活动中形成的契约，维护债权人合法权益。

3. 创建有利于社区银行获取软信息的社区环境。社区银行生存的基础是具有共同价值观的居民长期重复的合作所形成的社群信任关系。关系型贷款是社区银行的核心业务，是社区银行发展的持续竞争优势。针对当前我国社区建设中社会资本浅薄和自组织功能低下的突出问题，为了给社区银行的发展提供适宜的社区环境，亟需大力扶持发展以合伙投资、地方企业商会、互助贷款协会（基金）、互助担保协会（基金）等形式存在的社区金融互助组织，鼓励这类社区的中间组织嵌入社区关系网络，使社会资本能够在融资交易中替代实物资产抵押，形成独特的社会资本抵押机制。社区信用互助组织与社区银行等金融机构建立起长期合作关系，通过将其成员自发和分散的社会资本跃升为社区集体的制度化社会资本，借助社会资本的抵押机制，使其成员从社区银行获得低成本的贷款。实际上，这类中间组织的活动一般都已超出乡土范围，可以为县（市）一级甚至更高层级的企业提供融资服务。

参考文献：

[1]何自力：《比较制度经济学》，高等教育出版社 2007 年版。

[2]童牧：《关系型融资研究》，西南财经大学出版社 2008 年版。

[3]凌智勇：《中小企业融资与中小民营银行》，湖南人民出版社 2008 年版。

[4]王元：《信息处理、博弈参与和农村金融服务中介》，《金融研究》，2006(10)。

[5]林毅夫、孙希芳：《信息、民间金融与中小企业融资》，《经济研究》，2005(7)。

[6]何广文、冯兴元：《农户信贷、农村中小企业融资与农村金融市场》，中国财政经济出版社 2005 年版。

[7]姜旭朝、丁易锋：《民间金融理论分析：范畴、比较与制度变迁》，《金融研究》，2004(8)。

[8]武志：《中国地方金融体系的改革与重构》，东北财经大学出版社 2006 年版。

[9]苑德军：《民间金融：金融体系中不可或缺的部分》，《河南金融管理干部学院学报》，2005(4)。

[10]《中国中小企业金融制度调查》，《金融时报》，2005.05.09。

[11]时向阳：《社区银行试点中的问题及建议》，《黑龙江金融》，2008(2)。

[12]邱兆祥、赵丽：《城市商业银行宜定位于社区银行》，《金融理论与实践》，2006(1)。

[13]史建平：《重视中小企业金融服务的理论研究与实践探索》，《金融时报》，2008.07.21。

[14]康卫华：《大变革下的当代美国社区银行》，《国际金融研究》，2005(6)。

[15]翟建宏、高明华：《中小企业贷款难与社区银行发展》，《金融理论与实践》，2005(3)。

海峡两岸合作篇

海峡两岸应对金融危机与金融合作机制研究

中国人民银行福州中心支行课题组

课题主持人：吴国培

课题组成员：郑航滨　吴湧超　杨秀萍　马　冰

课题总撰：郑航滨

由美国次贷危机引发的国际金融危机，由发达国家波及新兴经济体及发展中国家和地区，由房地产市场波及金融机构及金融市场，由金融面殃及实质经济，甚至出现经济衰退反馈影响金融、金融再影响经济的恶性循环。为应对危机，全球主要经济体通过多种方式救助问题金融机构，推出大规模经济刺激计划。海峡两岸经济发展都高度依赖国际市场，受此次金融危机影响，大陆和台湾地区对外贸易增速明显下滑，净出口对经济增长的贡献率大幅下降。当前，国际金融危机仍未结束，两岸如何携手面对和渡过这次危机，是摆在两岸面前实质而严峻的课题。

一、金融危机对海峡两岸经济金融影响效应

（一）金融危机对台湾地区经济金融影响效应

全球金融危机引发的世界性经济衰退，严重冲击了外向型的台湾经济。2009年台湾地区外需严重不足，外贸出口大幅减少，内需方面，居高不下的失业率以及低迷的经济增长态势，使民间消费与民间投资也大幅萎缩。

1. 经济增长严重衰退。全球金融危机对台湾地区经济的影响巨大，在2008年台湾经济零增长（0.06%）的基础上，2009年出现严重衰退。与周边地区经济增长相比较，台湾经济衰退幅度较为严重。台湾地区“主计处”估计全年经济负增长2.53%，创下20世纪60年代以来最大的一次衰退，较70年代两次石油危机与1997~1998年亚洲金融危机对台湾经济的影响还要严重。由于全球经济自2009年下半年尤其是第4季度开始出现好转迹象，与国际经济景气循环密切相关的台湾经济也呈现同样的触底反弹与缓和回升趋势，全年经济衰退幅度呈现逐季缩小及由负转正的趋势。

2. 民间消费萎缩。2009年第1季度，台湾地区通过发放消费券以期刺激经济，但效果不如预期，且因失业率升高，薪资缩减，就业形势依旧严峻，民间消费能

力及意愿下降，导致民间消费增长率为-1.59%。第2季度，受汽车货物税优惠激励，汽车及餐饮业回温，民间消费恢复微幅增长0.36%。台湾地区“主计处”预估2009年民间消费增长率为0.86%。

3. 民间投资低迷。民间投资是拉动台湾经济增长的重要动力之一，但近年民间投资一直不振，2009年更是大幅衰退。第1季度，因境外需求持续低迷，多数厂商产能利用率偏低，且订单不足，企业持续延后资本支出，民间机器设备投资增长率为-56.41%；加上不动产市场景气下滑，房市趋向保守，在建工程投资增长率为-33.43%，导致民间投资增长率降为-40.58%。第2季度，虽然民间机器设备与在建工程投资衰退幅度分别减缓为-43.45%与-25.63%，但运输工具投资衰退幅度扩大为-60.76%，致使民间投资增长率为-33.35%。台湾地区“主计处”预估2009年民间投资负增长19.56%。

4. 进出口明显衰退。2009年，在全球金融危机持续蔓延与国际经济不景气的情况下，外部需求严重萎缩，台湾地区的外部订单减少，加上内部投资与消费严重不足，导致外贸出现大幅衰退。依台湾“财政部”公布的数据，2009年1~11月，台湾出口总额1 836.4亿美元，同比下降24.1%；进口总额1 562.8亿美元，同比下降31.7%。但就外贸出口趋势观察，2008年11、12月与2009年1月出口衰退幅度最大，此后衰退幅度逐步缩小，10月仅负增长4.7%，是2009年以来首次出现个位数负增长；11月外贸形势出现一系列积极变化态势，并创下多个具有重要意义的发展指标：一是出口额突破200亿美元，创下13个月以来的新高；二是进口额为179亿美元，为14个月以来新高；三是出口增长率达17.9%，是14个月以来首次由负转正；四是进口增长率为17.9%，是13个月以来首度由负转正。

5. 失业率攀升及薪资下降。2009年1~7月台湾地区非农业部门每人每月平均薪资年增长率为-7.16%，其中经常性薪资年增长率为-2.62%。同期间，工业部门劳动生产力年增长率为-10.25%。由于生产力减幅远大于薪资减幅，导致单位产出劳动成本指数较2008年同期上升4.56%。由于景气不振，2009年年初以来，失业率呈持续上升趋势，至8月达6.13%的历史新高。2009年1~8月平均失业率则为5.82%，也较2008年同期上升1.89个百分点。2009年10月失业率仍高达5.96%，高于我国香港（5.2%）、新加坡（3.4%）及韩国（3.4%）。

6. 消费者物价有所下跌。2009年，受国际原物料价格变化影响甚大的台湾批发物价自年中开始（7月）衰退幅度迅速缩小；台湾消费者物价指数（CPI）一直呈现持续下跌状态，10月下降1.84%，创下近40年来最大跌幅，11月持续下跌1.54%，预计全年CPI负增长0.73%，显示金融危机对台湾地区经济冲击巨大，呈现明显的通货紧缩情况。不过，受国际经济趋于好转与农工原料价格上涨等因素影响，台湾批发物价指数（WPI）于11月开始转正，预示着通货紧缩形势开始缓解。

7. 货币信用不断扩张。为应对金融危机与刺激经济，台湾当局也采取了较为宽松的货币政策，于2008年9月到2009年2月先后7次降低贴现贷款利率，降幅累计高达2.375%。在货币供应量方面，2009年第2季台湾地区货币总量 M_2 平均年增长率自上季度的6.55%上升为7.43%，主要因资金持续净汇入所致；M_1 平均年增长率则因定期性存款持续流向活期性存款，自第1季度的3.31%大幅攀升至第2季度的13.16%。2009年1~11月 M_2 及 M_1B 年增长率分别升为6.59%及28.62%。

（二）金融危机对祖国大陆经济金融影响效应

1. 投资增速减慢。受经济减速和房地产市场调整的影响，祖国大陆地区投资增速明显减慢。为应对金融危机对经济的影响，大陆宣布实施高达4万亿元的巨额经济刺激对策，虽然取得一定成效，但民间投资动力不足，内需较快增长难以弥补外需萎缩形成的缺口。2009年以来，投资增长主要靠政府投入和银行信贷资金快速增长的支撑，民间投资的潜力尚未得到充分发挥。

2. 居民边际消费倾向总体呈下降趋势。受国际金融危机和经济周期性调整的影响，居民实际购买力下降，消费热点不断降温。一是大量外向型中小企业倒闭，失业人口增加，这部分居民全面缩减消费支出。二是资本市场的全面下跌引发的财富负效应进一步抑制消费增长，以中产阶级为消费主体的汽车、住房、建筑等新的消费热点持续降温。三是金融危机对大陆消费者带来未来经济下降、个人收入减少预期，导致消费者增加储蓄较少消费。四是失业压力增大，居民未来保障资金安排增多，减少现时消费。居民边际消费倾向总体呈下降趋势。

3. 对外贸易波动大。由全球资产价格下跌所造成的负向财富效应使得世界各国及地区，尤其是发达国家及地区居民消费意愿和消费能力显著下降，导致发达国家及地区进口萎缩，全球贸易量锐减。受金融危机贸易传染效应的影响较大，世界贸易下滑对大陆出口产生较大影响，使部分出口企业陷入困境，加大了银行体系的信用风险。在对外贸易中，大陆产品大多为劳动密集型、低附加值，各国采取的贸易保护措施对大陆出口造成不利影响。大陆遭受的反倾销、反补贴、保障措施和特殊保障措施等贸易救济调查较多，涉案金额较大。在技术贸易领域，许多国家设置了严格的标准。在金融危机的影响下，国外对大陆贸易进行限制的手段和规则会日益严厉，大陆出口产品所面临的环境也更加复杂。

4. 美元贬值导致增加企业出口成本和汇况损失。美国政府救市和即将可能发生的美国经济衰退，将成为美元贬值的动因。汇率的变化不仅削弱我国大陆外向型企业出口利润的增长，增加出口成本，而且会直接导致汇兑损失。在大陆长期依靠投资、出口和消费推动经济增长的动力中，后两个动力都会因华尔街金融危机的传导而受到挤压。目前我国大陆高达2万亿美元的官方外汇储备，外汇储备的收益问题、"缩水"问题。在商品价格飙升时购买的商品，如铁矿砂、石油储备等，在商品价格跳水时，面临缩水风险；商品高价时签订的购买合约将在合约有效期内产生负面影响。存货调整将成为2009年甚至2010年上半年影响经济增长的重要因素，很多行业和公司将亏损。

5. 对外投资面临损失。我国大陆金融企业对美国投资银行的投资，随着投资银行的倒闭或经营不景气而蒙受损失。一些“走出去”实体企业与美国本土企业合资或合作因危机影响将导致一定的利润缩减。

6. 就业压力大。由于全球需求下降，出口订单减少，许多出口型企业停业或倒闭，导致劳动力市场中低端劳动者失业。南方沿海中小企业多为出口企业，全球金融危机使得国际消费急剧下降，严重抑制了出口额，大量企业开始减少投资、查收欠款、降低薪酬、裁减员工。随着人才市场的供给增加，应届大学毕业生和破产倒闭企业的中高层管理者加入人才市场，而市场需求日益减少，供需矛盾将日益突出。

7. 金融市场影响受冲击。受国际金融危机影响，大量国际资本抽逃，资本市场市值下跌，市场成交量萎缩。中国大陆长期以来吸引了大量的国际投资及投机资金，而金融危机引起全国短期资本的剧烈运动，导致大量国际资本从我国资本市场如股市等市场撤离，造成资本市场市值下跌，市场成交量萎缩，上市公司市值大幅缩水，股市融资功能减弱。

8. 房地产市场不稳定。受金融危机等因素影响，房地产市场出现阶段性调整，房地产开发投资增幅回落，房屋销售下降，房地产市场调整将对经济增长产生一定影响，且由于房地产开发商资金来源中银行贷款占比较高，房地产市场大幅调整可能会增大银行信用风险。影响表现在：投资增幅回落，交易持续萎缩，房价涨幅回落，房地产贷款占各项贷款余额的比重下降。

二、海峡两岸应对金融危机政策措施比较与借鉴

（一）两岸应对金融危机的主要政策措施

为应对全球金融危机的冲击，大陆地区及时调整宏观经济政策的导向，实施了积极的财政政策和适度宽松的货币政策，出台了促进经济平稳较快发展的一揽子计划。同时，台湾地区也出台了一系列抵御金融危机的政策和措施。

1. 实施相对宽松的货币政策。

大陆地区：为保持银行体系流动性合理充裕，4次下调存款准备金率，5次下调存贷款基准利率，以降低企业财务成本，刺激需求。为推动房地产市场健康发展，提高对居民购买普通自住房的金融服务水平，将商业性个人住房贷款利率下限扩大为贷款基准利率的0.7倍，最低首付款比例调整为20%。开展双边本币互换，分别与韩国、香港、马来西亚、白俄罗斯、印度尼西亚和阿根廷六个经济体货币当局签署了总金额6 500亿元人民币双边本币互换协议。为缓解中小企业融资难问题，对中小金融机构实行差别存款准备金率，同时允许自然人、企业法人和其他

社会组织投资设立小额贷款公司。

台湾地区:为应对全球金融危机,台湾“中央银行”降低了存款准备率,并7次调降各项贴放利率,以此促进银行资金流动,减低企业借款成本,进而刺激需求。此外,台湾地区对所有岛内银行实行存款保障,是亚洲率先实施存款全额保障的地区。协助企业解决短期资金不足及营运困难等问题,提出宽延退票处理及银行债权债务协调等机制,展延企业原有贷款,协助企业度过难关。

2. 实行积极的财政政策。

大陆地区:实施4万亿元的经济刺激计划,允许地方发行2 000亿元债券,大量增加政府财政性支出,扩大政府投资。在2008年年末增加安排保障性住房、灾后恢复重建等中央政府公共投资1 040亿元的基础上,2009年中央政府公共投资安排9 080亿元,增加4 875亿元。政府增加财政投资支持的重点是城市保障性安居工程建设、基础设施建设及地震灾区的恢复重建等。同时,优化财政支出结构,保障和改善民生,增加财政投入用于教育、医疗卫生、社会保障、就业、保障性住房、文化等与人民群众生活直接相关的民生支出。

台湾地区:面对全球景气趋缓,为提振岛内需求,自2008年5月起投入583亿元新台币,推动“加强地方建设扩大内需方案”,实行发放消费券的政策。为创造第二波振兴经济效果,推出“振兴经济扩大公共建设投资计划”,内容包括“爱台12建设”项目(硬件建设)与“培育优质人力促进就业计划”(软件人才培育)等,4年总经费5 000亿元新台币。

3. 采取结构性减税政策。

大陆地区:推出全面实施增值税转型改革方案,将增值税小规模纳税人的征收率统一降至3%。针对世界经济下滑对出口的冲击,连续4次调高部分产品出口退税率。在证券交易印花税由3‰下调为1‰的基础上,实行单边征收,证券市场个人投资者取得的证券交易结算资金利息所得暂免征收个人所得税。对个人首次购买90平方米及以下普通住房的契税税率暂统一下调到1%,个人销售或购买住房暂免征收印花税,个人销售住房暂免土地增值税。暂免征收储蓄存款利息所得的个人所得税。

台湾地区:修改“所得税法”与“遗产及赠与税法”,扩大综合所得税扣除额,调降遗产及赠与税最高税率,并提高其免税额。针对制造业及其相关技术服务业的新增投资,提供5年免税优惠。对民众购买小客车、小货车等,每辆定额减征货物税3万元新台币的优惠。

4. 推出产业振兴规划。

大陆地区:推出钢铁、轻工业、纺织、汽车、船舶、有色金属、装备制造、电子信息、石化、物流10大产业振兴规划。10大产业规划中,工业行业占据9个,其占全部工业增加值的比例近80%。政府意在未来刺激工业恢复增长,加快产业结构调整和主要制造业行业的换代升级，增强自主创新能力和国际竞争力。

台湾地区：积极培植能源、通信、生物科技等领域的新兆元产业，以提升产业总体实力。

（二）两岸应对金融危机的政策措施比较

针对金融危机的冲击，在面临外需减少的情况下，两岸都提出扩大内需的要求，重视基础设施建设和公共投资。两岸都实施了扩张性货币与财政政策，注重财政政策与货币政策的协调配合，加强存款准备金、公开市场业务、利率工具等货币政策工作的有机组合，充分运用税收、支出等财政政策工具。同时，两岸都重视完善产业政策、收入分配政策与金融财税政策的搭配应用，以期发挥综合效应。除这些共同点之外，两岸实施的政策有几个方面存在差异。

1. 政策实施的基础不同。大陆近年来一直以其庞大的经济规模保持着高速经济增长，财政收入快速稳定增长，外汇储备不断增加，目前已近 2 万亿美元。按照名义汇率计算，中国大陆的 GDP 为 2.2 万亿美元，排名世界第 3，经济规模占世界经济的 6%。由于大陆金融业对外有所开放但尚不充分，与国际金融市场联动性较少，这就决定了金融危机对大陆金融业影响相对有限。相对而言，大陆应对金融危机的经济基础较好。台湾经济发展空间受限并逐渐陷入困境。自 2001 年以来，台湾平均经济增长率仅 3.3%，居亚洲“四小龙”之末。由于总体经济增长放缓，税收减少，财政收入亦随之减少，财政恶化的状况加剧，每年的财政赤字都高达 2 500 亿元新台币左右。在当前全球金融危机背景下，台湾应对金融机构的政策空间受到限制。

2. 政策实施的工具不同。由于两岸的经济社会实际状况不同，两岸在应对金融危机的部分政策工具选择上也有所不同。在财税政策工具上：台湾地区为了刺激消费，提振经济景气，对每人发放 3 600 元新台币消费券，总约 8 百多亿元新台币。此外，为吸引资金回流，刺激台湾岛内市场，台湾地区大幅度调降了遗赠税，将遗赠税的最高税率由 50%，大幅调降为 10%。在金融政策工具上：大陆目前的银行基本上为国有控股模式，而在台湾地区民营化的商业银行已经成为银行业的主流。在全球金融危机冲击下，台湾民众对民营银行的信心受到影响，金融体系稳定性受到质疑。因此，为有效化解银行挤兑的预期心理，避免金融市场可能出现的系统性风险，台湾实施存款全额保障措施，存款人在参加存款保险金融机构的存款受全额保障。保障范围包括原未纳入存款保险的外汇存款、同业存款、金融债券等。此外，台湾银行公会制定了“自律性债权债务协商及制约机制”，对营运及缴息正常的企业，实施贷款本金展延措施。

3. 政策实施的重心不同。海峡两岸经济分处不同的发展阶段，决定了两岸政策实施的重点有所不同。2008 年大陆创造的 GDP 为 43 333.57 亿美元，台湾地区 2008 年 GDP 为 3 929.22 亿美元，两者之比为 11∶1。但从人均 GDP 看，大陆 2008

年的人均 GDP 是 3 266 美元,台湾地区是 18 000 美元,是大陆的 5 倍多,台湾的经济水平已达到发达经济体行列。从产业结构看,20 世纪 80 年代中期以后,台湾地区产业结构发生了重大的调整。一方面,传统产业大量外移,制造业由劳动力密集型产业向技术密集型产业转型升级,其工业主导角色为新兴的电子工业所代替;另一方面,由于经济自由化进程加快促进了现代服务业的崛起,台湾开始由工业化经济向服务业社会转变。服务业成为产业构成的主导部门,主要包括商业、金融保险和不动产、交通运输和通信等部门。这些部门占了台湾服务业产值的九成以上,服务业占 GDP 比重达 70%。而大陆目前整体发展水准处于工业化的中期,第三产业比重比较低,与台湾地区相差 30 多个百分点。因此,大陆应对金融危机的政策方向除了基础设施建设以外,政策重心向民生、三农(农业、农村和农民)和促进发展方式转变倾斜。

三、海峡两岸金融市场和金融控股公司比较

(一) 两岸离岸金融市场合作

1. 离岸金融市场的概念及特点。离岸金融市场,特指经营非居民之间的融资业务的国际金融市场。构建离岸金融市场的基础条件一般包括:(1)稳定的政治经济环境。这是国际资本能够自由转移的前提。(2)门类齐全、服务完善的金融机构。(3)先进的基础设施。既包括发达的交通和通讯设施等硬件,也包括高素质的国际金融人才、健全的法律体系等软件。(4)优越的地理位置。地处交通要道,毗邻重要经济中心或经济迅速发展地区,或在时差上与全球其他主要金融市场能够有效衔接,实现接力营运。(5)优惠的政策待遇。诸如免除外币存款准备金要求,对非居民的外汇交易没有管制限制,宽容的税收制度等。

2. 两岸离岸金融市场发展概况。

(1)大陆离岸金融市场发展现状和特点。一是确定监管机关和经营资格主体。1997 年中国人民银行发布的《离岸银行业务管理办法》和 1998 年国家外汇管理局的《离岸银行业务办法实施细则》是大陆离岸银行业务的管理依据。《离岸银行业务管理办法》确定国家外汇管理局及其分局为离岸银行业务的监管机关,经营此项业务必须是经批准经营外汇业务的中资银行。目前外资银行尚无一家开展离岸银行业务,大陆银行开展范围也很小。二是采取内外分离经营模式。各行设立离岸银行业务部,专门经营离岸银行业务;离岸银行业务与在岸业务实行分账管理、独立核算、行内并表;离岸账户与在岸账户严格区分。非居民资金汇往离岸账户、离岸账户资金汇往境外账户以及离岸账户之间的资金可以自由进出,离岸账户和在岸账户资金往来需根据真实交易等原则进行。三是客户相对集中和业务种类比较简单。即客户主要分布在港澳地区,以香港等地的境外中资企业及大陆外商投资企业境外股东为主要服务对象。商业银行可以申请下列部分或全

部离岸银行业务：外汇存款、外汇贷款、同业外汇拆借、国际结算、发行大额可转让存款证、外汇担保、咨询、见证业务8类，但是以传统的存、贷、结算等零售业务为主。四是办理离岸业务的商业银行应严格遵守风险管理指标。离岸流动资产与流动负债比例不低于60%，离岸流动资产与离岸总资产比例不低于30%，对单个客户的离岸贷款和担保之和不得超过该行自有外汇资金的30%，离岸外币有价证券（蓝筹证券和政府债券除外）占款不得超过该行离岸总资产的20%，离岸银行离岸头寸与在岸头寸相互抵补量不得超过上年离岸总资产月平均余额。

（2）台湾地区离岸金融市场发展现状和特点。一是明确主管机关。行政主管机关为台湾"财政部"，业务主管机关为台湾"中央银行"。规定营业所用资金最低额为200万美元并视经济金融情况进行调整，由"财政部"核定。国际金融业务分行（OBU）有关单一客户授信及其他交易限制、主管机关检查或委托其他适当机构检查、财务业务状况申报内容及方式、经理人资格条件、资金运用及风险管理办法等，由"财政部"会商"中央银行"制定。主要授信往来客户为登记注册于台湾地区以外区域或国家的公司，本岛银行与OBU资金严格分开。二是业务限制少、优惠政策多。OBU市场不受外汇管理条例、利率管理条例、"银行法"及"中央银行"等有关规定的限制。其存款免提存款准备金；存放款利率由分行与客户自行约定；支付金融机构、台湾境外个人、法人或政府机关利息时，免予扣缴所得税，并享受免征营利事业所得税、营业税、印花税等税收优惠。三是引导资金用于台湾岛内建设。规定离岸资金不得从事境外直接投资与不动产投资等；不得收受外币现金及将外汇存款兑换为新台币提取，不得办理外币与新台币间交易及汇兑业务。四是为两岸经贸往来提供结算渠道。2001年以前，台商从事汇款业务须由台湾OBU先汇至第三地银行，再由第三地银行汇入其指定的大陆境内银行。开放OBU与大陆直接通汇后，OBU办理两岸汇款金额高速攀升，到2006年年底已比开放前的间接汇款增加了逾157亿美元，增幅约45倍。

（3）两岸离岸金融业务比较。

①两岸都实行内外分离的管理模式。两岸都有专门管理规章，明确管理机关，实行内外分离的离岸金融管理模式；都仅限于银行开办，内资银行先行；都对离岸业务实行相对优惠的政策，如免提存款准备金，外汇存贷款实行参照市场利率税收优惠等；两岸货币均为不可自由兑换货币。

②两岸离岸银行业务发展进程、法规建设和监管职责不同。一是离岸市场发展程度不同。大陆制定离岸金融管理办法的目的是规范银行经营离岸业务的行为，而台湾地区则是建设区域金融中心。出发点不同决定了发展规模的差异。目前大陆此业务大多集中于4家股份制银行，外资银行尚未批准开展；台湾地区含本土银行和外商银行。二是法规制度建设存在差异。大陆离岸金融法规建设相对滞后，台湾地区的优惠政策更多。大陆的部分条款已滞后于当前的金融实践与

金融环境，监管政策之间相互矛盾，如大陆的有关规定并未禁止中资银行离岸业务接受境内居民担保，且允许在岸与离岸银行业务之间有10%的资金相互抵补。2002年中国人民银行关于深圳发展银行开办离岸银行业务的规定则与此相反。台湾地区对离岸业务的优惠政策明显优于大陆，如除免提存款准备金和实行优惠存贷款利率外，台湾OBU不受外汇管理等限制，享受免税优惠等。三是监管主体及监管职责不同。大陆离岸银行业务的开展涉及中央银行、中国银行业监督管理委员会、外汇管理局、司法和税务等多个部门，各自职责尚不明确。台湾地区则明确了行政主管机关和业务主管机关，两个部门对某些细则要协商解决。四是两岸金融市场改革程度不同。大陆离岸银行业务经过整顿仍处于探索阶段，而台湾则在时机成熟后积极利用离岸金融中心提升本土金融业。为推动OBU成为台商资金调度中心并鼓励金融创新，提升银行经营效率，台湾地区全面开放外汇指定银行(DBU)代办OBU的业务范围，从授信扩及存款业务、允许吸收外币现金、允许对岛内客户办理进出口外汇业务及外币放款等十项。

3. 开展海峡两岸离岸金融业务的思路。

(1)筹备阶段。此阶段的主要任务：一是完善相关法规，消除政策瓶颈。明确对台离岸金融业务适用于现行的各项离岸金融法规，并就对台离岸金融的特点制定实施细则，保证福建和台湾两省离岸金融合作有法可依，服务于福建和台湾两省居民和法人机构融资便利化。二是明确组织和领导。应在深入调研，争取各方支持的基础上制定《海峡西岸经济区离岸金融市场管理条例》，并设立专门的离岸金融业务管理机构。三是积极争取兴业银行为福建省开办对台湾离岸金融业务的操作平台，并走访大陆已开设离岸业务的中资银行，动员其来福建省设立分支机构。四是选择福州马尾、厦门海沧等地为初期离岸金融市场试验田，实施优惠政策待遇，加快基础设施建设步伐。

(2)试运行阶段。此阶段主要任务：一是政府给予优惠配套政策，推动对台湾离岸金融市场发展。首先是税收政策。可参照国际通行离岸金融优惠税率，降低所得税税率，免征利息预扣税和银团贷款所得税，减征或免征交易营业税、印花税，对建筑离岸业务办公楼所需的土地租金予以优惠。其次是金融政策。一方面，不对参与离岸市场的非居民交易实行外汇管制，允许货币自由兑换和资金在国际间的自由转移，免除外币准备金和存款保险金；另一方面，允许离岸金融市场业务不受大陆金融政策限制。二是业务开展方面，在试行初期，由于大陆金融机构对台湾地区金融市场不熟悉，而台湾地区客户对大陆离岸金融业务也不了解，大陆金融机构应主要提供传统的存、贷、汇、结算等零售服务。待离岸市场试运行一段时间后，应创造条件发展与台湾同业之间的批发业务，如同业拆借、银行回购协定等，以增加离岸市场的吸引力及国际竞争力。

(3)完善阶段。此阶段主要任务：一是完善有关离岸金融的法律法规，力争与国际惯例全面接轨。二是在重点发展离岸银行业务的同时,促进离岸证券业、保险业和信托业的发展,在着重拓展亚洲美元市场的同时,开办境外人民币存放和运作业务。三是离岸市场区可逐步扩大,并从有形市场向无形市场发展。通过服务面的逐渐展开,扩大闽台经济金融交流的深化。

（二）两岸票据市场发展比较和启示

1. 台湾发行短期票据证券化新品种。台湾工业银行于2004年8月发行首个短期票据证券化新品,预计最高发行上限为新台币25亿元,期限为5年。台湾工业银行完成发行台湾首宗不动产证券化万国商业大楼受益证券后,第一个企业应收账款证券化商品——世平兴业公司应收账款证券化受益证券的发行计划与相关文档送交“财政部”金融局审核,并于2004年8月在市场上推出。这是台湾第一个以短期票据(ABCP)类型发行的证券化商品。世平兴业公司应收账款证券化期间为5年,发行方案是采取4年期循环式(Revolving),30天左右发行一次短期票据。前4年受托机构会将由债务人(采购世平商品或劳务者)收回的款项用来再向世平兴业购买新的应收账款。ABCP的好处是在发行上限之内,可根据企业营业收入的变动来弹性调整发行金额。当企业营业收入增长时,ABCP可多发行一些;营业收入减少时ABCP可少发行一些。这种发行方式可充分摊合产业的快速变动。ABCP不仅可供企业作为财务工具,而且可让企业享有货币市场低利率的好处。

2. 台湾地区发行金融债券。台湾银行发行金融债券可以作为资本金,发行数量、规模按前一年净资本的2倍。根据台湾“银行发行金融债券办法”的规定,对“申请发行时资本充足率低于8%但高于4%”的银行或“最近一期经会计师查核签证或经主管机关检查的累积盈亏扣除出售不良债权未摊销损失后为负”的银行,为改善体质、资本充足性或财务状况,经主管机关核准,得发行金融债券,其最低面额为新台币1 000万元,且销售及销售后转让对象为银行、票券业、信托业、保险业、证券业、参与该行资本强化计划的特定人、最近一期经会计师查核或核阅的财务报告总资产超过新台币5 000万元的公司或基金,或与信托业签订信托契约的信托财产超过新台币5 000万元者。根据台湾“银行发行金融债券办法”的规定,对“申请发行时资本充足率低于4%”或“最近一期经会计师查核签证的净值或经主管机关检查调整后的净值,扣除出售不良债权未摊销损失后为负,或经主管机关依‘银行法’的规定限期命其补足资本”的银行,为改善财务状况,经主管机关核准,可发行该银行资本强化计划项下的可转换金融债券,发行最低面额为新台币1 000万元,且销售对象为参与该行资本强化计划的特定人,销售后转让对象为银行、票券业、信托业、保险业、证券业、参与该行资本强化计划的特定人、最近一期经会计师查核或核阅的财务报告总资产超过新台币5 000万元的公司或基金,或与信托业签订信托契约的信托财产超过新台币5 000万元者。

3. 台湾地区短期票券市场趋势。

一是短期票券市场利率前期比较平稳，后期大幅下降。以商业本票 31 ~ 90 天期次级市场利率为例。2008 年 1 ~ 9 月在 2.01% 与 2.07% 之间波动。

二是债券市场。2008 年台湾债券流通市场，上半年受国际金融风暴引发股市重挫，部分股市资金注入债券避险，通货膨胀压力增加，以及新台币大幅升值致使国际热钱涌入等因素的影响，10 年期"中央政府"公债次级市场利率振荡缓升，由 2 月的 2.38% 上升到 6 月的 2.71%；进入 6 月，受股市走弱、预期通货膨胀降温、经济衰退、债券流通筹码有限等因素的影响，公债次级市场利率逐步走低，至 12 月已降到 1.44%。由于收益率下降及经济景气下滑，债券市场的交易额总体呈下降趋势。2008 年全年成交总金额为 135.4 万亿元新台币，较 2007 年的 193.7 万亿元新台币减少了 30.1%。债券发行市场的发行规模稳中有升。2008 年债券发行余额由 1 月的 5.52 万亿元新台币上升到 12 月的 5.77 万亿元新台币，提高了 4.53%。其中政府发行公债余额由 1 月的 3.5 万亿元新台币上升到 11 月的 3.7 万亿元新台币，增加了 5.57%，而公司债及金融债券的发行余额上半年有所上升，6 月达到全年最高点的 2.053 万亿元新台币后开始逐月下降。到 11 月到 2 万亿元新台币，减少了 2.17%。

三是金融业拆借市场加权平均利率走势先扬后抑，当期拆款交易金额在震荡中下降。受台湾"中央银行"调整再贴现率与担保放款融资利率的影响，2008 年台湾金融业隔夜拆款加权平均利率在上半年基本上呈缓升的趋势。在 7 月达到当年最高点 2.166% 后，下半年进入下降通道，特别是 9 月以后下降速度加快，12 月已经降到 0.872%，为当年的最低点。2008 年全年金融业隔夜拆款加权平均利率为 1.932%，比上年下降了 3%。2008 年台湾金融业当期拆款金额为 16.61 万亿元新台币，较上年的 20.24 万亿元新台币减少了 17.9%。当年成交量最高的 5 月成交金额也只有 1.57 万亿元新台币，成交量最低的 11 月仅成交 0.95 万亿元新台币，成交量在震荡中趋于下降。

4. 大陆短期融资券和中期票据市场发展。祖国大陆发行的短期融资券是指具有法人资格的非金融企业（以下简称企业）在银行间债券市场发行的，约定在 1 年内还本付息的债务融资工具。企业发行短期融资券应遵守国家相关法律法规，短期融资券待偿还余额不得超过企业净资产的 40%。祖国大陆所称中期票据，是指具有法人资格的非金融企业（以下简称企业）在银行间债券市场按照计划分期发行的，约定在一定期限还本付息的债务融资工具。企业发行中期票据应遵守国家相关法律法规，中期票据待偿还余额不得超过企业净资产的 40%。企业应在中期票据发行文件中约定投资者保护机制，包括应对企业信用评级下降、财务状况恶化或其他可能影响投资者利益情况的有效措施，以及中期票据发生违约后的清偿安排。在注册有效期内，企业主体信用级别低于发行注册时信用级别的，中期票据发行注册自动失效，交易商协会将有关情况进行公告。

目前祖国大陆债券市场有：一是交易所债券市场，债券品种包括公司债、可转债、证券公司专项资产理财计划。投资主体包括证券、基金等非银行金融机构、非金融机构、自然人等。二是银行间债券市场，债券品种包括中央银行票据、国债、政策性金融债、金融债、次级债、企业债、短期融资券（CP）、中期票据（MTN）、外币票据等。投资主体包括银行、证券、保险、基金、财务公司、理财、信托、企业等。

创新研究领域：产品包括中小企业集合票据、资产支持票据（ABN）。发行方式上的创新：含权、浮动利息，在研究私募发行方式。中国银行间市场交易商协会实行注册管理。对企业的实质条件没有要求，强调信息披露的形式与内容。一次注册后，在额度内分批分期备案发行，手续简便。注册过程平均历时20～30个工作日。

在人民银行指导下，中国银行间市场交易商协会自律管理，登记、发行、交易、托管、结算、兑付由专业中介服务平台管理，行为操作依据有《银行间市场非金融企业债务融资工具管理办法》。主承销商负责制下，各中介机构各司其职提供专业化服务，协会进行发行后续监督管理。

目前中国大陆银行间市场已成为一个以机构投资者为主要参与者，包括债券、拆借、票据、外汇、黄金等市场，以报价驱动为主要交易方式的多层次的市场体系，市场规模快速增长，市场制度逐步完善，投资者日趋成熟。以银行间债券市场为例，2006年全年累计发行债券5.71万亿元，是1997年的180倍，累计成交38.35万亿元，是1997年的1 210倍。截至2006年年末，市场存量8.84万亿元，是1997年末的21倍；市场参与者6 439家，是1997年的402倍。同时，市场参与者范围从市场建立之初单一的商业银行扩展到涵盖了所有类型的机构投资者，包括商业银行、信用社、保险公司、证券公司、信托公司、基金、财务公司等各类金融机构以及非金融机构。债券品种也已从单一的国债、政策性金融债扩大到包括国债、中央银行票据、政策性金融债、商业银行金融债券、企业债券、短期融资券、资产支持证券、国际开发机构债券、美元债券等多个品种。

（三）两岸公开市场操作制度比较

1. 台湾地区公开市场操作。

（1）台湾地区公开市场操作的演变及法理依据。台湾地区早期公开市场操作通过中兴、中华及国际3家票券金融公司经纪报价，1997年起改由金融机构直接向“中央银行”报价。报价内容包括：票券种类、面额、首次发行价格、买卖期限、操作利率与金额等。接受报价后，依据当时资金状况与报价情形决定买卖金额、方式、期限及票券种类，并通知金融机构办理交割。后为提高效率，2000年起实施公开市场操作指定交易商制度，2003年5月将“公开市场操作指定交易商管理要点”修正为“公开市场操作指定交易商实施要点”，2003年6月16日起实施，扩大指定交易商范围,增纳证券公司为公开市场操作对象,以建立“中央公债”主要交易商制度。2003 年 4 月 28 日由以往的人工投标该为网络连线系统的线上自动化作业方式,缩短了公开市场操作的作业时间。

(2)公开市场操作的交易对象和内容。台湾“中央银行”将指定交易商分为两种:一般指定交易商(银行及“中华邮政股份有限公司”)和“中央公债”主要交易商(银行、票券金融公司及证券公司),并对两种交易商的达标条件、权利和义务作了详细规定。公开市场操作方式分为买(卖)断交易、附买(卖)回协定,视市场松紧时间长短而定。买(卖)断交易即“中央银行”向金融机构买断(卖断)短期票券、政府债券及“中央银行”可转让定期存单;附买(卖)回协定系“中央银行”在向金融机构买入(或卖出)债票券时,约定于未来某一日期由“中央银行”按约定价格重新卖出(或买入)该债票券(见表 1)。该方式于 1983 年 6 月首次实施。

表 1　　台湾地区“中央银行”公开市场操作方式

操作方式		宽松或紧缩	影响时间	操作标的
买(卖)断交易	买断	宽松	时间较长	政府公债及“国库券”为主
	卖断	紧缩		
附买卖回交易	附买回	宽松	时间较短(1 天或数天)	政府公债及“国库券”为主
	附卖回	紧缩		
发行单券	发行定期存单或储蓄券	紧缩	时间长短均可(1 天、数天到 1 年、2 年、3 年)	台湾“中央银行”发行的债券
	定期存单或储蓄券到期	宽松		

公开市场操作的标的由台湾“中央银行”规定:所买卖的票券、债券包括由政府发行或保证的债券、“中央银行”可转让定期存单、由银行发行的金融债券与经银行承兑或保证的票据等。“中央银行”定期存单发行及持有对象为银行、信托投资公司、票券金融公司、“中华邮政公司”及其他经“中央银行”核定的金融机构,并于 1999 年 6 月、2000 年 2 月两次修正“‘中央银行’发行定期存单要点”。台湾地区“中央银行”曾以调节金融为目的发行国库券,自 1998 年 7 月起实施“短期借款暨国库券发行条例”后,“中央银行”已不得发行国库券。在“中央银行”储蓄券方面,发行对象主要为一般社会大众,但金融机构也可申购。

(3)台湾公开市场操作的效应分析。1997~2006 年 10 年间台湾超额储蓄高达 5. 46 兆元新台币,银行体系资金十分充裕,为避免市场资金浮滥,“中央银行”经常以发行存单方式回收资金。“中央银行”定期存单于 1999 年迅速增加,至 2003 年 6 月底首超 2 兆元新台币,2007 年底余额达 3. 46 兆元新台币。

2. 大陆公开市场操作制度。

(1)祖国大陆公开市场操作法律制度的确立。《中华人民共和国中国人民银行法》(2003年修订后)第23条第5项规定，中国人民银行为执行货币政策，可以运用的货币政策工具有在公开市场上买卖国债、其他政府债券和金融债券及外汇。1997年3月中国人民银行颁布了《公开市场业务暨一级交易商管理暂行规定》，为公开市场业务的操作提供了法律依据。

(2)大陆公开市场业务的交易内容。祖国大陆公开市场操作包括人民币操作和外汇操作两部分。外汇公开市场操作1994年3月启动，人民币公开市场操作1998年5月26日恢复交易，从1998年开始建立公开市场业务一级交易商制度，选择了一批能够承担大额债券交易的商业银行作为公开市场业务的交易对象。这些交易商可以运用国债、政策性金融债券等作为交易工具与中国人民银行开展公开市场业务。1999年以来，公开市场操作已成为中国人民银行货币政策日常操作的重要工具，对于调控货币供应量、调节商业银行流动性水平、引导货币市场利率走势发挥了积极的作用。

从交易品种看，中国人民银行公开市场业务债券交易主要包括回购交易、现券交易和发行中央银行票据。①回购交易分为正回购和逆回购两种。正回购为中国人民银行向一级交易商卖出有价证券，并约定在未来特定日期买回有价证券的交易行为。正回购为中央银行从市场收回流动性的操作，正回购到期则为中央银行向市场投放流动性的操作。逆回购为中国人民银行向一级交易商购买有价证券，并约定在未来特定日期将有价证券卖给一级交易商的交易行为。逆回购为中央银行向市场上投放流动性的操作，逆回购到期则为中央银行从市场收回流动性的操作。②现券交易分为现券买断和现券卖断两种。前者为中央银行直接从二级市场买入债券，一次性地投放基础货币；后者为中央银行直接卖出持有债券，一次性地回笼基础货币。③中央银行票据即中国人民银行发行的短期债券。中央银行通过发行中央银行票据可以回笼基础货币，中央银行票据到期则体现为投放基础货币。

(3)公开市场操作工具。中国人民银行公开市场操作的工具是国债、其他政府债券、金融债券和外汇。就国债而言，中国人民银行以买卖国债的形式吞吐基础货币，调节商业银行的资金头寸，进而影响货币供应量的增减变化。中国人民银行开展的第一批国债公开市场操作是在1996年4月9日。这次国债公开市场操作是以1996年财政部发行的无纸化短期国债为操作工具，通过中国人民银行公开市场操作室和各商业银行总行的联机网进行逐笔交易，交易风险由交易各方各自承担。中国人民银行在国债市场进行国债买卖，买卖的对象不是个人和企事业单位，而是国债一级交易商。国债一级交易商，是指经中国人民银行审定的、具有直接与中国人民银行进行债券交易资格的商业银行、证券公司和信托投资公司。就外汇而言，中国外汇交易中心的成立，逐渐形成统一的外汇市场，外汇与人民币买卖的数额较大，人民银行通过在银行间外汇市场买卖外汇，同样会起到吞吐基础货币的作用。

3. 海峡两岸票据市场经验借鉴和合作。

(1)推动两岸票券金融业发展和合作。近年来,我国大陆票据业务在规范中迅速发展,不仅有量的快速增长,而且在参与主体、交易品种、经营方式、清算制度等方面取得了质的突破。未来中国短期票据业务将向参与主体多样化、法律制度健全化、业务处理科技化的趋势发展。一是培育和扩大参与主体,促进票据市场主体多元化。票据市场主体多元化包括融资主体、投资主体和市场中介的多元化。融资主体要由大中企业向经营良好的中小企业开放,为中小企业开辟新的融资渠道,投资主体应扩展到财务公司、保险公司、投资基金、货币市场基金等,以稳定票据市场。逐步建立票据做市商制度,充分发挥其专业化、风险控制和规模效益的优势。二是完善票据法规,为融资性票据放行。修订完善《中华人民共和国票据法》等法律法规,明确融资性票据的法律地位。为稳妥推进,可在部分较发达区域进行试点,积累经验后由点到面分阶段逐步推广。可选择一些资信情况良好、经营状况正常的大企业进行试点后推广到效益好、信誉高的中小企业。建立专业化的商业票据发行公司,鼓励票据转让行为,活跃和培育规范的融资性票据市场。三是丰富产品种类,完善市场功能。商业票据作为一种期限短、风险程度低的货币市场短期融资工具,其发行量和余额在发达国家票据市场中占有很大比重。因此,大力推广使用商业承兑汇票,是大陆票据业务发展的方向。要结合一些地区的实践经验积极进行制度创新,有效推动商业承兑汇票业务的快速发展。四是完善票据市场利率体系,有效传导货币政策,引导票据市场形成包括再贴现、贴现、承兑之间的合理利率价格级差,理顺票据业务价格形成机制,逐渐形成银行贷款利率、票据贴现利率、同业拆借利率和再贴现利率之间的合理价差。完善再贴现利率生成机制,为市场利率正常水准提供参照,在票据市场的波动中有效传递货币政策信号。五是先期发展区域性票据交易中心。适时组建全国统一的票据交易所。目前中国票据网还只是一个信息系统,并非实时的交易系统,因此,组建区域性的票据交易所,是作为走向全国统一市场的必要一步。可考虑在东部、中部、西部建立几个区域性的票据交易中心或有形票据交易所,适时发展成为全国性的票据交易中心。六是完善社会信用体系的建设,为票据市场发展夯实牢固的信用基础。加快信用立法,强化市场主体的票据信用与票据融资理念。建立权威的信用评估机构,对票据发行者进行严格信用评估。建立健全企业与银行信用记录数据库,实现信用信息的共享。

(2)两岸票券金融业合作。台湾票券金融业可循如下途径开拓大陆市场:一是通过大陆银行业机构间接进入票据市场。目前,大陆票据市场投资主体主要是银行业金融机构,台湾票券金融业通过与大陆银行业金融机构签署委托协议,间接参与大陆票据市场交易。二是加入大陆票据市场成为会员单位,直接参与票据市场交易。未来,大陆的票据投资主体将扩展到财务公司、保险公司、投资基金、货币市场基金等,台湾地区台湾票券金融业可以参照这些金融机构的准入条件,进入票据市场参与交易。

(3)两岸金融合作备忘录(Memorandum of understanding,MOU)争取加入票券业务合作。两岸金融 MOU 谈判包括银行、证券及保险的内容,却独缺票券业的协商。台湾票券公会理事会向“金融监督管理委员会”(简称“金管会”)提出,为筹建台湾地区“亚太资产管理与筹资中心”,应将票券业纳入两岸金融 MOU 内。中国人民银行于 2005 年 5 月制定《短期融资券管理办法》。货币经纪公司虽随即开业并从事专业经纪业务,但货币市场处于成长期,规模及家数尚不及台湾地区。大陆本地银行及外资跨国银行,已在大陆市场深耕间接金融多年,台湾地区票券业若能进入大陆货币市场,将比银行业更具商机和优势。但是台湾地区法令未松绑,是票券业无法进入大陆货币市场的主因。台湾票券业者期待能通过票券公会提案,向台湾地区“金管会”争取,将票券业务纳入两岸金融 MOU 谈判内。目前台资企业在大陆地区向当地金融机构申请融资贷款,面临征信困难和要求提供担保等问题,造成在大陆的台商企业资金周转压力巨大。

(4)两岸间金融往来可参考内地和香港特区模式。两岸之间的金融合作将继续发展,内容与项目可参考中国内地与香港的经验。过去中国内地与香港之间金融合作水平也比较低,后来逐渐发展起来,包括互设机构及一些两地货币相互往来业务的问题。金融作为服务业,市场上有什么需求,金融就应该尽量去满足,以促进经济活动的顺利开展。从这个角度看,内地和香港的金融有哪些项目,有哪些内容,未来可以通过积极努力去克服各种障碍,那么和台湾地区之间也会有类似的这些内容和类似的发展。

(四)两岸创业投资基金比较与合作

1. 台湾创业投资基金经验及借鉴。台湾地区通过创业投资业的发展,顺利实现产业的优化调整,产生了一大批优秀的高科技型中小企业,因此台湾地区也有“中小企业之王”的美誉。相对于欧美国家及地区,台湾地区独特的政府推动型投资模式在创业投资业的发展中起到了重要作用,培育了众多明星企业、风险企业家以及高科技人才。海峡西岸经济区中小企业众多,与台湾地区的文化习俗相近,因此其成功经验对大陆发展创业投资业有着重要的参考借鉴意义。

(1)创业投资引导基金的参与主体。创业投资引导基金在我国台湾地区被称为“创业投资种子基金”,其运营系统主要包括三个主体。一是政府授权机构即“行政院”国家开发基金。它负责对政府的引导计划进行实施和管理,负责选择合格的创业投资基金及其管理团队,按投资需要提供资金;从管理和信用的角度监管创业投资基金的运营,要求每家创业投资基金提供标准和详细的报告,包括注册会计师的年度审计报告;通过与创业投资基金管理人沟通了解被投资的科技型中小企业业绩；对每家创业投资基金进行年度审核，以保证其报告的准确性并发现其中的欺诈信息。二是创业投资基金及其专业的管理团队。创业投资基金是"行政院"国家开发基金支持的投资于特定目标企业的创业投资机构，是一家主要由非政府资本出资的商业化创业投资基金，由专业的私人投资管理人进行管理，在政策规定的范围内选择投资。三是符合投资条件的早期科技型中小企业。即投资于促进产业升级或改善产业结构的、或民间无力兴办或资金力量不足的重要事业或企业。早期科技型中小企业主要包括以研究、开发和生产高新技术产品为主的企业。台湾地区创业投资种子基金过去主要投资于经济建设计划中重要生产事业。近年来则配合台湾经济的转型与政策发展方向，逐渐将投资范围拓展至半导体、光电、通讯、金融、精密机械、交通建设及生物科技等领域。可见，种子基金的投资都有针对性并且随着经济的发展而调整投资重点，其宗旨是通过种子基金的投资与融资运作，实现促进产业升级及调整产业结构的目标，进而加速台湾岛内经济发展，提升国际竞争力。

(2)创业投资引导基金的运作原理。台湾地区"行政院"创业投资开发基金的运作原理是："行政院"创业投资开发基金向私人商业资本组成的创业投资基金提供资金支持，创业投资基金委托专业的管理团队运作，管理团队在政府授权机构设定的投资范围内(即早期高科技中小企业)自主选择投资项目，向早期科技型中小企业投资或融资，帮助科技型中小企业发展。待企业成长壮大后，创业投资基金出售企业股权，获得投资收益，在私人商业资本收回本金和收益之前，首先返还政府提供的资金，实现创业投资开发基金的股权推出。

(3)创业投资引导基金的资金流程。首先看资金来源。台湾地区"行政院"开发基金的来源主要有两个渠道：一是台湾地区"财政部"直接划拨资金；二是在公开市场募集资金。其次是资金运用。"行政院"开发基金募集的资金一般通过贷款方式或优先股投资方式提供给创业投资基金。资金不是在开始一次性全部提供给创业投资基金，而是先给予一个承诺额度，然后根据投资需要与民间资本同比例到位。与贷款形式相比，优先股投资可驱使创业投资基金根据早期阶段投资的特性进行较长期的投资，而无须承受定期的付息压力；当创业投资基金取得成功后，还可以向开发基金分配10%左右的利润作为少量补偿。对创业投资基金而言，此种方式比贷款有更为合理的现金流安排；对开发基金而言，可以从成功的创业投资基金获得少量利润分配，以弥补失败的创业投资基金不能偿还本息造成的损失，保证引导基金的可持续发展。最后是资金的回收。"行政院"开发基金无论是以贷款方式还是以优先股方式向创业投资基金提供资金，基本原则是开发基金不以盈利为目的，只收回本金，需要时另加少量的利息或收益。相比而言，民间投资者的资金比政府的资金承受更大的风险，在民间资本损失殆尽之后，开发基金才会受到损失。这样的安排使得只有经验丰富、合格的民间投资者才敢于申请开发基金的资金，也使得台湾地区“行政院”开发基金在不直接从事创业投资、不干预创业投资子基金的情况下风险最小。

(4)创业投资引导基金的申请流程。台湾地区民间申请创业投资引导基金，一般先要经过分析评估，提交投资评估审议委员会审查通过，再经过“行政院”开发基金管理委员会审核同意后参加投资。审核总共分为四个阶段。第一阶段为初步接洽：邀请申请人面谈，并审核计划是否符合基金运用宗旨、投资范围和投资原则。第二阶段为评估分析：申请人应提出投资申请函和投资计划书，由基金就计划内容进行书面审查及实地查访，必要时还要请相关领域学者专家提供专业意见。第三阶段为提交审议：包括投资评估委员会的审查和管理委员回答审议。第四阶段为执行审议结论，旨在选择较佳的投资计划和方案，保证创业投资企业的质量。

(5)台湾创业投资引导基金的绩效。台湾“行政院”开发基金与台湾交通银行于1984年11月共同筹资8亿元新台币成立创业投资种子基金；而后于1991年2月再由“行政院”开发基金拨款10亿元新台币、交通银行拨款6亿元新台币，合计16亿元新台币，作为第二期创业投资种子基金；第三期创业投资种子基金于1997年和2001年拨款，总金额达到320亿元新台币。截至2007年10月末，台湾“行政院”开发基金已拨款投资53家创业投资基金，已核准投资家数为55家。自1985年起“行政院”开发基金投资创业投资基金金额约达92.75亿元新台币，总计带动岛内、外创业投资基金802.52亿元新台币。“行政院”开发基金已投资的53家创业投资基金，再转投资家数已达1 197家，投资金额达313.93亿元新台币。创业投资种子基金的杠杆效应明显。在创业投资种子基金的扶持和引导下，台湾创业投资快速发展并成功支持了高科技产业的发展。据台湾创业投资公会统计，1985~2006年，台湾创业投资机构累计投资2 038.15亿元新台币，有力推动了岛内支持创业投资的完整资金链的形成。截至2006年年末，岛内实际营运的创业投资机构共271家，实收资本总额为1 765.3亿元新台币。在创业投资资金来源中，88%是民间集资(私人机构和民间游资)，8%是海外资本。这种创业投资资本结构表明台湾创业投资行业已日趋成熟。

2. 建立创业投资基金促进海峡西岸经济发展。

(1)尽快出台指导性文件，促进创业投资引导基金规范设立与运作。《创业投资企业管理暂行办法》颁布以后，许多地方政府探索通过设立创业投资引导基金促进创业投资企业发展的热情都较高，但由于对创业投资引导基金的认识存在偏差，地方性创业投资引导基金的设立与运作普遍不够规范。如有的创业投资引导基金直接从事创业投资，不仅没有起到引导社会资金的作用，而且由于难以建立有效的收益激励机制与风险约束机制，使财政性资金的风险加大；有的地方政府多头设立创业投资引导基金，使有限的财政资金难以形成有效引导社会资金的合力，并因为多头管理导致管理混乱。因此，福建省可借鉴其他地区经验，尽快出台指导性文件规范创业投资引导基金的设立与运作。

(2)拓宽创业投资引导基金的资金来源渠道，资金运用以参股方式为主。创业投资引导基金的来源可有三个方面：一是政府科技资金，来自于政府各个部门；二是国有资本及国有资产变现的资金，来自于国有资产经营公司和大型企业集团；三是社会资金，来自于不同所有制的资本实力雄厚的企业和民间资金。由于福建省民营经济比较发达，又是我国大陆著名侨乡，社会资金比较充裕，在以政府资金为基础的条件下，可积极吸纳社会资金，充实创业投资引导基金。在资金运用上，主要以参股方式支持民间资金新设商业性创业投资企业，对资信良好的已设创业投资企业，也可提供融资担保，支持其通过债权融资方式增强投资能力。为促进所参股创业投资企业建立有效的收益激励机制和风险约束机制，同时降低引导基金的风险，引导基金作为股东宜以优先股方式参股，其所适用的股息率可参照同期国债利率，但优先于民间投资者收回本金和股息。

(3)创业投资引导基金运作应该明确职责。创业投资引导基金是由政府授权代表政府管理资金和向民间创业投资基金提供引导性资金，通过权益、优先股投资、提供融资担保等方式，实现政府促进各类早期科技型中小企业发展和产业结构调整的目标。为避免引导基金演变成营利性机构，宜成立非营利事业法人机构负责日常事务管理，对所扶持创业投资企业行使出资人或担保人权利。为确保引导基金决策的“民主性、科学性、公开性”，应设立由财政部门、创业投资企业备案管理部门、相关专业部门等政府部门和创业投资协会等社会机构共同组成的决策委员会，对引导基金的参股支持方案进行独立决策。为加强引导基金对所参股创业投资企业的监督，确保所参股创业投资企业的市场化运作，引导基金应当派员参加所参股创业投资企业董事会，并可在重大决策上可行使一票否决权。但是引导基金不得干预所参股创业投资企业的投资决策和具体经营。

(4)福建省设立省级创业投资资金发展迅速。2009 年福建省设立省级创业投资资金。创业投资资金以股权投资方式，对福建省种子型、创新型、成长型的未上市中小企业进行投资。创业投资资金主要采用创业投资、阶段参股和跟进投资三种运作方式。采用创业投资和跟进投资运作方式的投资期限不超过 8 年；采用阶段参股运作方式的投资期限不超过 5 年，阶段参股的比例不超过创业投资企业实收资本的 25%。创业投资资金不得用于从事贷款或股票、期货、房地产、企业债券、金融衍生品等投资以及用于赞助、捐赠等支出，闲置资金只能存放银行或购买国债。福建省投资集团应为具备条件的创业企业提供增值服务，积极扶持其在国内创业板以及主板上市；发挥福建省与香港联合交易所、新加坡交易所等的合作关系，支持创业企业到境外上市；鼓励省内有条件的企业收购、兼并处于扩张期的创业企业。创业投资资金投资形成的股权退出时原则上实行市场化定价，特殊情况下可实行协议价。2008 年福建省创业投资额逾 10 亿元，创业投资正成为福建省中小企业重要的融资渠道。根据福建省经济贸易委员会统计，2006 年 6 月前福建省备案登记的创业投资企业仅 5 家，而目前福建省备案的创业投资机构共有 26 家，常年在福建省从事创业投资业务的国内外创业投资企业更是达到 72 家。创业投资快速增长。2005 年前福建省创业投资额年均仅 1 000 多万元，2006 年起快步提速达 1.7 亿元，2007 年达 5.53 亿元。2008 年福建省实现创业投资额 10 亿元多，接受投资的创业企业达 110 多家。凯雷投资、联创业投资等多家海内外顶尖的创业投资资本大鳄，与福建省企业共同探讨国际金融危机之下企业与投资机构的合作机遇，并有意加大对福建省的投入。如运营网络游戏为主的福建省天盟公司 2008 年 11 月获得了著名的美国风险投资商 IDGVC、新加坡政府背景的风险投资公司 VERTEX 以及美国报业巨头 HEARST 千万美元风险资金注入。

（5）建立两岸共同市场试点的先试先行政策。这个共同市场与两岸的台湾证券交易所、上海证券交易所、深圳证券交易所联网和市场对接，两岸专家成立共同的发行合作审核委员会，两地证券监管机构成立共同的核准机构，建立统一的申请流程、上市标准、收费标准、发行定价方式与申购方式。两岸新发行的到对方市场上市的股票均在彼此市场上市交易。共同市场申请流程可以借鉴台湾模式，上市标准可以只要一般股票与科技股票两类；定价与发行方式可以参照大陆模式，费用采取大陆模式较好。

（五）两岸金融控股公司经验借鉴与合作

1. 台湾地区金融整合模式——金融控股公司。

（1）台湾地区金融控股制度。台湾“金融控股公司法”（简称“金控法”）的立法目的是发挥金融机构综合经营效益，强化金融跨业经营之合并监理，促进金融市场健全发展，维护公共利益。“金控法”的意义在于提供金融机构跨业经营及组织再造的依据，金融机构必须依其经营目标直接投资或收购子公司跨业经营以增加金融资产总额，扩大规模经济。①台湾地区金融控股公司定义。根据“金控法”第 4 条第 2 款，金融控股公司指对一银行、保险公司或证券商有控制性控股，并依“金控法”设立的公司。控制性控股指持有一银行、保险公司或证券商已发行有表决权股份总数或资本总额超过 25%，或直接、间接选任或指派一银行、保险公司或证券商过半数之董事。②台湾地区金融控股公司的设立。金融控股公司以股份有限公司为其形式。除经主管机关许可外，股票应公开发行。依台湾“财政部”规定，设立金融控股公司的最低资本额为 200 亿元新台币，金融业资产规模达3 000 亿元新台币以上，且跨业经营银行、保险、证券等任何两种以上业务者，可申请为金融控股公司；但同一人或同一关系人对一银行、保险公司或证券商有控制性持股者，除政府控股及为处理问题金融机构之需要经核准外，须强制转型为金融控股公司。③台湾地区金融控股公司的业务范围。台湾“金控法”第 36 条规定，金融控股公司应确保其子公司业务之健全经营,其业务以投资及对被投资事业之管理为限。即该金融控股公司应为纯粹型控股公司。由于金融控股公司目的主要在于集中旗下子公司所经营的各种相关性金融业务,以提供客户综合性金融服务,将金融控股公司的性质确立纯粹型控股公司比较妥当。金融控股公司可投资的事业有:银行业、票券金融业、信用卡业、信托业、保险业、证券业、期货业、创业投资业等。因设立金融控股公司致其子公司业务或投资逾越法令规定范围内,主管机关应限期令其调整。金融控股公司透过子公司所实际从事的业务范围,原则上仍以金融相关的业务为主。

(2)台湾金融控股公司发展现状和特点。

①台湾金融控股公司现状。2001 年金融控股公司制度施行后,台湾地区金融机构掀起了重组整合的浪潮,在短短 1 年内分别成立了富邦金控等 14 家金融控股公司。2008 年台湾金融控股公司达到 15 家,总资产达 29 万亿美元,总市值约 1.8 万亿美元,而银行则从 2001 年的 53 家下降至 37 家。台湾地区资产总额前 10 名的企业集团中金融控股集团占 9 个。例如排名第一的国泰金控其下的子公司国泰人寿 1995 年 12 月精算评估价值由新台币 3 060 亿元 ~ 3 420 亿元发展到 2007 年 3 月的 5 520 亿元 ~ 6 640 亿元,资产额将近 1995 年的 2 倍。目前台湾金融控股公司以控股证券业和银行业为主,分别达到 15 家和 14 家。金融改革以来,对金融控股公司发展的推动使台湾金融业整体资产质量大幅改善,逾期贷款和逾期贷款比率呈稳步下降的趋势,并较有效抵御了国际金融危机的冲击。自 2008 年金融海啸最低点至今,银行业逾放金额增加约 130 亿元新台币。资本充足水平也逐步提高,2008 年底岛内大中型商业银行资本充足率均符合国际规范,平均值为 10.6%,较 2007 年年初 9.9% 水平进一步提高。

②台湾金融控股公司发展模式。一是全部为纯粹型控股公司。台湾"金控法"第 36 条第 1 项规定:"金融控股公司应确保其子公司业务之健全经营,其业务以投资及对被投资事业之管理为限。"可见,台湾地区的金融控股公司属于纯粹型金融控股公司。台湾地区选择发展纯粹型金融控股公司是因为在实行金融控股公司制度前,台湾市场已经存在着众多的金融机构,受到各行业的规范和管理。如果同意金融机构既经营业务又具有金融控股公司的身份,则台湾当局在制定政策、实行监管上需要同时考虑金融控股公司和其他金融公司的规范,这样易产生摩擦和冲突。二是以某一核心企业为主体。台湾地区金融控股公司可持有多种类型的子公司,即核心金融机构(主要包括银行、保险公司、证券公司)和金融相关事业(如期货业、信托投资公司等)。三是创业投资业。台湾地区每家金融控股公司都是以某一核心企业为主体,再结合其他金融相关业和创业投资业。其 14 家金融控股公司以银行、保险和证券公司为核心企业的各有 8 家、3 家和 3 家。例如富邦金控和兆丰金控,其触角均涉及银行、证券、保险、信托及票券业务,但核心公

司经营的是保险和银行业务。这些公司在较大规模资产的支持下，利用其核心业务整合公司中的其他金融资源，再利用业务平台为客户提供多元化金融服务。

（3）台湾地区金融控股公司监管体制。从全球看，目前在金融控股公司的监管体制上主要有分业监管、综合监管和统一监管（也称一元化监管）等模式。目前，分业监管仍是一种主流监管模式。到2002年采用分业监管模式的国家和地区占所有样本国家和地区的38%，采用综合监管模式的国家和地区占30%，而采用统一监管模式的国家和地区占29%。但随着经济金融全球化、市场一体化进程的加快以及金融业由分业经营向混业经营的加速发展，综合监管和统一监管这两种模式将成为发展方向，并且将为越来越多的国家和地区所采用。台湾地区在2004年7月1日"金融监督管理委员会组织法"实施以前，其金融监管体制采行的是多元监管模式；实施后，则实行一元化监管模式。目前台湾金融监管的主要目的有保障存款人的权益、维护货币体系安定、促进金融服务效率、保障消费者权益4项。

2. 对祖国大陆的借鉴与启示。

（1）把握适应性、有效性和前瞻性原则积极推进我国大陆金融控股公司制度建设。通过对台湾地区金融控股公司发展的比较研究，结合大陆金融业实际，在当前金融控股公司管理办法的制定阶段，应在金融控股公司设立、经营、监管等层面进行规范，把握适应性、有效性和前瞻性原则。一是关于金融控股公司的定义，应注意防范子公司规模"两级分化"和"监管套利"的问题。二是关于大陆金融控股公司发展类型，鉴于现阶段金融控股公司有纯粹型、经营型、产融型等类型并存的现状，应在监管中涵盖以上三种类型企业，并选择合适的发展路径。三是关于金融控股公司的设立，可按市场化原则，自主选择发起设立、营业让与、股份转让等设立方式。四是关于监管模式，应选择以伞式监管模式为基本框架的功能型监管方式，既由人民银行扮演"牵头监管者"角色负责对金融控股公司的集团监管，各专业监管机构负责对相应金融子公司金融功能监管。六是关于具体监管措施，可在今后的实践中逐步健全完善，并明确监管协调机制的职责和形式。七是关于立法形式，应以循序渐进、分步实施、由易到难的原则逐步确立完善。

（2）确立金融控股公司制度应以有重点、有步骤的金融改革为铺垫。金融控股公司制度的建立是一项长期的系统工程。目前，大陆地区金融机构普遍存在产权不明晰、资本金不足、银行不良贷款高企、公司治理欠完善等问题，为保证未来金融控股公司的原生健康性，应对现有金融机构实施产权制度和公司治理结构改革，充足其资本金，降低不良债权和债务。可以学习台湾经验，首先在银行、证券、保险业内进行改革，逐步放宽投资和经营限制，以发展规范、治理科学的金融机构作为试点先行先试，在保证资本充实率和风险可控的前提下逐步确立金融控股公司制度。

(3)鼓励发展“纯粹型金融控股公司”模式。大陆现实中已经存在的金融控股公司形态中,主要有以下几类:一是由金融机构为主体形成的金融控股公司,如中银国际、中国国际金融有限公司等。二是以集团公司为主体的金融控股公司,如中信集团、平安集团等。三是由企业集团投资形成的实业资本控股机构,如山东电力、海尔集团等。四是以地方国资集团为基础的国有资本整合,如上海国际集团、天津泰达等。由金融机构为主体形成的金融控股公司与我国大陆实行的分业经营体制冲突并受法律的限制;大陆用来规范和约束金融交叉业务及投资银行业务等金融机构行为的法规尚不成熟,监管机构也缺乏有效的方式和能力及时发现并处理金融机构中出现的违规行为。以企业集团为主体的金融控股公司不属于金融机构,游离于金融监管之外。从我国大陆金融业的发展水平看,“母公司控股、子公司分业经营”的纯粹型金融控股公司有着明晰的所有权、经营权和决策权,并在资本运作、战略管理等方面拥有明显的比较优势和专业优势,可以有效防止不同金融行业风险的相互传递,又不违背大陆现行法律法规,因此,是符合现实的一种综合经营模式。

(4)建立以核心企业为中心的金融控股公司。台湾地区经营业绩较佳的金融控股公司都有其核心企业,核心企业在其业务完备性、营销功能上都能为其他子公司搭建“平台”促进其发展。金融控股公司应以核心企业为中心培养核心竞争力,在其专业化优势基础上进行多元化经营。如果核心企业缺位,金融控股公司的“平台效应”将难以发挥。大陆各类型金融机构发展层次不均衡,主要表现为银行业的总体发展规模远大于证券业和保险业。可在金融法律允许范围内找出比较适于担当核心企业的金融机构,以发挥金融控股公司的规模优势和团队效应。金融控股公司规模庞大,业务范围广泛,如果缺乏良好的公司治理结构和完善的内部控制机制,则公司内部可能出现相互持股、贷款互保、资金违规拆借等问题,从而导致公司的发展潜伏着较大关联交易风险、高财务杠杆风险和系统性风险。因此,以核心企业治理为突破口,以核心企业带动整个集团内部控制机制和公司治理水平的提高,有助于金融业整体治理结构的完善。我国大陆可以借鉴台湾地区的经验,对现有的金融控股公司按照规范的现代企业制度重新整合,实现产权制度的深层次变革,制定一系列制度来维护公司治理,并关注跟踪金融控股公司试点整合的全过程,在公司内部形成如内部交易制度、风险预警及管理制度等严密的内部管理制度。

(5)对金融控股公司监管模式的选择应以伞型监管为基本框架的功能型监管方式为主要发展方向。第一,监管组织结构的设置应有助于监管目标的实现。中央银行作为支付清算系统的最后清算者,对金融机构特别银行流动性与资本金的变动更为敏感和直接,对金融业的稳健运行发挥着重要作用。这是中央银行与生俱来的天然属性,并不因监管框架的变化而改变。如选择以中央银行为主、中央银行与其他监管机构分工监管的模式,中央银行可充分发挥最后贷款人的作用,有助于金融稳定,防范金融危机。第二,监管组织结构的设置应注重监管运行的效率。不论是一元监管还是伞型监管,监管主体在防范和减少金融控股集团风险的同时,都有可能因权力集中或冲突造成监管失灵,减损金融控股集团的协同效应和规模经济。因此,既要防止权力过于集中,又要防止监管冲突与监管真空。若监管职能由一个"超级监管机构" 统一行使,就应当对其权力进行制衡以防止其权力过大或滥用。若监管职能由若干监管机构分别行使,就应当协调多元化监管机构以防止其监管冲突和监管真空。第三,监管模式组织结构应有助于货币政策制定和实施。[①] 货币政策的顺利实施离不开健全的银行体系,而银行体系的安全运行也离不开货币当局的支持。如果银行监管方面的信息对货币政策十分重要,应选择以中央银行为主的多元监管模式;而选择由独立于中央银行的机构担任单一监管机构,就须加强其与单一监管机构之间的协作。第四,监管组织结构应注重减少监管成本。伞型监管易导致人员冗杂,监管成本较高;一元监管可降低成本,但难免出现重置成本。第五,监管组织机构应注重监管协调机制的建立。虽然在本质上,监管冲突和监管疏漏缘于监管机构的功能不同、目标不同,但在操作上则多表现为监管者之间缺乏沟通和合作。只不过一元监管模式表现为同一监管主体内部不同职能部门的沟通,而伞型监管模式则表现为不同监管者之间的沟通。从国际经验看,监管者之间的合作已经从许多临时性、随机性、个案性、程序性的安排,转化为制度化、常规化、有实际决策内容的制度安排,对我国具有重要的借鉴意义。

(6)法律体系应以金融控股公司制度发展相适应。我国大陆现行的金融法规确立了金融机构的分类经营体制和业务范围,但金融控股公司的法律地位及性质并不明确,既无明确禁止性条款,也无明确设立性条款,"无法可依"使金融控股公司的发展缺乏法律保障。我国大陆可借鉴台湾地区金融控股公司相关法规的经验,在推出完整立法的同时对现有金融各业相关法规不断修改和完善,确定金融控股公司准入和退出的条件及方式,界定金融控股公司的权利和义务,明确监管主体,为我国大陆金融机构发展建立良好的外部环境,进而规范和推动金融控股公司的健康发展。监管法规的调整应以金融控股公司发展水平相一致。台湾地区在2001 年就以"金控法"明确了金融控股公司制度,但直到2004 年才规范金融控股公司监管。在此之前金融控股公司监管各不相同,造成监管混乱和缺位,使其间台湾金融控股公司处于快速且无序的发展阶段。

---

① 彭虹:《论金融监管模式的合理性》,《河南金融管理干部学院学报》,2006. 2。

四、海峡两岸金融稳定与监管合作制度比较

(一)两岸金融监管机制比较与合作

1. 两岸金融合作的意义。虽然两岸金融合作还处于初级阶段,但是由于两岸经贸活动的日益频繁,两岸金融往来仍然不可忽视。金融业务往来不可避免衍生出诸多风险,比如台资企业的"地下金融"问题。大陆金融机构由于不能完全把握台资企业的资信情况,因而不愿意开展对台金融业务。台湾金融机构对大陆的台资企业也存在同样顾虑。因此,台资企业在大陆融资、回台湾融资均存在一定困难,地下金融应运而生。接近一半的投资在台湾地区"经济部"控制之外,金融监管的迫切性上升。再如两岸建立货币清算机制问题、互设金融机构的跨区监管问题、金融市场的混业经营问题、两岸金融业务往来中纠纷解决的问题、地下钱庄问题、加强反洗钱合作等等都迫切需要两岸进行监管合作。新形势下,台湾地区意识到开放两岸金融往来有利于台湾岛内金融业与台湾经济,因此在两岸金融合作问题上持比较积极的态度。从台湾放开人民币双向兑换、放宽基金型之境外投资机构免出具声明书、开放台港 ETF 相互挂牌、有限度开放香港交易所挂牌企业来台第二上市(柜)、放宽基金投资大陆股之海外投资限制,以及开放赴大陆投资证券期货业等政策可以看出台湾金融松绑步伐明显加快、力度明显加大。在政策松绑的绝好机会下,台湾金融业由于岛内市场容量有限,经营利润十分有限,必然会通过各种渠道抢占大陆市场。新形势下的两岸金融合作交流将进入一个快速发展的新局面,因而更需要两岸金融监管当局进行合作。

在 2009 年之前,由于台湾当局政策障碍,使得两岸彼此开放金融服务业与互设金融机构的步伐落后,严重制约了两岸经济关系的发展与两岸潜在互补性利益的获取,并影响了两岸金融机构在国际市场上的竞争力。因此,新形势下促使两岸加快彼此开放的步伐,有利于两岸金融业互补性优势的整合发挥和国际竞争力的提升。两岸经济体间互设金融机构与跨境提供金融服务,必然衍生跨境金融监管问题。一是有效的两岸金融监管既需要两岸双方借鉴国际惯例制定金融机构设立与监管规则,也需要两岸金融监管机构签订金融监管备忘录,彼此交流与合作,以克服信息不对称与管辖权力边界限制等问题。二是加强两岸代理行间的信息咨询交流与技术合作,在互惠的原则下建立两岸银行客户信息资源库共享机制。三是两岸金融机构在直接交流与合作遇到困难时,可充分利用香港特区这一国际金融中心的中转站作用,还可以采用"官方授权民间操作"的方式实现两岸金融监管功能。四是对大陆台资中小企业融资难的情况,可借助台湾银行对大陆台资企业的母公司资信比较了解的优势,让其开立担保信用证,从而使母公司在台湾的信用资源延伸运用到大陆子公司。亦可借助台商协会相对了解当地台资企业情况的优势,由台商协会牵头,联合两岸金融机构合资成立担保公司,为台商企

业贷款提供担保。两岸金融合作在和平发展和风险控制的前提下，应贯彻互信、互动、互补、互惠、共享、共赢的方针，遵循“统筹安排、对口协作、先易后难、稳步推进”的策略，不失时机地落到实处。

2009 年之前由于两岸金融合作备忘录尚未签订，台湾地区在大陆的代表处无法真正经营相关金融业务。台湾金融机构赴大陆投资所面临的限制：一是银行业。依大陆法规，台湾金融业赴大陆设立独资或合资银行，总资产须达 100 亿美元，而设立分行总资产也需达到 200 亿美元，设立门坎远远超过依港澳 CEPA 紧密经贸关系伙伴协议（Closer Economic Partnership Arrangement）规定的 60 亿美元。另外，外资金融业若以合资方式进入大陆城市商业银行，仅能持有股权比例 20% 以下。如此低的持股比例，将无法参与实际经营业务。二是保险业。保险业包括财产保险及人身保险，有所谓的“532 规定”，即最低总资产 50 亿美元、30 年以上设立时间、2 年代表处。而台湾产险公司总资产很难达到 50 亿美元，对产险公司经营也是一道难以逾越的门坎。三是证券业。赴大陆投资证券业需两地金融监理当局签署 MOU。在未签署 MOU 之前，台湾证券业赴大陆投资根本是不可能。若外资以合资方式进入大陆证券业市场，持股比例不得超过 33%。若投资基金，则单一外资持股比例不得超过 20%，全体外资不得超过 25%，持股比例低，无法实际掌握经营权。

2. 签署 MOU 对两岸金融影响。国际合作契约类型主要有三种，通常在正式签订合约前，会先签订合作备忘录、意向书（Letter of Intent，LOI）和保密协定（Non－Disclosure Agreement，NDA），差别在于契约中的实质内容。NDA 为一个独立存在的契约，有独立的法律效力；而 MOU、LOI 是两家公司合作或是投资洽谈时，在早期阶段所签订的合约形式，不算是正式的合约类型，若非在内容有特别约束规范，否则在法律上不具效力。两岸应以互惠合作方式，促进两岸金融自由化与国际化，增加金融业的竞争优势。一是两岸签订金融 MOU 的内容与利弊。MOU 的内容包括信息交换、信息保密、金融检查、危机处理，以及市场准入等问题。两岸金融 MOU 签署后将可落实金融检查与业外监控。两岸签订金融 MOU 有利于以下方面：（1）QDII 来台湾投资上限提高，资金流入活络台湾股票市场。（2）大陆银行进入台湾市场，提振台湾地区金融市场就业率。（3）大陆金融业利差空间大，台湾银行业进入大陆市场，获利前景可期。（4）大陆银行对台商企业的征信不易，导致台商在大陆融资困难，MOU 签订后将有助于台商征信和筹资。二是两岸签订金融 MOU 的实质影响。两岸 MOU 签订后，台湾地区已在大陆设立的办事处可以升格为分行，在大陆拓展实质业务；未成立办事处者，设立后 2 年即可升格为分行。但都不能承做人民币业务，唯有在海峡两岸经济合作框架协议（ECFA）签订后，避开“开业三年，连续两年获利”的门坎，直接承办人民币业务。本地银行有机会参股大陆的银行，进一步拓展大陆的金融市场。大陆银行业也有机会来台湾设立分行(或子行),或参股甚至并购台湾地区的银行或金融控股公司。大陆银行赴台投资的可能性以参股台资银行的可能性最高。台湾地区的市场相对很小,近年来台湾岛内金融市场已出现银行开始关闭分行的情况,利差也逐渐缩小,和大陆广大的市场以及较高的利差相比较,台湾地区的银行经营利基远不如大陆。MOU及ECFA签订后,对台湾金融、股市、不动产等可能产生的影响值得关注。例如因两岸的利差及人民币长期看涨的趋势,吸引民众弃台币持有人民币;大陆银行可能在台湾地区买壳上市;陆资汇入导致股票、房地产大涨等金融市场波动。

(二)两岸反洗钱体系比较与合作

1. 台湾地区洗钱防制法的主要内容。台湾地区“洗钱防制法”制定工作于1996年10月完成,其后经过6个月的准备与调适,于1997年4月正式施行。2003年,根据该法实施情况及洗钱犯罪行为的发展情况,台湾地区“立法院”对该法部分条文进行修订和完善,主要包括:在侦查中增加检察官或在审判中增加法官,对于疑似洗钱交易账户,可以执行冻结财产的规定;加大对帮助洗钱犯及常业洗钱犯的处罚力度,删除金融机构疑似洗钱申报必须告知当事人的规定以及直系血亲及配偶等亲属协助洗钱以免除刑责的规定;增加没收财产分享制度等。2007年台湾地区为顺应国际防制洗钱潮流,维护地区安全与社会秩序,对“洗钱防制法”进行了第二次修订,增加了反恐怖组织活动、打击跨国组织犯罪洗钱力度。台湾地区“洗钱防制法”是关于反洗钱犯罪的刑事与行政的综合性规定,偏向于从防制洗钱出发,以达到遏阻重大犯罪的目的。

2. 两岸反洗钱领域的合作。随着海峡两岸经贸投资往来及社会交往的不断增多,两岸跨境犯罪案件也有所增加,毒品、走私、偷渡、假币制造、欺诈、勒赎,以及其他两岸跨境犯罪类型不断出现,地下通汇与洗钱犯罪相互交叉的问题也日渐突出。以后经济犯罪的多样形态,将更容易在两岸之间产生新的组合犯罪形态。近年台湾电话、网络诈骗集团移至大陆进行诈骗就是一个较为典型的例子。以目前厦门市公安机关侦破的此类案件看,其上游犯罪的背后大都存在着地下钱庄的资金流动,但在取证上遇到困难,所以两岸携手反洗钱十分必要且迫切。

由于政治原因以及海峡两岸司法体系不同,两岸司法警务部门交流十分有限。除早期曾通过“两会”(海峡两岸关系协会和海峡交流基金会)合作打击犯罪,以及1990年的《金门协议》外,两岸跨境打击各种犯罪力度十分有限。建议以反洗钱合作为契机,采取反洗钱两岸司法(行政)方面联系与协作,签署类似“反洗钱合作备忘录”的文本,试行交换洗钱犯罪情况、代为调阅金融机构账户资料、协助清查可疑资金流向、送达诉讼文书、逮捕移交罪犯、移转诉讼案件、冻结与扣押犯罪不法所得、没收与分享犯罪不法所得等,进行反洗钱初期合作,并进一步促进两岸跨境犯罪的打击力度。近年来两岸金融机构不同时期频繁发现假钞。随着两岸交流日趋频繁,应严格防范及查缉伪造人民币,防止不法集团扰乱金融及治安,两岸必须加强合作坚决打击伪钞犯罪。两岸“通邮、通商与通航”之后，人民币流通市场已经扩展，两岸必须加强合作有效打击庞大的假钞罪行。为了合作打击两岸间的违法犯罪活动，《金门协议》再次发挥作用。作为一个签署至今已近19年的协议，《金门协议》在短期内达到了两岸金融监管合作互信的目的。

（三）两岸征信体系比较与合作

一是以两岸私营征信机构为平台开展征信合作。首先，两岸征信机构可采取互相委托代理查询，交换征信资料的方式开展合作。这种方式简便易行，涉及的法律和政策障碍较少。其次，组织开展技术、人员方面的交流合作，学习台湾信用调查、信用评级方面的先进技术和管理经验，探讨两岸征信合作的技术标准，为进一步合作创造有利条件。第三，鼓励台湾的征信机构在大陆开设分支机构或由两岸合资建立征信机构，并将其逐步发展成为两岸信用信息共享的节点。

二是以两岸商业银行为平台开展征信合作。①大陆银行与台湾岛内商业银行建立同业间的业务代理网络，建立双方共同融资对象企业的信用记录，互相交流台资企业的资信状况。对集团台资企业在台湾母公司的信用状况可以委托长期合作的台湾代理行代为收集，由代理行提供资信证明。②两岸银行互设分支机构。台湾的商业银行在大陆设立分支机构，加入大陆的企业和个人信用信息基础数据库；大陆银行（如兴业银行）在台湾开设分支机构加入联征中心，共享两岸企业信用资讯。

三是积极探索两岸公共征信平台之间的合作路径。两岸征信合作平台建设的最终目标是实现两岸公共征信平台之间的基础数据联网共享。但公共征信的合作较多涉及信息安全等政治敏感领域，因此在操作上应遵循循序渐进的原则，先就部分信息实施共享试点，将与大陆银行发生信贷关系的台资企业岛内母公司、关联公司、为台资企业担保的岛内企业的信用信息以及在大陆投资、就业的台胞个人信息纳入大陆公共征信平台。

四是建立两岸失信行为联合惩戒机制。两岸金融机构、工商、税务、质量检测等部门依照有关规定和双边协议公开相关不良信用信息，由两岸的征信机构通过信用报告等征信产品的形式向客户和社会公众披露，并依据有关规定限制其在两岸获得银行贷款、投资、就业或某些行业的从业资格。通过建立两岸司法（行政）方面的联系与协作机制，如对某些类型的经济案件相互认可判决结果，依照协议配合判决执行等，直接处理相关事务。

（四）两岸存款保险制度的经验借鉴与启示

存款保险制度（DPS）是指商业银行或其他吸纳存款的非银行金融机构向存款保险机构缴纳保险费，保险机构承诺在银行或其他存款金融机构遇到财务危机或面临破产时，由保险机构提供流动性资助或代为清偿债务的一种制度。存款保险制度能有效保护中小投资者的利益，并且在一定程度上防止银行挤兑，维护银行业的稳定。存款保险制度同中央银行的最后贷款人职能及其他银行业监管的措施相辅相成，共同组成了银行系统的“安全网”。

1. 台湾地区存款保险制度的经验。

（1）台湾地区存款保险制度的建立。台湾的存款保险制度是在国际金融创新浪潮的推动下，根据其“银行法”的规定建立起来的。台湾“银行法”第四十六条规定，为保障存款人之利益，得由政府或银行设立存款保险之组织。1982 年在台湾金融会议上，为迎接金融创新和金融自由化时代的来临，地区政府提出建立存款保险制度的构想。台湾“财政部”随即会同“中央银行”邀集金融业代表召开研讨会，拟订存款保险条例草案。后经台湾“行政院”和“立法院”审议通过，于 1984 年 1 月 9 日公布施行。依据“存款保险条例”规定，台湾的存款保险制度系由“财政部”会同“中央银行”成立“中央存款保险公司”（CDIC）负责承保。因此“中央存款保险公司”是台湾办理存款保险的唯一负责机构。该公司 1984 年 9 月 27 日开始营业，隶属于台湾“财政部”，董事会由 7 位董事组成，均由“财政部”及“中央银行”指派相关部门高级管理人员担任，目的在于使存款保险公司各项业务和任务得以有效沟通和执行。台湾“存款保险条例”第一条明确规定，“中央存款保险公司”办理存款保险的宗旨是：保障金融机构存款人权益，促进金融业务健全发展，维护信用秩序。

（2）台湾存款保险制度的对象和投保方式。根据台湾“存款保险条例”的规定，凡经依法核准吸收存款或接受委托经营具有保本保息并代为确定用途的信托业务的金融机构，应依照“存款保险条例”的规定参加存款保险，这些机构皆为投保人。台湾“中央存款保险公司”1996 年 12 月对原来的存款保险条例进行了修正和补充，将存款保险改为全面投保，修正程序于 1998 年 12 月 29 日经“立法院”通过，并于 1999 年 1 月 20 日公布后正式生效。为配合全面投保制度的有效实施，“中央存款保险公司”要求所有未参加存款保险之金融机构，自 1999 年 2 月 1 日起均应依法全面加入存款保险。其承保方式为：1985 年 9 月 ~1999 年 1 月采取自由投保方式；1999 年 1 月 ~2007 年 1 月采取强制投保方式，目的是加速累积保险赔款准备金，避免逆选择，促进金融安定。2007 年 1 月起采取强制申请的方式，目的是加强风险控制以达到稳定存款人信心的积极作用及有效发挥存款保险制度的功能。参加存款保险的要保机构，应具有营业报告书、资产负债表、损益表、财产目录及其他报告，提供“中央存款保险公司”查核是否符合“存款保险条例”修正施行前所订的承保标准。未符该承保标准的要保机构，应提出具体改善计划，计划期限最长为 3 年，有利于“中央存款保险公司”控制承保行为；未提出具体改善计划或计划期间财务状况恶化或计划期满仍未改善者，“中央存款保险公司”将依各该要保机构的改善情形，拟按照辅导、监管、接管或其他处理方案，报请主管机关依相关规定处理。由此可见，台湾地区的存款保险制度采用的是法定保险的方式,而且管理较为严格。

（3）存款保险标的、保险金额和保险费的规定。根据台湾地区“存款保险条例”的规定,存款保险公司负责承保的项目主要包括:支票存款、活期存款、定期存款、储蓄存款、邮政储金、由投保金融机构确定用途的信托资金、其他经“财政部”核准可承保的存款。存款保险公司不承保的项目主要包括:外币,外汇存款,信托业务中由委托人指定用途的信托资金,可转让定期存款单（CD 存单）,各级政府机关存款,“中央银行”存款,银行、邮政储金汇业局、信托投资公司、信用合作社及设置信用部的农会、渔会的存款,每一存款人在同一投保金融机构超过最高保额部分的存款。根据台湾“存款保险条例”第九条的规定,存款保险公司对投保金融机构每一存款人最高保额,由台湾“财政部”会同“中央银行”制定。“中央存款保险公司”成立初期,最高保额定为新台币 70 万元;1997 年 8 月 15 日起调高为新台币 100 万元。依照台湾地区“存款保险条例”规定,“中央存款保险公司”经营存款保险业务的保险费率由该公司拟订,报经台湾“财政部”核定后实施。存款保险费的计算基数以基准日投保机构保额内存款额为准。“中央存款保险公司”成立初期,存款保险费年费率经核定为万分之五;1987 年 7 月 1 日为推广存款保险业务及提高金融机构投保意愿,将保险费率降为万分之四;1988 年 1 月 1 日再降为万分之一点五。后来为配合金融机构全面投保制度的实施,存款保险公司自 1999 年 7 月 1 日起颁布实施了“存款保险风险差别费率实施方案”,将费率分为三级,分别为万分之一点五、万分之一点七五及万分之二;后来为加速积累存款保险赔款特别准备金,自 2000 年 1 月 1 日起调整为万分之五、万分之五点五及万分之六。保险费每半年由投保机构缴付一次,第一次在 1 月,第二次在 7 月。两次保险费基数分别以上年 12 月 31 日及当年 6 月 30 日计算基数基准日,该基准日需要由“财政部”会同“中央银行”进行调整。

1999 年 7 月 1 日“中央存款保险公司”实施保险费率,为单一费率和风险差别费率。风险费率指标是根据资本适足率、金融预警系统检查资料等综合得分。实施风险费率理由是强制投保机制的配套措施。风险差别费率的实施已成为世界潮流,能降低要保机构道德风险及增进要保机构的自律功能,合理反映个别金融机构的承保风险差异,促进付费公平。目前“中央存款保险公司”现行费率实行两阶段费率:一是保额内存款,按存款指标核算之差别费率分五级计收;二是保额以上存款,按固定单一费率计收。

台湾“中央存款保险公司”保障额度,每一存款人在同一要保机构存款本金的最高保障金额分别为:1985 年 9 月 27 日规定最高保障金额为新台币 70 万元;1987 年 8 月 15 日规定最高保障金额为新台币 100 万元;2001 年 7 月 11 日 ~2005 年 7 月 10 日配合金融重建基金成立处理问题金融机构,而采取暂时性全额保障。2007 年 7 月 1 日规定最高保障金额为新台币 150 万元。2008 年 10 月 7 日 ~2009

年 12 月 31 日因应全球金融海啸而采取暂时性全额保障。

“中央存款保险公司”保障范围。最高保额为新台币 150 万元(仅保障本金)。一是要保项目主要包括支票存款、活期存款、定期存款、依法律要求存入特定金融机构的转存款、其他经主管机关核准承保的存款。二是不保项目主要包括外国货币存款,可转让定期存单,各级政府机关存款,中央银行存款,中华邮政公司、信用合作社及设置信用部的农渔会及全岛农业金库的存款,其他经主管机关核准不予承保的存款。另外,员工退休金存款专户公开保障。三是暂时性全额保障,目的是强化存款人信心、维护金融安定的预防性措施。其保障范围:原存保条例的要保项目及不保项目的本息、同业拆款。其配套措施:主管机关强化金融监管措施;对同业拆款收取特别保费;要保机构如有违反法令经主管机关处分,或有金融监管措施所列应限期改善事项,经主管机关通知者,得对上述同业拆放加收惩罚性费率。

(4)台湾存款保险公司的资金来源。“中央存款保险公司”资金来源主要有:一是资本金,按照台湾“存款保险条例”原规定,存款保险公司资本金总额为 20 亿元新台币,1992 年 7 月根据台湾“行政院”的指令修正调高为 50 亿元新台币,1995 年 11 月再次修正调高为 100 亿元新台币。其资金运用收益是维持该公司日常营运支出最主要的资金来源。二是保险费收入(包括一般保费和特别保费)。保险费收入是经营任何保险业务的保险公司建立赔偿基金、提高偿付能力的最主要的资金来源,存款保险公司也不例外。根据台湾“存款保险条例”的规定,存款保险公司每年保险费收入至少要提取 60% 作为保险赔款的特别准备金。另依照公司章程规定,该公司应从年度税后盈余中提取法定公积金 10%、特别公积金 40%,用于充实赔偿基金,提高偿付能力。三是“中央银行”特别融资:台湾存款保险公司依照“存款保险条例”第二十条的规定,在办理应该规定事项时,可报请“财政部”转洽“中央银行”申请特别融资。申请特别融资时需要向“中央银行”提供担保品。融资额度在该公司可提供担保品范围之外的部分,由台湾“国库”担保;担保部分超过该公司净值时,由“财政部”会同“中央银行”报“行政院”核定。四是资金运用收入。设定准备金目标值为保额内存款的 2%,一般金融及农业政策金融分设账户。五是 2011 年后的银行业营业税收入。

(5)台湾存款保险公司的权利和职能。为了确保存款保险制度能很好地发挥其应有的作用,根据台湾“存款保险条例”的有关规定,“中央存款保险公司”具备以下权利和职能:一是检查金融机构。依照“存款保险条例”第二十一条及台湾“行政院”颁布的“金融业务检查分工方案”规定,“中央存款保险公司”与“财政部”、“中央银行”等金融监督检查单位,本着分工而不重复的原则,对 76 家投保金融机构进行业务检查。为配合台湾政府政策,该公司遵奉“行政院”1996 年 4 月“金融监督管理改进方案”的规定,依据“‘财政部’委托‘中央存款保险公司’检查基层金融机构业务办法”，自1996年7月1日起，承接原由“中央银行”及合作金库办理的全部基层金融机构的检查工作。这样“中央存款保险公司”的检查范围扩展到了所有基层金融机构。另外，为了配合“财政部”金融咨询服务中心改制为财金咨询股份有限公司，原由“财政部”委托该中心办理的对信用合作社及农会、渔会等各电脑共享中心的检查，依据台湾地区“银行法”规定及“金融检查委员会”第八次会议决议，自1998年12月起由“财政部”委托“中央存款保险公司”办理检查。

二是处理有问题的投保金融机构。存款保险公司在处理有问题的投保金融机构时可采用的方法主要有：(1)辅导有问题的投保金融机构。依据“存款保险条例”规定，公司为健全投保机构的业务，必要的时候可以报请“财政部”指派人员辅导有问题的投保机构的业务经营活动，以保障存款人的合法权益。(2)提供财务协助。根据“存款保险条例”第十七条另一规定，公司需要对接受辅导、监管或接管的投保机构办理贷款或存款支持；如果有其他的正常的投保机构要并购该有问题投保机构的话，存款保险公司应提供资金支持，以促成并购完成并防止金融事件扩大，造成金融恐慌，切实保护存款人的利益。(3)终止投保。“存款保险条例”第十九条规定，投保机构因违反法令、保险合同或经营风险较大的业务，经存款保险公司提出警告，并限期改正而未改正者，存款保险公司可公告终止其投保资格。该条例第十八条规定，投保机构停止吸收存款及信托资金业务时，应书面通知存款保险公司，终止其投保资格。投保机构不管在上述那种情况下终止投保资格，存款人在终止之日的存款余额，自终止之日起1年内，在最高保额范围内，仍由存款保险公司提供保障。

(6)保险责任的履行。根据台湾“存款保险条例”规定，投保机构经主管机关勒令停业时，“中央存款保险公司”为维护信用秩序，保障存款人或信托资金指定受益人的权益，应按照下列四种方式之一履行保险责任：一是根据停业机构账册记录及存款人提出的存款余额证明，按其保险金额，直接以现金方式赔偿其本金债权；二是在同一地区，商洽其他投保机构，对停业机构的存款人设立与其保险金额相等的转移存款，赔偿其本金债权；三是对其他投保机构提供资金、办理贷款、存款或保证停业机构债务等财务协助，促使其合并该停业机构或承受该停业机构全部或部分的营业及资产负债；四是如果是上述二、三两种方法无法得以实施，存款保险公司需要以其自己的名义承受该停业投保机构的资产负债暂时继续营业，再寻找机会按这两种方法实行。存款保险公司按照二、三、四种方法办理，成本必须小于第一种方法，即现金赔偿的成本。

(7)风险控制机制。一是预防金融危机发生，促进金融机构健全经营。二是加强承保审核。三是金融安全网的资讯共享与协调机制。四是实行场外监控，采用金融预警系统（包括检查资料评等系统和申报资料排序系统）、网际网路传输作业系统、负责辅导员、报表稽核与追踪考核等一系列手段。五是警告及终止要保。六是特别查核权，包括查核保费基数正确性及电子资料档案建置内容，是否有终止要保契约情事；履行保险责任前要保机构的资产及负债情况；对停业或问题要保机构违法失职人员财产资料及民事责任追偿。七是问题机构退场机制。按照成本原则，以现金赔付成本为上限。现金赔付、移转存款赔付（代理赔付）、提供财务协助促成并购、过渡银行（因应系统性风险）、停业前财务协助（因应系统性风险）。八是系统性风险例外处理机制。原则是赔付预估成本必须小于现金赔付的预付损失。但是例外情况是有严重危及信用秩序与金融安定之虞者，经报请主管机关洽商台湾地区"财政部"及"中央银行"同意，并报经"行政院"核定者，不受上述限制。九是特别保费，存保公司因办理应对系统危机事项，致保险赔款准备金不足时，得分别向要保机构收取特别保费。

（8）台湾存款保险未来工作重点。充实保险赔款准备金，强化场外监控机制，加强与相关金融监管机关的资讯交流及协调处理机制，建立评估查核机制及程序，以掌握承保风险。处理经营不善金融机构，使无继续经营价值的金融机构顺利退场；对经营不善的要保机构，选择最适当方式履行存款保险责任；研究发展存款保险法制强化存款保险功能，强化与各地区金融安全网的交流与合作。

台湾"中央存款保险公司"建立以来已救助数十家金融机构。25 年前台湾的金融机构大部分为公营，金融机构和金融业务受到严格管制，获利也相当稳定，即使少数金融弊案也由政府介入处理消弭，因此金融安全网的重要性没有受到重视。1984 年美国发生银行倒闭事件引发国际金融冲击，1985 年台湾又发生一连串金融事件，于是促成台湾政府于 1985 年成立"中央存款保险公司"。20 多年来，台湾地区"中央存款保险公司"成功引导了 48 家金融机构退出市场，赢得了台湾"最成功的金融救火员"称号。

2. 建立祖国大陆存款保险制度的启示。

（1）加快存款保险制度的建设进程。应当利用流动性过剩、中央财力相对充裕、金融机构运行平稳等历史上难得的有利条件与时机，加快推进祖国大陆存款保险制度的建设进程。

（2）在金融危机处置实践中不断完善存款保险体系。一是救助和纠正传统的存款类金融机构；二是作为金融安全网的重要组成部分，部分地增强对金融体系和市场的信心；三是在处置重大危机时，作为重整机构可以发挥桥梁作用；四是专业清算机构在金融机构市场退出过程中要发挥作用。

（3）存款保险制度设计要有适当的前瞻性。在存款保险制度架构设计上，既要考虑存款保险机构市场融资等市场化运作的需要，也要兼顾存款保险管理职责的发挥而应具备的行政资源。

（4）存款保险体系设计要兼顾利益和风险的平衡。祖国大陆建立存款保险制度，意味着对各类存款实施了显性的有限度的存款保护。如果处理不当，有可能造成高风险、低信誉的中小金融机构存款向稳健的国有商业银行和外资银行转移，从而加剧现存的金融风险。在存款保险制度实施初期，要像实施外汇体制改革那样进行风险预警监测，做好流动性分析和预测，加强相关部门间的沟通与协调，制定相关预案。在祖国大陆现有体制下在问题银行救助处理机制的设计上要充分考虑和发挥地方政府在稳定社会、稳定金融方面的重要作用。

（5）建立祖国大陆存款保险制度的基本思路。一是存款保险基金主要来源于投保金融机构缴纳的存款保险费。当其发生支付危机时，由存款保险机构通过资金援助、赔偿保险金等方式其保障其清偿能力。存款保险基金将主要来源于投保金融机构缴纳的存款保险费，从投保金融机构清算财产中受偿所得也归于存款保险基金。二是存款保险实行有限赔付原则，即在投保存款机构被撤销或破产时，存款人在该机构的存款在规定限额内可以得到全额偿付，超过存款保险限额的存款仍有权从该机构清算资产中得到追偿。同一存款人在同一家投保存款机构开立有多个存款账户的，各账户余额合并计算。三是根据机构风险的不同，实行与风险挂钩的差别保险费率。对高风险机构实行高费率，低风险机构实行低费率，以利于形成正向激励机制，起到辅助监管作用。四是为保证存款保险制度的公平性和合理性，避免逆向选择和道德风险。存款保险应覆盖中国大陆所有存款类金融机构，包括在境内依法设立的具有法人资格的商业银行、合作银行、城市信用社、农村信用社和邮政储蓄银行等存款类金融机构。五是赋予存款保险制度风险处置和救助等多项职能，完善金融机构市场退出机制，对可能出现的金融风险及时辨别和化解，巩固金融改革成果，维护金融和社会稳定。

（五）两岸设立证券市场平准基金

近年来全球经济震荡加剧，金融风险、次贷危机、油价飙升、通货膨胀、美元贬值等对证券市场造成巨大影响，有必要探讨建立证券平准基金的干预方式，以缓解和熨平非理性的证券市场剧烈波动对金融体系的冲击。本研究报告总结了台湾地区股市泡沫过程与平准基金的设立，分析了金融危机推动台湾地区建立平准基金并且深度介入股市的干预过程，并且作为政治性护盘工具而财务亏损严重的教训。得出两岸设立证券平准基金的若干启示，以及祖国大陆设立股票平准基金的必要性。两岸组建平准基金是确保证券市场制度改革的基础，是证券市场稳定发展的缓冲器，是新兴证券市场的平衡力量。

1. 平准基金的概念和特点。平准基金（Stabilization Funds）又称干预基金（Intervention Funds）。从广义来说，平准基金通常是指政府通过特定的机构以法定的方式建立的基金，通过对某个具体市场的逆向操作，降低非理性的市场剧烈波动，以达到稳定该市场的目的。从平准基金作用的市场来分，目前主要有外汇平准基金、国债平准基金、粮食平准基金、股市平准基金等几类。股市平准基金具体是指政府通过特定的机构(例如中国证券监督管理委员会、财政部、交易所等)以法定的方式建立的基金,通过对证券市场的逆向操作,熨平非理性的证券价格剧烈波动,以达到稳定证券市场的目的。平准基金的来源可以有多种渠道,以法定的渠道为主,其基本组成多为强制性的,如国家财政拨款、向参与证券市场的相关单位征收等,也不排除向自愿购买的投资者配售。

证券市场平准基金的特点:一是政策性基金,其根本职责是实现证券市场的稳定,防止暴涨暴跌,其组建、操作、评价、管理的全过程都受政策的影响或直接接受政府的指令,为证券监管部门服务,成为有效的证券市场直接监管手段之一。二是非营利性基金,这是其区别于其他证券投资基金的特点。因为其他证券投资基金组建的目的是为投资者获取最大限度的基金增值。三是有足够大的规模。如果基金的数量不充分大,对证券市场的稳定作用就很小,不能起到"定海神针"的作用。四是基金来源有法定的渠道或其基本组成是强制性的,如国家财政拨款、向参与证券市场的相关单位征收等,也不排除自愿购买的投资者配售。五是平准基金的操作和管理有特别的规定和程序,以保证"三公"的原则,不至于损害绝大多数投资者的利益。

证券平准基金的运作不构成市场操纵。证券市场的操纵行为是指利用合谋或集中资金进行虚假交易,或利用职务便利,或传播虚假信息来影响证券价格,引诱他人交易,从而为自己谋取利益的行为。操纵行为违反了公平、公正、公开的"三公"原则,它以损害其他投资者的利益来使操纵者自己受益。根据上述特点,平准基金的运作不构成市场操纵:平准基金是以"逆向操作"为主的,其本质是"反操纵";平准基金的入市干预是公开的,其行为发生前后都将公告,其操作过程透明公开,不构成欺诈;平准基金对一些股票的"政策性建仓"行为不是以营利为目的的,并不构成操纵行为。

2. 台湾地区设立平准基金的教训。"国安基金"缘何失败,它的运作对大陆当前股市有镜鉴。比较当前的大陆沪、深股市结论是:一是股市暴涨必有暴跌,有其自身发展周期。一般来说,股市进入泡沫阶段以后随时都有暴跌的可能性。国际上,诊断股市泡沫的方法主要有四种:上市公司总市值占 GDP 的比重法、市盈率法、美联储模型法(Fed. Model)和托宾 Q 法。其中,由于托宾 Q 法所需数据许多地区并不具备,故可以用前三种方法来诊断当前的股市状态。上市公司总市值占 GDP 的比重法,在美国股市的最近 100 年,这个指标最低为 0.4,最高为 1.6,高点曾经到达过两次,第一次高点是在 20 世纪 30 年代"大萧条"之前,另一次发生在 1999 年。台湾股市见顶时该指标为 1.55,跌到底时为 0.48。市盈率法,由于动态市盈率存在较大不确定性,故计算静态市盈率。世界大部分股市在牛市见顶时市盈率都在 60 倍左右。美联储模型法是以上市公司总的投资回报率(净利润与市值之比)与一年存款收益率相比。如果低于存款收益率,则说明市场已进入泡沫阶段。二是救市基金必须缓行。一方面，由于市场对于政府托市的期许很容易形成惯性，而以目前平准基金的操作水平，容易受到投机资本狙击；另一方面，证券市场自身基础建设仍远未完善，上市公司质量、监管水平以及结构性问题都未解决。大陆的证券市场疲弱与宏观经济景气背道而驰，显示出其绝非资金匮乏所致，因此资金也并非施救药石。对于证券市场的建设，最重要的仍是基础设施和基本制度的完善。只有跳出既有的思维框架，抛弃"头痛医痛，脚痛医脚"的方法论，构建整个市场健康发展的基石方是治本之道。三是即使政府做出最慷慨的赔付，底线只能针对居民在金融机构的储蓄类资产。而在股票市场上采取普遍救助的政策，不仅将带来巨大的财政成本，而且会扭曲风险承担主体的激励机制，带来长期负面的道德风险。以托市为目的的救市基金鲜有成功范例。

3. 两岸设立股票平准基金的若干启示。

(1)大陆设立股票平准基金的必要性。一是平准基金的建立将极大提高大陆股市的稳定程度。二是通过平准基金的运作可以促进重点产业的发展。通过平准基金体现产业政策，调整市场资金的流向，促进重点产业的发展。三是增强祖国大陆股市的抗风险能力和提高风险管理水平。平准基金的设计吸收了"保证金"制度和"保险金"制度的优点，把保证和保险的功能融入平准基金中，以避免证券业者的过度风险经营损害投资者的利益和破坏证券市场的稳定，促使证券业者提高自身素质，从而化解证券市场的系统风险。四是通过平准基金保障资本市场平稳发展。在有序推进资本市场和证券期货业对外开放的同时，强化制度保障，支持证券产品创新发展，不断提升行业的整体实力和竞争力，并推动证券公司直接投资、QDII(合格境内机构投资者)、资产证券化等业务规范发展，完善 QFII(合格境外机构投资者)额度管理，对证券境外机构实施有效监管，健全业务监管和跨市场监管协作机制，加强风险防范。

(2)组建平准基金确保证券市场制度改革和稳定发展。组建平准基金的经济效应形成市场多赢。香港股市 1998 年平准基金入市干预结果就是最好的例证。通常政府平准基金入市是股市崩盘之际，是股价屡创新低之际，是股市最有投资价值之时。政府基金买入低价筹码，任何时候抛售都会赚钱，政府可利用这批低价筹码作长期调控股市之用，同时沪、深股市可获得制度改革所必须的股价平稳止跌的大环境。

(3)依法成立平准基金加强证券市场基础建设。根据国际经验，平准基金必须是依法成立的，具有法定权力和权威，而目前《中华人民共和国证券法》中尚无此方面的规定。应制订《平准基金管理条例》，赋予平准基金法定权力，同时对平准基金的行为进行规范，包括管理、操作等过程的必要限制，使平准基金既合法又具有可操作性。建立和完善卖空机制、股指期货、股指期权等，确定管理和操作平准基金的主体。

(4)新兴证券市场需要建立证券市场平衡力量。从历史经验来看,平准基金是一把双刃剑,在特别时期或者特定市场有其存在的必要性。1998年香港政府动用过千亿港元的外汇基金购买香港股票,击退金融投机基金。不管平准基金在境内外市场形态如何,长远分析,新兴的中国股市是需要这样一种不以营利为目标的平衡力量。

(5)平准基金是股市稳定和发展的缓冲器。在证券市场股指与国民经济发展严重背离、大半股票跌破净资产、恶庄操纵的局面难以铲除情况下,如果有国家基金的强力干预,国民经济和社会稳定将避免受到严重的冲击。

(6)建立股票平准基金组织形式和基金来源。建立平准基金的原则是取之于股市,用之于股市,为稳定和发展股市服务。基金的类型:开放式且非收益型基金。基金的存续期:无限期永久基金。平准基金的来源有法定的渠道或其基本组成是强制性的,如国家财政拨款、向参与证券市场的相关单位征收等,或者向自愿购买的投资者配售。条件成熟时可以批准平准基金指数型基金公开发行。平准基金的启动资金可以由中央汇金投资有限责任公司注资,或者中央银行提供为设立投资者保护基金的启动资金,平准基金设立后将由中国证券监督管理委员会来管理或者委托中国投资公司运作,中央银行不参与具体操作平准基金。

平准基金可以来源以下八个方面:①由股票交易征收印花税中划出一定比例作为基金的基本和稳定的来源。②由券商和机构投资者根据其总股本上缴一定比例。③由上市公司(投资基金除外)根据其流通股份的数量上缴一定比例。④对新股发行、增发和配售新股根据其溢价情况,增加提取平准基金的比例。⑤向商业银行、保险公司和养老基金等机构配售并可向普通投资者配售。⑥成立平准基金指数型基金,公开募集,在证券市场交易。⑦国家协议政策性信贷承诺和救助计划。⑧为应付特殊时期平准基金资金不足的需要,基金管理人应与国家银行达成协议,获得信贷承诺,并可按法定程序申请向国家财政部借款。

(六)两岸存款准备金制度比较和运用

1. 中央银行存款准备金制度发展现状。存款准备金是指金融机构为保证客户提取存款和资金清算需要而准备的在中央银行的存款,一般由法定存款准备金和超额准备金两部分组成。金融机构按规定向中央银行缴纳的存款准备金占其存款总额的比例就是法定存款准备金率。

2. 台湾地区准备金制度发展状况。

(1)台湾地区准备金主要管理措施。根据台湾地区2008年5月23日修订的"金融机构存款及其他各种负债准备金调整及查核办法"(以下简称"办法"),台湾地区准备金管理措施主要有以下几方面内容:

一是台湾地区金融机构应提存款准备金的存款范围包括:支票存款类,具体包括支票存款、领用划拨支票的邮政划拨储金、保付支票、旅行支票;活期存款类,具体包括活期存款、未领用划拨支票的邮政划拨储金、金融机构办理现金储值卡业务领收的现金余额或准备额；储蓄存款类，具体包括活期储蓄存款、行员活期储蓄存款、邮政存簿储金、整存整取储蓄存款、零存整取储蓄存款、整存零取储蓄存款、存本取息储蓄存款、行员定期储蓄存款、邮政定期储金的定期储蓄存款等；定期存款类，具体包括定期存款、可转让定期存单、邮政定期储金的定期存款等。

二是台湾地区金融机构以下存款免提存款准备金：同业存款；公库存款；公教人员退休金、军队退伍金和军队同胞储蓄会等的优惠存款；基层金融机构接受的定期性存款，以“中央银行”规定条件转存农业行库者；参保金融机构接受“中央存款保险公司”以“存款保险条例”第28条及第29条规定所谓之存款；其他经“中央银行”核定许可免提准备金的存款。

三是除上述存款以外应提存款准备金的其他各种负债包括：外汇存款；透支银行同业；银行同业存放；金融债券；同业融资；联行往来；期付款项或附回购条件的债券或票据借款（按交易余额计）；“中央银行”规定的其他负债；台湾方面与目前大陆人民银行存款准备金范围差别：台湾包括了金融债券和回购债券或票据借款等其他各种负债。

四是台湾准备金委托管理制度。按照“办法”规定，“中央银行”委托台湾银行办理未在台北市、台北县设立总部机构或分支机构的地区性商业银行准备金的收存、调整、查核及有关事项。委托合作金库银行办理信用合作社、农会信用部及与会信用部准备金的收存、调整、查核及有关事项。上述两家银行又被称为“受托收管机构”。受托收管机构应将其收管的准备金乙类账户存款汇总转存在台湾地区“中央银行”业务局开立的专户中（乙类准备金账户是指开户金融机构凭存折而非按照“中央银行”有关规定存取并酌情计息的存款户）。专户资金的存取和计息，比照金融机构在本行业务局所开立的准备金乙类户办理。

五是台湾地区可作为准备之用的合格资产范围。台湾地区金融机构所提的实际准备金，限于下列资产：库存现金；在台湾地区“中央银行”业务局或受托收管机构所开准备金账户的存款（此处所谓准备金账户除上述乙类账户外还包括甲类账户，甲类户是指凭开户金融机构所签发的支票或利用台湾地区“中央银行”同业资金调拨清算系统随时存取、不计利息的存款户）；经台湾地区“中央银行”认可的、拨存于本行业务局的跨行业务结算担保专户或受托收管机构的同类专户存款；金融机构就外币项目所提实际准备金，以其存放在台湾地区“中央银行”和外汇局的存款为限。此外，金融机构签发以本机构为付款人的支票及汇票，应以库存现金及存放本行或受托收管机构准备金甲类户存款为付款准备。其金额在计算准备金时应予扣除。但该支票如果是金融机构内部因为人事总务经费而签发的，按照支票存款准备金计提。

六是台湾“中央银行”准备金的计算期间、平均余额等技术性处理。台湾地区金融机构应提存法定准备金的计算期间为每个月第 1 日至月底为止。新开业金融机构自开业日期起。每期应提的法定准备金平均额,是计提法定准备金的各种存款及其他各种负债的每日余额乘以法定准备率,再以所得各乘积之和除以当期天数。非营业日各种存款及其他各种负债以其前一营业日的余额列计。金融机构实际准备金的提存期间为每月第4 日起至次月第3 日止。新开业金融机构自开业之日起算。金融机构实际准备金的日平均额为实际准备金每日余额之和除以当期天数。新开业金融机构以当期实际天数平均。非营业日实际准备金以其前一营业日的余额列计。金融机构每一提存期间的实际准备金日平均额如果没有达到法定准备额,不足金额未超过前一期法定准备额 1% 的,须申请以前一期的超额准备抵充;其不足额超过 1% 部分或未经充抵部分,按台湾地区“中央银行”无担保短期融资利率 1.5 倍计算追收利息。情节严重的将依法予以处罚。

七是台湾地区金融机构准备金调整的管理。台湾地区金融机构准备金调整表(格式由业务局规定)应于计提期间结束后 6 个营业日内,联同有关各营业日的日计表送准备金收管单位查核。除另有规定外,金融机构准备金乙类户的金额每期应以前一期法定准备额若干乘数调整,乘数由台湾地区“中央银行”规定。金额应在准备金调整表送查核的期限内进行调整。若金融机构未按规定办理的,该其准备金乙类户的利息不予给付。金融机构已与期限内办理调整,如因计算错误或疏忽遗漏至未达规定金额的,应于调整期限内,或其后 5 个营业日内办理更正;不更正的,当期准备金乙类户的利息不予给付。受托收管机构应汇总几个分支机构核讫的准备金调整表及有关各营业日的日计表,据以填报受托收管准备金汇总表(格式由业务局规定);并应由受托收管机构于调整表送达核查的期限后 5 个营业日内,送台湾地区“中央银行”有关业务局查核。金融机构准备金的核算和调整事项,除外商银行在台分行由其台北分行办理外,其他金融机构由其总机构汇总办理。金融机构合并时,合并当期准备金的核算及调整事项,由合并后存续或新设的金融机构办理。

八是台湾金融机构向“中央银行”融资的管理。台湾地区金融机构发生存款人异常提领或配合台湾地区“中央银行”货币政策等资金需求时,须在其准备金乙类户余额内,以其作为质押,向其准备金受托收管机构申请融通。必要时,受托收管机构须于其受理质借金额范围内,以其汇存台湾“中央银行”的受托收管准备金转存专户相当于该质借金额部分为质,向台湾地区“中央银行”申请再融通。

操作存款准备金率成本低于票据,而且对金融市场冲击远小于利差息差的冲击,反映“中央银行”在运用紧缩货币工具时,尽量避重就轻。与此同时,市场加息预期减低。只要外汇储备继续增长,即使存款准备金率提高到较高水平,货币供应量和贷款规模仍然会保持适度增长。不能认为紧缩货币政策到位,动用存款准备金率回收等量溢出资金还会继续,但可以认为外汇储备增长幅度和规模决定着准备金率上调幅度。准备金率上调主要针对新增流动性，因而不会对市场实际资金供给产生实质影响，只会对信誉程度较低、吸存能力差的小银行带来一定压力。作为资本主导的市场经济是一种预期经济，与市场信心息息相关，目前股票市场强烈震荡，是由各种不同类型因素所导致的，不单是准备金率上调因素的影响。重塑市场投资者信心是当前最重要的，所以需要一套恢复信心的政策组合拳。

（2）中央银行提高存款准备金可能和必要。为了应对金融危机，各国和地区的货币政策都比较宽松。一是目前欧美各国和地区都已经开始寻找量化宽松货币政策的退出机制，以避免引发严重的通货膨胀预期。欧美量化宽松政策主要通过提供短期信贷执行，比较容易进行调整；而我国上半年新增信贷中48%属于中长期贷款，调整难度相对较大。欧美采取量化宽松政策，是因为商业银行贷款增速下滑和货币乘数下降；我国中央银行需要加大基础货币投放量来弥补商业银行惜贷所产生的信用萎缩。正是由于欧美商业银行普遍存在惜贷现象，量化宽松政策目前并未造成严重通货膨胀预期。美国从2007年6月至2009年5月基础货币增幅高达114%，而广义货币（M_2）增幅仅为9%。二是中国执行宽松货币政策的背景与欧美有很大差别。中国并没有经历真正的金融危机，银行业也不存在有毒资产和信用萎缩的问题。而2008年中国中央银行连续5次降息和4次降低存款准备金率，已经强烈刺激了商业银行的放贷冲动。一方面，4次存款准备金下调直接令商业银行产生了更多的放贷资源；另一方面，5次降息中贷款利息降幅要大于存款利息降幅，导致商业银行的存贷差收窄，直接降低了商业银行的盈利能力。目前几大国有商业银行都已成为上市公司，在盈利压力下只能通过扩大放贷规模来获取利润。至关重要的是要确定全年新增信贷目标，并围绕这个目标采取各种政策工具进行调控。与欧美实质上的零利率政策相比，目前中国的利率相对较高。因此，加息的空间比较小，提高存款准备金率是冻结流动性的最好手段，产生的社会成本也最小。三是动用公开市场业务和存款准备金率等手段的可能性。我国中央银行应恢复对冲性操作，包括可以动用公开市场业务和存款准备金率等手段。中央银行采取的“双降”政策是积极效应。中央银行连续4次下调存款准备金率、5次下调存贷款基准利率的“双降”措施打掉了通货紧缩预期，但是连续下调存款准备金率的结果是商业银行超额储备非常充分，同时超储利率下调又挤压银行利润空间。利润压力和过于宽松的头寸迫使商业银行贷款天量扩张。四要执行适度宽松的货币政策，中央银行应恢复对冲操作和窗口指导的正常操作。最近中央银行开始加大公开市场回笼货币的力度，而存款准备金率则是未来可能动用的手段。对于中央银行而言，存款准备金率是冻结流动性的最好手段，也是社会成本最低的手段。一方面，社会公众不必因调整存款准备金率而产生恐慌心理；另一方面，中央银行应明确全年信贷增长目标并按目标操作，就不会因手段运用而改变市场预期。由于我国利率水平高于国际市场利率，中央银行运用利率手段抑制银行放贷的空间有限。五是通过提高存款准备金率回收流动性。中央银行通过公开市场操作适度地吸收银行间市场的流动性。

（七）两岸汇率制度改革比较与合作

1. 台湾地区汇率制度改革阶段。新台币汇率制度的演变可分为三个阶段：法定汇率、管理的浮动汇率与自由的浮动汇率时期。在1979年台湾“中央银行”放弃法定汇率时，国际上已在1973年开始实施浮动汇率。1989年4月3日起台湾“中央银行”废止了指定银行买卖外汇办法，取消加权平均中心汇率制度及其议价的规定。指定银行间交易及其与顾客间交易的汇率，完全由各银行自行决定。外汇交易中心转变为外汇经纪商，开展媒介银行间交易。初期为便利各指定银行定价，由5家大银行与4家每日轮值银行议订小额结汇议定汇率，适用于未超过3万美元非现金美元交易，供各指定银行参考。1990年年底台湾地区取消小额议定汇率的安排，由各指定银行自行挂牌交易，汇率完全自由化。台湾“中央银行”只能通过在银行间市场买卖外汇的方式影响汇率走势，完全符合国际市场外汇交易惯例。

2. 两岸汇率与外汇市场合作与对接。一是初步合作阶段。可扩大外汇交易中心的外汇交易范围、交易币种和交易业务种类。逐步吸纳台资金融机构参加交易。建立两岸外汇市场联系网络，推出人民币与新台币挂钩的交易产品，形成统一的报价系统和统一的外汇市场操作规则，与台湾地区外汇市场在部分外汇交易品种上进行合作。两岸互设离岸货币交易市场，在台湾开设人民币无本金交割远期（NDF）和非交割期权（NDO），在大陆银行开设新台币交易市场。条件成熟时统一货币交易。二是互相吸引两岸合格机构作为各自外汇交易所的会员。三是互相开展外汇交易产品开发和互相挂牌业务合作。四是全面合作与对接阶段。两岸货币监管当局签订MOU，确定外汇交易的清算机制，商议交易汇率定价机制。推动两岸互设金融机构，互为外汇市场会员。协调和统一两岸外汇交易品种、交易规则和风险控制措施。两岸货币管理当局共同协商建立外汇平准基金，共同防御外汇市场波动和汇率剧升剧贬带来的汇率风险，合作应对国际投机资金冲击。

五、海峡两岸货币清算模式比较与合作

（一）两岸建立货币清算机制的现实条件

实施两岸货币清算试点的有利条件。一是两岸间的货币清算可借鉴目前我国与周边国家边贸结算的经验。2003年10月1日实施的《边境贸易外汇管理办法》明确了以下三项政策：第一，边境贸易企业与境外贸易机构进行边境贸易时，允许用可自由兑换货币、毗邻国家货币或者人民币等多种方式进行计价结算。第二，对边境贸易出口核销采取特殊的管理政策。允许以可兑换货币、毗邻国家货币、人民币以及境内转账支付等结算方式办理核销手续。第三，积极开通银行结

算渠道，逐步将边境结算纳入银行体系。边境地区的商业银行应按照有关规定，与毗邻国家边境地区的商业银行建立代理行关系，开通银行直接结算渠道。边境地区商业银行还可以根据相关法律法规，增加结售汇网点，设立外币代兑点，并加挂人民币兑毗邻国家货币的汇价。二是人民币区域化和国际化的发展方向为两岸货币清算奠定了现实基础。近年来，特别是亚洲金融危机和美国次贷危机爆发以后人民币汇率呈现稳定和强势，汇率制度改革后人民币汇率的稳步升值又大大增强了人民币作为区域性国际结算货币的吸引力。人民币强势货币的魅力将有助于台湾当局加快以人民币进行计价结算的开放进程，建立两岸货币清算机制的需求也更为迫切。三是福建省建立海峡西岸经济区的实践。中央政府已将支持海峡西岸和其他台商投资相对集中地区经济发展列入规划。

（二）人民币可选择清算模式

1. 以中央银行或清算行为连接点的清算模式。欧洲国家间的欧元清算是以各国中央银行为连接点。港澳与内地的人民币清算是以中国银行港澳地区分行为连接点。借鉴这两种清算模式，可以以台湾地区“中央银行”或指定的台湾地区清算行为连接点，台湾地区其他银行通过该连接点与大陆的人民币清算系统相连，实现两岸的人民币清算。

2. 以大陆或台湾地区分支机构为连接点的清算模式。商业银行内部大都建有成熟的行内系统，因此台湾地区的银行可以其在大陆设立的某一个分支机构作为直接参与者，其他分支机构作为间接参与者参与大陆的人民币清算。不仅适用于台湾本地银行，而且适用于在大陆和台湾地区都设有分支行的跨国银行以及拥有台湾分支机构的大陆银行。

3. 以大陆代理行为连接点的清算模式。对于尚未在大陆设立分支机构的台湾本地银行，可以选择一家已经参加大陆人民币清算系统的银行作为代理行，在代理行开设人民币同业账户，参与大陆的人民币清算。这是目前两岸银行之间美元通汇采取的主要模式，因此具有很好的运作基础。

4. 以香港清算行为连接点的清算模式。中国人民银行已经为香港银行提供了人民币到内地清算的安排，并指定中国银行（香港）有限公司作为香港银行的人民币清算行。因此，台湾地区的银行可以采用前三种方式中的任意一种接入中国银行（香港）有限公司进行人民币清算。出于香港的特殊地位，这种清算模式的阻力相对较小。

5. 以国际清算组织为中心连接点的清算模式。在欧元清算中，欧洲中央银行（TARGET 系统）和欧洲银行业协会（EURO1 系统）是欧盟各国银行的中心接入点。在国际清算中，国际清算银行（Bank for International Settlement，BIS）能够实现包括美元、英镑、港币在内的多达 15 种货币清算。在这种模式建立的两岸银行人民币清算模式下，台湾地区银行和中国大陆银行分别通过该国际组织的参加银行进行清算,最终的清算由国际清算组织通过开设在中国人民银行的账户完成。目前,人民币不是可自由兑换货币,尚未纳入国际持续连接清算银行可清算货币行列,因此这种清算模式目前无法建立。

(三)货币清算的解决思路

1. 集中代理清算模式。(1)确定清算银行。两岸货币管理机构各指定1~2家商业银行执行两地货币的清算业务。建议大陆清算行考虑选择中国银行和(福建省)兴业银行。(2)建立账户关系。台湾清算银行在大陆清算银行开立人民币账户,大陆清算银行在台湾清算银行开立新台币账户。清算账户可用于两岸之间的日常贸易、非贸易结算及资本项下业务所产生的资金清算需求;用于日常的人民币或新台币现钞备付及兑换需求。双方清算账户应以保障支付为基本原则。(3)确定双方相互委托办理的业务种类及路径。台湾和大陆双方相互委托办理的业务包括汇款业务、信用证业务、保函及备用信用证业务、保理业务、共享企业授信额度业务等。台湾地区的银行通过台湾清算行,大陆的银行通过大陆清算行代理两岸资金往来业务,大陆清算行与台湾清算行之间信息交换可采用SWFIT等路径。(4)银行卡清算由银联总公司或银联香港公司与台湾的银行卡转接机构(主要有台湾联合信用卡中心和台湾财金资讯股份有限公司)或单独收单的发卡银行(如中国信托商业银行)签订合作协议,由其提供ATM和POS的受理和转接服务,将刷卡交易信息通过银联香港系统传递至银联上海系统。银联总公司对接收的交易信息进行清算处理,产生资金结算明细表。根据合作协议的约定,在规定的时间内将结算款项转换成新台币并汇入收单机构的银行账户,完成资金的最终清算。(5)确定人民币与新台币之间的汇率。大陆清算行与台湾清算行以双方协商议定的美元交易基准汇价为依据进行清算。

2. 直接加入现代化支付系统。(1)借鉴香港和澳门的人民币清算成功经验。大陆货币管理机构与台湾货币管理机构合作,甄选一家台湾地区较有实力的银行作为台湾清算行。以支付系统福州城市处理中心(福州CCPC)作为接入点,为该清算行在人民银行福州中心支行开设人民币清算账户,允许该清算行以特许参与者身份加入现代化支付系统。台湾地区银行在该清算行开立人民币存款账户,各银行与大陆银行之间的人民币资金往来通过台湾清算行进行。(2)台湾清算行人民币账户资金不足时,可通过同业拆借等方式解决。条件成熟时,可申请加入中国外汇交易中心直接进行人民币和新台币买卖。

(四)两岸货币现钞回流机制的设想

一是在现钞调出银行将人民币与新台币现钞运送至调入银行后,由现钞调入银行将所收取的现钞直接贷记调出银行在本行开立的清算账户,并以SWIFT MT202头寸调拨报文通知调出银行,现钞调出银行收到SWIFT MT202报文后凭以进行账务处理。二是账户余额超限头寸清算模式。双方银行就对开的清算账户实行每日账户余额确认制度。账户余额一旦超出限额，账户行即将超出限额的资金按当日的市场汇率折算成各自的“本币”使用 SWIFT 头寸调拨报文进行清算。三是现钞供应及回流机制。建议人民银行总行授权福州中心支行试点两岸现钞供应及回流。一方面，福建省内多个口岸与台湾距离近，且福州中心支行发行库为省级库，库容量大，由福州中心支行承担两岸现钞供应任务简便易行。另一方面，福建省内现已开辟了 26 个对台小额贸易点，交易规模不断扩大，现钞需求量不断提高；同时，福州市、泉州市、漳州市、莆田市、厦门市五地中国银行已开办新台币与人民币双向兑换。福州中心支行承担两岸现钞供应及回流也可为对台小额贸易、货币兑换提供更多的结算便利。三是现钞调运数量问题。根据两岸服务贸易和货物贸易对于人民币的需求测算台湾地区人民币的需求量。如根据入境台胞数量乘以人均消费金额来测算服务贸易所需人民币的数量，也可以台湾居民数量按每人限额（2 万元或以上）计算人民币需要量。根据测算的台湾地区人民币需求量向台湾清算行供应人民币现钞。

适合担任海峡两岸人民币或新台币调运方案有三个：一是厦门市调运到金门的“两门模式”，两地距离 2.3 公里，最近处距离 750 米，以海运方式完成两地的人民币调运任务。二是福州马尾调运到马祖的“两马模式”，两地距离 46 公里，以海运方式完成两地的人民币调运任务。三是搭乘厦门市到台北市的空中包机航线，由厦门市空运现金到台北市。如台湾地区短期内急需人民币现钞时，可以考虑采用第三方案，即以空运方式直接将现金运送至台北市。双方银行将派出指定押运公司或押运人员到各自的口岸联检大楼接运对方押运公司或押运人员，并协助将对方提交的现钞共同押运至指定的营业场所缴存；双方银行有义务与各自有关部门协调，保证人民币、新台币现钞运送的顺利进行。

（五）货币清算监管机制设计

在互惠的原则下建立两岸银行客户信息资源库共享机制。两岸金融机构在直接交流与合作遇到困难时，可充分利用香港这一国际金融中心的中转站作用。台湾金融机构可通过香港进入大陆市场，大陆金融机构可通过台湾在香港设立的分支机构了解台湾金融机构与台资企业资信情况。此外，还可以“官方授权，民间操作”的方式实现两岸金融监管功能。而一旦条件成熟，就应尽快实现两岸金融监管当局的直接监管合作。有效的金融监管既需要两岸双方共同制定金融机构设立与监管规则，也需要两岸金融监管当局签订金融监管合作谅解备忘录，以克服信息不对称与管辖权力边界限制等问题。MOU 的基本内容包括：监管当局的定期磋商机制、定期交流信息机制、对对方在本辖区进行现场检查的互助机制等。MOU 的签署有助于两地银行机构的跨岸分行、代理机构、代表办事处（以下统称为分行）和附属机构按照审慎经营的原则开展业务；有助于两地商业银行的总行或母行对其境外分行和附属机构的经营情况进行充分有效的控制；有助于两地监管当局相互协助,对其银行机构的跨境业务进行持续有效的并表监管。

(六)货币清算相关配套政策

按照先试点后推广,先经济后政治,循序渐进,务实推动的原则建立两岸货币清算制度和签署金融监管合作备忘录。一是完善人民币和新台币定价机制。放宽兑换地域限制和业务网点。拓展两岸银行业务合作领域。拓宽银行经营新台币的业务范围,研究开发汇兑业务新品种。譬如增加受理银行卡、开设新台币外汇账户、开办新台币存贷款及国际结算等业务,建立人民币与新台币间的远期外汇市场,开发外汇远期、货币互换、期货和期权等金融避险工具。在已实现岛内境外业务分行(OBU)承作 NDF 和 NDO 的基础上,再开放岛内银行(DBU)开展这些业务,以切实帮助企业和个人规避人民币汇率波动的风险。二是建立两岸金融信息沟通交流制度。在平等自愿、互惠互利的前提下,双方建立金融信息交流平台,共享两岸业务发展状况、金融监管、货币流通、货币清算、征信管理、反洗钱和金融风险处置等方面的信息。福州中心支行申请作为金融信息交流平台的参与者,实时了解、掌握两岸金融信息,及时反映海峡西岸金融动态,进一步服务两岸经贸往来。三是建立有效的两岸银行业务纠纷解决办法和机制。两岸银行往来业务性纠纷首先遵循国际商会(ICC)等组织制定的国际惯例协商解决;若无法通过双方协商解决,可通过双方商定的地区仲裁机构进行仲裁。四是需要进一步加大力度联手打击外汇黑市交易、地下钱庄和非法跨岸洗钱活动以保证两岸经贸持续健康发展,维护两岸正常的经济金融秩序。四是建立两岸资金流动监测制度,包括建立两岸货币跨岸调运管理办法、两岸货币流通定点监测制度和定期报告制度。探索建立两岸货币流动异常情况预警指标体系,并研究制定相应的应急预案,给两岸货币的有序跨岸流动创造良好的现实环境;两岸货币管理当局和金融机构协商建立本币和外汇平准基金,建立两岸货币政策和外汇政策的协同机制,以预防因金融市场波动和金融危机而引发的多米诺骨牌效应。

六、建立海峡两岸货币互换机制的可行性

(一)货币互换理论与国际上中央银行货币互换实践

货币互换(Currency Swap)是金融互换交易的主要品种之一,是指双方同意交换不同货币本金与利息支付的协议。其要点包括:双方以约定的协议汇价进行有关本金的交换;每半年或每年以约定的利率和本金为基础进行利息支付的互换;协议到期时,以预定的协议汇价将原本金换回等。货币互换可以视为一笔即期外汇买卖和一笔反向远期外汇买卖的组合交易。由于远期汇率在互换交易中锁定,因此交易双方不再承担货币汇率变动的风险。货币互换使得交易主体有机会利用其在不同货币市场的比较优势,实现降低融资成本、锁定汇率风险、更好匹配资产负债结构的目的。当货币互换协议被两国(或地区)中央银行(或货币当局)签

订时，表示两国（或地区）为实现一定的政策目标，承诺一定的本币或自由兑换货币的互换额度，相互提供短期流动性支持，达到稳定金融市场、促进双边贸易和投资、为本国（或地区）商业银行在对方分支机构提供融资便利的目的。

中央银行开展的货币互换交易也可能是基于第三方外汇之间的互换交易，也可能是基于本币之间的互换交易。中央银行基于本国货币开展的货币互换交易，实质上是以本国货币为抵押，向对方借入一笔外汇贷款通过本国金融体系投放于本国实体经济。这会改变基础货币供应量，因此可将货币互换视为一类特殊的货币投放与回笼渠道。其运作机制是：中央银行通过互换将得到的对方货币注入本国金融体系，使得本国商业机构可以借到对方货币，用于支付从对方进口的商品或向对方投资。中央银行使用这一交易方式服务于经济金融政策目标，从而使货币互换具有了相应的政策功能。一是增加市场流动性注入渠道，从而提升各国中央银行联合行动的能力，有助于保持危机时期的市场稳定。二是调节货币供求关系，平衡政策调控目标。三是减少对他国货币依赖，降低汇率风险，在市场和汇率不稳定时期促进双边贸易发展。四是本币互换也是在境外发行本国货币，促进本币在国际间发挥货币职能，从而成为本国货币区域化和国际化的重要推动措施。

纵观历史上国际中央银行间的货币互换，基本上都集中在应对金融或货币危机的时期。中央银行间的货币互换始发于20世纪60年代美元危机时期。美国联邦储蓄委员会早在1962年5月就同法国中央银行签订了首个双边互换协议。到1967年5月底，美国联邦储备委员会为应对美元危机同14家中央银行和国际清算银行签订货币互换协议。这些货币互换协议都非出于降低融资成本的目的，而是出于稳定外汇市场、在异常情况下提供流动性便利等方面的考虑。二十世纪七八十年代以及“9·11”事件后，为防止金融市场动荡加剧和持续，美国联邦储备委员会曾紧急与欧洲中央银行、英格兰银行和加拿大中央银行签订临时性货币互换协议。

此次金融海啸以来，为稳定全球金融市场，提供流动性支持，恢复投资者信心，一些国家中央银行纷纷签订双边货币互换协议。其中比较突出的例子是在危机严重恶化时期，美国联邦储备委员会与有关经济体货币当局把双边货币互换协议作为提供流动性支持、化解金融危机、提振市场信心非常重要的一项政策工具，这一时期美国联邦储备委员会与其他中央银行签订货币互换协议的频率和金额都前所未有，并采取了延长互换期限，提高互换金额上限甚至取消限额的补充措施，以保持和扩大政策效果。据不完全统计，为应对本次金融危机，20多个主要经济体中央银行间达成双边货币互换协议。其中，美国联邦储备委员会先后与14个国家中央银行达成货币互换协议，互换金额由最初的7 700亿美元扩大到无上限。

（二）中国人民银行货币互换的实践

金融海啸前中国在对外签订货币互换协议方面的考虑，主要是基于1997年亚洲金融危机之后的东南亚国家间的货币合作，其间中国人民银行与外国中央银行签订货币互换协议大体经历了以下两个阶段。第一阶段是参与《清迈倡议》框架下的以美元为主要币种的双边货币互换协议。第二阶段是参与《清迈倡议》的多边化合作，与东亚国家合作筹建共同外汇储备库（基金），致力于发展亚洲区域性的货币基金组织。

2008年第4季度源于美国的次贷危机严重恶化并在全球范围内蔓延，中国人民银行倡导通过实施本币互换开展救助，得到了有关国家和地区货币当局的积极响应。2008年12月以来，中国人民银行与香港特区、韩国、印度尼西亚、马来西亚、阿根廷、白俄罗斯的货币当局签署了规模总计6 500亿元人民币的双边本币互换协议。人民币在这些货币互换协议中的作用有所差别。与阿根廷、马来西亚、印度尼西亚的互换，人民币主要是在贸易中充当支付结算的角色；与白俄罗斯的互换，白俄罗斯是将人民币作为储备货币来用；与韩国的互换，主要作用是方便韩国在华企业进行人民币融资；与香港的货币互换，主要是为了满足资金供给。但不管人民币角色如何，这些货币互换协议促进了市场信心的稳定，与《清迈倡议》下的货币互换形成了相互补充作用，对推动人民币在境外使用以及增强危机应对与救助能力等具有积极意义。

（三）海峡两岸货币互换问题探讨

台湾地区人口占全国1.77%，面积占全国0.3%，目前是大陆地区第七大贸易伙伴、第九大出口市场、第五大进口来源地、最大的贸易逆差来源地和第二大直接投资来源地。同时，大陆地区则是台湾第一大贸易伙伴、第一大出口市场、第二大进口市场、最大的贸易顺差来源地。因此，无论从经济上还是从政治上考虑，诸如货币互换、人民币跨境贸易结算、货币的区域合作机制等，都可以也都应该考虑同时在海峡两岸之间进行尝试。因为货币互换有利于增强两岸应对外部危机冲击的能力，有利于推动人民币的区域化，有利于促进两岸贸易及投资的发展，有利于推动建立和完善两岸监管金融合作机制。

货币互换必须满足适宜的政治环境、必要的经济往来基础、充分政策支持、顺畅的资金流动结算渠道以及良好的风险管理控制措施。当前，和平发展成为两岸系的主题，两岸以适当形式签署了金融MOU以及ECFA，两岸贸易投资关系日益密切，货币在沿海地区流通已达到一定规模，两岸相关监管政策出现了积极转变，大陆新台币现钞兑换试点政策不断放宽，台当局对人民币现钞兑换业务逐步放开，经香港的人民币现钞供应回流机制已经建立。这些为两岸建立货币互换机制等货币合作创造了条件。

（四）海峡两岸货币互换的机制设计

1. 关于期限安排。从欧美经验看，中央银行间的货币互换主要着眼于非常时期紧急流动性支持，期限多为短期，但实际操作中则出现连续延期和无期限安排的情况。鉴于海峡两岸货币互换更多地是基于长远的区域货币合作和货币区域化考虑，所以期限应以长期为主。

2. 关于适用的国际收支账户范围。根据目前大陆地区已签署本币互换协议，互换资金主要用于跨境贸易支付，没有规定资本与金融账户下也可以支付使用。我们认为，未来大陆地区与台湾、香港和澳门地区的货币互换资金，可考虑用于资本项下的支付和结算，可先以直接投资、QFII年度额度进行试点。

3. 关于基本模式。鉴于海峡两岸目前货币当局合作平台尚未建立，两岸也没有直接的货币清算安排，两岸货币互换暂时难以像其他有正常货币合作关系双方货币当局之间货币互换那样直接进行。货币互换采取间接方式，可以是未来一定时期内的理想选择。我们考虑了以下几种间接互换模式：一是通过第三地（香港特区）货币当局的模式。二是通过第三地（香港特区）商业机构的模式。三是通过本地商业银行之间进行间接互换的模式。四是双方货币当局直接互换模式。推动两岸货币互换，在配套政策上还需要进一步完善海峡两岸人民币跨境结算安排，建立健全互换风险的预防控制机制，发展境外人民币离岸金融市场以及推进两岸货币监管合作。

七、海峡区域金融中心建设与发展——福建省的实践

（一）相关理论简述

金融中心是金融产业集聚的结果，是以中心城市为依托，集聚金融机构、聚散金融信息、集中金融交易和金融服务、汇集金融市场、整合金融资源，并有着高效且宽松金融监管环境、良好基础设施的核心地理区域。根据经济增长极理论，区域经济发展的不均衡性是常态，区域经济发展需要在一些具有良好经济发展环境的地区建立区域金融中心，利用极化效应把有限的资源集中投入到发展潜力大、规模经济效益明显的核心地区，通过与周围区域经济形成的势差，利用扩散效应带动整个区域经济的发展。

金融中心对城市和区域金融及经济发展的影响主要体现在：经济资源的集聚效应、外部规模经济效应、信息和技术外溢效应、促进经济增长和就业以及对本地区经济国际化推动效应。金融中心具有以下特征：第一，集中性，即金融机构的数量和种类、金融活动和金融交易在空间上高度集中；第二，网络性，即金融中心内的金融企业间，与各类机构、企业、社会公众间建立了紧密的网络联系；第三，开放性，即金融中心依赖于外部市场、信息和技术；第四，根植性，又称为本地化，体现了金融中心对特定区域环境关系（如制度安排、社会历史文化、价值观念、风俗、隐

含经验类知识、关系网络等)的依赖。金融中心的形成和发展需具备以下条件:雄厚的经济基础和较强的经济辐射能力,优越的地理位置,较高的金融发展水平,完善的基础设施,较高的金融自由度,具备高效的金融监管。

(二) 国内主要区域金融中心建设发展经验

近年来国内呈现出金融中心建设热潮,约有20个城市提出了建设金融中心的目标和具体措施,约有200个大小城市有金融中心功能规划或设想。总结国内主要城市建设金融中心的经验,主要有以下几方面:一是制定金融中心建设战略规划,营造经济发展与金融集聚良好氛围;二是确立发展目标,明晰发展思路,促进金融产业发展;三是出台配套措施,优化金融环境,吸引金融机构和人才流入;四是加强金融创新,提升金融产业水平,推动金融中心建设;五是加强领导与协调,成立专门的领导机构或工作协调机制;六是积极主动作为,做好区域宣传推介,促进金融招商。

(三) 海峡西岸经济区建设区域金融中心基础条件

为了解福建省建设金融中心的可行性,需把握福建省基础经济金融条件及其在区域经济中的相对水平。把福建省基础经济金融条件与其他沿海省份的情况进行比较,发现福建省以及福州、厦门两市在区域经济规模、金融资产规模、金融业增加值等规模指标方面都没有优势,但在相对指标方面却具有一定优势。例如,在以存贷款占GDP比重来衡量经济金融化指标方面,福建省经济金融化程度高于广西省、山东省,与辽宁省、江苏省和广东省相差不大;厦门、福州两市的经济金融化指标不仅在海峡西岸经济区22个城市中是最高的,而且优于沈阳市、大连市、济南市、青岛市、宁波市、天津市、郑州市、西安市、武汉市等国内其他城市;而且福州、厦门两市金融业增加值占第三产业增加值比重以及金融业增加值占GDP比重指标高于广州市、青岛市等城市。

(四) 海峡西岸经济区建设两岸区域性金融服务中心思路与措施

与国内其他地区提出的区域性金融中心相比,两岸区域性金融服务中心的首要特征也是最大优势是密切服务于福建省和台湾省交流合作、服务于两岸和平发展。应按照健全基础,集聚资源,承接两翼,联结对岸,辐射海峡,影响国际的发展思路,以推动两岸金融交流合作先行先试为重点突破,以福州市和厦门市两个城市为依托,用5~10年左右的时间,逐步在海峡西岸经济区形成金融机构聚集、金融市场发达、金融设施完备、金融工具丰富、金融服务高效、金融集聚程度高、金融服务辐射能力强的两岸资金融通的枢纽、货币金融业务的汇集地和转口地,初步建成两岸区域性金融服务中心。推进闽台金融合作先行先试、建立海峡两岸区域性金融服务中心,有利于发挥金融在经济建设中的核心作用,扩大海峡两岸金融交流合作,有利于实现两岸金融业良性互动和互惠双赢,有利于推动海峡两岸金融经济的健康快速发展,促进海峡东西岸的共同繁荣。

在建设"两岸区域性金融服务中心"工作中，福建省一方面应发挥对台优势、突出对台特色，通过先行先试，积极推动两岸金融交流合作。支持银行机构开展对台离岸金融业务，推动离岸金融中心建设；试点并逐步完善两岸货币清算机制，推动建立两岸货币清算中心；扩大两岸货币现钞双向兑换试点范围；扩大闽台跨境贸易人民币计价结算的试点范围；推动闽台银行卡通刷通用和结算；以政策创新吸引台资银行、证券、保险以及其他金融机构进驻海西，推进闽台金融机构互设和业务合作，推动建立两岸金融业监管合作机制。另一方面，福建省可借鉴国内其他城市建设金融中心的经验，制定建设两岸区域性金融服务中心战略规划，明确发展阶段和工作步骤；制定和完善金融中心建设有关税收、人才引进等配套措施；推动金融内外开放，发展地方金融机构；支持企业发行股票或债券融资，建设非上市公司股权交易市场，加强产权交易中心，促进多层次资本市场发展；根据产业发展战略，吸引台港澳侨资金设立投资基金；发展两岸农产品交易市场，编制海峡农产品价格指数，建设两岸农产品交易所；不断优化金融生态环境。

海峡两岸农地金融制度比较研究

中国人民银行福州中心支行研究处课题组

课题主持人:郑航滨

课题组成员:杨秀萍

农地金融是农村土地金融的简称,它是指围绕农村土地开发、改良、经营等活动而发生的筹集、融通和结算资金的金融行为。台湾地区实行土地私有制,农民拥有十分完整的土地权利,包括土地所有权、使用权以及由此派生的各项权利。农民可以土地作为抵押,向银行申请贷款。台湾地区已建立比较完善的农地金融制度,本课题比较分析了海峡两岸农地金融制度,进而提出构建中国大陆农地金融制度的设想。

一、台湾地区农地金融制度分析

(一) 台湾地区农地金融组织结构

台湾土地银行是办理土地金融和农业金融业务的专业银行,是台湾地区农地金融体系的主体。除了台湾土地银行外,在台湾为农民提供中长期贷款的机构还包括农渔会信用部、台湾农业金库及合作金库银行等。

1. 台湾土地银行。台湾土地银行成立于1946年9月1日,是岛内唯一一家办理不动产兼农业信用的专业银行。2003年,该行改制为"台湾土地银行股份有限公司"。该行成立前期是协助政府推行土地政策,融通地产资金,恢复和发展农业生产。随着土地产权改革的完成和经济快速发展,其业务重点转变为办理不动产信贷,并向综合化发展,成为提供长期信用的专业银行,提供企业金融、个人金融、信托及财富管理等服务。岛内有143家营业单位和1家国际金融业务分行;岛外设有洛杉机分行、新加坡分行、香港分行、上海办事处及越南胡志明市办事处5个单位。截至2008年年末,台湾土地银行总存款余额为新台币17 850.97亿元,较2007年年底增加新台币1 149.23亿元,增长6.88%;新台币自有资金总放款余额为14 615.31亿元,市场占有率居岛内放款市场第3位,其中土建融放款余额为新台币2 212.64亿元,市场占有率为20.80%,居岛内第1位。

2. 农渔会信用部。农渔会信用部是台湾农会信用部和渔会信用部的总称,属台湾基层农业金融机构和合作金融机构。2003年台湾当局通过"农业金融法",并于2005年成立台湾农业金库,为农渔会信用部的上层机构。农渔会信用部的业务范围由会员金融为主的“对象别”，改为农业金融为主的“产业别”，只要是以办理农、林、渔、牧业融资及消费性贷款为任务的项目，都可由信用部办理，突破了组织区域为营业区域的限制。改革后，农渔会信用部整体营运情况不断改善。截至2009年8月末，台湾地区共有农渔会信用部289家，分支机构853家，存款余额为新台币14 053亿元，放款余额为7 214亿元，逾放比率由2004年1月的17.71%大幅下降至4.97%。

3. 台湾农业金库。台湾农业金库成立于2005年5月，是农渔会信用部的上层机构，也是台湾唯一集农业专业银行与商业银行于一体的特许金融机构。其主要任务是辅导并协助农会、渔会信用部的事业发展，并配合政府的农、渔业政策，积极办理重大农业建设融资、政府农业专案融资，及配合农渔业政府的农、林、渔、牧融资，充裕农业资金，保障存款人权益，以促进农业经济的发展。台湾农业金库成立后，积极督导各农渔会信用部营运，强化清理放款及贷款作业严谨化，从而使得其逾期放款金额逐年递减。截至2009年5月底，农业金库自有盈余已达4.139亿元新台币，预估2009年度税前盈余可达5亿元新台币。

4. 合作金库银行。合作金库银行成立于1946年10月，该行以经营银行业务、发展国民经济建设，并调剂合作事业暨农渔业金融为宗旨。除对合作事业暨农、渔业及中小企业融通资金外，还配合资金运用及促进整体经济发展，办理一般工商企业存、放款业务。故该行是具有农、渔、合作金融及工商企业金融之国际性综合银行。2006年该行更名为“合作金库商业银行股份有限公司”。截至2008年年末，该行岛内外分支机构达306家，为全岛通路最多之商业银行，存、放款市场占有率位居岛内领先地位。截至2008年年末，资本额达548亿元新台币，总资产名列岛内第2，仅次于台湾银行。

（二）台湾地区农地金融制度运作模式

由于台湾土地银行是办理土地金融和农业金融业务的专业银行，是台湾地区农地金融体系的主体，因此本课题以台湾土地银行农地金融业务运作模式为代表作分析。台湾土地银行农业贷款分为一般农业贷款和专案农业贷款（见表1）。一般农业贷款包括农业综合融资和渔捞业贷款。专案农业贷款有14种类型，按贷款用途分大体可分为土地信用贷款和农业经营信用贷款。土地信用包括土地所有信用和土地改良信用。土地所有信用贷款主要用于购买土地，以取得土地所有权，有“扩大家庭农场规模购地贷款”、“小地主大佃农贷款”；土地改良信用贷款用于土地规划、水土保持、水利等水利设施，有“山坡地保育利用贷款”、“造林贷款”。农业经营信用贷款包括“农家综合贷款”、“农机贷款”、“改善财务贷款”、“提升畜禽产业经营贷款”、“农业产销班贷款”、“农民经营改善贷款”、“辅导渔业经营贷款”、“辅导农粮业经营贷款”。另外还有“农业天然灾害救助基金——农业天然灾害低利贷款”、“农渔业灾害贷款”。

表1　台湾土地银行农业贷款主要类型

一般农业贷款

贷款类型	对象	用途	利率	担保方式	还款方式	期限
农业综合融资	依法取得农地的个人；从事经营农业的个人、团体、公司及有关机构	周转、资本性支出，如购置土地或构建房屋等；购置、改良农业用地等	机动调整	连带保证人；担保品；农业信用或中小企业信用保证基金	资本性支出资金每月偿还本息一次；还可按其收获季节，每半年偿还一次	购地放款最长30年；购屋放款最长30年
渔捞业贷款	从事渔捞业的个人、团体、公司及有关机构	周转、资本性支出，如购建造渔船或更新设备	机动调整	同上	同上	周转资金最长3年；资本性支出资金最长7年

专案农业贷款

贷款类型	对象	用途	利率	担保方式	还款方式	期限
扩大家庭农场规模购地贷款	农场农民或农校毕业青年购置、交换或继承耕地实际从事农业经营者	购置、交换或继承耕地以扩大家庭农场经营规模	机动调整（现行利率为年息1.5%）	以购置、交换或继承的耕地设定抵押	每半年偿付本息一次	最长20年
小地主大佃农贷款	大佃农（指承租农地扩大经营规模的自然人或农民组织，包括专业农民、产销班、农会、合作社或农企业公司等）	支持应用大佃农承租农地所需的租金及经营资金	租金贷款为无息贷款；经营贷款年息1.25%	连带保证人；担保品	每半年偿付本息一次	根据小地主（持有农地之所有权人）和大佃农所定租约的年限，3～20年。
造林贷款	从事造林事业的个人、团体、学校及各乡镇市公所等	造林新植、抚育、林道新设、修护	一般造林年息1.25%；公共造林1%	连带保证人；担保品	每年偿还利息一次；本金于采伐时一次清偿	最长20年

续表

贷款类型	对象	用途	利率	担保方式	还款方式	期限
农机贷款	农渔民、农渔民团体，办理农机代耕或出租业务的农渔民	农机改造	机动调整（现行利率为年息1.5%）	连带保证人；担保品；农业信用保证基金	每半年偿付本息一次	最长7年
农业天然灾害救助基金——农业天然灾害低利贷款	“农委会”宣布灾区内持有乡镇公所出具的灾害证明并调查属实的农渔民	协助受台风、冰雹、地震等所造成损失地区的农渔民取得重建、复耕所需费用	机动调整（现行利率为年息1.25%）	以贷款购置的动产、不动产提供担保为原则，担保不足时申请送农业信用保证基金保证	每半年偿付本息一次	由“农委会”依据实际情形订定

资料来源：根据台湾土地银行网站资料整理，2009年11月25日。

注：自2008年9月，台湾“农业委员会”开始推动“小地主大佃农计划”，主要鼓励无意或无力耕种的老农退休，辅导具有企业化经营能力的专业农民、农民团体或农企业对农地长期租赁，同时利用农地所在地农会、农地银行或农粮资讯系统，以达到“扩大农场规模、提高经营效率”的政策目标。

1. 贷款方式。

（1）贷款程序。台湾土地银行农业贷款程序一般经历贷款申请、审核和发放等过程。由申请人向土地银行提出申请，填写授信申请书，填写包括贷款用途、期限、担保品种类、连带保证人姓名等，必要时附送有关文件，如土地改良贷款申请必须提出土地改良计划。土地银行在收到申请书后，将进行调查评估，对以土地、房屋等为抵押品的不动产抵押贷款，还需对抵押品进行鉴定，作为是否授信依据。通过审查或小组审议后，土地银行将核定贷款数额和偿还办法，由双方订立合同。

（2）贷款担保形式。台湾土地银行农业贷款因贷款对象和用途不同，有不同的担保要求。大多数的农业贷款都需要提供担保品或连带保证人，担保不足时申请送农业信用保证基金（农业信用保证基金成立于1983年9月，于1984年3月正式实施，是台湾地区一项重要的农村金融措施，旨在帮助担保能力不足的贫困农渔民获得必需的生产贷款）或中小企业信用保证基金保证，如“农机贷款”和“农业综合融资”等。部分专案农业贷款，如“扩大家庭农场规模购地贷款”则以购置、交换或继承的耕地设定抵押；“农业天然灾害救助基金——农业天然灾害低利贷款”以贷款购置的动产、不动产提供担保为原则。

（3）贷款期限。台湾土地银行贷款期限一般根据贷款用途等方面决定。农业贷款期限一般较长，如“农业综合融资”贷款中的购地、购买房屋贷款期限最长可达30年；“扩大家庭农场规模购地贷款”、“造林贷款”放款期限最长为20年。贷款期限还可根据实际情况灵活决定。例如，“小地主大佃农贷款”还款期限根据小地主和大佃农所定租约的年限确定,一般在3～20年之间;“农业天然灾害低利贷款”期限由台湾“农业委员会”依实际情形订定。

(4)贷款偿还方式。台湾土地银行贷款的偿还方式由于贷款的期限长短和贷款用途不同,偿还方式有所不同。短期贷款多采取到期一次偿还法和分期偿还法,如资本性支出资金,每月偿还本息一次;还可按其收获季节,每半年偿还一次。长期贷款一般采取分期偿还法,每年或每半年偿还本金和利息一次;或每年偿还利息一次,而本金于到期时一次性清偿。如“造林贷款”,每年偿还利息一次,而本金于采伐时一次清偿。

(5)贷款利率。台湾土地银行贷款利率决定因素为台湾当局规定的放款利率和贷款成本。一般都在当局规定的放款利率基础上机动调整,如“扩大家庭农场规模购地贷款”和“农机贷款”的利率为年息1.5%。但某些政策性专案贷款的利率较低,如“造林贷款”一般造林年息1.25%,公共造林为1%;“农业天然灾害低利贷款”年息为1.25%。另为配合台“农业委员会”推动“小地主大佃农政策”,台湾土地银行“小地主大佃农贷款”的租金贷款为无息贷款,而经营贷款年息也仅为1.25%。

2. 资金来源。资金来源除了自有资金(资本金、盈余和公积金)外,主要为吸收存款、借入资金和承办转贷的资金。吸收存款是台湾土地银行的主要资金来源。借入资金有三种方式:一是向“中央银行”贴现,这是土地银行向外融通资金最普遍的方法;二是金融机构之间相互融通资金,例如土地银行发放扶植自耕农贷款,向台湾银行融通资金;三是向政府机构借入。承办转贷的资金,主要是指接受政府或其他机构委托承办转贷的资金。[①]

3. 业务范围。台湾土地银行成立初期,主要业务有吸收存款,提供各类土地及农业开发资金,办理农渔民住宅、农业生产、土地改良等贷款以及农渔会贷款、林业贷款、农渔民置产及周转性贷款等。随着土地制度改革的完成,农地金融机构的业务量减少,台湾土地银行开始从事一些相关的银行业务,目前已成为从事不动产金融的国际性银行,业务日益多元化。其业务包括存款、贷款、信托、财富管理、外汇及国际金融、电子金融、财务管理投资、证券业务等。

(三)台湾地区农地金融制度配套政策

1. 台湾地区土地制度改革,明确了土地权属关系,主要分为三个阶段。

第一阶段:20世纪40年代末,台湾地区开始第一次土地改革,目的是实现“农地农有”的“耕者有其田”农地制度安排。主要措施:一是“公地放领”,把从日本财阀手中没收来的共有土地卖给无地或少地的农民耕种,规定符合法定条件的农

① 朱英刚、王吉献:《国外及台湾地区土地金融研究与借鉴》,《农业发展与金融》,2008(11)。

民均可以贷款方式购买公有耕地。二是“三七五减租”，将农地地租控制在全年主要作物收获量的37.5%之内。原有超过此标准者，一律减下按此标准执行；低于此标准者，不得增高，以减轻佃农负担。三是私地征收放领。以中等水田为标准，私有出租耕地凡是超出三甲（约2.9平方公里）的，均由当局参照公地放领按耕地主要作物正产品全年收获总量2.5倍的地价征收。征来的耕地则以相同地价，加算4%年息，放领给现耕农或雇农。此次土地制度改革赋予农民十分完整的土地权利，包含了土地所有权、使用权，以及由此派生的各项权利，明晰完整的土地权利，产生充分激励。因此，明确产权的建立与产权利益的充分体现，是台湾农地制度改革成功的关键。在制度安排中允许租赁制的存在，将其作为单调的土地所有权与使用权统一的私有制的补充，以利用更丰富的产权组合形式，提高农地资源的配置效率是十分有意义的。

第二阶段：20世纪80年代，台湾地区推出以农业现代化为目的的第二次土地改革。主要措施有实施“农地重划”；取消耕地持有上限量，将“农地农有”政策改为“农地农用”，促进经营权与所有权分离，以“共同经营”、“专业区”、“委托经营”等资本主义商业性经营方式，引导农地经营权流转，扩大农业经营规模等。此次土地改革在不触动农民土地所有权的前提下，重整土地为现代农业奠定基础。

第三阶段：20世纪90年代以来，台湾地区对土地政策进行了调整。一是修订“土地法”，废除了私有农地所有权转移受让人必须为自耕农的限制，废止了“实施耕者有其田条例”。二是拟订“农地释出方案”放宽了农地变更限制，并对农地释出实施总量控制。三是修订“国土综合开发计划”，将农地发展引入市场经济，以市场经济机制来经营农地，达到有效保护农地的目的。四是修订“农业发展条例”，将“农地农有、农地农用”调整为“放宽农地农有、落实农地农用政策”。五是自2008年9月，台湾地区“农业委员会”开始推动“小地主大佃农计划”，主要鼓励无意或无力耕种的老农退休，辅导具有企业化经营能力的专业农民、农民团体或农企业对农地长期租赁，同时利用农地所在地农会、农地银行或农粮资讯系统，以达到“扩大农场规模、提高经营效率”的政策目标。此次土地政策调整，为保护良田、打造精细农业起到关键性作用，但应继续关注确保合理比例农用土地的保留、土地零碎、生产成本过高等问题。

2. 台湾地区建立健全了农村金融法规。2004年1月30日，台湾地区“农业金融法”正式施行，为建立独立于一般金融体系之外的农业金融体系确立了依据，为建立台湾农业金融制度奠定了坚实基础。根据“农业金融法”，农业金融管理开始回归到农政主体，以统一农业相关部门的事、权，贯彻农业金融监理一元化。该法规明确了农业金融组织的基本架构与主要任务，确定了农业金库的性质、出资比例和盈余分配，规定了农渔会信用部及负责人的任职资格条件、盈余分配和风险性资产比率，并明确规定对经营不善的农渔会信用部的处理办法。

为进一步健全农业金融法规体系，台湾地区于2004年又出台了一系列配套的子法规，主要包括"农会渔会信用部业务管理办法"、"农会渔会信用部经营业务项目及范围调整办法"、"农会渔会信用部内部控制及稽核制度实施办法"。此外，还出台了"农会渔会信用部业务辅导资金融通及余裕资金转存办法"、"农会渔会信用部资产评估损失准备提列及逾期放款处理办法"等配套法规，从而基本建立起较完整的农业金融政策法规体系。①

3. 台湾地区逐步建立了比较完善的社会保障体系。20世纪末、21世纪初随着"全面健康保险制度"和"国民年金制度"的建立，台湾地区农村社会保障正在和城镇社会保障体系并轨，职业化社会保障体系正在融合，并趋向形成地区统一的社会保障体系。② 一是2008年台湾地区正式实施"国民年金制度"，建立以老年保障为主，兼顾身心障碍、死亡等保障在内的一种具有长期适应性的社会保障制度，台湾地区社会保险正在向普及化、统一化方向发展。二是20世纪末，台湾地区改革、健全了民众医疗健康保险制度。1999年台湾当局设立"中央保健局"办理民众健康保险对疾病、伤害和生育事故等实行强制性社会保障。农民健康保险等原有保险项目中的医疗大多并入其中，使医疗保险覆盖率进一步提高，形成了较为统一的医疗保险制度。

二、中国大陆农地金融现状

（一）中国大陆农地金融发展现状

1. 中国大陆农地流转现状。农村土地流转，实质是土地承包经营权流转，是指农村土地所有权归属和农业用地性质不变的情况下，将土地承包经营权转移其他农会或经营者。随着农村外出打工人员的增多，农村土地承包经营权流转越来越频繁。与此同时，一批种田大户以及有能力、有技术的农民和企业法人纷纷把农业作为新的投资领域，加大对农业的投入，开展土地规模经营，其需求越加旺盛。

全国各地也开展了农村土地承包经营权流转的尝试，有以下特点：一是农地流转形式多样。从流转模式看，主要有出租、转包、置换、联合经营等模式，其中以出租和转包模式运用最为广泛。一些地方，例如福建省大田县、将乐县已逐渐出现转让和入股等新型流转方式。二是农地流转程序逐步规范。在土地流转过程中，一些地方进一步规范了有关程序。例如福建省沙县要求农户自主流转要执行以下程序：双方洽谈磋商，认定流转方式、流转时间、流转价格以及流转收益支付方式等。三是农地流转效果显现，促进了抛荒地复耕，促进了农业规模经营，推动

① 单玉丽：《台湾地区农业金融体系的形成与发展》，《福建省金融》，2008(12)：16－20。

② 刘海宁：《台湾社会保障制度改革的收入再分配效应及启示》，2008(4)：50－54。

了现代农业发展，促进了农业经营体制创新和农民增收。四是各地探索成立了农地流转的中介组织。

（1）宁夏回族自治区土地信用合作社试验。2006年5月18日，宁夏回族自治区平罗县“小店子土地信用合作社”正式成立。2006年，平罗县委发布了《关于推进农村土地信用合作社建设的通知》，要求每个乡镇都要选择1~2个村，开办土地信用合作社试点。截至2008年5月末，平罗县共成立土地信用合作社30个，其中乡镇级土地信用合作社1个，村级土地信用合作社29个。存入土地9 112亩，贷出土地8 521亩。土地信用合作社把存贷机制引入农地经营，有利于农地流转和规模经营，有利于提高农民财富收入。

第一，成立土地信用合作社的宗旨。土地信用合作社主要以盘活农村土地资源为宗旨，以土地存贷为手段，接受农户的委托，托管其承包的土地，统一发包给经营大户和从事农业开发的企业，提高农村土地规模利用效率和综合生产率，并促使土地经营权合理流转、规范运行。

第二，平罗县土地信用合作社的性质。该社经营的主要业务是存贷土地，民间也称为“土地银行”，但并不开展土地抵押贷款业务，不发行土地债券，也没有对大型农户或农场提供以土地为标的物的一系列金融服务。从本质上说，它只是一个农地流转的中介组织，与一般意义的土地银行有着本质区别。土地信用合作社属工商注册的集体法人，资本金大部分为经会计事务所评估的土地，另有一部分现金。

第三，平罗县土地信用合作社的具体做法。农民以村为单位成立“土地信用合作社”，在不改变土地用途的前提下，农民自愿把自己的耕地存入合作社，由合作社向存地农民支付“存地费”；合作社再把土地“贷”给经营大户或企业，并收取“贷地费”。农村土地合作社可分为“集体所有制”、“股份制”、“社团法人制”三种，可以乡镇为单位成立，也可以村级为单位成立。但首先要经过县政府批复，然后才能到工商部门或民政部门注册。业务主管、指导部门是平罗县农牧局所属农经站。合作社给农民发的“存地证”，内容和格式由县农牧局农经站指导设计。每户存地农民都有一份存地证，存地期限为3年。存地证的内容包括存地人姓名、住址、存入土地面积、土地性质、存地日期、期限、年每亩价格、年总计金额等。合作社经营宗旨是“民办、民营、民受益”。经营思路是耕地入社。前提是土地承包关系稳定，农民自愿存贷；村集体荒地可入社，用来发展种植、养殖等；乡镇政府所有的河滩地，可委托土地信用社有偿托管，相关收益在乡镇、村集体、农民之间分配。

（2）成都市探索成立农业资源经营合作社。2008年12月，成都彭州市首家农业资源经营合作社——磁峰镇皇城农业资源经营专业合作社正式挂牌营运，这是成都市在农村土地产权制度改革的基础上进行大胆创新，组建的从事土地权属存贷经营业务的村级集体经济组织。

农业资源经营合作社的运作模式是：农民自愿将零散、小块、界线明晰的土地承包给种植大户和农包经营权存入农业资源经营合作社，该社按照一定的价格给付农民租金（土地存款利息）；再将土地划块后贷给愿意种植的农户或企业，收取租金（土地贷款利息），种植农户或企业则按照规划和合作社的要求进行种植；合作社赚取差额利息用于自身发展和建立风险资金等。

另外，成都市还搭建农村产权流转平台，建立了“成都市农村产权交易所”，制定流转市场规则，建立农村产权价值评估机制，建立完善产权流转市场硬件和软件设施，依法提供农用地承包经营权、集体建设用地使用权、林权和农村房屋产权等流转交易服务，探索建立城乡统一的土地市场。

（3）河北省尚义县和福建省明溪县成立了土地承包经营权流转服务中心。2008 年拥有“中国红豆杉之乡”称号的明溪县成立了福建省首家县级土地流转服务中心——明溪县农村土地流转服务中心，标志着明溪县土地流转服务机制正式建立。目前，明溪县全县推广土地流转面积 4.8 万亩，占总面积 30%，培育规模流转 200 亩以上的大户 27 户。河北省尚义县七甲乡根据农民需求和农村发展需要，成立了土地流转服务中心，为有意土地流转的农民承担起土地流转信息收集发布、项目推介、政策咨询、规范流程、合同管理、纠纷调解等服务职能，按照国家有关政策规定，本着依法、自愿、有偿的原则，帮助外出经商务工农民流转闲置的土地。

2. 中国大陆土地金融业务模式。近年来，各地纷纷开展农村信贷产品创新，以农村土地经营权和农村房屋为抵押的信贷模式成为关注的热点。与农村土地相关的抵押贷款创新案例有：重庆市开县土地流转经营权抵押贷款试点、福建省明溪县农村土地经营权抵押贷款；宁夏回族自治区平罗县“存地证”质押贷款和湖南省浏阳市农村房屋抵押贷款试点等。大体而言可分为直接贷款模式和间接贷款模式。

一是间接贷款模式。农民以土地使用权入股成立具有独立经营权的企业，该企业向银行申请贷款，并由 B 公司向银行提供担保，同时该企业以其股权为抵押，向 B 公司提供反担保。

二是直接贷款模式。例如福建省明溪县金融部门在地方政府支持下探索农村土地经营权抵押信贷业务。至 2008 年 12 月底，该县农村信用社累计发放此项贷款 588.9 万元，余额 207 万元，涉及土地抵押面积 6 626.9 亩。该信用社严格界定了可用于抵押的农村土地，建立土地经营权的抵押价值认定和抵押登记制度，明确贷款用途、金额与期限和信贷模式。其中信贷模式包括：农业企业以其土地经营权进行抵押贷款；行业设立基金，由基金担保和经营户的土地经营权抵押共同担保以获得贷款，担保责任由基金和土地经营权按约定比例分担；两个以上经营户以拥有土地承包经营权作为股权成立联营公司，把股权作抵押申请贷款；直接以农村土地经营权为抵押取得贷款。

3. 中国大陆建立土地银行尝试。我国大陆经过了一些地方的试点工作如贵州湄潭县、山东省诸城市等地的探索，虽未形成成熟的运作思路，但建立土地银行的尝试为农地金融制度的建立积累了重要经验。

贵州省湄潭县于1988年开始了农地金融改革试验。为了向县域非耕地资源开发项目提供资金支持，在中央和地方的资金、政策支持下，1988年8月15日湄潭县土地金融公司挂牌成立，向土地经营者发放农地使用权抵押信贷。公司注册资本金300万元，是实行自主经营，独立核算，自负盈亏，民主管理的股份制金融企业。它在基本职能、业务范围、人员选派等方面充分体现了原筹建土地银行的设想。土地金融公司总部设在县城，并在各区（镇）设立了办事处。但在1997年经原土地金融公司改建的湄潭土地开发投资公司，因亏损严重被撤销，标志着农地金融制度试验的失败。

失败原因：湄潭县农地金融制度安排并未从组织上形成一种社会化的风险分摊机制①，使得土地抵押信用风险过度集中于土地金融公司，在土地市场以及证券市场发育并不完善的情况下，土地证券化实际上无法操作，土地金融公司既集中了较其他金融机构更大的风险，又无法通过社会化的风险分摊机制化解。具体表现在：一是公司主营贷款业务在运行中困难重重。按照土地金融公司章程规定，公司可以发放采用土地使用权抵押的农业开发性贷款和其他贷款，但二者的比例应控制在3:2之内。但在实际运行中，土地金融机构的业务重心偏离了，并且这种偏离随时间推移而加重。二是贷款资金的安全性存在问题。农业开发性贷款一部分无专人分管，即使有人分管，也因责权利不落实而效果差。同时，因公司下面无网点，人少面广费用高。当农村贷款到期时，本息难收回，造成公司效益下降。三是地方政府的干预对公司业务造成很大影响。土地金融公司曾在地方政府干预下向湄潭县茶厂、湄窖县酒厂提供贷款264.9万元，对烤烟、茶叶两大产业也给予了相应支持。由于地方政府对一些项目的调查不够充分，且存在盲目乐观的现象，由此造成土地金融公司劣质贷款的比例相当大。土地金融公司向乡镇企业的贷款，受乡镇企业破产倒闭的影响，也形成了大量资金沉淀。

（二）中国大陆农地金融评价

1. 总体上说，中国大陆的农地金融制度建设还比较滞后，至今没有建立起真正意义上的农地金融制度。20世纪初，晚清时期天津市曾出现过办理中长期抵押业务的殖业银行。解放前，1934年国民政府为发展农业专门成立了中国农民银

---

① 罗剑朝、聂强、张颖慧：《博弈与均衡：农地金融制度绩效分析》，《中国农村观察》，2003(3)：43-51。

行。1941年在该行设立了土地金融处，经办土地金融业务。由于当时战乱和通货膨胀影响，土地债券难以发行，农地长期信贷资金来源受阻，土地金融业务没有开展起来。1949年至改革开放前的很长一段时间内，中国大陆金融业停滞不前，到20世纪80年代，金融市场才逐步放开，同时以土地家庭承包制为主体的农村土地制度也开始改革。

2. 中国大陆已逐步建立健全农地使用权流转制度，为建立农地金融制度奠定了良好的基础。建立农地金融制度，实行农地使用权抵押贷款的中心环节是将农地的使用权抵押给贷款银行，当农民逾期不能清偿贷款时，银行即拥有对农地的使用权，必然发生农地使用权的转让及流转。因此，农户是否拥有土地使用的转让权，就成为农地金融制度创建的关键所在。目前，全国各地开展了农村土地承包经营权流转的尝试，农地流转形式多样，主要有出租、转包、置换、联合经营等模式；农地流转程序逐步规范；各地也探索成立了农地流转的中介组织，如宁夏回族自治区土地信用合作社、成都市农业资源经营合作社、河北省尚义县和福建省明溪县的土地承包经营权流转服务中心。这些实践都为建立农地金融制度奠定了良好的基础。

3. 中国大陆探索土地金融业务创新，为建立农地金融制度作有益尝试。农地金融制度是以农地抵押权作为信用保证而取得的资金融通，因而又被称为农地抵押贷款或农地抵押信用，农地抵押权作为农地金融制度的核心要件而存在。目前中国大陆城镇土地使用权的担保物权已有较完善的法律规定，但农地抵押担保还是法律上的空白。近年来，为适应农村经济的发展要求，各地开展了与农村土地有关的信贷产品创新，如重庆市开县土地流转经营权抵押贷款试点、福建省明溪县农村土地经营权抵押贷款；宁夏回族自治区平罗县"存地证"质押贷款和湖南省浏阳市农村房屋抵押贷款试点等，都取得了较好的成效。目前农村土地抵押贷款涉及范围广、创新方式多、影响不断扩大，为建立农地金融制度作了有益尝试。

4. 中国大陆建立土地银行的尝试，为构建农地金融制度积累了经验。大多数发达的市场经济国家和地区都建立了较为完善的农地金融制度，各国及我国台湾地区构建农地金融制度经验表明，专业的农村土地银行在推动农地金融发展过程中起着非常重要的作用。贵州省湄潭县于1988年开始进行了农地金融改革试验，在湄潭县农村土地制度建设试验区内，组建了中国大陆第一家农村金融改革试点机构——"湄潭县土地金融公司"，通过土地使用权作抵押，向农户发放中长期贷款，帮助农户进行非耕地资源的开发和中低产田改造。由于制度安排失误，业务经营风险过度集中，加之最初的土地证券化方案未能顺利实施等原因，整个土地金融运行的绩效很低，最终导致试验失败。虽然试点以失败告终，但其建立土地银行的尝试为构建农地金融制度积累了宝贵经验。

5. 中国大陆农地金融的外部环境有待改善。良好的外部环境是农地金融发展的必要条件。中国大陆农地金融的外部环境存在农地产权不明晰、农地使用权抵押受到法律限制、农村土地估价体制不完善、农村社会保障体系长期缺位等问题。

三、两岸农地金融制度比较

（一）两岸农地金融组织结构比较

农地金融制度的组织结构主要有三种类型：一是单一结构；二是发散结构；三是复合机构。台湾地区农地金融制度的组织结构属于发散结构，农地金融网络完善，覆盖地域广阔，且农村资金来源多部门、多层次、多渠道，农贷规模较大。而中国大陆没有建立真正意义的农地金融制度，目前为农村金融市场提供资金的主要有农村信用社、农业银行、农业发展银行等，没有办理土地金融的专业银行。

（二）两岸农地金融制度运作模式比较

台湾地区农地金融机构提供的农业贷款用途包括为农业经营者购置耕地提供贷款、为自然人或农民承租农地提供贷款等，且可以购置、交换或继承的耕地设定抵押。而中国大陆法律没有写明土地承包经营权可设抵押权，且明确规定耕地、宅基地、自留地、自留山等集体所有的土地使用权不得抵押，各地区只是在现行的法律框架内对土地金融业务模式开展信贷产品创新，探索以土地经营权和农村房屋为抵押的信贷模式，这与台湾地区直接以土地进行抵押融资有根本的区别。

（三）两岸农地金融配套环境比较

一是土地制度不同。台湾地区实行土地私有制，农民拥有十分完整的土地权利，这种明确的农地产权制度安排使生产者的边际努力和边际报酬完全一致，能充分激励生产者的积极性。但由于农地资源配置效果某种程度的公共品性质，如何在农地私有的制度安排下，协调好农地资源配置的多种效益，以达到社会福利的最大化是台湾地区农地制度改革所面临的问题。而中国大陆实行土地集体所有制和农村集体经济组织实行家庭承包为基础、统分结合的双层经营体制。目前所有权和使用权分离的农地制度安排在激励功效方面虽不如产权明晰的私有制，但在形成规模经营与抑制土地投机方面有其自己的优越性。二是农村金融法律支持力度不同。台湾地区基本建立起较完整的农业金融政策法规体系；而中国大陆农村金融立法相对滞后，没有统一的农业金融法。三是社会保障体系完善程度不同。台湾地区逐步建立了比较完善的社会保障体系；中国大陆近年虽加大了农村社会保障体系的建设，但有待进一步完善。

四、构建中国大陆农地金融制度设想

（一）中国大陆农地金融组织结构设想

一是建立政策性土地银行，接受中国银行业监督管理委员会的监管，并委托邮政储蓄银行、农村信用社和农业银行等金融机构办理具体的农地金融业务。由邮政储蓄银行、农村信用社和农业银行等金融机构(以下简称"农地金融机构")来承担农户贷款审核与发放中许多繁杂的程序性工作,并负责贷款的管理与监督,可大大减少信用的风险并节省贷款成本。二是引入保险机构,要求以农地作为抵押的农户需办理贷款保险。农户以土地使用权作抵押获得贷款,其本身存在投资风险,而贷款保险具有分散风险、转移风险的功能。获得农地金融贷款的农户按其贷款金额的比例给保险公司交保险金,获得贷款保险。当经营失败不能偿还贷款而失去土地时,保险公司给予一定的赔偿。

(二)中国大陆农地金融制度运作模式

1. 中国大陆土地银行的资金来源。一是净利润分配中的公积金。二是财政出资。财政可为土地银行拨付一定的资本金,并对土地银行产生的亏损予以弥补。另一来源为专项基金,如国家用于农业基本建设等方面的拨款。三是发行土地债券。土地银行以土地为抵押标的物发行土地债券广泛筹集社会资金,通过农地金融机构以较低利率贷给农民等土地经营者,从而使土地经营者获得低成本的中长期信用支持。土地债券的利率可参照商业银行存款利率和其他债券利率,土地债券到期后,由土地银行负责还本付息,偿还的资金来源为农民归还的贷款本息、政府补贴等。

2. 中国大陆土地银行的贷款方式。一是贷款程序。由土地经营者以项目计划和土地使用权证向农地金融机构提出贷款申请;农地金融机构根据中介机构的土地评估意见,会同会计、土地等部门对贷款项目进行审查,决定贷款与否,并报土地银行审批。若审查通过,则借贷双方签订贷款合同,对贷款金额、利率、期限、违约责任等进行约定,并将合同附件在土地主管部门备案。土地经营者取得资金,按合同约定意向投入使用,并用经营收益逐期还本付息。农地金融机构有权监督项目资金运行情况,并对资金使用中的违规行为进行纠正。若土地经营者经营状况良好,并按规定还本付息,则借贷双方在终止合同关系后或者续订贷款合同,或者形成稳定的业务关系。对于经营不力、亏损严重、不能按期还本付息者或者有意赖债不还者,农地金融机构可依法对土地使用权进行拍卖,拍卖收益用于弥补贷款本金和利息收入。这样做可形成"抵押——贷款——增值——变现"的良性农地金融链条。二是贷款担保形式。可借鉴台湾地区经验,建立农业信用保证基金。贷款担保根据用途和对象不同,要求担保人提供担保品或连带担保人,担保不足时送农业信用保险基金保证。允许农户以土地承包经营权设定抵押。三是贷款期限。根据贷款用途灵活决定。对于短期资本性支出的贷款,贷款期限可设为1年之内或3年之内;对于长期性贷款,期限可放宽至20年或30年。四是贷款偿还方式。由农户与农地金融机构约定贷款偿还方式。对于短期贷款,贷款人可每月、每季度或每半年还款付息一次;对于长期贷款,贷款人可每年还款付息一次，并设定宽缓期，但宽缓期不超过3年。五是贷款利率。贷款利率在基准利率的基础上机动决定，一般利率较低。

3. 中国大陆土地银行的业务范围。土地银行的主要业务是办理与土地有关的长期信用业务，可办理土地抵押、土地开发、土地购买、土地改良等贷款。一是债券业务。以农户抵押的农地使用权作为担保，按市场利率向社会发行土地债券以筹集资金并负责还本付息。土地债券可在证券市场上买卖。筹集的资金主要用于向农户发放低息的农地抵押贷款，债券利息与贷款利息之差由财政予以补贴。二是融通资金业务，发放以农地使用权为抵押的中长期低息贷款，为农地取得者融通资金，以满足其购买农地使用权、实行规模经营的需要；为农地使用者改良土壤、修建水利设施等提高土地肥力措施融通资金；为农地使用者生产经营融通资金，以实行集约经营。三是农地开发业务。土地银行可直接将资金用于农地开发投资，如将荒地开发为农用地、将低产田改造为高产田，然后将已开发的农地使用权出售或出租。

参考文献：

[1] 台湾土地银行编：《台湾土地银行2008年度年报》，http://www. land-bank. com. tw/，2009。

[2] 宋文献、罗剑朝：《台湾农地金融制度及其对大陆的借鉴作用》，《洛阳师范学报》，2003(4)。

[3] 单玉丽：《台湾地区农业金融体系的形成与发展》，《福建省金融》，2008(12)。

[4] 吴惠萍：《金融海啸周年台湾农业之变化及政府因应建议》，《国家政策研究基金会》，http://www. npf. org. tw/，2009. 11. 15。

[5] 王俪容：《台湾农业金库的成长与展望》，CSBF海峡两岸金融研讨会论文，http://www. ifri. shfc. edu. cn/content_view. php? id－232. html，2008。

[6] 朱英刚、王吉献：《国外及台湾地区土地金融研究与借鉴》，《农业发展与金融》，2008(11)。

[7] 徐兆基：《海峡两岸农地制度改革比较与启示》，《中国农学通报》，2009(9)。

[8] 吴惠萍：《小地主大佃农 提升农业竞争力》，《国家政策研究基金会》，http://www. npf. org. tw/，2008. 12. 10。

[9] 刘海宁：《台湾社会保障制度改革的收入再分配效应及启示》，《台湾研究》，2008(4)。

[10] 汪小亚：《关于农村土地经营权抵押贷款问题的研究》，《中国金融》，2009(9)。

台湾金融控股公司发展和监管体系改革研究及借鉴与启示

中国人民银行福州中心支行金融稳定处课题组

课题主持人:徐剑波

课题组成员:王仁生　陈　榕　陈　立

在金融自由化、国际化、集团化与大型化的潮流下,金融业务综合化经营已成为当前国际金融业务的主要趋势。在金融业由分业经营向综合经营转变的过程中,大部分国家和地区选择了介于全能银行与分业经营体制之间的金融控股公司形式。2001 年 6 月台湾地区通过“金融控股公司法”(简称“金控法”),并相应开展一系列金融改革,使金融控股公司作为台湾地区金融业发展中的主体地位得以确立。虽然此次国际金融危机暴露出了金融控股公司的经营和监管缺陷,但这种综合经营模式和危机的发生没有必然联系,综合化经营的趋势并未改变,金融危机不会阻碍金融控股公司的发展步伐。大陆地区也正对金融综合化进行积极尝试,形成了一些初具金融控股公司形态的金融集团。但现有的法律体系和分业监管模式并不能很好地适应金融综合化经营的发展趋势。中国大陆与台湾地区有相似的金融业发展历程,且在文化属性和法律体系上有着诸多渊源,面对当前共同的国际经济金融环境,研究台湾地区金融控股公司发展和金融监管体系改革,分析发展金融控股公司的理论依据,对我国大陆金融改革的探索和相关法规的制定重要的借鉴意义。

一、台湾地区金融改革的动因

(一) 增强金融机构的竞争能力

台湾地区在实行金融自由化政策后,金融机构数量显著增加,特别是银行的数量从 1990 年的 24 家迅速上升到 2003 年的 52 家。同时,伴随着银行数量增加的是金融环境恶化、金融机构效益降低、小型金融机构无法与国际金融机构竞争的现实。台湾金融机构为扩大生存发展空间,增强竞争优势,需要通过收购、合并、联合等途径扩增规模壮大实力,而金融控股公司具有迅速扩大规模与提高效益等优点,因此金融集团化成为客观发展的必然。

(二)顺应国际性金融集团的发展趋势

20 世纪 90 年代以来,金融控股公司的解禁已成为一种世界性潮流。无论是

1996年日本金融"大爆炸"的革新，还是1999年后美国金融机构取消分业经营，改用金融控股公司形态，实行对银行、证券、保险一站式服务的跨业经营模式，金融控股公司在国际金融经营体制创新中都扮演着重要角色，受到越来越多国家和地区的重视。因此，台湾地区设立金融控股公司也顺应了世界潮流。

（三）应对国际金融集团的挑战

台湾地区加入WTO以后，对世界全面开放金融市场。从事混业经营的国际金融集团必然对传统单一业务的金融业带来巨大挑战。因此，设立金融控股公司是大势所趋，能够提高金融业的风险承受能力和国际竞争力。

（四）抵御金融行业的不景气

由于东南亚金融风暴的袭击以及台湾地区房地产业的低迷，对台湾经济发展产生了负面影响。尤其是在2001年全球经济持续衰退的背景下，台湾经济的衰退程度超过了1997年亚洲金融危机时期，而"9·11"事件后台湾地区出口下跌，民间投资与消费衰退，景气明显降低。据统计，台湾地区2001年经济增长率为-1.91%，是15年来的首次负增长。经济形势的变化使得银行整体逾放比[①]持续呈上升走势，表明台湾地区银行的授信品质仍呈持续恶化状态。银行整体平均逾放比由1997年的3.1%上升到2001年的7.48%，影响了金融业的稳定发展。

二、台湾地区金融整合模式——金融控股公司

在经济金融环境恶化的背景下，台湾地区为迎接入世挑战，开始迈出金融自由化的步伐，并致力于促进金融机构大型化及多元化。台湾地区陆续制订"信托业法"、"金融机构合并法"等，并于2001年连续通过了以"金控法"为核心的"金融6法"[②]，寄希望台湾地区金融机构能通过金融资源的整合，提高竞争力，使台湾地区金融机构在迈向大型化、组织多角化、财务透明化、金融监管一元化时有法律依据。

（一）金融控股制度

台湾"金控法"的立法目的是发挥金融机构综合经营效益，强化金融跨业经营之合并监理，促进金融市场健全发展，维护公共利益。[③]"金控法"的意义在于，提供金融机构跨业经营及组织再造的依据，金融机构必须依其经营目标直

---

① 逾放比（逾期贷款比率）=逾期放款/（放款余额+催收款）。其中，放款余额不含买入汇款；逾期放款，指已届清偿期而未受清偿的各项放款及其他授信款项。

② 包括"金融控股公司法"、"金融重建基金设置及管理条例"、"营业税法"部分修正案、"存款保险条例"部分修正案、"保险法"部分修正案及"票券金融管理法"。

③ "金控法"第1条。

接投资或收购子公司跨业经营以增加金融资产总额，扩大规模经济。

1. 金融控股公司定义。根据“金控法”第4条第2款，金融控股公司指对一银行、保险公司或证券商有控制性控股，并依“金控法”设立的公司。控制性控股指持有一银行、保险公司或证券商已发行有表决权股份总数或资本总额超过25%，或直接、间接选任或指派一银行、保险公司或证券商过半数之董事。

从该定义看出，我国台湾地区金融控股公司主要以银行控股公司、保险控股公司及证券控股公司3种类型为规范对象，与美国、日本的经验基本一致。就控股的判断标准而言，是以狭义的股份控制与实质的对人事控制相结合，比较符合现实的需要。

2. 金融控股公司的设立。金融控股公司以股份有限公司为基本形式。除经主管机关许可外，股票应公开发行。台湾“财政部”规定，设立金融控股公司的最低资本额为新台币200亿元；金融业资产规模达新台币3 000亿元以上，且跨业经营银行、保险、证券等任何两种以上业务者，可申请为金融控股公司；但同一人或同一关系人对一银行、保险公司或证券商有控制性持股者，除政府控股及为处理问题金融机构之需要经核准外，须强制转型为金融控股公司。[①] 金融控股公司的设立方式主要有全新设立、营业让与、股份转让等几种。

3. 金融控股公司的业务范围。台湾“金控法”第36条规定：“金融控股公司应确保其子公司业务之健全经营，其业务以投资及对被投资事业之管理为限。”即金融控股公司应为纯粹型控股公司。由于金融控股公司目的主要在于整合旗下子公司所经营的各种相关性金融业务，以提供客户综合性金融服务，将金融控股公司的性质确立纯粹型控股公司是比较妥当的。[②]

台湾金融控股公司可投资的金融业务包括银行业、票券金融业、信用卡业、信托业、保险业、证券业、期货业、创业投资业、经主管部门核准投资的外国金融机构、其他经主管部门认定与金融业务相关的事业。因此，金融控股公司通过子公司所实际从事的业务范围，原则上仍以金融相关的业务为主。

4. 金融控股公司的活动准则。为防止公司因利益冲突导致的不正常运营，损害股东和债权人利益；防止控股公司以其控股结构，影响外部人对公司经营的正确判断，台湾“金控法”对金融控股公司的活动准则作出了相应的特殊规定。

(1)投资非金融事业的限制。台湾“金控法”第37条规定，金融控股公司经主管机关核准后可投资其他事业，但不得参与该事业的经营，并且其投资金额，不得超过该被投资事业已发行股份总数或实收资本总额5%；其投资总额不得超过金

① “金控法”第10条、第6条。

② 夏斌等：《金融控股公司研究》，中国金融出版社，2001.9。

融控股公司实收资本总额的15%。

(2)子公司等持有股份的限制。台湾“公司法”并未明文禁止子公司持有母公司股份，鉴于台湾似有滥用交叉持股的方式，作为炒作股票或不当巩固经营权的情形，因此台湾有学者建议，从避免从属公司持有控股公司股份可能带来的各种弊端出发，应修改台湾“公司法”第167条“股份回收、收买及收质”的规定，对从属公司取得控制公司股份的行为，明文加以禁止。2001年台湾修正“公司法”，为健全公司营运，增加从属公司不得将控制公司股份收买或收为质物的内容，但仍未明文禁止子公司持有母公司股份。鉴于金融控股公司在整个社会经济运行中的特殊重要地位，“金控法”第38条专门规定，金融控股公司之子公司或子公司持有已发行有表决权股份总数20%以上或控制性控股之投资事业，不得持有金融控股公司之股份。

(3)防火墙的规定。台湾“金控法”设计了以下一些措施：一是公司间业务交易行为的限制及自律规范的订定。金融控股公司与其子公司及各子公司间业务或交易行为、共同业务推广行为、资讯交互运用或共用营业设备或营业场所的方式，不得有损其客户权益。二是关系人交易的规范。关系人交易的规范体现在“金控法”“授信之限制”和“授信以外交易之限制”。此外，金融控股公司的银行子公司与上述人员进行上述交易时，与单一关系人交易金额不得超过银行子公司净值的10%，与其所有利害关系人的交易总额不得超过银行子公司净值的20%。

（二）台湾金融控股公司发展的现状和特点

1. 金融控股公司发展现状。2001年金融控股公司制度施行后，台湾地区金融机构掀起了重组整合的浪潮，在短短1年内分别成立了富邦金控等14家金融控股公司。2008年台湾金融控股公司达到15家，总资产达29万亿美元，总市值约1.8万亿美元，而银行则从2001年的53家下降至37家。台湾地区资产总额前10名的企业集团中金融控股集团占9个。例如排名第1的国泰金控其下的子公司国泰人寿1995年12月精算评估价值由新台币3 060亿元~3 420亿元之间发展到2007年3月的5 520亿元~6 640亿元之间，资产额将近1995年的2倍。

目前台湾金融控股公司以控股证券业和银行业为主，分别达到15家和14家（见表1）。

表 1　　台湾金融控股公司子公司涉及行业一览

公司＼子产业	银行	寿险	产险	证券	票券	投资信托
华南金控	√		√	√		√
富邦金控	√	√	√	√		√
国泰金控	√	√	√	√		√
开发金控	√			√		
玉山金控	√			√		√
元大金控	√			√		√
兆丰金控	√			√	√	√
台新金控	√			√	√	√
新光金控	√	√		√		√
国票金控				√	√	
永丰金控	√			√		√
中信金控	√			√		
第一金控	√	√		√		√
日盛金控	√			√		√
台湾金控	√	√		√		

资料来源：台湾“金管会”。

金融改革以来，对金融控股公司发展的推动使台湾金融业整体资产质量大幅改善，逾期贷款和逾放比均呈稳步下降的趋势，并较有效地抵御了国际金融危机的冲击，自 2008 年国际金融危机最低点至今，银行业逾放金额增加约 130 亿元新台币（如图 1）。资本充足水平也逐步提高，2008 年底岛内大中型商业银行资本充足率均符合国际规范，平均值为 10.6%，较 2007 年年初 9.9% 水平进一步提高。

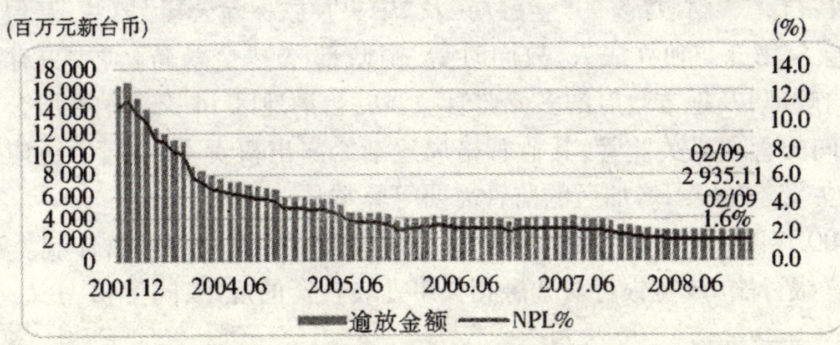

图 1　银行业逾放金额与逾放比率

资料来源：台湾“金管会”。

2. 发展模式特点。

(1)全部为纯粹型控股公司。依据台湾“金控法”第36条第1项规定:“金融控股公司应确保其子公司业务之健全经营,其业务以投资及对被投资事业之管理为限。”可见台湾地区的金融控股公司属于纯粹型金融控股公司。台湾地区选择发展纯粹型金融控股公司的主要原因是在实行金融控股公司制度前,台湾市场已经存在着众多的金融机构,受到各行业的规范和管理。如果同意金融机构既经营业务又具有金融控股公司的身份,则台湾当局在制定政策、实行监管上需要同时考虑金融控股公司和其他金融公司的规范,易产生摩擦和冲突。

(2)以某一核心企业为主体。台湾地区金融控股公司可持有多种类型的子公司,一是核心金融机构,主要包括银行、保险公司、证券公司。二是金融相关事业,如期货业、信托投资公司等。三是创业投资业。台湾地区每家金融控股公司都是以某一核心企业为主体,再结合其他金融相关业和创业投资业。其15家金融控股公司以银行、保险和证券公司为核心企业的各有8家、4家和3家。例如富邦金控和兆丰金控,其经营范围涉及银行、证券、保险、信托及票券业务,但他们的核心公司经营的是保险和银行业务。这些公司在较大规模资产的支持下,利用其核心业务整合公司中的其他金融资源,再利用业务平台为客户提供多元化金融服务。

三、台湾地区金控公司监管体制

从全球看,在金融控股公司的监管体制上主要有分业监管、综合监管和统一监管(也称一元化监管)等模式。目前,分业监管仍是一种主流监管模式。但随着经济金融全球化、市场一体化进程的加快以及金融业由分业经营向混业经营的加速发展,综合监管和统一监管这两种模式将成为发展方向,并且将为越来越多的国家和地区所采用。① 台湾地区在2004年7月1日“金融监督管理委员会组织法”实施以前,其金融监管体制采行的是多元监管模式,其保险业、证券期货业由“财政部”设立的“保险司”、“证券暨期货管理委员会”分别进行监管;而银行则分别由“中央银行”、“财政部”的“金融局”及“中央存款保险公司”监管;基层金融机构因农渔会信用部非独立法人,故同时受“财政部”的“金融局”、“中央存款保险公司”、“内政部”及地方政府的多元监管。当时台湾地区14家金融控股公司分别由3个不同的管理机关监管,其监管格局逐渐暴露出权责不一致、不适应金融控股公司成立及金融集团增加后的监管需要等弊端。

从2000年以来台湾地区颁布了一系列的规定以完善金融监管体制。2000年11月修正“银行法”放宽银行对金融相关事业转投资的规定;同年12月又通过“金

① Jose de Luna Martinez,“International Survey of Integrated Financial Sector Supervision”, World Bank Policy Research, Working Paper 3096, 2003, 7.

融机构合并法”容许银行、保险与证券三行业异业合并;2001 年 6 月通过“金融 6 法”,分别涵盖了不同的金融监管法规修订法案;2003 年 7 月通过“不动产证券化条例”、“金融监督管理委员会组织法”、“农业金融法”等法案。从颁布的一系列规定看,台湾地区就金融控股公司监管体制的完善实际上是沿着修改“银行法”、制定“金融机构合并法”、推出“金控法”,再到制定“金融监督管理委员会组织法”这样一条路径循序渐进展开的。

(一) 一元化的监管模式改革

由于台湾地区原来的金融监管体制难于适应金融控股公司成立及金融集团增加后的监管需要,决策者参考英国等先进国家建立一元化监管机制以及设立单一金融监管机构的做法,于 2004 年 7 月 1 日起颁布实行“金管法”。该法的内容有 34 条,对“金融监督管理委员会”的组织架构、“金管法”的功能、调查权、公务预算及基金设立等作了规范。该规定的颁布标志着台湾地区金融监管模式将逐渐向一元化监管和功能性监管模式转变。

“金管法”要求成立“行政院金融监督管理委员会”(简称“金管会”),将“财政部”金融局、证券及期货管理委员会、保险司及“中央银行”金融业务检查处平行移入“金管会”,成为“金管会”的银行局、证券期货局、保险局及检查局 4 大部门,以合并对银行市场、票券市场、证券市场、期货及金融衍生性金融商品市场、保险市场及其清算系统的监督管理,同时将原分散于数个部门金融检查权,整合于检查局,以达成金融检查一元化目标(见图 2)。

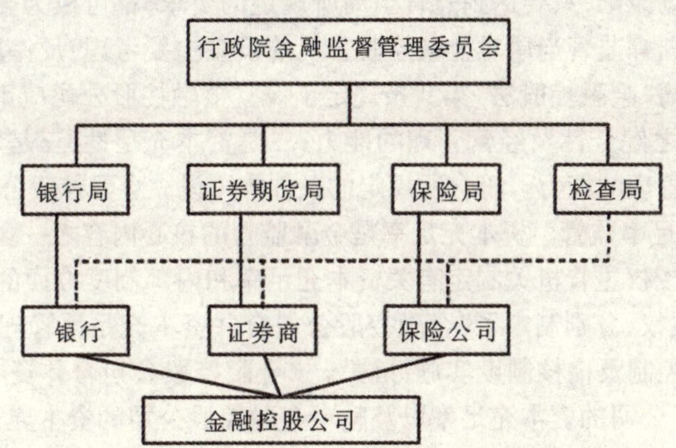

图 2 台湾地区“金管会”监管框架

台湾“金管会”的法定职责包括健全金融机构业务经营、维持金融稳定及促进金融市场发展。“金管会”的建立体现了台湾金融监管朝服务为导向的金融监理文化、自由化与国际化的监理原则及立法从宽、执法从严的方向发展。对监管模式改革的突破主要体现在以下几个方面:

1. 强化以风险为基础的监理原则。"金管会"对银行办理衍生性金融商品服务的管理及保险商品审查制度，均采用负面表列方式的管理原则。对衍生性金融产品管理由传统的规范导向调整为风险导向监理，注重银行办理新业务所需的风险管理能力及承担损失的能力，对保险产品采取"原则事后审查，例外事前核准"方式。确立信息披露、行业自律，以及事前准则式管理及事后抽查、监理产品评估机制、严于执法等改革目标，以鼓励各类交叉性金融产品发展与创新。

2. 强化金融检查功能。"金管会"成立后，对各监管部门的金融检查业务进行了整合，并依据"'金融监督管理委员会'涉及'中央银行'或其他部会业务事项作业要点"设置"金融监理联系小组"，除整合有关金融监督、管理及检查事项运作与联系外，还规划建立单一申报窗口和监理资讯共享机制，提升整体金融监管效率。此外，为适应金融控股集团跨业合并或异业结盟的增多，金融机构规模越来越大，营业项目越来越复杂的情况，将检查方式调整为以风险为导向，关注风险最高的金融机构及风险最大的营业项目，以评估金融机构风险承担能力，控制金融机构整体营运风险。

（二）金融控股公司的监管内容

通常对金融控股公司的监管主要包括金融控股公司的市场准入条件、资本充足率、内部关联交易、风险集中度和业务范围的限制等方面。台湾对金融控股公司的监管除上述内容外，还借鉴了美国的加重责任制度以补充监管的不足。

1. 金融控股公司的市场准入。各国、各地区对于金融控股公司的市场准入，一般都采取市场原则，只要达到监管当局所规定的要求，都可成为金融控股公司。美国、日本、欧洲等监管当局对金融控股公司的设立主要考虑：反垄断，资本充足，管理良好。台湾"金融控股法"第9条规定了设立金融控股公司应审酌3个条件：一是财务业务之健全性及经营管理的能力；二是资本充足性；三是对金融市场竞争程度及经营管理的能力。符合所规定的条件方可设立金融控股公司。

2. 资本充足率监管。资本充足率是金融监管的核心内容之一。台湾"金融控股法"第40条授权主管机关制定有关资本充足率和内部制度方面的法规。"财政部"依据上述授权，分别制定了"金融控股公司合并资本充足性管理办法"、"金融控股公司内部控制及稽核制度实施办法"。"金融控股公司合并资本充足性管理办法"对控股子公司的资本充足率以及整个金融控股公司的资本充足率都作了规范，而对控股公司本身（母公司）的资本充足率并无相关的单独规范。具体而言，要求银行的资本充足率不得低于8%；保险业自由资本与风险资本之比率不得低于200%；证券业资本充足率的最低要求为150%。对于整个金融控股公司的资本充足率的规范则遵循新版巴塞尔协定的相关规定，要求资本充足率在8%或10%以上。至于"金融控股公司内部控制及稽核制度实施办法"则参考了上市公司、金融机构以及保险业等内部监控制度的规定，并结合金融控股公司的运作特点，初步设置控股公司内部监控的制度框架。

3. 对集团内部关联交易的监管。所谓内部关联交易，是指集团成员之间发生的交易或非交易行为。集团内部关联交易是实现其整体协同效应的基础，是集团内部进行资源整合的途径，本质上属企业自身的市场行为，其行为本身不属于外部监管的直接内容。但集团内部关联交易有可能产生以下3个问题：一是危及集团整体及所属机构的资本充足性；二是导致风险传递从而威胁存款机构的安全；三是违背市场的公平交易法则，从而可能破坏对金融机构监管规则的统一和公平。因此，监管当局必须予以关注。[①] 美国、英国、日本等国家的监管部门对集团内部关联交易作了诸多限制。台湾地区对于关联交易的规范，在其“金融控股法”里采用的是授信与非授信分立的方式。其44条规定，金融控股公司的银行子公司、保险子公司对利害关系人不得从事无担保授信；为担保授信时，准用“银行法”第33条规定。其45条还规定金融控股公司或其子公司与利害关系人为授信以外之交易时，其条件不得优于其他同类对象，并应经公司2/3以上董事出席及出席董事3/4以上之决议后为之。

4. 对风险集中的监管。根据《欧盟建议案》的定义[②]，风险集中是指金融集团内一个或多个实体承担的可能遭受的所有风险暴露，而且这些风险暴露数量之大，足以威胁到金融集团内一个或多个受管制实体的清偿能力或其金融头寸。为了防止金融控股公司在总体上风险过度集中于某些特定的交易对象、部门和金融市场，台湾“金融控股法”第46条规定了大额金融交易的披露制度，即应于每营业年度第2季度及第4季度终了1个月内，向主管机关申报并以公告、网际网路或主管机关制定之方式予以披露。

5. 对金融控股公司业务范围的监管。台湾“金控法”第36条规定了金融控股公司可以投资以下10项事业：银行业、票券金融业、信用卡业、信托业、保险业、证券业、期货业、创业投资事业、经主管机关核准投资的外国金融机构、其他经主管机关认定与金融业务相关的事业。

6. 对影响金融集团决策的高级管理人员的监管。对金融控股公司及其子公司高级管理人员和股东的资格认定，是金融监管的一项重要措施。台湾“金控法”第17条规定，对金融控股公司的发起人、负责人范围及其应具备的资格条件准则，以及负责人的兼任办法等由主管机关定之。

7. 加重责任制度。台湾相关规定还借鉴美国金融法上的加重责任制度（Enhanced Obligations）以补充监管不足。加重责任制度是由美联储的力量源泉政策（the Source—of－Strength Doctrine）发展来的，即银行控股公司应成为其子公司的

---

① 谢平等著：《金融控股公司的发展与监管》，中信出版社，2004.3。

② 李仁真主编：《欧盟银行法研究》，武汉大学出版社，2002。

经济和管理力量的源泉，有义务维持足够数量并且能够及时提供向陷入财务危机的附属银行提供上述资源。[①] 因此，台湾“金控法”第56条规定，金融控股公司之银行子公司、保险子公司或证券子公司未达主管机关规定之最低资本充足率或发生业务或财务状况显著恶化，有不能支付其债务或有损失及存款人利益之时，金融控股公司应协助其恢复正常营运。银行子公司、保险子公司或证券子公司有前项情形者，主管机关为确保公共利益或稳定金融市场之必要，得令金融控股公司履行前项之义务，或于一定期间内处分该金融控股公司持有其他投资事业之一部或全部之股份、营业或资产，所得款项，应用于改善银行子公司、保险子公司或证券子公司之财务状况。

8. 金融危机后台湾地区金融监管调整。国际金融危机后台湾地区也顺应趋势调整法规框架，按照审慎监管的总体原则，进一步完善金融控股公司监管体系，从加强对金融控股公司控股股东监管、强化以资本充足率作为监管核心理念、完善金融控股公司治理结构管理、严格对申请设立金融控股公司管理、加强对信息透明度管理、限制关联交易以保护金融消费者权益等方面入手，修订或出台包括“金控法”在内的一系列相关法规规定。

（三）台湾金融控股公司监管模式的评价

1. 金融控股公司监管的成效逐渐显现。台湾地区一元化监管体制实施的时间虽然不长，但成效逐渐显现。它改变以往“多头马车”式监管格局的弊端，将银行局、保险局、证券期货局、检查局置于“金管会”之下，原来的检查部门也统一为检查局，降低了部门间信息沟通和协调的成本。同时，银行局、保险局、证券期货局的复杂业务可以进行横向整合，加快作业进程，通过监管流程再造提高监管效率。更重要的是其金融控股公司的监管模式将逐渐转向以风险为基础的监管模式，从而有效降低了系统风险。其相关成效也体现在金融控股下的子银行及非金融控股的子银行的经营绩效、财务状况等方面。从经营绩效看，金融控股子银行在资产、放款及贴现或者存款占有率等指标平均表现要好于非金融控股银行，逾放比明显低于非金融控股银行。虽然，金融控股体系下的子银行的经营绩效、财务状况较非金融控股的子银行的经营绩效、财务状况要好是规模经济、范围经济、有效监管等综合因素作用的结果，并非新监管体制一己之功，但不可否认新的监管体制尤其是联盟监管等对金融控股下的子银行等金融机构绩效提升的帮助。

2. 金融控股公司监管模式存在的不足。台湾一元化监管模式发展过程中仍存在诸多不足。一是独立性问题。由于“金管会”定位为行政机关，不是公法人，故受行政部门的约束，易受政府意愿的影响，无法高度独立行使职权，也不利于引

① 闫海：《台湾金融控股公司法研究》，《福建省金融管理干部学院学报》，2004. 2。

进专业人才。二是“金管会”与“中央银行”协调问题。由于台湾“中央银行”仍保留一定的检查权和处分权，两者未有详细分工和协商，容易造成职权冲突和加大金融机构负担，也难以保证政策目标的一致性。三是检查重叠问题。“金管会”检查局负责整个金融系统的检查，但由于证券业的特殊性，现在监管主要由证券期货局负责，再加上“中央银行”基于货币政策具有一定的检查权，易造成检查标准不一致、资源重叠浪费、出问题时互推责任的情况。四是尚未达到功能监管的目标。台湾金融监管模式尚未完全转型为功能性监管。因为台湾的“金管会”组织架构未能反映合并监管的需要，监管模式仍为机构监管而非功能监管。“金管会”下辖4个局的分工格局仅仅是把“财政部”金融局、“证券及期货管理委员会”、保险司及“中央银行”金融业务检查处横向移入“金管会”，只是进行了形式上的整合。这样将使同一金融产品受不同的监管，而未被适当监管；各业务局办理金融监理及检查业务，仍旧各司其政，按照以往行政处理程序，权责分工及协调机制仍有待磨合。另外，对金融集团的监督，根据现有组织架构，亦无法达到制定规则之初设定的目标。

四、对大陆的借鉴与启示

当前大陆金融业蓬勃发展，金融综合化经营的改革趋势也日益明朗，金融控股公司形态逐步成形，金融控股公司管理法规的出台时机渐趋成熟。因此台湾地区金融控股公司改革所积累的经验和教训为大陆深化金融改革提供了较好的借鉴与启示，相关经验性的总结和方向性的措施可供参考。

（一）应明确界定金融控股公司并增强其风险控制能力

通过对台湾地区金融控股公司发展的比较研究，结合大陆的金融业实际，在当前金融控股公司管理办法的制定阶段，应从金融控股公司的界定、经营、风险控制等层面进行规范，把握适应性、有效性和前瞻性原则。明确金融控股公司的法定概念对于规范发展、加强监管至关重要，有助于减少监管盲点，防范子公司规模“监管套利”和“两级分化”问题。

（二）确立金融控股公司制度应以有重点有步骤的金融改革为铺垫

金融控股公司的产生是金融创新和金融国际化的结果。金融控股公司制度的建立是一项长期的系统工程。可学习台湾经验，首先在银行、证券、保险业内进行改革，逐步放宽投资和经营限制，鼓励金融创新，在保证资本充足率和风险可控的前提下逐步确立金融控股公司制度。

（三）鼓励发展“纯粹型”金融控股公司模式

“纯粹型”金融控股公司模式较其他模式更有优势。一是纯粹型结构不会加大集团总体风险，反而会让风险变得更清晰，更利于管理。二是这种结构具备风险隔离的框架，必要时可直接隔断其中的子公司，避免产生连锁反应。纯粹型和事业型模式都有存在的合理性，可由金融机构自行选择，监管者可通过给予纯粹型金融控股公司放宽投资范围、规避监管障碍等便利条件适度引导事业型金融控股公司转型。而产融结合型金融控股公司由于业务范围广，监管者不仅要理解金融业务的风险，还要识别实业风险，监管难度大。而在我国产融结合模式又具有一定普遍性，因此如何规范产融结合模式应成为重点研究解决的问题。

（四）建立以核心企业为中心的金融控股公司

台湾地区经营业绩较佳的金融控股公司都有其核心企业，核心企业在其业务完备性、营销功能上都能为其他子公司搭建"平台"促进其发展。大陆各类型金融机构发展层次不均衡，主要表现为银行业的总体发展规模远大于证券业和保险业。可在金融法律允许范围内选出较适应担当核心企业的金融机构，以发挥金融控股公司的规模优势和团队效应。以核心企业治理为突破口，以核心企业带动整个集团内部控制机制和公司治理水平的提高，有助于大陆金融业整体治理结构的完善。

（五）对金融控股公司监管模式的选择应以伞型监管为基本框架的功能型监管方式为主要发展方向

在我国现行金融监管体系下，一元监管和伞型监管没有孰优孰劣的必然理由，但伞形监管模式可以减少监管体系整合的成本，并维持现有监管体系的基本稳定，有利于与金融控股公司的发展水平相适应，相对而言更适合大陆的现实情况。

（六）法律体系应以金融控股公司制度发展相适应

我国现行的金融法律法规确立了我国金融机构的分类经营体制和业务范围，但金融控股公司的法律地位及性质并不明确，使金融控股公司的发展缺乏法律保障。当前我国的金融实践已经走在金融监管体系改革的前面，但金融综合经营方式还不成熟，一业独大现象仍较突出，银行类企业利润来源单一，还没能通过综合化经营来分散风险。因此，有必要针对金融机构综合化经营特征，及时推出适当的管理办法来推动金融综合化发展。

参考文献：

[1]夏斌等:《金融控股公司研究》，中国金融出版社 2001 年版。

[2] Robert Charles Clark, "The Regulation of Financial Holding Companies", *Harvard Law Review*, 1992.

[3]桥恩 · A. C. 桑托思:《商业银行从事证券业务的理论分析》，《国际金融研究》，2001(3)。

[4] Jose de Luna Martinez, "International Survey of Integrated Financial Sector Supervision", World Bank Policy Research Working Paper 3096, 2003(7).

[5]谢平等著:《金融控股公司的发展与监管》,中信出版社 2004 年版。

[6]李仁真主编:《欧盟银行法研究》,武汉大学出版社 2002 年版。

[7]闫海:《台湾金融控股公司法研究》,《福建省金融管理干部学院学报》,2004(2)。

[8]徐顺英:《金融控股公司的规模经济、范围经济研究》,《现代管理科学》,2007(9)。

[9]霍爱英等:《论金融控股公司存在的理论依据》,《财会月刊》,2006(7)。

[10]彭虹:《论金融监管模式的合理性》,《河南金融管理干部学院学报》,2006(2)。

[11]李秉祥:《准金融连续控股公司收益与风险的"牛鞭效应"分析——以"德隆"为例》,《管理评论》,2006(3)。

[12]林洁:《金融控股公司风险并联式传导路径、模型及特征》,《生产力研究》,2009(7)。

[13]田凌:《金融业混业经营与范围经济》,《华商》,2007(8)。

区域性金融中心建设：国内主要经验与福建省推动措施

中国人民银行福州中心支行课题组

课题主持人：吴国培

课题组成员：吴国培　郑航滨　张　立

金融中心是以中心城市为依托的金融产业集聚的结果，是集聚金融机构、聚散金融信息、集中金融交易和金融服务、汇集金融市场、整合金融资源，并有着高效且宽松金融监管环境、良好基础设施的核心地理区域。区域经济发展需要在一些具有良好经济发展环境的地区建立区域金融中心，利用极化效应把有限的资源集中投入到发展潜力大、规模经济效益明显的核心地区，通过与周围区域经济形成的势差，利用扩散效应带动整个区域经济的发展。近年来，国内呈现出金融中心建设热潮，约有20个城市提出了建设金融中心的目标和具体措施，虽然各地在自然、社会、经济、金融等方面条件与福建省存在差别，但其建设区域性金融中心方面的经验，值得借鉴。

一、国内各地区域性金融中心规划建设的总体情况

长期以来在我国政治经济管理体制作用下，形成了直辖市、省会城市和沿海开放城市为区域中心的城市化发展格局。这些城市在政治、经济、产业、信息等方面都不同程度地形成集聚状态，对周边区域发挥辐射带动效应。随着我国金融改革开放不断深化及经济的快速发展，在政府、企业和个人储蓄资金不断累积、社会资金供给充裕的同时，社会投融资更多地以商业化、市场化形式进行，促进城市金融资产迅速扩大，金融机构种类和数量不断增加，金融业在第三产业中的地位不断提升，金融在城市建设以及区域经济发展中的作用日益受到重视，于是形成了近年来金融中心规划和建设热潮。

据不完全统计，截至目前国内有超过20个城市提出了建设金融中心的目标和具体措施，有金融中心功能规划或者设想的大小各类城市有200个左右。除了上海致力于打造国际金融中心外，北京提出了建设有国际影响力的金融中心，深圳计划联手香港建设国际金融中心，天津提出要建成北方及东北亚地区的金融中心，大连和沈阳在争取东北金融中心，济南和青岛在建设有全国影响力的山东半

岛上一体两翼的金融中心，南宁要建成泛北部湾金融中心和中国－东盟区域金融中心，南京和杭州分别要打造长三角的北翼和南翼金融中心。随着国家发展战略逐步向中西部倾斜，中西部省区的中心城市也融入金融中心的热潮中，成都、西安在竞争西部金融中心，武汉、郑州在竞争中部金融中心，重庆力图建成长江上游地区的金融中心，兰州在全力建设西北区域金融中心。

综合来看，除上海、北京、深圳一线城市外，其他城市基本上可以分为省会城市和沿海计划单列市两类，其中，省会城市往往是金融机构区域总部所在地，而且是区域经济社会发展的决策中心，具备一定的优势吸引部分金融机构集中于此，形成一定程度的产业聚集。沿海计划单列市往往因为机制灵活、开放度高加上城市环境较好，经济较为发达，也集聚了较多的金融资源，而且在吸引外资金融机构方面比省会城市更具优势，例如青岛、大连、厦门可能较济南、沈阳、福州更有竞争力。从区域布局角度看，这些城市可分为三类：一类是由地理位置比较接近的多个城市形成的城市群型的，例如京津、蓉渝、沪宁杭、深穗（港）；一类是在相对广泛区域内单一城市独立型的，主要是内陆省会城市，如西安、郑州、武汉等；还有一类是一省双中心模式的，例如："济南＋青岛"，"大连＋沈阳"。考虑到福州和厦门两个城市在福建省经济金融中的地位，"一省双中心"模式对福建省有较好的借鉴意义。

二、主要城市建设金融中心措施的经验分析

（一）制定战略规划，营造金融集聚良好氛围

致力于建设金融中心的城市及其所在省区政府都制定了明确的战略规划，有的已经被国务院批准实施，上升为国家战略（如广西北部湾规划、上海两个中心建设），有的体现在省或市的"十一五"发展战略规划中（如：山东、辽宁，以及广州、深圳等），把区域经济发展、中心城市发展与金融中心建设紧密结合起来，提出金融业发展的战略目标。这些都显示了地方政府建设金融中心的决心和信心，有助于在区域金融中心建设中调动各方资源，形成合力；更能够产生良好的宣示效应，有助于吸引区域内外的金融机构进入。

（二）明晰发展思路，促进金融产业发展

围绕金融中心建设发展战略，各城市都因地制宜制定了各具特色的发展目标、建设思路以及工作步骤，推动金融中心建设工作有序开展。例如：西安金融中心建设思路概括为"四个高地、四个功能、五个基本建成和一个目标"，即打造金融产业高地、金融创新高地、金融信息高地和金融配套服务高地；发挥其对省内各市县的核心功能、服务黄河上中游的辐射功能、服务东西部的连接功能、服务欧亚大陆经济的延伸功能；到2010年，基本建成金融组织体系、多层次金融市场体系、金融监管安全体系、社会信用体系；实现推进陕西又好又快发展的最终目标。郑州

在金融中心建设中，突出三大功能中心（中西部地区的投融资中心、重要的区域性保险中心、商品期货交易与定价中心）、四项战略重点（完善金融机构体系、发展和利用资本市场、加快金融业改革开放、优化金融生态环境）、五项任务（壮大银行业、加快证券发展、加快期货业发展、培育和发展保险业、大力发展其他金融机构和金融业务）。重庆市为建成长江上游地区的金融中心，明确今后五年要努力实现四大目标：一是金融机构数量在中西部领先；二是金融规模大幅增长，贷款余额超过 GDP 的一倍左右，证券市值达到 8 000 亿元，保险收入达到全国的四十分之一；三是力争在渝建设西部银行票据电子交易中心、证券交易场外市场、期货交易所、航运交易市场、物流中心和贸易市场；四是金融创新不断深化。

（三）出台配套措施，吸引金融机构和人才流入

一是设立专门金融街区，完善基础设施。上海陆家嘴的成功经验被很多城市在建设金融中心时借鉴，各地在城市规划中都专辟金融街区作为金融中心建设的空间载体。例如，沈阳在距市区百余公里的新城规划面积 3 000 亩筹建"中国北方金融后台服务基地"。武汉以光纤优势产业为依托，投资 100 亿元建设"光谷金融港区"。重庆市将现有金融聚集区同新区结合，专设金融发展规划特区。深圳规划建设金融产业配套服务基地和国际基金产业园区。北京规划了"一主一副三新四后台"的金融业空间布局。

二是政府拨款设立专项资金，支持金融业发展。例如，郑州市设立一亿元人民币支持外资金融机构发展专项资金，对新设立的外资金融机构总部、地区总部、分支机构或代表处，根据注册资本量的不同分别给予 1 000 万、700 万和 400 万人民币不等的一次性资金补助；对需要购买自用办公用房的，市政府将给予每平方米 1 000 元人民币的一次性补贴；需要租赁自用办公用房的，三年内每年按房屋租金的 30% 给予补贴；对于其他外资金融机构，市政府按每平方米 500 元人民币给予一次性补贴；租赁自用办公用房的，三年内每年按房屋租金的 15% 给予补贴。广州市 2005 年开始设立"广州金融业发展专项资金"，每年安排五千万元用于扶持金融业发展，对金融机构总部或地区总部新购置或租赁办公用房给予补贴。武汉、沈阳、重庆、济南等城市对新设立和新迁入金融机构也都设有不同金额的资金补助政策。

三是以税收优惠吸引金融机构进驻。例如，沈阳金融商贸开发区对新入驻外资及合资银行实行免税。郑州把新设立的外资金融机构自开业起三年内实际缴纳营业税中市级留成部分的 50% 作为奖励返还金融机构；从盈利年末开始的头两年，实际缴纳所得税市级留成部分全部奖励返还给金融机构。武汉市对新设或迁入本市的金融机构，自开业年度起三年内，由市级财政部门参照其实际缴纳营业税市级留成部分的 50% 给予补贴；自盈利年度起三年内，由市级财政部门参照其实际缴纳所得税市级留成部分的 100% 给予补贴；武汉还积极推动财政政策与金

融政策协调配合，以财政资金引导金融投入，省里计划每年留成给县（市）新增税收的一定比例用于补充县市信用担保机构资本金以壮大担保公司实力，争取试行村镇金融“零税收”政策，免除所有金融机构村镇业务的全部税收。

四是制定实施各项激励制度。广州、济南、武汉、沈阳、重庆等市财政每年将安排一定资金，用于奖励对地方经济发展做出突出贡献的金融机构以及对金融业发展做出突出贡献的单位和个人等。广州市还设立了金融科研成果奖。

五是优化人才环境，吸引培养金融人才。很多城市都提出要完善引进和培养金融人才的激励机制，着重加大对金融高端人才和急需人才的吸引聚集力度。例如，武汉市财政对金融机构高管人员按其上一年度实际缴纳个人所得税市级留成部分的50%予以为期3年补贴；广州等城市通过对金融机构高级管理人员给予住房补贴、解决其子女入学入托、提供出国出境便利等措施；北京提出对金融企业高管给予股权、激励等措施。

（四）推动金融创新，提升金融产业水平

一是把金融与特色产业相结合，促进金融业的发展。产业发展是金融业发展的重要基础，特色产业实际上是一区域具备竞争优势的产业，推动特色产业与金融业有机结合，有助于优化资源配置，实现经济与金融的双赢。例如，北京市将中关村科技园区建设成为国家科技金融创新试验区，计划设立中关村科技银行；并大力开发金融产品支持文化创意产业发展，鼓励商业银行建立文化创意产业贷款绿色通道。武汉市结合自身全国“环保之都”和“新材料产业中心”建设规划，积极争取设立新材料产业投资基金，为武汉市环保产业和新材料产业提供特别金融支持。

二是通过远程网络技术，推动跨地域战略合作，实现全国性金融市场在本地的延伸。例如，广州市与大连商品交易所建立和完善期货新品种开发协作机制，大连商品交易所将在广州市建立发展与服务总部；广州市农村信用合作社联合社还与大连商品交易所合作开展期货交易标准仓单质押业务，为企业融资提供新的渠道。北京市积极支持深圳证券交易所远程路演中心在京发展。

三是创建新型金融交易市场。北京市正积极争取在产权交易所建立碳排放交易平台，加快推进清洁发展机制项目合作，建立定价机制，逐步形成一个标准化合约下有影响力的气候交易市场。天津市、重庆市、郑州市、西安市、沈阳市等城市都提出建设全国性场外股权交易市场。沈阳市、广州市等地提出要建立重要商品的现货远期市场和期货市场。成都市更是大胆地提出申请建立全国第三个证券交易所，打造中国资本市场“第三极”。

（五）整合区域金融机构资源，提升金融机构的综合实力和竞争力

北京市、深圳市、杭州市等地计划组建综合性金融控股集团，引进和建立货币经纪公司、产业风险投资基金、汽车金融公司、住房信托基金、证券融资公司等新

型金融机构。北京市支持银行业开展综合经营，积极推进北京银行收购保险公司试点；重庆市筹划组建三峡银行、重庆农村商业银行，推动重庆银行、西南证券等金融机构上市，支持重庆国际信托投资公司发展成为金融控股集团。成都市拟投资30亿元成立成都投资控股集团，从事保险、信托、担保等各类金融投资。西安市积极推动地方银行、保险金融机构够发展为全国性机构，组建金融控股公司。

（六）成立专门机构，加强工作协调

郑州市成立建设区域性金融中心联席办公会议制度，负责协调解决金融中心建设规划中的重大事项，形成统一领导、分工明确、各负其责、协调运作的工作机制。北京市撤销金融办设立金融局，负责统筹金融业发展，制定金融业发展规划及政策措施并组织实施。广州市成立金融服务办公室作为管理和协调金融事务的专门机构，协调解决金融业发展存在的问题。但对于成立类似机构也存在争议，如果定位不好，有可能存在服务不足而管控过度问题，进而影响金融机构的自主经营。

（七）积极主动招商，做好区域宣传推介

拟建金融中心的城市政府部门，都非常注重城市的宣传推介工作，采取“走出去”和“请进来”以及网络化等不同方式为金融中心建设造势。例如，沈阳市在北京市高调举办“创建良好金融环境，构筑东北金融中心”推介会，南京市在上海市举办“南京河西新城CBD金融推介会”，成都市在本地举办“成都东大街金融博览会”，为金融中心建设宣传造势。济南市不仅“走出去”还“请进来”，政府部门带队先后到香港特区、上海市等地的外资金融机构总部和区域总部走访联络，并开展“外资银行齐鲁行”活动，组织26家在华外资银行40多位负责人到济南市考察。北京市发挥首都金融媒体联盟的作用，开展首都金融品牌立体宣传推介活动，并推进北京金融街与纽约华尔街、伦敦金融城的合作，提升金融街的国际影响力。

三、福建省建设区域性金融中心的金融基础条件

为把握福建省建设区域性金融中心的基础经济金融条件及其在区域经济中的相对水平，我们把福建省和台湾的基础经济金融条件与辽宁省、山东省、江苏省、浙江省、广东省、广西壮族自治区等其他沿海省份的情况进行了比较（参见表1）。同时，把福州市、厦门市的基础条件与大连市、沈阳市、济南市、青岛市、广州市、深圳市、杭州市、宁波市、南京市、上海市、北京市、天津市、郑州市、西安市、武汉市以及包括浙西、赣南、粤东在内的海西地区其他22个城市的情况也进行了比较（参见表2）。比较结果发现，福建省以及福州市、厦门两市在区域经济规模、金融资产规模、金融业增加值等规模指标方面都没有优势，但在相对指标方面却具

有一定优势。例如，在以存贷款占 GDP 比重来衡量的经济金融化指标方面，福建省经济金融化程度高于广西壮族自治区和山东省，与辽宁省、江苏省和广东省相差不大；厦门、福州两市的经济金融化指标不仅在海西区 22 个城市中是最高的，而且优于其他城市；福州、厦门两市金融业增加值占第三产业增加值比重以及金融业增加值占 GDP 比重指标高于广州市、青岛市等城市。

表 1　　福建省与其他沿海省份经济金融基本情况比较

城市	存贷款(亿元)	存贷款排名	GDP(亿元)	排名	FIR	排名
福建省	22 063.77	8	10 823.11	8	2.0	7
台湾地区	75 560.55	3	26 236.72	5	2.9	2
辽宁省	31 127.15	7	13 461.60	7	2.3	5
山东省	48 223.13	6	31 072.10	3	1.6	9
江苏省	63 178.20	5	30 000.00	4	2.1	6
浙江省	65 139.87	4	21 486.90	6	3.0	1
广东省	89 955.12	2	35 696.46	2	2.5	4
广西壮族自治区	12 185.08	9	7 171.58	9	1.7	8
闽 + 台	97 624.32	1	37 059.83	1	2.6	3

数据来源：根据各省区统计年鉴、统计公报，台湾地区经济年鉴资料整理得到。

注：FIR，即“经济金融化”指标或称“金融相关比率”。国内学者在对金融中心条件进行比较研究的时候较多采用该指标。作为存量指标，反映时间点上整个经济体系中发行的各种货币及未清偿非货币金融工具净余额与国民财富的比例。但鉴于统计资料的不完善，无法直接采用该方法来衡量经济金融化程度，而是更多地利用存贷款之和占 GDP 的比重来近似计算 FIR。

表 2　　福州、厦门与国内主要中心城市经济金融化指标比较

城市	GDP(亿元)	GDP 排名	存贷款(亿元)	存贷款排名	FIR 指标值	FIR 排名
福州市	2 284.16	15	7 231.54	16	3.2	8
厦门市	1 560.02	17	5 096.58	17	3.3	7
沈阳市	3 860.47	10	8 977.40	12	2.3	16
大连市	3 858.20	11	9 597.87	10	2.5	15
济南市	3 017.42	13	9 153.50	11	3.0	10
青岛市	4 436.20	7	8 963.89	13	2.0	17
广州市	8 215.82	3	28 009.02	3	3.4	6
深圳市	7 806.54	4	22 069.70	4	2.8	13

续表

城市	GDP(亿元)	GDP 排名	存贷款(亿元)	存贷款排名	FIR 指标值	FIR 排名
杭州市	4 781.16	6	21 402.38	5	4.5	2
宁波市	3 964.10	8	12 174.40	8	3.1	9
南京市	3 775.00	12	16 045.37	7	4.3	4
上海市	13 698.15	1	59 755.19	2	4.4	3
北京市	10 488.00	2	66 991.40	1	6.4	1
天津市	6 354.28	5	17 643.28	6	2.8	14
郑州市	3 004.00	14	8 528.70	14	2.8	12
西安市	2 190.04	16	8 947.11	13	4.1	5
武汉市	3 960.08	9	11 674.15	9	2.9	11

数据来源：根据各城市统计年鉴资料整理得到。

表 3　　海峡西岸经济区 22 个主要城市经济金融化指标比较

城市	GDP(亿元)	GDP 排名	存款(亿元)	贷款(亿元)	FIR
福州市	2 284.16	3	4 026.16	3 205.38	3.2
厦门市	1 560.02	5	2 727.14	2 369.44	3.3
泉州市	2 705.29	1	2 200.11	1 636.18	1.4
漳州市	1 002.01	6	719.62	509.00	1.2
龙岩市	672.85	10	523.75	394.22	1.4
莆田市	609.96	13	484.58	349.08	1.4
三明市	666.92	11	518.61	408.35	1.4
南平市	559.14	15	502.09	390.78	1.6
宁德市	542.67	16	367.01	398.22	1.4
汕头市	974.78	7	1 365.86	426.74	1.8
汕尾市	350.23	21	231.37	65.30	0.8
潮州市	442.80	19	476.80	160.10	1.4
揭阳市	725.03	9	723.66	233.14	1.3
梅州市	477.88	18	596.72	206.45	1.7
温州市	2 424.29	2	4 121.79	3 306.13	3.1
丽水市	505.68	17	683.20	472.55	2.3
衢州市	580.05	14	577.65	480.25	1.8
金华市	1 681.85	4	2 576.31	1 916.99	2.7
赣州市	835.00	8	882.19	425.35	1.6

续表

城市	GDP(亿元)	GDP 排名	存款(亿元)	贷款(亿元)	FIR
上饶市	628.30	12	610.80	365.10	1.6
鹰潭市	256.61	22	226.96	130.13	1.4
抚州市	434.05	20	432.09	191.93	1.4

数据来源:根据各城市统计年鉴、统计公报资料整理得到。

四、福建省推动两岸区域性金融服务中心建设政策建议

(一) 完善战略规划,制定发展步骤

应进一步明确金融中心发展建设规划,按照健全基础、集聚资源、承接两翼、联结对岸、辐射海峡、影响国际的发展思路,以推动两岸金融交流合作先行先试为突破,以福州和厦门两个城市为依托,用5~10年左右的时间,逐步在海峡西岸经济区形成金融机构聚集、金融市场发达、金融设施完备、金融工具丰富、金融服务高效、金融集聚程度高、金融服务辐射能力强的两岸资金融通的枢纽、货币金融业务的汇集地和转口地,建成两岸区域性金融服务中心。

在战略步骤方面,建议分三阶段稳步推进。第一阶段是1~2年的准备阶段。本阶段工作重点是制定战略规划,成立相关组织机构,建立各项工作机制和制度,明确城市金融街区发展规划论证,启动金融基础设施建设,制定和争取各项对台先行先试的政策措施;第二阶段是3~5年的推进阶段。该阶段重点是完善金融街区的基础设施,落实第一阶段争取到的各项先行先试政策并加以补充完善,完成本地法人金融资源整合,吸引台湾及港澳等地区金融机构、内地其他地区金融机构落户海峡西岸经济区,形成金融机构初步集聚的态势。第三阶段是3~5年的加快发展阶段,充分发挥海峡西岸经济区区域优势,拓展两岸区域性金融中心的辐射力和影响力,通过金融加强海峡西岸经济区和长三角、珠三角、台湾以及港澳等地区的一体化程度,促进海峡西岸经济、金融的快速发展。

(二) 加强组织协调

建议在省、市、区三级成立区域性金融服务中心建设领导小组,负责金融中心建设工作的统一协调,研究制定有关建设规划,协调决策金融中心建设中遇到的各种问题,形成统一领导、分工明确、各负其责、协调运作的工作机制。省级主要负责全省金融中心建设工作的协调统筹,向上级争取政策,组织制定和审查先行先试各项政策及其实施情况;市、区级主要负责制定和完善金融中心具体建设规划,落实上级制定的各项优惠政策,出台和实施本级在税收、土地、人才方面的优惠措施,及时向上级反映金融街区建设中存在问题。

（三）积极推动闽台金融合作交流

建设两岸区域性金融服务中心，首要特征和主要优势是“服务于两岸”，应从以下几方面大力推动闽台金融合作交流：推动对台离岸金融业务；试点并逐步完善两岸货币清算机制；进一步扩大两岸货币现钞双向兑换范围；扩大两岸跨境贸易以人民币计价结算的试点范围；推动闽台两地银行卡通刷通用和结算；积极推动闽台两岸银行、证券、保险等金融业机构双向互设。但同时也应注意，对台是优势、是特色，但不是金融中心建设的全部。如果把金融中心建设局限于对台金融中心建设，则可能会严重束缚金融中心的建设和发展，特别在当前两岸金融监管部门没有签署监管合作备忘录、两岸金融直接往来渠道并没有形成的情况下，应以金融发展带动对台金融的发展。

（四）壮大金融机构体系

金融中心建设关键是要吸引金融机构形成金融产业集聚，应推动金融开放，争取更多的境内外银行、证券、保险机构来福建省设立分支机构、区域性总部和其他功能性业务中心或参股省内金融机构。在引进省外金融机构进驻的同时要发展地方金融机构。例如，支持兴业银行尝试开展综合经营，支持厦门国际银行改制为全国性中资股份制商业银行；鼓励福州商业银行、厦门商业银行、泉州商业银行通过增资扩股、引进战略投资者、上市融资等方式，增强市场竞争力；支持兴业证券、广发华福证券上市；研究成立新的地方法人机构，如海峡开发银行、海峡中小企业银行等；鼓励金融机构和企业设立或参股金融租赁公司、汽车金融公司、信托公司、基金管理公司、保险公司及证券公司等非银行金融机构；推动资产规模较大且已按商业化原则开展经营的农村信用社，以法人为单位改革产权制度，按照股份制原则组建农村商业银行。

（五）建设场外交易市场，加强产权交易市场，促进多层次资本市场发展

福建省全省和福州、厦门两市的经济金融化指标相对较高，从一个侧面反映了福建省当前的资金总量比较充裕。为此，应促进储蓄向投资的转化，加快海峡西岸多层次资本市场建设。可在原闽发证券公司代办股份转让系统进行股份报价转让试点的基础上，促进场外交易市场建设，可先争取将福州市和厦门市高科技园区非上市企业股份的转让试点进入该系统。未来还应与北京市、天津市等其他场外市场系统连接以拓展海峡西岸市场的辐射力。应大力支持福建省产权交易中心发展，支持其加强系统的外联外接，吸引更多的台港澳侨资金，参与福建省的资本市场交易。此外，争取更多的企业上市融资，积极推动中小企业在创业板和中小企业板或到境外上市融资。

（六）确定产业发展战略，吸引台港澳侨资金设立投资基金

投资基金可以将分散的小额资金汇集起来投资，有利于开辟新的融资渠道，促进储蓄向投资转化，缓解产业发展的资金瓶颈；有利于提高资金的使用效率，减

少资金外流。建议有关部门抓紧组建基金的各项准备工作，待有关投资基金管理办法颁布后，即向国家发展和改革委员会提出申请。根据国家产业政策、海峡西岸经济区产业发展战略和区域发展战略的需要，引导台、港、澳资金和内地其他资金设立产业投资基金，支持福建省新兴产业、特色产业和优势产业加快发展。例如，可考虑利用福建省的海洋和森林资源优势，在未来通过设立产业投资基金推动发展海洋产业、生物制药等新兴产业或其他优势产业，也可将资金投资于台湾地区优势产业的发展。

（七）建立海峡农产品交易市场，编制农产品价格指数，建设农产品交易所

闽台两地的农业合作是两岸农业合作的典范，海峡西岸是台湾地区农产品进入大陆市场的首要通道，福建省具备了发展两岸农产品交易市场、编制海峡农产品指数、进而发展农产品远期和期货交易、建设农产品交易所的基础。福建省沿海高速铁路及内陆高速公路建成后，便于形成交通运输、加工、储备、销售为一体的闽台农产品集散中心。建设海峡农产品交易市场有利于两岸农产品生产者与销售商规避风险，稳定两岸农民收入，强化福建省在两岸农业发展合作中的地位，充分掌握市场定价权。未来建成期货交易市场则有利于完善期货品种，充分发挥期货市场的价格发现与信息集散功能。

（八）完善金融中心建设配套措施，优化金融环境

金融环境可以概括为硬环境和软环境两个方面。硬环境，就是基础设施方面，当前要着力在福州和厦门两个城市，选择规划地段，集中建设金融商务区，鼓励和引导各类金融机构向金融商务区集中。同时，要提升支付结算系统服务安全与效率，推动跨岸合作机制的建立，加快征信体系建设，进一步优化金融信息系统。在软环境方面，加大财政扶持力度，设立金融中心建设基金或金融业发展基金，用于对金融机构、金融人才、金融创新的奖励和金融产业发展的扶持。对落户海峡西岸经济区的台资金融机构给予土地审批、资金补助、税收减免等优惠政策，对金融机构高级管理人员购租房补贴、户口迁入、子女入学等提供便利措施。大力实施海峡西岸金融人才发展战略，积极培养、引进各类金融专业人才、监管人才和复合型人才，扩大金融人才特别是金融高级管理人才培养规模。要积极优化金融法治环境，维护金融稳定，促进良好社会信用环境的形成；改善政府服务，简化行政审批手续和程序，为金融机构办理登记等事项提供便捷服务。

参考文献：

[1]吴国培、郑航滨：《海峡两岸货币流通与监管合作机制研究》，福建省人民出版社 2009 年版。

[2]李扬、余维彬：《多元化：亚洲金融危机后国际金融中心发展的新格局》，国研网，2007 年 12 月。

[3]吴晓求:《历史视角:金融中心漂移中国如何成为全球金融中心》,2007 年 3 月国研网。

[4]杨钧儒、蒋亮:《西部金融组织效率及金融中心建设》,2007 年 12 月国研网。

[5]樊纪宪:《建立郑州金融中心的基本框架》,《金融理论与实践》,2008 年第 2 期。

[6]张志元 、牟卫康:《基于增长极理论的山东区域金融中心建设研究》,《金融发展研究》,2008 年第 2 期。

海峡两岸货币互换机制设计与相关政策探讨

中国人民银行福州中心支行课题组

课题组组长:吴国培

课题组成员:吴国培　郑航滨　张　立

一、有关货币互换的理论简述

(一) 金融市场上的商业性货币互换

一般商业性货币互换(Currency Swap)是金融互换交易的主要品种之一,是双方同意交换不同货币本金与利息支付的协议。其要素包括:双方以约定的协议汇价进行本金交换;定期以约定的利率和本金为基础进行利息支付交换;协议到期时,以预定的协议汇价将原本金换回。货币互换可以视为一笔即期外汇买卖和一笔反向远期外汇买卖的组合交易。由于远期汇率在互换交易中锁定,因此交易双方不再承担货币汇率变动的风险。货币互换使得交易主体有机会利用其在不同货币市场的比较优势,实现降低融资成本、锁定汇率风险以及更好匹配资产负债结构的商业目标。

(二) 中央银行间的货币互换

1. 基本概念。当货币互换协议由两国(或地区)中央银行(或货币当局)签订时,表示两国(或地区) 为实现一定的政策目标,承诺向对方提供一定的本币或自由兑换货币的互换额度,为本国(或地区)商业银行在对方分支机构提供互换货币的融资便利,进而为两国(或地区)间的实际经济交易(贸易和投资等)提供流动性支持。本文以下所讨论货币互换,如未特别说明,即是指中央银行或货币当局之间货币互换。

2. 货币选择。从全球中央银行间货币互换的实践经验看,互换货币主要有可自由兑换货币之间的货币互换(例如,金融海啸期间欧美主要中央银行之间的是美元与日元、欧元、英镑、瑞郎等货币之间的互换)、可自由兑换货币与不可兑换货币之间[例如,中国人民银行为落实《清迈协议》(Chiang Mai Initiative, CMI)与东盟、韩国和日本进行的美元与部分东盟国家货币、日元与人民币之间的互换],不可自由兑换货币之间(例如,金融海啸以来中国人民银行与部分东盟国家以及阿根廷、白俄罗斯中央银行之间的互换)。

3. 运作机制。双边中央银行或货币当局签署协议,通过货币互换将得到的对方货币或第三方可自由兑换货币注入本国银行体系，使得本国商业机构可以从银行兑换或借到对方货币或第三方可自由兑换货币，用于支付从对方进口的商品或劳务或其他支付活动（见图1）。

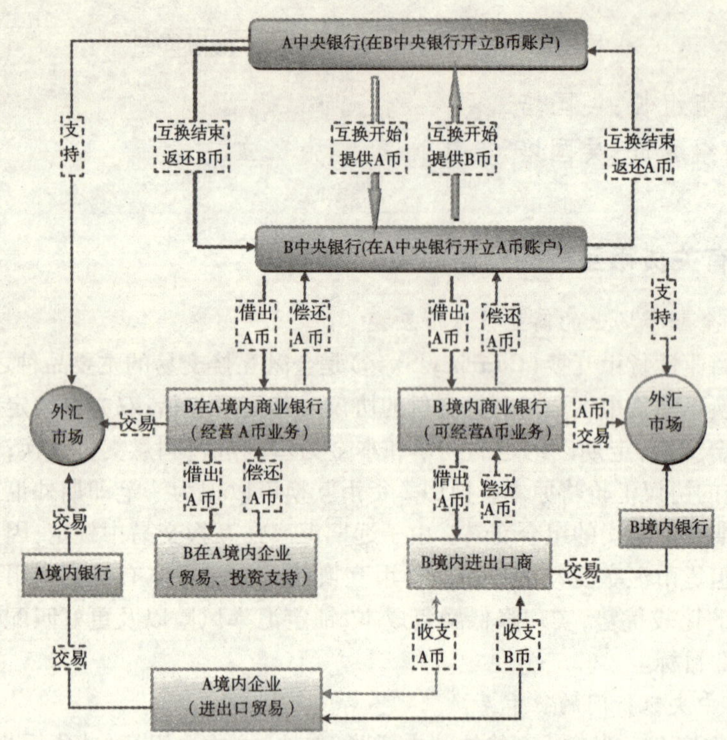

图1　双边本币互换安排资金流动示意图

4. 政策功能。商业性货币互换和中央银行间的货币互换虽然在形式上有相似之处，但在互换的目的和功能方面却有着本质区别。简单地讲，中央银行运用货币互换的目的是为了应对短期流动性问题，特别是在金融危机或金融市场动荡时期，中央银行通过货币互换来增强市场信心，稳定双边或多边的贸易、投资和金融市场。货币互换的政策调控功能主要体现在以下几个方面：一是丰富金融市场流动性注入渠道，提升各国（地区）中央银行联合行动的能力，增强市场危机应对信心和能力。二是调节货币供求关系，更好地平衡内外部币值稳定的政策调控目标。三是对于不可自由兑换货币国家和地区而言，货币互换可以减少对他国（地区）货币依赖，在经济不稳定时期促进双边贸易发展。四是对于不可自由兑换货币来讲，货币互换是本国（地区）货币区域化和国际化重要推动力。

（三）全球主要中央银行货币互换实践

表 1　　　　金融危机以来主要国家中央银行货币互换情况表

协议时间	互换双方		规模及变动情况	期限及变动情况
2007 年 12 月	美联储①	欧洲中央银行	200 亿美元	6 个月
	美联储	瑞士国家银行	40 亿美元	6 个月
2008 年 3 月	美联储	欧洲中央银行	增至 300 亿美元	
	美联储	瑞士中央银行	增至 60 亿美元	
2008 年 5 月	美联储	欧洲中央银行	增至 500 亿美元	延长 7 个月
	美联储	瑞士中央银行	增至 120 亿美元	延长 7 个月
2008 年 9 月	美联储	欧洲中央银行	增至 1 100 亿美元	
	美联储	瑞士中央银行	增至 270 亿美元	
	美联储	日本中央银行	600 亿美元	4 个月
	美联储	英格兰银行	400 亿美元	4 个月
	美联储	加拿大中央银行	100 亿美元	4 个月
	美联储	澳大利亚中央银行	100 亿美元	
	美联储	瑞典中央银行	100 亿美元	
	美联储	丹麦中央银行	50 亿美元	
	美联储	挪威中央银行	50 亿美元	
	美联储	欧洲中央银行	增至 1 200 亿美元	
	美联储	瑞士中央银行	增至 300 亿美元	
	美联储	上述 9 家中央银行	总额增至 6 200 亿美元	延至 2009 年 4 月 30 日
2008 年 10 月	美联储	英格兰银行	互换规模无上限	
	美联储	欧洲中央银行	互换规模无上限	
	美联储	瑞士中央银行	互换规模无上限	
	美联储	日本中央银行	互换规模无上限	
	冰岛中央银行	挪威中央银行	2 亿欧元	
		丹麦中央银行		
	欧中央银行	瑞士中央银行	欧元/瑞郎	每周一进行一次
2008 年 11 月	瑞士中央银行	波兰中央银行	欧元/瑞郎	

① 美国联邦储备委员会简称。

续表

协议时间	互换双方		规模及变动情况	期限及变动情况
2008年12月	欧中央银行	丹麦中央银行	120亿欧元	
	美联储	新西兰储备银行	150亿美元	
	美联储	巴西	300亿美元	4个月
	美联储	墨西哥	300亿美元	4个月
	美联储	韩国	300亿美元	4个月
	美联储	新加坡中央银行	300亿美元	4个月
	日本银行	韩国银行	300亿美元价值本币	4个月
	拉脱维亚中央银行	瑞典中央银行	5亿欧元	
		丹麦中央银行		
2009年1月	瑞士中央银行	匈牙利中央银行	瑞郎与欧元	

资料来源：根据路透通讯社网站、中国人民银行网站、新华网新闻资料整理得到。

1. 国际上中央银行货币互换实践。纵观历史上国际中央银行间的货币互换，都集中在金融市场动荡或货币危机的时期。首个中央银行双边互换协议是由美联储于1962年5月同法国中央银行签订的，旨在应对20世纪60年代美元危机；“9·11”事件后，为防止金融市场动荡加剧和持续，美联储也曾紧急与欧洲中央银行、英格兰银行和加拿大中央银行签订临时性货币互换协议。在亚洲，东南亚金融危机后，东亚国家正在推动《清迈协议》框架下货币互换安排。金融海啸以来，为稳定全球金融市场，美联储与有关经济体货币当局以前所未有的频率和金额签署互换协议，作为向市场提供流动性支持、化解金融危机、提振市场信心的一项重要政策工具，并采取了延长互换期限、提高互换金额上限甚至取消限额的补充措施。据不完全统计，为应对本次金融危机，20多个主要经济体中央银行间达成双边货币互换协议。其中，美联储先后与14个国家中央银行达成货币互换协议，互换金额由最初的7 700亿美元扩大到无上限（参见表1）。

2. 中国人民银行对外货币互换实践。中国人民银行对外签订货币互换协议大体经历了三个阶段。一是参与《清迈协议》框架下的互换协议。2001～2006年，人民银行在CMI框架下与有关国家和地区货币当局签订了9个货币互换协议（参见表2），合计金额等值205亿美元。二是参与《清迈协议》的多边化合作，与东亚国家合作筹建共同外汇储备库（基金），致力于发展亚洲区域性的货币基金组织。2009年5月中国、日本、韩国就筹建中的区域外汇储备库的出资份额达成共识，中国、日本、韩国分别出资384亿美元、384亿美元和192亿美元，各自占储备库总额的32%、32%和16%，总计占80%。三是金融海啸期间，中国人民银行倡导通过本币互换应对危机得到有关国家和地区货币当局的积极响应。2008 年 12 月～2009 年 3 月，人民银行先后与韩国银行（1 800 亿人民币）、香港金融管理局（2000 亿人民币）、马来西亚国民银行（800 亿人民币）、白俄罗斯共和国国家银行（200 亿人民币）、印度尼西亚银行（1 000 亿人民币）、阿根廷中央银行（700 亿人民币）签署了规模总计6 500亿元人民币的双边本币互换协议。这些货币互换虽然是应对危机而生的，但也与《清迈协议》下的货币互换形成了相互补充作用，对推动人民币在境外使用及增强区域和双边危机救助能力具有积极意义。

表 2　　金融海啸前我国与部分国家和地区货币互换情况

互换主体	互换币种	签约日期	互换金额
中国/泰国	美元/泰铢	2001 年 12 月 6 日	等值 20 亿美元
中国/日本	人民币/日元	2002 年 3 月 28 日	等值 30 亿美元
中国/韩国	人民币/韩元	2002 年 6 月 23 日	等值 20 亿美元
		2005 年 5 月 29 日	等值 40 亿美元
中国/马来西亚	美元/林吉特	2002 年 10 月 9 日	等值 15 亿美元
中国/菲律宾	人民币/比索	2003 年 8 月	等值 10 亿美元
中国/印度尼西亚	美元/印尼盾	2003 年 12 月 30 日	等值 10 亿美元
		2005 年 10 月 17 日	等值 20 亿美元
		2006 年 10 月 17 日	等值 40 亿美元
合计			等值 205 亿美元

资料来源：根据中国人民银行网站、新华网新闻资料整理得到。

二、海峡两岸货币互换问题的初步探讨

货币互换的必要性取决于其对互换双方的预期收益，预期收益则来源于货币互换政策意义和政策功能及其实现程度。

（一）有利于增强两岸应对外部危机冲击的能力

两岸同属于新兴经济体、货币均为不可自由兑换货币，且经济开放度和对外依存度较高，易受外部冲击。两岸货币互换通过建立双边资金救助机制，对稳定双边货币、稳定金融市场和减弱危机扩散有着积极意义。

这对于我国台湾这样一个小型开放经济体而言尤为重要。一方面，从区域经济合作来看，目前东亚货币合作、东盟 10 + 3、亚洲外汇储备库等多边区域经济金融合作机制把台湾排除在外，使得台湾无法享受多边合作机制的收益，无法通过多边合作提升应对危机的能力。因此，两岸货币互换在一定程度上可以将台湾间

接纳入区域性的货币合作保障机制中。另一方面，台湾经济对外依存度较高，经济规模和内部市场容量有限，加上两岸之间特殊的关系，经济和金融容易因诸多因素变化而出现波动，从而易引起投机冲击。建立双边货币互换机制，则有助于提升台湾危机应对能力。

（二）有利于促进两岸贸易及投资的发展

货币互换通过双向提供流动性支持，一方面可以通过增加结算货币供应，有效缓解经济动荡时期传统国际结算货币流动性紧张的问题；另一方面，若选择本币互换则可以进一步有效规避传统结算货币的汇率波动风险，减少进出口企业不必要的汇兑损失，从而稳定双边贸易关系。这对于台湾地区更为重要。因为在两岸贸易关系中，台湾对大陆长期大额贸易顺差（参见图2），台湾有大额的美元净收入，外汇储备不断攀升。截至2010年6月末，台湾地区外汇储备已达3 623.78亿美元，规模仅次于大陆、日本、俄罗斯，排在世界第4位。在美元兑主要货币以及人民币走软，兑新台币大幅波动的情况下（参见图3、图4），台湾地区出口商总体上承受汇兑损失和汇率波动风险，台湾外汇储备也因此遭受美元贬值损失。而两岸建立本币互换机制，双边贸易中出口企业则可收到本币货款，可以有效规避汇率风险，降低汇兑费用，货币当局就可以减少美元储备损失和美元储备不断攀升的压力。

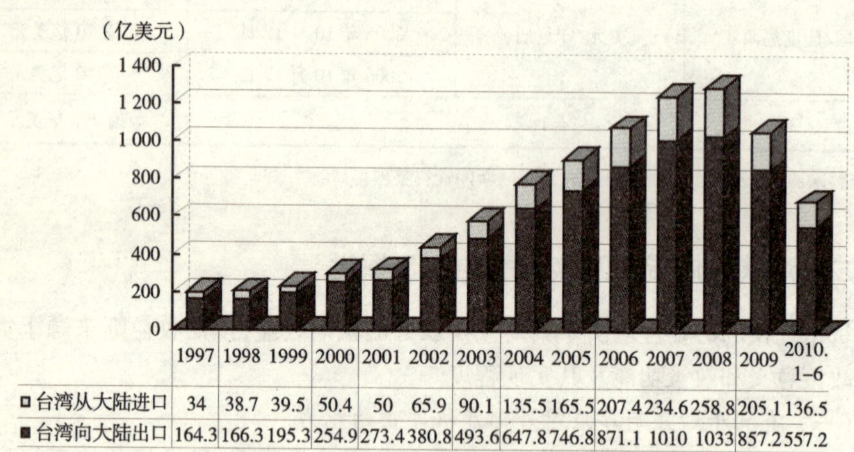

	1997	1998	1999	2000	2001	2002	2003	2004	2005	2006	2007	2008	2009	2010.1–6
□台湾从大陆进口	34	38.7	39.5	50.4	50	65.9	90.1	135.5	165.5	207.4	234.6	258.8	205.1	136.5
■台湾向大陆出口	164.3	166.3	195.3	254.9	273.4	380.8	493.6	647.8	746.8	871.1	1010	1033	857.2	557.2

图2　1997年以来两岸贸易概况

资料来源：根据商务部资料整理得到。

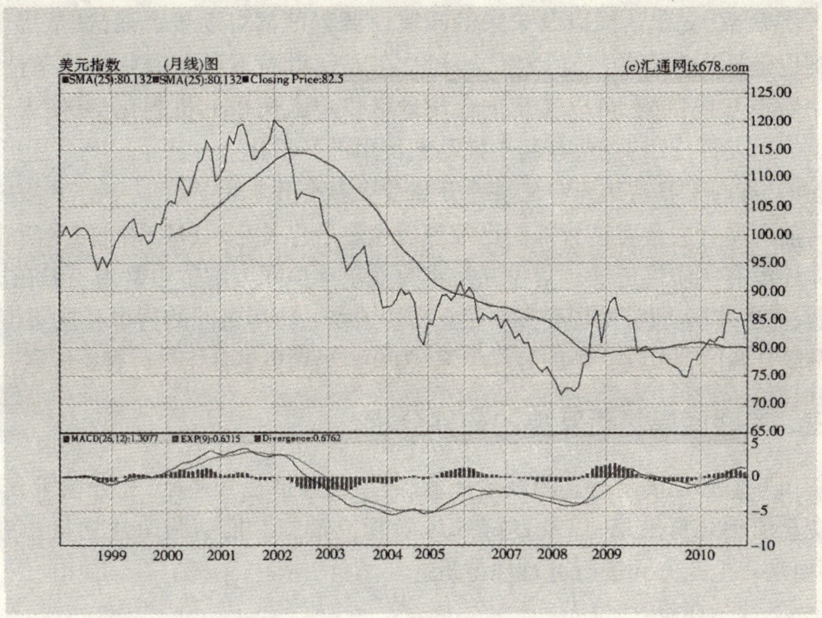

图3　1998 年以来美元指数走势

资料来源：http://www.fx678.com。

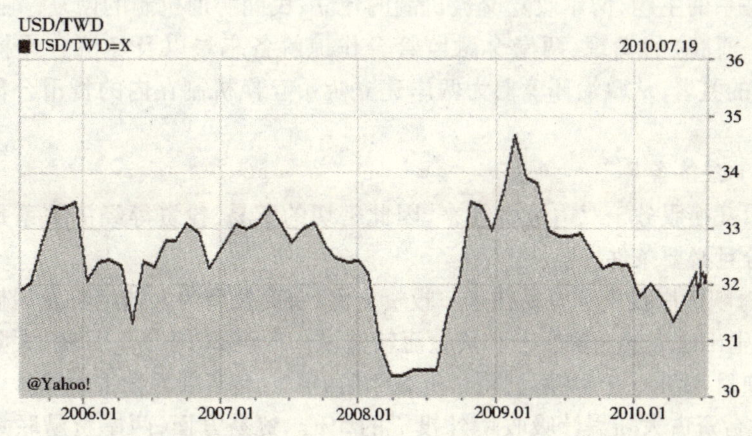

图4　2005 年以来美元兑新台币汇率走势

资料来源：http://www.taiwanrate.org。

（三）有利于推动人民币的区域化

很多学者对人民币国际化设计了不同演绎路径，其中的一个共识是人民币国际化必须经过区域化过程。我们认为，在区域化中有一个"大陆 + 港澳台"的次区域化的可选方案，因为不论从当前状态还是从未来发展趋势来看，大陆同台湾之间的经济联系、文化认同以及未来的政策协调程度都将逐步增强，这是货币合作的基础也是最为有力的推动因素。因此，在人民币尚不可自由兑换的条件下，建立两岸货币互换机制，可以实现向台湾地区供应人民币的机制化，可使人民币在台湾更好地发挥货币功能，有利于推动人民币的区域化。

（四）有利于推动建立和完善两岸监管金融合作机制

目前两岸有关金融监管部门已经签署金融合作备忘录（MOU），但是货币方面的合作还没有实质性进展。货币互换本身要求互换双方的货币管理当局在货币清算机制、信息共享、政策协调等方面建立密切关系。两岸之间的货币互换安排，能够促进两岸金融监管层建立新的合作渠道，为货币当局更多合作进行有益探索。

三、海峡两岸货币互换的条件分析

货币互换必须满足适宜的政治环境、必要的经济往来基础、充分政策支持、顺畅的资金流动结算渠道，以及良好的风险管控措施。推动两岸建立货币互换安排，还要从以上几方面进行可行性分析。

（一）政治环境

包括货币互换在内的货币合作，需要以政治环境特别是良好的双边关系为前提。互换协议的签署，也需要双方以适当的身份和方式进行。当前，和平发展成为两岸关系的主题，两岸政党交流机制的建立、民间协商机制的恢复，“三通”（通邮、通航、通商）的实现、两岸金融监管合作谅解备忘录以及经济合作框架协议（ECFA）的签署，从政治环境上为两岸建立货币互换机制在内的货币合作提供了契机。

（二）经济条件

货币互换服务于双边经济往来，因此密切的贸易、投资等经济关系是货币互换的充分且必要条件。

1. 海峡两岸投资和贸易往来。投资方面，台商投资为大陆经济发展做出重大贡献，派生出巨大的金融服务和资金流转需求。截至 2010 年 6 月底，大陆累计批准台资项目 81 456 个，实际利用台资 507 亿美元。台资项目数占大陆外资项目数的 10%，台资占大陆累计吸收境外投资的 5%。贸易方面，两岸贸易联系日趋紧密，对跨市场金融服务的需求大大增加。在把欧盟和东盟作为一个整体统计的情况下，台湾地区是大陆的第七大贸易伙伴、第九大出口市场、第五大进口来源地和最大的贸易逆差来源地。而大陆则为台湾地区第一大贸易伙伴、第一大出口市场、第二大进口市场和最大的贸易顺差来源地。把两岸贸易额与已同大陆签署互换协议的国家和地区进行比较（见表 3），可以看出在表 3 的 7 个经济体中，台湾自大陆的进口额排在第四位，对大陆出口额排在第二位，贸易总额排在第三位，但同时台湾对大陆的顺差额则排在第一位。

表 3　两岸贸易与已同大陆签署双边货币互换协议经济体双边贸易情况比较

互换对象	互换金额（亿元）	参照:互换之前一年(2007 年)各地与中国大陆贸易						
		从中国大陆进口（亿元）	占比（%）	对中国大陆出口（亿元）	占比（%）	总额（亿元）	占比（%）	对中国大陆差额（亿元）
中国香港	2 000	1 844.32	15.14	128.16	1.34	1 972.48	9.07	-1 716.16
韩国	1 800	561.41	4.61	1 037.57	10.86	1 598.98	7.36	476.16
印度尼西亚	1 000	126.11	1.04	123.98	1.30	250.09	1.15	-2.13
马来西亚	800	176.91	1.45	287.08	3.00	463.99	2.13	110.17
阿根廷	700	356.7	2.93	63.35	0.66	420.05	1.93	-293.35
白俄罗斯	200	2.27	0.02	6.13	0.06	8.4	0.04	3.86
合计	6 500	3 067.72	25.19	1 646.27	17.22	4 713.99	21.69	-1 421.45
中国台湾	—	234.58	1.93	1 010.22	10.57	1 244.8	5.73	775.64

资料来源:根据商务部统计资料整理得到。

理论上讲,在美元波动走软、人民币长期走强趋势下,对大陆的顺差经济体因为持有大量净收入从而更愿意、也更容易接受人民币作为支付和结算货币,双边本币互换协议在对大陆地区顺差的经济体之间更容易达成。

2. 两岸货币双向流动的客观现实。(1)新台币在大陆流通概况。在海峡两岸人民交往初期,新台币就在福建省沿海一些地方局部使用与流通,台胞经常以新台币作为在大陆小额贸易和消费的支付手段,尤其是台湾地区在2001 年1 月1 日开始实施“试办金门马祖与大陆地区通航实施办法”后,福建省沿海地区流通的新台币金额日渐增多,台湾本岛、金门、马祖及福建省沿海居民早已通用人民币与新台币。随着两岸各方面交流不断发展、大陆新台币现钞兑换业务政策不断放宽,新台币在福建省内正规金融机构兑换业务稳步增长。据中国银行福建省分行统计数据(见表4),2004 年以来新台币的兑出量除2006 年同比下降以外,其余年份均呈现大幅增长,且增幅均超过100%。特别是2009 年,对台小额贸易在危机中保持增长、闽台旅游持续升温等因素推动福建省新台币兑出量出现435.92%的增幅。新台币兑入量2004 年~2009 年则基本在1.3~1.7 亿元新台币之间波动。另据台湾学者研究,在大陆流通的新台币金额约100 亿元,其中福建省的流通量仅占1/3。(2)人民币在台湾流通概况。长期以来,人民币通过两岸人员往来携带、闽台小额贸易支付、旅游支付、地下钱庄、台商返程携带等渠道流入台湾岛内。近年来,随着大陆经济持续高速增长、人民币持续走强,以及两岸各方面往来持续升温、台湾当局开放岛内人民币收兑业务,人民币在台滞留规模日益增大。目前尚无官方公布的具体数字,但根据媒体、机构和两岸学者的估算,人民币在台存量约在700~1 000 亿元。这一规模与香港人民币存量规模基本一致，每年经过地下钱庄进出台湾地区的人民币流量在1 000亿元左右。

表4　　中国银行福建省分行机构新台币兑换业务概况表

年份	新台币兑出量（万新台币）	增长（%）	新台币兑入量（万新台币）	增长（%）	内部挂牌汇率（100新台币兑）
2004	54.64	—	13 222.73	—	24.98
2005	124.57	127.98	17 515.59	32.47	23.50
2006	98.31	-21.08	16 292.68	-6.98	23.50
2007	510.27	419.04	16 735.83	2.72	—
2008	1 959.23	283.96	12 157.34	-27.36	22.60
2009	10 500.00	435.92	16 600.00	36.54	—

（三）政策条件

两岸相关监管政策出现了积极转变，为货币互换业务的开展提供了支持。

1. 大陆新台币现钞兑换试点政策不断放宽。大陆地区新台币现钞兑换政策演变大致可以分为以下三个阶段：（1）1991～2003年，新台币现钞单向收兑阶段。1991年1月国家外汇管理局发布《关于收兑台币、菲律宾比索、泰国铢的通知》批准中国银行、中国工商银行、中国农业银行、中国建设银行、交通银行、中信银行办理外币收兑业务的银行机构，均可收兑居民持有的新台币。二是2003～2009年，福建省试点双向兑换阶段。2003年国家外汇管理局批复对福建省分局文件，同意福州市、厦门市、泉州市、漳州市、莆田市的中国银行试点开办新台币现钞兑出业务。三是2009年以来，新台币兑换业务扩大机构和地域范围阶段。2009年9月，国家外汇管理局发文，同意福建省新台币现钞兑出业务试点范围由原5个地区的中国银行机构扩大至全省中国银行机构。2010年3月，国家外汇管理局发文，同意交通银行和兴业银行在福建省已取得结售汇业务经营资格的分支机构试点办理新台币现钞与人民币双向兑换业务；并根据上海世博会金融服务的需要，同意交通银行在上海市已取得结售汇业务经营资格的分支机构试点办理新台币现钞与人民币双向兑换业务。

2. 台湾当局对人民币现钞兑换业务逐步放开。2004年3月1日，台湾允许台湾居民携带人民币现钞入岛，以每人次6 000元人民币为限；2005年10月放宽到20 000元为限。2005年10月1日，为配合金马对福建省开放旅游，台湾当局在金马地区试点人民币兑换业务。2008年6月30日经台湾主管机构批准，台湾14家金融机构[①]共1 240家分行，开始办理人民币现钞买卖业务，另67家商场、酒店人民币收兑点可以办理人民币现钞的买入业务。台湾居民可凭身份证、大陆游客可凭入台证件每人每次兑换上限为2万元人民币的现钞。该措施，使得人民币在台湾使用和买卖获得合理的地位和渠道，为两岸货币往来与合作的机制化、常态化奠定了重要基础。

3. 经香港的人民币现钞供应回流机制已经建立。2010年7月13日中国人民银行与中国银行（香港）有限公司签署《关于向台湾提供人民币现钞业务的清算协议》，授权中银香港为台湾人民币现钞业务清算行。中银香港将进一步与台湾方面许可的台湾商业银行的香港分行签订人民币现钞业务协议，由这些分行作为交易主体，通过其总行向台湾当地的金融机构提供人民币现钞供应与回流服务。授权可以确保中银香港为台湾人民币现钞业务提供公平、及时、准确、专业的人民币清算服务，改变了此前仅有汇丰和美洲银行非机制化地向台湾提供人民币的历史，从根本上解决台湾地区人民币现钞供给不稳定、残旧钞多、兑换成本高等问题。更为重要的是，这一安排将进一步为完善两岸货币清算机制和加强两岸货币合作创造条件。

4. 大陆人民币跨境贸易结算业务不断拓展。跨境贸易人民币结算是本币互换的重要基础和推动力，特别是协议货币仅用于经常项目的情况下。2009年4月以来该项业务不断拓展，为人民银行在更广泛的范围内开展本币互换提供了有利支持。2009年4月国务院决定在上海市、广州市、深圳市、珠海市、东莞市等城市开展跨境贸易人民币结算试点。2010年6月试点扩大，一是在贸易目标市场范围上，跨境贸易人民币结算的境外地域扩大到所有国家和地区；二是跨境贸易人民币结算试点境内省区增加到20个；三是在结算业务范围上明显扩大，由过去主要是贸易结算扩大到服务贸易和其他经常项目人民币结算业务。使用人民币结算可以简化跨境贸易手续，规避汇率风险，以人民币锁定交易成本，能有效提高外贸企业的抗风险能力和盈利能力。这与货币互换的目标和功能是一致的。人民币结算需要向境外提供大量的、与双边经济交往规模相适应的人民币资金。货币互换则是稳定的、机制化的境外人民币结算资金的供应渠道和方式。货币互换和跨境贸易人民币结算相结合，为开展该项业务的银行开辟了更多在国际范围内为企业服务的渠道，银行可以以此为契机完善全球人民币清算网络，推动人民币走向国际。

① 这些机构分别为台湾银行、合作金库商业银行、台湾土地银行、中国信托商业银行、元大商业银行、国泰世华商业银行、兆丰国际商业银行、台湾中小企业银行、彰化商业银行、上海商业储蓄银行、第一商业银行、台北富邦商业银行、华南商业银行、金门县信用合作社。

（四）风险、问题与障碍

一是货币互换本身的技术性风险。这主要包括两个方面：一是违约风险；二是汇率风险。违约风险，即在互换到期时，对方无法如约返还原币。其中原因可能是因为对方受危机影响，仍存在流动性困难，难以偿还；另一种情形是对方故意爽约，例如，双边关系严重恶化。双边汇率风险，即是在互换启动后，对方所提供的货币出现贬值，特别是对人民币大幅贬值，则人民银行会因收入了贬值资产而遭受损失，若该资金发放到金融体系或实体经济中，相应的金融机构和企业也会遭受损失。

二是政策性风险。主要是互换对境内货币供给进而对通货膨胀可能产生的影响。中央银行间开展货币互换，将导致自身资产负债表规模扩大，由此会增加货币供给扩张进而引发通货膨胀风险。但同时也应认识到，一般在应对危机的政策周期内，经济可能需要货币扩张，所以通货膨胀压力实际上可能微乎其微，而且一般互换都有可控制和可预期的期限约定，到期后可能是危机已经过去，相应的政策周期也已经结束。

三是两岸监管条件尚不充分。两岸银行、证券、期货监管合作备忘录已经签署，但是货币合作渠道还没有建立起来。一方面，目前两岸没有建立直接的货币清算机制，货币互换也没有直接、便捷的资金供应回流机制作保障。另一方面，在双方货币地位问题上，还存在认定方面的障碍。例如，虽然大陆对新台币现钞兑换进行了多年的试点政策，但历次文件中均明确规定该项业务"不实行公开挂牌和对外宣传"，直到近两年才同意"为便利客户办理业务，银行可以在柜台摆放'新台币兑换'小型简易告示牌，起到提示作用"。这在很大程度上决定了两岸货币互换协议能否成立以及何时成立。

四是外汇市场和离岸市场功能有待加强。外汇市场和离岸市场在中央银行间的货币互换中起到保证资金顺畅流转、循环的重要作用。本币在对方境内发挥货币职能作用，需要有效的外汇市场来平衡供求，因此，开放彼此货币进入外汇市场参与交易，开放金融机构及企业等交易主体进入外汇市场参与交易，是必须的政策突破。同时，本币进入境外市场流通，必然涉及离岸金融业务，这需要给予金融机构充分的业务准入政策开展相应的离岸金融业务。当业务规模不断扩大时，考虑到人民币的区域化和国际化，还应加强境外离岸人民币市场的建设和完善。

四、海峡两岸货币互换的技术安排与模式探讨

（一）关于币种选择

从国际经验看，中央银行间货币互换的币种有双边本币之间的、美元等国际储备货币之间的、美元等国际储备货币与一方本币之间的不同选择。每种选择都有着一定政策职能侧重点，其中，双边本币有助于扩大本币影响，在外部危机冲击

时期有助于降低美元等国际储备货币的汇率风险。用美元等国际储备货币进行互换，特别有助于发展中国家和新兴市场在受到外部冲击、发生大规模资本外逃、内部金融市场和本币汇率剧烈波动时，稳定本币汇率和金融市场。美元等国际储备货币与一方本币之间的互换，实际上是可自由兑换货币出让方向对方提供外汇支持，发放一笔国际储备货币质押贷款，向对方提供国际储备货币流动性支持，稳定对方金融市场。

具体到海峡两岸货币互换的货币选择，建议以双边本币互换为主。主要基于以下原因：一是双边都不缺少美元外汇储备，而且都是全球主要高储蓄和高外汇储备经济体，两岸甚至包括很多东亚经济体面临的问题不是美元等国际储备货币资源短缺的问题，而是如何实现结构优化的问题。二是从推动区域货币合作和人民币区域化的角度考虑，需要加强人民币的地位和作用，应该把人民币作为互换货币考虑。三是从美元的稳定和未来发展趋势上看，美元处于下降趋势中，2002年以来已经贬值了50%；而且金融海啸后，美联储货币发行量激增，美国财政赤字高企，美元价值面临很大的不确定性。

（二）关于期限安排

从欧美经验看，中央银行间的货币互换主要着眼于非常时期紧急流动性支持，期限多为短期，但实际操作中则出现连续延期和无期限安排的情况。金融海啸以来，我国和其他国家和地区签署的互换协议，期限均为3年。理论上讲，货币互换期限的设定是与双方对未来经济以及金融市场趋势的预期相一致的，预期一定时期以后，市场形势会发生转变，则互换期限设定届时进行反向交易结束互换。鉴于我们讨论的海峡两岸货币互换更多地是基于长远的区域货币合作和货币区域化考虑，所以期限应以长期为主。

（三）关于适用的国际收支帐户范围

根据目前大陆地区已签署本币互换协议，互换资金主要用于跨境贸易支付，没有规定资本与金融账户下也可以支付使用。这主要是因为人民币目前在法律上只承诺了经常账户下可自由兑换，资本与金融账户没有公开承诺可自由兑换。但我们认为，未来中国大陆地区与台湾地区的货币互换资金，可考虑用于资本项下的支付和结算，可先以直接投资、QFII年度额度进行试点。主要有以下几方面原因：一是从人民币区域化和两岸及港澳地区货币合作发展趋势来看，人民币实现资本账户下的可自由兑换和流通，有助于提升人民币的区域地位和国际影响力，先在两岸及港澳地区实现货币区域一体化合作，可以作为人民币进一步走向国际的准备和试验阶段，为更大范围内的区域化积累经验。二是从外汇管理体制改革方向和步骤上看，资本账户开放是已经确定的外汇管理体制改革的远景目标之一，在完全对全球开放有顾虑和困难的情况下，在港澳台地区先行开放资本与金融账户可以为人民币成为完全可自由兑换货币积累经验。三是从直接投资和跨境资金流动情况看，具备了在港澳台地区先试资本账户开放的条件。长期以来，香港、澳门和台湾地区是大陆最大直接投资来源地。截至2010年6月底，大陆累计实际利用港、澳、台资分别为4 239.0亿美元、93.8亿美元和507.0亿美元，分别占大陆累计使用外资金额的42.5%、1%和5.1%，合计占比48.6%。

（四）关于基本模式

鉴于海峡两岸目前货币当局合作平台尚未建立，两岸也没有直接的货币清算安排，两岸货币互换暂时难以像其他有正常货币合作关系双方货币当局之间货币互换那样直接进行。货币互换采取间接方式，是未来一定时期内的理想选择。我们考虑了以下几种间接互换模式：

一是通过第三地（香港特区）货币当局的模式。即大陆地区中国人民银行和台湾地区货币当局分别与第三地（香港特区）货币当局签署货币互换协议，同时在第三地建立包括两岸货币在内的外汇交易市场，该协议货币可以是三方的货币，也可以是第四方的可自由兑换货币。这样就可以形成名义上由两个单边互换协议构成的三方货币互换网络，实际上发挥着三边互换协议的作用。这样可以在海峡两岸之间建立实际意义上的货币互换关系，便于发挥货币互换的一般政策作用，同时又能够避开当前两岸货币当局没有直接合作渠道和平台的障碍；还能够为进一步推动诸如储备基金等方式的货币和金融合作提供基础（技术思路示意参见图5）。

二是通过第三地（香港特区）商业机构的模式。在香港特区选择一家商业银行作为大陆地区中国人民银行和台湾地区货币当局货币互换的媒介机构，由两家货币当局分别与该商业银行签订货币互换协议，技术思路类似第一种模式（示意参见图6）。

三是通过本地商业银行之间进行间接互换的模式。采取委托方式，由大陆地区中国人民银行和台湾地区货币当局分别委托各自辖内一家商业银行，与对方受托商业银行进行货币互换，由受托商业银行通过货币互换交易代为发挥货币当局之间货币互换职能（技术思路示意参见图7）。

四是双方货币当局直接互换模式。考虑到金融监管合作谅解备忘录已经签署，两岸和平发展关系也在不断向前迈进，两岸货币当局之间也不排除在不久的将来能够建立起直接合作平台，两岸货币当局直接互换模式也是可行的模式选择。参考金融监管合作谅解备忘录签署的模式，由两岸货币当局直接签署货币互换协议，同时尽快建立双边货币清算机制（技术思路示意参见图8）。

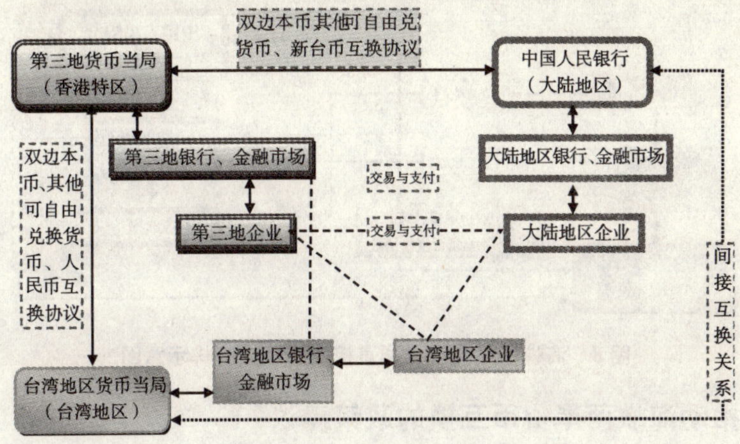

图5　海峡两岸通过第三地货币当局进行货币互换安排示意图

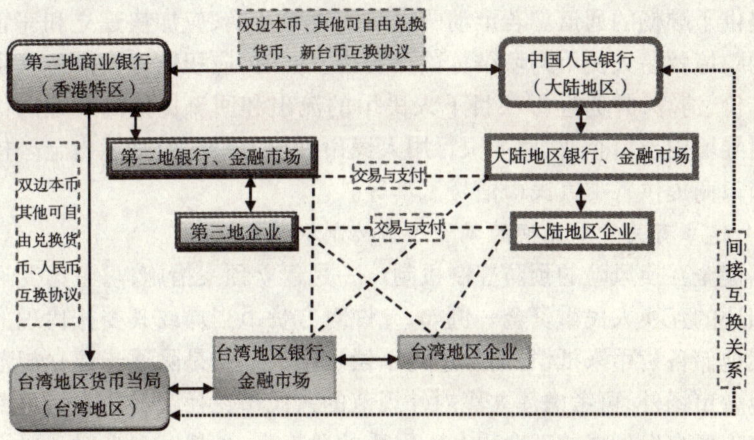

图6　海峡两岸通过第三地商业银行进行货币互换安排示意图

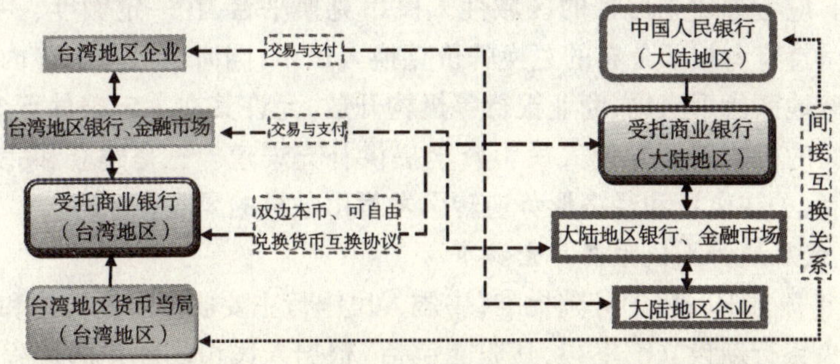

图7　海峡两岸货币当局委托商业银行进行货币互换安排示意图

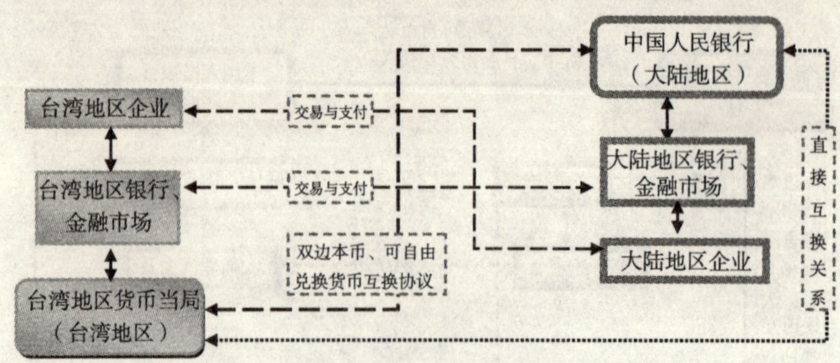

图8　海峡两岸货币当局直接货币互换安排示意图

五、推动海峡两岸货币互换的政策建议

（一）建立和完善海峡两岸人民币跨境结算安排

跨境贸易人民币结算是落实人民币互换的关键配套措施，为双边货币注入实体经济提供了顺畅的通道。若推动两岸间的货币互换，应加快建立和完善海峡两岸之间的跨境贸易人民币跨境结算试点安排。同时，应积极地推进经常项目下用人民币计价、清算，并为经常项目下人民币的流出和回流提供制度上的保障。积极组织引导境内出口企业、商业银行用人民币计价、结算，鼓励境内金融机构向境内外进出口商提供各类人民币信贷工具等。

（二）建立有关货币互换的风险预防控制机制

建立健全互换风险的预防控制机制。一是建立预案措施，可考虑变通处理无法及时归还的互换人民币资金。例如，允许对方货币当局或其委托代理的商业银行使用其他储备货币来抵偿，消除违约未偿还损失。二是除逐步建立规范的人民币离岸金融市场外，可考虑建立境内外规范的人民币兑换交易中心。目前海峡两岸存在着市场自发形成的新台币和人民币的兑换点，虽然客观上对人民币境外流通发挥着一定作用，但由于其游离于监管体系之外，对人民币稳定流通造成一定负面影响。应考虑建立可控的区域性人民币兑换平台，在一定额度、一定范围下允许人民币持有者按照公布的兑换牌价兑换人民币；同时也可考虑境内外汇交易市场向台湾地区货币当局、商业银行等机构开放，允许其在一定条件下参与交易，为台湾地区的机构偿还互换人民币资金提供补充渠道。三是建立和完善市场监控预警机制，关注市场和经济形势逆转引发货币危机的风险。

（三）发展境外人民币离岸金融市场

2008年7月10日，国务院批准《中国人民银行主要职责内设机构和人员编制规定》，中央银行新设立汇率司，其职能包括“根据人民币国际化的进程发展人民币离岸市场”。建立人民币离岸中心可直接为货币互换和相应的贸易投资支付和结算提供服务，满足境外对人民币的需求；同时，有利于打击黑市，把境外人民币纳入正常健康的流通体系。还拓宽了国内企业的融资渠道，为中国实体经济走出国门提供了更多的支持，从而有利于推动人民币区域化和国际化的进程。具体可以通过我国香港特区和借助发达国家金融中心两个渠道来推动。

一种渠道是充分利用香港国际金融中心的地位推动人民币离岸金融市场发展，不断扩大以人民币计价的金融资产的规模以及交易水平，形成与欧元和美元并驾齐驱的人民币金融市场。另一渠道是选择纽约、东京、法兰克福等国际金融中心设立人民币离岸中心，派驻中国有代表性的大银行和金融机构，专门从事境外的人民币业务，其交易对象为该地区所辖各国（地区）的商业银行、投资银行、其他金融机构，交易工具为中国境内提供的金融资产和人民币现汇、现钞。人民银行应在人民币离岸中心设立代表机构，从事该金融中心所辐射的周边国家和地区的官方人民币兑换业务。

（四）推进两岸货币监管合作

当前海峡两岸金融合作的环境已有很大改善，MOU、ECFA 的签署，表明两岸金融监管合作迈出了实质性步伐，这也必将促进两岸金融市场的开放以及各业之间各种形式的直接交流与合作。同时，也为货币层面的合作提供了可资借鉴的合作沟通平台。两岸货币监管当局应抓住这一契机，建立货币当局沟通协商渠道，商谈包括货币互换在内的货币合作，以此推动两岸货币合作。

加强闽台经贸合作，提升福建省产业竞争力

中国人民银行福州中心支行资本项目管理处课题组

课题主持人：吴国培

课题组成员：范起兴　陈　雄（执笔）　汤　佳

21 世纪无论是国家之间的竞争，还是区域之间的竞争，在相当程度上演化为区域经济合作能力的竞争，尤其是地缘等较接近地区合作密切性的竞争。面对国内外经济合作竞争形势，福建省根据自身优势，提出建设海峡西岸经济区战略构想，避免在珠三角和长三角两大区域经济板块的“夹击”下被边缘化。当前，福建省经济具有不少优势，但与珠三角、长三角等地区相比在经济发展方法、手段、途径等仍存在不少差距。

一、福建省产业竞争力评价

（一）产业竞争力现状

1. 经济综合竞争力处于优势地位，产业竞争力居全国中游区。改革开放以来，福建省经济规模不断扩大，经济总量已从 2000 年的 3 764. 54 亿元增加到 2008 年的 10 823. 11 亿元，8 年期间增长了 1. 88 倍，进入全国前 10 位。[①]根据《中国省域经济综合竞争力发展报告 2007 – 2008》分析显示，福建省域经济综合竞争力 2006 年、2007 年分别居全国第 9. 8 位，在全国各省市中继续处于上游区，具备较明显的竞争优势。但相对于经济综合竞争力，福建省产业竞争力差距明显，从全国产业经济竞争力排序看，2006 年、2007 排位 15. 12 位，处在中游区，与上海、江苏、浙江、广东相差甚远。产业竞争力是推动经济综合竞争力上升的中坚力量。福建省产业竞争力落后于经济综合竞争力，表明经济发展后劲不足。

2. 农业竞争力有所下降。福建省“八山一水一分田”，农业资源禀赋并不具有优势，尤其耕地资源匮乏，农业发展不具有规模优势，农业产业整体竞争力不强。第一产业总产值占地区生产总值的比重从 2000 年的 17% 降至 2008 年的 10. 7% 。从发展速度看，2000 年 ~ 2008 年第一产业年均增长速度为 7. 83% ，远低于地区生产总值年均增长率 14. 19% 。[②]2007 年福建省农业竞争力在全国排序第 21 位，处于中游区，且排序比 2006 年后退了 6 位，没有保持其竞争优势，竞争力有

① ②根据福建省统计年鉴数据资料整理。

所下降。①

3. 工业产业竞争力处于劣势。2000年以来，福建省工业逐步进入新一轮经济增长周期的上升期。2000～2008年工业总产值由1 422.34亿元增至4 755.45亿元，年均增速达16.38%②，成为推动经济综合竞争力上升的中坚力量。但从全国看，福建省工业产业竞争力处于劣势地位，2007年福建省工业竞争力全国排位第20位，在全国处于居中偏下地位。这种情况对福建省产业竞争力产生了严重的消极影响，制约着产业经济竞争优势的形成，进而制约着全省经济综合竞争力的提升。

4. 服务业竞争力有所提升。2000年以来，福建省第三产业平稳增长。2000年第三产业总产值为1 495.52亿元，2008年第三产业总产值增长到4 249.59亿元，年均增长速度为14.05%。2007年福建省服务业竞争力在全国排序第10位，比2006年提升了2位，竞争力有所增强。

（二）产业发展薄弱环节

近年来，福建省经济快速发展。2008年地区生产总值10 823.11亿元，首次跨进万亿元GDP省份。但与上海市、江苏市、浙江市、广东市等长三角、珠三角发达地区相比，福建省经济总量偏小，结构不够合理，产业发展中仍存在着许多薄弱环节。

1. 从产业结构来看，福建省的工业化尚未实现。除东南沿海市县加工工业有一定发展外，多数市县还基本上是以农业为主的地区。2008年，农业劳动力在全省劳动力中所占比重较往年有所下降，但仍占31.15%。第三产业正在起步，2008年其增加值在地区生产总值增加值占比为39.3%。就工业的发展层次而言，还处在劳动密集型加工工业为主的阶段，纺织品、服装、鞋、塑料加工等技术含量较低的劳动密集型产业仍是福建省的主要产业，其中一部分企业是台湾地区产业替代过程中于20世纪90年代初从台湾地区转移到福建省来的。

2. 企业科技含量不高，竞争力不强，主导产业带动作用弱化。改革开放以来，福建省劳动密集型产业在发展过程中，引进了大批香港、澳门、台湾企业和东南亚国家华侨企业。通过多年的技术进步，这类产业已基本上掌握了基本生产技术，产品也已经打入国际市场。但是，福建省在产业升级方面还没有迈出坚实的步子。以轻纺工业为主的劳动密集型产业向电子、机械、化工等重型产业的转化，还没有显著进展。电子工业是近几年福建省发展较快的产业，家电、计算机外围设备、电子零配件的生产有一定的发展，但还没有取代轻纺工业形成福建省真正的产业支柱。机械工业和设备生产还较为落后，福建省工业自身所需要的许多生产

① 数据来源于《中国省域经济综合竞争力发展报告2007－2008》，社会科学文献出版社，2009年3月。

② 根据福建省统计年鉴数据资料整理。

设备大多数还仰赖进口，精密机械、仪表等技术含量高的产业还没有真正形成，汽车、摩托车等对规模效益要求较高的产业还有待提高生产经营规模。化工工业尚处在较低的水平上，石油化工工业有待投资建设。高技术产业正在起步，半导体工业、软件业、生物工程和药业以及其他高技术产业还在萌芽阶段，有待突破。台湾地区在发展高科技产业方面有不少成功经验。20 世纪 80 年代开始，台湾明确科技发展重点，确立发展光电、软件、工业自动化、材料应用、生物科技和能源节约等 8 大重点关键技术，通过加强投入，支持高技术产业发展。

3. 农业产业化程度不够高。农业产业化的基本内涵是：以市场为导向，以效益为中心，依靠龙头带动和科技进步，对农业和农村经济实行区域化布局、专业化生产、一体化经营、社会化服务和企业化管理，形成贸工农一体化、产加销一条龙的农村经济的经营方式和产业组织形式。农业产业化经营推动了农产品生产基地的巩固和发展，如福清的鳗鱼、连城的地瓜干、永春的芦柑等，都具有相当规模，成为农村经济的支柱。尽管福建省农业产业化经营取得了长足进展，但与国内先进省市相比仍有不小差距。主要表现在：一是部分农民对市场化、产业化观念比较淡薄，有些地方对农业产业化经营的扶持力度不够大。二是龙头企业带动能力不够强。在省级各类产业化龙头企业中，年产值 1 亿元以上的不到 1/3，而且企业规模与兄弟省市一些年产值几十亿元、上百亿元的龙头企业相比有较大差距。三是名牌产品少，市场影响力低，而且多数属初级产品，农产品精深加工和知名品牌少，市场竞争力较弱。

4. 服务业在 GDP 中的比重偏低，现代服务业还没形成规模。目前，发达国家的第三产业增加值占地区生产总值的比重一般在 60% ~80% 之间。而 2008 年福建省第三产业增加值所占比重仅为 39. 3%，不仅低于上海市（50. 2%）和广东省（44. 1 %）等地，还低于全国平均水平（40. 3%）1 个百分点。值得关注的是，2000 ~2008 年福建省第三产业的所占比重由 39. 7% 逐年下降至 38. 5%。目前，全省第三产业的发展缓慢。2008 年，第三产业生产总值增长速度 14. 93%，低于地区生产总值的增长速度 2. 09 个百分点。[①] 在第三产业内部，其结构也需要进一步优化。除了批发、零售、餐饮、运输等传统行业平稳发展外，像金融保险、电子商务、广告会展、信息和法律服务等现代服务业还有进一步扩展上升的空间。

二、闽台产业合作现状及问题分析

闽台经济合作起步早，发展快，是海峡两岸经贸往来与合作的重要组成部分。闽台经济合作从小额贸易开始，逐渐形成闽台间接贸易、劳务合作、台商投资与通

① 根据福建省统计年鉴数据资料整理。

航等多元化发展格局,在两岸经贸往来中扮演着先行者或试验田的重要角色。

（一）闽台产业合作现状

1. 闽台贸易持续热销。闽台经贸合作是从贸易起步的。闽台贸易始于20世纪70年代末,成长于80年代中期,至90年代进入稳步发展阶段。据统计,截至2008年6月底,闽台贸易总额达566亿美元,其中对台湾出口77亿美元,自台湾进口489亿美元。台湾已成为福建省第一大进口市场、第四大贸易伙伴和第七大出口市场。福建省对台湾出口商品的结构以机电、音像设备及其零部件为主,自台湾进口的主要商品是福建省的台资企业所需的原辅材料、零配件、机械设备等商品,投资与贸易良性互动态势日趋明显。

2. 投资规模不断扩大,投资结构更趋合理。闽台产业合作随着1981年第一家台资企业来闽落户而开启。当时台商项目多以小规模投资为主,平均单项合同台资金额仅约70万美元。经过一段时间的“投石问路”,台湾大企业来闽投资逐渐增多。截至2008年年底,福建省全省累计批准台资项目9718项(不含第三地转投资),合同台资166.11亿美元,实际到资108.37亿美元①,平均单项合同金额超过170万美元。目前,全省总投资1亿美元以上企业13家,千万美元以上的台资企业200多家。②

福建省利用台资已从初期的劳动密集型产业向电子信息、石化、汽车、精密仪器等技术、资金密集型产业发展,形成了多形式、多领域、多层次对接局面。以台资为骨干的电子信息、石油化工、机械装备行业已成为福建省的三大支柱产业。电子行业以冠捷电子、捷联电子为龙头,形成华映光电、韩国LG、日本NEC、JVD等一大批行业配套企业,使显示产业链投资总额超过10亿美元。机械行业以东南汽车为龙头,是海峡两岸汽车工业合作的最大项目,经过短短几年的发展,吸引配套厂上百家,形成100多亿元产值的汽车城。能源石化行业的龙头企业华阳电业、厦门翔鹭集团等多年来跻身大陆外资企业500强行列。这些大企业在福建省的成功范例不但吸引了岛内台泥国际、国产实业、友达光电、旺宏电子、台玻、长荣等众多大企业,也引来了如日本数字媒体、NEC玻壳、JVC、理光、三菱、韩国LG、德国戴一克等国际跨国公司与之配套,形成了“以台引台”、“以台引外”的良好效应。

3. 闽台农业合作特色突出,成效显著。闽台农业合作得天独厚,具有较明显的优势与特色,在两岸农业合作中居于领先地位。目前,全省累计批准台资农业项目2 048项,合同额25.8亿美元,实际到资14.8亿美元,农业实际利用台资位居各省首位,引进良种2 500多个,其中150多个规模推广应用,引进农业设备

① 数据来源于外经贸部门验资口径数据。

② 根据2009年外商投资企业联合年检数据统计,不包括厦门地区。

5 000多台(套)。[①]

闽台农业合作从引进台商从事初级农产品的小规模生产开始起步,逐步向资金、品种、技术、市场、经营管理等一揽子引进转变;从种养等第一产业,向农产品加工、运销,以及旅游休闲等农村第二、第三产业发展,并已拓展到农业科教合作、农业经营管理、水土保持、渔工劳务合作等领域。农产品加工业已成为闽台农业产业合作的重点。目前,在福建省农业利用台资项目中,农产品加工业占47.7%,种植业占29.9%,养殖业占18.3%,其他占4.1%。[②]

合作区域由"两市(福州、漳州)一线(沿海)"为主向内陆山区延伸。作为两岸农业合作的先行区的福州市和漳州市已成为两岸农业合作的密集区外,南平市、宁德市、龙岩市、三明市等山区地市农业利用台资也方兴未艾。日益深入发展的闽台农业合作,带动了福建省农产品品种的改良,形成了一批优良农产品的生产基地,有力地促进福建省现代农业的发展,加速福建省农业与国际市场的接轨。

4. 闽台金融服务合作得到提升。2001年以前,两岸金融交流仅限于台湾民间对大陆的单向间接汇款,金融机构不能直接进行业务往来。2001年6月,台湾方面同意开放岛内银行办理国际金融业务的分行(OBU)办理两岸通汇业务;2002年2月,台湾方面又开放岛内外汇指定银行(DBU)与大陆银行直接往来。大陆陆续批准中国银行、中国工商银行等与台湾第一银行、彰化银行等建立通汇关系。

近10年来,台湾金融机构包括7家银行、12家证券公司及10家保险公司在大陆设立了代表处,1家寿险公司与东方航空公司合资成立了保险公司。2007年,福建省第一家台资金融机构,国泰人寿保险有限责任公司福建省分公司在福州设立。2008年5月,台湾富邦银行通过第三地转投资入股厦门商业银行。台湾XX保险公司与厦门建发公司合资在厦门设立XXX保险公司。台湾统一证券公司在厦门市设立代表处。据了解,台湾与福建省正在运作共同成立证券公司和产业投资基金。闽台金融合作迈向实质性发展阶段。

(二)闽台产业合作存在问题分析

闽台产业合作取得积极进展,但面临的形势不容乐观,仍存在一些问题需要重视和解决。

1. 产业整合步伐较慢。目前闽台产业合作仍停留在两地产业链接模式,还未能有效建立闽台城市对城市互动合作关系,未建立起区域合作关系和机制,未能将闽台区域的潜在优势转化为现实优势。

2. 产业配套不足。福建省工业基础较为薄弱,与沿海发达省份相比,产业集群化程度低。石化行业中的福炼、机械行业中的东南汽车,虽然在省内是大型企

① 盛郎彦:《闽台经济合作交流现状与建议》,《环海峡经济区蓝皮书》,社会科学文献出版社。

② 盛郎彦:《闽台经济合作交流现状与建议》,《环海峡经济区蓝皮书》,社会科学文献出版社。

业，但与全国同行业相比，并不具备规模优势。

3. 合作层次和水平仍不高。合作项目以劳动密集型居多，企业层次较低，技术密集型及资本密集型产业、高新技术产业与第三产业所占比例较小，投资的领域及合作的形式有待扩大、丰富。此外，台商在福建省的投资主要集中于东南沿海地区，内地山区在农业旅游业方面对台合作优势尚未充分体现出来，对台合作地域上仍有一定的拓展空间。

4. 投资环境有待于进一步优化。法律、法规及对台政策在实施过程中有些落实不到位。台资企业反映比较强烈的融资难、用地难、审批手续不够便利等问题尚未很好解决。

三、新形势下，提升福建省产业竞争力的对策

2008 年 6 月以来，大陆居民可以进入台湾岛内旅游观光。2009 年 4 月，海峡两岸关系协会与海峡交流基金会签署了两岸金融合作协议。最近，两岸金融监管当局签署了银行、证券和保险监管合作协议。两岸关系出现了积极变化，为福建省与台湾地区经贸合作创造了良好的大环境。但也应该看到，随着两岸关系的不断拓展，大陆对台开放的省份将会越来越多，对台优惠政策的普及面也将会越来越广，福建省对台原有的区域优势和政策优势将会被逐渐弱化。面对新的机遇与挑战，福建省应巩固和强化原有的基础与条件，将之转化为竞争优势，提升产业竞争力。

（一）加快产业对接，优化产业结构

考虑到闽台经济发展的阶段性特征和区域的竞争优势，福建省在引进台资，吸引其劳动力密集型产业的转移，提高各区域工业的整体制造与装配水平的同时，依靠福建省电子、机械、石化三大主导产业拓展闽台工业产业合作，并且积极发展与主导产业相关的支柱性产业，形成具有竞争优势的各具特色的产业结构体系，从而实现闽台区域经济的协调发展。

大力引进台湾资本与技术密集型工业企业，还要利用台湾的资金、技术、设备与管理人才，加大高新技术改造传统产业的步伐，推动产业升级。着重加快原材料工业、装备制造业、轻纺工业、高新技术产业及农产品加工业的调整与发展。依托工业园区、高新技术产业开发区、产业基地和工业集中区建设，培育发展一批高技术和新兴产业集群，鼓励企业向产业链上下游延伸，加强配套产业发展。

（二）加强高科技产业合作，提升工业竞争力

高科技产业合作是闽台两地未来合作的重点领域，改善科技产业发展环境，推进技术进步，打造台湾地区北、中、南三大科技重镇。大力培养、引进科技人才。台湾的高科技产业已经取得的主要成果体现在计算机及相关设备、集成电路与光电面板等领域。台商对福建省的高科技产业投资较晚，福建省错过了台湾 IT 与

IC 领域转移的合作时机，当前必须抓住台湾光电产业转移的契机。目前，闽南三角的台商投资规模相对较小，未形成大的群聚效应，仅形成相对集中的次区域电子信息产业基地。福建省应加强吸引台资的力度，同时借鉴台湾经验加强产学研合作，支持高校和科研机构为中小企业提供技术研究开发或从事技术孵化，促进高科技产业的发展，借以提升工业竞争力。

（三）扩大并深入服务业合作，提升服务业竞争力

一般认为，第三产业创造的产值占本地总产值 60% 以上的地区，可称为经济发达地区。福建省提出，2010 年三次产业增加值比重为 9∶51∶40，把发展第三产业作为未来经济重要领域之一。台湾第三产业产值 1995 年占地区总产值 60.2%，由于市场所限扩大岛内越来越难，急于寻找新的增长点，第三产业也逐渐成为台商对大陆投资的新趋势。

通过独资、合资、合作等形式引导台商投资商业、基础设施、房地产、旅游业、金融、保险业，加大步伐与台商在商品批发、零售业的合作，鼓励台商设立独资流通领域内的物流企业和参与国有商业企业的改造，引进其现代化商业经营管理经验；取消房地产行业不合理收费，健全和完善二、三级市场，引导台商投资房地产，促使房地产成为扩大内需的增长点；充分发挥妈祖文化的特色和优势，引导台资联手建设以湄洲岛延伸到武夷山的对台旅游基地；进一步对台开放证券、保险和银行业，扩大金融服务贸易的合作。引进与金融相关的会计师、律师等各种高级专业人才，促使福建省第三产业的合理协调发展，建设海峡西岸区域性金融服务中心。

（四）加强农业合作，提升农业竞争力

在台商对大陆各领域的投资中，福建省最具优势、发展潜力及成果最显著的是农业领域的投资与合作。1997 年成立海峡两岸农业合作实验区的福州和漳州两市，受到来闽投资兴业的台湾农民的青睐。当前，福建省对农业领域合作的高度重视以及中央政府的支持，为闽台农业合作创造了良好的条件，福建省已成为台商农业投资与合作项目最多的省份。2006 年 4 月，农业部、国务院台湾事务办公室正式批准在福建省漳浦县设立台湾农民创业园，使之成为国家唯一两个正式批准的国家级“台湾农民创业园”之一，为闽台农业领域的广泛合作与全面发展创造了新的条件。继续实施《海峡两岸（福建省）农业合作试验区发展规划》，围绕完善配套设施，落实优惠措施、提升集聚功能，加强农业合作试验区、林业合作实验区、台湾农民创业园区建设，支持在其他有条件的地主创办台湾农民创业园。办好花博会、林博会、茶博会、台湾农产品博览会等重大农业展会，开展园区宣传推介活动，加强对台湾农会、产销组织、农业企业的招商工作。推动福建省与台湾的农业院校、科研机构发展合作关系，加强闽台良种引进繁育中心建设。

（五）加强经贸合作，促进经济跨越式发展

近20多年来，大陆与台湾两岸贸易总额达到1 078亿美元，但闽台贸易额只有56亿美元，仅占0.05%。[①] 虽然福建省的台商投资与闽台贸易规模不如广东省、江苏省等地，但是闽台经贸交流，在中央政府的支持下一直在扮演“先行者”与“试验田”的角色。闽台贸易潜力大，发展空间大。福建省可通过扩大台商投资带动贸易发展以及努力拓展岛内市场，促进闽台贸易的全面发展，充分发挥“中国国际投资贸易洽谈会”、“海峡两岸商品交易会”“、海峡两岸花卉博览会”、“海峡两岸纺织服装博览会”等经贸交流平台的作用；进一步扩大各类台商投资园区和物流集散中心的功能；鼓励台商把研究开发机构、营运中心、地区管理总部设在福建省，推动福建省成为台商集中、企业集群、产业集聚的区域。

主要参考文献：

[1] 李建平、李闽榕、高燕京：《中国省域经济综合竞争力发展报告2006－2007》，社会科学文献出版社2009年版。

[2]王秉安、李闽榕：《环海峡经济区发展报告》，社会科学文献出版社2008年版。

[3]福建省统计局：《福建省统计年鉴2009》。

[4]胡晓莺：《海西对台交流合作先行先试研究》，福建省教育出版社2009年版。

[5]郭其友：《产业集群——提升福建省区域竞争力的战略选择》，《调查与思考》，2003.10。

[6]张进财：《2009年闽台贸易趋势分析》，《经贸广角》，2009年第4期。

[7]谢继华：《加强闽台经贸合作推进海峡西岸经济区建设》，《科技与产业》，2008年第6期。

[8]张向前：《黄种杰，闽台经济合作研究》，《经济地理》，2008年11月。

[9]黄焕清：《论我国福建省地区产业结构的特点及其调整的措施》，《决策管理》，2009年第1期。

[10]黄清秀：《福建省产业结构与经济发展研究》，《福建省理论学习》，2007年4月。

① 根据省外经贸部门数据资料整理。